Sichs
Luttau
Stankau
Chlumetz
St. Magdalena
Hammersdf.
Hammersdorfer-Revier
Schandachen
Litschau
Reitzenschlag
Loimanns
Schönau
Eisgarn
Reichenbach
Wieling
Gopprechts
Thaures
Altmanns
Dietweis
Franzensthal
Schwarzbach
Rottenschachen
Heidenreichstein
Witschkoberg
Tannenbruck
Julienhain
Sofienwald
Thiergarten
Steinbach
Langegg
Schrems
Gmünd
Hoheneich
Pürbach
Stützles
Ullrichs
Hirschbach
Dietmanns
Eichberg
Albrechts
Waldenstein
Hörmanns
Alt Weitra
Kirchberg am Walde
Hollenstein
Grünbach
Weissenalbern
Limbach
Weitra

Jan Mlynarik

Fortgesetzte Vertreibung

Jan Mlynarik

Fortgesetzte Vertreibung

Vorgänge im tschechischen Grenzgebiet 1945–1953

Mit einem Vorwort
von Otfrid Pustejovsky

Mit 44 Tabellen,
Dokumenten und Karten

Herbig

Originaltitel des tschechischen Manuskripts:
Vyhánění na pokračování (Tragedie Vitorazska 1945–1953)

Die Übertragung aus der tschechischen Sprache von Otfrid Pustejovsky
wurde vom Verlag bearbeitet.

Alle Anmerkungen stammen vom Verfasser.
Römisch bezifferte Fußnoten enthalten Erläuterungen
durch Übersetzer und Verlag.

Besuchen Sie uns im Internet unter:
http://www.herbig-verlag.de

Umschlaggestaltung: Wolfgang Heinzel
Herstellung und Satz: VerlagsService Dr. Helmut Neuberger
& Karl Schaumann GmbH, Heimstetten
Gesetzt aus der 10,5/13 Punkt Times Ten Roman
Druck und Binden: GGP Media, Pößneck
Printed in Germany
ISBN 3-7766-2291-1

Inhalt

III
Von der Rückkehr zur erneuten Vertreibung

IV
Finita comoedia –
Das Ende eines tragischen Schauspiels

Vorwort

Das Weitra-Gebiet, von dem dieses Buch handelt, hat nicht einmal 120 km² Gesamtfläche. 1930 lebten nicht viel mehr als 10 000 Menschen in seinen weniger als 20 Dörfern, Weilern und Einzelgehöften. Im Mai 1945 wurde es innerhalb weniger Stunden weitgehend »gesäubert«, und 1950 lebte hier nur noch etwas mehr als die Hälfte der Vorkriegsbevölkerung. Es war stets eine arme, moorige Gegend, in der sich die Menschen von wenig ertragreicher Landwirtschaft nur schlecht ernähren konnten.

Der nördliche Teil des Gebietes mit der niederösterreichischen Kleinstadt Weitra, die dem Gebiet seinen Namen gab, gehörte bis 1919 zu Österreich, kam dann an die neubegründete Tschechoslowakei, geriet in die Territorialverhandlungen im Zusammenhang mit dem Münchener Abkommen vom September 1938 und gelangte am Kriegsende 1945 wiederum an die ČSR. Dieses Stück Land liegt zwischen dem böhmischen Budweis im Westen, dem gleichfalls böhmischen Wittingau im Norden und dem niederösterreichischen Gmünd im Süden als leicht gewellte Hochebene.

Was kann einen Historiker dazu bewegen, sein Interesse solch einem Gebiet zuzuwenden, wenn er nicht gerade eine Dorfchronik schreiben möchte? Was treibt einen slowakisch-tschechischen Prager Universitätslehrer, sich nach der Wende der Jahre 1989/90 jahrelangen intensiven Archivstudien zu widmen, um ein winziges Stück Land samt seinen Menschen der Vergessenheit zu entreißen und das Schicksal dieser kleinen Leute – etwa den geschichtlichen Spannungsbogen des Opferweges zum Schindanger 1945 bis zur Verweigerung einer würdigen Bestattung 1994 – einer breiteren Öffentlichkeit darzustellen? Die Antwort liegt in der besonderen Geschichte Mitteleuropas im 20. Jahrhundert, dem persönlichen Schicksal des Autors und im Selbstverständnis des auch nach ethischen Prinzipien fragenden Zeithistorikers begründet.

Der Autor hat sich die Aufgabe gestellt, mit einer detaillierten Untersuchung eines »gottverlassenen« Winkels von Südböhmen in diesem geografischen Dreieck zwischen den Städten Budweis, Wittingau und Gmünd bislang fest gefügte, stereotypisch verhärtete und ungenaue Kenntnisse und Vorstellungen von der unmittelbaren Nachkriegszeit in der wieder erstandenen Tschechoslowakei ihres haltlosen, wenn nicht sogar absurden Inhalts zu entledigen und detailgenau ein neues Bild zu zeichnen, indem er das Schicksal von 14 Einwohnern der kleinen Gemeinde Schwarzbach vor dem Hintergrund der Weltpolitik aus dem Dunkel der Vergessenheit reißt und aus abstrakten Todeszahlen das Leben und Sterben kleiner Leute in den Machtmühlen der großen Ideologien des 20. Jahrhunderts rekonstruiert. Die Zeitgeschichtsforschung bewegt sich stets auf dem schmalen Grat zwischen bereits Geschichte gewordenem Geschehen und der Politik; sie hat das »eherne Gesicht des neuen Menschen jenseits aller Moral« (Franz Werfel, *Die 40 Tage des Musa Dagh*) einzubeziehen und zu bewerten. Ján Mlynáriks Arbeitsergebnisse werden nicht nur die Geschichtswissenschaft, sondern auch »die Politik« früher oder später zwingend zur Revision von Ansichten und Einsichten veranlassen.

Wie kann man sich aber einer solchen Problematik annähern, ohne von ihr überwältigt zu werden, und damit kritische Maßstäbe einzubüßen oder in die Mühlen fortdauernder ideologischer Beurteilungskriterien zu geraten? Lässt sich im ganz Kleinen das Große erahnen oder gar stellvertretend darstellen? Das sind allgemeine Fragen, welche die Geschichtswissenschaft stets begleiten und sie gegenüber dem politischen Alltag abgrenzen, jedoch nicht ausgrenzen. Der Historiker Ján Mlynárik hat ein ebenso detailliert erarbeitetes wie erschütterndes Buch vorgelegt. Die Biografie dieses slowakischen Historikers und emeritierten Lehrstuhlinhabers an der Prager Karls-Universität ist teilweise selbst Teil des Zerrbildes des Jahrhunderts, weil auch er in die Mühlen der kommunistischen Macht geriet, als er ein Tabu thematisierte: Vertreibungen im 20. Jahrhundert, am Beispiel der Deutschen aus der Tschechoslowakei. Bereits 1977, im Jahr der Publikation des ersten Dokuments der tschechoslowakischen »Charta 77« durch Václav Havel, veröffentlichte Ján Mlynárik unter dem alsbald durch die Geheimpolizei aufgedeckten Pseudonym »Danubius« seine seither weiter diskutierten Thesen zur Vertreibung der Deutschen aus der Tschechoslowakei. Dies brachte dem

1933 in der Slowakei geborenen Autor und 1967 an der Komenský-Universität Pressburg habilitierten Historiker und Mitunterzeichner der »Charta 77« im Jahre 1981 13 Monate Haft ein, nachdem er seit dem Ende des so genannten »Prager Frühlings« 1968 Berufsverbot erhalten und dann als Kulissenschieber und Heizer im Prager Café Slavia gearbeitet hatte. Nach seiner Ausweisung in die Bundesrepublik Deutschland lebte Mlynárik in Waldkraiburg bei München; nach der Wende kehrte er nach Prag zurück. Im Jahre 2000 legte er eine – bis heute nur in tschechischer Sprache zugängliche – umfangreiche Darstellung und Dokumentation seiner wissenschaftlichen und politischen Annäherung an die Vertreibungs-Thematik vor (Jan Mlynarik, *Causa Danubius*, Prag), die damit auch ein Teil der tschechischen Geschichtsschreibung und politischen Verantwortungsethik geworden ist, welche sich bis in die grundsätzlichen Auseinandersetzungen in der Entwicklung dieses Faches um die bedeutenden Historiker Jaroslav Goll und Josef Pekař in das ausgehende 19. Jahrhundert zurückverfolgen lässt.

Mlynárik wurde 1991 als Abgeordneter des Föderalen Parlaments der Tschechischen und Slowakischen Föderativen Republik mit den Morden im Weitra-Gebiet konfrontiert, als sich der Sohn eines der am 24. Mai 1945 in Schwarzbach Ermordeten, Ferdinand Korbel, an ihn wandte und bat, ihm bei seinen Bemühungen um eine gerichtliche Klärung der seinerzeitigen Vorgänge, insbesondere aber in Bezug auf ein unbestraft gebliebenes Verbrechen und den noch lebenden Haupttäter, František Říha, zu helfen. Korbel hatte bereits zuvor eine gerichtliche Untersuchung in die Wege zu leiten begonnen, die jedoch abgewiesen wurde. Die Generalstaatsanwaltschaft der ČSFR veröffentlichte 1992 eine Erklärung, derzufolge ein František Říha unter begründetem Mordverdacht stehe, seine Tat jedoch nach 20 Jahren verjährt sei. Korbel begann 1999 damit, das Verfahren noch einmal sowohl auf der Ebene der Kreis- als auch der Bezirksgerichtsbarkeit bis hin zur obersten Staatsvertretung aufzurollen. Alle Instanzen bewerteten die Angelegenheit wegen der Verjährung des Mordes als gegenstandslos. Der Einwand, dass es sich hier um Genozid handle, nämlich Gewaltanwendung gegen eine ganze Bevölkerungsgruppe, wurde abgewiesen. Korbel wandte sich sodann an das Verfassungsgericht, die höchste Gerichtsinstanz der Tschechischen Republik. Im Mai 2002 wurde ihm von diesem Gericht mitgeteilt, dass es für die Behandlung dieser Sache nicht kompetent sei. Nun hat sich Korbel an den Europäischen Gerichtshof für Menschenrechte in Strassburg mit der Forderung gewandt, die Mörder seines Vaters zu bestrafen. Der Mörder Říha hat seitens der Bundesrepublik Deutschland für seine Häftlingszeit im KZ Mauthausen eine Entschädigung erhalten; er schreibt noch heute Korbel sowie Mlynárik höhnische Drohbriefe.

Ferdinand Korbels Bitte um Unterstützung waren Anlass und Motivation für nahezu zehn Jahre währende Archivstudien, deren Ergebnis diese Studie ist, welche die Problematik der Lokalgeschichte und der großen Ereignisse der weltgeschichtlichen Umwälzungen in der Mitte des 20. Jahrhunderts, aber auch die Banalitäten von Ereignissen und Zufälligkeiten des ganz gewöhnlichen Lebens mit ihren oft katastrophalen Folgen widerspiegelt. Ján Mlynárik hat mit seinen Archivarbeiten auch das Funktionieren des Systems nach 1945 detailgenau wiedergegeben, was bei der Übersetzung berücksichtigt werden musste, um dem deutschsprachigen Leser durch eine präzise Wiedergabe von Fachsprache, Verwaltungsbegriffen, Bezeichnung von Ämtern, Behörden und Amtstiteln und notfalls auch kurze Erläuterungen dieses Staatsleben verständlich zu machen. Dazu gehörte auch die Auflösung von Kürzeln, die Berücksichtigung der gerade in der Tschechoslowakei nach 1945 üblich gewordenen Formelsprache in der kommunistischen Verwaltung, die Unterscheidung der Verwaltungsebenen, die wiederum durch die Parallelität von Staatsapparat und kommunistischem Parteiapparat strukturell verschwimmen.

Es wäre zu wünschen, dass dieser Arbeit Ján Mlynáriks, die noch nicht in tschechischer Fassung gedruckt vorliegt, durch ihre deutsche Veröffentlichung die verdiente internationale Beachtung seitens der zeitgeschichtlichen Forschung und der sensibel gewordenen Politik geschenkt wird.

Waakirchen/Obb., im Frühjahr 2003 — Otfrid Pustejovsky

Zur Einführung

> »Keine menschliche Stimme drückt den allgemeinen Schmerz der Welt so aus wie ein Hundelaut. Keine Musik, selbst die reinste, vermag den Schmerz der Welt so auszudrücken wie ein Hundelaut.«
>
> Curzio Malaparte, *Kaputt* (1944)

Am 24. Mai 1945 zog in der kleinen Gemeinde Schwarzbach (tschechisch: Tušť) eine merkwürdige Prozession von der Gemeindeschule Richtung Schindanger. Sie hatte nur eine Entfernung von 750 Schritten zurückzulegen, benötigte dafür jedoch mehr als eine halbe Stunde. Die Menschen waren mit einem Seil aneinander gebunden und schleppten sich auf der staubigen steinigen Straße dahin. Einige krochen auf allen Vieren, andere taumelten und stützten dabei noch jene, die nicht mehr aus eigener Kraft gehen konnten. Sie waren bis zur Unkenntlichkeit blutig geschlagen und grausam entstellt. Die Strecke war von Schaulustigen gesäumt, die diesen Trauerzug in Erwartung eines einmaligen Schauspiels anstarrten.

Es war kurz vor Mitternacht, und über das Dorf ergoss sich das kalte Licht des Vollmonds. Da erscholl auf einmal, wie auf einen geheimen Befehl hin, in der beklemmenden Stille der Nacht das Geheul eines Hundes. Nach und nach gesellten sich die Hunde aus den umliegenden Gebäuden hinzu, bis ein mächtiger Hundechor das Stöhnen der zum Tode Verurteilten begleitete und vom brutalen und sinnlosen Sterben menschlicher Geschöpfe kündete. Es war der erbarmungswürdige Grabgesang der Vierbeiner, welche die entsetzliche Unbarmherzigkeit dieses Augenblicks verspürten, während die Menschen in ihrer Rohheit verstummten.

Die eine Hälfte des kleinen Dorfes hatte die andere Hälfte wegen Vaterlandsverrats angeklagt, das Todesurteil gesprochen und beeilte sich nun, es zu mitternächtlicher Stunde im Schein des Vollmonds zu vollstrecken.

In jenen Tagen wurde überall im ganzen Land gemordet, und Menschen wurden aus ihren Heimstätten verjagt. Das taten sich Leute an, die einander nicht kannten und voneinander nichts wussten. Aber hier waren es Nachbarn, die ihre Mitbewohner zur Hinrichtung führten. Sie waren sich über Generationen hinweg vertraut, kannten sich ein Leben lang. Sie hatten zusammen im Sand des alten Schwarzbachs gespielt, waren gemeinsam in die Schule und später auf Tanzveranstaltungen oder Ausflüge gegangen. Gemeinsam hatten sie auf ihren armseligen kleinen Feldern geschuftet und sich gegenseitig geholfen. Doch nun wurden die einen von den anderen umgebracht.

Dies geschah nach dem Ende des grausamen Zweiten Weltkriegs, in einer Zeit, als bereits Frieden herrschte, im Duft des voll aufgeblühten Flieders. Diese furchtbare Tat ließe sich in der Zeit des Krieges als ein Akt des Hasses verstehen – aber niemand hatte jemandem ein Leid zugefügt oder bei der fremden Besatzungsmacht angezeigt. Die Nachbarn hatten gegen die Gewalt, die im Jahr 1939 über den Ort und über das weitere Gebiet von Weitra im Süden Böhmens hereingebrochen war, zusammengehalten.

Warum also verurteilte das so genannte Volksgericht 16 seiner Mitbürger zum Tode?

Weil sich die hiesigen Tschechen nach der Nazi-Okkupation »zu den Deutschen geschlagen«, bei der Volkszählung ihre tschechische Nationalität verleugnet und sich zur dominierenden Volkszugehörigkeit bekannt hatten. Das betraf jedoch alle Einwohner des Weitra-Gebietes, nicht nur diejenigen von Schwarzbach.

Die Projektanten des Nationalstaats von Tschechen und Slowaken hatten auf der Pariser Friedenskonferenz, die Mitteleuropa entsprechend dem Gebietsanspruch der Sieger aufteilte, die gesamte Region Weitra gefordert, auch sein Verwaltungszentrum, das österreichische Gmünd. Bei der Schaffung der Nachfolgestaaten der Donaumonarchie fiel dem neuen Tschechoslowakischen Staat 1920 aber nur der überwiegend tschechisch besiedelte Teil zu, also knapp die Hälfte des Weitra-Gebiets, und von Gmünd lediglich der Bahnhof, der jenseits des Flusses im Vorstadtgebiet lag. Damit erhielt der neue Staat zusammen mit dem allerärmsten und unfruchtbarsten Teil der großen Region Weitra eine Einwohnerschaft, die sich eher der Region als einem Vaterland verbunden fühlte. Sie war zwar tschechischen Ursprungs, hatte sich jedoch durch sechs Jahrhunderte Zugehörigkeit zu Österreich erheblich entnationalisiert.

Gegenüber dieser kaum nationalbewussten Einwohnerschaft benahmen sich die neuen Regierenden, die durch den Kreis Wittingau repräsentiert wurden, wie gegenüber einem unerwünschten Verwandten. Die Zuwendungen und Geldleistungen, welche die Weitra-Bewohner während der Donaumonarchie aus Gmünd und Wien erhalten hatten, schrumpften im neuen Staat auf ein Minimum. Die Bewohner beherrschten die tschechische Schriftsprache nicht, konnten lediglich mit dem Schuldeutsch umgehen und waren unfähig, auch nur einen Antrag auf Unterstützung ordnungsgemäß auszufüllen. Die neuen Verwalter der Staatssparkasse in Wittingau und Prag lehnten diese ganz gern und wiederholt ab. Was also sollte man in dieser Not machen, als die Gegend überdies durch die Nachkriegskrise (1921–1923) und die große Wirtschaftskrise (1929–1933) gezeichnet war? Die Leute ließen ihre Gebäude hoch versichern und brannten sie dann etliche Male nacheinander ab. Damit erwarben sie sich das Odium von Brandstiftern und Verbrechern, und das wurde ihnen oft genug im Übermaß vergolten.

Als in den Jahren 1938/39 nach dem Münchener Diktat Hitler einen Teil des Gebietes vereinnahmte und später auf einen weiteren Teil seine Macht mittels des Protektoratsregimes des Dritten Reiches ausdehnte, bekannten sich die Weitra-Bewohner bei der Volkszählung durch ihre Hinwendung »zu den Deutschen« erneut zu einer Anbindung an Österreich, von dem sie im Jahre 1920 gegen ihren Willen abgetrennt worden waren. Von Hitler und dem Nationalsozialismus wussten sie insgesamt gar nichts, Henlein hatte bei ihnen keinerlei Erfolge zu verzeichnen, vielleicht noch die Faschisten Stříbrnýs, die auch in den ausschließlich tschechischen Bezirken Unterstützung fanden. Das »Bekenntnis zu den Deutschen«, zum deutschen Volkstum, bedeutete bei ihnen einfach die Wiedervereinigung mit Österreich auf staatlichem und regionalem Gebiet.

Doch ihre Wahl wurde als Bekenntnis zum Dritten Reich gewertet, zum Nationalsozialismus und zu Hitler, und in diesem Geiste wurde nach dem Zusammenbruch mit ihnen wie mit Landesverrätern verfahren. Am 24. Mai 1945 wurden sie innerhalb weniger Stunden durch Partisanen aus Tabor, die von Oberst Hobza befehligt wurden, in die benachbarten österreichischen Wälder vertrieben, wo sie bis zu einem drei viertel Jahr überleben mussten, bis festgestellt wurde, dass es sich bei den Vertriebenen eigentlich um Tschechen handelte. Währenddessen verstärkten sich die Stimmen, die besagten, dass die ČSR »ihre Weitra-Bewohner« eigentlich nicht wolle. Als sich die österreichische Regierung für deren Schicksal zu interessieren begann, wurde von neuem in Erwägung gezogen, den abgetrennten tschechischen Teil wieder mit Österreich zu vereinen.

Am Tag der Vertreibung nahmen die Volksgerichte in Schwarzbach und in der größten Gemeinde des Gebietes, in Rottenschachen, sowie in Suchenthal an der Lainsitz ihre Tätigkeit auf. Ihr Ergebnis waren 22 Tote, die meisten davon in Schwarzbach (14). Die Hinrichtung der abgeurteilten 26 Einwohner von Rottenschachen wurde aufgrund des Mutes von Hauptmann Josef Bártl, eines geborenen Rottenschacheners, nicht vollzogen.

Die Volksgerichte, ihre Urteile und die Hinrichtungen geschahen auf Initiative von Václav Maxa, der in Theresienstadt inhaftiert gewesen war und für den Tod seiner jüdischen Ehefrau die Bewohner von Schwarzbach verantwortlich machte. Dort fand sein Hass eine reiche Ernte (bis auf zwei Verurteilte, die sich gestattet hatten, zu ihrer Hinrichtung nicht zu erscheinen, und die im Bericht über den Vollzug der Hinrichtung als »nicht anwesend« figurierten). Maxa, der nach dem Krieg Sicherheitsreferent des Kreis-Nationalausschusses in Wittingau war, stammte aus Schwarzbach, kannte alle Abgeurteilten und Hingerichteten persönlich, und die Mehrzahl von ihnen waren seine Altersgenossen.

Die Hinrichtung in Schwarzbach wurde von einem ebenfalls aus Schwarzbach Gebürtigen, František Říha, durch Erschießen vollzogen. Říha war während des Krieges in Mauthausen wegen einer kriminellen Sache inhaftiert gewesen (Belästigungen von Mitarbeiterinnen, Diebstahl von Päckchen französischer Gefangener), die er dann als »Widerstand« ausgab. Um die Grube, in die seine Opfer nach der Erschießung fielen, torkelte der 21-jährige Jüngling von zwergenhaftem Wuchs im Suff herum.

Meine ursprüngliche Absicht war es, die Voraussetzungen und den Verlauf des Gerichtsverfahrens und der Hinrichtung in Schwarzbach darzulegen. Je mehr ich mich jedoch in die Archivmaterialien vertiefte, die erst vor kurzem zugänglich geworden sind, umso stärker zeigte sich mir das

Bild des Schreckens. Der Schatten der Kollaboration mit den Nazis lag über allen Einwohnern des böhmischen Weitra-Gebietes. Das nachfolgende Regime der eingeschränkten Demokratie (1945–1948) gab sich zu keiner Zeit mit der Rückkehr der vertriebenen Weitra-Einwohner aus Österreich zufrieden, die Pläne zu ihrer erneuten Vertreibung – nunmehr ins Landesinnere der Tschechoslowakei – blieben bestehen. Ihre »Kollaboration« mit den Deutschen sollte um jeden Preis bestraft werden. Diese Pläne konnten damals noch nicht umgesetzt werden, weil die Hauptprotagonisten dieser exemplarischen Strafe für die Weitraer Menschen, die Kommunisten, noch nicht über die absolute Macht im Staat verfügten. Als sie jedoch im Februar 1948 endgültig an die Macht gelangten, stand nichts mehr im Wege, das Schicksal der Einwohner des Weitra-Gebietes zu besiegeln. Nach langen und gründlichen Vorbereitungen wurde in den Jahren 1952/53 der Plan realisiert, und man vertrieb die Weitraer zum zweiten Mal. Eine Rückkehr aus den Vertreibungsgebieten, wie dies noch an der Jahreswende 1945/46 der Fall gewesen war, konnten die Menschen aus Weitra diesmal auf keinen Fall erwarten; sie blieben über die ganze Republik zerstreut. Ihre zweite Vertreibung, die gebrechliche Alte, seelisch Kranke und unterschiedlich gehandikapte Leute mit einschloss, trug alle Merkmale der Verletzung der Menschenwürde an sich: das Herausreißen aus Haus und Heim, die Vernichtung des Rechtes auf ein Leben am Geburtsort und schließlich auch Jahrzehnte hindurch (beinahe 37 Jahre lang) das Verbot zum Besuch dieses Gebietes.

Dieses Buch handelt vom Phänomen der Vertreibung von Menschen aus ihren Heimstätten und dem daraus folgenden Verleugnen des Rechts auf Heimat und Vaterland. Von dieser Vertreibung waren nicht nur Bürger der ČSR mit deutscher Volkszugehörigkeit betroffen, vielmehr im Falle des Gebietes von Weitra in erdrückender Mehrheit auch Tschechen. Ihr Schicksal ergänzt somit die kolossale Tragödie von mehr als drei Millionen aus der Tschechoslowakei vertriebenen Deutschen in den Jahren 1945–1946, ja sie ist Bestandteil dieser Tragödie. In der Zeit der kommunistischen Diktatur wurde die Fortsetzung der Vertreibung der Weitra-Einwohner aus ihren Heimstätten mit der gewaltsamen Deportation und Aussiedlung von Menschen aus den Städten in die Grenzgebiete und in Dörfer in der so genannten »Aktion B« verbunden, weiter mit der so genannten Entkulakisierung der dem Regime unbequemen Bauern und ihrer Wirtschaftsbetriebe und anderen Gewalttaten des totalitären Regimes. Sie ist somit ein Bestandteil dieser Gewaltaktionen.

Das ethische Bekenntnis dieses Buches besteht in der Darstellung der Verabscheuungswürdigkeit dieser unmenschlichen Taten. Damit der Schmerz dieser Welt, der durch den Chor der heulenden Hunde verkündet wurde, nicht so unerträglich bleibt.

Prag, im Frühjahr 2003 Jan Mlynarik

I
Ein Blick in die Geschichte des Weitra-Gebietes bis 1945

1. Von den Přemysliden zu den Habsburgern

Das Gebiet von Weitra leitet seinen Namen vom Fürsten Vitorad ab, der in der ersten Hälfte des 9. Jahrhunderts auf dem Herrschaftsgebiet von Niederösterreich die Burg Vitoraz – das heißt Weitra oder Weitrach – gründete und unter der Oberhoheit der deutschen Könige und der bayerischen Herzöge stand. Dieses Gebiet, das zunächst ein Fürstentum, dann ein Bestandteil des přemyslidischen Böhmen war, erstreckte sich vom Oberlauf des Flusses Lainsitz und seines Zuflusses bis über Neu-Bistritz hinaus. Das Fürstentum hatte sowohl zum deutschen Königshof gute Beziehungen als auch zum böhmischen Adel. Unter seiner Führung kamen 14 böhmische Adelige und Stammesführer Ende des Jahres 844 an den kaiserlichen Hof nach Regensburg und wurden dort am 13. Januar 845 getauft.

Bereits dieses historische Ereignis verweist auf die enge gemeinsame Entwicklung der böhmischen Länder und deutscher Gebiete vor allem durch die Christianisierung. Zwischen 899 und 973 war Böhmen ein Teil des Jurisdiktionsgebietes der Regensburger Diözese. Um die Christianisierung der mährischen Mojmiriden machte sich das bereits 973 begründete Passauer Bistum im 10. Jahrhundert verdient. Doch die Einflüsse reichten in dieser Hinsicht auch noch aus wesentlich weiter entfernten Gegenden Deutschlands nach Böhmen hinein: Im Jahre 973 wurde der Prager Bischof als Suffragan der Jurisdiktion des Mainzer Erzbischofs unterstellt. Diese Entwicklung setzte sich über Jahrhunderte fort: Noch im Jahre 1288 führten die Mainzer Erzbischöfe den Titel eines böhmischen Metropoliten mit dem Recht der Königskrönung des böhmischen Königs.

Zwischen der Bevölkerung slawischen und derjenigen deutschen Ursprungs kam es zu häufigen Kontakten und Streitigkeiten sowie zu Übergriffen, im Weitra-Gebiet erstmals bereits im Verlauf des 8. Jahrhunderts. Bei der Besiedlung dieses Gebietes, das von der Lainsitz durchflossen wird, begegneten sich Tschechen und Deutsche: Die Tschechen kamen stromaufwärts von Norden her, die Deutschen hingegen aus Südwesten. Allmählich wurden der seit urdenklicher Zeit bestehende Urwald durch Rodung gelichtet und Siedlungen angelegt. Der größere Teil wurde von Deutschen besiedelt, die hierbei eine kompakte Siedlungsweise bewahrten. Den kleineren Teil besiedelten Tschechen, die dann allerdings in Gruppen von geringerer Stärke auch in deutsches Gebiet einsickerten, wo sie wiederum eigene Siedlungen gründeten. Entsprechend den Annalen des Klosters Zwettl, die ab dem Jahr 1083 vorliegen, zogen nach dem Abzug der Bojer die Tschechen in das Gebiet von Weitra und setzten sich in der gesamten Gegend bis an die Donau hin fest. Eine der ältesten Siedlungen war Svetla, von welcher der Chronist berichtet, dass sie bereits in der Herrschaftszeit der Bojer ein Zentrum slawischer Bevölkerung gewesen sei. Auf die slawische Besiedlung dieser Gegenden weisen weitere Ortsbezeichnungen hin, so zum Beispiel Rohy (Horn), Bejdov, Dobra, Gradnic, Sirnau, Pölla, Ternic. Entsprechend der Meinung mancher Historiker reichte die fürstliche Macht im 9. Jahrhundert von Mähren über das Weitraer Gebiet bis zur Donau. Sie berufen sich hierbei auf die Fuldaer Annalen*, die hier anführen, dass die Donau die Herrschaft des Frankenreiches von der Herrschaft Rostislavs** getrennt habe, und dass lediglich ein kleiner Gebietsanteil – das Tullner Becken, die Stadt Krems und die Gegend um Stockerau – an die Franken abgetreten worden sei, wohingegen »der Oberlauf des Flusses Kamp unter der Bezeichnung Vitoraz Böhmen zugehörig war«.[1]

Die ältesten historiografischen Berichte über das Gebiet von Weitra stammen aus dem 9. Jahrhundert. Der Sohn des Fürsten Vitorad, Slavitěch, leistete lange Jahre hindurch Widerstand, und aus diesem Grunde entsandte König Ludwig der Deutsche im Jahre 857, unter der Führung des Eichstätter Bischofs Otgar und des Pfalzgrafen Rudolf Ernst, ein Heer, welches das Vitoraz-Gebiet eroberte. Slavitech konnte sich durch Flucht retten, entkam nach Mähren und begab sich unter den Schutz des Rostislav. Auf Vitorad folgte dann der Bruder Slavitěchs, der bis dahin in

* Die »Annales Fuldenses« reichen von 714 bis 902; sie stammen von mehreren Verfassern.
** Rostislav (oder Rastislav), 846–870 Fürst des Großmährischen Reiches

der Verbannung beim serbischen Fürsten Ctibor (Čestbor) gelebt hatte. Die Herrschaft der Bayern und des Bistums Passau über das Vitorad-(Weitra-) Gebiet festigte sich daraufhin von neuem.

Als ob sich in diesem geschichtlichen Vorspiel die gesamte weitere Entwicklung dieser Gegend abzeichnete, erscheinen ihre Motive im gesamten nachfolgenden Geschichtsgeschehen: Um das Gebiet von Weitra stritten sich die Machteliten des frühen böhmischen Staates mit den Machthabern von Bayern, Österreich und Deutschland. Wir sehen den böhmischen Adel im Kampf auf deutscher Seite, den bayerischen und österreichischen auf böhmischer Seite. Volkszugehörigkeit war eine unbekannte historische Bewertungsmaxime. Entscheidend hingegen waren die Zugehörigkeit zu einer Gebietskörperschaft, zu einem Land; und selbstverständlich gab es Macht- und Eigentumsinteressen. Und diese Bezüge und Streitigkeiten in den Grenz- und Randbereichen des Landes zeigten sich auch im Leben der Bevölkerung, die sich vermischte ohne Rücksicht darauf, in welchem Lande und unter welcher Herrschaft sie lebte. Diesen nach heutigem Sprachgebrauch internationalen Charakter hatte das Weitra-Gebiet von seinen geschichtlichen Anfängen her stets aufgewiesen, wie dies die schriftlichen Quellen belegen.

Die Annalen des Klosters Zwettl vermerkten im 11. Jahrhundert den Aufstieg derer von Kuenring als neues Herrschaftsgeschlecht, das für das Gebiet von Weitra eine kardinale Bedeutung erhielt. Das Schicksal dieses Geschlechtes entschied im eigentlichen Sinne, ob künftig das Weitra-Gebiet im Rahmen des böhmischen oder des österreichischen Staates seine Entwicklung fortsetzen werde.

Der Begründer des Geschlechts derer von Kuenring, ein Krieger namens Azzo, hatte sich im Kampf gegen die Ungarn im Ostmark-Gebiet hervorgetan. Der Erzbischof von Trier hatte ihn seinem Bruder, dem Markgrafen Adalbert, zu Hilfe gesandt. Azzo erhielt für seinen Mut die Besitztümer am rechtsseitigen Donauufer in der Gegend um St. Hippolit. Bald darauf setzte er sich auch am linken Donauufer fest, und zwar an der Einmündung des Flusses Kamp und an der Krems. Kaiser Heinrich IV. überwidmete ihm diese Gebiete als unmittelbares kaiserliches Lehen. Die Zwettler Annalen berichten weiter, dass Azzo 1083 in bereits hohem Alter in Kämpfen die Böhmen verjagt habe, die wiederum einen Teil Österreichs besetzt gehalten hatten, und zwar bis zum Waldgürtel des nördlichen Österreich. Als Belohnung für diesen Sieg über das Heer des Fürsten Vratislav verlieh der dankbare Leopold dem Azzo Grund bei Krimmau, Zwettl, Rapotenstein und Schweiggers. Aufgrund der Schenkung Leopolds reichten die Besitztümer derer von Kuenring bis in das Weitra-Gebiet hinein. Damals errichteten die Kuenringe auch eine Reihe von Befestigungen und Grenzschutzburgen; diese sollten als Schutzbauten gegen Böhmen dienen. Unter anderen gehört auch die Burg Světlá/Zwettl aus dem Jahre 1130 unweit von Weitra dazu. 1336 wurde rund um die Burganlage ein Städtchen begründet. Der Enkel Azzos, Hadmar, begründete zwei Jahre später in Zwettl ein Kloster, das er den Zisterziensern übergab. Die Kuenringe bestimmten dann auch die Burg von Zwettl zu ihrem Hauptsitz. Dieses Zwettl mit seinem Kloster sollte entscheidende Bedeutung für das Gebiet von Weitra haben, insbesondere für die deutschsprachige Bevölkerung aus dem Süden.

Die Kuenringe rückten erneut in das Licht historischer Bedeutsamkeit, als sie in die Streitigkeiten zwischen Kaiser Friedrich Barbarossa und Herzog Soběslav II. verwickelt wurden. Der Kaiser unterstützte die Kandidatur des gefangen gesetzten Friedrich und übergab diesem 1178 Böhmen als Lehen. Friedrich besiegte und verjagte Soběslav mit militärischer Unterstützung des Kaisers, des österreichischen Herzogs, aber auch seitens der Herren von Kuenring und eines Teils des böhmischen Adels. Aus Dankbarkeit für die erwiesene Hilfe bei der Erringung des Thrones übergab Friedrich im Jahre 1185 Hadmar von Kuenring Weitra als Lehen mit den zugehörigen Waldungen zwischen den Flüssen Lainsitz und Stropnitz, wie es in der lateinischen Chronik hieß: »... partem terrae nostrae Austriae ad jacentem Wittera videlicet ...« In der Widmungsurkunde von 1185 wird angeführt, dass die Lainsitz die Gebietsgrenze bildete und Weitra eine österreichische Grenzsiedlung war.[2]

In jener Zeit erreichte das Geschlecht der Kuenringe den Gipfel seiner Machtstellung, wenngleich es bereits Jahrzehnte zuvor zu den reichsten und stärksten Familien Österreichs gezählt hatte. Neben den Besitztümern an der Donau gehörten ihnen im nördlichen Österreich Weitra, Zwettl, Cmund (Gmünd), Rapotenstein, Schweiggers, Hadmarstein, Ottenschlag, Eggenburg und Kuenring. Ihre Herrschaft reichte von Linz und der Ens-Mündung bis zur Einmündung der Kamp, am Marchfeld über den Manhartsberg bis zur Thaya und von da aus über das Weitra-Gebiet. Der neue Herr des Weitra-Gebietes, Hadmar II., erbaute innerhalb seines Besitzes Burgen und Kirchen und begründete Dorfsiedlungen, so beispielsweise die Kirchen in Schönau und in Alt-Weitra, die Burg Hadmarstein mit zugehörigem Dorf und andere mehr. An der Lainsitz, drei Kilometer von Alt-Weitra entfernt, erbaute Hadmar eine Burg, aus der sich alsbald die Stadt Neu-Weitra mit der Kirche des Hl. Petrus entwickelte; dorthin verlegten die Kuenringe ihren Sitz.

Das mächtige Geschlecht der Kuenringe teilte sich dann in zwei Zweige – den Weitra-Zweig und denjenigen derer von Thierstein. Der Erstgenannte schlug sich zunächst auf die Seite der österreichischen Herzöge, dann wiederum auf die der böhmischen Könige. 1226 wehrte Heinrich I. von Kuenring einen Einfall Přemysl Ottokars I. nach Österreich ab, 1252 wiederum unterstützten die Kuenringe den Königssohn Přemysl Ottokar, den Sohn Wenzels I., in seinen Bestrebungen nach dem Herzogtum Österreich. In der Schlacht bei Kressenbrunn im Jahre 1260 stand Heinrich II. mit seinem Neffen Albert V. ebenfalls in den Reihen des böhmischen Königs; dafür erhielten sie nach siegreicher Schlacht als Entgelt seitens Přemysl Ottokars II. Stadt und Herrschaft Laa an der Thaya.

Die Beziehungen der Weitraer Kuenringe zu der böhmischen Königsfamilie wurden schließlich auch verwandtschaftliche. Denn Přemysl hatte sich noch als Nachfolger auf die Königswürde mit Anna von Kuenring vermählt, der Tochter Heinrichs IV. Mit ihr hatte er einen Sohn, den Herzog von Troppau, und zwei Töchter. Selbst als die Ehe im Interesse der dynastischen Beziehungen annuliert wurde, forderte Přemysl vom Papst die ebenbürtige Anerkennung seiner Kinder mit denen des Königs.

Die verwandtschaftlichen Beziehungen mit dem böhmischen Herrschergeschlecht führten die Weitraer Kuenringe, Heinrich II. und Heinrich V., also Vater und Sohn, neben Přemysl Ottokar II. auf das Marchfeld im Kampf gegen Rudolf von Habsburg. Dem wiederum standen die Thiersteiner Kuenringe zur Seite. Was für ein Paradoxon: zwei Linien eines Stammes auf beiden Seiten der böhmischen und österreichischen Herrschergeschlechter.

Nach der verlorenen Schlacht auf dem Marchfeld von 1278 befanden sich die Weitraer Kuenringe in aussichtsloser Lage, denn Rudolf von Habsburg rechnete unbarmherzig mit ihnen ab. Nach dem Friedensschluss von Sedletz bei Kuttenberg von 1278 wurde den Herren von Weitra die Marschallwürde aberkannt; außerdem mussten sie die Feste Weitra abtreten. Obwohl sich auch ihr Verwandter Otto von Brandenburg für sie einsetzte, konnte er den Kaiser nicht erweichen. Ein weiterer Widerstand von Vater und Sohn wurde 1280 militärisch gebrochen, als Weitra erstürmt und sie auf ihre Besitztümer verzichten mussten. Nunmehr hörte das Weitraer Gebiet auf, ein Lehen der Krone Böhmens zu sein und wurde zur Gänze dem niederösterreichischen Herzogtum zugeschlagen, also ein Gebietsteil Niederösterreichs.

Bald darauf folgte das Ende der Herrschaft der Kuenringe. Wenngleich Litold aus der Thiersteiner Linie der Kuenringe zeitweilig das Gebiet von Weitra erwerben konnte, so verlor er es doch wegen seines Widerstandes gegen Erzherzog Albrecht, den Sohn Kaiser Rudolfs, durch den Wiener Vertrag von 1296. Es wurde nunmehr Eigentum der österreichischen Erzherzöge, die es durch ihre Landeshauptmänner verwalten ließen.

Die tschechische Nationalgeschichtsschreibung hat den böhmischen Königen wegen des Verlusts von Weitra bittere Vorwürfe gemacht: Sie hätten dem Nordwald, also dem Grenzbereich zwischen der Ostmark und Böhmen, nicht die notwendige Aufmerksamkeit gewidmet, sodass die deutsche Kolonisation hier ungebremst von der Donau weg in Richtung Norden vorankommen konnte, »und die deutschen Kolonisten, obgleich sie sich auf dem Boden des böhmischen Staates ansiedelten, die Babenberger als ihre Herren anerkannten, gegebenenfalls auch die deutschen Kaiser«.[3] Insbesondere dem Fürsten Friedrich, der das Weitra-Gebiet den Kuenringen als Lehen überlassen hatte, ein Gebiet also, »für das so viel Blut vergossen worden war«, wurden »Ehrgeiz und Egoismus, welche ihn auf den böhmischen Thron getrieben hatten«, vorgehalten. Gerade er sei es gewesen, der dem deutschen Kaiser böhmisches Territorium geopfert habe. Das zusammenfassende Urteil: »Durch die Zuerkennung des Gebietes von Weitra an die Kuenringe wurde das Schicksal des Tschechentums im Weitra-Gebiet entschieden.«[4]

Wir bringen diesen Zusammenhang der Geschichtsschreibung mit der Argumentation bei der gewaltsamen Aussiedlung der Deutschen im Jahre 1945 in Erinnerung. Hier wurde gegen die Přemysliden der schwere Vorwurf erhoben, sie hätten deutsche »Kolonisten« in böhmisches Land gerufen. Die Vertreibung der Deutschen wurde entsprechend dieser »Kolonisationstheorie« als historische Korrektur, als Berichtigung und Beseitigung der Fehler und Irrtümer – wenn nicht sogar Verbrechen –

der böhmischen Könige aufgefasst. Doch wie am Beispiel des Jahres 1919 bezüglich des Weitra-Gebietes zu bemerken sein wird, hatte diese »Kolonisationstheorie« tiefergehende Wurzeln im tschechischen nationalen Unterbewusstsein und Bewusstsein. Sie lieferte eine Fülle von »Argumenten« bei der Durchführung des genozidären Tuns der Vertreibung, der Anspruch auf die Angliederung des Weitra-Gebietes, einst von den Přemysliden an die Deutschen und an Österreich verschleudert, an die ČSR wurde von ihr abgeleitet. Darüber hinaus ging es in diesem Falle auch um den Beitrag »des perfiden böhmischen Adels«[5], um den Ausverkauf böhmischen Territoriums des historischen Königreiches, also beinahe schon um Landesverrat. Und das Ergebnis? Das war das Verschwinden des tschechischen Elements »aus einer Gegend, wo es ursprünglich heimisch gewesen war, und wie die Germanisierung uns stufenweise im Süden Böhmens erschlagen hat«.[6]

In den Machtbeziehungen des Gebietes von Weitra war die grundlegende Frage, wie und wo eine Grenze festzusetzen sei. Entsprechend den Geschichtsgeografen wurde durch die Besiedlung der oberen Lainsitz-Ebene durch österreichische Siedler das Weitra-Gebiet »auf lange Zeit für Österreich« mit Beschlag belegt, und die Grenzen wurden abgesteckt – »vorgerückt« – auf die Berge und Wälder zu, die beide Gebiete voneinander trennten. Bis Gratzen verlief die Grenze entlang den Bergrücken, ansonsten aber zwischen Gratzen und Suchenthal an der Lainsitz. Hier erkennen die Geografen auch in bedeutenderem Umfang Wälder, Moorgelände und morastigen Boden als zu späterer Zeit, und die Grenze bzw. der Grenzrain ist unbestimmt. Sie nahmen an, dass von Zeit zu Zeit Streit über diejenigen Orte ausbrach, wo von beiden Seiten aus Holz eingeschlagen wurde.[7]

Aus dieser geografischen Urzeit hebt sich das Datum des Jahres 1179 heraus, als die strittige Grenzfrage, die durch Herzog Soběslav verursacht worden war, auf dem Hoftag zu Eger gelöst wurde. Damals wurde auch mit Zustimmung der örtlichen Kenner für ewige Zeiten unter Androhung der Strafe des Verlustes kaiserlicher Gunsterweisung und einer hohen Geldsumme festgesetzt, wie die Grenze verlaufen sollte: von den Berghöhen – etwa Höchberg – bis an die Einmündung der Skřemelice in die Lainsitz, dann in einer Luftlinie – am Wald – an die Quelle des Baches Hostice (Jestice), um dann wiederum mit der alten mährisch-österreichischen Grenze zusammenzufließen, die entlang der Donau verlief.

Es war offenkundig, dass Fluss- und Bachläufe die unbestimmtesten Grenzen darstellten.

Während der Herrschaft der Kuenringe geriet die in Eger festgesetzte Grenze (entsprechend der Urkunde Kaiser Friedrich Barbarossas) offenkundig in Vergessenheit. Zu Beginn des 14. Jahrhunderts begegneten sich auf Weitraer Herrschaftsgebiet zwei böhmische Herrschaftsbereiche – einmal die Gratzer und dann die Wittingauer. Beide wurden von Wilhelm von Landstein beherrscht. Der österreichische Herzog Albrecht forderte 1339 als Herr über das Weitra-Gebiet die Bestimmung und Beschreibung der Grenze. So befahl er Graf Ludwig von Oettingen, dem Landeshauptmann auf Weitra, zusammen mit dem Herren von Wittingau, dem Grafen Wilhelm von Landstein, die Grenze zu umreiten und sie dabei zu bestimmen. Sie war durch Zeichen an Bäumen, durch Erdhaufen und ausgehobene Gräben gekennzeichnet: Die Grenze verlief vom Dorf Naklitz (Nakalice), dem deutsch so benannten Vrumiar, tschechisch Černé bláto (Schwarzer Sumpf), entlang den Bächen bis zum Schwarzbach – tschechisch Tuš oder auch Tušť.

Damit wurde die Grenze Böhmens zu Niederösterreich festgesetzt und blieb so bis zum Jahre 1920 bestehen. Später kam es zu geringfügigen Korrekturen, doch die grundlegende Grenzziehung wurde durch eine Urkunde Karls IV. bestätigt. Mit dieser Urkunde von 1362 bestimmte er die Grenze derjenigen Herrschaft, welche die Rosenberger* als Lehen nutzen sollten. Erneut ging die Grenze von Naklitz aus.

Das letzte Abstecken von Grenzrain und Grenze stammt aus dem Jahre 1480 und bestimmt die Abgrenzung der Herrschaft der Rosenberger und der Gratzer. Wok von Rosenberg entsandte im Bestreben, seinen südlichen Grenzbereich abzusichern, seinen Jagd- und Stadtratsherren in Gratzen namens Augustin, um »die Grenze in Augenschein zu nehmen« und ein Protokoll anzufertigen. Dieses wurde deutsch abgefasst.

Ihm zufolge bildete sowohl die Herrschafts- als auch die Landesgrenze der Fluss Lainsitz, der über eine Meile einmal auf der österreichischen, dann wiederum auf der böhmischen Seite bis Gratzen floss. Somit

* Rosenberger/Witigonen: altböhmisches Adelsgeschlecht an der oberen Moldau in Südböhmen

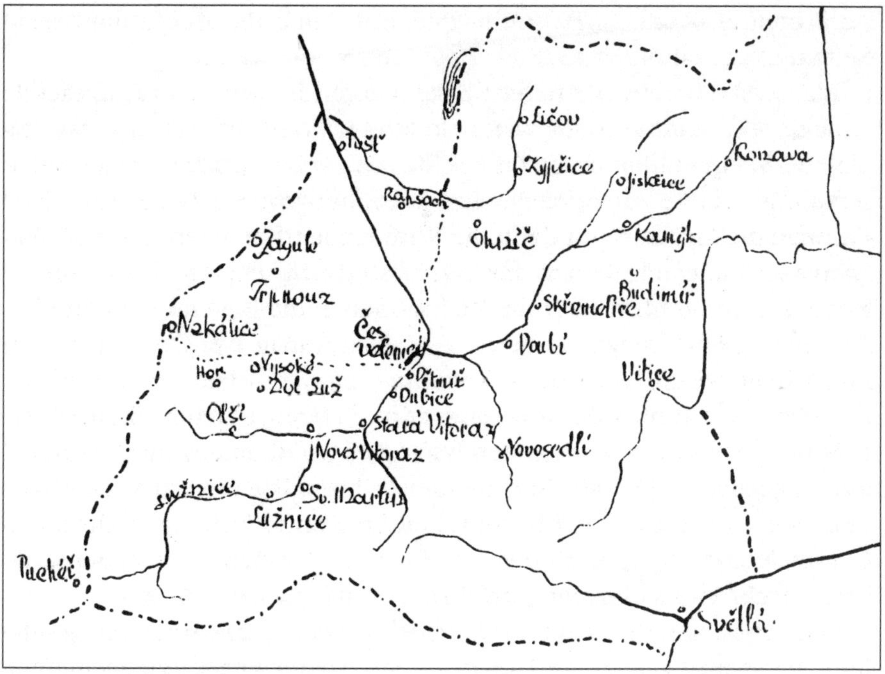

Die Grenzen des Gebietes von Weitra aus dem Jahre 1339
(Aus: Chronik der Ortschaft Rottenschachen, 1932, S. 12)

gehörte also ein Ufer des Cetvinský-Baches den Österreichern, das andere den Böhmen, wiederum in der Länge einer Meile. Nichtsdestoweniger wurde behauptet, dass die Lainsitz die grundlegende Grenzlinie zwischen Niederösterreich und dem böhmischen Königtum gebildet habe; dies geschah mit unmerklichen Abweichungen auf beiden Seiten.[8] Eine ähnliche Rolle spielte auch der Schwarzbach, dessen linksseitiges Ufer böhmischem Herrschaftsgebiet zugehörte, das rechte österreichischem, bis zur Gemeinde Klikau.[9] Trotz der Tatsache, dass es zu kleineren Grenzberichtigungen kam, die durch die Bevölkerungsbewegungen infolge von Veränderungen in Besiedlung und Eigentumsverhältnissen notwendig wurden, verfestigte sich die Grenze unter dem Habsburger Ferdinand I. auf einer Linie, die ohne jegliche Veränderung bis zum Ende des Ersten Weltkriegs bestehen blieb.

Das Weitra-Gebiet hörte dennoch nicht auf, für die böhmischen Herrscher ein Interessengebiet zu bleiben. König Johann von Luxemburg stand im Kampf um den deutschen Königsthron Ludwig dem Bayern zur Seite und erhielt daher 1323 als Pfand die Städte Laa an der Thaya und Gratzen. Als aber die böhmische Streitmacht 1332 besiegt wurde, musste er beide verpfändete Städte wieder herausrücken. 1461 geriet das Weitra-Gebiet erneut in böhmische Hände. Zdeněk von Sternberg erhielt es für seine militärischen Verdienste als Lehen; bei den Truppen Georgs von Podiebrad* war er Kaiser Friedrich im belagerten Wien zur Seite gestanden. Während seiner Herrschaftszeit im Weitra-Gebiet drang Zdeněk nach Gratzen ein, brannte die Stadt nieder und nahm zahlreiche Personen als Gefangene mit sich. Danach gerieten Weitra und sein Gebiet erneut in die Hände der österreichischen Herzöge.

Neben dem Einfall der Sternberger in Gratzen wurden häufig Streitfälle und Überfälle zwischen den Weitraern und der böhmischen Grenzpolitik vermerkt. Bereits 1420 fiel der Gratzener Burggraf nach Österreich ein und raubte dem Burggrafen von Weitra etliche seiner Leute. 1424 fielen an die 4000 Hussiten in Österreich ein, besetzten Alt-Gratzen, belagerten ergebnislos Zwettl, brannten jedoch das Zwettler Kloster nieder. Ebenfalls 1424 führte der Hussitengeneral Bohuslav von Švamberk gegen die Gratzer Herrschaft einen Feldzug durch; er stand hierbei in den Diensten von Wok und Peter von Rosenberg. Die Geschichtsannalen führen weiter an, dass 1477 der Wittingauer Hauptmann Jost von Bruck die Gegend zwischen Weitra und Neu-Gratzen niedergeworfen habe.[10] Doch dies waren alles mehr oder weniger Grenzstreitigkeiten und Zwistigkeiten, die für die Zugehörigkeit des Weitra-Gebiets zu Niederösterreich keine größere Bedeutung hatten. Danach gehörte das Weitra-Gebiet 300 Jahre lang ohne irgendeine Veränderung den Habsburgern. Lediglich 1581 kam es in den Besitzverhältnissen zu Veränderungen, als nämlich Kaiser Rudolf II. Weitra verschenkte. Nach der Einheirat Friedrichs von Fürstenberg 1606 erhielt dieser durch Erbabtretung 1608 das Weitra-Gebiet. Seither verblieb es im Besitz dieses Geschlechtes.

Der letzte Versuch, das Gebiet von Weitra in böhmische Hände gelangen zu lassen, wurde im Dreißigjährigen Krieg unternommen. Im Januar 1619 bemächtigten sich die Böhmen unter der Führung von Graf Schlick der Stadt und der Burg Weitra. Das Ergebnis war traurig: Durch den Ein-

* Georg von Podiebrad, 1458–1471 König von Böhmen

fall wurde das Archiv vernichtet, ebenso zahlreiche Geschichtsdenkmäler, die sich auf der Burg befanden. Noch im gleichen Jahr wurden die böhmischen Soldaten gezwungen, Weitra zu verlassen; sie erhielten freien Abzug aus der Burg und der Stadt. »Seit jener Zeit war Weitra niemals mehr in böhmischer Hand, und es spielte nach dem Dreißigjährigen Krieg auch keine grundlegende Rolle mehr in der Geschichte, und so erweckte diese heruntergekommene Gegend an der Grenze zu Böhmen nicht die Aufmerksamkeit der Historiker. Still und lautlos wurde diese Gegend eingedeutscht, die einst ganz und gar tschechisch gewesen war – ausgenommen etliche Ortschaften nördlich von Gmünd«.[11]

Der Chronist Kosmas von Prag* hat den Grenzwald auf böhmischer Seite beschrieben, um so die Herrschaftsabgrenzung der Slavnikiden** zu bestimmen. Er führte an, dass sie im Süden Böhmens die Grenzfesten Chejnow und Teindles besessen hätten, und dann weiter noch Netolitz, das etwas entfernt inmitten des Waldes lag. Damit gab er zu verstehen, dass Chejnow und Teindles (Doudleby) die letzten bedeutenden böhmischen Ansiedlungen waren, hinter denen dann nur noch Dörfer zu finden waren, denn Städte im seinerzeitigen Verständnis gab es hier nicht. Im Grenzraum zwischen den Böhmischen Ländern und Österreich erschienen zahleiche Siedlungen und Dörfer, deren Bezeichnungen auf »-schlag«, »-reut« oder auch »-schach« endigten. Sie verwiesen auf ehemalige Rodungen und das Abschlagen der Wälder, wo dann Ansiedlungen entstanden. Im nördlichen Weitra-Gebiet haben sich zwei Ortschaften erhalten, die mit einer solchen Bezeichnung endigen: Rottenschachen (Rapšach) und Kundschachen (Kunšach). Es ist klar, dass die Siedlungen und Dörfer nördlich von Gmünd allmählich seit dem 13. Jahrhundert entstanden sind, als der dortige Urwald systematisch gerodet wurde.

Zu den ältesten Ortschaften im nördlichen Weitra-Gebiet gehörte Naglitz, das häufig als Grenzmarke zwischen den Böhmischen Ländern und Österreich angeführt wurde. Geschichtsannalen erwähnen den Ort bereits 1339. Weitere, östlicher gelegene Ortschaften, die in zeitgenössischen Urkunden genannt werden, entstammen derselben Zeit. Pfarr-

* Kosmas von Prag (um 1045–1125), Verfasser der ältesten böhmischen Chronik
** Slavnikiden: altböhmisches Fürstengeschlecht zu Beginn böhmischer Staatlichkeit im 10. Jh.

sprengel und Gemeinde in Rottenschachen werden 1338 erwähnt, und aus dieser Zeit stammt auch Gundschachen. Historische Quellen belegen für 1339 die Ortschaft Schwarzbach. Erdweis an der Lainsitz wurde bereits 1323 genannt. Böhmzeil, die historische Gründung von České Velenice, wird auf das Jahr 1387 datiert. Es lässt sich also verlässlich sagen, dass die nördlich von Gmünd gelegenen Ortschaften in der ersten Hälfte des 14. Jahrhunderts entstanden sind. Allerdings kann angenommen werden, dass ihre historische Benennung späteren Datums ist, als sie auch kirchliches Statut erhielten, als Pfarrei, Pfarrgebiet oder Kirche. Dies war bereits ein halbes bis ein ganzes Jahrhundert früher der Fall gewesen.

Die Gründung der Ortschaften des Weitra-Gebietes nördlich von Gmünd hing direkt mit der Rodung des ausgedehnten Grenzwaldes zusammen, so in der Bezeichnung Abbrand (Spáleniště), aber auch mit der Trockenlegung der Moore und Torfmoore, so bei einer weiteren Ansiedlung von Rottenschachen mit der Bezeichnung Mooshäuser. Alle Orte wurden in einer Meereshöhe von rund 450 bis 500 Metern angelegt, ihr Gebiet bildete eine Vorgebirgsebene, die von Mooren durchzogen war. Der Boden wurde einerseits durch Rodung oder Abbrennen des Waldes trocken gelegt, andererseits wurden die Quellen in Fischteiche geleitet. Die Lainsitz und ihre nahen Bäche waren ebenfalls in die Entwässerung und Trockenlegung des Bodens mit eingebunden, sodass das Gebiet der nördlichen Weitra-Gegend jahrhundertelang umfangreich landwirtschaftlich bearbeitet werden konnte. Ein fortdauerndes Hindernis für eine intensivere Bodenbewirtschaftung im Weitra-Gebiet war jedoch die geringe Qualität des Bodens, der weitgehend steinübersät war und die niedrigste Bonitätsstufe 8 erhielt, das heißt nahe an der Unfruchtbarkeit. Auch wenn sich manches in der Besiedlung des Weitra-Gebietes veränderte – neue Gemeinden wurden begründet, die ursprünglichen breiteten sich weiter aus, und der Boden wurde weiter trockengelegt –, so blieb doch die Qualität des Bodens grundsätzlich die gleiche, und seine geringe Fruchtbarkeit war bis ins 20. Jahrhundert offenkundig. Alle Anstregungen der Menschen aus Weitra, ihre Erträge durch Düngung und Kultivierung zu steigern, führten nach Jahrhunderten nur zu einer an sich unbedeutenden Verbesserung. Die Historiker und Zeitgenossen sprechen noch im 20. Jahrhundert vom allerärmsten Teil der ganzen Gegend und von der offenkundigen Armut der Bevölkerung. So nimmt es nicht wunder, dass in den Macht- und Besitztumskämpfen der Magnaten im Hinblick auf das nördliche Weitra-Gebiet ein nur geringes Interesse herrschte, dass sie also eher an den Grenzverläufen des Landes interessiert waren als an dem Gebiet und seiner Einwohnerschaft. Noch im 20. Jahrhundert, als diese Gegend nach dem Ersten Weltkrieg der ČSR zugeschlagen worden war, wussten zahlreiche Tschechen kaum etwas über deren Existenz, geschweige denn Geschichte.

Und so führte dieses Völkchen aus den Ortschaften des Weitraer Gebietes jahrhundertelang seine eigene, zurückgezogene Lebensart. Der Kampf um das tägliche Stück Brot machte es ihm unmöglich, den geistigen Horizont zu erweitern. Mehr oder minder war dieses Völkchen bloßes Objekt strategischer Machtinteressen.

Aus den historischen Annalen geht hervor, dass das nördliche Weitra-Gebiet im 9. Jahrhundert im Rahmen der slawischen Besiedlung durch den Stamm der *Doudleby/Teindleser* besiedelt wurde. Dieser altslawische Stamm, der auch als Dudlebi oder Doudlebi bezeichnet wurde, ist für das 9. und 10. Jahrhundert in Osteuropa geschichtlich am Bug, in Westungarn und in Südböhmen nachweisbar. Seine Zuwanderung und sein Aufenthalt in Südböhmen werden auch durch Ortsnamen belegt, wie das Städtchen und die Burg Doudleby am Flüsschen Malsch, 9 km südlich von Budweis. Die Doudleber/Teindleser Burg wird im 16. Jahrhundert bereits als Gauburg genannt. Die Doudleber/Teindleser Subregion zwischen den Städten Budweis und Krummau tritt durch charakteristische Muster der im Stil einfacher Volkskunst bemalten Möbel hervor, in der Tracht, dem Brauchtum und schließlich in den Sprichwörtern.

Man kann annehmen, dass diese Einwohnerschaft ihre bedeutsamsten Spuren im nördlichen Weitra-Gebiet in den Ortschaften Rottenschachen, Gundschachen, in Schwarzbach und deren gesamter Umgebung hinterlassen hat. Dort haben sich im Auftreten, in den Traditionen und Trachten der Bevölkerung eigenständige Merkmale erhalten, die in anderen Gegenden des südböhmischen Landes nicht zu beobachten sind. Die Rottenschachener zeichneten sich nämlich durch ihr stolzes, souveränes Auftreten aus, ebenso als Unruhestifter und kämpferische Naturen, mit denen man nur ungern in Händel geriet. Und trotz ihrer Armut und Armseligkeit waren sie doch »Herren«, eigensinnige Gestalter ihres Schicksals, fest ihrem Grund und Boden verbunden, egal, ob sich diese Gegend unter der Verwaltung von Böhmen oder Österreich befand. Dieser grundlegende Zusammenhang im Charakter der Weitraer wird bereits an dieser Stelle in Erwähnung gebracht, denn erst später sehen wir, welche schicksalhafte Rolle er in ihrem Leben im 20. Jahrhundert gespielt hat.

Die Doudleber Weitra-Einwohner, die der Tradition ihrer slawischen Vorfahren ergeben waren, desgleichen deren Denk- und Lebensart, die sich selbst treu waren, unterlagen nicht einmal nach Jahrhunderten dem Germanisierungsdruck, indem sie das Tschechische als ihre Umgangs- und Gottesdienstsprache bewahrten. Allerdings kamen sie nach Jahrhunderten der Vermischung mit den Deutschen oftmals zu dem Urteil, dass sie der Sprache nach Tschechen und mit dem Herzen Deutsche seien, oder auch umgekehrt. Sie verwischten somit ihre nationale Klassifizierung, nämlich die Notwendigkeit, sich strikt ins tschechische oder deutsche Lager zu begeben. Sie waren eben vor allem Bewohner des Weitra-Gebietes, Lokalpatrioten von Rottenschachen, von Schwarzbach oder von Naglitz. Das neuzeitliche Verständnis von Nation und Nationalität im Sinne einer Bemessung nach dem Kriterium der Sprachnation war ihnen fremd. Und so verstanden sie dies zu keiner Zeit inhaltlich und verhielten sich auch nicht danach, was sich dann wiederum im schicksalhaften Streit zwischen tschechischem und deutschem Nationalismus in der ersten Hälfte des 20. Jahrhunderts bitter gerächt hat. Sie konnten ja nicht über ihren eigenen Schatten springen: Diese Kinder des Grenzlandes, der Grenzhöhen bildeten in sich ein Landes-, ein auf die Gegend bezogenes Heimat- und Vaterlandsgefühl heraus, das himmelweit vom nationalen Vaterlandsbewusstsein entfernt war. Und so will es scheinen, dass sie ganz und gar unvorbereitet in die Kreuzzüge des 20. Jahrhunderts hineingeraten sind, waffenlos und daher so verwundbar.

Jahrhundertelang lebte die hinterwäldlerische Gegend auf ihre monotone Art und Weise. Erst am Beginn des 19. Jahrhunderts kam es zu einer grundsätzlichen Veränderung. Die Historiker sind der Ansicht, dass die hauptsächliche Kolonisierung des Weitra-Gebietes sich in dieser Zeit abspielte, als es nämlich zur Entfaltung der Glasindustrie in Südböhmen kam. Für die Glasverhüttung wurde das Holz in den Weitraer Wäldern geschlagen, und dort entstanden auch Siedlungen, die kurioserweise London, Paris oder Vochůzky und Abbrand, im Ortsbereich von Rottenschachen, oder auch New York im Ortsbereich von Schwarzbach hießen.

In der zweiten Hälfte des 19. Jahrhunderts wurde durch den Bau der Kaiser-Franz-Joseph-Bahn zwischen 1866 und 1869 das Leben der Weitraer geradezu aufgewühlt. Diese Bahn wurde 1871 auf der Trassenführung Gmünd–Prag in Betrieb genommen. Der Eisenbahnbau brachte der Ortsbevölkerung und einer bedeutsamen Anzahl von Zuzüglern sowie Saisonarbeitern aus der weiteren Umgebung Arbeit. In der Vorstadt von Gmünd, am rechten Lainsitz-Ufer, wurden in den 1870er-Jahren ausgedehnte Eisenbahnwerkstätten errichtet. Mit ihnen hing es zusammen, dass 1870 die Ansiedlung Böhmzeil (České Cejle) entstand. 1869–1871 wurde die Eisenbahnlinie aus Richtung Wien gebaut; sie teilte sich hier in zwei Zweige, einmal in die Bahnlinie Budweis–Pilsen–Eger und zum anderen in die Prager Linie. Für die Errichtung des Bahnhofs, der von Anbeginn zu einem der wichtigsten Eisenbahnknotenpunkte Österreich-Ungarns wurde, wählte man nicht das hügelige Gelände südlich von Gmünd, sondern eine zwei Kilometer westlich von der Stadt gelegene ebene Fläche auf der anderen Flussseite zwischen Josephschlag, das 1876 entstanden war, und Wielands (Dolní Velenice), erstmals 1387 erwähnt. In den Jahren 1901/02 wurden vor dem Abfertigungsgebäude zwei örtliche Schmalspurbahnen zusammengeführt: einmal die Linie České Velenice–Gmünd–Litschau und zum anderen die Trasse České Velenice–Gmünd–Weitra–Groß Gerungs. Bis in das Jahr 1950 hinein fuhren sie vom Bahnhof Wielands ab. 1909 wurde der Bahnhof umgebaut und erweitert, und bis zum Jahre 1920 war dies der Bahnhof der Stadt Gmünd, die wiederum zwischen 1907 und 1916 mit einem Trolleybus angebunden war.[12]

Im Ortsbereich von Wielands, Josephschlag und Böhmzeil, die 1920 zu einem Ortsbereich zusammengeschlossen und 1922 zur Stadt erhoben wurden, hat sich České Velenice als grundlegendes Kulturzentrum des Weitra-Gebietes herausgebildet. Ebenso wurde es zu einem Zentrum tschechischen Nationalitätsbewusstseins, ermöglicht auch durch die Tatsache, dass es in den ersten 20 Jahren des Bahnhofsbetriebs und der Eisenbahnwerkstätten der Prager Eisenbahndirektion zugehörig war, die es vorzog, hier tschechische Beamte, Angestellte, Eisenbahnbeschäftigte und Fachleute sowie Arbeiter in den Eisenbahnwerkstätten zu beschäftigen. Nach 1890, als die Wiener Eisenbahndirektion die Leitung übernahm, sank der Zuzug von Tschechen zwar, doch die Zuwachsrate war weiterhin hoch. Das Anwachsen der Velenicer Agglomeration kann auch entsprechend der Häuser- und Einwohnerzahlen betrachtet werden. 1880 wohnten hier in 146 Häusern 1930 Einwohner, 1910 waren es in 341 Häusern 5713 Menschen, vorwiegend Beschäftigte bei der Bahn und in den Werkstätten.

Der allmähliche Ausbau des Velenicer Eisenbahnzentrums brachte Arbeit für viele Weitraer. Neben sozialen Belangen wurden die Bewohner der Ortschaften des Weitra-Gebietes sich auch ihres Volkstums bewusst, sie bildeten sich in Fachkursen fort, verinnerlichten aufs Neue die tschechische Sprache und ihr Nationalbewusstsein. Nichtsdestoweniger vollzog sich dies alles innerhalb der Nachbarschaft und in Zusammenarbeit mit österreichischen Beschäftigten und Arbeitern im Gesamtrahmen der bestehenden Verwaltung Niederösterreichs. Darüber hinaus verband die Eisenbahnlinie die Gemeinden des Weitra-Gebietes mit dem böhmischen und österreichischen Kernland, man konnte sowohl nach Prag als auch nach Wien gelangen. Im Falle von Not und Arbeitslosigkeit war hier das Mittel, wie dem zu entkommen wäre. Schon Gmünd mitsamt seinen Betrieben der Leichtindustrie bot ausreichend Arbeitsmöglichkeiten.

Die Velenicer Agglomeration war ein Novum im Weitra-Gebiet, entstanden im Zuge des industriellen Fortschritts des 19. Jahrhunderts. Doch die Weitraer Dörfer lebten, trotz des angeführten Zuwachses, weiterhin ihr traditionelles Leben. Daher haben die Geografen und Historiker das Gebiet von Weitra in zwei Bereiche aufgeteilt: einmal in das Gebiet des Gmünder Bahnhofs oder auch *Bahnhofsbereich* genannt, mit den Ortschaften Velenice und Böhmzeil, zum anderen in das *Gebiet von Blatna*, dem die restlichen Ortschaften des Weitra-Gebietes angehörten.

Die Wirtschaftsverhältnisse des Blatna-Gebietes wurden seitens der Historiker nicht gerade gut bewertet. Die Bevölkerung hier bestand vor allem aus diversen Schichten von Bauern, Kleinbauern und Häuslern. Letztere bildeten die Mehrheit landwirtschaftlicher Arbeiter, die durch eigene Arbeit auf kleinen Bodenflecken sich gerade über Wasser hielten, Holzschnitzerei betrieben und in der Torfförderung arbeiteten. Die Hauptquelle ihres Einkommens fanden sie in der Waldarbeit, wo sie »für etwas Brennholz und eine Forke Streu gezwungen wurden, die Sklaven der Fürstenberger oder Pálffy-Förster zu sein«.[13] Pálffy wurde beschuldigt, dass er die Sitten von seinen ungarisch-slowakischen Besitzungen auch in Witschoberg und im Weitra-Gebiet eingeführt und zudem versucht habe, eine madjarisch-feudale Versklavung der Weitraer in die Wege zu leiten.

Kaum jemand im Weitra-Gebiet konnte in die Lehre gehen, und so gab es in der ganzen Gegend nur ganz wenige Handwerker. In einigen Ortschaften wurden zur Winterzeit Zündhölzer hergestellt, die dann in Böhmen und in Österreich zum Verkauf gelangten.

Die Bauern, die einen ganz geringen Teil der heimischen Bevölkerung bildeten, blieben zwar daheim, mehrheitlich waren sie jedoch gezwungen, neben ihrer Feldarbeit mit ihren Pferden Fuhrdienste zu machen und zur Bahn vor allem Baumstämme und Granitsteine zu fahren. Einige erledigten Fuhrdienste auch für deutsche Glashütten. Auf dem wenig fruchtbaren Boden wurden Roggen, Hafer, etwas Gerste, vor allem aber Kartoffeln angebaut. Die heimischen Produkte konnten jedoch die Bevölkerung nicht ernähren, die somit vor allem auf die Zufuhr von Brotgetreide aus Böhmen angewiesen war.

Die Entfaltung der Glashüttenindustrie führte im Weitra-Gebiet zu einem Überschuss von Arbeitern, die sich in der Gegend ansiedelten, doch hatte die Region später weder Lebensunterhalt noch Ernährung zu bieten. Daher suchte das Volk auch außerhalb der Heimat ein Auskommen, insbesondere in Wien, das jedes Jahr einen enormen Prozentsatz Weitraer Jugend aufsaugte. Ein Teil dieser Jugend begab sich nach der Grundschule auch in das Landesinnere Österreichs zur Arbeit auf Gütern, »bei den Deutschländern«. Ein weiterer Teil ging zur Arbeit »nach Böhmen«. Tschechische national eingestellte Historiker hielten dieser Jugend vor, dass sie »in Wien und bei den Deutschländern erst gelernt habe, sich als Deutsche darzustellen, dann kehrten sie heim und zeigten Widerwillen gegenüber allem, was tschechisch war. In dieser zersetzenden Tätigkeit wurden sie von der Saisonarbeiterschaft unterstützt. Das waren Eigentümer von kleinen Bodenflecken, die im Frühjahr ihr winziges Anwesen verließen, ihren Frauen und Kindern die Arbeit darauf überließen und in die Welt hinauszogen, um Arbeit zu finden, und die erst im Herbst wieder zu ihrer Familie zurückkehrten«.[14]

Dieses »Unterwegssein nach Arbeit« hatte jedoch negative Auswirkungen nicht nur in nationaler Hinsicht. Die Weitraer errangen durch die Beziehungen mit einer breiteren und wechselvolleren Umgebung Erfahrungen und Kenntnisse, sie überschritten dabei ihren kleinen, begrenzten und armseligen Horizont und erfuhren somit »die Welt«. Damit bildeten sie sich kulturell fort und entwickelten ein Bewusstsein für notwendige Opposition, wo sie ihre Menschen- und Bürgerrecht verletzt sahen. Zwar konnte man dies im 19. und am Beginn des 20. Jahrhunderts nicht bemerken, wo sie noch nicht so häufig und gemeinschaftlich in Konflikte mit der Staatsmacht gerieten. Die Saat ging erst etliche Jahrzehnte später auf, als sie von ihrem Grund und Boden verjagt wurden.

Den zivilisatorischen Aufstieg des Teils von Weitra, der im Jahre 1920 der ČSR einverleibt wurde, kann man an zahlreichen Fakten ablesen. Hier wenden wir uns vor allem jenen grundlegenden Angaben zu, welche die Einwohnerzahl und ihre Niederlassungen betreffen. Es handelt sich um elf Ortschaften im Umfang von 118 Quadratkilometern.[15]

Jahr	1880	1890	1900	1910
Einwohner	8631	9555	11 360	13 122
Häuser	969	1013	1156	1290

Tabelle 1: Einwohner- und Häuserzahl des Weitra-Gebietes 1880–1910

Innerhalb eines Zeitraums von 30 Jahren, zwischen 1880 und 1910, wuchs die Bevölkerung um nahezu 4500 Personen an, grob gerechnet um 52%. Die Häuseranzahl erhöhte sich in derselben Zeit um 33%. Es handelte sich um eine logische, kontinuierliche Entwicklung, die der Gesamtentwicklung des Industriezeitalters entsprach. Sie drückte sich hier prägnanter in der sich durchsetzenden Zugänglichkeit des Gebietes durch den Eisenbahnbau aus. Dieser Trend setzte sich nach dem Ersten und auch nach dem Zweiten Weltkrieg fort, als es zu einer Unterbrechung der Entwicklungstendenzen kam. Der hier angeführte allgemeine Bevölkerungsanstieg und der Bau neuer Häuser vor dem Ersten Weltkrieg bedeuteten nicht automatisch einen Anstieg des Lebensstandards und eine allseitige Verbesserung des Lebens. Die Menschen lebten weiterhin in Not und Anspruchslosigkeit, denn nur die Transportwege zur Arbeit und auch in entferntere Gegenden waren einfacher geworden. Dies war die Voraussetzung für eine logische Fortsetzung dieses Trends in den 20er-, 30er- und den folgenden Jahren.

Doch die Frage der nationalen Zugehörigkeit der Bewohner des nördlichen Weitra-Gebietes begann sich in den Vordergrund zu schieben. Die

Doudleber/Teindleser hatten mit ihrer Lebenart und ihren Traditionen die slawische Sprache bewahrt, die sich auf mancherlei Weise zeitgebunden verändert hatte: aus der Ursprache über eine mittelalterliche Version bis zum neuzeitlichen Sprachgebrauch. Das Tschechische durchschritt hier die Veränderungen auf ähnliche Weise wie in Böhmen, auch wenn es durch heimatliche Bindung überbordet war, durch Dialektbindungen und ortsgebundene Ausdrücke. Es gab hier keine Schultradition seit dem Mittelalter, sodass das Tschechische im Gedächtnis, im täglichen Gebrauch und letztendlich auch in der Tradition der römisch-katholischen Religion bewahrt wurde. Nahezu 100% aller Weitraer im nördlichen Weitra-Gebiet gehörten ihr an. Erst nach dem Ersten Weltkrieg kamen kleine Gruppen anderer Religionen hinzu, am meisten jüdischen, evangelischen und tschechoslowakischen* Bekenntnisses. In das 20. Jahrhundert trat das Weitra-Gebiet als katholisches Gebiet ein.

Im 19. Jahrhundert bildeten sich die Weitraer mit der Entwicklung des Schulwesens nicht in ihrer Muttersprache, sondern im Deutschen aus. Sofern sie eine Grundschulbildung erhielten, lernten sie Deutsch, doch daheim sprachen sie mit den Eltern tschechisch. Das Tschechische wurde im Weitra-Gebiet lediglich von der Kirche als einer stabilen zivilisatorischen Institution gepflegt, tradiert und erhalten. In den Weitraer Pfarreien wirkten heimatbewusste Priester, die der örtlichen Bevölkerung das Wort Gottes in der ihnen verständlichen Sprache vermittelten. Die revolutionäre Welle des Jahres 1848 erreichte auch das Gebiet von Weitra. Nach 1848 wurde über eine lange Zeit hinweg der Gottesdienst in Beinhofen auf Tschechisch abgehalten, obwohl dort eine zahlenmäßig bedeutende deutsche Bevölkerung lebte.

Später kam es dann zu einer Einschränkung eines wirklich tschechischen Gottesdienstes, wenngleich in den größten Pfarreien – in Rottenschachen und Beinhofen – bis zum Beginn des 20. Jahrhunderts an drei Sonntagen im Monat tschechische Gottesdienste stattfanden, und erst jeweils am vierten Sonntag im Monat Gottesdienste auf Deutsch abgehalten wurden. Das deutsche Konsistorium in St. Pölten segnete diese Re-

* Am 8. Januar 1920 gründete der radikale Flügel des (1908 zunächst aufgelösten, 1918 wieder errichteten) tschechischen katholischen Priesterverbandes die »Tschechoslowakische Kirche« als von Rom losgelöste Glaubensgemeinschaft mit tschechischer Amtssprache, mit zunächst 200 000, bis 1930 dann 800 000 Mitgliedern in 228 Pfarrgemeinden.

gelung ab und bekräftigte diese Entscheidung selbst auf die Einwände etlicher deutscher Nationalisten hin. Dies wäre jedoch so nicht ohne den patriotischen Eifer der tschechischen Priester geschehen, denen es eine lange Zeit hindurch beispielsweise in der Pfarrei von Beinhofen gelang, die Regelmäßigkeit sechswöchiger tschechischer Gottesdienste durchzuhalten, und die erst jeweils am siebten Sonntag den Gottesdienst auf Deutsch feierten.

Die St. Pöltener Bischöfe achteten die christliche Ethik, sie wehrten folglich dem Nationalismus und zwangen die tschechischen Geistlichen nicht dazu, im Weitra-Gebiet Gottesdienste in einer Sprache zu feiern, die der Großteil der Bevölkerung nicht verstand, zumindest was die Liturgie betraf. Im Jahre 1861 befand sich Bischof Dr. Ignaz Feigerle aus St. Pölten auf Bischofs-Visitation in Beinhofen und Rottenschachen, er war gebürtiger Mährer. Das Ehrenportal begrüßte den Bischof mit folgendem tschechischen Text: »Pochválen buď Pán Ježíš Kristus« – »Gelobt sei Herr Jesus Christus«. Vor der Predigt sangen dann die Gläubigen einen tschechischen Kirchengesang: »Heilig, heilig ...« Im Visitationsbericht, der im Amtsblatt des bischöflichen Konsistoriums erschien, wurde gefragt, was dies doch für ein Geheimnis sei, dass die deutschen Zungen beim Gesang die Dreistimmigkeit nicht erreichen und in Moll transponieren können, während dies im Tschechischen gelinge. Der Bericht schrieb auch über die Weitraer, dass ihre Kleidung, die Ausdrucksfähigkeit ihrer Gesichter und Körperhaltung verrieten, dass es sich um eine Siedlung an der Grenze zwischen Böhmen und Österreich handle. Selbst der St. Pöltener Bischof hielt seine Predigt in Tschechisch. Die Pfarreien forderten von ihm, dass der Religionsunterricht sowohl in Tschechisch als auch in Deutsch wie bisher erfolgen solle, und dass für den Unterricht tschechische und deutsche Bücher benutzt werden sollten. Der Bischof stimmte dem zu, und noch im Jahre 1889 sah man in den Schulen tschechisch-deutsche Katechismen aufliegen, die dann aber am Ende des 19. Jahrhunderts unter dem Druck deutscher Lehrer aus den Schulen verschwanden.

Der Streit um die Verwendung des Tschechischen im gottesdienstlichen Leben dauerte weiter an. 1885 lehnte es der Chorleiter und Organist in Rottenschachen ab, die Passion und Karfreitagslitanei auf Tschechisch zu singen. Der Gemeindeausschuss schlug sich dann auf die Seite des Pfarrers und betonte gegenüber dem Lehrer, dass niemand zu einer deutschen Litanei und Passion erscheinen würde.

Die Historiker bewerten den Standpunkt des St. Pöltener Konsistoriums in Bezug auf die Gottesdienstsprache im Weitra-Gebiet positiv und führen ihn als Gegenbeispiel zur Praxis des Budweiser Konsistoriums an, das noch nach 1918 tschechische Gottesdienste in zahlreichen Pfarreien rund um Gratzen ablehnte, obwohl eingepfarrte tschechische Gemeinden zu ihm gehörten und bereits tschechische Schulen bestanden.

So lässt sich feststellen, dass sowohl das Tschechentum als auch das Tschechische im nördlichen Weitra-Gebiet dank des Verdienstes der römisch-katholischen Kirche bis in das 20. Jahrhundert hinein erhalten geblieben sind. Dies geschah durch das Wirken der Geistlichen, die unter ihren Gläubigen lebten, denen sie das Wort Gottes nicht in einer Sprache zu verkündigen vermochten, die diese untereinander nicht verwendeten. Und sie wollten sie auch nicht dazu zwingen, Kirchenlieder in einer Sprache zu singen, die nicht ihrem Herzen entsprang. Ebenso muss festgestellt werden, dass die vorgesetzten Kirchenbehörden, d.h. die bischöflichen Konsistorien, diese Praxis tolerierten und nationale Strömungen gegen Denken und Geist der Bevölkerung nicht gelten ließen. Die Kirche hat sich an der Germanisierung des Weitra-Gebietes ausdrücklich nicht beteiligt, da sie ja höhere, übernationale geistliche Ziele verfolgte. Ihre pastorale Tätigkeit erwies sich in den Gemeinden von Weitra als entscheidend für die Bewahrung des Tschechentums.

Ein ganz anderes Bild bezüglich der Bewahrung der tschechischen Sprache vermittelte aber die Schule. Diese lehrte seit dem Ende des 19. Jahrhunderts ausschließlich in deutscher Sprache, wenngleich bis zum Jahre 1870 in den Weitraer Dörfern immer noch der zweisprachige Unterricht existiert hatte: Vormittags wurde deutsch unterrichtet und am Nachmittag dann tschechisch. Die Lehrertätigkeit in dieser armen, hinterwäldlerischen Gegend war schwierig. Damit sie sich hier überhaupt halten konnten, bekamen sie vom Niederösterreichischen Landesausschuss eine jährliche Zuzahlung von 200 K und dieselbe Summe nochmals vom Schulverein. Auf dem Gebiet des nördlichen Weitra-Gebietes wurde eine ganze Reihe neuer Schulen errichtet, und die Behörden stellten den Ortschaften Gelder für die erforderlichen Gebäudereparaturen zur Verfügung. Diese wurden dann in der Mehrzahl nicht durchgeführt, wodurch die Geldmittel eine gewisse Form des Entgeltes für die Gemeindefunktionäre bildeten. Entsprechend der Ansicht national orientierter Historiker geschah dies absichtlich, denn »die Deutschen verstanden recht gut die Bedeutung der deutschen Schule innerhalb einer tschechischen Gegend an der böhmischen Grenze, sie sparten nicht mit Aufwand, um etliche dieser Orte einzudeutschen, deren tschechisches Gepräge das treudeutsche Gmünd wie Feuer entbrannte«.[16]

Allgemein wurde erkannt, dass die Eindeutschung der Slawen in Österreich »keineswegs so gewalttätig und jäh vor sich ging« wie bei den Elbslawen. Doch entsprechend den gegebenen Umständen war die Eindeutschung von ganz Niederösterreich lediglich eine Frage der Zeit. Es ist von Interesse, dass zu den schrecklichsten Germanisatoren aus den Reihen der deutschnationalen Lehrerschaft Tschechen gehörten, deren tschechische Nachnamen auf ihren Ursprung verwiesen, Koželuh, Šíma, Červenka, Bakalář und andere, die angeblich »tschechische, sich selbst gegenüber unbewusste Menschen für sich gewannen«.

In den Ortschaften des nördlichen Weitra-Gebietes bestand ein enges Schulnetz, das praktisch alle Ortschaften umfasste, ja sogar Siedlungen, die Gemeinden angeschlossen waren. Am Ende der österreichisch-ungarischen Epoche bestand in Wielands eine dreiklassige Mädchen-Bürgerschule*, eine entsprechende Knabenschule in Gmünd. Fünfklassige Volksschulen befanden sich in Rottenschachen, Böhmzeil und in Wielands, und dreiklassige Volksschulen in Schwarzbach, Beilnhofen und Erdweis an der Lainsitz. In Witschoberg sowie in Zuggers bestanden zweiklassige Schulen, ebenso in Abbrand, das zu Rottenschachen gehörte. Am meisten verbreitet waren die einklassigen Volksschulen, so beispielsweise in Tannenbruck, Horní Velenice, Gundschachen, Weissenbach und Naglitz. Auch Rottenschachen besaß eine einklassige Schule, ebenso London in seiner Siedlung und Erdweis in der Siedlung Sophienwald. Eine bestimmte Art von Kinderschulen, die auch »Bewahranstalten« genannt wurden, befanden sich in Zuggers und in Schwarzbach. In 13 Orten waren demnach 20 Schulen vorhanden. In den ein- und zweiklassigen Schulen wurde allerdings nicht gerade viel gelernt, wenngleich die Mehrzahl der Ortschaften bereits durch Bahnlinien verbunden war, und die Bahnverbindung mit Gmünd, Budweis und Wittingau die Möglichkeit weiterer Schulbildung an Mittelschulen** erschloss. Dies waren Bürgerschulen, Gymnasien und andere Schultypen, in denen auch

* Bürgerschule: entsprach bis 1918 etwa einer heutigen deutschen Realschule.
** Mittelschulen: bis heute in Österreich und Tschechien die Bezeichnung für weiterführende Schulen; entsprechen etwa einer deutschen Realschule.

in tschechischer Sprache unterrichtet wurde. Einige Schulgebäude im Weitra-Gebiet waren auch für größere Klassenzahlen ausgelegt, als die Schulen selbst benötigten.

Die überwiegende Mehrzahl der Weitraer Einwohner, die um das bloße Überleben kämpfte, brachte kein größeres Verständnis für eine Weiterbildung ihrer Kinder auf, denn diese wurden von Kindheit an fürs Wirtschaften gebraucht. So waren »etliche Winter« für die Ausbildung hinreichend, um Schreiben und Rechnen zu lernen und dann das Los der Vorfahren zu teilen – die Plackerei auf unfruchtbaren Feldern, in den Forsten und auf den Weiden. Auf diese Menschen hatte die Germanisierungspolitik wahrlich äußerst wenig Wirkung, und daher erreichte die Entnationalisierung der Weitraer eben nicht den Effekt, den sich die planenden Germanisierer gewünscht hätten. Und dann gab es noch die Kirche, mit deren Institutionen der Weitraer nicht nur etliche »Winter« während der Kindheit in Verbindung kam, sondern ein Leben lang. Dies war wirklich eine »tschechische Kirche und ein tschechischer Priester, der die tschechische Sprache an diesen Orten bewahrt hat«.[17] Und darüber hinaus wurde in den nordwestlich gelegenen böhmischen Städten an den höheren Schulen das Tschechentum bewahrt, das später durch die Weitraer Intelligenzschicht – wenngleich diese zahlenmäßig gering war – verinnerlicht worden ist. Aus sämtlichen Orten rund um den Velenicer Bahnhof kamen im Übrigen nur an die 40 Schüler nach Budweis.

Die nationale Frage in den Weitraer Gemeinden nördlich von Gmünd spielte keine sonderlich wichtige Rolle. Sie war eher von geringerer Bedeutung, sie brachte ja kein Brot, keine Notlinderung, kein Geld, lediglich in wenigen Einzelfällen günstigere Arbeits- oder auch Lebensbedingungen. Und so beantwortet die österreichische Statistik aus der Umbruchszeit vom 19. zum 20. Jahrhundert lediglich andeutungsweise, auch mit zahlreichen »Kehrtwendungen«, die Frage nach der nationalen Zusammensetzung einiger Gemeinden des Weitra-Gebietes.[18] Dies wird auch aus Tabelle 2 auf Seite 40 ersichtlich.

Bei der ersten Volkszählung im Jahre 1869 wurde noch nicht nach der Nationalität gefragt. In den folgenden Jahrzehnten kam es bei der Ermittlung der Volkszugehörigkeit zu »nationalen Kehrtwendungen, die dort von der amtlichen Statistik veranstaltet wurden«.[19]

In Schwarzbach und Witschoberg verschwanden, ähnlich wie in Gundschachen bei der Volkszählung von 1890, die Tschechen vollständig. Und

GEMEINDE	1880	1890	1900	1910
SCHWARZBACH				
Deutsche	32	692	219	310
Tschechen	619	–	512	425
WITSCHOBERG				
Deutsche	15	449	455	505
Tschechen	394	–	41	1
BEINHOFEN				
Deutsche	23	67	99	403
Tschechen	590	530	576	220
TANNENBRUCK				
Deutsche	56	74	88	201
Tschechen	162	162	158	19
ROTTENSCHACHEN				
Deutsche	171	509	1003	1663
Tschechen	1628	1309	1002	339
GUNDSCHACHEN				
Deutsche	31	449	238	313
Tschechen	287	–	57	–

Tabelle 2: Nationalität entsprechend den Volkszählungen von 1880–1910

ein Jahrzehnt später wurden sie wiederum mit einer Anzahl von nahezu 600 angeführt. »Und es handelt sich dabei weiterhin um dieselben Familien, weiterhin um dieselben Dorfbewohner, die ihre Wohnsitze nicht gewechselt hatten, und nicht einmal irgendeine Kolonie oder Gemeinschaft deutscher Sprache war in die Ortschaft selbst eingezogen.«[20] Die Schwarzbacher Einwohner, die unter dem Sammelbegriff deutscher Volkszugehörigkeit zusammengefasst wurden, verstanden nicht einmal deutsch. Doch die Zeitungen – so zum Beispiel die Gmünder Zeitung – rühmte, wie die Ortsbevölkerung in Witschoberg doch von »gutem deutschen Denken« erfüllt sei.[21]

Als es bei der Volkszählung am Ende der 1930er-Jahre im Weitra-Gebiet erneut zur Bestimmung der Nationalität kam, wiederholten sich ähnliche »nationale Kehrtwendungen«, und erneut erschienen in den Zeitungen Feststellungen, wie trügerisch doch für das Weitraer Gebiet die amtliche Statistik sei. »Das waren weiterhin ganz genau dieselben

Leute. Ortsbewohner und Alteingesessene. Weder nach Schwarzbach noch nach Witschoberg waren Leute hinzugezogen noch fortgezogen! Dort gab es keine Goldgruben. Umgekehrt zogen aus allen diesen armseligen Weitraer Gemeinden Jahr für Jahr Dutzende, ja Hunderte junger Menschen bis tief in österreichisches Gebiet hinein, in fremde Dienste.«[22]

Obwohl diese »Schwankungen« der Nationalstatistik, die auf einer »bloßen Eigenwilligkeit der Zählkommissare gründeten und vom Druck der uneinsichtigen Alldeutschen hervorgerufen waren«, in österreichischer Zeit insgesamt nichts bedeuteten, und für eine fehlerhafte, willkürliche Zuordnung zu einer Nationalität weder der Bürger noch der Zählungskommissar belangt wurde, so brachte doch etliche Dutzende Jahre später dieses Sich-seiner-Nationalität-nicht-bewusst-werden in der Statistik unbeschreibliches Elend. In den folgenden Kapiteln wird darauf zurückzukommen sein, doch die Wurzeln dieser »merkwürdigen Kehrtwendungen« der Statistik im Weitra-Gebiet können wir bereits hier sehen. Ob denn jemand ein Deutscher oder ein Tscheche war, bewegte oder interessierte hier kaum jemanden, im Vergleich zum harten Kampf um das tagtägliche Stück Brot galt dies als eine untergeordnete Angelegenheit. Was für die Weitraer in der Zeit der Habsburger Monarchie unwichtig und grundlagenlos war – und sie hatten es sich angewöhnt, so zu leben –, wurde später zu einer über alle Maßen wichtigen Sache im Nationalstaat, als nämlich das Bekenntnis zur einen oder anderen Volkszugehörigkeit wichtiger war als allein das Leben eines Menschen. Solche Deformierungen erlebten die menschlichen Schicksale, und die Weitraer, die in einem anderen Staat und Regime erzogen worden waren, bezahlten schwer für ihre gewohnte Lebensweise, als sich die wertbildenden Maßstäbe änderten …

2. Im tschechoslowakischen Staat (1920–1938)

Nach 400-jährigem Bestehen fiel die Habsburgermonarchie wie ein Kartenhaus auseinander. Es war dies mit ein Ergebnis des verlorenen Ersten Weltkriegs, doch auch das Abbild der Unfähigkeit und der Verknöcherung des Herrscherhofes. Als Kaiser Franz Joseph I. an die Macht gelangte, erlebte er gerade die Entwicklung der Nähmaschine – am Ende seiner 68 Regentschaftsjahre tummelten sich auf den Schlachtfeldern

Flugzeuge und Panzer. Die Welt vollbrachte während seiner Regierungszeit vor allem in der industriellen Revolution unerhörte Sprünge. Doch kam es in der zivilisatorischen Entwicklung zu einem maßlosen Stau, als der Nationalismus zum Leben erwachte und die einzelnen Völker ihre Rechte einforderten. Der Wiener Herrscherhof war wegen seiner desintegrativen Politik nicht in der Lage, auf die nationalen Interessen »seiner« Völker eine entsprechende Antwort zu geben, er konnte sie lediglich 1914 zum Krieg auffordern. Die Föderalisierungsversuche des Thronfolgers, den auch der slowakische Politiker Milan Hodza massiv unterstützte, wurden durch das Attentat von Sarajevo im Keim erstickt. Der neue Kaiser hatte mit seinem Föderalisierungsprogramm inmitten des bis zu jener Zeit zerstörungsreichsten Krieges keinen Erfolg.

Die Unfähigkeit des Kaisers hatte allerdings für Mitteleuropa katastrophale Folgen. Ein großes Staatsgebilde, das seit dem 16. Jahrhundert in der Lage gewesen war, dem Vormachtstreben des Osmanischen Reiches Einhalt zu gebieten und de facto Europa vor dem Islam zu beschützen, vermochte es nicht, aus seinen Verdiensten ein Positivum für sein Überleben zu entfalten. Es scheint, dass es noch im Jahre der Schlacht von Sadova* 1866 nicht zu spät gewesen wäre, und die Forderungen der Madjaren, die schließlich zum Staatsdualismus führten, hätten durch die Anerkennung der Rechte des Königreiches Böhmen ausgeglichen werden können. Ein Trialismus des Reiches wurde nicht umgesetzt, und die Tschechen, die durch die Ignorierung seitens des Wiener Hofes verletzt waren, waren dann an der Zerschlagung der Monarchie möglicherweise am stärksten beteiligt. Die Botschaft Palackýs, »wenn es Österreich nicht gäbe, müssten wir es erschaffen«, veränderte sich schicksalhaft in ein »Wir waren vor Österreich da, und wir werden auch noch nach ihm da sein«. Dem Historiker geziemt wohl die folgende Überlegung: Hätte der Wiener Hof nicht »verschlafen« und den Tschechen ein gleichberechtigtes Statut wie dem halbfeudalen Ungarn zugebilligt, so wären es wohl die Tschechen gewesen, die auf höchst aufopferungsvolle Weise die große Monarchie vielleicht bewahrt hätten. Danach aber wurden sie zu den größten Feinden, und durch die Tätigkeit ihres Anführers, des einstigen österreichischen Reichsratsabgeord-

* Sadova: ein ca. 9 km nordwestlich von Königgrätz gelegenes Dorf; Synonym für die Gesamtniederlage der österreichischen Armeen gegen Preußen bei Königgrätz 1866

neten Professor Tomáš G. Masaryk, wurden sie auch zu ihren Totengräbern.

Möglicherweise werden die Diskussionen darüber, ob ein solch großes mitteleuropäisches Staatsgebilde wirklich hätte zerschlagen werden sollen, noch länger andauern, als es selbst bestand. Die historische Wirklichkeit hat aber gezeigt, dass durch den Fall der Habsburger Monarchie das aufgeteilte mitteleuropäische Gebiet zum Opfer zweier Mächte wurde, die das Vakuum im Anschluss an die Monarchiezeit ausfüllten – das heißt Russland und Deutschland. In einem großen Staatengebilde wäre es vielleicht möglich gewesen, dass die Habsburgermonarchie im rationalen Umgang mit ihrer Tradition, dem historischen Potenzial und entsprechender Energie ihrer Völker ihre kleinen Nationen hätte schützen können. Doch da gab es keine Kraft mehr, die sich den aggressiven Mächten hätte entgegenstellen können. So wurden die kleinen Völker alsbald zu Opfern zunächst des deutschen Expansionsstrebens im Geiste des nationalsozialistischen* Totalitarismus, um dann für lange Jahrzehnte der bolschewistischen Vision von der Weltherrschaft im internationalen, wenngleich ebenso totalitären Sinne zu unterliegen.

Der Einfall des Nationalsozialismus und Bolschewismus nach Mitteleuropa, konkret dann in die Tschechoslowakei, hatte für Tschechen, Slowaken, Deutsche und Ungarn, die innerhalb dieses Staates siedelten, katastrophale Konsequenzen. Und im Rahmen des hier zu untersuchenden Mikrokosmos der Weitraer Dörfer und ihrer Bevölkerung stellte sich die Lage noch dramatischer dar – denn die hier, am Rande der Zivilisation lebende einfache Bevölkerung war aufgrund ihres abgeschiedenen Lebens wohl am wenigsten darauf vorbereitet, den Terror von Nationalsozialismus und darauf folgendem Bolschewismus zu verstehen und zu ertragen. So manche Regionen Böhmens, die bereits durch einen höheren Zivilisationsstandard Zellen für eine Selbstverteidigung entwickelt hatten, waren in der Lage, sich besser mit der grausigen Realität zu arrangieren, als die in der Tat einfältigen, von der Welt vergessenen Weitraer. So als ob sie den neuen totalitären Herrschern zurufen würden: Ihr habt euch bislang nicht um uns gekümmert, lasst uns daher in Frieden auf unsere eigene Art leben, kümmert euch nicht um uns! Doch dies

* In der tschechischen Geschichtsschreibung und Publizistik, und auch vom Autor, wird meistens der Begriff »nazistisch« an Stelle »nationalsozialistisch« verwendet.

wurde ihnen nicht ermöglicht, und umso schmerzlicher mussten sie daher Unrecht und die Wunden ihres Schicksals ertragen.

Die Menschen des Weitraer Gebiets lebten nahezu 650 Jahre lang im administrativen und machtpolitischen Rahmen Österreichs, konkret im Land Niederösterreich, dessen Landeshauptmann in Gmünd residierte. Sie lebten hier an der Grenze Österreichs und des böhmischen Königreiches, sie waren jahrhundertelang durch Familien- und Verwandtschaftsbande miteinander und zwischen beiden Völkern vernetzt, sodass es für die Mehrheit dieser Menschen schwerlich feststellbar war: Ich bin ein reiner Tscheche oder ein reiner Österreicher, in meinem Körper fließt allein tschechisches oder nur österreichisches oder gar deutsches Blut. Und die Weitraer, deren Geschichte wir uns hier zuwenden, besaßen auch gar kein eigenes Interesse daran, in das neu geschaffene Staatsgebilde – die Tschechoslowakei – zu drängen. Dies war ja ein Staat, der aufgrund seiner Nationalstruktur eine Art Österreich-Ungarn im Kleinen darstellte. Die Heimatverbundenheit, die von Lokalpatriotismus durchdrungen war, kam dem entgegen, saturierte den ethischen Überbau wie etwa Vaterlandsverbundenheit, Treue gegenüber der Herkunft, Heimat. Sie waren grundsätzlich »Böhmen«, zur einen Hälfte Österreicher bzw. Deutsche, die auch Deutsch in örtlichen Dialekten sprachen, zur anderen Hälfte waren sie aber Tschechen. Dies aber auf eine ganz besondere Art und Weise! Wenn wir uns der Erforschung ihrer historischen Entwicklung in der zweiten Hälfte des 19. Jahrhunderts und im ersten Jahrzehnt des 20. Jahrhundert zuwenden, bemerken wir, dass die Schule als solche sie zum Deutschen hinzog, das heißt also zur Entnationalisierung, und die Kirche vor Ort zum Tschechischen hin, somit also zur Heimatverbundenheit. Sie bestanden demnach aus einem doppelten, originären Weitraer Gemenge: Sie waren sie selbst, unverwechselbar, unvermischbar und mündig, diese Nachkommen der Doudleber/Teindleser Slawen, deren Ursprünge hier ein Jahrtausend lang überlebt, sich erneuert und Gesicht und Eigenart der Weitraer geprägt hatten.

Und gerade dadurch, dass sie hier überlebt und sich im Grundsätzlichen nicht verändert hatten, wurden sie zum Vorwand für eine Verhökerung von Seiten dieses sich neu herausbildenden Staates. Die tschechoslowakische Delegation auf der Pariser Friedenskonferenz legte bereits im Februar 1919 ein Memorandum vor, in dem die Forderung nach Festsetzung der Grenzen auf der Grundlage der historischen Grenzziehungen des Königreiches Böhmen gefordert wurde. Der Rat der Vier – England, Frankreich, die USA und Italien – billigte ihren Verlauf Ende April 1919. Doch bereits zuvor hatte Ende November 1918 der Bevollmächtigte der ČSR in Österreich – das am 11. November 1918 zur Republik ausgerufen worden war –, den Außenminister der ČSR Edvard Benesch dazu aufgefordert, bei den entscheidenden Vertragsvertretern in Paris Folgendes durchzusetzen: »(Punkt 5.) Damit uns eine Verbindung mit dem Süden ermöglicht wird, insbesondere mit dem slawischen Süden, fordern wir, dass die Entente die Südbahn besetzt und dazu die Trasse, welche Deutschösterreich mit der Tschechoslowakei verbindet«.[23]

Gerade diese Strecke war seit 1869 die Eisenbahnverbindung zwischen Budweis und Gmünd und seit 1871 zwischen Prag, Weseli an der Lainsitz, Gmünd und Wien. Hier, mitten durch das Weitra-Gebiet, verlief über Gmünd als wichtige Verkehrsader die Verbindung nach Wien. Und Gmünd als einem Eisenbahnknotenpunkt kommt eine strategische Bedeutung von unermesslicher Bedeutung zu, wann immer wir in Erwägung ziehen, dass von Gmünd aus ab 1900 die Grenztrasse nach Nagelberg–Heidenreichstein/Litschau und ab 1902 vom westlichen Grenzbereich in Richtung Weitra–Groß Gerungs verlief. Um den Eisenbahnknotenpunkt in Gmünd von strategischem Gesichtspunkt aus zu erhalten, war es von ausschlaggebender Bedeutung, später eine Argumentation auch von wirtschaftlicher Bedeutung nachzuschieben. In dieser Zeit gab es Überlegungen über einen Zusammenschluss der ČSR mit Jugoslawien über einen österreichischen Korridor hinweg. Wo und wie er aber verlaufen sollte, diese Frage befand sich noch im Stadium von Überlegungen, denen selbst Masaryk zuneigte, doch war es via facti notwendig, eine Eisenbahnverbindung, notfalls auch durch Einsatz von Militär, herzustellen.

Hier handelte es sich nicht nur um bloße Gedankenspiele. Der junge Staat war bestrebt, sich allseits militärisch abzusichern, um nicht bald wieder ausgelöscht zu werden. So suchte er Verbündete und plante Korridore. Im November 1918 »sprach« der sozialdemokratische Politiker Vlastimil Tusar, der später tschechoslowakischer Regierungschef wurde, »von Triest, dass dieses slawisch bleiben müsse«.[24] Dies war bereits eine derart megalomanische Vermessenheit, dass sie Außenminister Benesch in Schwierigkeiten brachte. Doch auch slowakische Politiker hegten ähnliche Gedanken, die auch Städte am Südufer der Donau, die tief auf ungarischem Gebiet lagen, der Slowakei, das heißt der Tschechoslowakei, eingliedern wollten, so beispielsweise Vacov/Vácz, Miszkolc und andere. Auf tschechischer Seite wurden Forderungen nach einem Korridor über das Weitra-Gebiet und nach der Anlage eines Donauhafens erhoben, denn hier handle es sich angeblich um slawisches Gebiet, das erst später durch die Germanisierung geraubt worden sei. Die Überlegungen hinsichtlich eines Donauhafens waren lange Zeit aktuell, und so erhielt das Weitra-Gebiet auch unter diesem Gesichtspunkt entsprechende Aufmerksamkeit, bis schließlich die Meinung überwog, dass ein einziger Hafen, nämlich in Pressburg, ausreichen würde. Der Friedensvertrag würde eventuell mehrere Häfen nicht zulassen, und die Slowaken konnten sich somit befriedigt fühlen.

Nichtsdestoweniger blieb eine Grenzerweiterung auf Weitra-Gebiet zu Gunsten der ČSR weiterhin aktuell. Mitte Januar 1919 erließ Benesch eine Weisung an die Mitglieder der tschechoslowakischen Delegation auf der Pariser Friedenskonferenz, in der er Detailkarten der tschechoslowakischen Forderungen mit der präzisen Angabe anführte, welche Gemeinden die ČSR fordere. Unter acht Gebieten – neben dem Grenzverlauf in der Slowakei, der Karpatenukraine, der Lausitz, dem Glatzer Land, dem Ratiborer Gebiet und einem Korridor – war dies vor allem Gmünd. Dem sollten Einzelstatistiken der Tschechen in Niederösterreich beigefügt werden. Zusätzlich zu Gmünd, das Teil VI von insgesamt XV Kapiteln territorialer Veränderungen umfasste, forderte Benesch die Erläuterung des Gesamtproblems aus ethnografischer, politischer, historischer und wirtschaftlicher Sicht. Von Ende Januar 1919 stammt ein Papier der tschechoslowakischen Delegation in Paris aus der Sicht militärisch-strategischer Erfordernisse. Im Kapitel zur Grenzfestsetzung aus strategischen Gründen wird hier angeführt, dass es zu Abänderungen auch bei Eisenstein, Summerau, bei Gmünd und Postorna* sowie auf dem Marchfeld kommen müsse. Aus der weiteren Analyse derselben Delegation vom Gesichtspunkt der Erfordernisse der tschechoslowakischen Industrie – bezeichnet als »Gebietsforderungen der Industrie« – ging ganz und gar kategorisch hervor: »Der Eisenbahnknotenpunkt in Gmünd sollte auf ČSR-Gebiet liegen.« Schließlich wurden die Forderungen aus verkehrstechnischen Gründen gebilligt. Der Minister für das

* Postorna: Ort südwestlich von Lundenburg/Břeclav

Eisenbahnwesen, Zahradníček, forderte Benesch dazu auf, Minister Pichonov mitzuteilen, dass die ČSR einen Gebietsanteil an der Strecke neben dem Fluss Ipel in der Slowakei fordere, und weiter: dass ohne die Strecke Lundenburg–Gänsendorf–Marchegg–Pressburg die Verkehrsführung unmöglich sei. Und dann weiter: »Die Stationen Gmünd und Eger sind für uns unentbehrlich.«[25]

Der Knotenpunkt Gmünd erschien somit für die tschechoslowakische Politik, die mit ihren Vertretern in Paris die Vertragsverhandlungen führte, vom Gesichtspunkt strategisch-militärischer, industrieller und verkehrsmäßiger Erwägungen als unentbehrlich, ja unverzichtbar. Dies waren genügend Gründe, um dies alles kategorisch, mit allem Nachdruck einzufordern. Die tschechoslowakische Delegation legte eine Dokumentation darüber vor, dass das Gebiet dem tschechischen Přemysliden-Staat zugehört hatte und dass seine Inhaber zu den Verbündeten König Přemysl Ottokars II. gehört hätten, wobei die Kuenringe ihr Besitztum gerade nach seiner Niederlage verloren hätten und das Weitraer Gebiet als Pfand an die Habsburger abtreten mussten. Dass es also zu einer nahezu 700-jährigen Unterbrechung der staatlichen Zugehörigkeit gekommen war, machte der Delegation nichts aus, denn böhmisches Krongebiet musste auch nach Jahrhunderten in die Grenzlinie des Königreiches Böhmen zurückkehren.

Doch es ging nicht allein um die Stadt Gmünd und ihren Eisenbahnknotenpunkt, die Streckenverbindung nach Osten und Westen entlang der Grenze von Weitra nach Litschau. Es wurde auch die Umgebung von Gmünd eingefordert, selbst Weitra und Litschau, ein Gebiet, das mit rund 350 Quadratkilometern etwa um das Dreifache größer war, als schließlich der Tschechoslowakei zugebilligt wurde. Doch die tschechoslowakische Delegation vermochte schon aus ethnografischen Gründen die Vertreter bei der Friedenskonferenz schwer davon zu überzeugen, dass auf dem gesamten geforderten Gebiet ursprünglich Slawen tschechischer Herkunft gelebt hätten, dass sie assimiliert worden seien, eingedeutscht, entnationalisiert und zwar so ähnlich wie die Elbslawen in Deutschland. Schließlich wurde auch gegenüber den Madjaren mit dem Autochthonismus der slawischen Bevölkerung argumentiert. Angeblich hätten nördlich der Donau, an ihrem linken Ufer, seit Urgedenken stets Slowaken – Slawen – gelebt, die über die Jahrhunderte hinweg madjarisiert worden seien; ursprünglich seien dies ungarisch sprechende Slowaken.

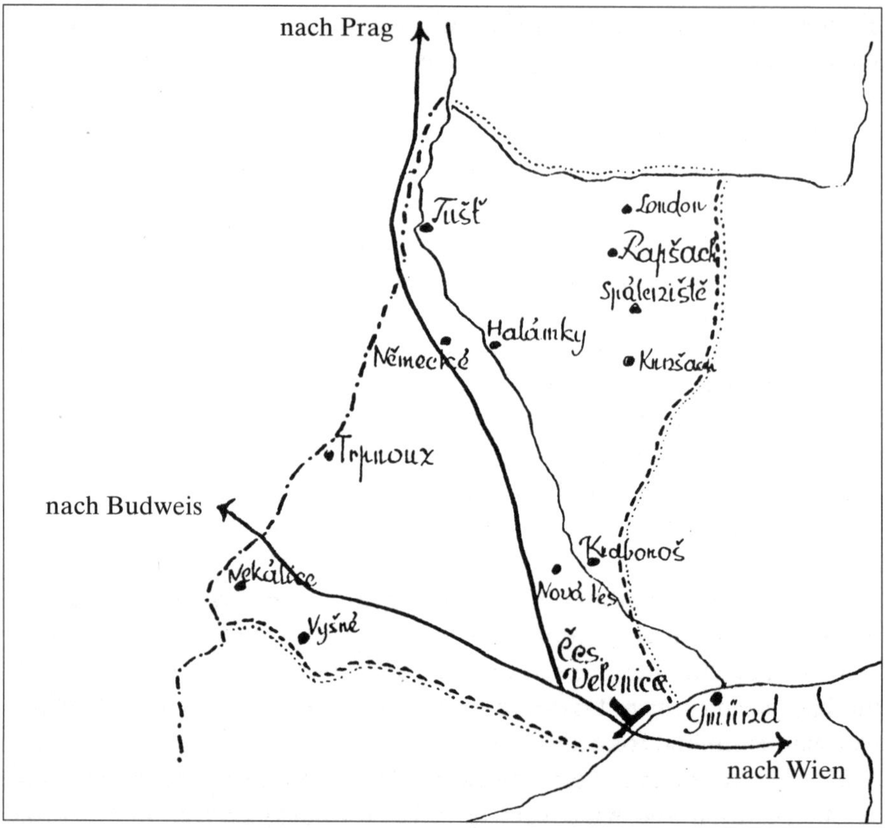

Das 1920 an die ČSR angeschlossene Weitra-Gebiet (Aus: Chronik der Gemeinde Rottenschachen, 1932, S. 14)

Auch die Weitraer Österreicher seien ursprünglich Slawen gewesen, selbst wenn sie heute deutsch sprächen, was nichts an den Ansprüchen des tschechischen Staates auf dieses Gebiet ändere. Was in der Slowakei insbesondere im Hinblick auf die Donau, die eine Machtgrenze zu Gunsten der ČSR bzw. der Slowakei bildete, geglückt war, gelang jedoch den tschechoslowakischen Verhandlungsführern in der Frage des Weitra-Gebietes nicht.

Die Delegation war somit genötigt, die Tschechen zu aktivieren, wo immer dies möglich war, um so ihre Forderungen durchzusetzen. So wurde vor allem im Herzen Österreichs agitiert – in Wien. Die Wiener Tschechen, die eine bedeutende Enklave in der Stadt bildeten, unterstützten die Erweiterung der Grenzen der ČSR über den Rahmen der ehemaligen historischen Grenzen des Königreiches Böhmen hinaus. Aber auch im Weitra-Gebiet wurde flammend für einen Anschluss des Gebietes an die ČSR agitiert.

Hier verlief die Entwicklung jedoch unterschiedlich und nicht eindeutig. Die »Gemeinden des Blatna-Gebietes« zeigten nämlich hinsichtlich territorialer Veränderungen keinerlei Interesse. Ihre Bewohner wussten nicht, was ihnen der neue Staat bringen würde, die neuen Grenzen versprachen ihnen eher eine Begrenzung ihrer jahrhundertealten, historisch gewachsenen Beziehungen zu den Ortschaften auf niederösterreichischem Gebiet und eine Erschwerung der Familienbeziehungen. Hier wurde eher darauf gewartet, wie dieser neue Staat ihre sozial schwierige Lage erleichtern würde – das heißt also: Was er ihnen geben und welche Versuche er unternehmen würde, sie aus jahrhundertelanger Not zu lösen. Nicht lange danach erhielten sie die entsprechende Antwort auf derlei Fragen.

Anders sah die Lage im Eisenbahnknotenpunkt in České Velenice aus, in seinen Werkstätten und Einrichtungen. Dieses Gebiet bildete eine eigene Gegend, die sich Ende des 19. Jahrhunderts so herausgebildet hatte und historisch nicht mit den Ortschaften des nördlichen Weitra-Gebietes zusammenhing. Hier überwogen die tschechischen nationalen Interessen, die durch tschechische Beamte, Arbeiter und Bedienstete repräsentiert wurden, die wiederum insgesamt von Anfang an der Prager Eisenbahndirektion unterstanden. Auch als die Leitung an Wien abgegeben und der Zuzug neuer tschechischer Beschäftigter untersagt wurde, so vermochte dennoch die erhebliche Anzahl von Tschechen in den Werkstätten und auf der Bahn tschechischen Geist zu bewahren. Hier wurde der Boden für ein allfälliges Verknüpfen von České Velenice und des nördlichen Weitra-Gebietes mit dem neuen Staatsgebilde bereitet.[26] Hier wurde das Zentrum des tschechischen Nationalbewusstseins geschaffen, das entsprechend seinem Programm auf die Anbindung des Weitra-Gebietes an den neuen Staat, dieses Folgegebilde, nämlich die ČSR, abzielte. Am 4. November 1918 entstand der Tschechische Nationalausschuss mit zwölf Mitgliedern. Sieben Monate lang musste er jedoch in der Illegalität tätig sein. In dieser Zeit steigerten sich die nationalen Bestrebungen vor allem auf der Seite der Österreicher, die schwer an der Zerstörung der Monarchie zu tragen hatten. Am 11. November

1918 wurde in České Velenice das 102. Beneschauer Regiment entwaffnet und bestohlen, als es auf dem Weg zurück in die Heimat war. Diese Aktion von 3000 österreichischen Eisenbahnbediensteten führte der Vorsitzende des österreichischen Nationalrats Hans Michale an. Auf den sich steigernden Nationalismus der tschechischen Bevölkerung[27], die den Fall der Monarchie und die Bildung der ČSR voller Hoffnung, dass Weitra und sein Gebiet dem neuen Staat angeschlossen werde, begrüßte, antworteten die Deutschen mit repressiven Maßnahmen. Am 18. Mai 1919 erhielten sämtliche Beschäftigte bei der Bahn und in den Werkstätten, die sich zur tschechischen Nationalität bekannten, die Antwort – es wurde ihnen der Lohn verweigert und die Zuteilung von Lebensmitteln eingestellt. Der Bezirkshauptmann in Gmünd wollte so die Frage durch den Abschub der Tschechen aus den Eisenbahnwerkstätten lösen. Doch die ČSR-Regierung ließ den Eisenbahnbediensteten in České Velenice Lebensmittel zukommen, die auf Bestätigung des tschechischen Nationalausschusses an die Angestellten in Suchenthal an der Lainsitz ausgegeben wurden. In das Weitra-Gebiet war damit erstmals der Nationalismus in einer ausgeprägten, bis dahin unbekannten Weise eingedrungen.

In den Vordergrund gerieten nunmehr die Patrioten, nationaltschechisch orientierte Männer wie zum Beispiel František Zeman, der in Velenice die Volksbildungsarbeit schon während des Krieges und während des Umsturzes angeführt hatte. Daneben wirkte noch Antonín Hanuš, der Vorsitzende des Lesevereins »Beseda« und schließlich Repräsentant des Nationalausschusses. Die dritte Führungspersönlichkeit des tschechischen Lebens war der Oberoffizial-Werkmeister in den Eisenbahnwerkstätten Josef Dubský, der Geschäftsführer des Nationalausschusses. Er war es, der sich an die tschechoslowakische Botschaft in Wien wandte, um die restriktiven Maßnahmen zu beseitigen, die eine Lebensmittelzuteilung an die Tschechen verhinderten. Er intervenierte bei der tschechoslowakischen Regierung, damit entlassene Tschechen erneut bei der Bahn eingestellt würden – und hat damit später auch Erfolg gehabt. Die Haupttätigkeit des Geschäftsführers des Velenicer Nationalausschusses bestand in der Veranstaltung öffentlicher Versammlungen in den größeren Städten, insbesondere in Südböhmen, auf denen er sprach und Resolutionen verabschieden ließ, damit der Friedensvertrag von St. Germain das Weitra-Gebiet Böhmen zuschlage. Diese Resolutionen wurden jeweils der tschechoslowakischen Delegation in Paris übermittelt und halfen ihr, die historischen Rechte auf die Erlangung von Weitra und seines Gebietes zu thematisieren.

Am 10. September 1919 wurde im Schloss von St.-Germain-en-Laye zwischen den Vertragsstaaten, d.h. den Alliierten, und Österreich der Friedensvertrag unterzeichnet. Österreich, das neben Deutschland den Krieg verloren hatte, wurden harte Bedingungen auferlegt: Es hatte Reparationszahlungen zu leisten, die Gesamtstärke seiner Armee durfte eine Sollstärke von 30 000 Mann nicht übersteigen, das Verbot einer staatlichen Vereinigung mit Deutschland wurde ausgesprochen. Das Königreich Jugoslawien erhielt Dalmatien, Slowenien, Bosnien und die Herzegowina; Polen wurde das Fürstentum Halitsch (Galizien) zugesprochen, Rumänien die Bukowina und Italien Südtirol. Die Nachfolgestaaten, das heißt auch die Tschechoslowakei, wurden von Österreich vertraglich anerkannt. Im Abschnitt V des Vertrags von St. Germain wurden der ČSR der westliche Teil des Weitra-Gebietes zusammen mit den Vorstädten von Gmünd und České Velenice sowie elf Ortschaften im Gebietsumfang von 118 Quadratkilometern zugesprochen. Autoren jener Zeit haben notiert, dass »die Freude der Tschechen ungeheuer war. Aber sie erlebten diese auch mit Enttäuschung, denn den Tschechen wurde lediglich ein geringer Teil des Weitra-Gebietes zugesprochen«.[28]

Ursprünglich hatte die Delegation der ČSR wesentlich mehr Territorium gefordert. Es sollte von zwei Bögen gebildet werden, die im Osten die Strecke nach Litschau umfassen sollten und im Westen ein Gebiet, das um die Strecke nach Weitra lag, also südöstlich von Eisgarn über Nagelberg westlich von Schrems. Der Fluss Lainsitz sollte dann die Grenze des zweiten Bogens von Unter Lembach aus bilden, und dann sollte sie über die Kote Nr. 742 die böhmische Landesgrenze etwa 1,5 km östlich der Ortschaft Scheiben* erreichen. »Durch den Frieden von St. Germain wurde uns ein erheblich kleineres Gebiet zugebilligt«.[29] Doch die größte Enttäuschung bestand darin, dass Österreich auf der Friedenskonferenz die Stadt Gmünd als Eisenbahnknotenpunkt und das Gebiet beider Eisenbahnstrecken erhielt, die von da aus einerseits nach Osten – also Lit-

* Scheiben/Šejby: südlich von Gratzen (Nové Hrady), direkt an der heutigen österreichisch-tschechischen Grenze gelegener Ort

schau – und nach Westen, nach Weitra, führten. Die ansonsten gegenüber den tschechoslowakischen Forderungen doch recht freigebige Konferenz in den Fragen der Nordgrenze mit Polen und den Süd- sowie Ostgrenzen gegenüber Ungarn und der Karpatenukraine verhielt sich hier so, als ob sie ihre Freigebigkeit eingestellt hätte. »In den Abschlussverhandlungen, die am 2. September ihr Ende erreichten, wurde in den Beziehungen zu Österreich die historische Grenze des ehemaligen Böhmischen Königreiches bestätigt, und so blieb der einzige Erfolg der Österreicher der Verbleib des Eisenbahnknotenpunktes Gmünd auf ihrem Gebiet.[30]

Die zeitgenössische historische Publizistik vermerkte im Jahre 1919 sofort, was eigentlich vom Weitraer Gebiet an die ČSR gefallen war. Die Altstädter Sektion des Nationalen Böhmerwaldbundes (»Národní jednota pošumavská«) gab 1919 eine Broschüre von Ingenieur Antonín Kalbáč mit dem Titel »Das Weitraer Gebiet« heraus. Darin stellt der Verfasser fest, dass durch den Vertrag von St. Germain »unserem Staat« Gemeinden aus den Gerichtsbezirken Gmünd und Schrems »einverleibt worden sind«.

Aus dem Gmünder Bezirk waren dies folgende Ortschaften:

Schwarzbach, Witschoberg, Beinhofen, Tannenbruck mit der Siedlung Obora, Erdweis an der Lainsitz mit der Siedlung Sophienwald (auch Zofinka genannt), ferner Zuggers, Naglitz, Weissenbach, Wielands und Böhmzeil mit der Siedlung Josephschlag (auch Pepikov/Zum Josefl genannt).

Aus dem Schremser Bezirk fielen folgende Ortschaften an die ČSR:

Rottenschachen mit den Siedlungen Abbrand, Wohoskahäuser, London, Paris und Mooshäuser sowie das Dorf Gundschachen.

Zur Einverleibung der Weitraer Ortschaften in die ČSR kam es nicht sofort nach der Unterzeichnung des Friedensvertrages. Bis dahin verblieb das Gebiet unter der Verwaltung von Niederösterreich; es entstand ein Vakuum, das von Unsicherheit begleitet war. Die durch die Entscheidung von Paris enttäuschten tschechoslowakischen Behörden waren nicht entschlossen genug, um die erlangten Gebiete augenblicklich zu besetzen oder schließlich gar um ihretwegen wie im Fall des Teschener Gebietes oder der Slowakei einen Krieg zu führen. Die Ergebnisse der Konferenz wurden erst in einem Abkommen zwischen der österreichischen und tschechoslowakischen Regierung deutlich: Die Velenicer Werkstätten würden für die ČSR arbeiten und sämtliche entlassenen tschechischen Beschäftigten wieder in die Arbeit aufgenommen. Doch dies geschah erst acht Monate nach Vertragsunterzeichnung, im April 1920! Am 12. Juni 1920 erschienen in den Werkstätten Bekanntmachungen des tschechoslowakischen Eisenbahnministeriums bezüglich der Zugehörigkeit des Velenicer Bahnhofs und seiner Werkstätten zur ČSR.

Am 31. Juli 1920 kam es zur vollständigen Übernahme des Weitra-Gebietes in tschechoslowakische Staatsverwaltung. Namens der Regierung der ČSR wurde sie von Regierungsrat Dr. Uhlíř vom Gmünder Bezirkshauptmann unter Assistenz des einst überfallenen und bestohlenen Regiments Nr. 102 übernommen. Im Hinblick darauf, dass der östliche Teil von Velenice (Neustadt) bei Österreich verblieb, wurde für Wielands und Böhmzeil eine Verwaltungskommission eingesetzt, deren Vorsitz Antonín Nápravník übernahm. Beide Gemeinden legten sich den Namen Cmunt in Böhmen zu – im Unterschied von Gmünd/Cmunt in Österreich. Später hieß der Ort dann Český Cmunt, d.h. Böhmisch-Cmunt/Gmünd. Durch Verwaltungsentscheid wurde aus beiden Ortschaften und deren Siedlungen die gemeinsame Bezeichnung České Velenice.

Die Österreicher in Gmünd und Umgebung wehrten sich nach der Vertragsentscheidung mit Demonstrationen und Protesten gegen die Tätigkeit der Entmilitarisierungskommission, die sich aus Vertretern der ČSR, Österreichs und Offizieren der Vertragsparteien zusammensetzte. Bereits im Frühjahr 1920 war der tschechische Ingenieur Valach bei der Grenzvermessung auf österreichischem Boden überfallen, verprügelt und sein Theodolit in die Lainsitz geworfen worden. Die Kommission nahm ihren Sitz in Budweis und fuhr ab August 1920 von dort zu ihrer Grenzregulierungsarbeit. An ihrer Tätigkeit wurde sie von Demonstranten in Gmünd behindert, die das Auto der Kommission mit Steinen bewarfen und ihr den Weg mit Baumklötzen verbauten, wobei das japanische Kommissionsmitglied verletzt wurde.

In das Weitraer Gebiet war eine Gewalt eingebrochen, die hier zuvor unbekannt gewesen war. Am 11. August verließen sämtliche österreichische Beamte und Beschäftigte des Bahnhofs und der Werkstätten ihren Dienst und begaben sich nach Österreich. Der Umzug von einem Staat in einen anderen hatte einen gewaltsamen Beigeschmack, es war ein Hin-

Gemeinde	Jahr	Fläche in ha	Anzahl von Häusern	Einwohnerzahl	Tschechen	Deutsche	Ausländer
Schwarzbach	1921	1059	95	655	615	7	43
	1930	1059	107	624	595	5	23
Witschoberg	1921	683	59	469	429	10	30
	1930	683	60	386	373	2	11
Beinhofen	1921	1538	96	592	577	3	12
	1930	1538	100	544	541	1	2
Erdweis	1921	1592	128	975	204	622	145
a. d. Lainsitz	1930	1592	133	887	272	507	106
Tannenbruck	1921	587	48	380	234	78	68
	1930	587	49	314	252	54	8
Rottenschachen	1921	2188	287	1950	1725	141	84
	1930	1908	310	1685	1626	10	49
České	1921	1206	340	4570	2672	772	1290
Velenice	1930	1205	431	4863	4379	227	247
Naglitz	1921	613	51	210	13	188	9
	1930	613	43	227	29	181	17
Weissenbach	1921	1437	63	372	32	269	71
	1930	1437	69	371	110	225	36
Gundschachen	1921	122	31	254	213	29	12
	1930	404	33	171	160	4	7

Tabelle 3: Einwohnerzahlen des Weitra-Gebietes 1921 und 1930 und Nationalitätenstruktur

ausjagen als Ergebnis politischer Veränderungen – ein Vorspiel für die schicksalhaften Ereignisse ein viertel Jahrhundert später. Es handelte sich um ein Novum, das in dieser ganz und gar ruhigen Gegend unbekannt war und nun Schreckliches für die Zukunft verkündete. Es zeigte sich auf zwei Ebenen, die im Folgenden im Verlauf von Zehnjahresabständen untersucht werden müssen – in der Abnahme der Bevölkerung und ebenso bei ihren Wohnstätten bzw. Häusern. Die politischen Veränderungen in České Velenice – Wielands, Böhmzeil und der Siedlung Josephschlag – zeigten sich nach dem Ersten Weltkrieg in der Abnahme um 1000 Personen und in der Stagnation, das heißt der Einstellung weiterer

Baumaßnahmen. Der Bevölkerungsstand von 5713 Personen im Jahre 1910 wurde niemals mehr erreicht, denn diese 1000 ausgesiedelten bzw. vertriebenen Österreicher fehlten hier stets – selbst in der Zeit höchsten Hurragefühls 1930. Diese Entwicklung setzte sich bis nach dem Zweiten Weltkrieg fort, als die Bevölkerungszahl unter die Hälfte des Standes von 1910 absank.[31]

Der Rückgang bzw. die Stagnation der Bevölkerungszahl während des Bestehens der ČSR zeigte sich im Weitra-Gebiet bis auf kleine Ausnahmen in sämtlichen Ortschaften, wie zwei Volkszählungen aus den Jahren 1921 und 1930 belegen[32] (siehe Tabelle links).

Die Zahl der Orte verringerte sich auf zehn aufgrund der Ortszusammenlegungen von Böhmzeil mit Wielands zu České Velenice am 31.7.1920 und dessen Stadterhebung im Jahre 1922.[33]

Um jedoch zu vergleichbaren Gesamtangaben im Gebiet von Weitra zu gelangen, führen wir die zusammengefassten Ergebnisse der einzelnen Kategorien an:

Jahr	Häuserzahl	Einwohnerzahl	Tschechen	Deutsche	Ausländer
1921	1198	10 427	6684	2119	1764
1930	1335	10 072	8337	1216	506

Tabelle 4: Gesamtzahl der Einwohner und Nationalitätenstruktur im Weitra-Gebiet 1921 und 1930

Im Vergleich mit 1910 verringerte sich die Anzahl von Häusern bzw. Wohnstätten leicht bis zum Jahre 1921 aufgrund der Auswirkungen des Ersten Weltkriegs, insgesamt um ungefähr 100. Der bis 1930 erfolgte Anstieg war im Vergleich mit 1910 um 45 Häuser nur unmaßgeblich, er kam eher einer Stagnation gleich. Eine Ausnahme stellte lediglich České Velenice dar, das einen wirtschaftlichen Aufschwung erlebte und um 91 Häuser anwuchs. Wenn also innerhalb eines Zeitraums von 30 Jahren die Zahl der Häuser im Weitra-Gebiet um nur 45 anstieg, kann man dies kaum als zivilisatorischen Aufschwung bezeichnen, der einem ansteigenden Lebensstandard entspräche, vielmehr als fortdauernde Stagnation. Denn in nur einem einzigen Vorkriegsjahrzehnt zwischen 1900 und 1910 war die Anzahl der Wohnsitze hier um 134 Häuser angestiegen. Dies wurde nach dem Ersten Weltkrieg nie wieder erreicht.

Der ansteigende Bevölkerungstrend der Vorkriegszeit wurde ebenfalls stark unterbrochen, man könnte sogar sagen, er knickte ab. In einem einzigen Jahrzehnt bis 1921 ergab sich ein Anstieg um 2700 Personen, und die Folgejahrzehnte bis 1930 brachten keinen weiteren Anstieg, sondern eher einen langsamen Abstieg. Die Weitraer wurden also weniger. Sie flohen von dem unfruchtbaren Boden, suchten Beschäftigung in Österreich und in Böhmen – kein gutes Zeichen für diesen Landstrich.

Die nationale Zusammensetzung des Weitra-Gebietes unterlag während des Bestehens der Ersten Tschechoslowakischen Republik (1918 bis 1938) Veränderungen, die bereits während der Monarchie bis 1914 bzw. 1918 hatten beobachtet werden können – doch nunmehr lediglich auf umgekehrte Weise. Die Tschechen nahmen zahlenmäßig zu, die Anzahl von Deutschen bzw. Österreichern hingegen ab. Zum Zeitpunkt der Volkszählung von 1921 war es vielen Österreichern noch nicht gelungen, die tschechoslowakische Staatsbürgerschaft zu erlangen, sodass sie insgesamt als Ausländer aufgeführt wurden. Zusammen mit den Bürgern deutscher Volkszugehörigkeit bildeten sie 1921 insgesamt 37% der Gesamtbevölkerung im Weitra-Gebiet, somit also deutlich mehr als ein Drittel. In etlichen Orten des Gebietes, wie zum Beispiel in Erdweis, in Naglitz und in Weissenbach stellten sie im Zeitraum 1918–1938 eine beständige Mehrheit gegenüber der tschechischen Bevölkerung dar. Diese drei Ortschaften, welche den westlichen Zipfel des einverleibten Weitra-Gebietes bildeten, sollten entsprechend der Bevölkerungszusammensetzung bei Österreich verbleiben. Es scheint, dass ihre Angliederung an die ČSR eine Kompensation für die Ablehnung der Stadt Gmünd sein sollte und im Interesse einer Berichtigung der Grenzlinie, die in Richtung Gratzen verlief. Hier wurde merklich in das Gebiet Niederösterreichs eingeschnitten, allerdings geringer, als wenn die ursprünglichen Vorstellungen der tschechischen Projektanten einer Einverleibung des gesamten Weitra-Gebietes realisiert worden wären.

Die Zahl der Österreicher respektive Deutschen ging bis 1931 – wiederum also innerhalb eines Jahrzehnts – auf 17% zurück, also um ganze 20%, und so kann angenommen werden, dass dieser Trend seine eigene Dynamik entwickelte. Dies kann den natürlichen Assimilisierungsprozessen zugeschrieben werden, deren Ursache in der Staatspolitik zu sehen ist, vor allem im Schulwesen, der Bildung und Ausbildung. Die Weitraer Ortschaften hatten keine größeren nationalen Veränderungen zu verzeichnen, sie behielten einen gewissen Trend bei. Lediglich in České Velenice kam es zu grundsätzlichen Veränderungen; dort blieben innerhalb eines Jahrzehnts von 2000 Österreichern bzw. Deutschen lediglich 500 übrig.

Im Vergleich mit dem Vorkriegsstand kam es allerdings in den Weitra-Gemeinden zu statistischen Umkehrungen, wie man bereits zu österreichischer Zeit hatte sehen können. So müssen also lediglich die Bevölkerungszahlen entsprechend der Volkszugehörigkeit in den sechs Weitra-Gemeinden verglichen werden, die bereits während des Bestehens Österreichs näher betrachtet worden sind (vgl. Tabelle 2):

Gemeinde	1910		1921		1930	
	Tschechen	Deutsche	Tschechen	Deutsche	Tschechen	Deutsche
Schwarzbach	310	425	615	50	595	28
Witschoberg	1	505	429	40	373	13
Beinhofen	220	403	577	15	541	3
Tannenbruck	19	201	234	146	252	62
Rottenschachen	339	1663	1725	225	1626	59
Gundschachen	–	313	213	41	160	11

Tabelle 5: Nationalität entsprechend den Volkszählungen 1910–1935

In dieser Gesamtzahl von Einwohnern deutscher Nationalität sind für 1921 und 1930 auch die Ausländer, durchweg Österreicher, mit enthalten.

Um einen Vergleich der hier angeführten Ortschaften anstellen zu können, seien zusammenfassende Zahlenangaben aufgeführt:

Jahr	Tschechen	Deutsche
1910	889	3510
1921	3793	517
1930	3548	166

Tabelle 6: Nationalität entsprechend den Volkszählungen in den Gemeinden des Weitra-Gebietes 1910–1930

Die Aussage der statistischen Zahlen ist in der Tat kurios: Die österreichischen und die tschechoslowakischen Statistiken haben sich gegenseitig wirklich nichts vorzuwerfen. Man könnte schon sagen, dass es sich um ein Verfälschen zu Gunsten der eigenen Vorstellungen handelt. Besser gesagt – die Einwohner interessierte ihre Nationalität und deren Erhebung nicht, sondern nur, in welchem Staat sie lebten. Um ihr Leben nicht komplizierter zu gestalten und die Zukunft ihrer Kinder nicht zu erschweren, bekannten sie sich zu demjenigen Staat, in dem sie eben lebten und voraussichtlich leben würden. Es war wie ein Echo des Mittelalters: Cuius regio, eius religio! In der Volkssprache ausgedrückt: Wessen Brot man isst, dessen Lied man singt! Entscheidender ist aber das Brot, das Lied ist so etwas wie eine Dreingabe, ein Opfer an die Götter. Wie hätten denn innerhalb nur eines Jahrzehnts aus 900 Tschechen 3800 Personen tschechischer Volkszugehörigkeit werden können? Dies wäre eine Vervierfachung gewesen. Und wie hätten während dieses Zeitraums die Deutschen auf ein Sechstel zusammenschrumpfen können? Im Jahre 1930 bildeten die sich zur deutschen Nationalität bekennenden Bürger in der Erhebung der sechs Gemeinden nicht einmal 5% der Gesamtbevölkerung.

Bei näherer Prüfung der Nationalitätenrelation in den einzelnen Ortschaften ergibt sich eine noch deutlichere Umkehrwirkung der Statistik. Da verblieben von einst 1700 Deutschen in Rottenschachen innerhalb von nur zwei Jahrzehnten lediglich 60. Wohin hatten sie sich denn verkrochen? Waren lediglich 3,5% des ursprünglichen Standes verblieben? Sicherlich nicht! Die statistischen Angaben zeigten lediglich, dass für den Fall, dass jemand die nationale Realität im Weitra-Gebiet beurteilen wollte, er sich nicht auf die Statistik als eine seriöse Quelle verlassen konnte. Die Motivation des Nationalitätsbekenntnisses bei den Weitraern war völlig anders als die Volkszugehörigkeit als solche. Es handelt sich hier lediglich um einen Deckmantel für ein Arrangement in dem sich konstituierenden Staatsgebilde bzw. dem herrschenden Regime gegenüber. In der Sache selbst konnte die Statistik demnach nichts feststellen. Für einen realitätsbewussten Politiker, angefangen beim Gemeindevorsteher über den Kreisbeamten bis zum Minister, bedeuteten die statistischen Daten bezüglich der Volkszugehörigkeit lediglich eine Tendenz zu einer Angleichung der Bevölkerung an die sich etablierende Macht. Es musste aber bedacht werden, ob denn diese Wahrheit negiert und das Bekenntnis zur Nationalität zum Angelpunkt in der Beurteilung von Einzelpersonen bzw. ganzer Gesellschaftsgruppen würde. Die Einwohner des

Weitra-Gebietes waren an statistische Verkrümmungen bereits seit langem gewöhnt, ja man könnte sogar sagen: in der Handhabung geübt. Sie maßen dem Nationalbekenntnis keinen ernsthaften Wert bei und hielten dieses vielmehr für eine Art behördlicher Täuschung und eine Angelegenheit, jene Obrigkeit, welche gerade regierte, nicht gegen sich aufzubringen. In einem gewissen Sinne akzeptierte und verstand dies die österreichische und dann auch die Staatsmacht der ČSR so. Es handelte sich ja um Staaten, die von Verfassungen und den demokratischen Rechten der Bürger ausgingen. Man kann jedoch sehen, was aus diesem insgesamt unschuldigen Spiel um die Volkszugehörigkeit wurde, als eine neue Macht die Prinzipien der Demokratie verwarf und sie durch ihre Negierung im totalitären Staat ersetzte. Eben dieses Spiel um die Volkszugehörigkeit sollte für Tausende Weitraer von schicksalhafter Bedeutung werden ...

Falls bis zum Jahre 1918 im Weitra-Gebiet eine Germanisierungstendenz der ursprünglichen Bevölkerung überwogen hatte – was sich insbesondere in der Schulpolitik deutlich abzeichnete –, so herrschte in der ČSR, vor allem nach der Einverleibung dieses Gebietes 1920, eine Tschechisierungspolitik vor. Dies ist auch den unvollständigen Angaben über die Existenz und die Anzahl von Schulen zu entnehmen, ebenso aber der Zusammensetzung der Gemeindevertretungen (siehe Tabelle 7).

Die deutschen Volksschulen wurden in den Weitra-Gemeinden 1920 mehrheitlich aufgelöst und an ihrer Stelle tschechische Schulen eingerichtet. In Gemeinden mit überwiegend deutscher Bevölkerung blieben die deutschen Volksschulen erhalten: so in Erdweis, wozu auch die Gemeinden Zuggers, Naglitz und Weissenbach gehörten. Die tschechisierende Schulpolitik zeigte sich am deutlichsten in České Velenice, wo sich 1921 2062 Personen zur deutschen Nationalität bekannten. Von insgesamt 5 fünfklassigen Schulen wurde 1920 lediglich eine einzige geöffnet, im Jahre 1921 wurde sie zu einer dreiklassigen Schule umfunktioniert, 1923 war es nunmehr eine einklassige Schule mit zehn Schülern, und 1924 schließlich wurde sie durch den Landesschulrat in Prag »wegen Kindermangels als überflüssig« aufgelöst. Ihr Schulsprengel wurde der deutschen Schule in Erdweis zugeschlagen. Es ist allerdings kaum glaubhaft, dass angeblich 2000 Menschen lediglich zehn schulpflichtige Kinder gehabt hätten und schließlich wegen ihres Desinteresses lediglich eine einklassige Schule übrig geblieben sei, da es doch noch gerade vier Jahre zu-

Gemeinde	Gemeinde-vertretung entsprechend den Wahlen von 1921 Tschechen	Deutsche	Schulen tschechische	Schulen deutsche
České Velenice	30	1	Bürgerschule; 2 fünfklassige 1921 Volksschulen 1924:	1 fünfklassige; 1 dreiklassige aufgelöst
Witschoberg	12	1	1 einklassige 1920	aufgelöst
Zuggers	2	10	Einklasssige Minderheitenschule	zweiklassige
Gundschachen	12	–	Einklassig	1920 aufgelöst
Beinhofen	15	–	1 einklassige Schule	1920 aufgelöst
Rottenschachen	24	–	1 fünfklassige Schule + Außen-stelle London; 1 zweiklassige Schule in Abbrand; 1921 Bürgerschule	1920 aufgelöst
Suchenthal (an der Lainsitz)	28	2	1920 1 vierklassige Bürgerschule + 2 Zweigstellen; 1 Grundschule	1 zweiklassige Volksschule
Erdweis an der Lainsitz	4	11	einklassig	zweiklassig
Schwarzbach	15	–	1 dreiklassige Schule	zweiklassig; 1920 aufgelöst

Tabelle 7

vor fünf fünfklassige Volksschulen gegeben hatte und dazu zwei Kindergärten. Darüber hinaus wurden hier 50 Personen mosaischen Glaubens hinzugezählt, die sich selbst ostentativ und auch weiterhin den Österreichern zurechneten. Auch wenn die Zahl deutscher Volkszugehöriger bis 1930 auf 500 absank, so hätte ihre Kinderzahl zumindest für eine Volksschule ausgereicht.

Obwohl eine der grundlegenden Modalitäten für die Existenz der ČSR der Minderheitenschutz war, zu dem sich ihre Vertreter bei der Pariser Friedenskonferenz hatten verpflichten müssen, und dieser Grundsatz an bestimmten Orten hoher Bevölkerungskonzentration deutscher Einwohner in West- und Nordböhmen sowie im Grenzbereich auch eingehalten wurde, so schien es doch, als ob dies alles für das Weitra-Gebiet nicht gelten würde. Der besondere Fall České Velenice zeigt dies ganz offenkundig.

Schließlich und endlich zeigte sich die Diskriminierung der deutschen Minderheit auch in ihrer Vertretung auf Orts- bzw. Stadtebene. Obwohl in České Velenice die deutschsprachige Bevölkerung 45% der Gesamtbevölkerung betrug, war sie in der 31-köpfigen Gemeindevertretung lediglich durch einen einzigen Rat vertreten, obwohl es doch – selbst unter Berücksichtigung der abnehmenden Zahl von Österreichern – im Jahre 1923 mindestens zehn hätten sein müssen. Auch in der größten Ortschaft des »morastigen« Weitra-Gebietes – in Rottenschachen –, wo es nahezu 300 Bürger deutscher Nationalität gab, die 12% der Bevölkerung ausmachten, hatten sie keinerlei Vertretung auf Gemeindeebene. Ebenso war dies in Gundschachen der Fall; die 16% Österreicher vertrat hier niemand im Gemeindegremium.

Doch dies war nur die Spitze des Eisbergs einer offenkundigen Diskriminierung von Personen deutscher Nationalität im Weitraer Gebiet. Aus ihnen wurde deutlich, dass in der Nationalitätenpolitik des Nachfolgestaates etwas nicht in Ordnung war. Die Fortführung des Trends nationaler Diskriminierung mit einer durch den Staat geförderten Tschechisierung – der so genannten »Entaustrifizierung«* – nährte die unterirdischen Ströme des Widerstands gegen den neuen Staat, zu dem sich niemand aus dem Weitra-Gebiet wirklich enthusiastisch bekannte – mit Ausnahme des Velenicer Bahnhofsgebietes und seiner Werkstätten. Der tschechoslowakische Staat fand hier keineswegs Patrioten, die über das Faktum frohlockt hätten, dass es endlich – nach 624 Jahren – zur staatlichen Wiedervereinigung der von der Heimat abgetrennten Stämme gekommen sei. Die Repräsentanten des Staates begannen sehr bald damit, die Weitraer eines falschen, unaufrichtigen Patriotismus zu verdächtigen,

* Im Sinne einer vollständigen Loslösung von allen Wurzeln der Habsburgermonarchie und der nachfolgenden österreichischen Republik 1918–1938

der lediglich im Interesse möglicher Vorteile vorgetäuscht würde. Wir werden noch oftmals Zeugen dessen sein, dass Staatsrepräsentanten diese Unterstellungen auch nach 1945 artikulieren, selbst noch nach der kommunistischen Machtübernahme im Februar 1948.

Bereits 1919 schien es bezüglich der Einverleibung eines Teils des Weitra-Gebietes in die ČSR ernstliche Bedenken in Hinblick auf das staatliche und patriotische Niveau der Weitraer zu geben. Es war verständlich, dass man Österreich die Schuld zuschob, dass dieses »solche Menschentypen hervorgebracht hat«: »... auf dem Papier waren sie Deutsche, in Wirklichkeit Tschechen, aber ein für uns in jeder Hinsicht unzuverlässiges Element, das aus dieser zwitterhaften internationalen Stellung für sich Vorteile herauszuschlagen suchte und insgesamt für deutsche Ziele arbeitete«.[34]

Die Weitraer waren von allem Anfang an für den tschechoslowakischen Staat unerwünscht, arme Verwandte, ungeliebte Kinder. Offenkundig waren sie in einem protschechischen Patriotismus ungeübt, sie zeigten ihn auch nicht, weder im Tun noch im Denken. In den Ortschaften des künftigen tschechoslowakischen Gebietes gab es keine wilden Demonstrationen gegen Österreich und für die Aufnahme in die ČSR. Dies war allein in den Velenicer Werkshallen und im Bahnhofsviertel zu beobachten.

Selbst die Lauheit des Weitraer Patriotismus hätte man übersehen können, wenn da nicht im Geiste der Repräsentanten des tschechoslowakischen Staates doch eine grundlegende Enttäuschung angesichts der gesamten Weitraer Operation haften geblieben wäre. Das Hauptziel – nämlich die Anbindung des Eisenbahnknotenpunktes Gmünd, der bedeutenden Stadt samt ihrem umliegenden Gebiet und den Eisenbahnlinien – konnte nämlich nicht erreicht werden. Der Friedensvertrag überließ den Tschechen lediglich ein armes, unfruchtbares »morastiges« Gebiet – ja wirklich Sumpf, Torfwirtschaft, Feuchtwiesen, einen steinübersäten Boden allerschlechtester Qualität der 7. bis 8. Bonitätsstufe, wo auch wirklich nichts gedeihen konnte, und das Ganze noch dazu mit einer armen, dickschädligen, in zahlreichen Fällen auch analphabetischen Bevölkerung, mit einem Volk also, in dessen Leben »sich in allem ein Stück Rückständigkeit zeigt«.[35] Zur großen Enttäuschung scheiterte das militärisch-strategische, industrielle und wirtschaftliche Ziel des Erringens von Gmünd, mit dem die tschechoslowakische Delegation nach

Paris gegangen war und dort jegliche Anstrengungen unternommen hatte, um Weitra und sein Gebiet zu gewinnen. Lediglich ein Viertel des Gebiets mit einer armen und wunderlichen Einwohnerschaft, die dem neuen Staat nur Sorgen bereiten sollte, wurde erkämpft.

Wie die Weitraer das neue Staatsgebilde nicht begrüßten und für seine Etablierung auf ihrem Gebiet auch nichts unternahmen, so empfing sie auch der Staat nicht mit offenen Armen. Das von Velenice herüber tönende Halali konnte diesen Verdacht und Unglauben nicht übertönen, die in dieser merkwürdigen Koexistenz von Bevölkerung und Staat unterschwellig vorhanden waren.

In erster Linie handelte es sich um materielle Dinge. Die Moorbewohner fragten vor allem danach: Was wird uns der neue Staat wohl geben, was bringen, womit wird er uns reicher machen? Während der österreichischen Zeit erhielten die Weitraer in Hinblick auf die langjährige Landeszugehörigkeit von der staatlichen Förderungspolitik zahlreiche Vorteile, die ihnen ein Überleben ermöglichten: Hier gab es eine Kontinuität, eine Tradition, die alljährlichen Dotationen wurden jeweils von den vorausgegangenen abgeleitet, und wenn es auch nicht viel war, so klimperte doch stets etwas aus der staatlichen Sparkasse. Bei all der Anspruchslosigkeit und Not der Weitraer wurde jegliche Geldunterstützung mit Dank aufgenommen. Und langsam begannen sie sich davon zu überzeugen, dass dies alles im neuen Staat nur ein Stück Vergangenheit war. So war es notwendig, ganz von neuem zu beginnen, und dies von beiden Seiten aus – von Seiten der Bevölkerung, aber auch des Staates. Es war also vonnöten, eine Neuregelung zu treffen, eine neue Praxis der Bezuschussung in der Staatspolitik. Und die konnte nicht von einem auf das andere Jahr geschaffen werden, ja nicht einmal in einem Jahrzehnt. Aus der Sicht des Staates handelte es sich um eine Last, um die Sorge für ein unwillkommenes Kind. Dies zeigte sich zu allererst und am meisten bei den Kreisbehörden* in Wittingau. Die dortigen Beamten rümpften über die zurückgebliebenen Weitraer, die nicht einmal richtig tschechisch konnten und in ihrem Dialekt auf sie einredeten, nur widerwillig die Nase. Sie brachten den neuen tschechoslowakischen Bürgern gegenüber ihre Aversion vor allem zum Ausdruck, sobald diese um Unterstützung

* Kreise, österreichisch auch Bezirke: die nach Gemeinden und Städten nächsthöhere Verwaltungsebene

im Landwirtschaftsbereich ansuchten. Denn sie vermochten nicht, in Tschechisch die komplizierten Fragebögen und Gesuche um Unterstützung auszufüllen, ja verstanden deren Texte nicht einmal richtig. Wenn aber die Unterlagen auf dem Papier nicht ordnungsgemäß ausgefüllt waren, wurde nichts aus der finanziellen Zuwendung, wenn aber doch, dann gab es höchstens eine eher unbedeutende Unterstützung. Mit Schrecken mussten die Weitraer feststellen, dass sie ihre Finanzquellen verloren hatten, die ihnen über Jahrzehnte hinweg aus der Landessparkasse Niederösterreichs zugeflossen waren. Die österreichischen Behörden hatten die miserable Bonität des Bodens anerkannt und unterstützten die Land- und Viehwirtschaft, damit die Bevölkerung irgendwie überleben konnte.

Sie wären aber nicht die Nachfahren der altslawischen Doudleber/Teindleser gewesen, wenn sie nicht auch mit der gegebenen Situation fertig geworden wären. Die am einfachsten zugänglichen Institutionen des neuen Staates waren die Versicherungen. Es handelte sich zwar um Privateinrichtungen, die Weitraer verstanden sie dennoch als Staatsorgane und regelten daher über sie ihre Rechnungen. Förderungen erhielten sie nicht, also mussten sie auf andere Weise zu Geld kommen. Plötzlich begann in den moorigen Ortschaften des Weitra-Gebietes ein massenhaftes Versichern, vor allem der Häuser, von Wirtschaftsgebäuden, von Ställen und Hühnerställen, Möbeln und überhaupt von allem, das irgendeinen Wert darstellte. Sie verschuldeten sich, um die Beiträge zahlen zu können, liehen sich wechselseitig voneinander die entsprechenden Summen – und dann begannen sie auf ihre Art zu handeln …

Zeitzeugen aus dem Weitra-Gebiet, welche die nachfolgenden Ereignisse als Kindheitserinnerungen bewahrten, weil sie sie entweder selbst gesehen hatten oder aus den Erzählungen ihrer Eltern kannten, haben brennende Häuser, Ställe, überhaupt alles, was nur brennen konnte – Wälder und sogar das Getreide auf den Feldern – bis heute vor ihren Augen. »In jedem Sommer brannte Gundschachen, nach und nach brannte das Dorf bis zu drei Mal ab«, so erinnert sich einer dieser Augenzeugen. Jede einzelne Familie aus dieser Moorgegend brannte während 20 Jahren mindestens zwei Mal völlig ab; es gab auch solche, die fünf Mal abbrannten. In der Mehrzahl wurden diese Aktionen im Sommer veranstaltet, wenn die Bevölkerung auf den Feldern arbeitete, insbesondere zur Ernte- und Dreschzeit. Zu dieser Zeit waren auch die Feuerwehrmänner auf den Feldern; und bevor die Freiwilligengruppen mit ihrer primitiven Technik handbetriebener Feuerlöschpumpen überhaupt an Ort und Stelle ankamen, gab es nichts mehr zu löschen, lediglich die umliegenden Häuser, damit das Feuer nicht den ganzen Ort erfasste. So haben also die Weitraer nahezu 20 Jahre lang mit dem tschechoslowakischen Staat gekämpft. Man wusste, dass es sich um vorbereitete, bewusst gelegte Brände handelte, für die die Versicherungen hohe Versicherungsprämien auszahlen mussten, denn die Versicherungshöhe war überzogen. In der Scheune wurden auf dem Leiterwagen Möbel, Federbetten, Kleidung, einfach alles, was irgendeinen Wert darstellte, aufgeladen. Mit dem Ausbrechen der Flammen rannten die Pferde los und führten das bewegliche Eigentum in den nahe gelegenen Wald oder in die Scheune des Nachbarn. Der betreffende Versicherungsinspektor konnte bei dem ausgebrannten Häuschen nicht mehr feststellen, ob etwas übrig geblieben war, was die ursprüngliche Versicherungssumme geringer gemacht hätte. Es brannte einfach alles ab und aus, bei Holzhäuschen bis auf die Fundamente, ja selbst festes Mauerwerk wurde durch das Feuer zerstört, und so mussten die Versicherungen die volle Versicherungssumme auszahlen. Unmittelbar danach begab sich die gesamte Verwandtschaft an die Arbeit. Sie begannen gemeinschaftlich mit dem Bau eines Hauses, das dann nach etlichen Tagen aus den Ruinen emporwuchs. Der Hausinhaber, der die Unterstützung seiner Nachbarn erhalten hatte, vergalt im Gegenzug mit seiner Hilfe jenem Nachbarn, der nach ihm abbrannte. Und so zog sich dies alles über die ganze Gemeinde hin, jedes Jahr, insbesondere im Frühling und im Sommer. Da konnte man es schon einmal eine Zeit lang ohne Dach über dem Kopf aushalten. In ungünstigen Zeiten brannte es auch zur Winterzeit, und die ausgebrannte Familie wurde entweder von der Verwandtschaft oder guten Nachbarn untergebracht. Die Versicherungen waren schier am Verzweifeln, sie erstatteten Anzeige, doch die Gendarmen konnten nichts feststellen, denn die der Brandstiftung an den eigenen Häusern Verdächtigen hatten ein hundertprozentiges Alibi mindestens des halben Ortes. Weil die Einwohner der Moorortschaften wechselseitig verwandtschaftlich miteinander verbunden waren, sich mehrheitlich nur im eigenen Ort oder in der allernächsten Umgebung verheirateten – wovon leider eine überproportionale Debilität in der Bevölkerung zeugt –, wusste jeder von jedem etwas. Sie waren eben in eine Gemeinschaft eingebunden, die der Staatsapparat nicht aufbrechen konnte oder in die er etwa hätte eindringen können.

Die Weitraer aus den Torfortschaften gewannen ihren Kampf gegen den tschechoslowakischen Staat durch Brandstiftung und ersetzten dadurch die Ablehnung oder Nichtzuteilung von finanziellen Zuwendungen. So halfen sie sich gegenseitig, auf diese masochistische Art zu überleben. Insbesondere zur Zeit der großen Wirtschaftskrise 1929–1933 war dies der Fall, als die Arbeitsmöglichkeiten selbst in Böhmen und Österreich verloren gingen.

Außer der Brandstiftung erfanden die Weitraer noch zahlreiche andere Arten und Methoden, wie der Kampf gegen den Staat zu führen sei, um das bloße Überleben zu sichern. So wurde insbesondere die Schmuggelei erschlossen. Etliche Häuschen der Torfortschaften standen direkt an der neuen österreichisch-tschechoslowakischen Grenze. Diese Grenze durchschnitt sogar ihre Häuser, Höfe, Felder und Wälder, und etliche Ortschaften wurden über etliche Hundert Meter Länge durch die Grenze aufgeteilt. Es scheint, als ob diese günstige Lage zum Schmuggeln von Waren jeglicher Art geradezu herausgefordert hätte. In der Zeit der liberalen Beziehung der ČSR zu Österreich wurde diese Methode zwar genutzt, aber das »goldene Zeitalter« sollte sie erst unter der von der Nationalen Front gelenkten Tschechoslowakei nach dem Jahre 1945 und insbesondere nach 1948 erreichen.*

3. Die Ära des Dritten Reiches (1938–1945)

Nach 18 Jahren in der Tschechoslowakei mussten die Weitraer wiederum durch das Netz der Weltgeschichte hindurchschlüpfen, als die Grenzen Mitteleuropas erneut verändert wurden und sie nach Österreich zurückkehrten, allerdings nunmehr in ein mit Deutschland vereintes. Ihre kleine Geschichte wurde nun durch die große Geschichte Europas bestimmt, und in ihrem Mikrokosmos konnten sie nur das tun, was sie vermochten, auch wenn sie bezüglich ihrer Haltung zu den staatlichen Veränderungen größere Aktivitäten als in den Jahren 1918–1920 entwickelten. Wenn-

* »Nationale Front«, auch »Volksfront«: von der KPTsch initiierter und im Kaschauer Programm festgelegter Zusammenschluss der nach Kriegsende in der Tschechoslowakei zugelassenen politischen Parteien und sog. Massenorganisationen (Revolutionärer Gewerkschaftsverband, Verband der Tschechischen Jugend, Verband der befreiten politischen Häftlinge, Verband der antifaschistischen Kämpfer u.a.) zur Errichtung eines sozialistischen Staates nach sowjetischem Vorbild.

gleich sie ohne ihren Willen und ohne ihr Zutun der Tschechoslowakei auf der Grundlage des Vertrages von St. Germain angeschlossen worden waren, so führte gerade die Beseitigung der Ergebnisse der Versailler Konferenz zu ihrer Rückkehr nach Österreich. Die Großmächte in Versailles hatten wohl Großes im Blick. Den unterlegenen Mächten nahmen sie verhältnismäßig viel Gebiet ab und verfügten umfangreiche Reparationsleistungen, insbesondere von Deutschland – und leisteten bereits damals dem Zweiten Weltkrieg Vorschub. Das besiegte Deutschland durchlief eine Zeit von Chaos, Umsturz und Hunger, und niemand fand sich, der die katastrophale Zukunft dieses Staates verstanden hätte, die von Verzweiflung gekennzeichnet war. Die Reparationen wären wohl mit der Zeit reduziert und auch abgezahlt worden. Doch in die große Wirtschaftskrise zu Beginn der 1930er-Jahre fiel der exponierte Nationalismus der Nationalsozialisten wie eine Furie ein. Unter der Führung Adolf Hitlers planten sie der frustrierten, unterlegenen Nation ihren Nationalstolz wieder zu geben. Dem ausgehungerten und Not leidenden Volk schien so zumindest ein winziger Funken Hoffnung auf, an die es sich dann gänzlich anklammerte und seine angeborene Orientierung verlor, die wiederum in der Tiefe, Entwickeltheit und im Reichtum seiner Kultur begründet war. Denn den Nazis war gerade diese Kultur ein Dorn im Auge, deren Verachtung sie durch die Bücherverbrennungen Ausdruck verliehen, ferner durch den Ausschluss »entarteter« Kunst und viele Maßnahmen, die sich gegen die Ausrichtung und die jahrhundertelange Entwicklung der deutschen Zivilisation wandten.

Man muss wohl nicht gesondert darauf hinweisen, dass gerade ein Ergebnis des Ersten Weltkriegs im Entstehen und der Etablierung totalitärer Ideologien und dann ihrer Staatsgebilde lag: des Bolschewismus und Nationalsozialismus. Es handelte sich hier um Zwillinge, die sich gegenseitig unterstützten, einander halfen, auch wenn sie nach außen hin gegeneinander einen Vernichtungskrieg führten. Man weiß nur wenig und betont es auch kaum, auf welche Weise der russische Bolschewismus zur Etablierung des deutschen Nationalsozialismus beigetragen hat. Die kommunistische Internationale, die Hauptagentur Moskaus zum Erreichen der Weltherrschaft unter der roten Fahne verkündete auf dem VI. Kongress 1928 den Hauptkampf gegen den »Sozialfaschismus«, das heißt gegen sozialdemokratische Parteien auf der Welt. Während die deutschen Kommunisten also zäh gegen die Sozialdemokraten kämpften und somit die Kräfte der Arbeiterklasse spalteten, drängte sich hinter ihrem Hass Hitler an die Macht – und siegte zu Beginn des Jahres 1933. Er rechnete sowohl mit Kommunisten als auch mit Sozialisten ab. Und indem er nach der Weltherrschaft strebte (wie denn auch anders!), begab er sich auf den Siegespfad; das erste Ziel hierbei war die Beseitigung der Ergebnisse von Versailles. Nach der Besetzung des Rheinlandes folgte im März 1938 der »Anschluss« Österreichs.

Das Deutsche Reich flog über Europa auf den Flügeln eines überexponierten Nationalismus dahin, bedrohte die Grundlagen Nachkriegseuropas als solche und die Existenz der Nachfolgestaaten der Habsburger Monarchie im Besonderen, und unter diesen an erster Stelle die Tschechoslowakei. Hitler gelang es, den Keim des totalitären Nationalismus in die demokratische Tschechoslowakei einzupflanzen, für seine Aggression die mehr als drei Millionen Menschen umfassende deutsche Minderheit zu gewinnen, die Gründe hatte unzufrieden zu sein, allerdings nicht in dem Maße, um die demokratische Staatsform, in der sie lebte, gegen eine nazionalsozialistische Diktatur einzutauschen. Die Täuschung des Nationalismus mit den Anfängen seines Terrors – »wer nicht mit uns geht, marschiert gegen uns!« – führte die tschechoslowakischen Deutschen an die Seite Hitlers. Die Welt bereitete sich auf einen Krieg vor, die Westmächte beschritten einen Weg der Beschwichtigung – des so genannten Appeasement –, und in München akzeptierten sie die Abtretung tschechoslowakischen Gebietes mit mehr als 50-prozentiger deutscher Bevölkerung. Bis zum 10. Oktober 1938 sollte das Dritte Reich dieses Gebiet besetzen.

Die Weitraer konnten sich nur mit Mühe in der internationalen Politik und den Veränderungen, die durch die Besetzung Österreichs und mit den Ergebnissen des Münchener Abkommens entstanden waren, zurechtfinden. Sie wussten lediglich, dass sie irgendwie nach Österreich zurückkehren und sich dadurch materiell verbessern würden. Wiederum würden sie von Niederösterreich für ihre armseligen Felderchen und Herden Unterstützungen erhalten, auf dem Bezirksamt würde nicht mehr arrogant mit ihnen verfahren werden, nach Gmünd zur Bezirks-Hauptmannschaft, ins Krankenhaus und in die Schule würden sie es grundsätzlich näher haben als nach Wittingau oder ins Krankenhaus nach Neuhaus. Sie würden nicht mehr gezwungen sein, zur Zeit von Heumahd und Ernte an Militärmanövern der tschechoslowakischen Armee teilzunehmen. Sie würden auch eine Vertretung in höheren Verwaltungsorganen erhalten, die ihnen während des Bestehens der ČSR unsinnigerweise verwehrt wurde, sie würden auch nicht heruntergemacht wegen ihrer Unkenntnis der tschechischen Schriftsprache; die Fragebogen zur Unterstützung würden sie auf Deutsch besser durchlesen und ausfüllen können. Dieser Mikrokosmos des Alltags der Weitraer, der aus den tief greifenden Wurzeln eines Lokalpatriotismus hervorging, war bestimmende Richtschnur für ihre politischen Entscheidungen.

Sofern wir uns einmal die abgetrennten Gebiete der ČSR im Ergebnis der Entscheidung von München vom 30. September 1938 ansehen, stellen wir fest, dass lediglich an zwei Stellen in Böhmen die ursprüngliche Staatsgrenze erhalten blieb: im Nordosten bei Náchod – also in Ostböhmen bei Königgrätz – und im Gebiet von Weitra. Hier kam es nicht zu einer Überlappung der Grenze als Ergebnis einer über 50-prozentigen Mehrheit der deutschen Bevölkerung, wenngleich das gesamte Gebiet der böhmischen Grenze als so genannter sudetendeutscher Gebietsstreifen gekennzeichnet ist. Den Emissären des Dritten Reiches hätte es sicher entsprochen, wenn der Ring des sudetendeutschen Gebietes rund um die böhmische Grenze zusammenhängend gewesen wäre. Dennoch respektierten sie, dass sie hier keinen Konfiskationsabschnitt errichten konnten, und folglich die nationale Zusammensetzung. Die tschechischen Dörfer im Weitra-Gebiet wurden somit als Folge des Münchener Abkommens nicht besetzt. Das waren lediglich Dörfer mit deutscher Mehrheit – Naglitz, Weissenbach und Erdweis. Die Okkupationsgrenze sollte jenseits des Ortskatasters von Tannenbruck verlaufen. Doch hielten sich weder Orts- noch Landeskommandantur ganz eng an die Okkupationsdemarkation, und so wurden schließlich auch Tannenbruck und am Ende auch Gundschachen besetzt. Letzteres hatte eine ähnliche nationale Zusammensetzung wie andere Weitraer Moordörfer mit einer einfachen tschechischen Mehrheit. Es waren entweder Übergriffe oder Willkür der deutschen Behörden, die aber insbesondere für Rottenschachen schicksalhafte Folgen haben sollten.

Zwischen Oktober und November 1938 entwickelte sich eine Spannung zwischen den Weitraer Moordörfern und den besetzten Gemeinden. Die Einwohner von Rottenschachen und seinen zugehörigen fünf Siedlungen, weiter die Einwohner von Schwarzbach und seinen Siedlungen, auch diejenigen aus Witschoberg, fühlten sich betroffen, dass sie nicht unter die Besetzung gefallen waren – da doch Gundschachen als Einzugsgebiet und dem Kirchsprengel nach zu Rottenschachen gehörte.

Bei der erdrückenden Mehrheit der Bevölkerung von Rottenschachen und seiner zugehörigen Siedlungen entwickelte sich die Überzeugung, dass sie abgeschrieben seien, in der Tschechoslowakei gelassen, während sie sich doch durch eine Vereinigung mit Österreich die Beseitigung der Arbeitslosigkeit versprochen hatten, eine Verbesserung der materiellen Bedingungen, der Beschäftigungsmöglichkeiten, die ihnen zur Zeit der Ersten Republik zu Gunsten der Neusiedler vorenthalten worden waren, die aus dem Landesinneren ins Weitra-Gebiet kamen und somit Vorteile in staatlichen und Schuldiensten erreichten, als Beschäftigte bei Bahn, Post, im Schulwesen, beim Zoll, der Gendarmerie, als Staatsangestellte usw.

Als Erste begannen Soldaten der Staatsverteidigungswacht (SOS) in das abgetrennte Gebiet überzulaufen; sie stammten aus Weitraer Ortschaften und hätten die neuen Grenzen bewachen sollen. Etliche warfen ihre Waffen weg und flohen ins besetzte Gebiet, doch der Großteil floh in Uniform und Waffen. Nach Kriegsende, als jeder einzelne Bürger von Rottenschachen einer Einzelbewertung unterzogen wurde – desgleichen aus anderen Ortschaften, so aus Schwarzbach –, wurde dies jedem Fahnenflüchtigen der tschechoslowakischen Armee als Minus angekreidet, und somit wurde er dann der Verfolgung und der Aussiedlungsandrohung ausgesetzt. Auf der Straße nach Gundschachen (in der Nähe des Hegerhauses) standen Einheiten der SOS und versuchten, der massenweisen Flucht von Einwohnern aus Rottenschachen nach Gundschachen Einhalt zu gebieten. Sie wollten weder Gewalt noch Waffen anwenden, sie ließen sie einfach zwischen den beiden Orten hin und her pendeln. Nach den Fluchtbewegungen von SOS-Soldaten zog die militärische Führung diese Einheiten ins Landesinnere ab – in Kasernen des Weitra-Gebietes – und entsandte neue Verbände. Doch auch diese vermochten nichts auszurichten.

Ende des Jahres 1945 wurde in Rottenschachen ein Dokument ausgefertigt, das von 49 Bürgern tschechischer Volkszugehörigkeit unterzeichnet wurde. Darin wurden die seinerzeitigen Begebenheiten festgehalten, die ehemaligen SOS-Mitglieder bestätigten den Sachverhalt. Damals demonstrierten die Rottenschachener vor den SOS-Einheiten, in Parolen ließen sie gegen alles, was überhaupt nur tschechisch war, eine

Schimpfkanonade los. »Es sind dies folgende Aussprüche: Wir sind Tschechen, doch haben wir ein deutsches Herz und wir sch… auf euch. Zwanzig Jahre lang habt ihr uns bestohlen. Weg mit den Tschechen, wir wollen zum Reich. Was habt ihr uns während dieser 20 Jahre gegeben. Dabei war das allertraurigste, dass die Demonstranten in tschechischer Sprache redeten«.[36]

In den Parolen der Emigranten zeigte sich die Bilanz der 20-jährigen Zugehörigkeit der Weitraer zur ČSR: Was habt ihr uns gebracht, was uns gegeben? Bestohlen habt ihr uns, jetzt wollen wir euch nicht mehr! Selbst wenn wir die Emotionen nicht unterbewerten, welche die Parolen hervorriefen, können wir ihnen doch einen rationalen Kern nicht absprechen, der offenbar wird in der Unzufriedenheit mit der Einverleibung des Weitra-Gebietes in die ČSR im Jahre 1920. Die Weitraer glaubten – bona fide –, dass sie sich materiell grundsätzlich verbessern würden, die Arbeitslosigkeit verschwinden würde, ebenso die Not, die Demütigungen, dass durchtrennte Beziehungen mit den Verwandten in Österreich wieder angeknüpft und sie alle möglichen Vergünstigungen erhalten würden.

Zu den Hauptorganisatoren der Bevölkerungsflucht aus Rottenschachen nach Gundschachen – »das sind die Ersten, die davonliefen, um im Reich Schutz zu suchen« – gehörten der Metzger Karel Kříž, dann Karel Kříž aus Blatna, Josef und František Swingensleger, Karel Hauner, Rudolf und František Gruber, František Havle, Adolf Bušta, Josef Doležal, František Flaška, Štěpán Ruso, Marie Zwetlerová, verheiratete Wolfová, Leopold Kropík, Karel Zimmel, Jan Zwetler, Franišek Adensam, Vincenc Havle und Tomáš Kotrba. Es sind dies mehrheitlich tschechische Namen, denen wir noch häufiger begegnen werden.

Zum Hauptzentrum der Agitation und der Zusammenkünfte der Rottenschachener in Gundschachen wurde das Gasthaus von Eduard Zwetler, Bürgermeister und darüber hinaus Deserteur aus SOS-Einheiten nach Österreich, wohin er mit Waffen und voller Ausrüstung übergelaufen war. Hier wurden die Hauptverbindungen für Rottenschachen und seine Umgebung sowie die Kontakte mit den Agitatoren hergestellt, die mit Unterschriftenlisten unter die Bevölkerung gingen, in denen die Bürger darum baten, Rottenschachen möge doch Österreich bzw. dem Reich angeschlossen werden, dem einzigen Land, das ihnen bringen könne, was sie in der ČSR entbehrt hätten. Die Unterschriftenaktion mündete in der

Zusammenstellung einer Delegation, die mitsamt den Listen nach Wien mit der Forderung nach einem Zusammenschluss mit Österreich fuhr.[37]

Möglicherweise hat auf die Intensität der Rottenschachener Aktion die Tatsache provokativ eingewirkt, dass sie von allem Anfang an von Seiten des Gundschachener Militärkommandanten schroff zurückgewiesen wurden, der sich an die Befehle der Vorgesetzten hielt und nichts von einer Besetzung weiterer Ortschaften hören wollte, die dem Reich nicht zufallen sollten. Diese Ablehnung der deutschen Wehrmacht bereitete späterhin den Agitatoren für eine Besetzung von Rottenschachen ziemliche Schwierigkeiten: Es war ja ihre und nicht eine Initiative des Deutschen Reiches.

In Wien wurden die Forderungen aus Rottenschachen durch Weitraer örtliche Landsleute unterstützt, die als Staatsbeamte sowohl in Ämtern als auch im Bankwesen hohe Posten erlangt hatten. Schließlich führten die Bemühungen der Agitatoren zum Erfolg, und am 24. November 1938 zog deutsches Militär in Rottenschachen ein.

Es könnte der Eindruck entstehen, dass es bei der Besetzung von Rottenschachen zu Gewaltanwendung und Anarchie gekommen sei. Dies könnten wohl die Aktionen etlicher Bürger belegen. So stürzte beispielsweise eine gewisse Greisin unter die abziehenden SOS-Soldaten und wollte diese entwaffnen – eine hysterische Aktion, die in einer aufgeheizten Atmosphäre verständlich ist. Auch erklomm ein gewisser Bürger von Rottenschachen, von dem noch mehr zu lesen sein wird, einen Elektromast und kappte mit einer Axt die Leitungsdrähte, die auch die Telefonleitung zur örtlichen Gendarmeriestation enthielten. Andere Bürger hängten bereits die Hakenkreuzfahnen aus ihren Häusern.

Der letzte tschechische Bürgermeister Jan Kotzina hat über die Ereignisse bei der Übernahme von Rottenschachen in deutsche bzw. österreichische Verwaltung berichtet. Er gab zu Protokoll, dass Rottenschachen in einer Situation besetzt werden sollte, als 300 Einwohner sich ständig nach Gundschachen zurückgezogen hatten, um die Verteidigungsaktion zu unterstützen. Dies bezeugten auch die Aussagen über eine Massenmigration von Rottenschachener Einwohnern nach Gundschachen und zurück. Bis zum 10. Oktober 1938 habe er keinerlei Agitation durch die Henlein-Partei im Ort beobachten können, denn »die Einwohner haben sich bis zu diesem Zeitpunkt als Tschechen gefühlt, insbesondere die Jugend, die während der Ersten Republik erzogen worden war«.[38] Schließlich seien auch die Wiener »Landsleute aus Rottenschachen« in jenen kritischen Tagen, jedoch auch nicht später, nach Rottenschachen zurückgekehrt, »weil sie dort ihre Existenz haben«. Am 23. November 1938 erhielt der Bürgermeister eine Weisung der tschechoslowakischen Regierung, dass entsprechend dem Abkommen zwischen der Tschechoslowakischen und der Reichsregierung kein Tscheche oder Deutscher für politische Delikte bestraft und bei der Besetzung keinerlei Gewalttat verfolgt werden dürfte, insofern es in der Vergangenheit zu einem Vergehen gekommen sei. Er berief eine Sitzung der Gemeindevertretung ein, um zu entscheiden, wie am darauf folgenden Tag bei der Besetzung zu verfahren sei, über die der Bürgermeister seitens des Kreisamtes in Wittingau bereits am 20. November informiert worden war. Die Sitzung der Vertretung war »sehr lebhaft«, schließlich wurden Vorschläge unterbreitet, dass in deutscher Sprache verhandelt werde. Der Bürgermeister beendete die Sitzung damit, dass die deutschen Soldaten am darauf folgenden Tag allein von den deutschen Bürgern Rottenschachens begrüßt werden sollten.

Am 24. November kam es zur offiziellen Übergabe von Rottenschachen aus der Rechtshoheit des Tschechoslowakischen Staats in die Verwaltung des Dritten Reiches. Aus Wittingau waren der Regierungsrat Dr. Tichý, der politische Kommissar Dr. Šebek, Major Zajíc und der tschechoslowakische Verbindungsoffizier gekommen. In ihrer Anwesenheit übergab der Bürgermeister dem Bezirkshauptmann von Gmünd die Ortsverwaltung. Der Hauptmann dankte ihm für seine Arbeit und benannte als Bürgermeister den deutschen Bürger Adolf Schütz.[39]

Rottenschachen wurde etwa um 10 Uhr vormittags von einer etwa 200 Mann umfassenden Wehrmachtseinheit besetzt, in der sich wiederum etwa 20 Dorfeinwohner befanden, die zuvor nach Gundschachen geflohen waren. Entsprechend der Feststellung des tschechischen Bürgermeisters »liefen die hiesigen Einwohner selbstverständlich aus ihren Häusern heraus, und ein kleinerer Teil der Bevölkerung rief bereits damals Heil Hitler und grüßte mit dem nazistischen Gruß«.[40] Entsprechend einer anderen Quelle blieben von 1600 Einwohnern Rottenschachens lediglich 16 Familien ihrem Tschechentum treu, verbargen sich zu Hause und wagten nicht, an die Öffentlichkeit zu gehen. »Die übrige Einwohnerschaft jubelt, begrüßt die Okkupanten, stellt mit Tannenzweigen geschmückte Ehrenportale auf, feiert, dass nun endlich die Retter gekommen seien, die sie von der tschechischen Sklaverei befreit hätten. Umzüge werden nicht nur in der Gemeinde veranstaltet, sondern man fährt mit Autobussen auch in die Nachbarorte, um mit dem Umzug der Freude über den Einmarsch der Deutschen Ausdruck zu verleihen.«[41]

In den Aktionen vor und nach dem Einrücken der deutschen Armee zeigten sich deutlich Elemente von Massenhysterie und Nationalismus.[42] Es schien als würde der Nationalhass auch auf die deutsche Wehrmacht übergreifen, wie von Seiten der Tschechen und Juden aus Rottenschachen vorausgesetzt wurde – die daher aus Rottenschachen flohen.[43] Doch waren die »neuen« Deutschen aus Rottenschachen unangenehm überrascht, als ihnen die deutsche Wehrmacht eine Ausdehnung ihrer nationalistischen Hysterie verwehrte. Etliche bewusste Tschechen in Rottenschachen hängten die tschechoslowakische Fahne aus und demonstrierten damit ihre Haltung gegenüber der Okkupierung von Rottenschachen. Einige deutschorientierte Nationalisten aus Rottenschachen beschwerten sich darüber bei der deutschen Gendarmerie und verkündeten, dass sie diese Fahnen herunterreißen würden; das waren Adolf Veith und andere. Die deutschen Gendarmen wiesen dies strikt zurück und ordneten gleichzeitig an, »dass keinem Tschechen irgendetwas geschehen darf«. Entsprechend der Feststellung des tschechischen Bürgermeisters haben die deutschen Gendarmen damit »uns vor der schwersten Bedrückung und vor direkter Bedrohung gerettet«.[44] Obwohl die Lage nicht so dramatisch aussah, wie dies nach den tschechischen Zeugenaussagen, die erst nach dem Krieg gemacht worden sind, den Eindruck hätte erwecken können, waren sie doch motivierte Standpunkte der Sieger gegen die Deutschen. In Rottenschachen, wo praktisch jeder mit jedem irgendwie verschwägert war, konnte es nicht zu Exzessen kommen, doch in der Umsturz-Euphorie, einer außerordentlich kurzen Zeit, kam es bei etlichen Bewohnern zu Bezeugungen deutschen Nationalismus. Den Staatsangestellten geschah nichts, sie zogen in Ruhe ab, an neue Wirkungsstätten bei der Gendarmerie und bei der Finanzwache.* Die deutsche Wehrmacht hielt sich im Weitra-Gebiet an die Absprache mit der Tschechoslowakischen Regierung, dass bei der Besetzung des Gebietes aus politischen Gründen weder Tschechen noch Deutschen etwas passieren dürfe. Wie sich bald zeigte, erlo-

* Finanzwache: altösterreichisch für Zollbehörde

schen die nationalen Leidenschaften, und es folgte das alltägliche harte Leben.

In jenen kritischen Tagen äußerten sich auch die Einwohner von Schwarzbach, das nur 3 km von Rottenschachen entfernt liegt, prodeutsch. Schwarzbach lag am Rande der historischen Grenze zwischen Böhmen und Österreich, und von Suchenthal wurde sein Katastergebiet durch die Lainsitz geteilt, von Klikau her durch das Flüsschen Dratschitz. In den historischen Annalen ist der Streit der Einwohner von Schwarzbach und Klikau um ein Stück Land im 17. Jahrhundert vermerkt; dadurch wurde die historische Grenze dokumentiert und wiederum bestätigt.

In Schwarzbach lebten zur Zeit der Ersten Tschechoslowakischen Republik drei deutsche Familien, und die Gesamtzahl der Einwohner, die sich zur deutschen Nationalität bekannten, erreichte keine zehn Personen, wenngleich die statistischen Kehrtwendungen bei der Volkszählung in der Zeit der Habsburger Monarchie einst hier keinen einzigen Tschechen verzeichneten. Andererseits unterschieden sich die Schwarzbacher keineswegs durch ihre Lebensart, Bewirtschaftung oder gar Mentalität von der Bevölkerung der Gemeinden des Weitra-Gebietes. Wacker wehrten sie sich gegen die Ablehnung von Unterstützungsmaßnahmen seitens des tschechoslowakischen Staates durch Anzünden ihrer Häuser. Schwarzbach brannte nicht weniger häufig als Rottenschachen, und die Erniedrigungen und Diskriminierungen seitens der Kreisbeamten in Wittingau erlebten sie nicht minder empfindlich als die übrigen Weitraer dieser Gemeinden. Darüber hinaus empfanden sie es auch noch Jahrzehnte nach 1918 bis an den Beginn des dritten Jahrtausends als eine Schande, dass an Stelle der ursprünglichen Benennung als Gemeinde Schwarzbach/Švarcbach ihnen ohne ihre Zustimmung der Namen Tušť aufgezwungen wurde. Sie erklärten dies als pejorative Bezeichnung für Schwärze, für Schmutz, Grafit – eben Tusche, daher Tušť. Entsprechend dem Fluss, der den Ort durchfloss, konnten sie sich als Bewohner des Schwarzen Baches bezeichnen.

Die sozialen Bedingungen der Schwarzbacher führten zu einer Aussiedlungsbewegung, um außerhalb des Ortes und der Gegend Arbeit zu bekommen, und so sank die Einwohnerzahl. Neue Hoffnung blitzte nach dem Anschluss an Österreich auf. Das prosperierende Dritte Reich, das sich auf den Krieg vorbereitete, imponierte als Staat ohne Arbeitslosigkeit, ein Land des Wohlstandes und großer Möglichkeiten. Von den nationalsozialistischen Weltherrschaftsplänen wusste man hier sicherlich nichts, und die Rückkehr in das historische Österreich und in deutsche Lande erschien nur logisch. Die wiederbelebten Erinnerungen an das gute alte Österreich führten zu einem Anstieg prodeutscher Sympathien. Nach dem Münchener Abkommen forderte ein geringer Teil der Schwarzbacher, ähnlich wie die Einwohner Rottenschachens, einen Anschluss an das Reich. Etliche national deutschorientierte Einwohner Schwarzbachs traten gemeinsam mit Rottenschachener Einwohnern auf, flohen nach Österreich und beteiligten sich an Delegationen zu Gunsten einer Lostrennung Schwarzbachs von der ČSR. Das Ergebnis ihrer Bemühungen bestand darin, dass am Tag des Einmarsches der Wehrmacht nach Rottenschachen eine gemischte Reichs- und tschechoslowakische Kommission am 24. November 1938 nach Schwarzbach kam, die unter Beteiligung des Verbindungsoffiziers eine Zählung der Bevölkerung entsprechend nationalen Kriterien durchführte. Das Ergebnis sah folgendermaßen aus: 72% der Bevölkerung bekannten sich zur tschechischen Nationalität. Von einer Besetzung wurde abgesehen.

Damals erschien auch Olga Vlčková aus Schwarzbach vor der gemischten Kommission und verkündete demonstrativ, dass sie Deutsche sei und im Reich leben wolle. Sie war noch nicht 30 Jahre alt. Sie ahnte nicht, wie schwer sie für diesen ihren Auftritt würde bezahlen müssen …

Nach dem 15. März 1939, als die Wehrmacht* ganz Böhmen und Mähren besetzte, war es wahrscheinlich, dass es der prodeutschen Gruppe in Schwarzbach gelingen würde, einen Anschluss von Schwarzbach an das Reich durchzusetzen. Doch das geschah nicht. Die Deutschen respektierten die Grenzen von München, und Schwarzbach verblieb im Protektorat.[45]

Was nach dem Krieg wie Hochverrat aussah, die Lügen der Einwohner, war ein durchaus prosaischer Wunsch. Entsprechend der Aussage des tschechischen Bürgermeisters von Rottenschachen wurden die Einwohner des Weitra-Gebietes »durch Versprechungen geködert, dass ihnen eine Beschäftigung besorgt würde, dass sie durch die Gemeinde entschuldet würden«[46]. Entsprechend der Meinung der Tschechen in Rottenschachen am Jahresende 1945 handelte es sich um Leute, die sich zur deutschen Nationalität bekannten unter »Androhung und dies mehr-

* Im Original deutsch

heitlich aus materiellem und fiskalischem Anlass. Sie verraten lieber ihre Volkszugehörigkeit, als dass sie irgendwelche Unbill ertragen«.[47] Nicht einmal im Entferntesten ging es hier um ein bewusstes Deutschtum, das den national indifferenten Weitraern sowieso fremd war. Und darüber hinaus – die Schwarzbacher waren nicht so kämpferisch veranlagt wie die Bewohner der größten Weitra-Gemeinde Rottenschachen; eher bewegten sie sich in deren Schatten und entsprechend derem Beispiel.

Eine ähnliche Entwicklung erlebten alle Weitraer Moordörfer nach dem Münchener Abkommen. Die Bevölkerung wurde von einer Woge des Glaubens an die Besserung ihrer materiellen Lebensumstände erfasst. Doch die Hoffnung wurde sehr bald durch die unangenehme Tatsache überdeckt, dass die Fehler der Vergangenheit nicht so schnell beseitigt werden. Selbst diese Hoffnung wurde durch den Lauf der Ereignisse »gestört«. Das Dritte Reiche bezahlte mit dem Schicksal seiner Bürger, zu denen auch die Weitraer gehörten, für sein Streben nach der Weltherrschaft.

Die deutsche Wehrmacht benötigte zur Kriegsvorbereitung alle jungen Leute, die zum Militärdienst fähig waren, auch die jungen Weitraer. Die Einberufungsbefehle hatten die Wirkung von kalten Duschen. Der ehemalige tschechische Bürgermeister von Rottenschachen gab später an, dass sich die Mehrheit seiner Gemeinde zur deutschen Nationalität bekannt habe – im Verlauf der Volkszählung von 1939 –, doch hätte sie »mit dem Kriegsausbruch und der Rekrutierung in die Armee ihre Hoffnung verloren«.[48] Auch das Memorandum tschechischer Bürger aus Rottenschachen von Ende 1945 stellt fest: »Die erste Entzauberung kommt bei der Werbung für Arbeit und Militär. Dies geschieht schon nach dem Hochrufen, nach dem Glanz, auch heiße Stirnen kühlen ab. Bei der Einberufung bekennt sich mancher dieser Verrücktgewordenen als Tscheche. Dann wird mit ihm wie mit einem Tschechen verfahren.«[49] Plötzlich erschien den Weitraern unter der Last des preußischen Drills das militärische Los schwer zu sein, wenn nicht sogar unerträglich, und so lösten sie eben die Lage auf ihre Art: Sie bekannten sich als Tschechen. Aus dem Bereich der Gendarmerie-Station Rottenschachen, wohin auch Gundschachen und Tannenbruck mit seinen zugehörigen Siedlungen gehörten, bekannten sich entsprechend der Meldung vom 7. September 1944 an die 150 Wehrpflichtige zur tschechischen Nationalität: Sofern sie bereits zur Wehrmacht eingezogen worden waren und sich dann als Tschechen bekannt hatten, wurden sie nach einigen Monaten wieder entlassen, oder sie wurden überhaupt nicht in die deutsche Wehrmacht eingegliedert, weil sie sich bei der Einziehung als Tschechen erklärt hatten.[50] In vielen Fällen war aber bekannt, dass ein Bekenntnis als Tscheche nicht berücksichtigt und somit eine Entlassung aus der Armee nicht umgesetzt wurde. Sofern die Wehrpflichtigen nicht fielen oder nicht unverheiratet blieben, kehrten sie nach dem Krieg nach Rottenschachen zurück. Daraufhin bemerkten die Einwohner Ende 1945 über sie dann Folgendes: »Es gibt hier Fälle, dass nunmehr nach fünfjährigem Dienst in der deutschen Armee Leute nach Hause zurückkehren, die von sich selbst sagen, dass sie Tschechen sind, doch in der deutschen Armee haben sie Beförderungen und Auszeichnungen erhalten.«[51]

Das Schicksal der plötzlich hereinströmenden Tschechen, die sich erst vor nicht allzulanger Zeit zur deutschen Nationalität bekannt hatten, war nicht selten ein trauriges: Sie wurden schikaniert, ihr moralischer Kredit bei den Soldaten in der Einheit und bei den Befehlshabern ging verloren, und deutsche Ämter, aber auch deutsche Verwandte verachteten sie. Selbst die deutschen Behörden waren ausreichend davon überzeugt, dass der deutsche Patriotismus der Weitraer nur zweckgebunden sei und sie zu Opfern und Entbehrungen im Interesse des Reiches handle zweifelsohne unfähig wären, sodass es sich für die Weitraer auch nicht von der so sehr ersehnten materiellen Seite her ausgezahlt hatte.[52] Sehr bald war dies auch für die Reichsdeutschen und die Beamten eine »merkwürdige Gemeinschaft«. Und so geriet der Jahrhundertkonflikt der Weitraer – der alten Doudleber/Teindleser – zwischen Überleben und nationalem Patriotismus in eine immer schärfer ausgeprägte Situation, in der jedoch die einfachen Bürger keinerlei Chance hatten, über den Moloch Staat zu obsiegen – ob er nun deutsch oder tschechisch war.

Unterdessen forderte der Moloch von diesen Leuten seinen Zins. Zu den Dutzenden gefallener Weitraer in der Uniform der österreichisch-ungarischen Armee während des Ersten Weltkriegs kamen Hunderte neuer Opfer an allen Fronten des Zweiten Weltkriegs, nunmehr in der Uniform der Wehrmacht. Allein aus Rottenschachen dienten 194 Soldaten in der deutschen Armee, davon fielen 62 und acht galten als vermisst, weitere zehn kehrten schwer verwundet zurück. Von der Gesamtzahl der Wehrpflichtigen war dies also ein ganzes Drittel an

Opfern, was deutlich den Durchschnitt anderer Weitra-Gemeinden überstieg.[53] Und so haben von den 150 000 gefallenen Sudetendeutschen an allen Fronten des Zweiten Weltkriegs auch die Weitraer ihren Blutzoll entrichtet.[54]

Nach 1945 wurde die politische Zuverlässigkeit aller Bürger von Rottenschachen, Gundschachen, Erdweis und weiterer Ortschaften, die ausgesiedelt werden sollten, äußerst genau untersucht. Über jede einzelne Familie, ja selbst über Einzelpersonen wurde eine Art Kaderakte angelegt mit allen biografischen, politischen, sozialen, Besitz- und Verwandtschaftsbeziehungen. Hier liegt ein außerordentlich solides Material für vertiefte Forschungen der Dorfsoziologie vor, ebenso der Ethnografie und für andere Wissenschaftsbereiche einschließlich der Geschichte. Insbesondere gründlich wurde die Zugehörigkeit zu nationalsozialistischen Organisationen untersucht[55]:

Dorf	NSDAP	SA	NS-Frauenschaft	Hitlerjugend
Rottenschachen	100	185	130	230
Gundschachen	8	4	8	–
Erdweis	–	2	9	–
Insgesamt	108	191	147	30

Tabelle 8

Als hauptsächlicher Brennpunkt des Nationalsozialismus im Weitra-Gebiet wurde Rottenschachen bezeichnet. Doch es scheint, dass auf Seiten der tschechischen Behörden und Aktivisten der Zweck die Mittel geheiligt habe, dass nämlich die Zahlen über die Mitgliedschaft in den genannten Organisationen erheblich überzeichnet wurden. Entsprechend den Angaben tschechischer Behörden aus verschiedenen miteinander kombinierten Karteien und Verzeichnissen gab es in Rottenschachen 100 NSDAP-Mitglieder. Doch nach den ursprünglichen deutschen Materialien, die häufig in Fotokopien den Untersuchungsmaterialien beigefügt worden sind, waren es insgesamt 51.[56] Tschechische Behörden berechneten 185 Männer in der SA. Falls man jedoch zu dieser Zahl noch die Wehrpflichtigen hinzurechnet, somit also den aktivsten möglichen Teil der Gemeinde, so waren es entsprechend den Stammlisten der Armee lediglich 13.[57] Dieser sicherlich überbewertete Stand stellt sich folgendermaßen dar: insgesamt 4 Gefallene, 3 Vermisste, 3 in Gefangenschaft, 1 in Haft, 2 in der Geburtsgemeinde in Erwartung des Volksgerichts. In nationalsozialistische Organisationen wurden jene Bürger Rottenschachens eingegliedert, die an öffentlichen Versammlungen teilgenommen und sich in Sammellisten eingetragen hatten – neben dem bereits mit Schreibmaschine vorgeschriebenen Namen dann die Unterschrift ohne weitere Angabe über die Art der Versammlung, also Gemeindeversammlung, öffentliche oder Parteiversammlung.[58] Als Mitglieder von Organisationen wurden weiterhin jene Leute erachtet, die im Verlauf mehrerer Jahre bei unterschiedlichen Sammlungen und Aktionen ihren Beitrag geleistet hatten, etwa für das Winterhilfswerk, Zuwendungen an die Ortsorganisation der NSDAP oder an andere. Obwohl es sich um maschinenschriftlich vorgefertigte Namenslisten möglicher Spender einer bestimmten Sammlung oder eines Beitrags handelte, wurde ihr Name dennoch bereits als Kollaborationsnachweis betrachtet, auch wenn sie keinen Beitrag geleistet hatten.[59]

Bei kritischer Überprüfung der amtlichen Materialien über die Mitgliederzahlen der nationalsozialistischen Organisationen oder auch jener Bürger, »die sich zu den Deutschen bekannten«, stellt man Ungereimtheiten und bestimmte Zählungen nach »Hausnummern« je nach Laune oder Aktionszweck fest. So wurde 1945 das Rottenschachener Einwohnerverzeichnis entsprechend den Konskriptionsnummern der Häuser angefertigt. Dabei überwog die Meinung, dass zur Zeit der Okkupierung Rottenschachens im Herbst 1938 sich in der Gemeinde lediglich 13, später dann 16 Familien fanden, bei der Zählung entsprechend den Konskriptionsnummern der Häuser von Nr. 1 bis 319 »der sich zu den Deutschen bekennenden« Personen kam man aber auf eine Zahl von 161 bei einer Gesamteinwohnerzahl von 1700 in Rottenschachen und seinen Weilern.[60] Die Vorstellungen bzw. fabulösen Annahmen, dass lediglich ein Häuflein von Tschechen in Rottenschachen ihr Tschechentum bewahrt habe, wird durch das Faktum widerlegt, dass nach den Konskriptionsnummern der Häuser von Nr. 2 bis 310 insgesamt 100 Namen von Wehrpflichtigen angeführt werden, die sich bei ihrer Einberufung als Tschechen bekannten bzw. als Tschechen aus dem Wehrdienst entlassen wurden. Bei näherer Betrachtung dieser Namen kann man feststellen, dass nur 25 einen deutschen Anklang hatten, die restlichen waren tschechische Namen.

Bei einer vertieften Betrachtung erscheint die Aktivität der Einwohner von Rottenschachen in der Zeit der Einverleibung der Gemeinde in das Reich von geringerem Ausmaß zu sein, als sich dies insbesondere 1945 und später bei der Planung zur Vertreibung zeigte. Auf einmal wurde festgestellt – doch allein für hausgemachte Interessen und nirgendwo verifiziert –, dass die Initiative zur Abtrennung von Rottenschachen von örtlichen Landsleuten ausgegangen sei: Diese hätten sich bereits vor dem Ersten Weltkrieg in Wien niedergelassen, und ihnen sei es vor allem darauf angekommen, die Grenze des Weitra-Gebietes wieder auf den Stand vor dem Jahre 1920 zurückzuversetzen, dass folglich dieses Gebiet wiederum Österreich angegliedert würde.[61] Bei etlichen Rottenschachener Bürgern zeigte sich nämlich der heimliche Wunsch nach einem Anschluss des Weitra-Gebietes an das Reich erst nach der Besetzung der Sudetengebiete. Doch waren die Aktionen vom Herbst 1938 nach dem Münchener Abkommen – Unterschriftslisten, massenhaftes Überlaufen von Einwohnern hinüber nach Gundschachen – keineswegs von einer Stelle aus organisiert, sie waren vielmehr Aktionen Einzelner, deren Identität sich nicht feststellen ließ, denn Ende Mai 1945 wurden alle nach Österreich verjagt. Mit Sicherheit identifiziert wurden allein Leopoldine Volf und Albína Fressl sowie auch die Familie Havle von Haus Nr. 197 bezüglich der Durchführung von Unterschriftsaktionen.[62] Die Vorstellung verfestigte sich aber, dass in jenen kritischen Tagen an die 200 Personen aus Rottenschachen und seinen Weilern nach Gundschachen davongelaufen seien; unter ihnen hätten sich Dutzende von Männern aus Einheiten der Staatsverteidigungswacht (SOS) in tschechoslowakischen Uniformen und voller Bewaffnung befunden. Eine gründlichere Überprüfung, wiederum jedoch für Eigenzwecke unternommen, konnte dann lediglich 55 Personen feststellen.[63] Es wurde auch nirgends erwähnt, dass die deutsche Wehrmacht in Gundschachen die Überläufer von dort schroff abwies, als diese ihre Not vorgaben und einen Anschluss an das Reich forderten. Darüber hat der Schmied Tomáš Kotrba aus Rottenschachen Folgendes berichtet: Diese Vertreter des Volkes »wurden von den Besatzungsstreitkräften überhaupt nicht willkommen geheißen, sondern zur Rückkehr gezwungen und aufgefordert, keine Schwierigkeiten zu machen«.[64] Auch dieses Faktum bewies, dass es sich hier nicht um »die Stimme des Volkes« aus Rottenschachen gehandelt hatte, also um irgendeine Organisation, sondern um eine Aktion von

Einzelgängern, die auf eigene Faust tätig geworden waren – wie zum Beispiel Tomáš Kotrle, Karel Kříž und Josef Doležal. Insofern es sich um die am schärfsten durchleuchtete Kollaborantengruppe aus Rottenschachen handelte, die verschiedenen SS-Einheiten zuzurechnen war, wurden 1945 nur zehn Personen angezeigt. Doch auf der Grundlage der amtlich bekannten Tatsachen handelte es sich lediglich um drei Personen; zwei waren freiwillig in die SS eingetreten, der Dritte war entgegen seinem Willen dazu genötigt worden. »Der Ordnung halber« wurden sechs weitere erst später mit Bleistiftschrift hinzugefügt.[65]

Es war ganz offenkundig, dass die Kollaboration der Weitraer mit der Nazi-Macht bei weitem nicht so exponiert war, wie sie die Nachkriegs-Richter von tschechischer Seite aus gerne gehabt hätten. Die Menschen aus dem Weitra-Gebiet handelten unter der Last der gegebenen Umstände, die sie weder verursacht noch heraufbeschworen hatten. So wie ihnen 18 Jahre zuvor die tschechische Staatsverwaltung aufgezwungen worden war, nötigte man ihnen nunmehr die österreichisch-deutsche Reichsverwaltung auf. Sie mussten sich demnach so benehmen – ganz unpatriotisch und indifferent –, wie ihnen dies vor allem von der materiellen Seite her am besten passte. So bekannten sie sich zur deutschen Nationalität aus existenziellen oder anderen, ja selbst gesundheitlichen Gründen. Vielleicht erhielten sie als Deutsche Lebensmittelkarten in größerem und umfangreicherem Maße als tschechische Protektoratsbürger. Sie genossen Vorzüge im Staatsdienst, auf den Eisenbahnen, im Straßenbau und im Transportwesen. Die Rente war ihnen sicher, und sie konnten auch höhere Gesundheitszuwendungen bzw. vergünstigte Heilbehandlungen erhalten. In der umfangreichen Dokumentation über die Weitraer, die von tschechischen Behörden zusammengetragen wurde, könnte man dutzendweise Ausnahmen und Gründe finden, warum denn die Menschen des Weitra-Gebietes sich den Deutschen »zugeschlagen« haben, obwohl sie doch Tschechen waren und in zahlreichen Fällen überhaupt nicht Deutsch konnten. Warum wurde der Familienvater zum Deutschen, während seine Familie tschechisch blieb bzw. warum bekannte sich die gesamte Familie zur neuen Nationalität, doch der jüngste Sohn blieb Tscheche, warum brachte die nationale Grenzscheide auf unterschiedliche Art und Weise ganze Familien überkreuz? Ja doch, wenn die Zeiten sich wieder wandeln, und wir erneut den Tschechen zufallen, muss doch jemand die Familie schützen! Diese Kalkulation ging in einer erdrückenden Mehrzahl der Fälle für die Weitraer auch auf. Als die Eltern quasi als Deutsche vertrieben wurden, kümmerten sich ihre tschechischen Töchter oder Verwandten, die über alle Ortschaften des Weitra-Gebietes an nahezu jedem Ort verstreut lebten, um ihr Eigentum.

1939 wurde in den Weitra-Gemeinden eine Volkszählung durchgeführt, in der die Einwohner neben anderen Fragen sich auch bezüglich ihrer Nationalität äußern sollten. Im tschechischen Milieu überwog insbesondere nach 1945 die Meinung, wenn nicht sogar die Überzeugung, dass die Weitraer sich mit Begeisterung und freiwillig zur deutschen Nationalität bekannt hatten – »sich den Deutschen andienten« –, und diejenigen, welche dies ablehnten, entsprechendem Druck ausgesetzt waren. Doch eher überwog der Eindruck der Freiwilligkeit.[66] Die Trennungslinie, die mitten durch die Generationen in den Gemeinden verlief, war von den geschichtlichen Erfahrungen beeinflusst. Bei der jüngeren Generation zeigte sich bereits der Einfluss der tschechischen Schule in der Zeit der Ersten Tschechoslowakischen Republik, während hingegen die Erfahrung der älteren Generationen sie mehr zu Österreich hinzog.[67] Es war ein Paradox, dass zahlreiche ältere Einwohner die deutsche Sprache nicht beherrschten, weil man ja nur tschechisch miteinander sprach, und trotzdem als ihre Muttersprache Deutsch angaben.[68] Entsprechend den Angaben der Zählungskommissarin Hilda Horejschi bekannten sich über 90% der Rottenschachener Einwohner zur deutschen Nationalität.[69] Am 29. und 30. Juli 1939 wurde die Haupt-Zählaktion im Weitra-Gebiet durchgeführt. In Schwarzbach bekannten sich aus der Gesamtzahl von 115 Konskriptionsnummern insgesamt 53 Familien zur deutschen Nationalität und damit auch zur deutschen Staatsbürgerschaft; dies waren also 46% der Einwohnerschaft. Das Bekenntnis zur Nationalität und damit auch zur Staatsbürgerschaft war jedoch kein einheitlicher administrativer Vorgang. In Schwarzbach wurde er zwischen Juli 1939 und der Februarmitte 1942 vollzogen; zu dieser Zeit bekannten sich 155 Bürger zur deutschen Nationalität, was in etwa 25% der Gemeindebevölkerung entsprach.[70] Man kann auch die Tatsache nicht außer Acht lassen, dass von Anfang 1942 an die Bekenntnisse zur deutschen Nationalität praktisch aufhörten. Eine ähnliche Entwicklung war auch in den anderen Gemeinden im Weitra-Gebiet zu verzeichnen.

1945, als die Bewohner des Weitra-Gebietes kollektiv des »nationalen Verrats« bezichtigt wurden, urteilte man, dass bis auf ein paar Familien in jeder Ortschaft die Weitraer samt und sonders »sich den Deutschen angedient haben«. Mit Blick auf die Verweigerung des Wehrdienstes – durch Bekenntnis zur tschechischen Nationalität – war dies nicht einmal im aufs Höchste exponierten Rottenschachen der Fall. Wo fand man denn auf einmal 100 Wehrpflichtige, die nicht eingezogen wurden, und falls dies doch der Fall war, etliche Monate später als Tschechen in Zivilkleidung zurückkehrten? Und woher stammten dann die weiteren 50, die zur Gendarmeriestation in Rottenschachen gehörten?

Als Ende Juni 1947 eine Kommission des Landes-Nationalausschusses aus Prag nach Rottenschachen kam und vor Ort die Verhältnisse im Weitra-Gebiet gründlich untersuchte, erhielt sie Kenntnis davon, warum eigentlich die Rottenschachener und andere Weitraer so utilitaristisch – »unwürdig« – mit der Frage der nationalen und staatlichen Zugehörigkeit umgegangen waren. Bereits von allem Anfang an hatte die Kommission sich mit dem zivilisatorischen Niveau der Einwohner des Weitra-Gebietes zu beschäftigen. Es war der Analphabetismus eines erheblichen Teils der Menschen, die keine Zeit gehabt hatten, ja auch nicht den Willen, sich um etwas Höheres zu kümmern als den tagtäglichen Broterwerb, den Lebensunterhalt, die Erhaltung und Bewahrung der bloßen Existenz als solcher. František Gruber aus Rottenschachen Haus Nr. 10 sagte dies sozusagen stellvertretend für alle Analphabeten: »Lesen und Schreiben kann ich nicht und ich habe mich deshalb weder als Tscheche noch als Deutscher bekannt.«[71] Ähnliches kam auch in der Aussage der Anna Doležalová, Haus Nr. 288, zum Ausdruck: »Ich habe mich nicht darum geschert, ob ich als Deutsche deklariert wurde; mein Mann hat im Wald gearbeitet, und wir mussten immer gehorchen, wo wir waren ... Wir haben uns um unsere Arbeit gekümmert, wir haben unseren Lebensunterhalt unter Deutschland verdient und wir haben so wie jetzt (1947) gelebt.«[72] Und dann gab es den Wechsel von Staaten und die Veränderungen der Staatsgrenzen. Innerhalb einer einzigen Generation war dies gleich zwei Mal geschehen; wie sollte sich da ein normaler Bürger noch auskennen? Gegenüber den allgemeinen Angelegenheiten von Staatlichkeit oder Staatsbürgerschaft blieb er da aufgrund seines Lebensschicksals indifferent. Rudolf Zach aus Rottenschachen, Haus Nr. 125, war zur Zeit des Anschlusses des Weitra-Gebietes an die ČSR 23 Jahre, zur Zeit der Wiedereingliederung an Österreich 45 Jahre alt – das heißt also, dass er allein im Erwachsenenalter einen zweifachen Staatswechsel erlebte. So sagte er also durchaus wahrheitsgemäß: »Niemals habe ich mich darum geschert, zu welcher Nationalität ich gehöre und ich weiß nicht einmal den Unterschied zwischen Staatszugehörigkeit und Volkszugehörigkeit. Einmal waren wir unter Österreich und ein andermal in Böhmen. Gehorchen mussten wir überall und auch heute noch. Ich hab' mich nie als Deutscher gemeldet und um diese Sachen hab' ich mich nie gekümmert. Deutsch kann ich, tschechisch auch.«[73] Diese Aussage bestätigte gleicherweise der Rottenschachener Einwohner Konrad Dix: »Ich bin nunmehr bereits im dritten oder im vierten Staat; wir waren Österreicher und wir waren Tschechen. Wer auch immer gekommen ist, zu dem mussten wir dann gehören.«[74] Dix musste sogar erklärt werden, was denn das Kürzel NSDAP bedeutet. Er bekannte sich zu keinerlei Nationalität, angeblich hatte ihn nie jemand danach gefragt. Einem deutschen Gendarmen antwortete er 1938, dass er in Prag geboren wurde und in Rottenschachen die Schule besucht habe.

Aus den Aussagen der Rottenschachener ergaben sich zahlreiche Zusammenhänge. Als Grunderfahrung erwies sich aber ihre historische und menschlich erlebte Erfahrung mit der Macht: »Welche Macht auch immer kam, wir mussten ihr dienen.« Es schien, als ob aus dem Dunkel der Jahrhunderte der Hauch der Erinnerungen herüberwehen würde, als es den Herrn, den Adel, den Landesherrn und den Untertan gab. Von neuem lebte hier wieder die Untertanenseele auf, eine jahrhundertealte Tradition meldete sich wieder. Die Entwicklungen des 20. Jahrhunderts hatten wenig Spuren hinterlassen, das Nichterleben eines demokratischen, republikanischen Staates wurde hier überdeckt von monarchischer Tradition, deren konstitutionelle Form das Denken der Menschen im Weitra-Gebiet so wenig erreicht hatte. Die Tschechen kamen, und wir haben uns zu ihnen bekannt, dann kamen die Deutschen, folglich blieb uns nichts anderes übrig – um sie nicht zu provozieren –, als uns zu ihnen zu bekennen. Etliche sagten aus, dass man ihnen in den Behörden, als man diese Logik nicht verstand, Vorhaltungen machte, sie beschimpfte und mit Verachtung, ja sogar mit Ohrfeigen bedachte.[75] Die deutschen Behörden waren auch darüber erstaunt, dass Eltern sich in Fragen der politischen Orientierung ihrer Kinder einmischten.[76]

Beim Bekenntnis zur Nationalität spielte auch eine gewisse allgemeine Gewohnheitshaltung eine Rolle, die man sehr vereinfacht als »Herdentrieb« bezeichnen könnte – wohin sich die Mehrheit der Gemeinde oder

Gesellschaft, der Nachbarn und Freunde hinwendet, dort geh‘ auch ich hin. Das Bestreben, mit derjenigen Gesellschaft, in der man auf Dauer lebt und von der man sich weder trennen noch distanzieren kann, ganz und gar übereinzustimmen, wirkte wie ein Gift, das die Sudetendeutschen in der ČSR vor dem Münchener Abkommen in das gemeinschaftliche Joch der politischen Absichten Henleins und auf die Seite des Dritten Reiches zwang. Diesen Weg nicht mitzugehen kam einem Abschied von der Menge, der Gemeinde gleich, es bedeutete ferner die Provozierung der Gehässigkeit der Aktivisten, von denen es in jeder totalitären Bewegung mehr als genug gab. Und so bildete sich eine passive Mehrheit heraus, die sich wie eine Amöbe ausbreitete – ohne Überlegung und größeren Bewusstwerdens der Lage – zwischen einer kleinen, jedoch höchst aggressiven Gruppe und der ehrlichen Minderheit, die zum Widerstand oder zur Nichtübereinstimmung unfähig war. Mehrheitlich neigte sie jedoch dem aggressiven Teil der Bewegung zu. Josef Bruckner aus Rottenschachen, Haus Nr. 100, erklärte beispielsweise: »Nie habe ich am politischen Leben teilgenommen, und ich war Deutscher, deshalb haben sie mich wie die Übrigen auch gemeldet … Davor hatte ich niemals die Möglichkeit, mich bei einer Behörde als Tscheche zu melden. Ich weiß überhaupt nicht, dass es zur Zeit der Okkupation zu irgendeiner Volkszählung und zur Angabe der Volkszugehörigkeit gekommen ist.«[77] Und František Zwettler aus Rottenschachen, Haus Nr. 20, sagte aus[78]: »Wir haben nicht gewusst, wie wir mit der Frage der Volkszugehörigkeit dran sind, und ich meine, dass die uns in der Gemeinde alle als Deutsche angemeldet haben.« Und noch eine dritte Zeugenaussage, die des František Jáchym aus Rottenschachen[79]: »Ich wurde als Deutscher gemeldet so wie die übrigen, ohne dass ich mich selbst gemeldet hätte. Ebenso kann ich nicht erklären, dass ich anders bekannt hätte, als die Abstimmung mit Ja/Nein kam, weil ja die Abstimmung in der Gemeinde mit 100% Ja ausgegangen ist.«

Ein wichtiger Grund dafür, dass man die Rückkehr des Weitra-Gebietes zu Österreich begrüßte, mochte die Erneuerung der natürlichen Familien- und Verwandtschaftsbeziehungen gewesen sein, die ja durch die neue Staatsgrenze von 1920 erschwert worden waren. Während der jahrhundertelangen Existenz des österreichischen Staates hatten sich im Weitra-Gebiet und in Niederösterreich, ja auch in weiteren Landesteilen Österreichs reiche und starke Familienbande entwickelt, die bis Wien reichten. Durch die Lostrennung des Weitra-Gebietes von Österreich verkomplizierte sich die Lage: Auch wenn die Beziehungen zwischen der ČSR und Österreich in der Zeit der Ersten Republik bei weitem nicht so eingeschränkt waren, wie dies nach 1945 der Fall war, so gab es hier doch eine Grenze, die Finanzwache und die Zollbeamten und eine damit zusammenhängende Bürokratie, die den Menschen das Leben sauer machte. Die Wiedervereinigung des Gebietes rief eine euphorische Genugtuung hervor, die dann – entsprechend etlichen Meinungen sogar am meisten – zur massenhaften Rückkehr der Weitraer zur deutschen Volkszugehörigkeit beitrug. Dazu die treffende Aussage des Josef Fressl aus Rottenschachen, Haus Nr. 80: »Im Jahr 1938, als die Einwohner von Rottenschachen das neue Regime begrüßten, taten sie dies, weil sie der Meinung waren, ihren Verwandten nunmehr näher sein zu können; jede Familie hatte ja jenseits der Grenze zahlreiche Verwandte. Gleichzeitig meinten sie, dass die Arbeitslosigkeit beseitigt würde, die damals gerade in dieser Gegend katastrophal war. Ich betone, dass das Weitra-Gebiet vor allem deshalb ein Problem ist, weil Verwandtschaftsbeziehungen einzelner Familien keine Staatsgrenzen kennen. Dies ist auch schon deshalb der Fall, weil diese Grenzen in letzter Zeit bereits mehrfach wechselten.«[80]

Man könnte noch – indem man jeweils die Einzelperson im Auge behält – zahlreiche Gründe dafür finden, warum denn die Weitraer sich zum Deutschen Reich durch den Formalakt der Annahme der Nationalität und der Staatsbürgerschaft bekannt haben. Dies wären dann aber ganz und gar prosaische Motive, weit entfernt von hoher Politik oder gar nationaler Euphorie. Sämtlichen Staatsangestellten, ob sie nun bei der Bahn tätig waren, im Straßenbau, in Behörden und halbstaatlichen Institutionen arbeiteten, drohte der Verlust ihrer Beschäftigung wegen ihrer Illoyalität dem Staat gegenüber, falls sie nämlich ihre tschechische Nationalität beibehalten hätten. Hier gab es nur eine einfache Entscheidung: entweder irgendeine chimärenhafte Nationalität oder Staatlichkeit, die nichts kostet, einem nichts abverlangt, oder die Beschäftigung, die mir und meiner Familie und nötigenfalls auch armen Verwandten die Existenz ermöglicht?

Die Menschen im Weitra-Gebiet hatten keine Unterstützung durch ihre territoriale Nachbarschaft mit tschechischen Gemeinden und mit tschechischer Einwohnerschaft erhalten. Sie lebten in einem Gebiet, das im Osten und Süden vom Deutschtum umschlossen war, und schließlich hatten auch etliche westliche Ortschaften des Weitra-Gebietes bei Naglitz überwiegend deutsche Bevölkerung. Nach Wittingau oder Neuhaus, von Budweis ganz zu schweigen, war es weit; von dort kam eine Unterstützung für das Tschechentum nur sporadisch. Das Tschechentum wurde allein durch die Schulen erhalten sowie durch die ungute Beziehung zu den tschechischen Kreisbehörden, aber auch durch die Finanzbehörden, die Gendarmen, die Bahnangestellten, die Zöllner und überhaupt durch die Staatsangestellten, die sich aus den Neusiedlern nach 1920 rekrutierten. Die Amtsführung durch die Tschechen während einer Zeit von nicht ganz 20 Jahren rief hier viel böses Blut hervor, und dies bekam dem Tschechentum im Weitra-Gebiet ausdrücklich gar nicht gut. Und so trat das Weitra-Gebiet, das 1920 der ČSR als deutsches oder auch eingedeutschtes, vertrauensunwürdiges Gebiet einverleibt worden war, aus tschechischem Blickwinkel so in die Nachkriegsgeschichte ein; unausweichlich musste es also von den Deutschen gesäubert werden, es musste der ČSR zurückgegeben und mit Geduld umerzogen werden.

Das Studium der erst kürzlich zugänglich gewordenen Bände der Gestapo-Dienststellen in Südböhmen und insbesondere in Budweis hat gezeigt, dass die Polizeiformationen des Dritten Reiches – etwa Gestapo, Sicherheitsdienst und andere – im Weitra-Gebiet keine Mitarbeiter gefunden hatten, und so war es hier auch nicht zu wechselseitigen Anzeigen der Bevölkerung gekommen wie in anderen Landesteilen. Die Weitraer »hielten zusammen«, das Gift des nationalsozialistischen Reichs war auf polizeilich-repressiver Ebene hier nicht eingedrungen. Etliche Weitraer wurden zwar außerhalb ihrer Gegend zur Zwangsarbeit eingesetzt – etwa in Frontgebieten wie Ungarn oder Österreich – oder in der Kriegsindustrie in Deutschland; sie füllten jedoch nicht die Gefängnisse und Konzentrationslager. Allerdings sind verhältnismäßig viele von ihnen als Wehrmachtsoldaten an den Kriegsfronten gefallen, doch sie verloren ihr Leben nicht als Folge des Nazi-Terrors. Es war geradezu unglaublich, wie diese Menschen, die Nachfahren der Doudleber/Teindleser, zusammenhielten. Auch wenn sie von örtlicher und nachbarschaftlicher Gehässigkeit, von Missgunst und Hass überschwemmt wurden, die möglicherweise durch ein langes Zusammenleben hier deutlicher als in anderen Gegenden zu Tage traten, so zeichneten sie sich dennoch durch gemeinsamen Widerstand und gegenseitige Unterstützung und Sympathie als eine Landesgemeinschaft aus.

II
Dies Irae – der tschechische »Gestapismus« und die Vertreibung der Deutschen aus dem Weitra-Gebiet

1. Rache an den Deutschen und die Vorbereitung der ersten Vertreibung

Das Kriegsende vergegenwärtigte sich den Weitraern im Kampflärm der von Österreich her näherrückenden alliierten Armeen. Zuvor schon – am 23. März 1945 – hatten amerikanische Flieger den Bahnhof, die Eisenbahnwerkstätten und einen Teil der Stadt angegriffen; České Velenice bot ein trauriges Bild der Zerstörung, zahlreiche Zivilisten waren umgekommen. Es waren nicht nur Ortsansässige oder Angestellte, sondern auch Einwohner aus den umliegenden Ortschaften, die sich gerade zu diesem Zeitpunkt dort aufgehalten hatten.

Die Weitraer spürten den Krieg und seine Folgen vor allem an den Todesmeldungen ihrer Söhne an allen Fronten und den Berichten über die Vermissten und Verschollenen. Dem Auslandsrundfunk, insbesondere dem aus London, auf dessen Frequenzen die Tschechoslowakische Exilregierung sendete, konnten sie entnehmen, dass es nach dem Ende des Krieges, den Deutschland nicht mehr gewinnen, ja nicht einmal einen Separatfrieden erreichen könne, erneut zu Grenzveränderungen kommen werde, und dass die Verhältnisse des Jahres 1920 wiederhergestellt und der nördliche Teil des Weitra-Gebietes wiederum zur Tschechoslowakei gehören würden.

Im Hinblick auf ihre ambivalente nationale und staatliche Orientierung sahen es die Einwohner der Grenzbereiche nicht als Vergehen an, dass sie für Österreich optiert hatten, das heißt also für das Dritte Reich, das Österreich geschluckt hatte. Sie hatten ihre tschechische Sprache bewahrt, dem Deutschtum waren sie auf ihrem eigenen Grund und Boden nicht unterlegen, sie hatten ihre jahrhundertealten Traditionen aufrechterhalten, hatten also nichts zu fürchten. Erwachsene Weitraer hatten bereits zweimal in ihrem Leben Grenzveränderungen erlebt, und so erschien eine abermalige, dritte Veränderung keineswegs als Überraschung.

Der Übergang vom österreichischen zum tschechoslowakischen Staat im Jahr 1920 war von der zentralen Idee der ČSR begleitet gewesen: alles Österreichische zu eliminieren! Es kam zu keinen grundlegenden Veränderungen, bis eben auf die Zollschwierigkeiten und die Schließung der Grenzen, die Trennung von Verwandten – in den demokratischen Verhältnissen der Ersten Republik keine sehr komplizierten Dinge. Die Rückkehr nach Österreich, die sich nunmehr unter deutscher Kuratel vollzogen hatte, war jedoch ebenfalls ganz undramatisch verlaufen: Die Regierung der Zweiten Republik* war mit dem Dritten Reich übereingekommen, dass für politische Taten und ebensolches Denken keine Aufrechnung erfolgen dürfe, auch keine Repressionen und Verfolgungsmaßnahmen; daran hielt man sich, und so kam es im Weitra-Gebiet zu keinerlei Jagd auf eine »verräterische« Bevölkerung, die den tschechoslowakischen Staat – so jedenfalls aus deutscher Sicht – begrüßt hatte. Was konnte nun schon Neues passieren? Aus dem Londoner Rundfunk ertönte allerdings durchaus drängend, es müsse »entgermanisiert« werden, was aus tschechischer Sicht sicherlich eine gewisse Logik in sich barg – aber war dies nicht auch eine ähnliche Situation wie nach dem Ersten Weltkrieg, als es hieß zu »entaustrifizieren«?

Darüber hinaus war es im Weitra-Gebiet keineswegs zu zwischenmenschlicher Zwietracht gekommen, die etwa politisch oder national motiviert gewesen wäre. Auch war es zu keinerlei gegenseitigen Massenanzeigen der Bevölkerung bei der deutschen Besatzungsmacht gekommen, wie dies ansonsten auf tschechischem Gebiet zu beobachten war, wo die Agenten der fremden Macht zahlreiche ihrer Mitbürger verrieten. Entsprechend den Aufzeichnungen der Budweiser Gestapo-Leitstelle, zu der das Weitra-Gebiet gehörte, konnte man keinen einzigen Denunzianten oder Agenten auftreiben, der etwas über seine Mitbürger berichtet hätte. Obwohl die Regierungskommissare – die Bürgermeister – der Ortschaften aufgrund ihrer Funktion dazu verpflichtet waren, mit den geheimen Repressionselementen des Dritten Reiches zusammenzuarbeiten und jeden feindlichen Schritt gegen das Reich anzuzeigen – zum

* Zweite Republik: Rest-Staat nach Abtretung der Sudetengebiete nach dem Münchener Abkommen (1. Oktober 1938) bis zur »Liquidierung der Rest-Tschechei« durch Errichtung des »Protektorat Böhmen und Mähren« (15. März 1939)

Beispiel das Abhören des Auslandsrundfunks, antinazistische Parolen, Beschimpfung des Führers und des Staates usw. –, geschah hier dennoch nichts dieser Art. Die Denunziation begann als solche erst auf Protektoratsgebiet, etwa in Suchenthal und anderen Ortschaften.

Anders sah es aber für die weniger Bürger jüdischer Herkunft aus, auf die sich die Nürnberger Rassengesetze des Dritten Reiches bezogen. Entsprechend der Bevölkerungsstatistik nach der Zählung von 1921 bekannten sich im Weitra-Gebiet 12 Personen und 1930 dann 10 Personen zur »jüdischen Nationalität«. Die Anzahl der Juden wurde hier aber entsprechend dem Religionsbekenntnis identifiziert – und so bekannten sich 1921 insgesamt 70 und 1930 dann noch 49 Personen zum mosaischen Glauben. Der zahlenmäßig größte Teil befand sich in České Velenice – 49 bzw. 34 Personen –, und eine weitere zahlenmäßig bedeutendere Vertretung befand sich in Schwarzbach – 11 bzw. 6 Personen; in Rottenschachen waren es 6 bzw. 3. Ansonsten bekannten sich die Weitraer mit nahezu 100% zum römisch-katholischen Glauben, lediglich České Velenice bildete eine Ausnahme, da es hier Angehörige der Evangelischen und der Tschechoslowakischen Kirche sowie Personen ohne Glaubensbekenntnis gab.[1] Ein Teil der Juden konnte sich durch die Emigration in westliche Länder retten, doch der größere Teil blieb zu Hause und im Protektorat, wurde von den Nazi-Behörden strikt erfasst, zunächst in Theresienstadt konzentriert und dann in Auschwitz ermordet. Wie noch zu sehen sein wird, hatte dies unglückselige Auswirkungen auch für Schwarzbach.

Die US-Armee drang von Anfang Mai 1945 an auf das Gebiet Süd- und Westböhmens vor. Weil die Hauptstreitkräfte der Roten Armee sich zur Niederwerfung des Zentrums des Dritten Reiches auf Berlin konzentrierte, bildeten die Hälfte Mährens und ganz Böhmen ein großes Vakuum, das von der Wehrmacht ausgefüllt wurde, deren Fluchtrichtung auf amerikanische Gefangenschaft ausgerichtet war. Die Forderung General Pattons, das Vakuum sollte auch von den Amerikanern ausgefüllt werden, wurde durch den Generalstab der Roten Armee mit Hinweis auf die Festlegung einer Demarkationslinie zwischen den jeweils vorrückenden Armeen strikt zurückgewiesen; es sollte zu keinerlei Vermischung kommen. Die Amerikaner hielten sich an diese Vereinbarung und verharrten auf der Linie bei Pilsen. Sie besetzten Südböhmen bis zu der Linie, die unmittelbar vertikal an Kaplitz entlang in Richtung auf die österreichische Grenze zu abfiel. Vom Weitra-Gebiet schied sie eine Entfernung von 20 bis 30 km. Wie wenig fehlte doch, und das Schicksal des Weitra-Gebietes hätte sich völlig anders entwickelt …

Anfang Mai 1945 brach die deutsche Front im Protektorat zusammen. Die Armee General Schörners floh in Richtung amerikanische Gefangenschaft. Die Truppen der I. Ukrainischen Front verfolgten sie in Mittel- und Nordböhmen – auf der Linie Beraun, Podersam, Reichenberg und Trautenau –, und allein von 9. bis 10. Mai nahmen sie 35 000 deutsche Soldaten gefangen. Einheiten der IV. Ukrainischen Front besetzten Reichenau, Senftenberg, Leitomischl, Königgrätz und Pardubitz und nahmen 20 000 Soldaten gefangen. Truppen der II. Ukrainischen Front, die einzelne Einheiten General Wellers verfolgten, besetzten Teltsch, Datschitz, Zlabings, Neuhaus und Budweis. Zwischen 9. und 10. Mai nahm sie 8000 deutsche Soldaten und Offiziere gefangen.[2]

Die in Südböhmen operierenden Einheiten der II. Ukrainischen Front erreichten am 8. Mai 1945 das Weitra-Gebiet. Am gleichen Tag zog die Rote Armee in Schwarzbach und Rottenschachen ein. Wegen ihrer mangelhaften Ausrüstung und Bewaffnung rückte sie nicht weiter vor, und so blieben die Hauptkräfte in Neuhaus. In den umliegenden Wäldern kam es zu Kämpfen – so in Abbrand, Gundschachen, der Siedlung Hinter-London –, die bis zum 16. Mai andauerten. Die Rote Armee unternahm hier keine größeren Aktionen im Hinblick auf das österreichische Gebiet, das überdies ein stark bewaldetes Gelände war. Erst am 18. Mai besetzte sie České Velenice. Die deutschen Gendarmen, Beamten und Lehrer verließen Rottenschachen am 8. und 9. Mai; ähnlich sah es in Schwarzbach und den übrigen Ortschaften aus. In diesen Tagen nahmen jene Einwohner, die sich zur tschechischen Nationalität bekannt hatten, die Ortsverwaltungen in ihre Hände, etliche kamen gleich zu Beginn des Friedens aus dem Landesinneren, wohin sie während der Protektoratszeit emigriert waren. Der erste Nationalausschuss* in Rottenschachen mit dem Vorsitzenden Jaroslav Kovarík umfasste zwölf Mitglieder; ihm stand eine »Nationalgarde« zu Diensten, die sich aus Bürgern tschechischer Nationalität zusammensetzte. Gleich in den ersten Tagen seines Bestehens nahm der Nationalausschuss den ehemaligen Bügermeister Slechta in Haft, ebenso führende Repräsentanten der

* Nationalausschuss: Verfassungsrechtlich 1945 nicht verankerte Institution zur Errichtung einer »volksdemokratischen Verwaltung« in einem ebensolchen Staat

NSDAP und sonstiger Nazi-Organisationen im Ort, insgesamt elf Personen.[3]

Unvermittelt brach über die Weitra-Gemeinden eine Gewalt herein, die es bei den vorausgegangenen staatlichen Umstürzen nicht gegeben hatte. Es ist bereits davon gesprochen worden, dass weder 1920 noch 1939 bei der Übernahme der Staatsgewalt irgendjemand eingesperrt oder verfolgt wurde. Auf einmal bildeten sich hier halbmilitärische Machtorgane (Garden*), die in Anwesenheit der Roten Armee Repressionen ausübten. Bürger deutscher Nationalität griffen schließlich aus Angst vor Verfolgungsmaßnahmen zum Mittel kollektiver Selbstmorde.[4]

Bereits aus den Meldungen des tschechischen Rundfunks aus London und Moskau vor dem Kriegsende ging klar hervor, dass die deutsche Bevölkerung in der ČSR eine grausame Vergeltung erwarten würde. Der führende Vertreter des Rachegedankens war der ehemalige Präsident der ČSR Edvard Benesch, der nach der Münchener Krise im Oktober 1938 von seinem Amt zurückgetreten war und emigrierte. Später konstituierte er die tschechoslowakische Exilregierung und erreichte deren Anerkennung durch die Alliierten der Anti-Hitler-Koalition.

Die Leitidee Beneschs war die Erneuerung der ČSR und die Vertreibung der Sudeten- und Karpatendeutschen aus der Republik wegen ihres Verrates; der Verrat habe darin bestanden, dass sie sich durch ihren Führer Konrad Henlein zum Werkzeug Hitlers bei der Zerschlagung der ČSR und der Entfesselung des Zweiten Weltkriegs hatten machen lassen. Benesch war vom München-Komplex besessen, und so gab er den Tschechoslowakei-Deutschen Mitschuld am Ausbruch und der Entfesselung des Kriegs; dies wiederholte er ununterbrochen gegenüber den Alliierten und gegenüber dem Auslands- und Heimatwiderstand. Doch war dies eine falsche Beschuldigung. Die Aggression ging unter der Führung Adolf Hitlers vom Dritten Reich aus: durch die Rheinlandbesetzung, den Anschluss Österreichs und schließlich und endlich nach dem Abkommen vom August 1939 mit dem sowjetischen Diktator Josef Stalin** durch den Angriff auf Polen am 1. September 1939.

* Die berüchtigten »Revolutionsgarden« (RG)
** Ribbentrop-Molotow-Vertrag vom 23. August 1939 (auch »Hitler-Stalin-Pakt« genannt) mit dem Geheimen Zusatzprotokoll über die Aufteilung Europas nach beiderseitigen Interessengebieten

Die Sudetendeutschen waren die ersten Opfer der Hitleraggression gegen die ČSR am 15. März 1939 gewesen. Zehntausende Sozial- und Christdemokraten, Mitglieder der Agrarpartei, Juden, aber auch Kommunisten kamen sofort in Konzentrationslager im Reich. Den allerschwersten Zins erhob das Dritte Reich mit den 150 000 gefallenen Deutschen aus den Böhmischen Ländern. Die Begeisterung der Sudetendeutschen aus den Jahren 1937–1938 verwandelte sich bald in ihr Gegenteil, als sie mit Krieg und Nationalsozialismus konfrontiert wurden.

Das Münchener Abkommen war keineswegs ein Willkürakt der Sudetendeutschen, vielmehr das Ergebnis eines totalen Zusammenbruchs des in Versailles geschaffenen Sicherheitssystems, dessen Chefarchitekt Benesch war. Die Leitidee seiner Außenpolitik war die Bewahrung der europäischen Konstellation, des Systems der kollektiven Sicherheit, mit der ergebnisorientierten Ausrichtung der ČSR auf Frankreich und die Kleine Entente, deren Hauptinitiator er ebenfalls war. Er stand an der Wiege des Völkerbundes, beteiligte sich herausragend an seiner Tätigkeit ab 1920 als sein Stellvertretender Vorsitzender und 1923–1927 als Mitglied des Rates, dann bis 1938 als Vorsitzender des Sicherheitsausschusses und schließlich ab 1935 auch als sein Vorsitzender. Das Münchener Abkommen, auf dem die Vertreter Frankreichs und Englands der Abtretung der von Sudetendeutschen bewohnten ČSR-Grenzgebiete an das Deutsche Reich ihre Zustimmung erteilten, bedeutete einen völligen Zusammenbruch seiner Politik. München bedeutete den Zusammenbruch des Versailler Systems, das von allem Anfang eine Bombe in sich geborgen hatte: unsinnig überzogene Kontributionen, die Deutschland für den verlorenen Krieg aufgehalst wurden, führten zum Chaos, zur Anarchie, einem wirtschaftlichen Zusammenbruch und zur Arbeitslosigkeit. Als Hitler dann einer niedergedrückten und gedemütigten Nation die nationale Rehabilitierung anbot, aber auch einen sozialen Aufstieg, und mit diesen Mitteln an die Macht gelangte, war es zur Herabsetzung der Kontributionen bereits zu spät: Die siegreichen Großmächte des Abkommens suchten nur noch nach Ausflüchten, und an jenem Tag zeichneten sich bereits die Konturen eines weiteren Weltkriegs ab.

Und Benesch war bei allem von Anfang an dabei. Hat er aus diesem Zusammenbruch für sich selbst irgendwelche Schlussfolgerungen gezogen? Hat er sich denn zumindest andeutungsweise Gedanken darüber gemacht, dass er selbst auch zu den Totengräbern des Versailler Systems aufgrund seines exponierten Antigermanismus gehörte? Dass er sich selbst an seinem eigenen, ganz persönlichen, und am staatlichen Zusammenbruch in erheblichem Maße beteiligt hatte?

Keineswegs: Für alles müssen die Sudetendeutschen bezahlen, die raus aus der ČSR müssen!

Diese fixe Idee, die in eine durch nichts begrenzte Megalomanie einmündete, beherrschte das Denken Beneschs von der Zeit seiner Abdankung über die Vorbereitung des Attentats auf Heydrich[5] bis zu seiner Rückkehr in die ČSR im Frühjahr 1945. Hatte er sich in seinen Botschaften an die Heimat und im Londoner Rundfunk noch mäßigen müssen, um nicht unnötigerweise den Widerstand der Sudetendeutschen und der Deutschen überhaupt zu provozieren[6], so konnte er nach dem Kriegsende die Schleusen seines Hasses voll öffnen. Bei der Rückkehr aus Kaschau, auf dem Weg nach Prag, machte er in Brünn Station, wo er im Rathaus in Anwesenheit der neuen Machthaber und dann vom Balkon aus zu den Menschen eine Rede hielt. Am 12. Mai 1945 proklamierte er in seiner Rede vom Brünner Rathaus aus Folgendes: »... unser tollwütig gewordener Nachbar ... hat sich in eine Lage versetzt, deren Ergebnisse seine *gesamte* heutige und ebenso künftige Generationen ereilen werden; sie werden sie als eine verdiente und ihnen voll gebührende Strafe zu tragen haben ... Dieses Volk hat in diesem Krieg bereits aufgehört überhaupt menschlich zu sein, es hat aufgehört, auf menschliche Weise erträglich zu sein und erscheint uns daher bereits nurmehr als ein einziges großes menschliches Monster ... Wir haben uns gesagt, dass wir das deutsche Problem in der Republik definitiv und *ganz und gar liquidieren* müssen.« Den versammelten Brünnern rief er vom Balkon aus zu: »Mein Programm ist – und ich verberge dies nicht –, dass wir die deutsche Frage in der Republik vollständig liquidieren müssen.«[7]

Ein Kritiker des tschechischen Chauvinismus und des »tschechischen Spießertums«, der Professor der Prager Karls-Universität Václav Černý, kommentierte Beneschs »vollständig Liquidieren« mit folgenden Worten: »Dieses Wort war Schrecken erregend und völlig neu im tschechoslowakischen politischen Wörterbuch! Es roch keineswegs nach Strafe, es stank vielmehr nach Rache.« Für die Verbrecher, die den Krieg entfacht hatten, sollte gemeinschaftlich – kollektiv – ein ganzes Volk und seine künftigen Generationen bestraft werden! Professor Černý fährt dann in seinen Überlegungen so fort: »In dieser Rede fand eine Vermischung des *Staates*, beziehungsweise des ›verbrecherischen Staates‹ (der Begriff wurde einige Zeit später von Jaspers definiert), mit der Nation mittels eines fertigen und gültigen Faktums statt, es wurde eine abstrakte und pauschalierte totalitäre Lösung installiert, in der ohne Berücksichtigung des Ausmaßes einer individuellen und konkreten moralischen Schuld ein ganzes Volk bis zum letzten Kind für die Verbrechen einer usurpatorischen Staatsmacht büßen sollte. Wir haben uns so selbst negiert, unsere Vergangenheit, unsere christlichen und humanistisch-demokratischen Traditionen, wir haben die Erste Republik und Masaryk verleugnet.«[8]

Zu dem Zeitpunkt, als Benesch seine hasserfüllten Standpunkte und Urteile vortrug, hatten seine Zuhörer die Tagespresse in Händen; diese veröffentlichte einen Aufruf der Regierung, den tags zuvor, am 11. Mai 1945, ihr Vertreter Klement Gottwald im Prager Rundfunk verbreitet hatte. Hier hörte die Nation bereits vor den Worten Beneschs, wie sich der Kommunist Gottwald an »alle treuen Tschechen und Slowaken« wendet, die er sogar – er, der Bolschewik! – als »Brüder und Schwestern« anspricht. In seiner Rede sagte Gottwald unter anderem: »Die neue Republik wird ein slawischer Staat sein, eine Republik der Tschechen und Slowaken. Deutsche und Madjaren, die sich gegen unsere Völker und gegen die Republik so massiv schuldig gemacht haben, werden wir als der Staatsangehörigkeit verlustig Gegangene ansehen und streng bestrafen. Die Nationalausschüsse sollen damit sofort beginnen. Macht alle aktiven Nazis und ihr Eigentum unschädlich und stellt dieses zu Gunsten von Volk und Staat sicher. Sperrt sofort all jene ein, die die Nation verraten und aktiv mit den Deutschen zusammengearbeitet haben, stellt sie vor die Volksgerichte, die sobald als möglich eingerichtet werden. Stellt das Eigentum der Deutschen, der Verräter und Kollaboranten sicher … Bereitet auf dem Lande die Konfiszierung des Bodens vor, der einem fremden Adel gehört hat, den Deutschen, den Verrätern und Kollaboranten …«[9]

Während Benesch das erhaben klingende Fremdwort »liquidieren« benutzte, obwohl es dem Wesensinhalt nach furchtbar und ungeheuerlich war (und Erhabenheit stand dem Präsidenten doch unzweifelhaft zu), forderte der primitive Kommunistenführer der ČSR Gottwald – doch wie raffiniert: nicht im eigenen, sondern im Namen der Regierung! – dazu auf: »Straft sie! Macht sie unschädlich! Sperrt sie sogleich ein!«, und überdies: »*Die Nationalausschüsse sollen damit sofort beginnen!*«

Sämtliche Gesetze über den Raub von Eigentum, über die Staatsbürgerschaft, die Konfiszierung von Eigentum, die Einführung der Volksverwaltungen und über die Volksgerichte befanden sich in Vorbereitung, und die letzte Unterschrift unter diese Texte hatte Präsident Benesch zu setzen (von da her leitet sich die Formel Benesch-Dekrete ab). Und da bot auf einmal – und nicht einmal der Regierungsvorsitzende, der Sozialdemokrat Fierlinger – gerade der Führer der Kommunisten, Gottwald, hier alle Instrumente für das »vollständig Liquidieren« der Deutschen dar!? Und überdies noch den Aufruf an die Nationalausschüsse (gegen die sich Benesch zuvor doch noch gesträubt hatte): »Sie sollen doch nicht auf Weisungen von oben warten und unverzüglich ihre … Tätigkeit im Sinne des Regierungsprogramms und *dieses Aufrufs der Regierung* aufnehmen.«[10]

Innerhalb von zwei Tagen gab es also zwei Aufrufe: einen von Seiten der Regierung (der Kommunisten) und einen weiteren aus dem Umkreis Beneschs (der Nationalen Sozialisten und der Liberalen). Aus einem ging hervor, dass die Deutschen aus der ČSR in Verbindung mit harter Bestrafung (Festnahmen, Sicherheitsverwahrung, Bestrafung durch ein Volksgericht) vertrieben werden sollten, aus dem anderen ergab sich aber eine noch weiterreichende Beseitigung der Deutschen aus der ČSR – mit allen ihren Wurzeln, auf Generationen im Voraus, definitiv, absolut, abschließend! Es begann eine Versteigerung: Wer traut sich mehr und ergebnisorientierter gegen die Deutschen vorzugehen? Die tschechischen Nationalisten oder die Kommunisten, die Internationalisten? Noch einmal Černý dazu: »Die Politik wurde zu einer Angelegenheit der Macht, keineswegs der Moralität und des Rechts. Und keine Parteiformation zeigte sich bei uns besser als die andere, die Nationalen Sozialisten ›Masaryks‹ machten sich die Abschubs- und Antideutschen-Demagogie genauso zu Eigen, sie bot ihnen die willkommene Spitze gegen den ›internationalistischen‹ Kommunismus. Wie weit war es mit der Rücksichtnahme gegenüber den Menschenrechten des Einzelnen, mit der Erneuerung unserer Verfassung gekommen?«[11]

Das Schicksal der Deutschen in der ČSR wurde so zum Hauptgegenstand des Streites zwischen den bürgerlichen und den kommunistischen Kräften, zum Kern der nationalen Revolution. Wer gegenüber den Deutschen zielgerichteter sein wird (d.h. brutaler), wer ihre schnellstmögliche Versklavung plant – Besitzbeschlagnahme und Aberkennung der Staatsbürgerschaft –, der wird offenkundig das Spiel bei der Nation gewinnen und Sympathien erringen. Nichts war definitiv entschieden. Die Londoner »demokratische« und die Moskauer »kommunistische« Emigration führten hier auf Rechnung der Deutschen ihren Entscheidungskampf um die »Mehrheit der Nation«, wie dies die kommunistische Geschichtsschreibung später gerne betonte. Wer die Deutschen so früh und entschlossen als möglich hinausjagt, säubert die »Heimat« von ihnen und wird dann offenkundig der Sieger sein. Die Tschechische Presseagentur veröffentlichte am 14. Mai 1945 eine Meldung über die Festnahme der höchsten Protektoratsrepräsentanten einschließlich Präsident Háchas, der Generalität und der Aktivisten mit folgendem Regierungskommentar: »Diese Aufgabe (der Repression – J.M.) wird die Regierung ohne jeglichen Verzug durchführen, ohne Rücksicht und ohne Nachsicht gegenüber irgendjemandem. Die Regierung erwartet, dass die Verhaftung aller Schuldigen an sämtlichen Orten der ČSR durchgeführt wird.«[12]

Zwei Tage später, am 16. Mai 1945, erreichte Präsident Benesch Prag. Das Geleit auf der Eisenbahn, aber auch bei der Begrüßung in Prag selbst, gaben ihm Kordons der Roten Armee. Es war, als ob damit deutlich gekennzeichnet werden sollte, wer in der ČSR und konkret in Prag das Sagen habe. Die Tschechoslowakischen Fahnen gingen im Meer der Roten Fahnen mit Hammer und Sichel unter, und die Porträts von Marschall Stalin waren erkennbar größer als die des Präsidenten, die Ehren- und Defilee-Einheiten der Roten Armee überdeckten bei weitem den unsicheren Tritt der tschechoslowakischen Einheiten. Es war also eine sowjetische und keineswegs eine tschechoslowakische Begrüßung Beneschs, obwohl sich niemand diese Tatsache in der vorherrschenden Euphorie vergegenwärtigte, und auch die Rede des Präsidenten war vom Geist Moskaus und der Vergeltung sowie der Rache an den »Germanen«* geprägt.[13] Die neue Republik sollte als ein reiner Staat von Tschechen und Slowaken aufgebaut werden, ohne irgendwelche Minderheiten, als slawischer Staat, der politisch strikt auf die Sowjetunion hin ausgerichtet sein sollte.

---

* »german«, »germanzy«, »germani«: Bezeichnung für die Deutschen im Allgemeinen durch Rotarmisten 1945

Benesch identifizierte sich in seiner Rede, die er auf dem Altstädter Ring in Prag hielt, mit der Konzeption der eingeschränkten Demokratie, in der jene politischen Parteien nicht zum politischen Leben zugelassen wurden, die angeblich Verrat begangen hatten, und so proklamierte er eine Beschränkung dieser politischen Parteien, die vormals vor allem die Landbevölkerung abgedeckt hatten. Als Hauptangelegenheit des Aufbaus der neuen Tschechoslowakei verkündete er »eine Neuentwicklung des Verhältnisses von Tschechen und Slowaken und insbesondere kompromisslos die gänzliche Liquidierung der Deutschen in Böhmen und der Ungarn in der Slowakei, wie auch immer diese Liquidierung im Interesse des einheitlichen Nationalstaats von Tschechen und Slowaken durchzuführen ist. So möge denn unsere Parole lauten: definitiv unsere Heimat entgermanisieren – kulturell, wirtschaftlich, politisch!«[14]

Es ist doch beachtenswert: Die von Deutschland besetzten europäischen Staaten, die auf ihrem Gebiet deutsche Minderheiten aufwiesen, das heißt also ihre »Fünften Kolonnen«, gaben keineswegs als Ziel deren Vertreibung vor, also ein nationales Moment, sondern einen ideologischen Faktor – nämlich das Land von allen Gestapopraktiken frei zu machen. Das bedeutete demnach, das Gift des Nationalsozialismus und seine Folgen, den Verrat durch lokale Kollaboranten, loszuwerden, das bedeutete ferner, aus dem Lande keineswegs die Zivilisation herauszureißen, die Einwohner und seien sie deutscher Nationalität, die Landsleute, zu entfernen, sondern auf schnellstmögliche Weise das Gift des Hitlerschen Wahnwitzes einer Weltherrschaft loszuwerden, das Gift der Untertanenschaft und der Rechtlosigkeit. Norweger, Dänen, Belgier, Holländer, auch die Franzosen mussten ihre Länder nicht »von den Germanen säubern« – also das nationale Moment umsetzen –, sondern von der Schwemme einer totalitären Ideologie, von den Überbleibseln deren Praxis und Denkens, also vom »Gestapismus«*, vom Nationalsozialismus. Dem steht das Handeln Beneschs entgegen: die »Entgermanisierung«, mit dem Beigeschmack von Rache und dem gewaltsamen Entfernen einer Zivilisation, die acht Jahrhunderte lang im Lande angesiedelt war, und durch ihre Vertreibung. Entgegen der allgemeinmenschlichen und humanistischen Parole der Freimachung vom Gestapogeist – der

* Gestapismus: Der Begriff bezeichnet im Tschechischen die Nachahmung der nazionalsozialistischen Grausamkeiten durch Tschechen gegenüber Deutschen.

Säuberung vom Nationalsozialismus also –, verkündete der tschechoslowakische Präsident das Ziel der Entgermanisierung, der Vertreibung der deutschen Bevölkerung aus den Böhmischen Ländern und der Slowakei. Hier handelte es sich um eine grundsätzliche Verschiebung von einer allgemeinmenschlichen und humanitären Grundhaltung zu einer solchen nationalistisch-chauvinistischer Art. Benesch und die Tschechen nahmen eine rachebestimmte Position im nationalen Sinne und in der Meinung ein, dass durch die Vertreibung der Deutschen das Gift des nazionalsozialistischen Totalitarismus und der Kollaboration der tschechischen Bevölkerung mit dem Gestapismus automatisch beseitigt würde. Die Geschichte hat jedoch gezeigt, dass es sich hier um einen grundsätzlichen Irrtum gehandelt hat: Das Land wurde nicht vom Gestapogeist gesäubert, nicht von den örtlichen Kollaboranten; die Denunzianten der Gestapo erhielten im Verlaufe von nicht ganz drei Jahren vielmehr eine neue Chance, nämlich einer anderen, nunmehr kommunistischen totalitären Ideologie und Staatspraxis zu dienen. Die Kommunisten übernahmen ehemalige Gestapo-Denunzianten bis auf geringe Ausnahmen in ihre Partei und in Behörden, die sie sogleich nach dem Jahr 1945 besetzt hatten, und ganz allgemein ab 1948, als sie die ausschließlichen Herren des Staates wurden. Das Gift der auf die Zeit des Zweiten Weltkriegs zurückreichenden Gestapo-Mentalität wurde nunmehr in die rote Farbe des Kommunismus übertragen. Die Vertreibung der tschechoslowakischen Deutschen verfehlte hier ihre Wirkung – die Deutschen waren vom Gestapismus nicht mehr erfasst worden als ihre tschechischen Mitbürger.

Die Rede Beneschs in Prag unterschied sich von seinem Brünner Auftritt dahingehend: In Brünn hatte er von einer völligen Liquidierung der *»deutschen Frage«* gesprochen, in Prag aber bereits direkt von der vollständigen Liquidierung *»der Deutschen in Böhmen«*. Allerdings war bereits aus der Brünner Rede klar hervorgegangen, dass es sich hier nicht um *die Frage als solche*, vielmehr direkt um *die Deutschen* handelte, um ihre Vertreibung, ihre gänzliche Liquidierung, das Herausreißen aus ihren Wurzeln. Nach Professor Černý war dies eine Wortneuschöpfung, die man vergleichen kann mit der Neubegrifflichkeit des Coventrierens, die Goebbels bei der Vernichtungsaktion, dem dem Erdboden Gleichmachen einer Stadt, angewandt hatte.

Überdies war die Prager Rede – auch wenn sie in der Adressatennennung präziser war und recht geradlinig – in der Frage der Vertreibung im Vergleich zur Brünner Rede knapp und nahm nur beiläufig, nebenbei*, Bezug auf die großen Dinge des künftigen Staatsaufbaus. Die Antwort auf die Frage der Vertreibung ließ jedoch nicht lange auf sich warten – sie folgte sofort am Tag darauf, den 17. Mai 1945, in der Rede von Beneschs Sekretär, seines persönlichen Lakaien, der ab 1946 Minister der Justiz war: Prokop Drtina. Die Nationalen Sozialisten, zu deren ideologischem Kreis Benesch gehörte, veranstalteten an diesem Tag im Prager Lucerna-Saal eine große Versammlung, bei der die Parteispitzen ihr Programm verkündeten. Unter anderen trat auch Drtina auf; er war ja bereits aus dem Londoner Rundfunk als der »Heilige Paulus« bekannt. In seinem langen Vortrag beschäftigte er sich mit einem einzigen Problem: der Vertreibung der Deutschen aus der ČSR.[15] Gleich zu Beginn verkündete er, dass bei der Grundlegung des neuen Lebens in der ČSR die erste Aufgabe in folgender Maßnahme bestehen müsse: »Die Republik ganz und vollständig von den Deutschen zu säubern. Das ist die Aufgabe dieses Augenblicks für jeden Einzelnen von uns, das ist die historische Aufgabe unserer Generation.« Er erinnerte daran, dass eigentlich eine einzige Generation während ihrer Existenz zwei Siege errungen habe: nach dem Ersten und nunmehr nach dem Zweiten Weltkrieg, und wenn sie diesen verspiele, würden ihr dies künftige Generationen vorhalten. Von da her rühre die Last *der geschichtlichen Aufgabe*. »Unsere neue Republik kann gar nicht anders aufgebaut werden als allein als Staat nationalen Charakters, ein Staat der Tschechen und Slowaken.« Entsprechend den Worten Drtinas war dies das erste Ergebnis des totalen Sieges über die Deutschen, die hier »Eindringlinge, Fremdlinge und Kolonisten« gewesen waren, »wie selbst bereits Präsident Masaryk konstatiert hat, als er nach dem vorausgegangenen Krieg als Sieger zurückkehrte.«[16] Weiter verkündete er, dass die Deutschen mit den Tschechen nie »zusammengewachsen sind, sie bildeten stets ein fremdes Element in unserem Körper«.[17] Und nunmehr sollten sie also dorthin gehen, wohin sie ihr Herz ziehe: »Heim ins Reich! Ich meine, dass in unserer neuen Republik aus der deutschen Sprache nicht mehr auszusprechen erlaubt sein darf als gerade diese drei kurzen Worte.«

* Im Original deutsch

Und gerade an dieser Stelle ging Drtina zu der folgenden entsetzlichen Aufforderung über, die aus der Fiktion Beneschs über die »vollständige Liquidierung« hervorging und durch die Aufforderung der Regierung zusätzlich vervollständigt wurde; diese Aufforderung war durch den KPTsch-Vorsitzenden Gottwald vorgetragen worden und hatte auf eine sofortige Aktion abgezielt. Drtina sagte: »... wir müssen mit dem Hinausjagen der Deutschen aus unseren Ländern sofort beginnen, jetzt, augenblicklich, mit sämtlichen Mitteln, und wir dürfen vor nichts zurückschrecken oder zaudern. Und jedem einzelnen Mitglied der Nation fällt hier eine geschichtliche Verantwortung zu. Jeder Einzelne von uns muss dabei mithelfen, die Heimat zu säubern.«[18]

Und so forderte Drtina an erster Stelle die Armee dazu auf, die »helfen muss«. Und eine »schwere Verantwortung« legte er zur Erfüllung dieser Aufgabe »der ersten heimatlichen Regierung der Republik« auf. Dies musste er jedoch nicht mehr tun, und so wiederholte er eigentlich Gottwald, der ihm mit der Aufforderung zur unverzüglichen Festnahme, Einkerkerung und Aburteilung durch Volksgerichte zuvorgekommen war. Die Nationalen Sozialisten waren von den ambitionierten Kommunisten scheinbar überholt worden. Wer würde am Ende aus der Vertreibung der Deutschen und ihrer dadurch erfolgten »Liquidierung« mehr politisches Kapital schlagen können?

Es wurde mit der »deutschen Karte« aufgetrumpft, und was bisher im Regierungsaufruf an antideutschem Terror gefehlt hatte, versuchte Drtina nunmehr zu ergänzen. Seinen Hauptakzent legte er auf die Kollektivschuld des ganzen deutschen Volkes, für dessen Anteil auch die Sudetendeutschen »so hart bestraft werden, wie ihre Schuld ungeheuerlich ist. Für Hitler, Himmler, Henlein und Frank ist die deutsche Nation insgesamt verantwortlich und muss daher zur Gänze die Strafe für diejenigen Verbrechen tragen, welche sie begangen hat«. Sollten jedoch die Deutschen »ihrer totalen Bestrafung entkommen«, so hielt Drtina dies für »unmenschlich, inhuman«. In der neuen ČSR werde es keinerlei Nationalitätenpolitik mehr geben, wie dies zu Zeiten der Ersten ČSR der Fall gewesen war, »denn wir können nicht einfach mit den Deutschen in einem Land und in einem Staat beisammen wohnen. Unter uns können die Deutschen künftig nicht mehr leben, denn ... wir könnten nicht sicher sein, ob nicht Mörder unter uns umhergehen.«[19] Und so bot sich dem Hauptsprecher Beneschs eine klare Gleichung an: »Einer von uns beiden muss aus diesem Lande verschwinden – entweder die Deutschen oder wir – … und weil wir gesiegt haben, müssen sie weg!«[20]

Im antideutschen Fanatismus Prokop Drtinas zeigte sich nicht alleine das Streben der politischen Parteien einander zu übertrumpfen, sondern auch der Kampf um die politische Futterkrippe und um das Prestige zwischen den politischen Parteien. Kein einziger Politiker der Nationalen Sozialisten – ob Stránský, Ripka, Zemínová und andere – erlaubte es sich, in der antideutschen Hysterie so weit vorauszueilen, wie dies Beneschs Lakai und Schützling tat: Drtinas Sicherheit und Unverfrorenheit gingen von Benesch aus; der Präsident wollte seine Hände mit dem deutschen Problem nicht zu schmutzig machen, so genügte es, dass er seine Lösung global vertrat und alle weitere Arbeit seinen Vertretern überließ. Die Partei der Nationalen Sozialisten stand mit Benesch aber in vollem Einklang, und bereits in ihrem Aktionsprogramm vom 15. Mai 1945 – also bereits drei Tage nach seiner Brünner antideutschen Rede – steckte sie ihr im Grundsatz genozidäres Programm ab.[21]

Es schien zunächst so, als ob Beneschs Proklamationen über die vollständige Liquidierung der Deutschen und über die Kollektivschuld des deutschen Volkes an Nationalsozialismus und Hitler selbstverständlich unter dem Einfluss der Kriegsatmosphäre erfolgt wären, dass die Anschuldigungen korrigiert und mit der Zeit verschwinden würden. Doch Benesch beharrte auf der Kollektivschuld und Verantwortlichkeit des gesamten deutschen Volkes, und er artikulierte seine Urteile noch viele Wochen nach dem Kriegsende. Wohl am prägnantesten drückte er dies am 11. Juni 1945 in seiner Rede in Lidice aus: »Ich bezichtige das deutsche Volk als Ganzes des Nazismus und für alle seine Verbrechen … verantwortlich zu sein … Es geht hier um die direkte Schuld einer überwiegenden Mehrheit der Deutschen, und daher sind auch die Deutschen insgesamt verantwortlich.«[22] Und wer von ihnen ist somit am meisten verantwortlich und daher am härtesten zu bestrafen? Entsprechend Benesch: »Und ich darf nicht vergessen, dass die Hauptverursacher, Mitarbeiter und Ausführenden dieses Verbrechens (gemeint ist Lidice – J.M.) die böhmischen Deutschen waren.«[23] So tönten auch die Schlagzeilen der tschechischen Tageszeitungen: »Alle Deutschen sind für Lidice verantwortlich.« Den Mord in Lidice hatten laut Benesch nicht die Nazis begangen, die Gestapo und bewaffnete Teile von Sondereinheiten der Polizei und Armee, vielmehr speziell die Sudetendeutschen – »unsere

Deutschen«. Und dafür müssen sie büßen! Die Tschechoslowakei müsse in den internationalen Beziehungen und unter den Bedingungen des Friedens »gegen Deutschland« – »so wie wir dies zusammen mit der Sowjetunion getan haben« – seine Probleme und hierbei »insbesondere das Problem unserer Deutschen und der Madjaren« lösen, die bereits zwei, drei Jahre nach dem Krieg wohl wieder »Verrat begehen würden, … wenn wir sie aus diesem Lande nicht rechtzeitig hinausbefördern und damit das gesamte deutsche Problem dieses Landes lösen würden«.[24] Die Vertreibung der Deutschen erschien Benesch als grundlegendes nationales Problem und somit als Kardinalproblem der Existenz des Nationalstaates – der ČSR.

In diesem Geist traten unisono alle tschechischen Politiker aus allen damals genehmigten politischen Parteien auf. Mit der Vertreibung der Sudetendeutschen spielten sämtliche politischen Parteien die »deutsche Karte« aus, ebenso die Regierung und das Parlament, der Präsident und seine Kanzlei. Hier wurden lediglich die markantesten Äußerungen von Benesch, Drtina, der Nationalen Sozialisten und der Regierung angeführt, die sich endlos in unterschiedlichen Varianten wiederholten. Ihr Echo kann man noch im Jahre 1947 vernehmen, nachdem die Sudetendeutschen in der so genannten Wilden Vertreibung (Mai bis August 1945) hinausgejagt oder in den Jahren 1946–1947 in die US- bzw. Sowjetische Besatzungszone abtransportiert worden waren. Kein einziger tschechischer Politiker fand sich, der in dieser chauvinistischen antideutschen Hysterie daran erinnert hätte, dass Genozid und Vertreibung dem Geist und der Mentalität des Volkes entgegenstehen, seiner demokratischen Verwurzelung, seiner Verfassung, dass es sich hier um eine kolossale Verletzung von Menschenrechten auf ein Zuhause, auf Heimat, Eigentum, ja sogar das bloße Leben handelt. Nur ganz vereinzelte Journalisten aus dem der Tschechoslowakischen Volkspartei nahe stehenden Intellektuellenkreis zeigten dies: die Wochenzeitung »Obzory« (»Horizonte«), herausgegeben von Pavel Tigrid, Bohdan Chudoba, Helena Koželuhová, und die demokratische Wochenschrift »Dnešek« (»Heute«), die unter der Leitung von Ferdinand Peroutka in den Reportagen von Michal Mareš erschreckende Fakten aus dem Grenzgebiet brachte, über Gewaltanwendungen selbst an tschechischen Menschen, als die Deutschen bereits vertrieben waren. Diese Wochenschriften lebten unter ständiger Bedrohung und mussten den massiven Angriffen des kommunistischen Informationsministers Václav Kopecký die Stirn bieten. Doch ging die Stimme unabhängiger Journalisten im Mummenschanz der antideutschen Hysterie unter.

Die politischen Eliten des tschechischen Volkes in der Zeit der Vertreibung der Deutschen versanken völlig im Bösen. Sie peitschten den Nationalismus zu einer chauvinistischen Welle auf und machten ihn zum einzigen Kriterium der Beurteilung von Menschen, von deren Tun und Überzeugungen. Sie entsagten damit der Kriterien von Moral und Menschlichkeit. Nach dem entsetzlichsten Krieg in der Geschichte der Menschheit, der allen so viel Leid gebracht hatte, traten die Regierungsrepräsentanten nicht mit einem Programm zur Begrenzung der Leidenschaften, des Hasses, des Strebens nach Rache und Vergeltung an, sondern umgekehrt: Sie peitschten diese Leidenschaften mit ihren ganz und gar verantwortungslosen Aufrufen und Ausfällen bis zum Äußersten hoch, wodurch sie ihren Macht- und persönlichen Ambitionen frönten. Im neuen Staat konnte sich lediglich derjenige zur Geltung bringen, der am entschiedensten und schärfsten gegen die Deutschen hervortrat, der sie schmähte, verletzte, physisch und psychisch peinigte, bestahl und dann schließlich brutal vertrieb. Diese Wolfsmoral erfasste das gesamte Land wie eine Pest, wo die Menschlichkeit von der Bösartigkeit zermalmt wurde, von Hass, Dummheit, Raffgier und Raub, bis hin zum Mord an unschuldigen Menschen – Kindern, Frauen und Alten.

Der scharfe Gesellschaftskritiker Václav Černý entschuldigt teilweise die Regierung der ČSR, die »keineswegs ohne Anzeichen von Entsetzen« sich darum bemüht habe, durch ihre Bekanntmachungen und Weisungen »schnell zu regulieren, in Ordnung zu bringen, auf menschliche Weise die Lawine von drei Millionen vertriebener Menschen verwaltungsmäßig zu regeln, mit 50 Kilogramm Gepäck …« Obwohl diese Regierung »in Wirklichkeit nicht in der Lage war, alles das einzugrenzen, was im kleinen Tschechen an dunklen Elementen schlummerte, was an Tollheit und Lust zum Vorschein kam: Das Gesindel hatte Blut gerochen und die Gelegenheit gesehen, und unsere erneuerte oder ›revolutionäre‹ Staatsmacht vermochte sich nicht von ihm zu distanzieren, im Gegenteil: Sie ermunterte diese Leute zum Ausnützen der Situation, sie kam ihnen somit entgegen, sie unterstützte sie. Es entstand so die Norm des nationalen politischen Lebens, sich an jedem schicksalhaften Kreuzungspunkt dem Pöbel zu unterwerfen.[25]

Die unverantwortlichen Aufrufe der blutrünstigen Politiker öffneten dem Pöbel alle Türen. Doch in diesen Dunstkreis von Verbrechen, Blut und Tod gerieten große Teile der Bevölkerung, die sonst niemals in Bezug auf ihr Handeln eine Gemeinschaft gebildet hätten, sich aber in jenen kritischen Tagen diese Mentalität aneigneten, als Entmenschlichung über Moral und Anstand obsiegte. Viele Menschen unterlagen einer Massenpsychose, und sofern sie sich nicht selbst unmittelbar an Taten grausamster Räuberei beteiligten, assistierten sie geduldig und sahen den Verbrechen mehrheitlich mit Schaudern zu. Viele von ihnen waren durch Drohungen, dass sie, sollten sie sich widersetzen und das brutale Vorgehen verurteilen, selbst verfolgt würden, zum Schweigen gezwungen worden. Das ging selbst so weit, dass anständiges Verhalten gegenüber Deutschen als Fortsetzung nationalen Verrates bewertet wurde. Diese Menschen verspürten am eigenen Leib die Misshandlung durch den Pöbel, dann auch durch die Behörden, die vor dessen Tun die Augen verschlossen und vor seinem Aufschrei zurückwichen. Wenn sich jemand gegen die Verbrennung von Kriegsgefangenen oder auch von Zivilisten an Prager Straßenlaternen äußerte, wurde er niedergebrüllt und konnte froh sein, selbst mit dem Leben davonzukommen. Dem Pöbel war alles erlaubt, die Nation passte sich dem an.

Eine detailliertere Erforschung der Nachkriegsmonate belegt die Tatsache, dass die Methoden der Naziverbrecher aller Arten, das heißt von der Gestapo über den Sicherheitsdienst bis zum allerletzten Aufseher im nationalsozialistischen Konzentrationslager, durch tschechische Patrioten wortwörtlich bis zur Tat als solcher kopiert, umgesetzt und manchmal auch ergänzt wurden – zum Beispiel durch sadistische Spielchen mit den Eingekerkerten. Diese Gestapo-Methoden wurden keineswegs eingestellt und als Terrormaßnahmen des vernichteten Feindes verurteilt, sondern vielmehr in vollem Umfang übernommen, schöpferisch weiterentwickelt und ausgearbeitet. Eine Ent-Gestapisierung fand nicht statt – nur die Norweger, die Dänen und Holländer konnten dies umsetzen, doch die Tschechen und Slowaken schon nicht mehr, denn sie waren von einem überexponierten Nationalismus infiziert. Dort, im Westen Europas, befreiten sich die Völker vom Gift und den Methoden des Gestapismus, doch hier, im Herzen Europas, in den Böhmischen Ländern, wurde er neu ins Leben gerufen und in Tausenden von Morden an Menschen regeneriert, die sich lediglich dadurch schuldig gemacht hatten, dass sie als Deutsche geboren wurden! Noch 50 Jahre später, als die Existenz des tschechischen Gestapismus in den Nachkriegsjahren ins Gedächtnis zurückgeholt wird, ruft dies in gewissen patriotischen Kreisen eine hysterische Reaktion hervor.

Und doch gab es Menschen, die sich dem Kopieren von Gestapo-Methoden und der Art und Weise des Terrors widersetzten. Erstaunlicherweise fanden sie sich gerade unter jenen, die in nationalsozialistischen Konzentrationslagern gelitten hatten. Beim Brünner Todesmarsch Ende Mai 1945 und beim Hinmorden von Deutschen in Pohrlitz* traten sie angesichts der durch den Ort geführten Gefangenen mit Schärfe auf: Wir haben doch nicht deshalb in den Konzentrationslagern gelitten, damit das Quälen und Totschlagen von Menschen sich wiederholt! Es gelang ihnen jedoch nur in geringem Maße, Leben zu retten. Ähnliches Handeln aber war nur vereinzelt zu bemerken, es gab genügend ehemalige Gefangene aus Konzentrationslagern, die sich an den Grausamkeiten beteiligten, um ihre eigene dunkle Vergangenheit zu verbergen. Wer aus einem deutschen Konzentrationslager kam, ob er nun dort wegen eines kriminellen Delikts, wegen Schwarzhandels, dunkler Geschäfte oder einer gewöhnlichen Straftat, die in jeder Gesellschaft ohne Hinblick auf die Art des Regimes bestraft wird, gewesen war, war damit ein politischer Gefangener, der von den Deutschen verfolgt wurde. Doch dies war ein Irrtum. Aus den Gestapo-Unterlagen, die erst in den Jahren 1998–2000 den Historikern zugänglich geworden sind, geht hervor, dass selbst die Gestapo tschechische Denunzianten, die anonym, ohne ersichtlichen Grund, aus persönlichem Hass oder Neid Mitbürger anzeigten, und deren Beschuldigungen sich dann als unwahr herausstellten, zu den Amtsgerichten schickte.[26] Gleich ob Schwarzhändler oder Dieb, der wegen eines gewöhnlichen kriminellen Delikts eingesperrt war, verkündete nach dem Krieg über sich selbst, dass er verfolgt worden sei »wegen Unterminierung der Reichswirtschaft«, und dies wurde ihm auch abgenommen, er erhielt die Vergünstigungen eines Widerstandskämpfers im Wert von 255 Kronen, Ermäßigungen, z.B. im Nah- und Fernverkehr, und schließlich nach dem Jahr 2000 eine Entschädigung vom deutschen Staat für geleistete Zwangsarbeit. Es waren vornehmlich jene, die wegen einer Kri-

* Pohrlitz: ein Ort ca. 18 km südlich von Brünn an der Hauptstraße Brünn–Wien

minaltat ihre Strafe verbüßt hatten, welche dann ihren »Dreck am Stecken« nach Kriegsende in einem extremen Patriotismus zur Schau stellten, indem sie weitere kriminelle Taten bis hin zu organisiertem Mord begingen. Am Beispiel des Weitra-Gebietes kann dies gezeigt werden.

Der Gestapismus des Pöbels nährte sich aus der Kollaboration mit der Nazi-Macht und der Mitarbeit in Protektoratsorganen. Die Spuren der Zusammenarbeit mussten daher verwischt werden. Ein Hausmeister, der während der Protektoratszeit in Prag alles zur Anzeige brachte, was sich im Hause und dessen Umgebung nur regte, deckte seine Lügengeschichten durch Mord an demjenigen Deutschen, dem gegenüber er die Anzeigen erstattet hatte. Nicht nur ein Deutscher endete durch Ermordung oder an der Straßenlaterne mit dem Kopf über dem Feuer gerade aus einem solchen Grund. Der Hausmeister bewies seinen Patriotismus durch die Liquidierung des Deutschen, hauptsächlich jedoch brachte er einen Zeugen seiner Verbrechen zum Schweigen! Die Protokolle über die Aussagen der Gestapo-Angehörigen nach dem Krieg enthalten Tausende Namen von Tschechen, die gelogen, ihre Mitbürger fälschlich angezeigt hatten – und gerade sie wurden dann zu den fürchterlichsten Roten Gardisten, zu Partisanen – nach dem Krieg! –, zu Widerstandskämpfern und, wie auch anders, zu Patrioten.[27]

Und so spricht Václav Černý über unseren ureigenen Gestapismus Folgendes aus: »Aber was ich gesehen habe, habe ich gesehen – wie gleich in den ersten Tagen nach der Befreiung die deutsche Bevölkerung in die Sammellager gepresst wurde! Nun, die Tschechen haben es fertig gebracht, dies ähnlich prima zu organisieren wie die Deutschen noch ein paar Monate zuvor. Und ähnlich wie diese haben sie in ihnen geherrscht. – Ich habe auch bereits von Augenzeugen über deutsche Soldaten gehört, dass diese auf den Straßen lebendig verbrannt wurden, und ich habe selbst einen Zug deutscher Frauen mitangesehen, die kahlrasiert waren und zu öffentlichen Arbeiten gejagt wurden. Der tschechische Gestapismus glich aufs Haar dem nazistischen, und darauf wollten wir dann die Hoffart unserer moralischen Überlegenheit stützen?«[28]

Doch leider wurde unser eigener, der heimische Gestapismus, der in der Nachkriegszeit Orgien feierte, einfach überdeckt und nach einer kurzen Zeit eingeschränkter Demokratie von den Kommunisten übernommen, als sie im Februar 1948 an die Macht gelangten. Die Kommunisten haben ihn ausgiebig bei der Unterjochung und beim Zusammenprügeln des eigenen Volkes genutzt. Und dies nicht nur bezüglich der angewandten Methoden, sondern hauptsächlich auch durch Menschen, die in der Hoffnung, ihre schmutzige Vergangenheit verbergen zu können, ihre Dienste anboten und dann auch angenommen und benutzt wurden – vor allem für die schmutzigste Arbeit als Handlanger. Früher oder später wurden sie, als nicht mehr Benötigte oder Kompromittierende, hinausgeworfen, ja auch hingerichtet.

Der antideutsche Gestapismus aus den Nachkriegsjahren überdauerte jedoch im schlechten Gewissen der Nation das gesamte nachfolgende halbe Jahrhundert lang.

2. Das Grauen der ersten Phase des »Wilden Abschubs« – Ende Mai 1945

Das Kriegsende stand ganz im Zeichen von Vergeltung und Abrechnung mit den Besiegten. Der Hass, der sich durch die Grausamkeiten des Krieges aufgestaut hatte, explodierte vulkanartig. Ein Soldat der Svoboda-Armee*, der Slowake Rudolf Vlček, bewahrte sich eine dauerhafte Erinnerung an das Prag der unmittelbaren Nachkriegstage: »Ovationen, Schießen, Aufhängen, Ovationen, Feuerschüren, Morden, Erhängen, Ovationen ...« Die Genfer Konvention zum Schutz von Kriegsgefangenen aus dem Jahre 1929 galt nicht mehr: Deutsche Gefangene wurden massenweise hingerichtet.[29] Wo auch immer sie gefasst wurden, wurden sie »auf der Flucht erschossen«. Zwar wurde nicht überall so verfahren, ein Teil von ihnen wurde Einheiten der Roten Armee oder des NKWD übergeben, doch waren die Morde an Gefangenen ungezählt. Niemand kannte sie, niemand scherte sich um sie, und es war doch so einfach, nur den Finger zu krümmen ...

Bei der Erforschung der *ersten Phase* des »Wilden Abschubs«, die vom Kriegsende am 8. Mai bis zum Brünner Todesmarsch vom 31. Mai 1945 bestimmt werden kann, wird man laufend mit Morden an unbewaffneten Soldaten der Wehrmacht konfrontiert. Narrative Quellen bilden

---

* Die tschechoslowakischen Armee-Einheiten unter dem Kommando General Svobodas in der UdSSR

hierfür eine wichtige Grundlage, Aussagen von Augenzeugen und Aufzeichnungen in den Chroniken der Dörfer und Städte, aber auch von Schulen, solche kirchlichen Ursprungs, von Vereinen; man wird hier eher fündig als in amtlichen Dokumenten. Bereits damals wusste man, dass es sich um Morde handelte, zu denen sich niemand bekannte, und darüber hinaus ging es um Taten, die leicht in die Gesamtzahl der Kriegsverluste einzubeziehen waren. Zwischen dem verbrannten Gefangenen an der Prager Straßenlaterne und dem von hinten erschossenen, davonlaufenden Soldaten an der Grenze zwischen Böhmerwald und Bayern bestand keinerlei Unterschied. Es waren eben Kriegsopfer, der grausame Zins für ein Geschehen, das sie nicht verursacht hatten. Und die Mörder schnitten in ihr Gewehr eine weitere Kerbe …

Der Geruch des Blutes dieser ersten Opfer schon in der Zeit des Friedens war wie eine Seuche, eine ungeahnte Botschaft von Gewalt, die sich über das ganze Land ausbreitete: Es war einfach möglich zu morden, Menschen des Lebens zu berauben, vor nichts Halt zu machen, sämtliche Mittel anzuwenden – wie Prokop Drtina dies gesagt hatte. Und die Objekte der Vergeltung, des Hasses waren zur Hand, bereits durch allerhöchste Stellen identifiziert, bestimmt, der Finger des Rächers zielte auf sie. Es waren dies all jene, die als Deutsche geboren wurden, oder auch jene, die deutsche Namen trugen[30] oder deutsch sprachen – weil sie vielleicht Juden oder andere deutschsprachige Ausländer waren. Die Deutschen wurden dadurch – auch im Dekret des Präsidenten Benesch – identifiziert, dass, wenn schon nichts anderes für sie gelte, d.h. Volkszählungen, Beteiligung an Organisationen und Vereinen, es genüge, dass »in der Familie deutsch gesprochen wurde«.

Die Hassorgien gingen vor allem durch Prag. Zum 9. Mai 1945 wurden 935 tote Zivilisten geschätzt, die in Olšany, bei der Bořislavka am Strahover Stadion, am Friedhof des Hl. Lazarus in Břevnov und anderswo erschossen und erschlagen worden waren.[31] Zu Massenmorden an Deutschen am 9. Mai 1945 kam es auch in Tannwald (150), in Spindlermühle (80, davon 50 Gefangene), im Brüxer Gebiet in Bruch (134), in Jungbunzlau (35) und an zahlreichen anderen Orten.[32] Die Ermordung von Zivilisten wurde ununterbrochen an verschiedenen Orten fortgesetzt. Aus den bislang veröffentlichten Angaben heimischer Quellen – vor allem aus den Zentralarchiven – kam es in den Tagen zwischen dem 11. und

17. Mai 1945 in 13 Fällen zu Morden mit 365 Opfern[33] – allerdings mit sehr allgemeiner Beschreibung; so wurden beispielsweise zum 16. Mai neun Orte mit Morden identifiziert, doch wurde andererseits angeführt, dass sich diese Morde in vier verschiedenen Kreisen und 30 Orten ereignet hatten.

Für uns ist jedoch von Interesse, dass auch nach sehr unterschiedlichen Angaben und Orten die Anzahl von Mordstätten innerhalb der Zeit von 20. bis 26. Mai 1945 auf 21 mit 340 ermordeten Zivilisten anstieg. Hier geht es jedoch nicht einmal so sehr um die Anzahl der Toten – diese halte ich an dieser Stelle eher für eine Art Zählung von Hausnummern –, als vielmehr grundsätzlich um beinahe eine Verdoppelung der Anzahl der Mordstätten, und die lokale Forschung wird sicherlich einen noch höheren Zuwachstrend feststellen. Es ist also zu erkennen, dass in der letzten Maiwoche die Jagdorgie auf Deutsche und ihre Ermordung eine ungeheure Steigerung erfuhr. Diesen beschleunigten Trend bewerte ich ohne irgendeinen Zweifel als ein Ergebnis der Aufrufe von Benesch und Drtina wie auch des Programms der Nationalen Sozialisten, die Deutschen »vollständig zu liquidieren«, bei ihrer Vertreibung und Liquidierung alle Mittel zu nutzen, als Umsetzung der Parole »vor nichts Halt zu machen«. Die Aufrufe unverantwortlicher tschechischer chauvinistischer Staatsmänner zur Bluttat brachten die ersten fürchterlichen Ergebnisse für die unterlegenen Deutschen. Ihre Spitze erreichte diese Zeit im Brünner Todesmarsch, der an die 30 000 Brünner Deutsche erfasste und unmittelbar an die 5200 Opfer forderte.[33] Die Gesamtzahl der umgekommenen Brünner Deutschen, die in Konzentrations- und Arbeitslagern sowie in Gefängnissen inhaftiert waren, wird auf rund 10 000 Opfer geschätzt.

Die tschechische Geschichtsschreibung ist bei der Identifizierung des antideutschen Terrors ziemlich zurückhaltend. Selbst der im höchsten Maße objektive Autor Tomáš Staněk erkennt nur 1691 Opfer des Todesmarsches an, das heißt also lediglich ein Drittel der beim Marsch unmittelbar Umgekommenen.[34] Dies geschieht keineswegs aus bösem Willen, als vielmehr wegen des fehlenden und lückenhaften Forschungsstandes: Eine ungeheure Menge von Archivmaterialien über die Vertreibung der Deutschen liegt bis dato unerforscht, obwohl es sich um ein Kardinalproblem der tschechischen Geschichte im 20. Jahrhundert handelt. Die allgemeine politische Gesinnungslage im Lande, wo erneut die

»deutsche Karte« ausgespielt wird und man die Mentalität der chauvinistischen Schichten des Volkes im Kampf um die politische Macht für die eigenen Zwecke zu gewinnen sucht, wird die Erforschung der deutsch-tschechischen Beziehungen in den 1940er-Jahren weder gefordert noch unterstützt und vom Zentrum her gedämpft und ignoriert.[35] Dementsprechend sieht auch die gesamte Forschungslage über die Aussiedlung der Deutschen auf tschechischer Seite aus. Sie wird von Historikern in Bezug auf bestimmte Orte vorangetrieben – so Aussig an der Elbe, Prerau, Wildenschwert –, am intensivsten wohl von Tomáš Staněk aus Troppau. Doch selbst die Gesamtdarstellung Staněks leidet unter der Unzulänglichkeit der Forschung sowohl insgesamt, als auch in Bezug auf ihre gesamtstaatliche und lokale Dimension. So führt Staněk beispielsweise für die Zeit von 17. bis 26. Mai 1945 die Zahl von 67–69 Opfern des Wütens von Partisanen im Vorland des Adlergebirges an (Landskron, Schwarzwasser, Karlsdorf, Wichstadtl, Grulich, Ober-Lipka, Böhmisch-Petersdorf, Wöllsdorf, Klein-Mohrau, Hohenbritz), während ein anderer Autor, der sich mit der Erforschung einer Region beschäftigt[37], neben 150 Selbstmorden 147–179 Opfer an deutschen Zivilisten festgestellt hat, das heißt also mehr als das Doppelte an Opfern, als Staněk sie aufführt. Ich wage auf der Grundlage meiner eigenen Forschungen die Behauptung, dass dieser Trend für das gesamte Gebiet der Böhmischen Länder gilt.

Die Literatur nach dem Jahre 1990 über Gewaltanwendungen gegen deutsche Zivilpersonen räumt ein, dass es Brutalität und Mord gegeben hat. Gesamtdarstellungen im Rahmen der Böhmischen Länder erlauben es jedoch nicht, zu einem konkreten Bild und zu Auswirkungen zu gelangen, wie dies der regionalen Literatur möglich ist. Für ein Gesamtbild der Aufhebung der Menschenrechte ist es aber erforderlich, die konkrete Situation darzustellen, wie sich die Dinge an bestimmten Orten und zu einer bestimmten Zeit abgespielt haben, damit gewisse allgemeine Zusammenhänge des Terrors verständlich werden. Die von mir erarbeitete Problematik des Weitra-Gebietes liefert ausreichend Nachweise über Lügen und Verbrechen.

Bei der Überprüfung des Wohnsitzes der Partisanen und Mitglieder der so genannten Revolutionsgarden, die entlang der Protektoratsgrenze operierten, demnach in einem Gebiet, das die Münchener Konferenz dem Dritten Reich zugeschlagen hatte, stellt man fest, dass der Hauptkader – bis zu 90% – der »Revolutionäre«, die in Orten mit überwiegend deutscher Bevölkerung operativ tätig waren, aus Dörfern und Kleinstädten stammten, die nur wenige Kilometer von diesen deutschen Dörfern und Städten entfernt lagen. Es waren also eigentlich die Einwohner tschechischer Ortschaften, die massenweise in die benachbarten deutschen Siedlungsgebiete eindrangen und dort ihre so genannte revolutionäre Tätigkeit durch Internierungen, Festnahmen, Deportationen, Prügel und Ermordung deutscher Nachbarn ausübten. Gemeinsam mit den örtlichen Tschechen, die innerhalb des Dritten Reiches verblieben waren – insgesamt waren es an die 850 000 im Rahmen der Böhmischen Länder –, bildeten sie innerhalb weniger Tage gewaltige bewaffnete Einheiten (allein in der Kaserne von Linsdorf 820 Männer!), die deutsche Ortschaften und Kleinstädte und die zugehörigen Katastralgebiete und Wälder »säuberten«. Tschechische grenznahe Ortschaften entvölkerten sich von einem Tag zum anderen, nahezu die gesamte männliche Einwohnerschaft, die marsch- und waffenfähig war, zog in die deutschen Gegenden und Ortschaften ein, in der Mehrzahl als »Mitglieder einer Sondereinheit«.

Es könnte den Anschein haben, dass es sich hierbei um patriotische Willensbekundungen zur Wiederherstellung, also um vornehme Befreiungsziele der ČSR gehandelt habe. Doch wie die Mehrzahl menschlicher Verbrechen durch Geld motiviert ist, das Verlangen nach Eigentum, so handelte es sich auch hier um keinerlei Patriotismus, sondern vielmehr um die Absicht, in deutschen Siedlungsgebieten und bei deutschen Familien mit der Aussicht auf lukrative Beute zu stehlen und zu rauben. Und dies war die Grundlage jeglicher Aktivität tschechischer »Patrioten« nach dem Krieg im Grenzgebiet – und ich generalisiere hier keineswegs, ich stelle lediglich das grundlegende Faktum als solches fest, das die feste Grundlage für die Vertreibung der Deutschen aus der ČSR in der Phase des Wilden Abschubs war. Es ging mehr oder weniger um die Befriedigung persönlicher Ambitionen und Begierden von Goldgräber-Gruppierungen und Verbrechern, auch in der Phase des organisierten »Abschubs«, als durch die Enteignungsdekrete des Präsidenten Benesch der gesamte Staat mit allen seinen Komponenten zum Räuber wurde. Die Grundlage der Vertreibung der Deutschen aus der Tschechoslowakei war demnach nicht ihr »Verrat« an der Republik, sondern vielmehr ihr großes und umfangreiches Eigentum, das von allem Anfang an als Hauptmotiv für den Pöbel galt, für die Räuber und Diebe, und dann für die gesamte Gesellschaft. Es gab überhaupt kein wichtigeres und inspirierenderes Motiv zur Vertreibung der Deutschen aus der Tschechoslowakei! An dieses Faktum, als die gesamte Nation am deutschen Eigentum zu stehlen lernte, als nach Jahrhunderten die fest gefügten Normen bezüglich des Eigentums zerbrachen, als die Missachtung aller entwickelten Werte des Menschen zum Gesetz des Heimatschutzes erhoben und die Moral dem Chauvinismus untergeordnet wurde, erinnert man sich nur ungern, und Erinnerungen dieser Art erzeugen Hysterie. Und wenn bisher etwas dem deutsch-tschechischen Ausgleich entgegensteht, dann ist es erstaunlicherweise weiterhin und stets an erster Stelle die Frage nach dem Eigentum: Soll dieses restituiert werden oder nicht? Wenn es nicht diesen kolossalen Eigentumsdiebstahl gegeben hätte, der aber von Generation zu Generation weitergereicht wird und bis heute aufs Äußerste spürbar ist, dann gehörte der deutsch-tschechische Ausgleich längst als gelöstes Problem der Vergangenheit an. Nur dass eben hier dieser Felsblock eines zusammengeraubten und gestohlenen Eigentums über der Straße der Verständigung hängt und es keine Kraft gibt, nicht einmal die des demokratischen Staates, um auch hier jenen Grundsatz anzuwenden, den er seinen Gesetzen nach dem Umsturz von 1989 zugrundegelegt hat: Gestohlenes Eigentum sollte dem ursprünglichen Besitzer zurückgegeben werden. Damit dieser Felsblock nicht weggewälzt wird, macht der Staat die Rückgabe von Eigentum auch an jene Deutschen unmöglich, die in der Tschechoslowakei verblieben waren; ihnen wurde zwar die Staatsbürgerschaft zurückgegeben, jedoch nicht das Eigentum! Sie bleiben weiterhin Bürger zweiter Klasse – nicht vollberechtigt, von der Restitution ausgeschlossen. Die Staatsmänner, die sich auf die Demokratie eingeschworen haben, wissen sehr wohl, dass man eine Bresche in die verbrecherischen Benesch-Dekrete schlagen würde, wenn man gegenüber den eigenen Bürgern deutscher Nationalität nachgäbe – sie sind ja für die böhmischen Deutschen weiterhin in Geltung! Verlautbarungen tschechischer Politiker über ihr »Erloschensein« bzw. ihre Ungültigkeit sind lediglich Demagogie, die das geschichtliche Ausreifen der tschechischen Demokratie und Gesellschaft auf den Humanismus hin diskreditiert.

Um aber zu verstehen, dass es sich im Weitra-Gebiet nicht um einen lokalen »Spezialfall« gehandelt hat, werden kurz gefasst Ereignisse angeführt, die sich lediglich wenige Tage lang, wenn nicht gar nur Stunden, innerhalb des entgegengesetzten Gebietes von Weitra, in Nordostböhmen, im Vorland des Adlergebirges, im Gerichtsbezirk von Senftenberg bzw. der Umgebung des bereits genannten Landskron abgespielt haben.

Was sich etliche Tage später in den Weitraer Dörfern ereignete, kann man bereits am 17. und 18. Mai in Landskron und im weiten Umkreis des Adlergebirgsvorlandes sehen. Einer der Partisanenbefehlshaber mit Namen Josef Wenig, dessen Einheit in Landskron räuberte, sagte später – 1951 – Folgendes aus: »Abgesehen von der Bestialität der Durchführung bezeichne ich dies als eine vollständige Plünderung …, weil den aus den Wohnungen auf den Stadtplatz Abgeführten alles abgenommen wurde, was jemandem gefiel; es wurde auf Autos geladen und weggefahren … nach Linsdorf, in die Partisanenkaserne.«[38] Der Vorsitzende des Kreis-Nationalausschusses in Landskron, Josef Hrabáček, der Dutzende hingerichteter Deutscher in der Stadt und ihrer Umgebung auf dem Gewissen hat, erinnerte sich 1951 gleichfalls: »Das Massaker wurde dort deshalb durchgeführt, damit man rauben konnte.« Damals überzeugte ihn der Partisanenkommandeur Hýbl davon, dass »die Partisanen einen Anspruch auf 10% der Beute hätten … Das Eigentum, das hierbei (bei der Konzentrierung aller Deutschen auf dem Stadtplatz vor dem so genannten Volksgericht – J.M.) sichergestellt wurde, ist dann nach Königgrätz abtransponiert worden.«[39] Die Tochter des Josef Hrabáček, Frau Petrová, identifizierte sogar die Verbrecher: »Damals in jenem Mai wurde schrecklich geplündert, etliche Tschechen aus diesen (tschechischen – J.M.) Dörfern stahlen die Geschäfte leer … Sie sperrten eine Menge von denen ein, und sie haben gesagt, dass wir 100 eingesperrt haben, und 90 von denen waren Genossen (Kommunisten).«[40]

Teile der Revolutionsgarden wurden mit Recht seitens der Bevölkerung als Räubergarden bezeichnet.[41] Gemeinsam mit den Partisanen und wie auch immer benannten bewaffneten Formationen führten sie – da sie bewaffnet waren – die Hauptarbeit beim Rauben durch. Sie kämmten Häuser und Wohnungen durch – häufig auch tschechische –, beschlagnahmten und raubten, worauf immer sie stießen. Die Partisanengruppe (Brigade) Václavík »säuberte« zwischen dem 18. und 26. Mai 1945 im östlichen Teil des Kreises Senftenberg in den Tagen 40 Ortschaften und beschlagnahmte überall Lebensmittel, »eine größere Menge an Proviant«. Der Chronist dieser Brigade führte, um den Raub zu tarnen, an erster

Stelle die Beschlagnahme von Waffen an, von Ausrüstung, militärischem Material, schließlich auch Benzin und Dieseltreibstoff und dann als eine Art Nachsatz diese »Versorgung mit Lebensmitteln«, die teils dem Orts-Nationalausschuss übergeben wurden und teils »zu Gunsten des Staates beschlagnahmt worden sind«.[42] In der Chronik der Ortschaft Grulich kann man bereits offen lesen: Am 22. Mai 1945 drangen 200 Männer der Partisanengruppe Hýbl in die Stadt ein, »durchsuchten sämtliche deutsche Wohnungen und nahmen … die Lebensmittel ab«. Dieselben Partisanen erschossen in der Ortschaft Ober-Lipka bei Grulich vor der Einwohnerschaft der gesamten Ortschaft sieben Einwohner deutscher Nationalität, die an der Friedhofsmauer zuvor für sich selbst hatten ein Massengrab ausheben müssen. »Vor der Hinrichtung mussten sie sämtliche Wertgegenstände herbeibringen, die ihnen dann abgenommen wurden.«[43] Über deren Aufbewahrungsort wird in der Chronik nicht berichtet.

Der Raub deutschen Eigentums nahm ständig an Umfang zu und betraf auch die grundlegendsten Dinge, wie zum Beispiel das Dach über dem Kopf und überhaupt das gesamte Eigentum, das sich in den Häusern befand. Die Gemeindechronik vermerkte dazu: »Jeder Tscheche, der seit dem Mai 1945 in die Ortschaft Ober-Lipka kam, konnte sich jedes x-beliebige Haus aussuchen. Die Deutschen, die darin lebten, wurden mit sofortiger Wirkung hinausgeworfen und zu einer anderen deutschen Familie im Ort umgesiedelt. Es lag allein am neuen Eigentümer, ob sich die Deutschen wenigstens irgendwelche persönlichen Dinge mitnehmen konnten, oder ob sie nur in denjenigen Sachen davongingen, die sie gerade trugen. Es handelte sich um ein ganz gewöhnliches Herausjagen aus dem eigenen Heim. Ob es jedoch zu einem Abschub kommen würde, darüber wusste man noch nichts Bestimmtes.«[44]

Für zahlreiche Deutsche handelte es sich aber nicht lediglich um den Verlust von Eigentum, sondern den Beginn ihrer seelischen und insbesondere physischen Qualen, die häufig mit ihrer Ermordung und gar dem Selbstmord ganzer Familien endeten. Die Hölle, die unvermittelt in ihr Leben einbrach, war nicht zu ertragen. Innerhalb von fünf Monaten, von Mai bis Oktober 1945, begingen 4406 Deutsche, 11 Juden und 601 Personen nichttschechischer Nationalität Selbstmord, das sind zusammen 5018 Personen, also über 1000 Personen monatlich.[45] Man kann annehmen, dass diese Zahl sich bis zum Jahresende 1945 auf 8000 erhöhte. Die offizielle Statistik wies für das gesamte Jahr 1945 jedoch lediglich 5558 Selbstmorde aus – auch dies ist eine entsetzliche Zahl! Doch kann man auch den Meldungen der Gebietskommandanturen des Korps der Nationalen Sicherheit (SNB) in Böhmen, denen diese Daten für den Zeitraum zwischen Mai und Oktober 1945 entnommen sind, nicht restlos Glauben schenken. Zahlreiche Morde, wie noch am Beispiel von Weitra zu zeigen sein wird, wurden als Selbstmorde ausgewiesen, um die entsetzliche Bilanz der tatsächlichen brutalen Morde nach unten zu korrigieren.

Das Weitra-Gebiet wurde von der Selbstmordwelle nur marginal erfasst, wie bereits an der Tragödie der Familie Johann Schmiedinger aus Rottenschachen aufgezeigt worden ist. Hier konnte als Motiv die Befürchtung dienen, für den Dienst in einer SS-Einheit bestraft zu werden; dies war ansonsten im Weitra-Gebiet eine ganz und gar ungewöhnliche Eingliederung. Einerseits hatten die Weitraer nichts zu befürchten: Sie hatten sich nicht gegenseitig angezeigt, aus ihren Reihe befand sich lediglich eine unbedeutende Menge von Leuten in Gefängnissen und Konzentrationslagern – mehrheitlich wegen krimineller Delikte, Zollübertretungen und Schmuggel –, und andererseits fühlten sie sich nicht als Verräter an irgendeinem Staat oder einer Nationalität. 1939 hatten sie entsprechend ihren Bedürfnissen ohne Rücksicht darauf, um welches Staatsgebilde es sich handeln mochte, gewählt, da sie doch während ihres Lebens so viele Wechsel erlebt hatten. Und darüber hinaus bewahrte sie vor der allergrößten Sünde – dem Selbstmord – ihre tief verwurzelte christliche Überzeugung und die katholische Ethik. Nahezu alle Weitraer bekannten sich zum Römisch-Katholischen Glauben[46]; dies bewahrte sie davor, Selbstmordgedanken zu entwickeln, zumindest vor deren Umsetzung in die Tat, zu der sich Tausende deutscher Bürger auch mit ihren ganzen Familien entschlossen. So forderte das Entsetzliche, das durch die Vertreibung auch über sie kam, von ihnen keine so schwere Abgabenlast, wie dies in anderen Regionen der Fall war. Darin waren sie sicherlich ganz untypisch und ganz undeutsch. Es kann wohl gesagt werden, dass sich in ihrem Verhalten der harte Kern der alten Slawen zeigte, der Doudleber/Teindleser.

Im Weitra-Gebiet kam aber auch das grausame Vorgehen der »neuen Revolutionäre« aus den Revolutionsgarden und Partisanenabteilungen nicht zur Geltung, wie dies in anderen Regionen geschah. Ihnen blieb das

Theater erspart, das die »Revolutionäre« an zahlreichen Orten den Deutschen an ihren Nachbarn wie auch Familienmitgliedern vorführten. Das Volksgericht in Landskron hielt seine Sitzungen vor einem Kramladen ab; die Witwe des Kaufmanns sah vom Dachboden aus dem Grauen zu, das sich vor ihrem Tor abspielte. Um diesem unmenschlichen Treiben ein Ende zu setzen, zündete sie das Haus an und erhängte sich. Das Volksgericht geriet in Panik und beendete sein Wüten vorzeitig; die Witwe hat somit zahlreichen Mitbürgern das Leben gerettet.[47] Die Entsetzlichkeiten, denen alle Bürger Landskrons als Zuschauer beiwohnen mussten, selbst die Antifaschisten, hatten einen Schrecken erregenden Widerhall: An die 150 Einwohner Landskrons begingen individuell oder familiengemeinschaftlich Selbstmord. Dies erfasste auch die breitere Umgebung: In Hilbeten wählten 60 Menschen den Freitod, unter ihnen befand sich auch der Ortsarzt Dr. Schwarz; in seinem Haus waren zahlreiche zusammengeschlagene Menschen verstorben, die er nicht mehr zu retten vermocht hatte. In Turpes erschoss die Frau des Bürgermeisters ihre Kinder und dann sich selbst, in Ziegenfuß erschoss der Richter Franz Hübl seine achtköpfige Familie; er hatte nicht die Kraft, auch den 80-jährigen Vater mit in den Tod zu nehmen. Auch Rudelsdorf wurde von Massenselbstmorden erfasst. In Überdörfel nahm ein Hofeigentümer seine Frau und den Sohn mit in den Tod, genauso wie der Bürgermeister des Ortes, Max Wilder, seine Frau und seine drei Kinder.[48] Nur nach und nach, bei einer detaillierten Untersuchung der örtlichen Quellen – der Chroniken und Matrikeln – wird die Zahl der Selbstmorde bekannt werden; die Angst vor Quälereien und Leiden durch die neuen Machthaber jagte die Menschen in diese Verzweiflungstaten. Es war der Irrsinn des tschechischen »Gestapismus«, der das Land überschwemmte und die unbarmherzigste Abgabe einforderte. »Jeder wird unterschiedslos verfolgt«, schrieb noch im September 1945 ein sozialdemokratischer Funktionär aus Neutitschein an Präsident Benesch; und »zahlreiche tschechische Menschen befinden sich weiterhin in den Fußstapfen des Faschismus, und nunmehr gehen sie auf gleiche Art mit den loyalen Deutschen um«.[49] Wenn dies noch am Sommerende 1945 geschah, wie mochte dann die Lage erst im Frühjahr 1945 ausgesehen haben?

Hauptverursacher des Terrors waren die Armee und ihr zugeordnete Einheiten, die sich mit der Zeit an diese angehängt hatten, wie zum Beispiel die Revolutionsgarden, die »neuen« Partisanen, unterschiedliche

Revolutionswachen, die Volkswache und Formationen, die sich entsprechend lokalem Kolorit irgendwelche Namen zulegten. Doch war stets entscheidend, dass diese »neuen Prätorianer« (Václav Černý) sofort ausreichend Waffen zur Verfügung hatten, während sich die Armee erst nach und nach bewaffnen konnte.[50] In den bewaffneten Einheiten kam es zur Anarchie, sodass in den ersten Nachkriegswochen, grob gerechnet bis Mitte Juni 1945, »revolutionäre« Einheiten der Revolutionsgarden und Partisanen gegenüber der Armee vorherrschend waren. Erst als die Willkür der beigeordneten bewaffneten Einheiten ein unerträgliches Ausmaß annahm, als die »Sicherheitseinheiten für den Staat zur Gefahr wurden« und ihre Macht sich als nicht mehr beherrschbar erwies, begann der Staat mit Selbstschutz einzuschreiten: Der Erlass des Ministeriums für Volksverteidigung vom 12. Juni 1945 ordnete die Auflösung der freiwilligen »Revolutionären Einheiten« an, und der vertrauliche Erlass desselben Ministeriums vom 19. Juni 1945 löste die Revolutionsgarden mit Wirkung zum 30. Juni 1945 auf. Doch zeigte sich bald, dass diese »neuen Revolutionäre« im Verlauf weniger Wochen tiefe Wurzeln in der tschechischen Gesellschaft geschlagen hatten, die sie für sich forderte und unterstützte, und so verlief ihre Auflösung, obwohl ihre Schädlichkeit offenkundig war[51], nur unter Schwierigkeiten.[52]

Insofern sich der Horizont der Gewalt nicht einmal teilweise aufhellte und die Repräsentanten der Armee sich die revolutionäre Phraseologie des antideutschen Chauvinismus zu Eigen machten, damit die Armee im Sinne der »nationalen Aufgabe« die höchstmögliche Zahl von Deutschen über die Grenze der ČSR hinausbefördern würde, zog sie mit den Revolutionsgarden und Partisanen gleich. Die Initiative ging vom Prager Militärkommando Alex aus, das von seinen Gebietskommandos in Königgrätz und Kladno aus die Besetzung der Sudetengebiete realisierte. Der Befehlshaber, General Zdeněk Novák, erließ bereits am 15. Mai 1945 folgenden Tagesbefehl: »Weist sämtliche Deutschen aus dem Gebiet der historischen Grenzen aus. Zum Zwecke der Aufrechterhaltung des Betriebs von Landwirtschaft und Industrie … belasst eine ausreichende Zahl von Arbeitern und Angestellten hier, die als Fremdarbeiter ohne bürgerliche Rechte vor Ort verbleiben.« Mit der Aufgabe der Armee im Grenzgebiet befasste sich auch die Regierung am 15. Mai 1945, wonach das Ministerium für Volksverteidigung ihr Vorrücken in das Grenzgebiet anordnete. In dieser Zeit wurde auch der 2. Wehrbereich in Tabor geschaffen[53] – neben dem 1. Bereich in Königgrätz und Kladno –, der für das Weitra-Gebiet grundlegende Bedeutung erhielt. Es war nicht uninteressant, dass dem 2. Wehrbereich Ende Juni 1945 durch Ministeriumserlass 13 Offiziere der Roten Armee als Berater für höhere Einheiten und Formationen zugeteilt wurden.[54] Die Sowjetisierung der Tschechoslowakischen Armee begann bereits hier!

Es war ganz und gar verständlich, dass die Führung der Revolutionsgarden »alle Schichten der deutschen Bevölkerung« als »unsere Feinde« einstufte (29. Mai). In dieser Zeit kopierte selbst die Armeeführung diesen irrationalen Hass. Der Kommandeur des 1. Wehrbereichs forderte in den »Zehn Geboten für den tschechoslowakischen Soldaten im Grenzgebiet« am 5. Juni Folgendes: »Höre nicht auf, die Deutschen zu hassen … Sei hart gegenüber den Deutschen … Auch die deutschen Frauen und die Hitlerjugend tragen Schuld an den Verbrechen der Deutschen. Sei auch ihnen gegenüber unnachgiebig.«[55] Die Armeeführung konnte sich allerdings daraufhin nicht wundern, dass solche Aufforderungen aufmerksame Zuhörer und Ausführende nicht nur innerhalb der Mannschaft, sondern auch im Offizierskorps der Armee fanden. Und dies geschah noch einen Monat nach der Veröffentlichung der Aufrufe zu einem harten Vorgehen gegen die Deutschen.[56] Die Befehle, die das Morden begrenzen sollten[57], verfehlten jedoch ihr Ziel, denn in der Armee gab es eine Überzahl an abweichlerischen Offizieren – wie noch am Beispiel von Weitra zu zeigen sein wird –, die auf eigene Faust handelten und sich nicht um Befehle ihrer Vorgesetzten und die Gesetze des Staates kümmerten.

Gegenstand vorliegender Untersuchung ist zunächst die letzte Maiwoche 1945, somit also die Hauptphase des so genannten Wilden Abschubs. Ich kann mich nicht im Einzelnen mit der Lawine des Terrors beschäftigen, die sich in den zwei folgenden Monaten, im Juni und Juli 1945, heranwälzte, als nämlich die Mächte der Anti-Hitler-Koalition Anfang August auf der Potsdamer Konferenz den Verbrechen die Schärfe nahmen. Wie das Treiben der »neuen Prätorianer«, also vor allem der Revolutionsgarden und Partisanen, in der zweiten Maihälfte und insbesondere in seinen letzten Tagen aussah, zeigt bislang am anschaulichsten das Wüten der Verbrecher im Landskroner Gebiet, im Vorland des Adlergebirges. Es wiederholte sich analog in zahlreichen Regionen mit der Vertreibung der Deutschen. Festzustellen ist, dass voneinander unabhängige, voneinander nichts wissende, verwilderte Banden in ihren Verbrechen einander ähnelten, sich wiederholten und bis an den Rand des Terrors gingen. Dabei versuchten sie, ihr Handeln als gesetzlich begründet zu vertuschen, indem sie Gerichte benutzten, auf der Grundlage irgendwelcher Fakten, die niemals irgendwer verifiziert hat – es reichte aus, einen Namen auszusprechen[58], auf jemanden mit dem Finger zu zeigen, irgendeine Beschuldigung vorzubringen.

Die Partisanenbrigaden gingen in der Region beim Zusammentreiben der Einwohner auf dem Stadtplatz und der Einrichtung so genannter Volksgerichte systematisch vor. Dort saßen ihre Kommandeure neben den Mitgliedern der neu gebildeten Orts-Nationalausschüsse. Die Initiative dieser Gerichte und der darauf folgenden Strafen und Hinrichtungen ging keineswegs von »Dorfgevattern« aus, denn die wären zu solchen Akten nicht fähig gewesen, sondern auf Befehl der Partisanenbosse oder Kommandeure der Revolutionsgarden. Selbst der Vorsitzende des Kreis-Nationalausschusses Josef Hrabáček, der dem blutigsten aller Volksgerichte, nämlich demjenigen in Landskron vorsaß, sagte später aus, nachdem der Stadtplatz mit 4000 Deutschen aus der Stadt und ihrer Umgebung angefüllt war, sei der Kommandeur der Partisanenbrigade Hýbl-Brodecký zu ihm gekommen, »… und er hat mir gesagt, dass alles vorbereitet ist und dass das Volksgericht zusammentritt, dem ich vorsitzen soll, und er hat mich aufgefordert, die Erlaubnis zu erteilen, dass sämtliche diese (Verurteilten – J.M.) an Ort und Stelle erschossen werden. Ich habe mich dem widersetzt, sowohl der Erschießung wie dem Vorsitz, weil ich überzeugt war, dass dort auch Unschuldige sind.«[59]

Der Chronist der Partisanenbrigade Václavík, die im Gebiet von Landskron in 40 Ortschaften zwischen dem 17. und 26. Mai 1945 wütete, führte allerdings lediglich sechs Volksgerichte an, welche die Brigadeführung initiiert oder mittels örtlicher Tschechen – der Orts-Nationalausschüsse – angeordnet hatte. Trotzdem schrieb er: »Überall (wo Abteilungen der Brigade mitwirkten –J.M.) hielten die Volksgerichte der Nationalausschüsse ihre Sitzungen ab« und sprachen Todesurteile aus, die unverzüglich ausgeführt wurden. Es haben sich bis heute Fotografien erhalten, auf denen inmitten des Gerichtstribunals auf dem Landskroner Stadtplatz der Kommandeur der Brigade Hýbl-Brodecký sitzt, der »Militärkommandant des Bereiches«, unter dessen Kommando der Hauptrichter Hrabáček »fiel«, und den die deutsche Seite – das heißt die

Geschichtsschreibung – entsprechend dem Historiker Emil Trojan »erstaunlicherweise nicht erwähnt«.[60]

Ich führe die beherrschende Rolle der bewaffneten Einheiten bei der Errichtung der so genannten Volksgerichte deshalb an, um die Lage im Weitra-Gebiet in derselben Zeit vergleichen zu können.

Die Volksgerichte verhängten ihre Entscheidungen spontan, ohne Nachweise, innerhalb weniger Minuten, es verblieb ja nicht viel Zeit, um die Hunderte von Menschen dann physisch zu bestrafen und Dutzende hinzurichten zu können. Es schien so, als ob Gefahr von einer Verzögerung her drohe. »Wer den Wunsch dazu hatte, der konnte eine Anklage vorbringen«, so die Zeugenaussage von E. Wagner über das Volksgericht in Grulich. Die auf dem Stadtplatz zusammengetriebenen Zivilisten mussten sich in Reihen aufstellen, im Abstand von etwa drei Metern, damit die Denunzianten zwischen ihnen hindurchgehen, jeden Einzelnen in Augenschein nehmen und mit dem Finger anzeigen konnten, was dann bereits ein Nachweis war, so jedenfalls beispielsweise in Wichstadtl. In Landskron »stand eine große Anzahl von Tschechen, die als Ankläger auftraten und sich aus den Reihen vorrangig Einzelpersonen herausgriffen«, um den Richterstuhl herum; dies sagte der Zeuge Julius Friedl aus.[61] »Die Tschechen gingen die Reihen entlang hin und her, mit Vergnügen schlugen sie die Männer auf ihre Geschlechtsorgane und auf die Schienbeine, droschen mit allen möglichen Gegenständen auf sie ein, spuckten auf sie und schossen vor allem wild um sich«, so nochmals Julius Friedl.

Aber die Volksgerichte arbeiteten auch nach Verzeichnissen, die bereits während des Krieges angefertigt worden waren.[62] Es war häufig genug ein Werk persönlicher Aversion, von Neid und langjährigem Nachbarschaftsstreit, wer dann in diese Listen hineingeriet. Auch eine Streichung aus dem Verzeichnis geschah aus persönlicher Sympathie, gegebenenfalls auch durch Bestechung; doch mit Gesetz und einer objektiven Erforschung der Schuldfrage hatte dies nichts gemein. Das Zentralorgan des Föderalen Polizeikorps musste im Jahre 1991 streng konstatieren, dass »der Verlauf der Ereignisse und die Art und Weise der Schuldfeststellung (durch die Volksgerichte – J.M.) im Gesamtumfang ungesetzlich und nicht legal war«.[63] Die Erstellung von Verzeichnissen schuldig gewordener Deutscher war häufig die einzige »Widerstands«-Tätigkeit anonymer Tschechen, durch deren Karteien die Nachweise zusammenkamen, und nicht einmal die Volksgerichte interessierten sich für sie: Es genügte ja schon das Aussprechen eines Namens! Und so wie auch Verbrecher des Nazi-Regimes vor das Gericht treten mussten, so geschah dies auch Menschen, die etwa der Sozialhilfe, dem Winterhilfswerk und anderen Sammlungen während des Krieges eine Spende hatten zukommen lassen: Sie befanden sich im Verzeichnis, dessen Seriosität niemand überprüfte, sie befanden sich in der Kartei, nach der intensivst alle tschechischen Patrioten forschten, die sich an ihren Nachbarn rächen wollten und durch deren Bestrafung und Vertreibung ihr Eigentum zu erlangen suchten.

Was sich auf den Plätzen von Landskron und anderen nahe gelegenen Ortschaften abspielte, stellte in seiner Furchtbarkeit ein so noch nie da gewesenes Schauspiel dar: Es spielte sich in aller Öffentlichkeit vor den Augen der gesamten Gemeinde ab, und wer dem nicht zuschauen wollte, wurde dazu – einschließlich aller Antifaschisten, Sozialdemokraten wie auch anderer vom Nationalsozialismus unterdrückten Menschen – dazu gezwungen. Schließlich und endlich war ja die Staatsmetropole Prag das Vorbild für die öffentlichen Hinrichtungen; dort war die Hinrichtung des deutschen Oberbürgermeisters Pfitzner auch eine Theatervorstellung für Kinder, was sich nachträglich mit Grausen selbst tschechische Journalisten vergegenwärtigten. Später fanden öffentliche Hinrichtungen dann nur noch im abgegrenzten Gefängnisbereich allein für Erwachsene statt – beispielsweise die von Karl Hermann Frank. Den Zusammenhang der öffentlichen Hinrichtungen in Prag und in Nordostböhmen hat wohl am besten der Chronist von Landskron hervorgehoben, als er Folgendes vermerkte: »Die Revolution entfaltete sich in Landskron furchtbarer als irgendwo sonst. Möglicherweise ist nur noch Prag von einer ähnlichen Welle des Schrecklichen und des Siegesrausches überschwemmt worden. Keine andere Stadt in der Republik kannte diese Landskroner Form eines revolutionären Gerichtstribunals … Durch die Schuld unverantwortlicher Elemente, die sich in die Reihen der Partisanen eingeschlichen hatten, kam es zu Gewalt und Übergriffen.«[64] Wie sich erst aus der zeitlichen Distanz und bei näherer Prüfung herausgestellt hat, war jedoch der Fall Landskron keineswegs eine Ausnahme. Das Theater des Schreckens vor der ganzen Gemeindebevölkerung spielte sich öffentlich an zahlreichen Orten der Böhmischen Länder ab – und dies vor allem in der letzten Maiwoche 1945.

Den allerhöchsten Strafen, also den Hinrichtungen durch Erhängen oder Erschießen oder auch durch Totprügeln, gingen Handlungsabläufe voraus, die man wohl als »revolutionäre Spielchen« bezeichnen könnte. Sie begleiteten die Praxis des tschechischen Gestapismus als ein Novum, als etwas, das über die deutsche Art noch hinausging, aus der Werkstatt eines Volkes mit einem entwickelten Sinn fürs Theater. Rufen wir uns die Aussage des Vorsitzenden des Landskroner Volksgerichts, J. Hrabáček, nochmals ins Gedächtnis. Er beobachtete von seinem Stuhl am Platz aus, wie seine deutschen Mitbürger »auf dem Platz mit dem Bild Hitlers in Händen hin und her gehen mussten, das Hitlerbild küssen mussten, die Erde küssen mussten, wobei auf sie eingeprügelt und über ihre Köpfe hinweg geschossen wurde«. Der Partisanenkommandeur Wenig ergänzt dazu Folgendes: Brigadekommandeur Hýbl ließ die Deutschen »durch die Straßen marschieren, wobei sie Hitlerbilder über ihren Köpfen mittragen mussten, die bei ihnen beschlagnahmt worden waren, und jene, die dabei in Ohnmacht fielen, wurden geschlagen oder auch erschlagen oder erschossen.« Der Notar Dr. Leopold Pfitzner präzisierte solche Szenen mit den folgenden Bildern: »Jeder gekennzeichnete Deutsche musste die letzten Schritte zum Richterstuhl auf den Knien absolvieren. Jeweils der erste Mann von rechts in jeder Reihe trug mit erhobenen Händen das Hitlerbild, das die Partisanen dann mit heraufgezogenem Schleim anspuckten. Der jeweils ... daneben stehende Deutsche musste jeden Schleimspucker aufschlecken und hinunterschlucken.« Der Gerichtsvorsitzende in Landskron sah auch Folgendes und gab es zu Protokoll: »Vor dem Kreisgericht bildeten die Partisanen zwei Gruppen von Deutschen; die eine musste die andere schlagen, und dann erschossen die Partisanen beide.« Angaben über wechselseitiges Prügeln von Deutschen, einschließlich von Frauen, bis zum Tod, liegen aus zahlreichen Orten der Böhmischen Länder vor, insbesondere aus Prag. Auch Wichstadtl trug zur Bereicherung dieser »Spielchen« das seinige bei: Sämtliche Männer zwischen dem 16. und 65. Lebensjahr wurden mit erhobenen Händen vor die Kirche gejagt, wobei sie Folgendes brüllen mussten: «Es lebe die Republik! Es lebe Benesch! Es leben die Partisanen!« »Wer nicht mitbrüllte oder nur schwach schrie, wurde sofort geschlagen. Auch derjenige wurde verprügelt, welcher die Hände nicht erhoben hatte«; so die Aussage von Wally Prause. Die Partisanen beim Volksgericht in Grulich trieben alle Männer vom 16. Lebensjahr an auf dem Marktplatz zusammen und schrieben ihnen mit Kreide auf den Rücken, wie viele Keulenschläge jeder erhalten sollte, die er dann auch bekam – gewöhnlicherweise 25–50 Schläge; oder es wurde vermerkt, ob er hingerichtet werden würde. »Das waren die ersten bestialisch ermordeten Opfer. Etlichen stopften sie die Hitlerflagge in den Mund, sie wurden mit Peitschen durch die Straßen hin und her gejagt, bis sie vor Erschöpfung hinfielen … Alles dies wurde von Dreindreschen mit beliebigen Gegenständen begleitet«; so die Aussage von Erhard Wagner. Der Grulicher Pfarrer Johann Peschke hielt fest: »Der 22. Mai 1945 war der Tag der Rache der Tschechen … Der Gerichtskommission sitzen Fiala und Urban vor. Sie entscheiden über Prügel, 50 bis zu 200 Schläge. Kaum jemand kommt ohne Strafe davon. Viele von ihnen sind vor Schmerzen nahezu wahnsinnig geworden.«[65]

Der Blutstrom und das Gebrüll der gepeinigten Opfer trieben die Verbrecher bis zur Bestialität an. Die Tochter Hrabáčeks erinnert sich in ihrer Aussage: »Diese Menschen waren so sehr gegen diese Deutschen entfesselt … Sie haben gesagt, dass sie nicht mehr zu halten sind, dass diese ganze Sache aus der Hand entglitten ist. Es war wie eine Lawine, niemand hat gehorcht. Und ich glaube, wenn jemand was dagegen unternommen hätte, dann wären sie auch über ihn hergefallen.« Mit Drohungen gegen Leib und Leben gegenüber jenen, die es wagten, gegen die Orgien zu protestieren und den Gequälten zu helfen, wurde man auch noch viele Wochen nach dem Kriegsende konfrontiert. Wer den Hinrichtungen nicht zustimmte, geriet in Gefahr, selbst hingerichtet zu werden! So erinnerte sich der Partisanenkommandant Wenig noch nach Jahren an Folgendes: »Aus Partisaneneinheiten gebildete kleine Gruppen verwilderten dadurch (das Prügeln und die Hinrichtungen von Deutschen – J.M.), und ich gewann den Eindruck, dass sie sich in ihrer Verwilderung selbst gegeneinander wenden werden.« Noch 1994 haben Zeugen dieser Vorgänge sich an Folgendes erinnert: »Tschechen wollten bis aufs Blut zerschlagene Köpfe sehen, zerfleischte Körper, abgezogene Haut und Blut.« Julius Friedl sagte 1951 aus: »… alle Männer mussten mitgehen, Junge wie Alte, Schwache und sogar auch Schwerkranke. Einzelne, aber auch ausgewählte Gruppen (in Landskron – J.M.) wurden von wild brüllenden, bis an die Zähne bewaffneten Tschechen begleitet, die wild um sich schossen und auf alles einschlugen, was ihnen unter die Hände geriet.« Ein unmittelbar am Landskroner Volksgericht Beteiligter hielt fest: »So ging es mit Quälen, Schlagen und Morden den ganzen Nachmittag hindurch schon den zweiten Tag. Die Tschechen feierten blutige Orgien, vielleicht wussten sie gar nicht, was sie tun.«[66] G. Langer sagte über die Tätigkeit des Volksgerichts in Rothwasser zusammenfassend: «Diese Schrecken nahmen kein Ende, der unmenschliche Sadismus und die Blutrünstigkeiten wurden fortgesetzt.«[67]

Als ob des Grauens nicht schon genug gewesen wäre! Das Aufhängen an den Beinen mit dem Kopf nach unten geschah nicht nur in Prag, sondern auch in Wichstadtl. Dort hängten sie eine Frau, die bereits über 60 Jahre alt war, an den Beinen auf. Eine Tochter erzählt von ihrer 40-jährigen Mutter, von der sie wissen wollten, wer von den Tschechen dem Deutschen Roten Kreuz gespendet hatte. Sie banden sie auf eine Bank und gaben ihr auf den nackten Körper 50 Schläge. Doch sie hielt das nicht lange aus. Der Arzt Dr. Katzer erfuhr nach Jahren vom Tod seines Vaters, der Bürgermeister in Wichstadtl gewesen war: »Mein Opa Ferdi Schmock musste mitansehen, wie man meinem Vater und anderen Hakenkreuze auf die Stirn ritzte, dabei hielten zwei Partisanen ihre Gewehre bereit, unter die mussten sich die Verurteilten bücken und erhielten dann Prügel. Dann wurden sie weiter gequält, manchen rissen sie die Geschlechtsorgane auf, auch meinem Vater, bevor man sie aufhängte.« Auch in einer anderen Quelle wird der Sadismus der Partisanen in Wichstadtl beschrieben: »Herrn Kuhn aus Lichtenau schlugen sie mit dem Kopf an die Kirchentüre. Dem Pischl zündeten sie den Bart an. Dem Engel hielten sie vor, dass er einen Sohn bei der SS gehabt habe, sie schnitten ihm ein Ohr ab und die Geschlechtsteile, packten diese in Papier ein und schickten sie der Ehefrau, bevor sie ihn aufhängten. Dann fingen sie deinen Vater und warfen ihn in den Bach und droschen mit Kolben auf ihn ein und hielten ihn dabei unter Wasser, zuvor hatten sie dort Glas von zerschlagenen Flaschen hineingeworfen …«[68]

Das entsetzliche Beispiel aus Nordostböhmen bringt die allgemeine Ebene der Strafausführung näher. Sämtliche »Verurteilten« mussten sich der Tortur persönlicher Strafen unterziehen, am häufigsten durch Stockprügel, mit Peitschen oder Schaufeln. Kaum jemand kam allein mit der Eigentumsbeschlagnahme davon. Die körperlichen Strafen waren so drastisch, dass die dazu »Verurteilten« ihnen bereits erlagen, ohne dass man sie formell zur Hinrichtung verurteilte. Ein unmittelbarer Teilnehmer am Volksgericht in Landskron führt an, dass vom Richtertisch aus am 17. Mai 1945 »die folgenden Strafen verhängt wurden – 50 Hiebe mit dem Knüppel, 25 Schläge, Erschießen, Ertränken, Aufhängen. Die Verurteilten wurden unter fortgesetztem Prügeln in den Wirtshausdurchgang hineingejagt, über ein Fass geworfen, und dann begann das eigentliche, grausame Prügeln. Es wurde so lange eingeprügelt, bis der Verurteilte aufhörte zu schreien«. Vom Richtertisch aus ging man zum Strafvollzug durch ein enges »Gässchen« hindurch, und da konnte, wer immer dies wollte, auf die Verurteilten eintreten. Manche kamen gar nicht am Ende des Gässchens an, sie waren bereits auf dem Weg totgeschlagen worden, ihre Körper zu Brei zertreten. Diese Toten wurden nirgends als Opfer des Gerichts registriert. Ebenso unbekannt sind die Namen von weiteren Opfern des Sadismus. Julius Friedl sagte dazu später unter anderem aus: »Bald gab es zahlreiche Verletzte, die schon nicht mehr aufstehen konnten und schwer litten. Doch das genügte noch immer nicht. Vor dem Rathaus befand sich ein großer Löschwasserteich, in den man schließlich die Opfer hineinwarf … Man hielt sie mit Haken und Stangen unter Wasser, damit sie nicht wieder heraufkommen konnten. Ja, am Ende wurde noch ins Wasser hineingeschossen, bis es sich rot färbte. Als die Leute herauskrochen, trat man ihnen auf die Finger, viele tauchten jedoch nur noch tot auf …«[69]

Sämtliche zum Tod durch Erhängen oder Erschießen Verurteilten wurden zuvor automatisch zur physischen Tortur »auf den Fässern« verurteilt. Wie bekannt ist, haben etliche diese Tortur nicht überlebt, andere wiederum verstummten und jene, die zur Hinrichtung geführt wurden, sahen den Tod nur noch als eine Erlösung an. Zeitzeugen führen an, dass »der Tod nach stundenlangem Peinigen bereits nur noch ein letzter Gipfelpunkt und häufig die Erlösung war«.[70]

Handelte es sich dabei nur um ein Fallbeispiel aus Nordostböhmen? Die physische Qual vor der Hinrichtung war die furchtbare Ouvertüre für das Ende eines Menschen, der bereits nicht mehr wahrnahm, was mit ihm und um ihn herum geschieht. »Die Schmerzensschreie der blutüberströmten Menschen übertönten bald alles, viele saßen und lagen teilnahmslos zwischen den Toten«; so Julius Friedl.

Die Bestialität der Exekutionen, die von Tschechen an ihren deutschen Mitbürgern durchgeführt wurden, berührte letztendlich sogar die durch den Krieg abgestumpften Offiziere der Roten Armee. Nicht, dass sie die Deutschen bedauert oder dieses Tun verhindert hätten, denn die Rote Armee raubte ja selbst und war insbesondere auf der Jagd nach Alkohol und Frauen, die sie massenweise vergewaltigte. Doch das öffentliche Quälen, dem Dutzende Menschen zum Opfer fielen, war selbst den Rotarmisten zu viel. Der Chronist des Ortes Grulich notierte, dass nach der Hinrichtung von vier Deutschen und dem Totschlagen (»auf Fässern«) von zwei weiteren der Repräsentant des sowjetischen Sicherheitsdienstes, NKWD-Major Kroll, »uns dieses Gericht vorgehalten und uns daran erinnert hat, dass ordentliche Gerichte zu urteilen hätten. Er verwarf das Prügeln und Erschießen und wies uns darauf hin, dass wir von den Deutschen Arbeit fordern und sie nicht erschlagen sollten.« Und der Teilnehmer am Volksgericht in Landskron führt an, dass zwei russische Offiziere versucht haben, »dieses Morden zu beenden, jedoch ohne Erfolg«. Der Grulicher Pfarrer Johann Peschke sagte dazu aus: »Dann warfen zwei Partisanen irgendeinen Verurteilten auf eine Kiste und verprügelten ihn bis zur Bewusstlosigkeit. Daraufhin übergossen sie ihn mit Wasser und prügelten erneut auf ihn ein. Entsetzlich war das Brüllen des Gequälten. Zahlreiche Partisanen saßen um den Zaun herum und hatten ihr Vergnügen daran. Von Zeit zu Zeit sprang einer auf und ging hin, um dem Schreienden noch einen Tritt zu versetzen, dem von Schmerzen Geplagten, bis dieser verstummte. Schließlich machte ein russischer Major ›der abendlichen Übung‹ ein Ende.«[71]

Was ist zu dieser Episode der Tortur aus dem Jahre 1945, die in die Geschichte der Angehörigen des Volkes von J.A. Comenius und T.G. Masaryk hineinkatapultiert wurde, zu sagen? Hören wir noch einmal den Ortschronisten Emil Trojan: »Die Deutschen vom 8. bis zum 60. Lebensjahr mussten am Morgen um sechs Uhr vor dem Amt des Kommissars antreten, wo ihnen Arbeit zugeteilt wurde. Wer zu spät kam, wurde geschlagen. Bei wem nicht angemeldete Gegenstände gefunden wurden, wurde geschlagen. Bei wem man nichts fand, auch wenn sie meinten, dass sie etwas finden müssten, wurde geschlagen. Wer verdächtig war, dass er Waffen verberge, wurde erschossen.«[72]

3. Mord und Vertreibung im Weitra-Gebiet

Im Mai 1945 kam der Tod in das Weitra-Gebiet. Doch nicht in Gestalt von Männern der siegreichen Armee Marschall Malinowskijs – die blieben in Neuhaus stehen –, als vielmehr in Gestalt zweier Landsleute, die beide aus Schwarzbach stammten. Der Erste war Václav Maxa. Er war in den Eisenbahnwerkstätten in České Velenice beschäftigt gewesen, Mitglied der Kommunistischen Partei, seine Ehefrau eine Jüdin, er ein gebürtiger Schwarzbacher. In der Werkstätte hatte er Lehrlinge unter sich, und dies ermöglichte es ihm, sich nach dem Krieg als Lehrer darzustellen. Nach dem 15. März 1939 wurde er festgenommen und war während der gesamten Kriegszeit in Theresienstadt inhaftiert. Seine Ehefrau, die Tochter des Schwarzbacher Arztes Müller, teilte das Schicksal der Juden entsprechend den Nürnberger Rassengesetzen, sie fiel ebenso wie ihre Eltern dem Holocaust zum Opfer. Maxa wurde nach seiner Rückkehr aus dem Konzentrationslager Sicherheitsreferent beim Kreis-Nationalausschuss in Wittingau – etwa um den 10. Mai 1945 –, und erlangte große Macht. Die Verhältnisse im Weitra-Gebiet während der Besatzungszeit kannte er nicht, vor allem wie die Weitraer untereinander und miteinander umgegangen waren, ob es etwa zu verbrecherischen Denunziationen mit nachfolgender Haft oder gar zum Tod gekommen war oder ob die nationalsozialistischen Entartungen das Weitra-Gebiet erfasst hatten. Tatsache war, dass Denunziationsopfer erst von jenseits des Flusses Lainsitz bekannt sind, somit in Suchenthal an der Lainsitz, nicht jedoch aus dem der ČSR 1920 angeschlossenen Weitra-Gebiet. Die Mitarbeiter der Budweiser Gestapo-Dienststelle führten in ihren Verhören und Aufzeichnungen aus dem Jahr 1945 keine einzige Weitraer Ortschaft an, auch kein einziges Verfolgungsopfer. Warum also Maxa ins Konzentrationslager gekommen war, lag somit eher an seinen familiären Bindungen; als Mann einer Jüdin und Schwiegersohn eines jüdischen Arztes war er somit als solcher bereits verdächtig, zumal er ja überzeugter Kommunist war.

Die historischen Quellen berichten über Maxa, dass er starrköpfig gewesen sei, von Hass besessen und dass er alle mit dem Tode bedrohte, die sich ihm widersetzten. Der damalige Gendarmeriehauptmann, Josef Bártl, der ab Mai 1945 seinen Dienst in Brünn versah, selbst ein gebürtiger Rottenschachener, Jahrgang 1912, hielt Maxa etwa um den 15. Mai 1945 vor, dass er »ganz und gar unangemessen vorgeht, wenn er von den Nationalausschüssen verlangt, sie sollten Verzeichnisse der zur Vertreibung bestimmten Bürger erstellen. Die Aufteilung der Ortsbürger in Deutsche und Tschechen begann er dann eigentlich allein. Niemand von den örtlichen Organen stimmte dem zu, genauso, wie sie mit der Teilung und Nationalitätenwahl während des Kriegs nicht übereingestimmt hatten. Doch Maxa verkündete, dass er in dieser Sache keinen Bruder kenne und dass alle gehen werden«.[73] Später, im Jahre 1990, bezeichnet Josef Bártl Maxa als den »bösen Geist in diesem Gebiet« (dem Weitra-Gebiet – J.M.).

Noch bevor er seinen Geburtsort Schwarzbach (Nr. 112, am Rande des Weilers New York) besuchte, erließ Václav Maxa bereits beim Kreis-Nationalausschuss in Wittingau Weisungen, auf deren Grundlage Bürger aus dem Weitra-Gebiet wegen »Volksverrats« festgenommen wurden, das heißt also, dass sie sich im Jahre 1939 zur deutschen Nationalität bekannt hatten oder Mitglieder von Organisationen waren. So ließ also der Nationalausschuss in Schwarzbach bereits am 11. Mai 1945 durch die Gendarmerie zwölf Ortsbewohner zusammentreiben, die sich im örtlichen Volkssturm befunden hatten und die nunmehr (»auf Anordnung des Kreis-Nationalausschusses«) festgenommen wurden.[74] Die Gendarmerie-Eskorte aus Klikau verbrachte sie nach Neuhaus und übergab sie dem Ortskommando der Roten Armee; eine Einheit der Geheimpolizei, des NKWD, stellte dies sicher. Doch die Russen weigerten sich dann, sich um die Gefangenen der örtlichen Paladine zu kümmern, und übergaben sie dem tschechischen Standortkommando. Auch dieses lehnte es ab, die Funktion eines Gefangenenwärters über Leute zu spielen, die ohne jeglichen Nachweis ihrer »Verbrechen« angekommen waren, lediglich mit einer pauschalen Beschuldigung, und schickte sie daher alle zurück nach Schwarzbach. Es handelte sich also um Vorgänge, durch die sowohl die sowjetische als auch die tschechische Militärverwaltung zu verstehen gaben, dass sie willkürlichen Verhaftungs- und Deportationsaktionen von Zivilisten aus dem Weitra-Gebiet nicht zustimmten und die Festgenommenen nach Hause zurückschickten, damit die örtliche Verwaltung dies selbst erledige. Von Seiten der militärischen Stelle bedeutete dies eine moralische Ohrfeige für den Sicherheitsreferenten des Kreis-Nationalausschusses von Wittingau, Maxa. Er hatte angenommen, die Militärstandorte würden automatisch ihrer Pflicht nachkommen, die er selbst geplant und gelenkt hatte.

Als die Schwarzbacher nach Hause zurückkehrten, musste Maxa selbst das Debakel erläutern, was er als persönlichen Misserfolg fühlen musste. Daher berief er für den 14. Mai, also nur drei Tage später, erneut eine Sitzung des Orts-Nationalausschusses in Schwarzbach ein, wo er sich vorstellte und über die deutsche Tyrannei und über seine Gefangenschaft sprach. Obwohl der Nationalausschuss dem Landsmann aus Schwarzbach zwar seine Unterwürfigkeit bezeugte und ihm Gesundheit wünschte, damit »er so für seine politischen Gedanken in voller Frische arbeiten könne«, stimmte er nicht der Verhaftung aller ursprünglich festgenommenen Bürger zu, da er sie auch nirgendwo hätte einsperren können; und so ordnete er gegenüber dem Kommandeur der ad hoc gebildeten Revolutionswache des Ortes, Jaroslav Chmelař, an, dass sechs von den ursprünglich zwölf Deportierten[75] festgenommen und im Keller der Ortsschule inhaftiert werden sollten. Zu diesem Zeitpunkt gaben bereits Zeitungen und Rundfunk bekannt, dass festgenommene Deutsche zur Zwangsarbeit eingesetzt werden sollten, sodass auch der Orts-Nationalausschuss in Schwarzbach entschied, dass die Häftlinge jeden Tag zur Arbeit in das Sägewerk in Klikau geführt werden. Die Ehefrauen und Verwandten brachten ihnen Mittagessen und Verpflegung an ihren Arbeitsplatz, sodass die ursprünglichen Schrecken der Strafe sich merklich leichter darstellten, was eigentlich mit Ausnahme des Zwangsaufenthaltes im Schulkeller von den Häftlingen als normal angesehen wurde.

Doch in dieser verhältnismäßig ruhigen revolutionären Atmosphäre waren erste Misstöne wahrzunehmen, die schicksalhaft werden sollten. Die örtlichen Patrioten der Revolutionswache aus Schwarzbach verprügelten den Maurer Jan Bušta, der am Ortsrand in Nr. 108 wohnte, bis aufs Blut, hielten ihn zeitweilig in Klikau fest und gaben ihn dann zu den Inhaftierten in Schwarzbach. Der Familienvater, dessen beide Söhne an der Front gefallen waren – und gerade diese Söhne wurden ihm als Verbrechen vorgehalten! – hatte in seiner Isolierung keinerlei Ahnung, was in seinem neu erbauten Häuschen vor sich ging. Das Sitzungsprotokoll des Orts-Nationalausschusses von Schwarzbach vom 14. Mai 1945 konstatierte knapp: »Punkt 8. Am 13.V.45 starben durch Erhängen die Frauen: Buštová Paulina, Nr. 108, und deren Tochter Buštová Marie. Der Vater Jan Bušta wurde als SA-Mann festgenommen.«[76]

Was bedeutete das? War das etwa der Selbstmord einer Mutter zweier gefallener Söhne und der Ehefrau eines zusammengeschlagenen und inhaftierten Mannes, wobei ihr die Tochter einfach so nachfolgte? Das Protokoll des Orts-Nationalausschusses berichtet klugerweise nicht von einer »Selbstmordtat«, sondern konstatiert lediglich knapp, dass die Frauen »durch Erhängen umgekommen« seien. Offenkundig wusste man bereits damals, dass es sich um eine offensichtliche Lüge handelte und dass diese Frauen aufgehängt *wurden*. Die Nachbarn hatten kurz zuvor bemerkt, dass aus dem Hause der Buštas drei »unbekannte« Männer herausgekommen waren. Nach einiger Zeit gingen sie aus Neugierde nachsehen, was die dort wohl gewollt hatten. Sie fanden zwei Erhängte in der Stube vor und auf der heißen Herdplatte ein zerkochtes Mittagessen. Der Orts-Nationalausschuss musste sich mit dem plötzlichen Hinscheiden zweier Bürgerinnen nicht näher beschäftigen, er ordnete keine Ermittlung an, auch nicht die Aufklärung ihres Todes. Er zeigte lediglich seine Sorge bezüglich der Sicherstellung der Wirtschaft, in der sich zwei Kühe und Kälber befanden, und beauftragte mit der Zusammenstellung »des sonstigen Inventars« einen Ortsbürger.[77] Bereits an diesem Beispiel zeigte sich, in welchem Maße die Sitten der »tschechischen« Schwarzbacher verroht und wie das menschliche Leben für sie verachtenswert geworden waren. Und diese Verrohung sollte die ganzen nachfolgenden Tage herrschen und seine Spuren auch noch ein halbes Jahrhundert später hinterlassen, als sie nicht anerkennen wollten, dass es in ihren Orten zu Morden gekommen war, vor denen sie die Augen verschlossen und die sie nicht erkennen wollten.

Die Lage in Schwarzbach Mitte Mai 1945 spiegelt die Interessen der neuen Machthaber wider: Sie wollten an Waffen gelangen[78], an Eigentum – insbesondere an jüdisches und militärisches, das jedoch »verloren ging«[79], und parallel zu den Festnahmen wurden bereits »die verfügbaren Wohnungen in deutschen Häusern« verteilt. Jeder tschechische Interessent konnte, wenn er wollte, in zwölf verschiedene Häuser einziehen; der Mehrzahl nach handelte es sich um die Häuser der inhaftierten Personen. Das Begehrlichkeitsmoment, einschließlich der Wegnahme des Viehs von deutschen Bauern und seine Zuteilung an Tschechen, bildete das grundlegende Motiv des Vorgehens der damaligen Akteure in Schwarzbach: die schnellstmögliche Beschlagnahme von Eigentum und keineswegs der Schutz der Bürger vor Mord und Raub wurde zur Priorität erhoben. Was damals massenweise in Nordostböhmen unter der Regie der Partisanen und Revolutionsgarden vor sich ging, die 10% Anteil am Raubgut forderten, begann nach und nach auch im Weitra-Gebiet, und zwar noch bevor die räuberischen Partisanenbanden hierher kamen. «Schießen, Hängen, Ovationen«: Für den 15. Mai wurde eine »gemeinsame Feier der gesamten Umgebung« geplant; der Festzug der Bürger zu

Ehren des Sieges sollte in Klikau beginnen und durch Schwarzbach bis nach Suchenthal an der Lainsitz ziehen. Die Tafel mit den Namen der gefallenen deutschen Soldaten auf dem Schwarzbacher Denkmal sollte bis dahin beseitigt sein.

Václav Maxa, der wegen des Misserfolgs in Schwarzbach unzufrieden war, bemühte sich weiter, in das Weitra-Gebiet die größtmögliche Militärmacht zu bekommen, woher auch immer. Am 18. Mai 1945 vermochte er eine Kompanie des 29. Infanterieregiments unter dem Befehl des Reserveleutnants Kužel nach Rottenschachen zu bringen. Auch tschechische Gendarmen und die Finanzwache kamen in das Dorf. Maxa und Kužel verkündeten, dass sie seitens des Kreis-Nationalausschusses in Wittingau dazu bestimmt worden seien, im Ort einen neuen Orts-Nationalausschuss zu begründen. So wurde also der zweite Orts-Nationalausschuss in Rottenschachen mit insgesamt 18 Mitgliedern gebildet[80], an dessen Spitze Karel Červík stand.[81] Der neue Orts-Nationalausschuss wurde zu einem gefügigen Instrument Maxas und begann augenblicklich damit, Verzeichnisse jener Ortsbevölkerung anzulegen, die als Deutsche nach Österreich ausgesiedelt werden sollte. »Das Verzeichnis wurde häufig abgeändert (entsprechend den verwandtschaftlichen Beziehungen – J.M.), aber trotzdem wurden drei Viertel der Bevölkerung zur Aussiedlung bestimmt.«[82] Gleichzeitig begann ein fieberhaftes Durchwühlen des Dachbodens und der Räumlichkeiten des Rathauses sowie der Gendarmeriestation, wo man Karteien sämtlicher Mitglieder politischer Organisationen und Vereinigungen suchte, desgleichen auch die Spender für verschiedene Hilfsaktionen, die während des Dritten Reiches organisiert worden waren. Dies wurde als Haupttätigkeit der Ortsverwaltung angesehen, um eine ausreichende Argumentationsgrundlage für etwaige Festnahmen bzw. Hinrichtungen, Verurteilungen, Ordnungsstrafen wie auch Deportationen von Ortsangehörigen zu erhalten.[83] Systematisch wurde an der Erstellung von Verzeichnissen »unzuverlässiger Personen« in Rottenschachen gearbeitet, bis zurück in das Jahr 1935, um Repressalien durchzusetzen. Aus der erhalten gebliebenen Dokumentation, die später im Ministerium des Inneren zuammengetragen wurde und sich heute in dessen Archiv in Prag befindet, ist zu ersehen, welche Anstrengungen die Machtorgane darauf verwendet haben, um eine höchstmögliche Zahl von Weitraern aus ihren Wohnsitzen zu vertreiben und Repressionen zu unterwerfen.

Der Kommandeur der Militärkompanie, Leutnant Kužel, führte sich in Rottenschachen »außerordentlich anmaßend« auf – so der Hauptmann des Korps der Nationalen Sicherheit (SNB), Josef Bártl. Noch vor seiner Teilnahme am Raub von Eigentum der ausgetriebenen Bürger aus Rottenschachen hatte er sich aus den örtlichen jungen Mädchen etliche Schönheiten gewählt, die er sodann in der Schule einsperrte und »mit der Knute zwang, mit ihm Geschlechtsverkehr zu begehen«. Eine von ihnen, die Lehrerin Marie Křížová, dokumentierte das Wüten von Kužel an ihrem zerschlagenen Körper, an den Wunden an Beinen und Rücken.[84] Das also, was ansonsten der Mehrzahl der Rotarmisten zugeschrieben wurde, nach Frauen und Alkohol aus zu sein, wurde hier von einem Offizier der tschechoslowakischen Armee verübt, der nach diversen Meldungen an den Landes-Nationalausschuss in Prag und das Kommando des Militärbereiches in Tabor am 10. Juni und 5. August 1945 abberufen wurde. Nach dem Vorbild des Kommandanten beteiligten sich an der Vergewaltigung von Mädchen in Rottenschachen auch Angehörige seiner Truppe.

In den Böhmischen Ländern herrschte insbesondere nach dem 15. Mai 1945 eine Partisanensoldateska, die durch Abenteurer aus den Revolutionsgarden und später auch durch Militär verstärkt wurde. Es wurde nicht nur in Landskron gemordet, sondern auch insbesondere in Nordwestböhmen. Zunächst schien es, als ob Südböhmen in diesem Wüten eine Oase des Friedens geblieben wäre. Bis auf einige Schießereien hatten sich bis dahin keine Gräuel in größerem Ausmaße abgespielt, was zumindest zeitweise auch auf die Anwesenheit der amerikanischen Armee in Südböhmen zurückzuführen war. Sie verhinderte auf ihrem Gebiet Repressalien örtlicher tschechischer Behörden gegen die Deutschen; es gab hier keinerlei Masseninternierungen, Festnahmen, Inhaftierungen, ja auch keine Deportationen und Massenhinrichtungen, wie dies in den durch die Rote Armee besetzten Gebieten der Fall war. Das rief Proteste und Beschwerden örtlicher Amtsträger hervor, die Appetit darauf verspürten, gegen die Deutschen so vorzugehen, wie sie davon im Rundfunk gehört und in den Zeitungen gelesen hatten.[85]

Doch konnten die Amerikaner ihre eigene Jurisdiktion lediglich auf dem Gebiet der festgelegten Besatzungszone ausüben. Ihre Anwesenheit in Südböhmen vermochte nur teilweise das Heranrollen der Repressionswelle aufzuhalten; dort, wo sie in diesem Territorium nicht waren, konnte ihnen dies nicht gelingen.

Die Rote Armee war bereits am 18. Mai 1945 in České Velenice eingerückt. Davor waren ihre Einheiten, die in den Wäldern des Weitra-Gebietes operierten, nach Neuhaus eingedrungen. Bei ihrem Einzug in České Velenice bildete sich dort ein Vorläufiger Nationalausschuss mit J. Sivera an der Spitze, dem ehemaligen Bürgermeister, der während der Besatzungszeit inhaftiert war. Am Sonntag, dem 20. Mai 1945 kam eine Wachabteilung von 43 Männern nach České Velenice, die aus Wittingau herbeigerufen worden war. Gleichzeitig bildete sich auch eine örtliche Revolutionsgarde. Zusammen mit der Wachabteilung rückte in České Velenice auch tschechische Gendarmerie mit ein.[86]

Durch die Besetzung des wichtigsten strategischen Zentrums des Weitra-Gebietes, České Velenice, ergab sich eine neue Lage in den Machtbeziehungen. Genau diese Tatsache ermöglichte es Václav Maxa, seine repressive Tätigkeit voll zu entfalten. Entsprechend den Feststellugen von Hauptmann Josef Bártl setzte sich Maxa für einen »dramatischen Verlauf« der weiteren Tage ein, und auf seine Initiative hin wurde aus dem Wehrbereich Tabor am 23. Mai 1945 eine Partisanenabteilung unter dem Obersten der Kavallerie Vladimír Hobza in das Weitra-Gebiet entsandt.[87] Scheinbar hatten neben Maxa auch höhere Militärstellen an den Weitra-Aktionen ein Interesse, da sie bewaffnete Armee-Einheiten in das Grenzgebiet entsandten, die sich mit Partisanen und Revolutionsgarden vermischten; oder sie waren allein aus Nachkriegsfreiwilligen zusammengestellt, die sich lediglich die Bezeichnung »Partisanen« zulegten. Während die »Ergebnisse« der Tätigkeit der Expeditionskorps, die durch das Kommando des 1. Wehrbereichs aus Königgrätz und Kladno entsandt wurden, bereits bekannt waren, konnte sich der 2. Wehrbereich in Tabor solcher Erfolge nicht rühmen. Eine gründlichere Erforschung der Beteiligung der Armee und der ihr zugeordneten Einheiten an der Vertreibung und Repression der deutschen (und der tschechischen!) Bevölkerung – die bis dato ein Desiderat darstellt –, wird sicherlich in vielem die seinerzeitigen Macht- und Repressionsmechanismen erhellen. Bis dahin muss man sich auf die örtlichen Quellen beschränken, soweit in ihnen das Treiben der Partisanenabteilungen des Obersten Hobza im Weitra-Gebiet aufgezeichnet ist.

Die Partisanen-Expeditionstruppe von Hobza kam am Mittwoch, dem 23. Mai 1945, um 11.30 Uhr in České Velenice an. Pressemeldungen zufolge war sie dazu bestimmt, »das Grenzgebiet zu säubern«. Ihre Aufgabenstellung war wie folgt spezifiziert: »Aufgabe der Abteilung war es, im Auftrag der Regierung die für die staatlicherseits unerlässlichen Sicherheitsmaßnahmen erforderlichen Aufgaben im Gebiet von Weitra durchzuführen.« Der offizielle Bericht konstatierte dann freilich, dass »dadurch dieses tschechische Gebiet erneut unter tschechische Verwaltung überführt worden« sei. Die ursprünglich tschechische Bevölkerung begrüßte die Hobza-Einheiten vor dem durch den großen amerikanischen Bombenangriff vom April 1945 zerstörten Rathaus. Sie war während der Besatzungszeit ausgesiedelt worden, inzwischen aber zum Teil wieder in die angestammten Heimatorte zurückgekehrt. Man erinnerte sich dessen, dass, als die Stadt im Oktober 1938 von den Deutschen besetzt worden war, »die Mehrheit der tschechischen Bevölkerung České Velenice verlassen und sich lieber trotz Eigentumsverlustes in das tschechische Binnengebiet zurückgezogen hatte«. 1930 hatte České Velenice 4863 Einwohner, von denen lediglich 5% Deutsche waren – doch tatsächlich unter Einbeziehung der »Ausländer«, die allesamt Österreicher waren, insgesamt 9,7%.

Der offizielle Bericht über die Tätigkeit der Hobza-Einheit enthielt folgende Details: «Sogleich nach dem feierlichen Begrüßungsakt wurden sämtliche unabweisbaren Maßnahmen schnell getroffen, damit das Leben in der Stadt und in der gesamten Gegend wieder in die normalen Geleise gebracht werden könne. Auf Befehl des Militärkommandanten der Abteilung mussten im Verlauf von zwei Stunden nach Bekanntmachung der entsprechenden Weisung sämtliche Deutsche die Stadt und das Gebiet der ČSR verlassen und mit ihnen auch ehemalige Tschechen, die während der Okkupation aus Gewinnsucht die deutsche Staatsangehörigkeit beantragt hatten.«[88]

Oberst Hobza erreichte offenkundig im Weitra-Gebiet bezüglich der Vertreibung der Deutschen (und Tschechen) aus der Tschechoslowakei eine Ausnahmestellung. Die Fristen zum Verlassen von Haus und Hof waren auch anderswo recht kurz. Den Reichsdeutschen, die ins Protektorat oder ins Grenzgebiet – den Sudetengau – gekommen waren, gab man eine Frist von 24 bis 48 Stunden zum Verlassen der ČSR, und das Standortkommando in Friedland setzte sie auf »noch am gleichen Tag«[89]

fest (wobei sie bis zu 30 kg Handgepäck und Lebensmittel für drei Tage mitnehmen durften). Eine Frist von 24 Stunden zum Verlassen von Reichenberg erhielten alle Sudeten- oder Reichsdeutschen, die nach dem 28. September 1938 hierher zugezogen waren.[90]

Im Weitra-Gebiet erhielten die Deutschen einschließlich der Österreicher und der so genannten entfremdeten Tschechen – zwei Stunden!

Am ersten Tag, dem 23. Mai 1945, gelang es den Hobza-Einheiten, die Deutschen und die »abtrünnigen« Tschechen aus České Velenice und der näheren Umgebung zu vertreiben. Die Aktion sollte – nach den Feierlichkeiten – erst am Nachmittag beginnen. Am zweiten Tag, am Donnerstag, dem 24. Mai 1945, sollte es sämtliche weitere Ortschaften des Gebietes betreffen. Der Rottenschachener Chronist hat über die Angelegenheit knapp vermerkt: »Am 24. Mai 1945 kam auf Lastautos ein Korps von Partisanen aus Tabor unter Führung von Oberst Hobza und säuberte energisch den hiesigen Bezirk von den Deutschen. Von Rottenschachen aus wurden 600 Menschen über die Grenze nach Österreich abgefertigt.«[91]

Der Chronist notierte die Dinge im Nachhinein und begriff dabei kaum ihre ganze Dramatik. Hauptmann Bártl war gewissermaßen anwesend, und seinem Protokoll für die Chronik von Rottenschachen kann man Folgendes entnehmen: »Um dem Transfer einen reichlich dramatischen Verlauf zu geben, wurde der Kavallerieoberst Hobza mit seiner Partisanenabteilung aus Tabor hinzugezogen; dieser führte dann am 24. Mai 1945 die Umsiedlung auf ganz brutale Weise durch. Innerhalb von zwei Stunden jagte er drei Viertel der Bevölkerung fort. Einzelne Männer seiner Abteilung brachen mitten am Vormittag mit Hurra-Gebrüll und Feuerstößen aus ihren Gewehren und Maschinenpistolen in die Häuser ein. Die Leute mussten das Kochen und Mittagessen sein lassen, sich ganz schnell das Allernotwendigste bis zu einem Gewicht von 50 kg pro Person greifen, und innerhalb von wenigen Minuten mussten sich Männer, Frauen, Kinder und Alte – etliche wurden auf Schubkarren weggeführt –, am Ortsrand zum Transfer einreihen. Dies alles ging nicht ohne verschiedene Verwundungen ab, und auch ohne jegliche gut vorbereitete Bürgen, die für den ruhigen Abschub der Dörfler garantieren sollten. Der ganze Transport von über 1000 Personen wurde nach Österreich gejagt, und an der Grenze in Richtung Brand blieben die tschechischen Soldaten stehen und verwehrten den Vertriebenen die Rückkehr. Viele hatten jenseits der Grenze keinerlei Bekannte oder Verwandte, und so schlugen sie einfach im Wald direkt jenseits der Grenze, an der Abbrandner Straße, ein Lager auf. Die nächste österreichische Ortschaft Brand war 3 km entfernt. Weil sie nicht ausreichend Lebensmittel mit sich führten, musste ihnen dorthin Verpflegung gebracht werden, und dies geschah freiwillig seitens derer, die im Ort verblieben waren.«[92]

Man stelle sich vor: In Landskron hatten die Partisanen sämtliche Häuser durchkämmt, mit Gebrüll und Lärm die Menschen aus den Wohnungen hinausgejagt, indem sie ihnen wie wild über die Köpfe schossen, und sie mit erhobenen Händen auf den Platz vor das Gericht getrieben. Hobza wiederholte lediglich die erste Hälfte – Gebrüll und Schießen – und überließ dann seine Opfer ihrem Schicksal im Wald. Wer sollte sich denn um die alten und kranken Menschen auf den Schubkarren unter bloßem Himmel während der kalten Frühjahrsnächte kümmern? Wer würde den Kindern Milch geben?

In Bezug auf die Anzahl der Verjagten klaffen die Daten auseinander. Zahlreiche tschechische Quellen führen an, dass in der Gemeinde lediglich 13–16 tschechische Familien verblieben, die ihr Tschechentum behalten und sich nicht zum deutschen Volkstum bekannt hatten. Diese Angabe ist offenkundig weit unterschätzt, um die Wichtigkeit und Gesamtflächigkeit der Aktion zu erhöhen. Drei Viertel der Einwohnerschaft Rottenschachens umfassten insgesamt 1275 Personen, auch Bártl führt mehr als 1000 Personen an. Die Anzahl der Vertriebenen bewegt sich offenkundig zwischen diesen beiden Zahlenangaben. 37 tschechische Patrioten, die Ende 1945 ein Verzeichnis von 170 der größten »Übeltäter« aus Rottenschachen nach Prag gesandt hatten, beschrieben Oberst Hobzas »Eingreifen« so: »Dieses Eingreifen konnte nicht vollständig sein, weil der seinerzeitige Orts-Nationalausschuss kein genaues Verzeichnis der Deutschen hatte, die es wegen ihrer Tätigkeit verdient hätten, ausgewiesen zu werden. Trotzdem ging eine beträchtliche Menge Deutscher weg. Viele gingen unter dem Eindruck ihrer Schuld ohne Eingreifen der Partisanen weg.«[93] Hier handelt es sich um das Korrektiv jener 13–16 tschechischen Familien, die in Rottenschachen verblieben; offenkundig wegen der Unvollständigkeit der seinerzeitigen, unfertigen Verzeichnisse verblieben dort noch mehr jener Menschen, die es »verdient hatten«, vertrieben zu werden. Die Angabe, dass »viele« Menschen aus eigenen Stücken weggezogen seien, entspricht nicht der Wahrheit:

Bei der Hysterie, welche die Abteilung von Hobza bei zahlreichen Menschen in der Ortschaft hervorrief, gerieten vor allem Frauen in panischen Schrecken und gingen mit den Übrigen aus Angst und vor allem deshalb davon, weil sie vom Familienoberhaupt (dem Vater, den Familien und Verwandten) abhängig waren und sich das Leben ohne diese nicht vorzustellen vermochten; es gab auch etliche mental Geschädigte, die zu einer selbstständigen Existenz nicht in der Lage waren. Die Vertreibung betraf sämtliche Gemeinden des Weitra-Gebietes. Überall wiederholte sich das Theater eines raschen Überraschungseffekts, Hurrageschreis, von Warnschüssen und dem Einpacken von Dingen innerhalb weniger Minuten. Überall kamen die Einheiten auf Lastautos mit Maschinenpistolen auf den Knien an, wiesen die Verzeichnisse vor und kontrollierten entsprechend den Hausnummern die »Schuldigen« und wiesen den Sammelort an. Und nicht allein aus Rottenschachen führten die Älteren ihre ganz Alten, Kranken und gehunfähigen Männer auf Schubkarren hinweg. Entsprechend den Aussagen von Augenzeugen aus Erdweis an der Lainsitz und anderen Orten wurde überall so verfahren. Falls es jemandem innerhalb einer halben Stunde gelang, vom Orts-Nationalausschuss eine Bestätigung seiner tschechischen Volkszugehörigkeit oder auch seiner Verlässlichkeit beizubringen, war er gerettet. Wem dies nicht gelang, der wurde hinausgejagt. Die Frist wurde nicht verlängert. Entsprechend Verzeichnissen vom Frühlingsende 1946 über rückkehrende Bürger wurden damals aus Schwarzbach 140 Personen hinausgejagt, somit also ein Viertel des ganzen Dorfes[94]; in den anderen Ortschaften wurde die Anzahl der Vertriebenen von einem Drittel bis zu einem Viertel geschätzt. Ich nehme an, dass die Hobza-Einheiten innerhalb des Zweitage-Zeitraums vom 23. und 24. Mai 1945 an die 4500 bis 5000 Einwohner des Weitra-Gebietes nach Österreich vertrieben haben, also nahezu die Hälfte der Gesamtbevölkerung. Nähere Untersuchungen können diese Zahlen wohl präzisieren, jedoch nicht wesentlich verändern.

Hobza brach mit seinen Partisanen wie ein Gewitter im Weitra-Gebiet los. Ähnlich wie in Landskron, so hausten die Partisanen auch hier wie die Wilden, und die Gewaltanwendung rief bei ihnen die niedersten bestialischen Instinkte hervor, sie provozierten einander, führten sich gegenseitig vor und es fehlte wohl nicht viel, und diese Verwilderten wären selbst übereinander hergefallen. Ihnen schlossen sich örtliche Freiwillige der Revolutionsgarden und selbst der Volkswachen an. Die ersten Schüsse fielen, die auf menschliche Opfer abzielten. Die Kommandantur der Revolutionsgarden aus Suchenthal an der Lainsitz meldete mit der Unterschrift eines gewissen Beránek nach Wittingau, dass am 24. Mai 1945 »auf der Flucht« zwei Soldaten erschossen worden seien, angeblich SS-Angehörige, Horst Kallwitz und ein weiterer mit Nachnamen Schulwitz. Am allerwahrscheinlichsten handelte es sich hier um die Hinrichtung von Kriegsgefangenen, die irgendwie begründet werden musste – denn zu diesem Zeitpunkt konnte man nirgendwohin mehr »entfliehen«.

Am 24. Mai 1945 wurde der Bürgermeister aus der deutschen Okkupationszeit, Alfred Apfelhalter aus Erdweis bei Klikau erschossen. Am selben Tag wurden aus derselben Ortschaft der Bürger Kronika und sein Sohn festgenommen. Die Partisanen brachten sie um 13 Uhr auf einem Lastauto nach Schwarzbach und richteten sie dort hin. Dies war jedoch nur das tragische Vorspiel zu einem noch fürchterlicheren Szenario.

Václav Maxa, der Sicherheitsreferent des Kreis-Nationalausschusses in Wittingau, der bereits zuvor zur Bestrafung der Weitraer bestimmt worden war, triumphierte. Am Abend des 24. Mai 1945 stellte er in seinem Heimatdorf Schwarzbach ein Volksgericht zusammen, das seine Tätigkeit um 21.00 Uhr abends aufnahm. Es bestand aus 13 Richtern (fünf wurden nachträglich hinzugefügt). Den Gerichtsvorsitz führten Václav Maxa und der Fahrlehrer Matěj Podlaha. Kein einziger Partisanenkommandeur war hier dabei, wie dies bei anderen »Volksgerichten« der Brauch war; trotzdem diktierte Maxa, der keineswegs alleine die volle Verantwortung tragen wollte, ins Protokoll, dass »dieses Gericht auf den ausdrücklichen Wunsch von Oberst Hobza zusammengetreten ist, des Kommandeurs eines ›Partisanen‹-Regiments, der damit beauftragt worden war, das Weitra-Gebiet von den deutsch-nazistischen Elementen zu säubern«. Doch falls es Hobza ausdrücklich an den Bewohnern von Schwarzbach gelegen wäre, warum nahm er dann nicht auch Platz im Gerichtstribunal oder entsandte seinen Vertreter dorthin? Und woher wusste er dann, dass dies gerade »ausdrücklich« Schwarzbacher sind, die gerichtet und abgeurteilt werden sollen? Es könnte sein, dass es sich hier um eine zusätzliche Konstruktion Maxas gehandelt hat; davon zeugt ja die Tatsache, dass Hobza Maxa und dem Gericht nicht entsprach, als sie ihn aufforderten, ein Erschießungskommando bereitzustellen! Maxa wusste im Übrigen nicht einmal genau, welchen Namen die Partisaneneinheit trug.

Im Protokoll des »Gerichts« wird festgestellt, dass die Verurteilten jeweils ein eigenes Geständnis ablegten. Dieses Geständnis war eigentlich das Urteil, das die Beschuldigten unterschreiben mussten: Auf einem weißen DINA4-Blatt wurde mittels Kohlepapier für alle Folgendes vervielfältigt:

Urteil

Ich der Unterzeichner .... erkläre hiermit, dass ich die Tschechoslowakische Republik verraten habe und für meinen Verrat den Tod verdiene.

....
Unterschrift des Verurteilten

In der linken unteren Ecke wurde hinzugefügt:
Das Volksgericht des Orts-Nationalausschusses in Schwarzbach hat den oben Genannten zur Todesstrafe verurteilt.
Unterschriften der Richter – der Mitglieder des Orts-Nationalausschusses und der Beisitzer.

Wer weiß woher, aber dieses gleiche Urteilsmuster verwendeten die »Volksgerichte« überall in den Böhmischen Ländern. Alles wurde wiederholt: Es war so, als ob es keinerlei Gesetz, Unschuldsvermutung, Schuldnachweis und nicht einmal einen Anschein von Legalität gegeben hätte.[95] Und alles war gleich: Die Unterschrift wurde durch Prügel und Qualen erzwungen, die so lange andauerten, bis der Widerstand gebrochen war. Am Ende erschien den Menschen, denen man die Knochen gebrochen und die man bis zur Bewusstlosigkeit geschlagen hatte, die Hinrichtung wie eine Befreiung. Dies war so in Landskron zu sehen und auch anderswo. War es im Weitra-Gebiet anders?

Den beschuldigten Schwarzbachern wurde ein Geständnis vorgelegt, das sie wegen dessen Absurdität ablehnten. Sie wurden mit Eisenstangen, Knüppeln und allem, was gerade zur Hand war, geprügelt, sodass sie schließlich nur noch auf allen Vieren kriechen oder sich winden konnten. Die Vorbereitungsphase im Schulkeller, in dem das Gericht seine Sitzung abhielt, dauerte etliche Stunden. Dann überführte das »Gericht« die Beschuldigten, »durchwegs tschechische Bürger«: Angeblich seien sie alle im Jahre 1938 zur deutschen Wehrmacht übergelaufen – einschließlich der beiden verurteilten Frauen? – und hätten intensiv gegen die ČSR gearbeitet. Keinerlei Beweis. Angeblich seien sie sehr gefährlich gewesen, hätten die Tschechen fortwährend bedroht und seien bis zum allerletzten Augenblick Zuträger gewesen: Die Beweise fehlten, niemand hatte mit der Gestapo zusammengearbeitet, niemand im Dorf war von Mitbürgern angezeigt worden.[96] Die rein formale Mitgliedschaft im Volkssturm wurde als nationalsozialistische Organisiertheit gewertet und als Beteiligung »in den militärischen Formationen der Partei«. Die Wirtin Smolek wurde angeklagt, dass in ihrem Gasthaus angeblich illegale Sitzungen stattgefunden hätten, an denen sie auch teilgenommen habe – wo hätte sie denn sonst sein sollen? –; angeblich habe sie auch persönlich in Wien und Berlin für den Anschluss von Schwarzbach an das Dritte Reich interveniert.[97] Wiederum ohne Beweis. Olga Vlčková habe angeblich Elsa Maxa bei der Gestapo in Budweis angezeigt. Die Unterlagen der Gestapo weisen jedoch keinerlei Anzeige wegen Judentums aus dem Weitra-Gebiet auf. Elsa Maxa war als Jüdin nach dem 15. März 1939 entsprechend den Nürnberger Gesetzen registriert; Olga Vlčková hatte damit nichts zu tun. Und auf der Grundlage »dieser Ermittlungen« entschied das Gericht über ihre Bestrafung mit dem Tod.

Doch hatte Václav Maxa nicht einmal in Schwarzbach beim Gericht volles Verständnis. Das Gerichtstribunal stellte sich gegen ihn, die Richter versicherten, dass die Mitbürger sich durch nichts schuldig gemacht hätten, dass sie unschuldig seien, und daher seien sie gegen deren Hinrichtung. Entsprechend einem der Richter – es handelte sich um František Němec, dessen Unterschrift sich unter dem Urteil fand – »drosch Maxa auf den Tisch und bedrohte lautstark die übrigen, wer im Hinblick auf die festgenommenen Personen einer Hinrichtung nicht zustimmt, der wird mit ihnen gehen. Die übrigen Mitglieder dieses so genannten Tribunals waren dann … durch seine Drohung so sehr in Schrecken versetzt, dass sie schon gar keine Einwände mehr vorbrachten«.[98] Maxa ging in seiner Rücksichtslosigkeit so weit, dass er Leute hinrichten ließ bzw. deren Verwandte, die während der Zeit seiner Internierung und Haft seine Ehefrau und seine Tochter Jitka unterstützt hatten.[99]

Das Gericht in Schwarzbach war durch zahlreiche Improvisationen gekennzeichnet. Am Abend vor der Hinrichtung flüchtete die Ehefrau des Leopold Šindelář, die gemeinsam mit ihm abgeurteilt werden sollte, aus dem Keller der Schule. »Irgendjemand hat ihr dabei geholfen«; sie flüchtete sofort nach Österreich.[100]

16 Bürger Schwarzbachs wurden abgeurteilt, zur Hinrichtung schlichen dann jedoch nur 14 von ihnen – der Schlosser Karel Kropík und Josef Weber hatten es vorgezogen, zur eigenen Hinrichtung nicht zu erscheinen; im Protokoll über das Gerichtsverfahren und die Hinrichtung wurden sie als »nicht anwesend« ausgewiesen.[101]

Zwei Stunden, nachdem das Gericht zusammengetreten war, etwa um 23 Uhr am 24. Mai 1945, kam aus dem Keller der Schule ein merkwürdiger Zug von Menschen, die mit Seilen aneinander gebunden waren. Die Prozession stockte, kam nur langsam vorwärts – und die Blutüberströmten wurden von allen Dorfbewohnern einschließlich der Kinder begleitet; als ob diese gewusst hätten, um was es hier geht, rannten sie auf den Schindanger am Rande von Schwarzbach in Richtung Witschoberg los. Dort hatten bereits zuvor etliche junge Burschen eine größere Grube in der sandigen Erde ausgehoben; man hatte ihnen gesagt, dass dort Pferde erschossen würden. Im Verlauf des so genannten Volksgerichts erfuhren sie jedoch, dass es sich um Dorfbewohner handelte, woraufhin sie sofort das Werkzeug wegwarfen und den unfertigen Aushub fluchtartig verließen.[102] Die Kinder bzw. Jungen beteiligten sich aber an der Hinrichtungsprozession und sahen der Exekution zu, ehe sie schließlich voller Entsetzen davonliefen.[103] Die Verurteilten, die sich zur Hinrichtungsstätte schleppten, trugen schwerste Verletzungen: »Etliche waren so zerschlagen, dass sie nicht einmal mehr gehen konnten, und so krochen sie auf allen Vieren, so auch der ehemalige deutsche Bürgermeister Hofhansl.«[104] Gerade er war laut örtlichen Zeugenaussagen am meisten geschlagen worden, obwohl von ihm bekannt war, dass er niemanden aus der Ortschaft der deutschen Polizei angezeigt, im Gegenteil, einige Anzeigen »gestoppt« und eine Verfolgung von Mitbürgern dadurch verhindert hatte.[105] Obwohl die Angehörigen der Gestapo-Leitstelle Budweis, zu der das Weitra-Gebiet gehörte, Dutzende von Kommissaren aus Dörfern ihres Dienststellenbereiches anführten, befand sich weder Hofhansl noch irgendein anderer aus den Weitra-Gemeinden unter den Genannten.

Laut den Ausführungen von J. Bártl mussten die Verurteilten ihr eigenes Grab ausheben[106] bzw. die bereits ausgehobene Grube weiter vertiefen. Daraufhin wurden die Verurteilten um die ungefähr zwei mal drei

Meter breite und über drei Meter tiefe Grube herum postiert. So blieb also die Frage übrig, wer sie hinrichten sollte. Entsprechend der Zeugenaussage von Josef Bártl, der einen Monat nach der Hinrichtung, also Ende Juni 1945, in Tabor mit dem Artillerieoberleutnat Jaromír Raška zusammentraf, sei vor der Hinrichtung Václav Maxa zu Oberst Hobza gekommen und habe von ihm ein Erschießungskommando angefordert. »Doch dieser entsprach seiner Forderung nicht, borgte ihm jedoch Waffen.«[107]

Wer war also der Mörder von Schwarzbach?

Josef Bártl schreibt in seinem Beitrag für die Chronik von Rottenschachen (S. 10): »In Anwesenheit des Vorsitzenden des Orts-Nationalausschusses Podlaha und etlicher Mitglieder des Orts-Nationalausschusses erschoss sie der junge Říha so, wie sie rund um das Grab postiert worden waren, und sie fielen von selbst hinein.« Doch Bártl war kein Augenzeuge der Hinrichtung selbst. Sofern es sich um den Mörder handelt, ist die Aussage von František Beneš präziser, der nur 50 Meter von der Hinrichtungsgrube entfernt wohnte, und den die Schüsse aufweckten, sodass er direkt bei der Hinrichtung zusehen konnte: »Ich habe gesehen, dass in einer Entfernung von etwa 50 Metern von meinem Haus eine Menge Leute war, sie standen in der Wiese, und ich ging zu ihnen. Ich habe gesehen, dass in dieser Menge etliche Menschen sind, die mit ihren Händen an irgendein Seil angebunden sind, sie waren deutscher Volkszugehörigkeit, ich habe sie gekannt ... Diese Leute haben sie jeweils einzeln etliche Meter weggeführt ... an den Rand der Grube, die dort ausgehoben war, und dort hat sie der Ortsansässige František Říha hingerichtet. Er war mit einer kurzen deutschen Maschinenpistole vom Kaliber 9 mm bewaffnet, und die Einwohner erschoss er durch kurze Salven in den Kopf aus einer Entfernung von zwei bis drei Metern. Ich habe Říha ganz zweifelsfrei erkannt, ich kannte ihn ja bereits seit vielen Jahren, denn er war auch in Schwarzbach aufgewachsen und nur etwa fünf Jahre jünger als ich.«[108] E. Reiner, der sechs Jahre jünger war als der Mörder, sagte aus: »Unter den anwesenden Personen sah ich auch Václav Maxa. Ich sah dort ... einen Menschen von geringerer Körpergröße, einen schwächeren, mageren, möglicherweise mit einem Sakko, die Haare glatt nach hinten gekämmt ... Ich weiß ganz bestimmt, dass er keine Uniform trug ..., wie beispielsweise die Revolutionsgarden, die man Partisanen nannte. Ich glaube, dass er halbbesoffen gewesen sein muss, weil er dort ständig in Bewegung war. Erst etliche Tage nach diesem Ereignis, als ich ihn im Dorf herumgehen sah, ist mir zu Ohren gekommen, dass dies Říhas Sohn mit Namen František ist.« E. Reiner erinnerte sich präzise, dass Maxa bei der Hinrichtung dabeigestanden habe. »Nur Říha ging dauernd zunächst zu den Partisanen, dann zu weiteren, möglicherweise ortsansässigen Leuten. Dann … begann er ohne größeres Zielen zu schießen … Ich habe etliche Einzelschüsse gehört und dann sah ich drei Menschen in die Grube hineinfallen … Říha trat sie dabei noch in die Grube hinein … Ich bekam furchtbare Angst und rannte weg. Hinter mir hörte ich fortwährend weitere Schüsse. Von alledem überkam mich ein entsetzliches Grauen, fortwährend hörte ich das Jammern der Leute.«[109] Aus der Niederschrift Bártls für die Rottenschachener Chronik geht hervor, dass die Brutalität mit dem Schießen nicht beendet war.[110] »Einige Hingerichtete waren noch nicht tot, als man sie zuschüttete, sie wanden sich heraus und wurden dann nachträglich noch totgeschlagen.« Bei der Exhumierung im Jahre 1993 fand man an den Skeletten der Hingerichteten Hiebwunden, die entweder durch Spaten oder Schaufeln verursacht worden waren …

Bei der Hinrichtung brüllte entsprechend der Aussage von Fr. Beneš Říha die Verurteilten an und hielt ihnen »ihr früheres Verhalten vor … Frau Vlčková, die als Letzte hingerichtet wurde, hielt er vor, sie sei böse gegenüber seinem Vater gewesen, habe mit ihm gestritten«. In die Hinrichtung der 13 Personen griffen die Partisanen nicht ein, sie ließen allein Říha schießen. Doch offenkundig wurden sie von dem Blutgeruch, den Schießereien, dem offenkundigen Hyänentum dazu provoziert, auch schießen zu müssen – und dies dann auf das letzte Opfer, Olga Vlčková, die drei Tage vor ihrer Ermordung ihren 36. Geburtstag gefeiert hatte. Während Říha auf das Genick zielte, zerschossen die Partisanen der Vlčková das Becken, wie nach der Exhumierung festgestellt wurde.

Zu dem Zeitpunkt, als sich auf dem Schindanger in Schwarzbach das Massaker abspielte, waren die Familienangehörigen der Hingerichteten längst in die Grenzwälder nach Österreich vertrieben worden. Die Hingerichteten hinterließen 10 Witwen und 20 Waisen. Vom traurigen Ende der Familienväter und Verwandten erfuhren sie gleich am darauf folgenden Tag – das kam noch zu dieser beklemmenden Situation ihres Vertriebenseins unter freiem Himmel hinzu. Außer ihnen waren durch die Hobza-Partisanen noch weitere 120 Einwohner aus Schwarzbach vertrieben worden.

Ein bestialisches Paradox der Hinrichtung in Schwarzbach war das Faktum, dass es sich bis auf den Bürgermeister Hofhansl um die Hinrichtung von Tschechen gehandelt hatte; sie waren es nicht nur dem Namen nach, sondern auch von Geburt und Herkunft. Ihre Todsünde wurde darin gesehen, dass sie sich im Jahre 1939 »zu den Deutschen« bekannt hatten. Sie hatten sich aus unterschiedlichen, vor allem aber existenziellen Gründen zum deutschen Volkstum bekannt, in der Hoffnung, dass sie Arbeit in den Werkstätten von České Velenice, auf der Bahn, beim Straßenbau erhalten würden (was dann auch der Fall war), aber auch aus der Überzeugung, dass es um einen erneuten Anschluss von Schwarzbach an Österreich gehe, keineswegs an Deutschland – so Fr. Beneš.

Im Jahre 1930 hatten sich in Schwarzbach fünf von insgesamt 624 Menschen zur deutschen Nationalität bekannt, 23 als Ausländer (Österreicher), was insgesamt höchstens acht bis zehn Familien ausmachte. Während der Hinrichtung im Mai 1945 sah die Lage so aus, dass von 115 Hausnummern der Ortschaft 49% »deutsch« waren und 51% »tschechisch«. Summa summarum bedeutete dies also: *Die tschechische Hälfte des Dorfes ermordete die andere Hälfte, die angeblich »nationalen Verrat« begangen hatte.* Es ist eine erschütternde Bilanz, die beweist, wie weit die Vertreibung der Deutschen aus der ČSR im Jahre 1945 gelangt war und wie schwer sie die ursprünglich tschechische Bevölkerung erfasste! Der Blutgeruch ließ die Sitten der Menschen verrohen, die gemeinsam in einem Ort aufgewachsen waren, dasselbe Schicksal geteilt hatten, die Traditionen, die Vorfahren, die jahrhundertelang zusammen gelebt, ein schweres Schicksal ertragen und sich wechselseitig stets geholfen hatten. Nun, im Mai 1945, mordeten und verjagten sie sich gegenseitig … Hier kann man wohl am treffendsten erkennen, was die Vertreibung von Menschen aus ihren ursprünglichen Siedlungsgebieten, aber auch aus ihren Bindungen an Heimat und Leben im Weitraer Mikrokosmos alles verursachte, wie die große Geschichte schicksalhaft in das Leben einer kleinen Ortschaft und der einfachen Leute eingegriffen hat.[111]

Am 24. Mai 1945 wurden in Schwarzbach folgende Menschen ermordet:

Leopold Hofhansl, geb. 11.11.1889, Schwarzbach Haus Nr. 28, Gastwirt, Regierungskommissar

Josef Kropík, geb. 7.3.1888, Schwarzbach Haus Nr. 31, Bauer

Josef Korbel, geb. 3.3.1908, Schwarzbach Haus Nr. 9, Bauer
Karel Rohan, geb. 15.10.1896, Schwarzbach Haus Nr. 20, Bauer
Karel Cipuš, geb. 15.1.1878, Schwarzbach Haus Nr. 11, Arbeiter
Lorenc Šindelář, geb. 10.3.1895, Schwarzbach Haus Nr. 100, Maschinist
Jan Koranda, geb. 5.5.1893, Schwarzbach Naus Nr. 17, Bauer
Karel Smolek, geb. 22.8.1896, Schwarzbach Haus Nr. 27, Bauer
Karel Kotzina, geb. 26.6.1883, Schwarzbach Haus Nr. 69, Häusler
Karel Kropík, geb. 1.11.1908, Schwarzbach Naus Nr. 115, Schlosser
Jan Benda, geb. 11.8.1887, Schwarzbach Haus Nr. 85, Maurer
Josef Bušta, geb. 25.7.1893, Schwarzbach Haus Nr. 108, Maurer
Terezie Smolková, geb. 6.1.1890, Schwarzbach Haus Nr. 7, Gastwirtin
Olga Vlčková, geb. 27.5.1909, Schwarzbach Haus Nr. 85, Hausfrau.[112]

Zwei weitere Verurteilte – Karel Kropík und Josef Weber – flohen vor ihrer Hinrichtung nach Österreich. In den Verzeichnissen wurden sie fortlaufend als »nicht anwesend« geführt.

Der älteste Verurteilte war zur Zeit der Hinrichtung 67 Jahre alt, weitere zehn waren älter als 51 Jahre, lediglich drei waren im 20. Jahrhundert geboren – sie waren zwischen 36 und 37 Jahre alt. Die Mehrzahl waren Bauern und Handwerker (Maurer, Maschinenschlosser). Es waren keinerlei Beamte oder gar «Intellektuelle« unter ihnen, alle waren einfache Leute. Woher war denn bei ihnen diese fanatische Beziehung zur Nazi-Bewegung gekommen, woher nahmen sie die Zeit dafür, da sie doch im Schweiße ihres Angesichtes ihr tägliches Brot erarbeiten mussten? Und erst diese Namen: Wie viele waren, bis auf den einen, denn deutsch?

Nach der Vertreibung der Schwarzbacher Einwohner und der zeitgleichen Hinrichtung geschah Ähnliches wie auch anderenorts in den böhmischen Ländern: der Raub ihres Eigentums. Die Partisanen kämmten die Häuser der Verjagten und Erschossenen sofort nach der Durchführung der Vertreibung am Nachmittag, in der Nacht und am darauf folgenden Tag durch. Entsprechend einem Zeitzeugen luden sie das Raubgut auf Lastwagen und fuhren es ins Landesinnere ab, in Richtung Norden. Die wertvollsten Stücke der Möbeleinrichtung wurden abtransportiert, ferner Bekleidung, Federbetten und Zudecken, Glas, Porzellan, Silberbestecke und, sofern auch Gold gefunden wurde, Schmuck, Ringe und Uhren; folglich alles, was irgendeinen Wert darstellte und verkauft werden konnte. Dazu gehörten auch Lebensmittel und Kleinvieh (Hühner, Ferkel, Kälber usw.). Die Hälfte aller Schwarzbacher Häuser wurde ausgeplündert.

Auch wenn sich die »tschechischen« Schwarzbacher von Anfang an der Höhe der Strafe an den »deutschen« Mitbürgern widersetzten, so stellten sie alsbald, nach den entsetzlichen Vorgängen unter Maxa, fest, was sie bekommen hatten. Von den Toten und Verjagten war unbewegliches Eigentum zurückgeblieben: Häuser und Wirtschaftsgebäude, Felder, Wiesen, Weiden und Wald. Das war ein bei weitem größeres Eigentum, als die Hobza-Partisanen für sich ergattern und wegschaffen konnten. In ihrer innersten Seele stimmten sie letztendlich Maxas Auf-den-Tisch-Hauen und seinen Drohungen zu. Von 13 Mitgliedern des »Volksgerichts« erhielten drei das Eigentum Hingerichteter sofort zugeteilt. Ermöglicht wurde dies durch die Ansiedlungsweisungen des Ministeriums für Landwirtschaft vom 10. Mai 1945 und weitere Richtlinien dieses Ministeriums und des Wirtschaftsressorts vom 5. Juni 1945 über die allernotwendigsten Maßnahmen am landwirtschaftlichen Boden und den Höfen der Deutschen. Definitiv erhielten sie das landwirtschaftliche Eigentum der Hingerichteten und Vertriebenen entsprechend dem Dekret des Präsidenten Benesch Nr. 12/45, Sammlung der Gesetze und Verordnungen vom 21. Juni 1945, über die Volksverwaltung an deutschem Landwirtschaftseigentum und für die Besiedlung. Somit wurde also einen knappen Monat nach der Hinrichtung und der Vertreibung einer Hälfte der Schwarzbacher das Eigentum entsprechend geschaffenem Recht den »Neusiedlern«, das heißt also den Alteingesessenen aus Schwarzbach zugeteilt.

Die hingerichteten Bauern aus Schwarzbach gehörten zu jenen, die das größte landwirtschaftliche Eigentum im Umfang von 15 bis zu 40 ha besessen hatten, hinzu kamen die Häuser und landwirtschaftlichen Gebäude. Man könnte sagen, dass dieses Eigentum die »Richter« wohl angezogen hat. Diese Bauern – Jan Koranda, Josef Kropík, Karel Smolek und Josef Korbel – wurden in Schwarzbach festgenommen und nach dem 11. Mai bzw. ein Teil von ihnen nach dem 14. Mai 1945 eingesperrt. Vom Beginn der Verfolgung an ist hier ein bestimmter Plan erkennbar, in dessen furchtbarer Motivation sich das Eigentum befindet, das dann später zum Raubgut wird. Logischerweise lässt sich auch die Frage ableiten, ob denn dieses Eigentum nicht auch das Schicksal seiner Eigentümer durch ihre Mitbürger bestimmt habe? Man kann durchaus urteilen, dass der

Wunsch, irgendwie an dieses große Eigentum zu gelangen, bei der Hinrichtung der Bauern aus Schwarzbach eine gewisse Rolle gespielt haben wird, insbesondere, nachdem sie sich durch ihr Bekenntnis zum Deutschtum »schuldig gemacht hatten«. Das Argument bezüglich der »Schuld« bestand hier zweifelsohne. Und für dieses Vergehen musste bezahlt werden – mit dem Leben und mit dem Eigentum.

Entsprechend dem Benesch-Dekret Nr. 12 über die Volksverwaltung wurden in Schwarzbach 105 Eigentumszuteilungen, die von Deutschen und Verrätern angefallen waren, vermessen. Die Größe der Zuteilung bei 107 bestehenden Häusern im Dorf beruhte darauf, dass auf einige Anwesen zwei bis drei Verwalter kamen, dass die Zuteilungen auf Vater und Sohn bzw. Familienangehörige aufgeteilt wurden. Trotzdem war der Umfang der Zuteilungen von Volksverwaltungen auf die Gemeinde enorm selbst unter den verwilderten Umständen des Weitra-Gebietes.[113] Die eine Hälfte des Eigentums der Schwarzbacher Bewohner ging an die neuen Inhaber über, die »Volksverwalter«, die sich jedoch nicht aus den neu Hinzugezogenen – das waren nur wenige –, sondern in erdrückender Mehrzahl aus den tschechischen Alteingesessenen der Ortschaft rekrutierte. So erfolgte auch die Konfiszierung ihres Eigentums.

Die Mitglieder des »Volksgerichts« eigneten sich sogleich das Eigentum der Hingerichteten an. An das Eigentum des Geschäftsinhabers und Regierungskommissars Leopold Hofhansl gelangten der »Richter« des Orts-Volksgerichts Josef Hubený und sein Sohn Leopold: 5 ha Boden und das Haus mit dem Geschäft (Zuteilung Nr. 33). An das Gasthaus und das Haus von Terezie Smolková kam als Volksverwalter der »Richter« Václav Steinbauer. Dazu erhielt er noch über 4 ha Grund.[114] An einen Teil des Eigentums von Josef Korbel von über 1 ha Umfang kam der »Richter« Matěj Babor, der sich um eine Vergrößerung des konfiszierten Eigentums bemühte, eine Wiese. Der Volksverwalter Šmejkal erreichte einen größeren Anteil, 15,5 ha, den er aber im März 1946 verließ; das konfiszierte Gut wurde dann vom Nationalen Bodenfond übernommen, und im Jahre 1958 ging es an die Staatsforstverwaltung.[115] Leer ging nicht einmal der Helfer des Henkers František Říha aus, der die inhaftierten Einwohner Schwarzbachs vor der Hinrichtung zur Zwangsarbeit in das Sägewerk in Klikau geführt hatte: Jaroslav Chmelař erhielt das Haus Nr. 43 nach Mikuláš Koranda, aus dessen Geschäft er verschleuderte, so viel er nur konnte, bevor er endgültig dem Alkoholismus verfiel.[116] Das konfiszierte Haus des hingerichteten Schlossers Karel Kropík bekam František Bednář mit seiner Ehefrau aus Klikau; das Haus und dazu 15 ha Grund des hingerichteten Josef Kropík erhielt Antonín Procházka mit seiner Ehefrau, das Haus des hingerichteten Karel Rohan wurde zwischen Karel und Jan Krekl aufgeteilt, die 3 ha Grund erhielten. An Jan Winkler gingen Haus und 15 ha Grund des hingerichteten Karel Smolek, das Haus des hingerichteten Maurers Bušta mit 3 ha Grund ergatterte Karel Novotný, das Haus und 15 ha Grund des hingerichteten Jan Koranda (von ursprünglich 40 ha Grund) erhielten Adolf und Pavel Outlý. Den wohl geringsten Anteil an Eigentum bekam Václav Kronika mit seiner Ehefrau, nämlich das Haus und 0,5 ha Grund des hingerichteten Arbeiters Karel Cipuš (Zuteilung Nr. 19). Von der hingerichteten Olga Vlčková erhielt Haus und 1,5 ha Grund Josef Klekla, der Dritte der Klekla-Brüder, die aus Klikau stammten (Zuteilung Nr. 17). Das konfiszierte Eigentum der letzten vier Hingerichteten erhielten die Staatsgüter; sie bekamen ebenfalls zur Bearbeitung den überschüssigen Grund der reichsten Bauern zugeteilt, weil die individuellen Boden-Zuweisungen nur bis zu einer Fläche von 15 ha umfassen durften.

Es war ein Paradox, dass die Volksverwalter und die neuen Eigentümer das konfiszierte Eigentum und den Boden lange Zeit nicht nutzten. Nach dem Jahr 1948 mussten sie diese an den Staat abtreten – das heißt an die Staatsgüter –, und so verblieben ihnen nur ihre Gewissensbisse. Der »Richter« Václav Apfelthaler wurde mit der Zeit darüber wahnsinnig, dass er die Todesurteile mit unterschrieben hatte. Unaufhörlich erschien ihm der Bauer Josef Kropík, genannt Urban, im Traum, immer wieder erwachte er aus Albträumen mit dem Aufschrei »Urban geht auf mich los!«. Es half ihm auch nicht, dass er mit der Axt unter der Bettdecke schlief. Ähnliche Erscheinungen hatte auch ein weiterer »Richter«, Václav »Bartoš« Korbel, Gastwirt in Schwarzbach, der – wie seine eigene Ehefrau über ihn aussagte – »wegen seiner Gewissensbisse verrückt geworden ist«. Ähnlich litten aber auch weitere »Richter«, welche die Todesurteile aus nachbarschaftlicher Eifersucht, aus Neid bis hin zum Hass mit unterschrieben hatten, wie etwa František Němec[117], oder wegen Unverständnisses in der allerengsten Familie, wie Karel Haider.[118]

Bei den anderen, etwa bei František Říha dem Älteren und seinem Sohn, dem Mörder František Říha dem Jüngeren, dominierte das Gesetz der Meute, das auch Jan Kabourek zum Gerichtstribunal geführt hatte: Alle drei zeigten als »Deutschen« ihren Nachbarn aus dem Weiler New York, den hingerichteten Karel Kotzina, an. Doch vom Eigentum des armen Häuslers hatte dann keiner einen Nutzen …[119]

Es war an einem Donnerstag, am zweiten Tag nach der Hinrichtung in Schwarzbach, am 25. Mai 1945, als Maxa mit seinem bösen Werk nur etliche Hundert Meter nördlich von Schwarzbach fortfuhr, jenseits der Lainsitz in Suchenthal. Obwohl er behauptete, dass die Weisung zur Konstituierung des Gerichts Oberst Hobza gegeben habe, kann man seinen Worten kaum Glauben schenken, denn er hat bei sämtlichen Verfolgungsmaßnahmen eine führende Rolle gespielt. Das Gericht trat zwischen 15.30 und 16.30 Uhr im städtischen Amtsgebäude zusammen. Den Gerichtsvorsitz führte wiederum Maxa, gemeinsam mit dem Vorsitzenden des Orts-Nationalausschusses Gustav Verner. Das Gericht wurde von sechs Mitgliedern des Orts-Nationalausschusses und zwölf Beisitzern gebildet, die angeblich samt und sonders den Reihen der Geschädigten entstammten, während der Okkupation verfolgten Familien und deren Verwandten. Das Urteil – die Todesstrafe – wurde eine Stunde nach der Beratung durch alle Anwesenden beschlossen, also auch durch die Beisitzer.

Die zur Hinrichtung Verurteilten waren der ehemalige Offizier der österreichisch-ungarischen Armee und spätere Offizier der tschechoslowakischen Armee Emil Petřík, weiterhin die Ortsbewohner Karel Gráf, Marie Studničková und Anna Kroniková.

Als Hauptzeuge gegen Petřík trat der Mitvorsitzende des Gerichts Gustav Verner auf; er war Werkstättenmitarbeiter bei der Tschechoslowakischen Staatsbahn, stammte aus České Velenice und war nach Suchenthal zugezogen. Er behauptete, dass Petřík 1938 »die tschechoslowakische Armee verlacht, sich aus ihr einen Spaß gemacht und ostentativ sein antitschechisches Denken zur Schau getragen hat. Er kritisierte alles, was tschechisch war«. Er führte an, dass seine Aussage von Václav Maxa als Häftling des Konzentrationslagers und Mitglied des Kreis-Nationalausschusses in Wittingau bestätigt werden könne; dies sollte der Behauptung zusätzliches Gewicht verleihen. Er berief sich auch auf Maxa, dass Petřík ab Kriegsbeginn versucht habe, »in Schwarzbach und dessen Umgebung die gesamte Bevölkerung zu germanisieren«.[120]

Es wurden jedoch keinerlei Beweise vorgelegt, die die Schuld Petříks hätten belegen können; es genügte folglich die mündliche Beschuldigung, der wie einem Beweismittel geglaubt werden sollte. Es handelte sich um eine willkürliche Anschuldigung, deren Hintergrund die persönliche Aversion beider Vorsitzender gegen diesen verdienten Offizier zweier Armeen bildete. Die formelle Anklage brachte Verner vor, die Hauptbeweise aber bestätigte dann Václav Maxa, vor allem im Hinblick auf die »Germanisierung« des Weitra-Gebietes.

Zwei weitere Verurteilte – Karel Gráf und Marie Studničková – wurden auf der Grundlage von Aussagen angeklagt, die zwischen dem 7. und 12. Mai 1945 der ehemalige Regierungskommissar der Ortschaft, Vilém Trsek, abgegeben hatte. Dieser übergab den Mitgliedern des Orts-Nationalausschusses Karel Beran und František Marek eine Kartei von Bürgern Suchenthals, die sich zum deutschen Volkstum bekannt hatten, und bei einem zweiten Besuch (vom Bett aus, als er sich zur Sicherheit als krank »ausgab«) bezeichnete er als Hauptdenunzianten in Suchenthal Zdeněk Malovec, Marie Studničková und Karel Gráf. Als Hauptperson der Denunzianten bezeichnete er den Lehrer Bělina, der angeblich Leiter der Propaganda und des Sicherheitsdienstes in Suchenthal gewesen sei »und über alles und jedes den deutschen Behörden Bericht erstattete«. Zur Zeit der Gerichtsverhandlung befand sich Vilém Trsek bereits nicht mehr in Suchenthal, er war nach Österreich geflohen; das Protokoll über seine Aussagen wurde zusätzlich am 29. Mai 1945 erstellt, also vier Tage nach der Hinrichtung der Beschuldigten. Er war eigentlich der einzige nicht anwesende Zeuge der Anklage gegen Karel Gráf und Marie Studničková; der genannte Zdeněk Malovec und der Lehrer Bělina wurden nicht vor das »Volksgericht« geladen.[121]

Wahrhaft pikant an dieser ganzen Angelegenheit war aber, dass der Einzige und Hauptdenunziant der Gestapo aus Suchenthal Vilém Trsek selbst war.[122] Der Leiter der Kartei der Budweiser Gestapo-Dienststelle, František Jiskra, der 175 Konfidenten anführte, nannte Vilém Trsek als Mitarbeiter von sechs Gestapo-Mitarbeitern – außer sich selbst noch Wasserstein, Hempf, Weide, Mohrbeck und David.[123] Es erwies sich dann jedoch, dass dank seiner zumindest zwei Bürger Suchenthals, die er angezeigt hatte, aus dem Konzentrationslager nicht zurückkehrten. Zur Zeit seiner Anzeige gegen Gráf und Studničková war den Mitgliedern des Orts-Nationalausschusses in Suchenthal über seine Denunziantentätigkeit allerdings nichts bekannt, es war jedoch erstaunlich, dass gerade die Zeugenaussage des Ortsgruppenleiters der NSDAP (noch dazu bei seiner Abwesenheit) als Hauptargument für zwei Todesurteile den Ausschlag gab! Allein dieses Faktum sprach jeglicher Objektivität und dem Versuch, sich der Wahrheit anzunähern, Hohn. Es handelte sich um ein zielgerichtetes Vorgehen: möglichst schnell vermeintliche Widerständler beseitigen, dazu noch selektiv, denn Trsek gab noch zwei weitere »Denunzianten« an – Zdeněk Malovec und den Lehrer Bělina –, nach denen jedoch niemand geforscht hatte.

Am rohesten in Bezug auf die Aburteilung der genannten vier Leute zur Hinrichtung in Suchenthal war möglicherweise der letzte Fall, als selbst für den hart gesottenen »Richter« Klatschsucht und persönliche Eifersucht zwischen den Bahnangestellten Triumphe feierten. Beide versahen ihren Dienst in Wärterhäuschen und hatten ganz offenkundig keine guten Beziehungen zueinander. Marie Bínová, Jahrgang 1905, hatte sich Folgendes ausgedacht: Am 7. Mai 1945 wäre sie in ihrem Wärterhäuschen von zwei SS-Leuten überfallen worden, die Anna Kroniková aus dem benachbarten Wärterhäuschen auf sie gehetzt hätte. Angeblich hatte die Kroniková ihnen gegenüber gesagt, dass die Bínová (und offenkundig dann auch ihr Mann) behauptet hatten, dass Deutschland den Krieg bereits verloren habe, während sie aber überzeugt sei, dass Deutschland den Krieg gewinnen werde. Und siehe da! Die Bínová wurde nicht sofort eingesperrt, sondern »flüchtete« in die Gendarmeriestation, um dort Schutz zu finden, den ihr der »deutsche Standortkommandant« gewährte und seine Adjutanten entsandte, einen Leutnant und einen Feldgendarmen. Diese »gingen dann gegen die SS-Männer vor«, und diese mussten einen Kaninchenstall zurückgeben, den die beiden SSler und die Kroniková gestohlen hatten. Damit endete diese ganze idyllische Geschichte durch den gerechtfertigten Schutz des deutschen Standortkommandanten für eine Frau, die offenkundig antideutsch aufgetreten war und der die bösen SS-Männer gestattet hatten, sie gegen die gerechte deutsche Macht vorzuführen. Die Bínová erhärtete ihre Anklage gegen die Kroniková noch damit, dass in ihr Wärterhäuschen Nr. 11 angeblich »unaufhörlich« deutsche uniformierte Personen gekommen seien, insbesondere Gendarmen, Polizisten und Soldaten, dass sie angeblich jedermann mit den deutschen Behörden gedroht habe und fortwährend offen kundtat, dass sie Deutsche sei. Das Gericht glaubte diesen ganzen Unsinn und schickte die Kroniková in den Tod. Das Protokoll mit der tatsächlichen Denunziantin Bínová wurde – wie in allen anderen Fällen auch – erst ex post am 30. Mai 1945 erstellt, das heißt also fünf Tage nach der Hinrichtung. Vor dem Gericht hatte der Klatsch in seiner unsinnigen Form ausgereicht.

Der Vorsitzende des Orts-Nationalausschusses und Kommandant der Gendarmeriestation in Suchenthal an der Lainsitz verständigte am 30. Mai 1945 den Kreis-Nationalausschuss in Wittingau darüber, dass das Urteil gegen vier Einwohner am 25. Mai 1945 »um 23 Uhr im Wald, an einem abgelegenen Platz durch tschechoslowakische Partisanen und unter Ausschluss der Öffentlichkeit« vollzogen worden sei. Die Kommandantur der Revolutionsgarden in Suchenthal erstattete ebenfalls an ihre Vorgesetzten Meldung, dass »die Genannten einstimmig durch das Volksgericht als Volksverräter zur Todesstrafe verurteilt worden sind«.

Mit dem Essen wächst auch der Appetit. Václav Maxa berief noch während der Gerichtssitzung in Suchenthal ein Volksgericht in der größten Gemeinde des Weitra-Gebietes ein, in Rottenschachen, das in der Gegend als Nest des Nationalsozialismus angesehen wurde. Seiner Meinung nach musste also auf das Schärfste und Umfänglichste eingeschritten werden, sofern es die Zahl der Verurteilten und Hingerichteten betraf. Das Volksgericht, das hier als »Standgericht« bezeichnet wurde, hielt offenkundig seine Sitzung am Nachmittag des 25. Mai 1945 ab.[124]

Václav Maxa griff unter Mithilfe des Reserveleutnants Kužel und des Finanzwachen-Offiziers Hůlka »etwa 20 Einwohner« heraus, die, ähnlich wie in Schwarzbach, hingerichtet werden sollten. Jan Kocina der Jüngere, Mitglied des Orts-Nationalausschusses, teilte sodann dem Hauptmann des Korps der Nationalen Sicherheit Bártl mit, dass die »Mitglieder des Nationalausschusses zur Zustimmung der Hinrichtung durch die Drohung veranlasst worden waren, dass sie selbst sonst erschossen würden«.[125] Václav Maxa improvisierte sicher nicht, wie in Schwarzbach, drosch jedoch wieder auf den Tisch und drohte. Dann wurde wie in Schwarzbach auf einem vervielfältigten Textblatt das Urteil ausgefertigt und verteilt, ergänzt durch die Namen von 26 Einwohnern aus Rottenschachen, wobei in der linken unteren Ecke angeführt wurde: »Das Standgericht des Orts-Nationalausschusses in Rottenschachen hat den weiter oben Angeführten zur Todesstrafe verurteilt.« Dann folgten die Unterschriften des gesamten Orts-Nationalausschusses: Vorsitzender Karel Červík, Stellvertretender Vorsitzender Karel Čada, weiter alle Nationalausschuss-Mitglieder: Jan Kocina, Zelenka, Jaroslav Kos, Kamiš der Ältere, František Volf, Julius Křížek, J. Kalous und weitere. Offenkundig informierte ein Mitglied des Orts-Nationalausschusses, das mit der Familie Bártl verwandt war, diese über die vorbereitete Hinrichtung. Daher sandte der Vater von Hauptmann Bártl seinem Sohn umgehend ein Telegramm nach Brünn, damit er augenblicklich komme. Der begab sich unverzüglich mit dem Auto auf den Weg; es war mit der tschechoslowakischen Standarte versehen, was ihm eine schnelle Durchfahrt ermöglichte. In Rottenschachen hielt ihn auf dem Platz vor der Kirche »irgendein Jüngling« mit Maschinenpistole über der Brust auf, und dieser sagte Bártl, dass »wir sie morgen erschießen werden«. Später wusste Bártl, dass es sich dabei um František Říha gehandelt hatte, den Mörder von Schwarzbach, aus dem Weiler New York an der Ortsgrenze zwischen Schwarzbach und Rottenschachen. Der Cousin Kocinas des Jüngeren bat Bártl um dessen Eingreifen gegen die Hinrichtung von 26 Rottenschacher Einwohnern. Bártl forderte sofort beim Orts-Nationalausschuss vom Vorsitzenden Červík Einsichtnahme in das Urteil. Dann sagte er ihm: »Das ist Massenmord«, und dass er diesen, als Sicherheitsorgan, nicht zulassen werde. Als Reaktion drohte das Mitglied des Orts-Nationalausschusses Čada, er würde, falls Bártl eingreife, auch dessen Vater hinrichten lassen. Bártl antwortete auf diese Gewaltandrohung, dass dies alles Gegenstand einer Untersuchung sein werde. Auch Červík schlug sich auf die Seite Bártls und forderte von Čada, dass er schweigen solle. Bártl ging daraufhin direkt zur Gendarmeriestation und forderte den Kommandanten Franěk auf, den Massenmord zu verhindern. Der redete sich darauf heraus, dass seine vorgesetzte Behörde der Orts-Nationalausschuss sei und dass er gegen dessen Entscheidungen nichts unternehmen könne. Bártl belehrte den Kommandanten und seine Mannschaft dahingehend, dass, sofern die alten Gesetze sowie die Gendarmerie-Instruktionen in Geltung seien, diese bis zu demjenigen Zeitpunkt einzuhalten sind, bis neue Gesetze erlassen sind, und dass sie somit alles unternehmen müssten, damit es nicht zur Hinrichtung komme.

Hauptmann Bártl musste auf eigene Faust handeln. Er glaubte nicht, dass die Gendarmerie oder irgendjemand anderer die Massenhinrichtung verhindern werde. Daher kam ihm ein Einfall: Noch vor sechs Uhr morgens, am Tag der geplanten Hinrichtung, müssen die Verurteilten aus Rottenschachen verschwinden. Er sprach sich mit Kocina d.J. ab, der die Verurteilten noch vor Tagesanbruch mit einem Lastwagen des Händlers Tomáš Doležal zum Kreisgericht in Wittingau fahren sollte, damit dieses eventuell ein Urteil spreche. Als Eskorte konnte er etliche Mitglieder der Revolutionsgarden mit ihrem Kommandeur sicherstellen.

Die Hinrichtung in Rottenschachen fand aufgrund der Entschlossenheit und Standhaftigkeit des Hauptmann Bártl nicht statt. Dieser Rottenschachener rettete 26 Mitbürgern das Leben. Sie wurden nach Budweis zum Volksgericht transportiert und lediglich fünf von ihnen wurden verurteilt[126], die Übrigen als unschuldig entlassen. Beim Orts-Nationalausschuss in Rottenschachen verblieben nur einige wenige Einwohner inhaftiert, die in der Ortschaft zu Reinigungsarbeiten eingesetzt und kurz darauf ebenfalls entlassen wurden.[127]

Die Verhinderung der Hinrichtung in Rottenschachen kann man als eine kollektive Selbstverteidigung der Ortseinwohner verstehen, die in einer verwickelten Situation einen Ausweg fanden, wie man dem Verbrechen begegnen könne. Diese gegenseitige Unterstützung kann man auch noch in den folgenden Jahren beobachten, als solche Verteidigungsmechanismen von der kommunistischen Gewalt bestattet wurden. Die Rettungsaktion in Rottenschachen verlief entsprechend den historischen Quellen wesentlich komplizierter, als sie hier dargestellt werden kann, doch ändert dies nichts am Wesentlichen des Vorgangs.[128]

Václav Maxa, der öffentlich verkündet hatte, dass »jeder, der sich schuldig gemacht hat, an den Galgen kommt«, gelang jedoch sein Vernichtungswerk nicht ganz. Auf sein Konto gehen 18 zerstörte unschuldige Leben. Im Zeitabstand wurde ihm jedoch sein verbrecherisches Handeln bewusst, und es meldeten sich quälende Gewissensbisse, die ähnlich wie bei den Mitgliedern des Volksgerichts in Schwarzbach hart ihren Tribut einforderten.

Doch die Ermordung von Zivilisten vor allem in der zweiten Maihälfte 1945, als es auch zu den Hinrichtungen im Weitra-Gebiet kam, nahm in Bezug auf die Zahl der Orte und die der Toten stark zu. Hinrichtungen wurden auch aus anderen Orten Südböhmens gemeldet. Die Partisanen Hobzas mordeten nicht nur im Weitra-Gebiet, sondern auch im Gebiet von Mährisch Budweis, Zlabings und im Kreis Datschitz. In Budweis wurden, auch unter Mitwirkung von NKWD-Organen, in dieser Zeit an die 50 Zivilisten erschossen, Deutsche. Und in Nord- sowie in Westböhmen wurde ebenfalls gemordet.[129] Die Willkür der Partisanen, von Einheiten der Revolutionsgarden verschiedener Freiwilligenverbände, die mordeten und Eigentum raubten, führten schließlich dazu, dass die Zentralorgane einschreiten mussten. Am 26. Mai publizierte die Tschechoslowakische Presseagentur (ČTK) eine Bekanntmachung des Landes-Nationalausschusses in Prag, in dem »nachdrücklich darauf aufmerksam gemacht wird«, dass die Kompetenzen der Kreis- und Orts-Nationalausschüsse durch Dekret des Präsidenten der Republik vom 5. Mai 1945 und Richtlinien der Regierung vom 18. Mai eingeschränkt seien. »Die Nationalausschüsse dürfen somit nicht richten oder gar mit dem Tode bestrafen, denn dafür sind die Gerichte bestimmt.« Kriegsverbrecher und Kollaborateure würden sich vor nationalen Gerichten verantworten müssen, die innerhalb kurzer Zeit durch Dekret des Präsidenten der Republik errichtet werden. »Die Nationalausschüsse dürfen daher nicht selbstherrlich Gerichte einrichten, Kriegsverbrecher und Kollaborateure aburteilen und bestrafen, und sie werden auf die Sicherstellung dieses Personenkreises und dessen Eigentum begrenzt.«[130]

Der Erlass des Landes-Nationalausschusses untersagte die willkürliche Initiative eines Maxa und ähnlicher Personen. Selbst der Kreis-Nationalausschuss in Wittingau gab im Sinne des Erlasses des Landes-Nationalausschusses am 17. Mai 1945 einen Aufruf an sämtliche Orts-Nationalausschüsse im Kreis heraus, die Volksgerichte augenblicklich einzustellen; dann wurden Berichte weitergeleitet, wo es solche Gerichte gegeben hatte und wer ihre Opfer waren. Es wurde daran erinnert, dass nur ordentliche Gerichte urteilen dürfen, und unter Androhung von Strafe und Verfolgung jegliche Hinrichtung von Zivilpersonen streng untersagt. Erst jetzt ließ Maxa zusätzlich Protokolle über die Volksgerichte in Schwarzbach und in Suchenthal anfertigen (zum Glück konnte das Protokoll aus Rottenschachen entfallen) und am Monatsende an »höhere Stellen« senden. Das Protokoll des Volksgerichts aus Schwarzbach gelangte mit den Namen der Hingerichteten und mit der Begründung ihrer »Verbrechen« erst am 23. November 1945 an den Kreis-Nationalausschuss in Wittingau, also erst sechs Monate nach der Ausführung des Verbrechens! So lange dauerte der Weg zum Bekenntnis des Unrechts. Im Text wurde noch Platz freigelassen, damit zusätzlich noch die Namen von fünf »Richtern« hinzugefügt werden konnten, die auch ex post unterschrieben, damit dieses »Gericht« durch eine ausreichende Zahl von Beteiligten überhaupt den Schein irgendeiner Legitimität erhielt. Hierher gelangten nun auch die Namen der beiden František Říhas, des Vaters und seines mordenden Sohnes. Für den älteren Říha unterschrieb unter dem Urteil der Sohn – damit es mehr »Richter« waren.[131]

Aus dem bisher Gesagten ergibt sich, dass außer Václav Maxa, dem eine entscheidende Rolle bei den Schwarzbacher und Rottenschachener Morden zukam, und František Říha, der die Morde in Schwarzbach persönlich ausführte, auch der Kavallerieoberst Vladimír Hobza als Kommandeur einer Partisanenabteilung an der Tragödie im Weitra-Gebiet beteiligt war.

Vladimír Antonín Emil Hobza entstammte dem Dorf Luka im Kreis Iglau; er war Jahrgang 1892. Im Jahre 1912 legte er am Gymnasium in Neuhaus das Abitur ab und absolvierte anschließend bis zum Ausbruch des Ersten Weltkriegs fünf Semester an der Medizinischen Fakultät der Karls-Universität in Prag. An der russischen Front geriet er im August 1914 in Gefangenschaft, befand sich dann bis zum Juni 1916 in einem Gefangenenlager in Tjumen in Sibirien und wurde anschließend Anfang Juni 1916 in die Tschechoslowakische Legion* in Kiew eingegliedert. Er absolvierte einen Unteroffizierskurs und übte von Mitte 1917 an als Unterleutnant die Funktion eines Regimentsarztes des 5. Prager Regiments »T.G. Masaryk« aus. Im Juli 1920 kehrte er als Oberleutnant des Gesundheitsdienstes mit den sibirischen Legionen in die ČSR zurück, und wurde Ende 1920 in den aktiven Dienst der Tschechoslowakischen Armee als Hauptmann in Mährisch-Weißkirchen übernommen. Zwischen 1922 und 1929 diente er an verschiedenen Orten in der Karpatenukraine, dann lehrte er an der Offiziersschule in Prag und war bis 1934 Kommandeur der Militär-Kavallerielehranstalt in Pardubitz. 1934 wurde er zum Kavallerieoberst befördert und war dann später Kommandeur des 8. Kavallerieregiments in Pardubitz und bis zum März 1939 Kommandeur des

* Verband von zumeist tschechischen, auf die russische Seite desertierten Soldaten der k.u.k. Armee; kämpfte 1917 auf Seiten der »Weißen«, dann Frontwechsel zur »Roten Armee«

7. Dragonerregiments in Göding (Mähren). Nach der deutschen Besatzung wurde er in Urlaub geschickt, und vom Beginn des Jahres 1940 an mit einer Jahrespension von 46 200 tschechischen Kronen in den Ruhestand versetzt; für seine beiden Töchter erhielt er jeweils ein jährliches Erziehungsgeld von 3240 Kronen. Gut versorgt lebte er in Černovice bei Tabor bis zu seiner Reaktivierung am 5. Mai 1945 an der Bezirkskommandantur in Tabor.[132]

Oberst Hobza fehlte die Tortur, durch welche die tschechoslowakischen höheren Offiziere gegangen waren, die am Widerstand teilnahmen und dafür mit ihrem Leben oder mit der Inhaftierung im Konzentrationslager bezahlten. Entsprechend seinen eigenen, kaum beweisbaren Angaben beteiligte er sich am Widerstand bereits im August 1944 als Organisator und Kommandant des Widerstands in Černovice bei Tabor, in Kamenitz an der Linde, in Pilgram und Patzau. Von April 1945 an sei er der Leiter der Bewegung im Kreis Tabor in Zusammenarbeit mit Fallschirmjägern der Roten Armee gewesen. Lediglich das eine kann man ihm glauben, dass in den revolutionären Maitagen 1945 seine Gruppe unter seiner unmittelbaren Führung hervortrat und bis zur Kapitulation der deutschen Armee am 8. Mai 1945 tätig war. Danach wurde er Kommandeur des Tschechoslowakischen Militärischen Kreiskommandos in Tabor, in der Funktion des ältesten anwesenden Militärbefehlshabers. Zwischen 22. Mai und 17. Juni 1945 wurde er als Kommandeur der Partisanenabteilung in den politischen Kreisen des Weitra-Gebietes, Neuhaus, Datschitz und Mährisch-Budwitz »mit der Säuberung von Deutschen beauftragt«. Über diese Tätigkeiten existieren im Zentralen Militärarchiv in Prag leider keinerlei Unterlagen.

Während der Okkupationszeit war er nie verfolgt oder belästigt worden, als hoher Offizier der ehemaligen Tschechoslowakischen Armee entkam er dem argwöhnischen Blick der nationalsozialistischen Besatzungseinheiten wie auch dem kollaborierenden Okkupationsregime. Er schwieg, war passiv, und so konnte man ihm nichts anhaben. Diese seine Untätigkeit musste er aber irgendwie vertuschen, sich eine Geschichte zulegen, sich die Ehre eines Kämpfers geben. Und da kamen ihm als geeignetes Objekt wohl die Deutschen in Südböhmen entgegen, die er außerhalb der US-Zone unnachsichtig und blitzartig zu vertreiben begann mit Unterstützung von Gleichgesinnten, wie zum Beispiel Václav Maxa. Noch während seiner Blitzaktionen wurde er am

1. Juni 1945 zum Vorläufigen Kommandanten der 16. Infanteriedivision befördert, und ab dem 28. Oktober 1945 war er bereits ihr ordentlicher Befehlshaber.

Oberst Hobza hatte aber auch genügend andere Gründe, in der politischen Nachkriegs-Situation in der ČSR eine antideutsche Aktivität vorzugeben. Es war dies seine wenig schmeichelhafte Vergangenheit in der Tschechoslowakischen Armee der Ersten Republik. In seinen grundlegenden Bewertungsmaterialien – auf die sich die Militäradministration mit Vorliebe bezog – ziehen sich von 1924 an Vermerke über unmäßigen Alkoholgenuss, als dessen Ergebnis er entweder nicht zum Dienst erschien oder nicht rechtzeitig aus dem Urlaub zurückkehrte oder im Dienst halb betrunken war. Er wurde abgemahnt und mit 21 Tagen Hausarrest bestraft, auch für brutale Behandlung Untergebener. In der militärischen rauen Praxis kann man darüber sicherlich hinwegsehen. Die Entwicklung Hobzas wandte sich jedoch nicht zum Besseren, vielmehr vertieften sich die negativen Seiten seines Auftretens und nahmen absurde Züge an. Mit zunehmendem Alkoholismus machte dies aus Hobza einen unberechenbaren Menschen, der zum Kriminellen neigte. Bereits 1936 hatte der vorgesetzte Befehlshaber bei Hobza »eine Nichtübereinstimmung zwischen militärischem und persönlichem Wertbewusstsein« konstatiert, also eine innere Widersprüchlichkeit, und die Meinung geäußert, dass dieser zur »Führung einer höheren Kavallerieeinheit nicht geeignet« sei. Wegen Finanzskandalen, die beizeiten mit Unterstützung des Ministeriums für Volksverteidigung in Ordnung gebracht wurden, forderte der Befehlshaber seine »Versetzung«. Eine negative Bewertung erfolgte auch im Jahre 1937. Im Dezember 1938 stellte der vorgesetzte Befehlshaber bei Hobza fest, dass er Dinge anordne, die mit den bestehenden Vorschriften nicht übereinstimmten, dass sich in seinen vorschnellen Entscheidungen Extremlösungen zeigten, er zu autoritärem Auftreten neige und den Einfluss auf seine Untergebenen durch Unzugänglichkeit aufrecht erhalte; »wegen seiner Charaktermängel schadet er mehr, als er nützt«. In einer Gesamtbeurteilung vom Jahresende 1938 gelangte der militärische Landeskommandeur in Brünn, Divisionsgeneral Luža, zu folgender zusammenfassender Beurteilung: »Es handelt sich hier um einen persönlich gänzlich zerrütteten Menschen. Mehrheitlich beruhen seine seelischen Mängel auf den geistigen Folgen einer unmittelbaren Erfolglosigkeit in seinem

Privatleben. Seine Verschuldung ist hoffnungslos, und daher wird sie auf ihn fortdauernd defätistisch wirken. Diese Haltung spiegelt sich auch in seinem dienstlichen Leben wider. Er ist wenig nachdrücklich, verdrießlich, ja sogar hart und gibt sich häufig unmäßigem Trinken hin. Obwohl er taktisch auf der Höhe ist, schätze ich, dass sich seine Führungsautorität im Verfallszustand befindet. Daher empfehle ich seine Pensionierung.«[133]

Die militärische Karriere Oberst Hobzas wurde durch die deutsche Besatzung gerettet – ansonsten wäre er innerhalb kurzer Zeit aus der Tschechoslowakischen Armee entlassen worden. Und dieser »gänzlich zerrüttete Mensch« mit dem Verdacht einer stillen Kollaboration mit dem Besatzungsregime wurde nun mit einem Mal zum Richter über Zehntausende von Bürgern in vier Kreisen Südböhmens! Was konnte sich Václav Maxa bei der Ausführung seiner verbrecherischen Pläne noch mehr wünschen? So lastete er die Verantwortung für die Volksgerichte Hobza an, um sich selbst der Schuldfrage zu entledigen.

Weil die Untaten Hobzas nicht ans Licht kamen, insbesondere in Bezug auf die Vertreibung der tschechischen Einwohnerschaft aus dem Weitra-Gebiet nach Österreich, überhäuften ihn seine vorgesetzten Befehlshaber mit Lob, und in der zweiten Jahreshälfte 1945 bewerteten sie ihn mit Superlativen wie »herausragend«, was der höchsten Bewertungsstufe entsprach, weil er »sämtliche schwierigen Aufgaben insbesondere in der Beziehung zu den alliierten Armeen« erledigte – er sprach fließend russisch – und »in der vorrevolutionären und revolutionären Zeit der Republik sehr gute Dienste erwiesen hat«.[134]

Doch auf einmal wurde die Vertreibung der Weitraer Tschechen durch die Partisanen Hobzas zum Gegenstand von Ermittlungen seitens allerhöchster ČSR-Stellen und zum Gegenstand der internationalen Kritik, in der intensive Stimmen laut wurden, die eine Rückgliederung des Weitra-Gebietes an Österreich forderten, wenn schon die ČSR ihre eigenen Einwohner nicht wolle. Die tschechoslowakischen Behörden waren gezwungen, die vertriebenen Tschechen des Weitra-Gebietes aus Österreich wieder in die Heimat einzuladen. Und hier vollzog sich der plötzliche Bruch in der Bewertung des Hobza. In seiner Qualifizierungsurkunde für den Zeitraum von 1. Januar bis 30. September 1946 stand nunmehr Folgendes: »Er ist zu politisch aufgetreten und war Gegenstand der Kritik.« Und nun wurden auch seine alten Charakterschwächen wieder festgestellt: »Sein Verantwortungsbewusstsein unterliegt ziemlich großen Schwankungen. Er hat keinen ausreichenden Sinn für die Grenzen seiner persönlichen Verantwortlichkeit. Er entwickelt zwar weit reichende Initiativen, jedoch häufig zum Schaden des Dienstes. Sein Auftreten im Dienst und außerhalb des Dienstes zeigt ebenfalls bemerkenswerte Schwankungen. Großspuriges Auftreten, hinter dem sich persönliche Ziele verbergen. Starke Neigung zu Alkoholkonsum und Unordnung in finanziellen Angelegenheiten. Er hat ziemlich viele Interessen, insbesondere außerdienstliche. Insgesamt eine große Launenhaftigkeit, die an Unüberlegtheit grenzt.« Seine Qualifizierung sank plötzlich von Eins auf Drei (= Gut) ab, selbst der Kommandierende General des 2. Wehrbereichs in Tabor, Kutlvašr*, stimmte dem zu, und daraufhin billigte dies auch der Generalstabschef der Tschechoslowakischen Armee, General Bohumil Boček.

Ab 1. Januar 1947 wurde Divisionsgeneral Vladimír Hobza als nicht verwendungsfähig in den Ruhestand versetzt. Zahlreiche Generäle dienten über das 55. Lebensjahr hinaus, Hobza wurde dies nicht gestattet, mit dem Vermerk: »Am 31.12.1946 wurde er vom aktiven Dienst entbunden.« Seine Jahrespension mit den Kindergeldzahlungen betrug 80 000 Kronen. Es ist von Interesse, dass man ihm seine »Widerstands«-Zeit für die Tage zwischen dem 5. und 11. Mai 1945, als er offenkundig nicht kämpfte, erst im Oktober 1952 anrechnete.[135]

Nachdem František Říha auf dem Schindanger von Schwarzbach seine 14 Mitbürger erschossen hatte, »ging er dann etliche Tage lang im Dorf herum, war betrunken und brüllte, dass er dieses Gesindel erschossen« habe – so jedenfalls die Zeugenaussage von Eduard Reiner.[136] Was war denn das für ein Mensch, der mit Mord prahlte?

Er war kein geborener Schwarzbacher. Sein Vater František Říha stammte ursprünglich aus Písek und heiratete 1920 nach Schwarzbach ein. Von den Alteingesessenen wurde er für einen »Kolonisator« gehalten, dem die Eingliederung des Weitra-Gebietes in die ČSR den Zuzug erst ermöglicht hatte. Ein Jahr später, 1921, wurde der Sohn František ge-

* Karel Kutlvašr (1895–1961): 1932 Brigadegeneral, Mai 1945 Militärkommandant beim Prager Aufstand, 1946 Korpskommandant in Pilsen, 1946–1948 Stellvertretender Wehrbereichskommandeur in Brünn, seit 1945 Divisionsgeneral, 1948 pensioniert

boren. Entsprechend noch lebenden Augenzeugen aus Schwarzbach, die mit ihm zur Schule gingen oder mit ihm zusammen aufwuchsen, gehörte er zu den »Banditen, er war ein Gassenjunge«, »niemand wird Ihnen über ihn etwas Gutes erzählen können«. Er war kleinwüchsig – nur 165 cm groß –, mager, erwies sich von klein auf als geistig abnorm, nichtsdestoweniger aber frech und rüpelhaft, seine Lehrer fürchteten ihn. Er hatte keine Lust zu lernen, beendete lediglich die 2. Klasse von drei möglichen Klassenstufen der Mittelschule, fiel durch, begann eine Bäckerlehre, die er jedoch nicht abschloss. Doch konnte er auch unangenehm devot bis kriecherisch sein: Er wohnte ganz am Rand von Schwarzbach, an der Grenze zu Rottenschachen, also im Protektoratsgebiet. Gegen Entgelt trug er den deutschen Zollbeamten und Soldaten nach Rottenschachen, also über die Protektoratsgrenze hinweg, volle Taschen mit Bier und Salami; er zeigte nie irgendeinen Patriotismus.[137]

Wie andere fuhr auch er zur Arbeit in die Stärkefabrik in Gmünd, die seinerzeit zu den größten in Mitteleuropa gehörte, und führte dort Wartungstätigkeiten aus. Er bestahl Kollegen, die ihm jedoch eine Falle stellten und ihn erwischten. Doch man ließ die Sache durchgehen, und niemand zeigte ihn an. Er stahl weiter, wo er nur konnte. In der Stärkefabrik arbeiteten auch französische Gefangene, die vom Internationalen Roten Kreuz Päckchen erhielten. Říha »hängte sich« bei ihnen an und stahl ihnen diese Päckchen. Und er belästigte während der Arbeit Mädchen und Frauen, die im Lager arbeiteten. Der Lagerverwalter, ein älterer Mann von etwa 60 Jahren, stellte ihn deshalb zur Rede und wies ihn aus dem Lager. Karel Trsek, der damals in der Stärkefabrik arbeitete, sagte später vor der Staatsanwaltschaft Folgendes aus: »Erneut verwies ihn der Lagerverwalter aus dem Lager, offenkundig drohte er ihm mit irgendetwas, und Říha zückte daraufhin ein Taschenmesser, öffnete es und bedrohte damit den Lagerverwalter. Dieser meldete Říhas Auftritt dem Fabrikdirektor, der die seinerzeitigen Polizeiorgane herbeirief, und daraufhin wurde Říha festgenommen. Einen Teil dieses Konfliktes habe ich mit eigenen Augen mit angesehen … wie Říha das Messer zog und ihn bedrohte.«[138]

Dies alles geschah am 26. Februar 1943. Říha wurde in das KZ Mauthausen verbracht »wegen Sabotage und Störung der Disziplin«, wie er selbst später sein eigenes Tun charakterisierte.[139] Obwohl eine solch formulierte Festnahme und Inhaftierung in diesem Konzentrationslager wie eine Widerstandstätigkeit gegen die Nazi-Macht aussah, handelte es sich doch um eine ganz gewöhnliche kriminelle Angelegenheit, die in jedem Regime bestraft würde. Doch Říha wusste den Grund seiner Inhaftierung zu verbergen und stellte sich als politischen Gefangenen dar, der viel durchlitten hatte. Als er sich im Jahre 1947 auf seine »Widerstandstätigkeit« und seine Leiden berief, wurde er gerade in Schwarzbach im Gasthaus öffentlich der Lüge überführt.[140] Doch dies machte ihm nicht das Geringste aus, noch Jahrzehnte später behauptete er von sich, Widerstandskämpfer gewesen zu sein, wodurch er Vergünstigungen als politischer Gefangener erhielt. Den Institutionen, die Vergünstigungen für tatsächliche Widerstandskämpfer durchsetzten, reichten seine Behauptungen und Bestätigungen, dass er wirklich im Konzentrationslager gewesen war. Wie viele gab es von dieser Sorte? Wissen die verschiedenen Verbände der politischen Gefangenen und Widerstandsinstitutionen davon etwas?

Am 19. Mai 1945 kehrte Říha nach Schwarzbach zurück, fünf Tage vor dem Beginn der Herrschaft des Oberst Hobza und seiner Partisanen. Říha bekannte 1947 seine Mitbeteiligung an Hobzas Unternehmung; er begründete dies mit seiner Inhaftierung und damit, dass 90% der Einwohner Schwarzbachs, die sich zur deutschen Nationalität bekannten, ihm und denen, »welche sich nicht zur deutschen Nationalität bekannten, alle möglichen Probleme bereitetet haben«. Und weiter: »Daher war ich nach meiner Rückkehr aus dem KZ als Partisan bei der Säuberung und Entfernung von Verrätern über die Grenze hinaus behilflich, doch entsprechend dem Gesetz waren es nur Deutsche«.[141] Über den Mord in Schwarzbach und die Vorbereitung eines weiteren in Rottenschachen schwieg er sich aus. In jener Zeit – es war der Frühlingsbeginn des Jahres 1947 – mussten Říha und Subjekte desselben Schlages sich mit einer ernsthaften Anklage »wegen Nötigung tschechischer Kinder und Bürger« und wegen Diebstahls ihres Eigentums konfrontiert sehen. Intensive Ermittlungen nach Strafanzeigen gegen Říha folgten. Er wurde bis zu sieben Mal von der Polizei – genauer: dem Korps für Nationale Sicherheit (SNB) – verhört, die zivile Kriminalpolizei bestellte ihn ein, und er wurde überdies beim Bezirks-Strafgericht in Prag-Pankraz vernommen. Seine Beteiligung an den Morden in Schwarzbach wurde noch im Jahre 1949 untersucht. Das Mitglied der Finanzwache, František Beneš aus Schwarzbach, der 1949 dem Korps für Nationale Sicherheit eingegliedert wurde und seinen Dienst in der Gebietsabteilung in Suchenthal versah, gab später zu Protokoll, dass seinerzeit der Kaderreferent der Staatssicherheit (StB) Říhas Beteiligung an den Ereignissen in Schwarzbach untersuchte und eine Zeugenaussage erhielt, die Říha als Mörder identifizierte. Der Referent versicherte, hätte Říha nicht an Tuberkulose gelitten, so wäre er in Haft genommen worden. Doch eher handelte es sich hier um die Bestätigung von Říhas Eintritt in die politische Polizei, die Staatssicherheit. Dem Kommandanten der Station in Suchenthal, Touša, stellte er sich bereits damals, 1949, mit dem Ausweis eines Angehörigen des StB vor.[142] Die Kommunisten wussten nach ihrem Machtantritt sehr gut, warum sie den Mörder von Schwarzbach in die Reihen der politischen Polizei aufnahmen und wie verpflichtet er ihnen sein würde, für sein Verbrechen nicht bestraft zu werden. In der Staatssicherheitspolizei versah Říha seine schmutzige Tätigkeit bis zur Pensionierung Anfang der 80er-Jahre. Doch auch danach erstattete er Berichte von seinem Arbeitsplatz am Prager Hauptbahnhof. Říha sicherte sich mittels seines Dienstes bei der politischen Polizei Straffreiheit auch dadurch, dass die Hinterbliebenen der Hingerichteten – insbesondere der Sohn des ermordeten Josef Korbel, Ferdinand, der wohl die meiste Initiative zur Rehabilitierung seines Vater ergriff – aus Angst vor Verfolgung durch die Staatssicherheit es bis 1990 nicht wagten, eine Aufklärung der Morde von Schwarzbach zu fordern. Bis zum Ablauf einer 20-jährigen Verjährungsfrist nach dem Mord – 1965 – hätten sie Říha wegen Mordes belangen können, danach war die Tat nach tschechoslowakischem Strafrecht verjährt. Auf dieser Basis wurde die Strafverfolgung Říhas 1965 eingestellt; nicht einmal nach 1989 sind die tschechoslowakischen Gerichte und Organe willens, bei der Strafverfolgung gegen Říha den Genozid- oder den Kriegsverbrechens-Paragrafen anzuwenden, die beide unverjährbar sind.

Nach den Ereignissen in Schwarzbach nahm sich Václav Maxa Říhas an und beschäftigte ihn beim Kreis-Nationalausschuss in Wittingau beim Referenten für öffentliche Sicherheit (VB), Oberleutnant Vacek. Daraufhin diente er von 1. Oktober 1945 bis zur Demobilisierung des Jahrgang 1921 am 7. März 1946 als Wehrpflichtiger bei der Armee. Offenkundig blieb er dann in Prag, arbeitete als Lagerverwalter und Schaffner bei der Bahn, wo man ihn wegen unverfrorenen Benehmens in Pension schickte, bevor ihn dann die Staatssicherheit aufnahm.

Der Mörder von Schwarzbach ist nicht unerkannt geblieben. Mit seinem ganzen Leben hat er bewiesen, dass er ein Verbrecher war. Und als solcher ist er in das Bewusstsein des Weitraer Landes und in dessen Geschichte eingegangen …

III
Von der Rückkehr zur erneuten Vertreibung

1. Die allmähliche Rückkehr der Vertriebenen in das Weitra-Gebiet

Die verjagten Weitraer Menschen hinterließen leere Häuser, ihr unversorgtes Vieh und Geflügel. Das über viele Generationen hinweg durch harte Arbeit erworbene Eigentum wurde unverantwortlichen Leuten, Dieben und Räubern als Beute übergeben. Die Nachricht von der Vertreibung verbreitete sich blitzartig über ganz Südböhmen, und so zogen binnen weniger Stunden oder etlicher Tage neue Ansiedler in die menschenleeren Dörfer ein und übernahmen dieses Eigentum im Rahmen der Volksverwaltungen.* Bei einem erheblichen Teil handelte es sich um Goldgräber, die nach dem Ausrauben der Häuser mit ihrer Beute ins Landesinnere verschwanden, um dort in weiteren Regionen ihren Raubzug fortsetzen zu können. Die Geschwindigkeit der Vertreibung der Weitraer innerhalb weniger Stunden und der große Umfang des insgesamt zurückgelassenen Eigentums waren zu dieser Zeit doch eine Besonderheit, die entsprechende Aufmerksamkeit auf sich lenkte; die Vertreibung von Deutschen aus anderen Regionen verlief nicht ganz so schnell, und dort verteilte sich das Ausrauben auf mehrere Etappen, es dauerte länger und war komplizierter.

Es waren vor allem Ortsbewohner, die als Erste in die verlassenen Häuser und Ställe, in die Schweinekoben und Karnickelställe eindrangen und die Hühner auf den Höfen zusammenfingen; sie hatten die Vertreibung ja aufmerksam verfolgt. Noch waren die Rücken der Vertriebenen zu sehen, und noch konnte man die Schüsse über ihre Köpfe hören, da begann schon das Rauben. Die Ortschronisten haben es – wahr-

* »Volksverwaltung«: staatliche Interimslösung für die Verwaltung oder Inbesitznahme von Fabriken bzw. sonstigem immobilen Eigentum nach der Vertreibung ab Mai 1945, aber auch bereits davor durch Enteignung

scheinlich aus Scham – nicht vermerkt, doch man wusste sehr wohl, wer gestohlen hatte, Zeitzeugen können in jeder Gemeinde darüber Auskunft geben. Doch war der Umfang der Diebstähle so groß, dass auch die Behörden es zur Kenntnis nahmen. Als die Staatssicherheit aus Budweis die staatsbürgerliche und politische Zuverlässigkeit der kommunistischen Funktionäre in Rottenschachen überprüfte, kam sie aus dem Staunen nicht mehr heraus. Der erste Vorsitzende der KPTsch, die sich seinerzeit in der Gemeinde gerade zu formieren begann, war der bekannte Schwarzhändler Jaroslav Kos. Obwohl er während der Okkupation zu den »Heilrufern« gehörte, wurde er nicht vertrieben, doch nutzte er die Erlaubnis zum Verbleiben in der Gemeinde, um dem Nachbarn die Bienenvölker zu stehlen, musste sie jedoch wieder herausgeben.[1] Seine Ehefrau Terezie benützte die Funktion von Kos dazu, um »rein private Dinge zu erledigen«. Oldřich Zelenka, ein weiterer kommunistischer Funktionär, der nach dem »weichen« Kos die Führung der KPTsch in der Ortschaft übernahm, hatte im Jahr 1938 die Telefonleitung der Gendarmeriestation gekappt und übte während der Okkupationszeit die Tätigkeit eines deutschen Kapos für russische Kriegsgefangene aus, die er übel behandelte, um sich selbst das Vertrauen der Deutschen zu erhalten. Als die Bewohner von Rottenschachen nach Österreich vertrieben wurden, bestahl seine Ehefrau Anna die Häuser der Nachbarn. Als die Eigentümer dann später wiederkehrten und ihre Sachen suchten, wusste man schon, wo sie sich befanden, und Anna Zelenková musste die gestohlenen Sachen wieder herausrücken; sie wurde vom Gericht zu einer symbolischen Gefängnisstrafe von 14 Tagen verurteilt.

Originell war auch noch ein weiterer Kommunist namens František Ruso, Jg. 1918. Im amtlichen Vermerk der Polizei ist Folgendes nachzulesen: »Im Jahr 1945 nutzte er die Situation aus und trug nach dem Abschub seiner Nachbarn so viele Dinge in seinem Haus zusammen, dass man sie mit Pferdefuhrwerken zum Orts-Nationalausschuss abfahren musste, wo dann die ursprünglichen Besitzer ihre Sachen erst auseinander klaubten. Dadurch machte sich František Ruso ganz und gar unmöglich, und seine Parteimitgliedschaft wurde so verstanden, als ob er sich hinter seinem Ausweis verstecken wollte.«[2] Es handelte sich hier um einen Menschen mit ausgesprochen materieller Veranlagung. Er benutzte den Parteiausweis zur Einschüchterung seiner Mitbürger, war gewalttätig und bedrohte seine Umgebung. Für die KPTsch war er als

Gruppenleiter von zehn Leuten Vertrauensmann, »weil ihm aber der Bezugschein auf einen Bettbezug nicht durchgegangen war, legte er sein Amt nieder«. Man musste ihm als einem Mitglied der Volksmilizen die Waffe abnehmen, weil »er loszog, um auf Nachbarn zu schießen, die seiner Frau unbequem geworden waren«. Ansonsten war er mehrfach vorbestraft, schließlich sogar wegen eines Mordversuchs.

Mitglied des KPTsch-Ortsausschusses war auch Julius Křížek. Er bekannte sich zur deutschen Nationalität, doch hatten ihn die Deutschen wegen seiner körperlichen Schwäche nicht in die Armee aufgenommen. 1945 stellte er dann fest, dass er Tscheche sei, »war anderen gegenüber überheblich und nutzte die Mitgliedschaft in der KPtsch aus und übte Rache«.

Ähnliche Typen, die aus der Vertreibung ihrer Mitbürger Gewinn zogen und den Windhauch der kommenden kommunistischen Macht verspürten, gab es in allen Gemeinden des Weitra-Gebietes in erheblichem Maß. Die Beispiele aus Rottenschachen wurden hier nur zur Anschauung eingebracht. Schließlich und endlich waren die materiellen Beweggründe, die mit der Vertreibung der Deutschen zusammenhingen, nicht allein für dieses Gebiet kennzeichnend, sondern für alle Regionen der Böhmischen Länder, wo es zu Vertreibungen kam. In das Wohngebiet bei Tabor, aus dem Oberst Hobza 1945 kam, fuhren zielgerichtet Lastwagen, die mit Unmengen von Wertgegenständen aus den Weitraer Dörfern beladen waren. So erhielt Hobzas Bezug zu materiellen Dingen angesichts seines schlechten Charakters ein besonderes Kolorit.

Während also in den ursprünglichen Wohnsitzen der vertriebenen Weitraer in ausgedehntem Umfang geraubt und gestohlen wurde, suchten die Bewohner von Rottenschachen und Schwarzbach sowie der anderen Gemeinden in ihrer altneuen Heimat ein Dach über dem Kopf – in Österreich. Etliche hatten das Glück, dass in den angrenzenden Gebieten ihre Verwandten lebten, die ihnen eine Unterkunft gewährten. Auch jene konnten von Glück reden, die sich in Kammern, auf Böden, in Scheunen und Ställen der umliegenden Dörfer einquartieren konnten; so hatten sie zumindest ein Dach über dem Kopf. Doch die Mehrzahl der Menschen musste in den Wäldern ausharren. Es blieb ihnen nichts anderes übrig, als aus den verbliebenen Dingen Zelte zu errichten und in ihnen dahinzuvegetieren.

Die meisten konnten es einfach nicht glauben, dass die Vertreibung ein

Dauerzustand bleiben würde, und versuchten daher eine Rückkehr. Hobzas Einheiten zogen nach einigen Tagen ab, um andere Kreise von Deutschen »zu säubern«. Vor Ort verblieben lediglich die Zollbeamten und deren Feldwachen, die jedoch aufgrund ihrer geringen Zahl nicht in der Lage waren, die kilometerlange Grenze ausreichend zu überwachen. Die Weitraer liefen ihnen aus den Grenzwäldern einfach davon und versteckten sich in ihren Häusern, doch sobald sie aufgespürt wurden, eskortierte man sie wieder zurück über die Grenze.[3]

Allmählich begannen sich jedoch die Weitra-Gemeinden wieder mit ihrer ursprünglichen Bevölkerung zu füllen. Nach Rottenschachen kehrten nach etlichen Tagen 22 festgenommene Bürger zurück, die durch die mutige Aktion des Hauptmanns Bártl vor der Hinrichtung bewahrt worden waren. Im Gefängnis verblieben lediglich vier der zur Hinrichtung Bestimmten; später befand sie das Volksgericht in Budweis für schuldig und verurteilte sie. Auch die ersten Kriegsgefangenen begannen zurückzukehren, insbesondere aus amerikanischer, britischer und französischer Gefangenschaft, doch selbst die Rote Armee entließ einen beträchtlichen Teil der Gefangenen noch im Jahr 1945; sie wurden nicht, wie dies bei anderen Wehrmachtsgefangenen der Fall war, in die abgelegenen Weiten Sibiriens, von wo es keine Rückkehr gab, verschleppt. Die Gefangenen aus dem Weitra-Gebiet hatten argumentiert, dass sie Österreicher seien.[4] Die ersten sechs kehrten bereits im Mai 1945 nach Rottenschachen zurück, weitere kamen in den nachfolgenden Monaten bis zum Jahresende 1945 dazu, die Letzten dann 1947. Auf Betreiben der neuen Volksverwaltung hin sollte man sie auf allerschnellstem Wege in die Gefängnisse verbringen, doch dies geschah nur in wenigen Fällen.[5]

Es war die enge verwandtschaftliche Verflochtenheit der Rottenschachener Einwohnerschaft, die unmittelbar nach der Vertreibung zu wirken begann, später dann als allgemeine Solidarität der Bürger der einzelnen Gemeinden und am Ende gar in breiterem Maße als Solidarität aller Weitraer. Die Mehrzahl auch jener, die als »Tschechen« verblieben waren, hielten die totale Vertreibung für unrechtmäßig und unmenschlich und taten alles, um eine allmähliche Rückkehr der Vertriebenen zu bewerkstelligen. Und so geschah es auch, dass etliche bereits am zweiten Tag nach der Vertreibung zurückkehrten; das war das Verdienst von Mitgliedern der neuen Volksverwaltung. In der amtlichen Mitteilung war dann zu lesen, dass der Metzger und Gastwirt Karel Novák, ein Alteingesessener in Rottenschachen, Jg. 1899, »gemeinsam mit seiner Ehefrau nach Österreich abgeschoben wurde, doch Jaroslav Kovařík, Mitglied des Revolutionären Nationalausschusses in Rottenschachen, brachte Karel Novák mitsamt seiner Ehefrau einen Tag nach dem Abschub aus Österreich wieder zurück«.[6]

Auch im Amtsvermerk über den aus Rottenschachen gebürtigen Josef Heider, Jg. 1905, und seine Ehefrau Marie (gebürtig aus Erdweis bei Klikau, Jg. 1906) sowie ihre drei Kinder wurde angeführt, dass sie 1945 nach Österreich abgeschoben wurden, »aber am darauf folgenden Tag wieder zurückgekehrt sind«.[7]

Die Schießereien der Hobza-Partisanen und ihr Hurragebrüll, das sie bei der Vertreibung von sich gaben, verschreckten zahlreiche Gemeindeeinwohner, die bleiben durften, in keinerlei Verzeichnis standen, aber trotzdem aus Angst wegzogen. Doch dann im Wald jenseits der Grenze machten sie sich die Voreiligkeit oder Nutzlosigkeit ihres Weggangs bewusst und waren gemeinsam mit anderen Vertriebenen davon überzeugt, zurückzukehren und sich um ihr Eigentum, die Wirtschaften und insbesondere um das zurückgelassene Vieh nicht nur der eigenen Wirtschaft kümmern zu müssen, sondern auch um die Häuser der Nachbarn, Verwandten und Bekannten. Diese »Sendboten« spielten sodann bei der Bewahrung des Eigentums und Viehs in Rottenschachen eine wichtige Rolle, insbesondere in den ersten Wochen nach der Vertreibung.[8] Nach »etlichen Tagen« kehrte aus Österreich auch der Gemeindekirchendiener zurück, offensichtlich auf Fürsprache der kirchlichen Obrigkeit.[9]

Am 2. Juni 1945 kehrten nach 10-tägiger Abwesenheit zwölf Familien als Folge der »Ermittlungen« wieder nach Rottenschachen zurück.[10] Die Rückkehr wurde von der Ortsbehörde– dem Orts-Nationalausschuss – bewilligt, offenkundig auf Druck jener Mitglieder, die mit den vertriebenen Familien verwandt waren. Allmählich setzte sich die Erkenntnis durch, dass im Wesentlichen Tschechen mit ihren Familien vertrieben worden waren, dass ihr einziges Verschulden im Bekenntnis zur deutschen Nationalität 1938/39 begründet war, dass es sich um vormalige tschechoslowakische Bürger handelte, die nicht einmal richtig Deutsch konnten – etliche sogar überhaupt nicht. Sie hatten ihr Bekenntnis »zu den Deutschen« damals als eine Rückkehr des Weitra-Gebietes nach Österreich und keineswegs als ein Bekenntnis zum Dritten Reich verstanden. Ihre Rückkehr wurde also weder aus moralischen noch politischen Beweggründen gefordert. Es war die Einsicht in die Notwendigkeit, dass die Wirtschaften und insbesondere das Vieh und die Haustiere versorgt werden mussten, die infolge der Vertreibung der Eigentümer litten. Hätte es nicht diese unumgänglichen Korrekturen der Vertreibungen gegeben, wäre das gesamte Mikrowirtschaftssystem von Rottenschachen, aber auch der anderen Ortschaften, wo es ebenfalls zu einer allmählichen Rückkehr der Einwohnerschaft kam, unter erheblichen Verlusten zusammengebrochen.[11] Bald zeigte sich auch, dass selbst Kranke vertrieben worden waren, die in der offenen Natur, ohne jegliche Hilfe, bald zu Grunde gegangen wären.[12]

An der grundsätzlichen Infragestellung jeglicher Berechtigung zur Vertreibung der Weitraer nach Österreich waren auch zahlreiche ihrer über die gesamte Republik verstreuten Verwandten beteiligt. Das waren vor allem jene, die, wie z.B. Hauptmann Bártl, in Prag und Brünn lebten und arbeiteten, doch selbst jene, die während der Okkupationszeit nicht im Weitra-Gebiet, sondern im Protektorat gelebt hatten. Schließlich wurden auch diejenigen, welche in der Staatsverwaltung, beim Militär und in den Sicherheitseinrichtungen arbeiteten, tätig. Sie handelten auch aus reiner Selbsterhaltung heraus, denn die Vertreibung ihrer Verwandten nach Österreich warf einen Schatten auf ihre Herkunft und gefährdete ihre Stellung im Beruf und in der Gesellschaft überhaupt. Da begann sich dann die Solidarität zu zeigen, die sich wie ein Netz über den ganzen Staat spannte, auch allmählich Früchte trug und die Gewalttätigkeiten der Hobza-Partisanen vom Mai 1945 zu korrigieren vermochte.[13]

In den Weitra-Gemeinden verblieben jedoch genügend Einwohner, die sich 1938/39 zwar zur deutschen Nationalität bekannt hatten, also zum erneuten Anschluss des Weitra-Gebiets an Österreich – und dies war ja das Hauptkriterium für die Vertreibung –, jedoch ansonsten nicht engagiert waren und trotz andauernder Verdächtigung nicht ausgesiedelt wurden. Sie empfanden die Vertreibung ihrer Verwandten als ureigene Benachteiligung, als Bedrohung der eigenen Existenz (was würde denn alles geschehen, wenn die Partisanen wieder zurückkehrten?) und unternahmen neben dem Schutz des Eigentums und der Fütterung der Tiere alles Erforderliche zur frühestmöglichen Rückkehr der Vertriebenen aus Österreich.[14] Viele von ihnen waren gemeinsam mit den Söhnen in die deutsche Armee eingerückt, etliche fielen auch, doch von der Vertreibung wurden sie nicht erfasst.[15]

Wie bei allen anarchistischen und chaotischen »Hurra«-Aktionen jener Zeit – dazu gehörte beispielsweise, Deutsche nach ihren Nachnamen zu bestimmen, wie dies beim Brünner Todesmarsch geschehen war –, zeigten sich bei Anzeigen und Vertreibungen persönliche Gehässigkeiten und Rachegefühle sowie die Begleichung alter Rechnungen. Wenn solche Motive festgestellt wurden – und das Verfahren dauerte manchmal monatelang –, konnte der Betroffene zurückkehren.[16] Doch niemand entschuldigte sich bei ihm für die moralischen und materiellen Verluste, denn nicht einmal in derartigen Fällen wurde den Rückkehrern eine Wiedergutmachung gewährt.

Die antideutsche ethnische Säuberung in der Tschechoslowakei im Jahre 1945 erreichte in vollem Maße selbst die auf ČSR-Gebiet wohnhaften Österreicher. Sie lebten vor allem in Südböhmen, etwa von der March bis zu den westlichen Ausläufern Böhmens, mit anerkannter österreichischer Staatsbürgerschaft, die bis zum 13. März 1938 registriert wurde. Doch diese Registrierung erfolgte zur Zeit der Ersten Tschechoslowakei: Entweder erhielten die Österreicher als Ausländer die tschechoslowakische Staatsbürgerschaft, oder der nationalsozialistische Anschluss Österreichs Mitte März 1938 machte sie zu Bürgern des Dritten Reichs. Im Weitra-Gebiet lebten 1921 entsprechend der Volkszählung 1800 Ausländer, die fast zu 100% Österreicher waren; sie hatten die tschechoslowakische Staatsbürgerschaft nicht erhalten. Die meisten aus dieser Personengruppe – es waren 1290 – arbeiteten in den Werkstätten der Tschechoslowakischen Staatsbahn in České Velenice. Ein beträchtlicher Teil lebte auch in den folgenden Ortschaften: in Erdweis an der Lainsitz 145, in Rottenschachen 84, in Weissenbach 71 usw. Bis zum Jahre 1930 sank dieser »Ausländer«-Anteil auf 500 Personen. Es kann somit angenommen werden, dass einige Hundert dieser »Ausländer«, die – bis auf geringe Ausnahmen, die sich als Juden benannten – sämtlich Österreicher waren, 1945 im Weitra-Gebiet lebten. Sie hatten also die österreichische Staatsangehörigkeit behalten, selbst wenn diese durch die Zugehörigkeit zum Dritten Reich verzerrt worden war. Doch bei der Wilden Vertreibung 1945 wurde darauf keinerlei Rücksicht genommen: Sie sprachen ja deutsch, und viele hatten nie tschechisch gelernt, somit waren sie also Deutsche und der Vertreibung ausgesetzt, wie die Reichsdeutschen, denn an der Notwendigkeit von deren Vertreibung bestand bereits bei der ersten Welle keinerlei Zweifel.[17]

Die tschechoslowakische Regierung benötigte zwei Monate, bis sie – erst nach der allerradikalsten Phase des Wilden Abschubs – begriff, dass Österreich durch das Dritte Reich annektiert worden war, dass es sich nun um ein souveränes Land handelte, und dass es folglich nicht möglich war, auf solch ein Land und seine Einwohner dieselben Normen anzuwenden wie auf das besiegte nationalsozialistische Deutschland. Bereits Ende Juni 1945 wurden Vereinbarungen zwischen der tschechoslowakischen und der österreichischen Regierung publiziert, denen zufolge auf österreichische Staatsangehörige die gegen Deutsche gerichteten Maßnahmen nicht anzuwenden seien. Die Österreicher standen unter dem Schutz des österreichischen Gesandten oder Bevollmächtigten für die Wahrnehmung der Interessen österreichischer Staatsangehöriger in der ČSR in Prag und in Brünn.[18] Die Weisungen der Obersten Landesbehörden bezüglich des Schutzes der Österreicher wurden jedoch trotz wiederholter Aufforderungen nicht eingehalten, und so musste das Ministerium des Inneren am 24. Juli 1945 einen neuen Runderlass herausgeben, in dem dann nachdrücklich formuliert wurde: »Staatsangehörige des demokratischen Österreich betrachten wir nicht als Deutsche im Sinne der gegen Deutsche erlassenen Anordnungen.«[19] Doch erst Ende August 1945 ordnete dasselbe Ministerium an, Österreicher nicht in den Abschub mit einzugliedern; dies wies jedoch gerade auf die Tatsache hin, dass bis zu diesem Zeitpunkt genau so verfahren worden war. Der Regierungsvorsitzende Zdeněk Fierlinger ordnete zu dieser Zeit eine Untersuchung darüber an, ob sich nicht auch Sudeten- und Reichsdeutsche als Österreicher ausgeben würden; damit setzte er in Zweifel, ob denn der Schutz der Österreicher überhaupt eine Berechtigung habe. Schließlich und endlich gab das Ministerium des Inneren selbst die Tatsache zu, dass gegen Österreicher »doch allzu lange hart« verfahren worden war.[20] Doch so oder so durchlitten die Österreicher in der Zeit des Wilden Abschubs dasselbe Schicksal wie alle Deutschen oder schließlich sogar auch die Schweizer in der Tschechoslowakei.

Die im Weitra-Gebiet lebenden Österreicher bildeten da keinerlei Ausnahme. Als deutsch sprechende Einwohner wurden sie einfach hinausgejagt, und niemand fragte nach ihrer Herkunft; Gesetzesnormen bezüglich ihres Schutzes waren noch nicht erlassen. Als ein Beispiel für ihre Verfolgung wird hier das Schicksal der Valburga Katzian, Jg. 1873, aus Erdweis bei Klikov angeführt. Diese Witwe und Rentnerin, Haus Nr. 66, hatte in der Ersten Republik die tschechoslowakische Staatsbürgerschaft nicht erhalten, so blieb ihr die ursprünglich österreichische Zugehörigkeit einschließlich des Heimatrechtes, weil sie ja in Österreich geboren wurde. Obwohl sie zum Zeitpunkt der Vertreibung bereits 72 Jahre alt war, nahm man keinerlei Rücksicht darauf, dass sie in der Okkupationszeit mit Böhmen sympathisiert hatte und in der Gemeinde verblieben war. Der amtliche Bericht über sie hält Folgendes fest: »Nach der Revolution wurde sie irrtümlicherweise nach Österreich abgeschoben und ihr Wohnhaus konfisziert. Nach der Feststellung, dass es sich um österreichisches Eigentum und um eine österreichische Staatsangehörige handelt, wurde die Konfiszierung rückgängig gemacht und die Genannte kehrte wieder auf das Gebiet der ČSR zurück.«[21]

Offensichtlich wiederholte sich bei zahlreichen anderen Österreichern aus dem Weitra-Gebiet – obwohl doch alle Weitraer ursprünglich Österreicher waren! – das Schicksal der Witwe und Rentnerin aus Erdweis nicht. Es handelte sich hier eher um eine Ausnahme, denn die außerordentlich detaillierten Archivmaterialien der ČSR-Behörden über jede Einzelperson oder Familie im Weitra-Gebiet erwähnen solche Fälle nicht. Wer hätte sich denn in den Schicksalen der Weitraer der damaligen Zeit und ihren Motivationen schon ausgekannt? Was sollten sie vorziehen – etwa nationale »ethische« Ideale oder das bloße Leben und das einfache Schicksal?[22] Die rohe Lebenswirklichkeit entschied alles.

Es ist schwer, die zeitliche Abfolge und Intensität der Rückkehr der vertriebenen Weitraer festzustellen; sie sind jedoch für vorliegende Untersuchung nicht so ausschlaggebend. Es genügt daher die Feststellung, dass die Bewohner der menschenentleerten Gemeinden auf jegliche Art und Weise versuchten, in ihre Häuschen und auf ihre kleinen Wirtschaften zurückzukehren. Und daran wurden sie intensiv gehindert. Doch was sollte die Volksverwaltung der Gemeinden mit Bürgern anfangen, die von den Gerichtsverhandlungen zurückkehrten, ohne dass sie bestraft worden wären, die aus der Haft kamen, von wo sie einfach entlassen worden waren?[23] Denn es kehrten auch die Kranken, Alten und Schwachen zurück. Es kann angenommen werden, dass innerhalb der ersten drei Monate, also bis Ende August 1945, insgesamt etwa 10 bis 15% zurückkehrten; dies waren im Ganzen an die 600 Personen. Im Laufe der folgenden Wochen und Monate nahm ihre Zahl jedoch zu.

Auf das leergeraubte Eigentum der Weitra-Gemeinden stürzten sich ganze Trupps von Neusiedlern und Volksverwaltern. Sie begaben sich ja ausschließlich auf ein leicht und ganz umsonst erlangtes Eigentum, und weil es sich um konfisziertes Gut des Tschechoslowakischen Staates handelte, betrachteten sie dieses auch entsprechend dem Gesetz als das ihrige. Sie stellten sich nicht die Frage, ob die Häuser, die sie betraten, Generationen von Vätern und Vorfahren errichtet hatten, ob denn der Boden von Generationen kultiviert worden war, aus denen sie hervorgegangen waren. Der Staat als Räuber gewährte den kleinen Räubern, den »Patrioten«, geraubtes Eigentum. An dieser ganzen amoralischen Angelegenheit macht vor allem betroffen, dass es keinem einzigen dieser Neusiedler in den Sinn kam, dass er zum Nutznießer von Raubgut und gestohlenem Eigentum wurde. Sämtliche moralischen Wertvorstellungen wie auch das Gebot aus dem Dekalog »Du sollst nicht stehlen« wurden einfach beseite geschoben, denn hier bot sich die Gelegenheit, der schicksalhafte Augenblick, leicht an ein großes Eigentum zu gelangen, ohne die Hand zu rühren, ohne Schweiß und Mühen. Wie sahen denn der geistige Horizont und die Moral dieser Menschen überhaupt aus?

Die Neusiedler aus Rottenschachen übersandten am 28. Dezember 1945 an den Landes-Nationalausschuss in Prag eine Petition, die von 38 Personen unterzeichnet war. Darin führen sie an, dass bis auf 16 Familien, die sich in der Gemeinde ihre tschechische Nationalität bewahrt hätten, »die übrigen Einwohner Rottenschachens ohne Unterschied Deutsche waren. Sie haben ihre tschechische Volkszugehörigkeit und ihre Heimat verraten, denen sie bis zur weiter oben angeführten Zeit« – d. h. bis zum November 1938 – »angehört hatten«. Dann richteten sie eine scharfe Kritik gegen die örtlichen Sicherheitsorgane, die den Ausgewiesenen die Rückkehr erst ermöglicht hätten, insbesondere durch »die Genehmigung von Ausnahmen in Bezug auf die Rückkehr«. Schließlich beklagte man sich noch über die Unfähigkeit von Polizei und Angehörigen des Zolls: »Von Seiten des Orts-Nationalausschusses in Rottenschachen ist zu keiner Zeit gegen diese (Rückkehrer – J.M.) entschieden eingeschritten worden und überhaupt hat sich keinerlei Zusammenarbeit und kooperatives Verhalten zwischen der Ortsstation des Korps der Nationalen Sicherheit und der Finanzwache abgezeichnet. Letztere ist überhaupt nicht über die Möglichkeit der Wiederkehr der Ausgewiesenen in Kenntnis gesetzt worden. Im Rahmen ihrer Tätigkeit sind Angehörige der Finanzwache gegen Ausgewiesene wegen unerlaubten Überschreitens der Staatsgrenze eingeschritten und haben diese zurückbefördert. Ein Angehöriger der Zollbehörde hat bei der Rückkehr in die Gemeinde Rottenschachen eine von ihm selbst rücküberstellte Person wieder in Rottenschachen mit ausdrücklicher Genehmigung des Orts-Nationalausschusses zum Aufenthalt in der Ortsgemeinde vorgefunden. Aus diesem Fall wird ersichtlich, dass von Seiten des Orts-Nationalausschusses nicht in Bezug auf eine Zusammenarbeit mit der Finanzwache vorgegangen worden ist. Durch ähnliches Verhalten ist das Ansehen unserer Behörden herabgesetzt worden.«[24]

Aufgrund der Vertreibung der Menschen aus dem Weitra-Gebiet in die österreichischen Wälder und Dörfer geriet die Tschechoslowakei in eine heikle Situation. Die Vertriebenen waren vor allem Tschechen, welche die tschechoslowakische Staatsbürgerschaft besaßen. Ihre Option für die deutsche Nationalität hatte lediglich deklarativen Charakter und bezüglich der Staatsbürgerschaft keine verändernde Auswirkung. Hunderte Wehrpflichtiger, die sich zur deutschen Nationalität bekannt hatten, waren von der Wehrmacht wieder entlassen worden, als sie nach der Einberufung erklärten, dass sie Tschechen seien. Sie wurden – mit verschiedenen Behinderungen und Schikanen, selbst kurzzeitiger Inhaftierung – aus der Armee entlassen. Und es ist ja bekannt, dass während des Krieges und insbesondere angesichts der rigiden Führung der deutschen Armee Dinge wie die Staatsbürgerschaft gründlich durchforstet wurden. Hätten die Wehrpflichtigen aus dem Weitra-Gebiet tatsächlich die deutsche Staatsbürgerschaft besessen, wären sie aus der Armee nicht entlassen worden, und kein Mensch hätte je Einspruch erhoben. Diese Tatsachen waren den tschechoslowakischen Behörden bekannt, und damit wurde nach und nach überhaupt die gesamte Vertreibung der Weitraer im Mai 1945 in Frage gestellt.

Den Kreis-Nationalausschuss in Wittingau und den Landes-Nationalausschuss in Prag erreichten bald Berichte, die schließlich auch von verschiedenen Ministerien der ČSR registriert wurden, dass nämlich eine ganze Reihe von Weitraern in Österreich an einer erneuten Einverleibung des Weitra-Gebietes in Österreich tätig seien. Sie nutzten als Hauptargument vornehmlich die Tatsache der Vertreibung: Die ČSR wolle die Weitraer nicht und habe sie daher vertrieben, warum sollte man also das Gebiet nicht wieder Österreich zuschlagen? »Eine scharfe Propaganda« gegen die ČSR in diesem Sinne entfaltete insbesondere der ehemalige Bürgermeister von Rottenschachen Jan Šlechta (Schlechta), dem die Flucht aus der Sicherungshaft in Wittingau gelungen war, und der dann in den grenznahen Städten, insbesondere in Litschau, für den Anschluss des Weitra-Gebietes an Österreich agitierte. Diese Bemühungen fanden insbesondere bei den in Wien arbeitenden Weitraern entsprechenden Widerhall, und so unterbreiteten diese der österreichischen Regierung eine Petition bezüglich der Wiedervereinigung des Weitra-Gebietes bzw. des Anschlusses von dessen kleinerem, 1920 an die ČSR abgetretenen Teil an das größere Ganze der Region. Diese Berichte riefen insbesondere bei den Ministerien des Inneren, für Volksverteidigung und der Auswärtigen Angelegenheiten ein deutliches Echo hervor.[25]

Die vom Sieg berauschte Nation, obgleich ihr die Freiheit auf den Bajonetten fremder Armeen dargeboten worden war, verlor mit der Zeit ihre Rache- und Vergeltungseuphorie. Die Verhältnisse beruhigten sich nach und nach: Die bewaffneten Freiwilligenverbände der Goldgräber und Räuber – Revolutionsgarden, Nachkriegs-Partisanen und verschiedene »Freiheitswachen« usw. – wurden im Interesse der Konsolidierung des Staates nicht ohne Widerstand in regulären Armeeabteilungen oder Sicherheitsformationen aufgelöst. Man konnte nicht immerfort morden, vertreiben, stehlen und rauben, und so verebbte die revolutionäre Flut langsam aber sicher. Vieles erwies sich recht bald als Seifenblase, die durch unverantwortliche Politiker heraufbeschworen worden war. Sie waren in der Republik umhergezogen, hatten um den Pöbel gebuhlt und die niedrigsten menschlichen Instinkte geweckt. Sie hatten durch ihr moralisches Versagen den Sumpf der Unterwelt freigelegt und der Öffentlichkeit als allerhöchstes Gut den Patriotismus vorgetäuscht. Welcher Historiker hat ihnen je ihr einfaches menschliches Versagen ins Gedächtnis gerufen, ihnen den Versuch vorgehalten, selbst an die Futterkrippe zu gelangen und ihre Machtposition zu festigen? Sie haben sich der Grundlagen christlicher Moral begeben, in der sie einst erzogen worden waren. Und sie haben eine neue Moral angenommen, die auf dem alttestamentlichen Auge um Auge, Zahn um Zahn begründet war. Die neutestamentliche Aufforderung zur Nächstenliebe fand nur ihren Hohn.

Was sich aber nach der Verwüstung und Gewalt des Jahres 1945 insbesondere in der Phase der Wilden Vertreibung als Phänomen zeigte, erstarkte mit der Zeit und nahm an Tempo zu. Das Leben floss weiter wie ein riesiger Strom, man konnte es nicht aufhalten, eindämmen, ihm Dekrete, Weisungen und Gesetze aufzwingen. Es kehrte in seine gewohnten Bahnen zurück. Doch die Schäden, die allein in einer knapp zurückliegenden Zeit verursacht worden waren, schrieen wegen ihrer Entartung zum Himmel. »Auch Unschuldige sind hingerichtet worden« konstatiert denn auch die Chronik von Rottenschachen. »Die Begleichung persönlicher Rechnungen und Neidereien etlicher Mitglieder des Orts-Nationalausschusses und außer ihnen auch anderer verursachte in dieser revolutionären Zeit viel Böses. Die Menschen waren mit dem Tun einiger Mitglieder des Orts-Nationalausschusses unzufrieden und vor allem dort, wo sich unverantwortliche Leute der Führung bemächtigt hatten, beschwerte sich einer über den anderen, doch nirgends konnte man Abhilfe schaffen.«[26]

Die Unzufriedenheit der Bürger mit der Tätigkeit der Behörden zeigte sich am deutlichsten in Rottenschachen. Die Ortsbewohner hatten zahlreiche Kontakte zu ihren Verwandten, die in Prag oder in Brünn und in anderen Städten des Binnengebietes lebten und arbeiteten. Und die kamen auf die Hilferufe ihrer Verwandten und Mitbürger am 3. Juni 1945 nach Rottenschachen.

Neben dem bereits genannten Hauptmann Bártl war dies Dr. Břenek aus der Abteilung für Innere Sicherheit des Landes-Nationalausschusses in Prag, dessen Frau aus Rottenschachen stammte; weiter kamen noch die Ortsansässigen Kropík, Pommer, Benda und andere. Sie alle forderten den Vorsitzenden des Orts-Nationalausschusses, Karel Červík, dazu auf, ihnen das Vorgehen des Orts-Nationalausschusses in Sachen der ausgewiesenen Ortsbewohner nach Österreich und die Beraubung von deren Eigentum zu erläutern. Sie erhielten lediglich eine unbefriedigende Antwort und »brachten daher ihre Einwände gegenüber einzelnen Mitgliedern des Orts-Nationalausschusses[27] einerseits in Bezug auf Eigentumsübergriffe und andererseits bezüglich der Nichtzugehörigkeit zur Gemeinde zum Ausdruck. Die Genannten drückten namens der Bevölkerung ihr Misstrauen gegenüber dem Orts-Nationalausschuss aus«.[28] Hauptmann Bártl forderte eine Konstituierung des Orts-Nationalausschusses entsprechend den Grundsätzen des Kaschauer Regierungsprogramms*, das heißt einer paritätischen Vertretung durch Mitglieder aller vier Parteien der Nationalen Front: der KPTsch, der Sozialdemokratie, der christlichen Volkspartei und der Nationalen Sozialisten.

Ganz unangenehme Augenblicke aber ergaben sich für den bei den Verhandlungen anwesenden Václav Maxa. Der von ihm bislang vorgeschlagene und geförderte Orts-Nationalausschuss von Rottenschachen wurde aufgelöst und Maxa wurde aufgetragen, die Wahl eines neuen Ausschusses vorzubereiten. Die Erkenntnis fiel ihm schwer, dass der Orts-Nationalausschuss in der Gemeinde »nicht durch das Volk gewählt worden war«, vielmehr durch eine administrative Anordnung, hinter der vor allem er selbst gestanden hatte – »der Sicherheitsreferent für das Weitra-Gebiet«. Während der Verhandlungen rottete sich vor dem Gemeindeamt eine Menge zusammen und brachte ihre ablehnende Haltung gegenüber dem ehemaligen Orts-Nationalausschuss deutlich zum Ausdruck; lautstark verlangte man die Wahl eines neuen Ausschusses. Maxa leitete selbst die Wahl, die durch einfache Akklamation aller Anwesenden durchgeführt wurde. Der neue Ausschuss erhielt demnach 15 Mitglieder, neun hatten bereits dem alten Orts-Nationalausschuss angehört, es kamen also acht neue Mitglieder hinzukamen. Eine bemerkenswerte Verschiebung ergab sich bei der Wahl der Ersatzleute; dabei gelangten lediglich vier der ehemals 15 Mitglieder des alten Ausschusses wieder zum Zug, elf waren somit neu. Durch Kooptierung kam Oldřich Hůlka »als guter Organisator« hinzu. Maxa unternahm alle möglichen Versuche, die Ergebnisse dieser Volkswahl zu reduzieren, und so wurden durch seine Mitveranlasssung drei Mitglieder aus den Reihen der Volksverwalter hinzugenommen, die »unmittelbar neue Ansiedler« entsenden sollten. Maxa leitete auch die Wahl des Vorsitzenden. Gewählt wurde ein ortsansässiger, doch unfertiger Jurist namens Josef Opelka, der während der Besatzungszeit in Prag gelebt hatte. Dass dieser neue Vorsitzende Eltern und eine Schwester in der Gemeinde hatte, die sich zur deutschen Nationalität bekannt hatten, und dass sein Bruder als Wehrmachtsangehöriger noch nicht wieder aus dem Krieg zurückgekehrt war, wurde als Fiasko der Politik Maxas im Weitra-Gebiet empfunden. Doch sei noch angemerkt, dass nahezu alle Mitglieder des Orts-Nationalausschusses

* Dieses Programm vom 5. April 1945 setzte alle grundsätzlichen Vorstellungen der KPTsch durch und schuf die Voraussetzungen für die kommunistische Machtübernahme am 25. Februar 1948.

Verwandte in der Gemeinde hatten, die sich 1938 zur deutschen Volkszugehörigkeit bekannt hatten.[29]

Die Ereignisse vom 3. Juni 1945 in Rottenschachen hatten im örtlichen Maßstab den Charakter einer Palastrevolution. Halten wir deshalb nochmals fest: Sie ereigneten sich nur zehn Tage nach den Morden und der Vertreibung der Bevölkerung des Weitra-Gebietes. Doch war bei weitem noch kein Sieg errungen, wenngleich der richtige Weg eingeschlagen war. Der neue Orts-Nationalausschuss begab sich sogleich an die Arbeit, und so konnte der Chronist dann auch anmerken: »In erster Linie kümmerte er sich um die Absicherung des verlassenen Eigentums der Ausgewiesenen, sofern dieses bis dahin nicht bereits gestohlen worden war. Weiterhin ordnete er allmählich das unglückselige Chaos, welches durch den alten Nationalausschuss angerichtet worden war. Der grundsätzliche Standpunkt des Orts-Nationalausschusses war folgender: dass man den Stand der Dinge nach dem Zugriff der Partisanengruppe des Oberst Hobza revidieren und ein rechtlich ordnungsgemäßes Vorgehen mit dem Ziel der Feststellung befolgen müsse, wer denn tschechoslowakischer Staatsbürger sei und wer entsprechend den geltenden Vorschriften im Hinblick auf das Weitra-Gebiet zur Ausweisung bestimmt würde. Personen, die sich nach der Aktion des Oberst Hobza verlassenes Eigentum angeeignet hatten und nicht einsahen, dass sie sich zu Unrecht dessen bemächtigt hatten, (wurden angezeigt) sowohl auf der Station des Korps der Nationalen Sicherheit als auch beim Kreis-Nationalausschuss in Wittingau.«[30]

Bereits anlässlich der ersten Erschütterung der neuen Macht in Rottenschachen wurde bezeichnenderweise gerade durch Hauptmann Bártl die Rückkehr der vertriebenen (»ausgewiesenen«) Bevölkerung durchgesetzt. Als die Menge in Rottenschachen auf dieses Thema hin angesprochen wurde, stimmte sie stürmisch zu. Allerdings scheint es, dass diese sicherlich zu Recht bestehende Frage, auf die ja auch eine erfrischende Antwort kam, vorzeitig gestellt wurde. Es war doch reichlich verfrüht, etwas einzufordern, was in anderen böhmischen Regionen noch ganz intensiv in vollem Gange war und was selbst noch in Südböhmen von den Hobza-Partisanen veranstaltet wurde. Die Persönlichkeit des Hauptmanns Bártl tritt bei den Ereignissen im Weitra-Gebiet des Jahres 1945 deutlich in den Vordergrund und stellt somit aufgrund seines geistigen Horizontes und seiner Handlungsweise sowie seiner Entschiedenheit alle diejenigen in den Schatten, die in der Vertreibung eine Verletzung der Menschenrechte sahen und ihre Stimme zum Protest erhoben. Doch konzentrierte Bártl damit die Aufmerksamkeit seitens der Verursacher der Gewalttätigkeiten auf seine Person und wurde daraufhin auch prompt verleumdet.[31]

Die Spannungen zwischen den Rottenschachener Bürgern hörten dennoch nicht auf, eher spitzten sie sich zu. Die Neusiedler, die Volksverwaltungen über verlassenes Eigentum übernommen hatten, dachten keineswegs daran, auf das so leicht erworbene Eigentum zu verzichten und unternahmen daher alles zu seinem Erhalt. Aus diesem Grunde hatten sie – zusammen mit den neuen Polizisten und Mitgliedern der Finanzwache – die politsche und faktische Vorherrschaft in der Gemeinde inne. Daher sandten sie auch diverse Beschwerden an verschiedene Prager Ministerien und zwar gleich mehrfach bis Jahresende. In diesen Beschwerden war die Rede davon, dass die örtlichen Behörden sich nur unzulänglich um ihre Interessen kümmern würden.[32] Damit erzwangen sie Veränderungen in der Zusammensetzung des Orts-Nationalausschusses, die Kooptierung ihrer Interessenvertreter; hierbei nutzten sie insbesondere die Einflussnahme von Václav Maxa auf den Kreis-Nationalausschuss in Wittingau aus und dann den Druck dieser Behörde auf die Ortsbehörden in Rottenschachen und anderen Weitra-Gebietsgemeinden. Der Kreis-Nationalausschuss in Wittingau wurde von Kommunisten beherrscht, und entsprechend der paritätischen Vertretung der politischen Parteien in diesem Gremium konnten sie ihre Machtposition durch die Wahl eines neuen Kreis-Nationalausschusses vom 4. Juli 1945 noch festigen.[33] Der neue Kreis-Nationalausschuss in Wittingau ordnete auch Neuwahlen in sämtlichen Gemeinden des Weitra-Gebietes an, wenngleich auch hier – wie an der Wahl in Rottenschachen zu sehen war – der Grundsatz paritätischer Besetzung durch die politischen Parteien durchgesetzt wurde.

Die Wahl zum Orts-Nationalausschuss in Rottenschachen fand am 22. Juli 1945 statt, folglich sieben Wochen nach der Wahl jenes wirklich revolutionären Orts-Nationalausschusses vom 3. Juni 1945. Und obwohl es innerhalb dieses Zeitraumes aufgrund des Drucks von Seiten der Neusiedler und des Kreis-Nationalausschusses in Wittingau – also Maxas – in der Zusammensetzung des Orts-Nationalausschusses bis zu 26 Personalveränderungen gegeben hatte, wurde dennoch Josef Opelka gewählt; ihm fiel ebenfalls die Leitung der Sozial- und Kulturkommission des

Orts-Nationalausschusses zu. Dem Ratsmitglied Jaroslav Kovařík wurde das Finanzressort übertragen. Damit konnten sich die Sozialdemokraten auf Ortsebene erneut eine führende Rolle erhalten. Sie schlugen einvernehmlich ihre sechs Mitglieder vor, und nahmen dann, ähnlich wie die christliche Volkspartei, keine Änderungen mehr vor. Hingegen konnten sich die »Patrioten«, die hinter der Vertreibung und der Beschlagnahme standen und aus den Kommunisten und den Nationalen Sozialisten bestanden, nicht einigen und vermochten nur mit Mühe ihre Vertretungen zusammenzubringen.[34]

Die stärksten Wurzeln in den Weitra-Gemeinden konnte seit Mai 1945 die Sozialdemokratische Partei fassen. Dies war mit ein Verdienst des Abgeordneten der Nationalversammlung Mirko Sedlák, der aus Krummau stammte und somit die Lage in Südböhmen sehr gut kannte. Sedlák nahm von allem Anfang an eine kritische Position gegenüber der pauschalen Vertreibung der Weitraer ein, die er für ein Unrecht hielt, und forderte in seinen öffentlichen Auftritten, in der Presse und ebenso in der Vorläufigen Nationalversammlung* Korrekturen dieser Vertreibungsmaßnahmen mit dem klaren Standpunkt, dass es sich um eine Vertreibung ethnischer Tschechen gehandelt habe, deren Rückkehr somit notwendig sei. Obgleich seine Positionierung der seinerzeitigen Führung der Sozialdemokratie, die unter der Leitung des Regierungsvorsitzenden Zdeněk Fierlinger, eines Agenten der KPTsch innerhalb der Partei und von Klement Gottwald Abhängigen, stand, widersprach, vermochte er dennoch aufgrund seines energischen Auftretens Autorität zu wahren, insbesondere durch die Unterstützung aus der Region und die Gewinnung zahlreicher neuer Mitglieder und Sympathisanten für die Sozialdemokratie. In das Weitra-Gebiet und nach Rottenschachen holte den Abgeordneten Mirko Sedlák der ortsansässige Bauer und Waldarbeiter Jaroslav Kovařík, Jg. 1910: »Er war persönlich bei Mirko Sedlák und lud ihn nach Rottenschachen ein. Er ließ für ihn eine Ehrenpforte errichten und organisierte an der Ortsgrenze der Gemeinde Rottenschachen eine pompöse Begrüßungszeremonie mit Musik und Kranzjungfern, und dann gab er ein aufwändiges Festessen.«[35]

* Diese »Vorläufige Nationalversammlung« von 28. Oktober 1945 bis 26. Mai 1946 wurde durch das Verfassungsdekret Nr. 47 des Präsidenten der Republik, Benesch, geschaffen und die 300 Abgeordneten indirekt über Wahlmänner bestimmt. Die Parteienzulassung war eingeschränkt.

Die Organisation der Sozialdemokratie in Rottenschachen begann gleich in den nachrevolutionären Tagen mit ihrer Arbeit. Von allem Anfang an hatte Josef Opelka, Jg. 1918, den Vorsitz inne; er führte die Partei gemeinsam mit seinem Bruder Leopold Opelka und Jaroslav Kovařík. Entsprechend einer späteren behördlichen Bewertung durch die Staatssicherheit hatte die Partei von Anfang an die Mehrheit der Bevölkerung hinter sich, »denn sie setzte sich aus typischen Rottenschachener Menschen zusammen«. Sie vereinigte alle diejenigen, welche gleiches Denken und die entsprechende Idee hatten, »dass ihnen die neue Ordnung und die neue Republik dadurch Unrecht getan hat, dass sie nach Österreich abgeschoben worden waren«. Daher wurde Josef Opelka Anfang Juni 1945 zum Vorsitzenden des Orts-Nationalausschusses gewählt, und er verblieb auf diesem Posten bis zu den Wahlen des Jahres 1946. Entsprechend der Wertung durch den Staatssicherheitsdienst »führte er die Organisation und den Orts-Nationalausschuss mit einer höchst rechtsgerichteten Zielsetzung«. Man hielt Opelka seine österreichische Mutter vor, die aus Niederösterreich stammte und nie tschechisch gelernt hatte. Ebenso hielt man ihm seinen Bruder vor, der bei den deutschen Fliegern gedient hatte. Nichtsdestoweniger mussten seine Gegner anerkennen, dass er während der Besatzungszeit außerhalb des Weitra-Gebietes gelebt hatte. Außerdem hatten sich seine Ehefrau, die aus Rottenschachen stammte, und deren Vater Jiří Bednář ohne Unterbrechung zur tschechischen Nationalität bekannt; »daher ist sie als eine Person tschechischer Nationalität zu betrachten«.[36]

Josef Opelka war aufgrund seiner Biografie und wegen seiner Herkunft für die Rottenschachener akzeptabel – er stammte aus der Gemeinde, ihm war keinerlei Kollaboration nachzuweisen, nicht einmal das Bekenntnis zur deutschen Volkszugehörigkeit, und er hatte überdies eine Tschechin zur Frau. Dass seine Mutter eine Österreicherin war, der Vater sich zur deutschen Nationalität bekannt hatte und der Bruder bei der Wehrmacht gewesen war, machte ihn der überwiegenden Mehrheit der Rottenschachener Einwohner nur ähnlicher – er war eben einer von ihnen. Das Rechtsstudium hatte seinen Horizont erweitert, sodass er in der Gemeinde bis zum Frühjahr 1946 eine führende Stellung in der Staatsverwaltung ausüben konnte, und auch in der Sozialdemokratie. Nichtsdestoweniger verzieh ihm Maxa seine Niederlage vom Juni 1945 nicht: Er intrigierte gegen ihn so lange, bis schließlich festgestellt wurde, dass der junge Opelka der Ableistung seiner Wehrpflicht in der Tschechoslowakischen Armee nicht nachgekommen war, und so musste er im Alter von 28 Jahren doch noch einrücken.[37]

Um eine Kontinuität in der Erörterung der »Volksverwaltung« in Rottenschachen zu bewahren, werden hier noch weitere Zusammenhänge dargelegt. So erhielt bei den Wahlen im Mai 1946 die Sozialdemokratie in Rottenschachen 52,4% der Stimmen (in Gundschachen sogar 68,4%), und daraus ergab sich das Recht, den Vorsitzenden des Orts-Nationalausschusses zu stellen. Das wurde Jaroslav Kovařík, ein geborener Rottenschachener, Jg. 1910, der unter dem Vorsitz von Opelka nach dem Juni 1945 der erste Stellvertretende Vorsitzende des Orts-Nationalausschusses gewesen war. Eigentlich gehörte er der »Volksverwaltung« von ihrem Beginn an, d.h. er war bereits im Revolutionären Orts-Nationalausschuss in den Maitagen nach Kriegsende. Kovařík führte den Orts-Nationalausschuss in Rottenschachen bis zur kommunistischen Machtübernahme im Februar 1948, als er augenblicklich abgesetzt und dann systematisch polizeilich verfolgt wurde.[38] Nichtsdestoweniger wurde in der äußerst negativen Bewertung durch die kommunistische Geheimpolizei festgehalten, dass bei der Übernahme der Führung des Orts-Nationalausschusses von Opelka durch Kovařík er »damit auch die Regierung über die gesamte Gemeinde übernommen hat. Kovařík machte sich in erster Linie an die Verfolgung von ›Arschkriechern‹ – und das waren alle dorthin gekommenen Tschechen wie auch die Organe des Korps der Nationalen Sicherheit, die Finanzwache und die Volksverwalter auf den landwirtschaftlichen Anwesen. Er hat das Hauptverdienst daran, dass alle nach Österreich Abgeschobenen wieder nach Rottenschachen zurückgekehrt sind und zu ihrem Eigentum kamen«. In einer weiteren Meldung der Geheimpolizei ist zu lesen: »Für seine Anpassungsfähigkeit an die Verhältnisse wurde er Mitglied des Revolutionären Nationalausschusses in der Gemeinde und nach den Wahlen des Jahres 1946 als Vertreter der Sozialdemokratie Vorsitzender des Orts-Nationalausschusses. Er führte die Gemeinde auf höchst rechtsgerichtete Weise, dank seiner gelangten alle nach Österreich abgeschobenen Deutschen wieder zurück nach Rottenschachen und wurde allen die Bescheinigung über die staatliche Zuverlässigkeit ausgehändigt, und damit wiederum erhielten sie auch die tschechoslowakische Staatsbürgerschaft zurück.«[39]

Aus der Sicht der kommunistischen Kaderbeurteilung und auch der polizeilichen Beurteilungsweise wurden alle führenden Funktionäre der Volksverwaltung in Rottenschachen negativ bewertet, ihr Patriotismus bezweifelt, selbst wenn sie diesen unter den schwierigen Bedingungen des Krieges unter Beweis gestellt hatten.[40] Sie wurden beschuldigt, die Nazi-Vergangenheit von Ortsbewohnern zu verwischen[41], obwohl viele »nationale Rächer« eine Unmenge von Verzeichnissen, einschließlich der Verzeichnisse über die Sammlungen des Winterhilfswerkes, erstellt hatten, auf deren Grundlage man die gesamte Bevölkerung des Weitra-Gebietes hätte aussiedeln können. Es lag allerdings in der Einschätzung der kommunistischen Macht, die an die national-sozialistische Macht der Nationalen Front von 1945 bis 1948 anknüpfte, dass sie sich an den Repräsentanten Rottenschachens als »staatlich unzuverlässigen Personen« rächte und sie aus ihrem Heimatgebiet verjagte.[42]

Durch den Machtantritt der Kommunisten auch im Kreis-Nationalausschuss in Wittingau kam die Zeit der Rache für Maxa. Der sah seinen größten Feind, welcher ihm im Juni 1945 die härteste Niederlage bereitet hatte, in Hauptmann Josef Bártl. Er hatte auch nicht vergessen, dass es dieser aufrechte Soldat war, der ihm im wahren Wortsinn über dem Massengrab die bereits von ihm verkündeten Todesurteile an 26 Rottenschachener Einwohnern entrissen hatte, und die sein Komplize František Říha hinrichten sollte, wie er es in Schwarzbach getan hatte.

In den Vermerken des Staatssicherheitsdienstes über Josef Bártl – und es waren deren viele – wurde angeführt, dass er mit einer Karpatendeutschen aus der Zips in der Ostslowakei verheiratet war: »Nach 1945 wurde er erneut in die Armee als Offizier aufgenommen, und er fuhr nach Rottenschachen, wo er den ersten Revolutionären Nationalausschuss zerschlug, die Rückkehr der abgeschobenen Rottenschachener sicherstellte und die Position der Sozialdemokratischen Partei unterstützte. Den ehemaligen Abgeordneten Mirko Sedlák brachte er nach Rottenschachen, und dieser suchte auch bei weiteren Besuchen jeweils seine Familie auf.« Und nun vergolten ihm dies Václav Maxa und František Říha, als bereits in Prag im Dienst befindlicher Angehöriger des Staatssicherheitsdienstes, zusammen mit ihren Genossen: Im Jahre 1950 wurde Josef Bártl als Offizier der Tschechoslowakischen Armee »durch das Volksgericht zu 25 Jahren Kerker wegen staatsfeindlicher Tätigkeit verurteilt«. 1953 rächten sie sich auch an seinem Vater, dem sie unablässig seine »nazistische

Vergangenheit«[43] vorhielten, und den sie dann in die Gemeinde Kounov im Kreis Saaz aussiedelten. Letztendlich wurden in dieser abschließenden Aussiedlung 1953 Alteingesessene aus Rottenschachen vertrieben, Bürger, die das Ansehen der Gemeinde gefördert und einen bestimmenden Einfluss auf deren Leben hatten.[44]

2. Die Internationalisierung der Gebietsfrage von Weitra

Während sich aus den übrigen Regionen Böhmens, Mährens und Schlesiens die Vertriebenenströme über die Staatsgrenzen hinweg bewegten, insbesondere in die Sowjetzone, kehrten die Weitraer langsam aber sicher aus Österreich zurück. Auf tschechoslowakischer wie auf österreichischer Seite wurde es offenkundig, dass es im Falle der Weitraer zu einem Übergriff gekommen war, der nicht hätte geschehen dürfen. Nirgendwo anders kam es zu einem vergleichbaren »Blitz«-Abschub, als innerhalb weniger Stunden Tausende von Bewohnern in einen anderen Staat verjagt wurden. Hier gab es zwar die offenkundige Grenznähe, es handelte sich um einen Grenzstreifen, und dies alles beschleunigte die Massenhaftigkeit und Geschwindigkeit der Vertreibung. Von allem Anfang an war auch die österreichische Seite von diesem schnellen Geschehen überrascht, und nur langsam erhob sich Widerstand gegen die Brutalität gegenüber einer Bevölkerung, die noch vor einem Vierteljahrhundert die österreichische Staatsangehörigkeit besessen und den Schutz der niederösterreichischen Behörden genossen hatte. Erst Ende Juni 1945 kam es zu einer Vereinbarung zwischen der österreichischen und der tschechoslowakischen Regierung bezüglich des Schutzes österreichischer Staatsangehöriger in der ČSR, die nicht als Deutsche gekennzeichnet werden sollten, und einen Monat später wurden die Ortsorgane bereits kategorisch angewiesen, Österreicher von den Maßnahmen gegen Deutsche auszunehmen und, sofern sie wegziehen wollten, ihnen das Recht zum Verkauf ihres Eigentums oder aber die Mitnahme des gesamten beweglichen Eigentums zu gestatten. Die vertriebenen Weitraer in den Grenzwäldern weckten die Aufmerksamkeit der österreichischen Regierung, welche die Großmächte auf diesen Zustand aufmerksam machte. Und so teilte der »Bevollmächtigte für das Weitra-Gebiet« – und so unterschrieb er auch –, Václav Maxa, dem Verband politischer Häftlinge in Prag mit: »Im Mai d.J. jagte Oberst Hobza mit seinen Partisanen sämtliche Verräter und Deutschen über die Grenze. Die feierlich gestimmte österreichische Regierung hat sich angeblich bei den westlichen Großmächten beschwert, und unsere Herren in Prag haben entschieden, dass diese ausgewiesenen Verräter alle wieder zurückmüssen. Und so kehren sie bereits langsam wieder zurück, die Nationalverwalter wandern von den Ansiedlungen voller Empörung ab, z.B. in Rottenschachen.«[45]

Die diplomatische Aktivität Österreichs konzentrierte sich auf einen Verweis auf die Inhumanität der Vertreibung dieser ursprünglich österreichischen Bevölkerung, welche seitens der ČSR zu Tschechen erklärt – damit hatte sie ja ihren faktischen Anspruch auf das Weitra-Gebiet auf der Pariser Konferenz 1919/20 begründet – und dann auf brutale Weise vertrieben worden war. So entstanden auch die Fragen nach einer Revision der ursprünglichen Entscheidung der Konferenz von St. Germain über die Rückkehr des tschechoslowakischen Anteils am Weitra-Gebiet zu Österreich; in dieser Frage engagierten sich insbesondere auf österreichischem Boden die vertriebenen Repräsentanten des Weitra-Gebietes, die in diesem Sinne auch den österreichischen Behörden Memoranden und Petitionen unterbreiteten.[46]

Langsam aber sicher gelangte schließlich die Brisanz der ganzen Lage auch zu Ohren der höchsten tschechoslowakischen Behörden, die die Angelegenheit zwar beobachteten, doch zum Urteil gelangten, sie erst ex post anzuerkennen. So fertigte die 7. Abteilung des Generalstabs im Ministerium für Volksverteidigung in Prag am 2. Februar 1946 (!) einen »dringlichen Eigenvermerk« an: »In den revolutionären Maitagen wurde die gesamte Bevölkerung aus dem Weitra-Gebiet ausgesiedelt. Nachträglich wurde dann aber festgestellt, dass auch tschechische Bevölkerung in großem Umfang ausgesiedelt wurde; diese war unter dem Druck der Okkupation dazu genötigt worden, sich als Deutsche zu erklären. Eine fremde Propaganda aus Österreich will aus diesem Faktum Gewinn ziehen.«[47]

Es ist von Interesse, dass die höchsten tschechoslowakischen Behörden – die Ministerien – die Weitra-Frage erst dann zu reflektieren begannen, als diese einen internationalen Charakter erhielt und zum Gegenstand der Bewahrung der territorialen Integrität des Staates mutierte. Die tschechoslowakische Regierung verhehlte nicht ihr Interesse, die günstige Situation einer Anbindung an die Siegermächte zur Ausdehnung des tschechoslowakischen Staatsgebietes mittels Grenzkorrekturen vor allem im Norden von Böhmen und Mähren im Glatzer Gebiet zu nutzen. Doch hier musste sie mit einem Mal dem Versuch begegnen, einen – wenngleich kleinen – Teil der ČSR abzutreten; und dieser war ihr doch auf der Versailler Friedenskonferenz zugesprochen worden. Hier handelte es sich also um einen Präzedenzfall – falls nämlich ein Teil des Weitra-Gebietes an Österreich restituiert würde, könnten dann auch polnische Forderungen zur Korrektur der Nordgrenze der ČSR durchgesetzt werden, insbesondere in den Grenzbereichen Schlesiens, das Polen durch seine (nach dem Willen Stalins durchgeführte) West-»Verschiebung« erlangt hatte. Obwohl die Zentralbehörden in Prag mindestens seit Frühjahrsende 1945 über die heikle Angelegenheit der verjagten Weitra-Bewohner aus zahlreichen nicht nur an die lokalen, sondern auch an die Zentralbehörden und schließlich auch an die Regierung gerichteten Beschwerden Bescheid wussten[48], erweckte erst die österreichische Androhung einer erneuten Integration dieses Teilgebietes mit dem ganzen Weitra-Gebiet in Österreich entsprechende Aktivität. Und so wurde das Weitra-Gebiet zum Interessenbereich der höchsten Stellen: »Für die Gesamtcharakteristik aller Verhandlungen (über das Weitra-Gebiet – J.M.) ist zu bemerken, dass es sich hier um eine sehr wichtige und dringliche Frage handelt, die die Bevölkerung des gesamten Gebietes verstört und den öffentlichen Organen nicht geringe Sorgen bereitet, und daher ist es im allerhöchsten Interesse, nicht nur von lokalen, sondern auch von übergeordneten Gesichtspunkten aus (da auch die angrenzende österreichische Region betroffen ist), die Angelegenheit definitiv und mit abschließender Geltung zu lösen.«[49] Ergänzt wurde dieser Vermerk durch Soldaten aus dem Generalstab des Ministeriums für Volksverteidigung wie folgt: »Der tschechischen Bevölkerung sollte daher die schnellstmögliche Rückkehr ermöglicht werden.«[50]

Es ist kennzeichnend für die gesamte Weitra-Frage jener Zeit, dass die Behörden der ČSR sich ihrer erst dann annahmen, als sie durch den bereits erkennbaren Stand dazu gezwungen waren – sie lösten sie nachträglich, als sie vor vollendete Tatsachen gestellt wurden. Es ist bereits die Rede davon gewesen, dass die Weitraer allmählich – gleich am zweiten oder dritten Tag, nach einer Woche, einem Monat usw. – in ihre verlassenen Gehöfte aus unterschiedlichen Motiven zurückkehrten: entweder durch Veranlassung ihrer Verwandten oder örtlicher Behörden und deren Funktionären, oder einfach unter dem Druck der Umstände. Sie wandten sich mit entsprechenden Gesuchen an den Kreis-Nationalausschuss in Wittingau, ihnen die Rückkehr zu genehmigen[51] – und diese wurde gestattet.

Doch die Weitraer kehrten aus Österreich vor allem dank des Drucks zurück, den die Orts-Nationalausschüsse auf die Kreisbehörde in Wittingau oder auf Prager Ämter ausgeübt hatten. Sie nutzten vor allem in Rottenschachen die Tatsache aus, dass sie entsprechend dem Gesetz ausführende Organe der Staatsmacht innerhalb ihrer Region, d.h. innerhalb des Ortskatasterbereichs waren und daher entsprechend vorgingen. Bereits zwei Tage nach der Rekonstruktion des Orts-Nationalausschusses in Rottenschachen fand am 25. Juli 1945 eine Sitzung des Rates des Orts-Nationalausschusses statt, bei der auch Vertreter des Kreis- und des Landes-Nationalausschusses aus Wittingau und aus Prag, Vertreter des Ortsausschusses Gundschachen und etliche Einwohner aus Rottenschachen anwesend waren. Der Ausschussvorsitzende Opelka führte dabei an, dass sein Amt »überschüttet wird mit Ansuchen bezüglich einer Rückkehr aus dem Ausland und mit Vorwürfen, dass er nicht rechtmäßig handle und im Einklang mit der Publizierung von Regierungsdekreten«. Er brachte hierbei auch die Ratsautorität des Orts-Nationalausschusses zur Geltung, dass im Bedarfsfall »diesem die Vollmacht erteilt werden soll, Nationalitätsfragen bis zu einer gesetzlichen Regelung und dem Erlass entsprechender Richtlinien, nach denen dann vorgegangen werden könne, selbst zu lösen«. Aus der umfangreichen Debatte über die allerjüngste Vergangenheit Rottenschachens und seiner Bewohner ergab sich, dass die »Mehrheit der Rottenschachener Einwohnerschaft wie Bürger deutscher Nationalität geführt wurde, was wiederum durch ganz bestimmten Druck veranlasst worden war«. Damit sei jeglicher Willkür hinsichtlich der Klassifizierung der Bürger sowie einer unangemessenen Bewertung in Sachen ihrer Volkszugehörigkeit Tür und Tor geöffnet worden. Selbst der Vorsitzende des Kreis-Nationalausschusses Wittingau, Jan Vacek, gab zu, dass im Falle von Rottenschachen »es tatsächlich erforderlich ist, dass in der Frage der Lösung der Volkszugehörigkeit mäßiger vorzugehen ist«. Im gleichen Sinne äußerte sich auch der Vertreter des Landes-Nationalausschusses Prag, Šebestík. Daraufhin wurde ein Verzeichnis von 45 Personen erstellt (von »Fällen« – das heißt also Familienoberhäuptern), die rechtmäßig zurückkehren könnten. Der Vorsitzende des Orts-Nationalausschusses erreichte daraufhin, dass Jugendlichen bis zum 18. Lebensjahr pauschal die tschechische Nationalität zuerkannt wurde und jungen Leuten zwischen 18 und 25 Jahren »entsprechend der Begutachtung durch den Orts-Nationalausschuss« ebenfalls; diese Gruppen hätten ja hinsichtlich ihrer Nationalität keine Entscheidungsmöglichkeit gehabt und somit die Volkszugehörigkeit nach »ihren politisch und national nicht bewussten Eltern« richten müssen. Die Repräsentanten des Kreis- und des Landes-Nationalausschusses erachteten diese Forderung für legitim und drückten die Ansicht aus, dass in der gesetzlichen Regelung diese Umstände berücksichtigt würden.[52]

Unter den Vertretern des Kreis-Nationalausschusses Wittingau befand sich bei besagter Sitzung des Orts-Nationalausschusses auch Václav Maxa. Er war entsetzt, dass zu den zwölf Familien, denen bereits am 2. Juni 1945 amtlich die Rückkehr genehmigt worden war, nun weitere 45 hinzukamen – somit also 57 Familien! Und dies alles innerhalb von nur zwei Monaten nach dem berühmten Eingreifen des Oberst Hobza und seiner heldenhaften Partisanen! Und bei alledem kehrten Familien mit ihren Kindern auch illegal zurück, denn die Äußerung des Orts-Nationalausschusses über die automatische Zuerkennung der tschechischen Nationalität an Kinder und junge Leute bis zum 25. Lebensjahr hatte in diesem Sinne einen Präzedenzfall geschaffen, dass solche Familien rechtens zurückkehrten, falls nämlich der Grundsatz anerkannt wurde, dass Familien nicht gewaltsam auseinander gerissen werden dürfen. Und bei alledem kehrten auch noch Kriegsgefangene zurück – und die konnte man bereits nicht mehr aussiedeln. Lediglich einen kleinen Teil dieser Gruppe konnte Maxa festnehmen oder inhaftieren und vor das Volksgericht in Budweis stellen lassen. Wenn man schon nichts anderes fand, so setzte doch Maxa mit seinen Gefolgsleuten, die aus der KPTsch und – welch merkwürdiger Zufall – von den Nationalen Sozialisten her kamen, in Rottenschachen durch, dass das Ratsplenum des Orts-Nationalausschusses am 10. November 1945 einen Vorschlag absegnete, wonach Personen, die in Rottenschachen illegalerweise ausgesiedelte Personen beherbergen, mit einer Geldbuße bis zu 1000 Kčs belegt würden.[53] Es ging um die Beschwichtigung von Maxas Eitelkeit und der Unzufriedenheit der Bürokraten beim Wittingauer Kreis-Nationalausschuss, die sich gegen die Argumente des Rates des Orts-Nationalausschusses in Rottenschachen nicht zu wehren vermocht hatten. Doch es fand keinerlei Eintreibung einer Geldstrafe statt.

Václav Maxa aber war alarmiert. Im Hinblick darauf, dass bei den Zentralorganen in der zweiten Jahreshälfte 1945 der Gedanke einer Rückführung der Weitraer vorzuherrschen begann, konnte Maxa also lediglich an seine Genossen in der KPTsch und im Verband der politischen Häftlinge appellieren. Als Vorsitzender der Zweigstelle des Verbandes in Suchenthal an der Lainsitz wandte sich Maxa am 28. Dezember 1945 mit einem Brief an die Zentrale in Prag; aus den Zeilen sprühen Ratlosigkeit und Hass. Er schrieb, dass all die Dinge, welche sich im Weitra-Gebiet abspielten, »für uns Tschechen lächerlich und erniedrigend« seien. Er beschwerte sich über die Entscheidungen »unserer Herren in Prag«, dass die Weitraer – »ausgewiesene Verräter« – zurückkehren müssen. Und diese »Verräter bedrohen die Tschechen, und sie erhalten durch Protektion die Bescheinigung über ihre nationale Zuverlässigkeit ausgestellt«. Wehrmachtsoldaten »kehren straflos in ihre Dörfer zurück«. Es war ihm ein Dorn im Auge, dass die Weitraer ihre Verwandten und Landsleute in den österreichischen Wäldern nicht am Hunger zu Grunde gehen ließen, sondern sie vielmehr mit Lebensmitteln versorgten.[54] Er beklagte sich darüber, dass die Deutschen im Staatsdienst bevorzugt würden[55] und wandte sich an seine Genossen: »Wir fordern, dass unsere Vertreter in der gesetzgebenden Körperschaft (die Kommunisten im Parlament – J.M.) dagegen einschreiten. Diese Leute berufen sich heute auf die Dekrete des Präsidenten der Republik und wagen Gesuche zu schreiben betreffs irgendwelcher Fälle in Prag, und dabei waren und sind sie die allergrößten Halunken und Verräter unseres Volkes. Wir kennen sie alle, wir haben ja mit ihnen zusammengelebt, und wir wissen, wie bestialisch sie sich gegenüber uns und unserem Volk benahmen. Schließlich und endlich erzwangen sie noch nachträglich nach dem Münchner Abkommen die Besetzung der Gemeinde Rottenschachen. Ermittelt alles vor Ort und schafft Abhilfe. Ansonsten sind wir gezwungen, selbst das Grenzgebiet zu verlassen.«[56]

Maxas Proteste, Beurteilungen und Aufrufe standen mit einem Teil der Rottenschachener Bevölkerung in vollem Einklang; das waren jene Leute, die seit dem Mai 1945, also nach dem Krieg, als Nationalverwalter oder als Angehörige der Finanzwache und der Polizei, genauer des

Korps der Nationalen Sicherheit, hierher gezogen waren oder als Beamte und Angestellte – Postbeamte, Eisenbahner, Straßenwärter – in Staatsdiensten waren. Etliche hatten bereits Anwesen ergattert und hatten daher Sorge, diese wieder zu verlieren. Insgesamt waren es 38, die am 28. Dezember 1945 ein umfangreiches Memorandum unterzeichneten[57]: »Rottenschachen – eine Gemeinde im Weitra-Gebiet – Ersuchen um Ermittlung in der Nationalitätenfrage.« Dieses Ansuchen wurde an sämtliche Prager Ministerien und an das Regierungspräsidium übersandt; in diesem Papier schlugen die Unterzeichner ihre Lösung der Fragen des Weitra-Gebietes vor und ersuchten um ein Einschreiten der obersten Regierungsstellen. Es handelte sich um einen grundsätzlichen Standpunkt der Rottenschachener Neusiedler; mit diesem Grundgedanken operierten sie noch im März 1947, als sie sich wiederum an die Behörden wandten.[58]

Der Hauptteil des Memorandums im Umfang von vier Seiten bildet ein Namensverzeichnis der Einwohner Rottenschachens, die eine nationalsozialistische oder deutsche Vergangenheit aufwiesen (»Wer sich zu den Deutschen bekannte«) und auch mit ihren Familien ins Landesinnere ausgesiedelt werden sollte, die folglich kein Recht hatten – auch wenn sie Alteingesessene waren – dauerhaft in Rottenschachen zu leben. Die Beschuldigungen waren zahlreich; der häufigste Grund war, dass sie selbst oder ihre Söhne in der Wehrmacht gedient hatten, dass sie im Jahre 1938 in das besetzte Gebiet übergelaufen waren, sich an der Lostrennung von Rottenschachen beteiligt hatten, in nationalsozialistischen Organisationen tätig waren und Ähnliches mehr.[59] Für viele reichte bereits die bloße Bezeichnung »Deutscher«, damit sie überzeugt waren, dass solche Leute kein Recht darauf hätten, im Weitra-Gebiet zu verbleiben, wo ihre Vorfahren Wurzeln geschlagen, Häuser errichtet und die Wildnis kultiviert hatten. Nennen wir dies doch einfach einen zivilisatorischen Hyänismus, dem ein nicht geringer Teil der tschechischen Gesellschaft anheim gefallen war, indem sie ihre Mit-Landsleute in die Fremde vertrieb, Menschen, deren Vorfahren jahrhundertelang die schroffsten und unfruchtbarsten Waldgebiete des Königreiches Böhmen kultiviert hatten. Dies war doch – vom höheren Prinzip der Rache und Vergeltung aus betrachtet – der Lohn an die lebenden Generationen für das Werk der Vorfahren. Haben die Tschechen in diesem Punkt den Mut, in den Spiegel ihrer eigenen Geschichte zu blicken?

Im Textteil des Memorandums forderten die Unterzeichner im Interesse der Lösung aller brennenden Fragen »die Installierung einer Verwaltungskommission«, eines Organs also, mit dem die Regierung im Sinne der Benesch-Dekrete die Machtfrage in Gemeinden und Kreisen mit mehrheitlich deutscher Bevölkerung löste. Als Mitglieder dieser Orts- und Kreis-Verwaltungskommissionen (MSK, OSK) wurden allein jene Tschechen ausgewählt und eingesetzt, die mehrheitlich in besetzte Gebiete gekommen waren und sich strikt an die derzeitigen Weisungen der höheren Behörden hielten. Diese Kommissionen setzten ohne Rücksicht auf Stimmen und Wünsche der einheimischen, alteingesessenen Bevölkerung strikt das Interesse der neuen Macht durch, sie ordneten die Deportierung der deutschen Bürger und die Konfiszierung ihres Eigentums an und übergaben dieses den soeben aus dem Landesinneren zugezogenen Volksverwaltern. Die ortsansässigen Deutschen erhielten die Verpflichtung besondere Armbinden auf ihrer Kleidung zu tragen; diese waren durch ein großes N gekennzeichnet, für »Němec« (»Deutscher«). Sie waren ferner verpflichtet, den Anordnungen der Orts-und Kreis-Verwaltungskommissionen Folge zu leisten: in Bezug auf die Verpflichtung zur Arbeit, die Konzentrierung in Sammellager und schließlich in Transportlager. Diese Kommissionen bestimmten auch für jeden einzelnen Deutschen die Verpflegungszuwendungen, die denen der Juden während der Protektoratszeit entsprachen, das heißt gegenüber den tschechischen Verpflegungsnormen erheblich niedriger waren; Kindern wurde Milch vorenthalten, und überhaupt behandelte man die deutschen Bürger, die seit urdenklicher Zeit einschließlich ihrer Vorfahren hier in den Ortschaften gelebt hatten, wie Verbrecher. Und solchen gegenüber war im wahren Sinn des Wortes alles erlaubt, insbesondere in der Phase der Wilden Vertreibung zwischen Mai und Juli 1945.

Und doch gereicht jedes Übel zu etwas Gutem ... Dadurch, dass Oberst Hobza mit seinen Horden von einem Tag auf den anderen, besser gesagt: von einer Stunde zur anderen die vermeintlichen Deutschen zusammen mit den verdächtigen Tschechen aus dem Weitra-Gebiet verjagt hatte, verblieben im Gebiet nur noch die von ihm und den Partisanen überprüften rein tschechische Familien, die aus ihren Reihen nicht etwa Orts- und Kreis-Verwaltungskommissionen bildeten, sondern vielmehr ordentliche Organe der Volksverwaltung in Orts- und Kreis-Nationalausschüssen, wie dies in den ausschließlich tschechischen Gebieten in der Republik der Fall war. In Rottenschachen verblieben zwar nur 16 überprüfte Familien, die sich während der Okkupationszeit des »Protektorats« eindeutig zu ihrem Tschechentum bekannt hatten, und so war es nur logisch, dass hier die Bildung einer oktroyierten Verwaltungskommission nicht in Frage kam, die Existenz eines Orts-Nationalausschusses in der Gemeinde also in Übereinstimmung mit den Gesetzen der ČSR stand. Auch in Wittingau, das als Grenzgebiet galt, wurde keine Kreis-Verwaltungskommission gebildet, doch möglicherweise als einzigem Grenzgebiets-Kreis in Böhmen ein ordnungsgemäßer Kreis-Nationalausschuss! Das bedeutet, dass die Weitraer über ihr Schicksal selbst entscheiden konnten. Und damit erweiterte sich ihre Zahl, ob die Rückkehrenden auf legalem oder illegalem Wege ankamen, unaufhörlich. Sie wurden immer mehr und ihre Stimme begann zu zählen, und so kam es auf ihren Druck hin zu Veränderungen, wie etwa im Juli 1945 in Rottenschachen. Ähnliche Veränderungen verliefen faktisch in sämtlichen Gemeinden des tschechischen Weitra-Gebietes.

Damit wurde aber für die Neusiedler und die Volksverwalter im Weitra-Gebiet eine unüberwindliche Hürde aufgebaut. Die Nationalausschüsse, die innerhalb der Region überwiegend von Alteingesessenen beherrscht waren, begrenzten und regulierten den Zustrom aus dem Landesinneren. Durch die Rückgabe des Eigentums an die ehemaligen Besitzer erreichten sie schließlich, dass die Volksverwalter das Weitra-Gebiet zu verlassen begannen. So wird im Memorandum aus Rottenschachen angeführt: »An die 30 tschechische Familien gelangten hierher auf landwirtschaftliche Anwesen. Weil aber hier weiterhin davon gesprochen wird, dass alle (Vertriebenen – J.M.) in ihre Besitztümer zurückkehren, so haben folglich wegen der ungeklärten Verhältnisse etwa 25 dieser Familien die Gemeinde wieder verlassen.«[60] Und dies war bereits Ende 1945 der Fall!

Wenn aber in Rottenschachen eine Orts-Verwaltungskommission tätig gewesen wäre – so meinen die Unterzeichner des Memorandums –, wäre nichts Vergleichbares geschehen. Entrüstet fragen sie dann aber, warum denn der Weitra-Kreis »nicht in das Ansiedlungsverzeichnis aufgenommen wurde, warum er davon ausgenommen worden ist?«[61] Es zeigte sich, dass nicht einmal die Prager Zentralorgane im Falle der südböhmischen Region, d. h. des Weitra-Gebietes, so wie in anderen Gegenden mit überwiegend deutscher Bevölkerung vorgingen und diesen

Kreis aus dem Programm zur Besiedlung des Grenzgebietes herausnahmen. Was machten dann die Neusiedler dort? Kamen sie nicht vorzeitig und unwillkommen? In diesem Kontext einer Vertreibungs- und Neubesiedlungs-Euphorie, die über die böhmischen Länder hereinbrach, wandte sie sich paradoxerweise gegen die »Patrioten«, die sich daraufhin von Seiten der Regierung hinters Licht geführt fühlten. Sie zogen in die neuen Gebiete und fanden auf einmal für ihre Kolonisierungsbestrebungen keinerlei Unterstützung! Und so drohten sie: Werden die staatlich unzuverlässigen Leute nicht aus dem Weitra-Gebiet ausgewiesen und keine Ortsverwaltungskommission eingesetzt, dann zieht die örtliche tschechische Bevölkerung weg![62]

Vergleichen wir die Schlussfolgerung des Rottenschachener Memorandums mit derjenigen aus dem Brief Václav Maxas vom selben 28. Dezember 1945: »Veranlasst eine Korrektur. Andernfalls sind wir genötigt, selbst das Grenzgebiet zu verlassen.«

Um die Kontinuität bezüglich des Denkens und Handelns dieser Neusiedler zu belegen, die mit ihrem Abzug aus dem Weitra-Gebiet drohten und mit ihrer Einstellung und ihren amtlichen Eingaben in Rottenschachen die Spannungen, Zwietracht und Unterstellungen innerhalb der Bevölkerung vergrößerten und die Atmosphäre des bürgerlichen Zusammenlebens bis zur Unerträglichkeit vergifteten, wird im Folgenden noch ein weiteres Memorandum angeführt, das sie am 6. August 1946 an den Landes-Nationalausschuss in Prag sandten. Es waren nur noch 20 Unterzeichner, denn es fehlten die Angehörigen der uniformierten Wache, die dahingehend belehrt worden waren, dass es für sie als unangemessen gelte, sich in allgemeine Angelegenheiten einzumischen. Ferner ging die Anzahl der Volksverwalter um die Hälfte zurück, und so überwogen die Krämer und Handwerker, die um ihr Gewerbe fürchteten, das sie von den Vertriebenen übernommen hatten (der »Töpfer und Bauer« Karel Čada durfte hier natürlich nicht fehlen). Dieses einseitige Memorandum klang aber bereits wie ein Ultimatum: »Allzu gern machen wir unsere eigenen Anwesen frei[63] und die Anwesen unter Volksverwaltung für die hiesigen Wendehälse, welche … die nationale und staatliche Zuverlässigkeit und die Staatsbürgerschaft beantragen. Wir überlassen die Verantwortung für diese Aussiedlung von Tschechen den dortigen Behörden, die die Möglichkeit gehabt hatten hier tätig zu werden, aber bislang in dieser Hinsicht nichts unternommen haben.«[64] Ihr

Standpunkt war vom ersten Satz des Memorandums an ganz und gar kategorisch: »Die weiter unter unterzeichnenden Bürger tschechischer Nationalität fordern hiermit den Abschub aus der Gemeinde Rottenschachen.« Ihre Eingabe betreffs einer Untersuchung der Verhältnisse in Rottenschachen vom 28. Dezember 1945 »war überhaupt nicht in Erwägung gezogen worden, und damit ist für diese tschechischen Bürger aus nationalen Gründen in der hiesigen Gemeinde ein Aufenthalt unmöglich geworden«. Sie wiederholten die Argumente über die nationalsozialistische Vergangenheit von Rottenschachener Bürgern.[65] Sie gaben an, dass sie bereits 15 Monate lang, also seit Juni 1945, »vergeblich den Abschub von Verrätern und die Besiedlung der hiesigen Gemeinde mit tschechischer Bevölkerung fordern«; sonst möge man eine Übersiedlung der örtlichen tschechischen Bevölkerung in das Landesinnere oder in das Grenzgebiet, »wo es eine Grundlage für die Besiedlung mit tschechischer Bevölkerung gibt«, in Erwägung ziehen.

Zwischenzeitlich war aber über das Weitra-Gebiet »oben« bereits ganz anders entschieden worden: Um einem internationalen Skandal und einem Konflikt mit Österreich zu entgehen, sollten die vertriebenen Bewohner des Weitra-Gebietes zurückkehren. Dementsprechend wurde auch mit den Beschwerden der »treuen« Tschechen aus Rottenschachen verfahren; dies war wohl auch mit den umliegenden Ortschaften der Fall, die von Václav Maxa beeinflusst waren und die er zu Protesteingaben veranlasst hatte. Es bedeutete sicher eine Überraschung für die Beschwerdeführer der ersten und der zweiten »Welle« aus Rottenschachen, dass ihre Beschwerden vor Ort erst am 24. Juni 1947 überprüft wurden, somit also anderthalb Jahre nach der ersten und elf Monate nach der zweiten Eingabe. Drei Vertreter des Landes-Nationalausschusses aus Prag kamen nach Rottenschachen, um in Anwesenheit zweier Vertreter des Kreis-Nationalausschusses Wittingau, des Kreis-Befehlshabers des Korps der Nationalen Sicherheit und des Stellvertretenden Kreisvorsitzenden des Verbandes der politischen Gefangenen[66] insbesondere die Beschwerde vom 6. August 1946 zu untersuchen; dieser war auch, wie bereits systematisch zu sämtlichen Beschwerden, ein Verzeichnis der »Schuldigen« aus Rottenschachen beigefügt worden. Von den ursprünglich 20 Beschwerdeführern vermochte die Kommission lediglich sechs zu vernehmen – und auch da ließ sich in einem Fall der Vater durch den Sohn vertreten –, die restlichen und insbesondere die Volksverwalter lebten zu dieser Zeit nicht mehr in der Gemeinde. Die Kommission fragte nach der Glaubwürdigkeit der Angaben zu den Personen, die im Verzeichnis aufgeführt waren und der staatsfeindlichen Tätigkeit beschuldigt wurden. Der Kommunist Jaroslav Kos, einer der Unterzeichner des Memorandums, gab »etliche kleinere Fehler zu, die im Verlauf der weiteren Ermittlung aufgedeckt wurden«, ein weiterer Unterzeichner, František Kříž, schloss die Möglichkeit nicht aus, dass die Angaben »nicht genau festgestellt werden konnten«. Damit war der grundsätzliche Teil des Memorandums bezüglich der »Nazis« in Rottenschachen in Zweifel gezogen, als dann noch überdies beide Unterzeichner sich lediglich an vier bis fünf Männer erinnerten, die »in der SA-Uniform« herumgegangen waren; entsprechend den Angaben waren allerdings an die 150 Mann zu den Übungen marschiert. Auch konnten sie nicht die Verlässlichkeit der Quellen, das heißt der Karteien, beweisen, aus denen sie die Namen jener zusammengestellt hatten, »die sich den Deutschen anschlossen«, oder Mitglieder verschiedener nationalsozialistischer Organisationen gewesen waren, weil dies alles »verloren gegangen ist«.[67] Dann ergab sich jedoch aus ihren Aussagen, dass die Namen derjenigen Personen, welche in den Verzeichnissen aufgeführt waren, »leicht dadurch festgestellt wurden, dass wir Personen, die bei der tschechischen Nationalität verblieben waren, ausschlossen«. Folglich wurde das Verzeichnis durch die »Ausschlussmethode« erstellt – 26 tschechische Familien, die von Hobza nicht vertrieben worden waren, wurden in das Verzeichnis der Verdächtigen und Schuldigen nicht eingereiht, ansonsten fanden sich sämtliche Einwohner Rottenschachens hier wieder. Der auch bereits ansonsten abgestumpften Kommission, die zu den patriotischen Tschechen hielt, war klar, dass die Anschuldigung der Kollaboration mit dem Nationalsozialismus lediglich voluntaristisch begründet wurde und auf Hass und Voreingenommenheit beruhte, und dass sie daher nicht verifiziert werden konnte. Da man niemanden mehr verhören konnte, lud die Kommission einige der beschuldigten Personen aus dem Verzeichnis vor und erfuhr hierbei, dass jene Leute, die bis 1920 in Österreich als österreichische Staatsbürger gelebt hatten, keineswegs dem tschechoslowakischen Staat anhingen und sich pragmatisch jeweils zu demjenigen bekannt hatten, welcher an der Macht war. Ihr Lebensunterhalt interessierte sie, und nicht die nationalen Machenschaften, die sich nach dem Ersten Weltkrieg ereigneten. Als sie sich im Jahre 1938 zur deutschen Nationalität bekannten, glaubten sie, dass sie erneut für Österreich optierten, da ihnen doch die ČSR in jenen 18 Jahren keineswegs ans Herz gewachsen war. Sie bekannten sich folglich keineswegs zum Dritten Reich, zu Hitler und zum Nationalsozialismus, von denen sie insgesamt überhaupt nichts wussten. Sie bekannten sich vielmehr zur Wiedervereinigung mit jenem Staat, in dem sie geboren wurden und in dem ihre Vorfahren jahrhundertelang als Österreicher gelebt hatten.

Eine ungewöhnlich bedeutsame Rolle in Bezug auf die Rückkehr der Weitraer im Jahre 1945 in ihre Heimatgebiete spielte ein Artikel von Antonín Holý, in dem dieser Bürger aus dem Weitra-Gebiet von »treulosen Weitraer Tschechen« spricht. Der Artikel erschien in der sozialdemokratischen Wochenzeitung »Jihočech« (»Der Südböhme«) am 24. August 1945. Er wurde in den Ortschroniken vermerkt und blieb auch im allgemeinen Bewusstsein der Weitra-Bewohner haften; in diversen Abschriften wurde er auch in der Verwaltung der Prager Ministerien zur Kenntnis genommen. Dieses Echo wurde durch den Umstand hervorgerufen, dass durch die Vertreibung der Weitraer ein Verbrechen geschehen war, welches das Gewissen jener ziemlich belastete, die die Vertreibung angeordnet hatten. Der Verfasser des Artikels beschuldigte die Vertreiber der Unkenntnis der Verhältnisse im Weitra-Gebiet und deren Bewohnerschaft: »Sie hätten von denjenigen verurteilt werden sollen, die sie kennen und aufgrund der eigenen Arbeit wissen, wie schwer es ist, aus einem rechtlosen Sklaven einen Menschen zu schaffen, ihn aus einem Volk herauszumeißeln, dessen Nachbarn aus Böhmen ihn noch im Jahre 1920 nur als Österreicher, als Tschechen aus Granit bezeichnet hatten.«

Der Autor wusste sehr wohl, wovon er sprach: Der Lehrer Antonín Holý, gebürtiger Franzenthaler (bei Suchenthal im Weitra-Gebiet) war in den Jahren 1920–1938 an Schulen in Mährisch-Weißkirchen, Tannenbruck und Weißenbach tätig gewesen. Er kannte das Schicksal seiner 18 Jahrgangsschüler und deren Eltern sehr gut. Und zu welcher Schlussfolgerung gelangte er? »Von allen Armen sind sie die Allerärmsten, seit jeher ein tschechisches Dorf im südlichen Grenzgebiet. Die Menschen armselig, nur Kätner, nicht einmal Kleinstbauern. Vor dem Krieg auf nahezu jedem Häuschen Schulden … Kaum ein Verdienst und falls doch, dann ein ganz geringer. Mehr als bescheidene Felderchen …« Dann führte er die Schicksale von sieben Leuten an (eines Tagelöhners, eines

Häuslers, eines Bauern, zweier Gewerbetreibender und Handwerker, einer Häuslerwitwe und eines gefallenen Mädchens, das sich mit einem deutschen Soldaten eingelassen hatte), die sich mit einem Mal »auf dem Prüfstand« des Nationalbewusstseins wiederfanden. Ihre Motivation für ein Bekenntnis zum Deutschtum war lediglich eine existenzielle Frage, nichts anderes als die Hoffnung auf eine geringfügige Verbesserung ihrer Lage: »Der Tagelöhner: Er konnte gerade einmal Pellkartoffeln essen und trockenes Brot mit seinen ehrlichen Genossen und durch Verrat kam er wenigstens zu einem Aufstrich. Ein alt gewordener Steinbrucharbeiter: Er trank gerne und litt stets Mangel. Um sich ein wenig zu verbessern, sandte er seinen Sohn zu den Soldaten. Eine magere Häuslerswitwe: Für einen winzigen Vorteil machte sie ihre Kinder kaputtt (ein Ausspruch ihrer Tochter: ›Wissen Sie, das macht nichts, dass ich nicht deutsch kann, wenn ich nur ein deutsches Herz habe.‹). Die Tochter eines redlichen Arbeiters: Sie vergaß sich mit einem deutschen Soldaten und heiratete dann.«

Und dann kamen die Partisanen aus Tabor und säuberten die Gegend, energisch, auf hussitische Art. Sie fragten: »Wer hat Verrat begangen?« »Dieser da.« »Heraus mit ihm.« Und sie »führten den Maurer und seine Kinder, den Kleinbauern und seine Kinder, die Arbeitertochter und ihre Kinder, den Schneider und seine Kinder, den Tagelöhner und seine Kinder, die magere Häuslerswitwe und ihre Kinder in die Wälder nach Österreich. Kinder zuhauf. Unsere tschechischen Kinder«.

Die ganz offenkundige Hervorhebung der vertriebenen Kinder, die für das Tun ihrer Eltern keinerlei Verantwortung trugen, hatte eine durchschlagende Wirkung. Und überdies, Kinder gehörten doch nicht allein Eltern, die Fehler begangen hatten, sondern vielmehr auch »der Nation«! Und durch die Vertreibung werde hier »unverständlicherweise tschechisches Blut vergossen! Freiwillig! Bedenkenlos!« Der Autor betonte, dass die Deutschen dem tschechischen Volk bereits so viele Kinder genommen hätten, dass diese heute ganz Südböhmen bis zur Donau besiedeln könnten. Warum sollte man dies fortsetzen? Die Eltern ins Arbeitslager (»irgendwo war‘s der Vater oder die Mutter«) und »die Kinder für die Nation bewahren«.

Dann befasste sich der Autor mit der Problematik wohl am intensivsten mit seinem Versuch einer Beantwortung der Frage, was für Tschechen das eigentlich waren, die Verrat begangen hatten. Waren es »böhmische Tschechen?« Nein, schrieb er, »es waren keineswegs unsere böhmischen Tschechen, sondern Weitraer ... Haben wir daher das Recht, sie so zu richten wie uns selbst? 18 Jahre der Vereinigung des Weitra-Gebietes vermochten nämlich nicht vollends die langen Jahrhunderte der Germanisierung in Österreich rückgängig zu machen.«

Damit wurde klar, dass aus dem Weitra-Gebiet eigentlich nicht Deutsche, sondern Tschechen hinausgejagt worden waren. Der Autor vermochte noch auf ein weiteres Paradox der Vertreibung aus dem Weitra-Gebiet hinzuweisen: Während die »tatsächlichen Deutschen« in Weißenbach, im Weiler von Tannenbruck (Obora) und in Naglitz in ihren Gemeinden verblieben (denn es wurde angenommen, dass sie in den »Abschub« wie alle übrigen Deutschen aus den Böhmischen Ländern eingereiht würden), »vertrieb man Hunderte von Weitraer Tschechen aus Rottenschachen, den Weilern Paris, London, Abbrand, aus Schwarzbach und Witschoberg sowie aus anderen Dörfern«.

Der Artikel des langjährigen Weitra-Lehrers traf ins Mark, denn die Fälle vertriebener tschechischer Kinder, die nicht deutsch konnten, tauchten in zahlreichen voneinander unabhängigen Meldungen von Behörden und Abschubskommisionen auf. Der Generalstab des Ministeriums für Volksverteidigung wurde vom dem Amt des Regierungspräsidiums der Regierung der ČSR auf den Fall des Weitra-Gebietes aufmerksam gemacht. Dieser machte ihn dann durch Abschrift und Verteiler den fünf wichtigsten Ministerien und der Kanzlei des Präsidenten der Republik zugänglich.[68]

Doch fiel der Beitrag des Weitraer Lehrers über das Weitra-Gebiet mit einer Situation zusammen, die längst durch internationale Faktoren eskaliert war und von einer sich aufheizenden Spannung zwischen der ČSR und Österreich in Sachen der vertriebenen österreichischen Staatsangehörigen gekennzeichnet war. Das Amt des Regierungspräsidiums ließ deutlich durchblicken, worum es eigentlich ging. »Dem Amt des Regierungspräsidiums sind nunmehr Berichte zugegangen, dass im Weitra-Gebiet bei den Abgeschobenen wie auch bei der übrigen betroffenen Bevölkerung eine Unterschriftenaktion veranstaltet wurde, die den Angaben nach von Österreich ausging, mit dem Ziel eines Anschlusses dieses Gebietes an Österreich; dies geschah mit der Begründung, dass die Bevölkerung von dort vertrieben worden sei und daher zu Recht auch mit ihrem Gebiet zu Österreich gehören müsste. Entsprechend weiteren Berichten schreibt über die Aktion auch die österreichische Presse.«[69]

Als der Weitra-Fall internationalisiert wurde, mussten schnell Gründe und Mittel gefunden werden, um ihn herunterzuspielen und das Problem zu beseitigen. Sämtliche Anschreiben des Amtes des Regierungspräsidiums an die zuständigen (»Macht«-)Ministerien wurden mit einem übermäßig großen Stempelaufdruck »Äußerst dringlich!« versehen. Und überdies fand der bürokratische Schimmel in seiner Art der Selbstverteidigung noch zu einer besonderen Mimikry: Das Amt des Regierungspräsidiums verwies in der Einleitung des Anschreibens darauf, dass es bereits am 19. Juli 1945 auf die Angelegenheit aufmerksam gemacht habe (Sache: Weitra-Gebiet – Abschub tschechischer Bevölkerung), und dass das Ministerium des Inneren erst am 2. Oktober 1945 geantwort habe, also mit einer Verzögerung von zweieinhalb Monaten! Das Ministerium des Inneren konnte sich zwar mit dem Argument wehren, es habe bereits am 24. August 1945 den Kreis-Nationalausschuss Wittingau aufgefordert (allerdings mit einer mehr als einmonatigen Verzögerung), seine Weisungen vom 16. August 1945 bezüglich der Durchführung des Verfassungsdekretes Nr. 33/45, Sammlung der Gesetze und Verordnungen, umzusetzen, doch konnte es die zeitliche Verzögerung und Nachlässigkeit im Falle der Untersuchung dieser »dringlichen« Angelegenheit bereits nicht mehr vertuschen. Die Verantwortlichkeit für die Verzögerung der Problemlösung fiel auf das Ministerium des Inneren und seine Beamten.

Hier handelte es sich um die tschechoslowakische Staatsbürgerschaft, die Personen deutscher und ungarischer Nationalität nicht zuerkannt und ihnen dann mit Dekret vom 2. August 1945 aberkannt wurde, und dies betraf auch die nach Österreich vertriebenen Weitraer. Das Ministerium des Inneren hatte durch seine Weisungen an den Kreis-Nationalausschuss in Wittingau betont: »Entsprechend § 1, Absatz 4, und § 5 des angeführten Verfassungsdekrets verloren Personen tschechischer und slowakischer Nationalität, welche unter Zwang sich zur deutschen Nationalität oder Staatsangehörigkeit hatten bekennen müssen, nicht die tschechoslowakische Staatsbürgerschaft.«

Daher forderte das Amt des Regierungspräsidiums, »dass Verhandlungen diesen Fall betreffend beschleunigt durchgeführt werden sollten und somit der Bevölkerung tschechischer Nationalität, unter der sich zahlreiche Kinder befinden, die Möglichkeit gegeben werde, dass die gesamte tschechische Bewohnerschaft im Weitra-Gebiet diejenigen Rechte nutzen kann, welche ihm durch das zitierte Verfassungsdekret garantiert sind und die Forderung nach Erstellung der weiter oben angeführten Bescheinigung über die nationale Zuverlässigkeit erheben kann«.

Offenkundig war hier das Drängen des Ministeriums des Inneren gegenüber dem Kreis-Nationalausschuss Wittingau vom 24. August 1945 der Anlass dafür, dass beim Orts-Nationalausschuss Rottenschachen (und offensichtlich auch sämtlichen anderen Weitra-Gemeinden) aus den Mitgliedern des Ausschuss-Rates eine »Örtliche Untersuchungskommssion« gebildet wurde, die sich (durch Überprüfung, Empfehlung oder Ablehnung) mit den Gesuchen zur Erneuerung der tschechoslowakischen Staatsangehörigkeit beschäftigen sollte. Sie sollte ferner Bescheinigungen über die tschechische Nationalität, gegebenenfalls auch Bestätigungen von der staatlichen Zuverlässigkeit ausstellen.[70]

Die Feststellung, dass die Weitraer die deutsche Staatsangehörigkeit »durch Zwang« erhalten hatten und diese daher – entsprechend den Präsidialdekreten – ungültig war, brachte Václav Maxa in Rage. Seine große Mission, zu der er den Soldaten der russischen Legionen und Offizier der Vor-Münchener Armee, Oberst Hobza, hinzugezogen hatte, erwies sich durch die Vertreibung der Weitraer als undurchführbar und gesetzwidrig. Wegen der Gewaltakte kam bereits Kritik an Oberst Hobza auf, der inzwischen zum General befördert worden war, und die Ermittlungsorgane begannen allmählich nicht nur nach dem Mörder von Schwarzbach, František Říha, zu fragen, sondern generell nach dem Morden im Weitra-Gebiet. Daher sandte Maxa seinen Genossen in Prag Signale bezüglich einer Entscheidung »unserer Herren in Prag«, dass »alle ausgewiesenen Verräter zurück müssen«.

Doch Maxa irrte sich. Die Weitraer, die alten Doudleber/Teindleser, ein nicht unterzukriegendes Geschlecht, erzwangen ihre Rückkehr und stellten die Behörden vor vollendete Tatsachen. Gewöhnlich wird so etwas mit der Sprache der Diplomatie als Fait accompli bezeichnet, doch hier ging es keineswegs um große Politik, vielmehr um das tägliche Leben, dessen Rhythmus die bürokratischen Schranken sprengte. In Zelten in den österreichischen Wäldern hausend, dachten sie an ihr verlassenes Vieh und versuchten alles, um das Verbrechen der Vertreibung zu überstehen und zurückzukehren, zu Haus und Hof, Mensch und Tier.[71]

3. Die Ergebnisse der Potsdamer Konferenz – Versuch der Identifizierung eines Verbrechens

Mit der Lösung der Weitra-Frage beschäftigte man sich in den zentralen Behörden von Anfang November 1945 bis Anfang März 1946. In dieser Zeit befand sich ein erheblicher Teil der Weitraer Bürger bereits wieder in ihren ursprünglichen Heimatorten, sodass die Behörden eigentlich ex post handelten, statt den Dingen voraus zu sein. Verursacht war dies auch durch das Chaos, das in der Zeit des Wilden Abschubs bis Anfang August 1945 entstanden war, als auf die Einhaltung von Gesetzen nicht geachtet wurde, Gesetzlichkeit tagtäglich infolge terroristischer Willkürakte mit Füßen getreten wurde. Erst die Potsdamer Konferenz, die Anfang August 1945 eine sofortige Einstellung der ungeregelten Vertreibungsaktionen anordnete, brachte eine zeitweilige Beruhigung der Lage mit sich, und daher begann man erst jetzt mit der Erledigung der Angelegenheiten, die monatelang in den Schubladen der Behörden gelegen hatten.

So wurde festgestellt, dass bereits Anfang Juli 1945 in Prag eine Abordnung von »Tschechen – Landsleuten aus der Gemeinde Rottenschachen und deren Umgebung im Weitra-Gebiet« in Prag war, um der Kanzlei des Präsidenten der Republik und dem Amt des Regierungspräsidiums ein umfangreiches Memorandum vorzulegen mit der Bitte »um Fürsprache und Hilfe für die tschechischen Einwohner des Weitra-Kreises, die in bemerkenswerter Zahl über die tschechoslowakische Grenze hinweg auf österreichisches Staatsgebiet mit der Begründung abgeschoben worden waren, sie seien Deutsche«. Später wurde dann konstatiert, dass bereits zur Zeit der Maßnahmen der Hobza-Einheiten der Kreis-Nationalausschuss in Wittingau entsprechende »Einwände erhoben hatte und insbesondere forderte, dass mit dem Abschub bis zu einer vollständigen Ordnung und Lösung der deutschen Frage gewartet werden sollte«. Auch hier wurde ex post konstatiert, dass Hobza die Vertreibung »im Einvernehmen mit den örtlichen Nationalausschüssen« durchgeführt habe, und nach Feststellung im Amtsvermerk des Regierungspräsidiums hieß es dann: »Gegen die Zusammensetzung der örtlichen Nationalausschüsse wurden später Einwände erhoben und es kam zu etlichen Veränderungen.«

So wurde also bereits von allem Anfang an festgestellt, dass es bei der Vertreibung der Weitraer zu Widersprüchlichkeiten zwischen der Kreisbehörde und den Hobza-Einheiten gekommen war, zu einem vorzeitigen und voreiligen Handeln, schließlich und endlich zur Verletzung des Gesetzes und zu gesetzwidrigem Tun.

Das Amt des Regierungspräsidiums, das in der Angelegenheit den Rat der zuständigen Ministerien bis zum 6. November 1945 einholte (des Inneren, für Volksverteidigung, Landwirtschaft, Arbeitsschutz und Sozialfürsorge sowie Auswärtige Angelegenheiten) bemühte sich, die Würde zu wahren und führte daher an, dass es bereits am 19. Juli 1945, also zwei Wochen nach Übergabe des Memorandums, »die zuständigen Ressorts« der Ministerien auf die gesamte Angelegenheit aufmerksam gemacht habe. Erst zweieinhalb Monate später begann das Ministerium des Inneren zu handeln – am 2. Oktober 1945! – und machte den Kreis-Nationalausschuss Wittingau auf das Dekret des Präsidenten der Republik Nr. 33/45, Sammlung der Gesetze und Verordnungen, und die hierzu erlassenen Weisungen aufmerksam. Und noch später erst geriet das Ministerium für Volksverteidigung in Bewegung; in Schreiben von Ende Oktober 1945 (24.–25.10.1945) »beschränkte es sich auf die Ermittlung insbesondere dessen, ob Leutnant Kužel, der Militärkommanadant in Rottenschachen war, vom dienstlichen Standpunkt aus rechtmäßig gehandelt hat«. Die Mitteilung des Ministeriums, dass es in seinem Vorgehen keine Mängel festgestellt habe, erschien in dem Sinne, dass das Ministerium es ablehnte, sich zum Wesentlichen der Sache zu äußern, sich nämlich mit der Handlungsweise eines hohen Offiziers, des Oberst Hobza und derjenigen Einheiten zu beschäftigen, welche seinerzeit unter der Führung des Generalstabs gestanden hatten. Für die Durchführung der Vertreibung war vor allem dieses Ministerium verantwortlich. Am meisten fühlte sich der Minister für Auswärtiges Jan Masaryk berührt; durch seinen Vertreter Dr. Ševčik ließ er dem Amt der Regierung mitteilen, dass man überstürzte Aktionen wohl »hätte vermeiden können« (»wie von diesen die Rede gewesen ist«), und dass aus einem innerstaatlichen Problem, das auf »kurzem Wege« hätte gelöst werden können, nunmehr ein internationales Problem geworden sei, »insbesondere deshalb, weil uns im Ausland in dieser Hinsicht besondere Aufmerksamkeit zugewandt wird«.

Wie konnte man aus dieser verfahrenen Lage herausfinden, da doch alle besagten Ministerien beizeiten das Problem des Weitra-Gebietes ungelöst ließen, das mit einem Mal zu einem internationalen Problem geworden war? Die Beratung gelangte schließlich zu nachfolgendem grundsätzlichen Beschluss: »Der Abschub von Weitra-Bewohnern geschah am 25. Mai d. J.[72], d.h. zu einem Zeitpunkt, als es keine Vorschriften darüber gab, wer als Angehöriger der tschechischen Nationalität und tschechoslowakischer Staatsbürger zu gelten habe. Falls es sich in diesem Fall um eine Mehrheit der Einwohnerschaft tschechischer Nationalität handelt, ist es begründet, eine Revision dieses Abschubs durchzuführen und somit den abgeschobenen Familien tschechischer Nationalität die Möglichkeit zu geben, Bürger im Geiste des Dekrets des Präsidenten der Republik Nr. 33/1945, Sammlung der Gesetze und Verordnungen, zu sein.«[73]

Die Beratung stellte fest, dass »sich entsprechend dem heutigen Stand der Dinge ein bedeutender Teil der abgeschobenen Tschechen bis heute noch auf österreichischem Gebiet befindet, und so geht es darum, Maßnahmen für deren Rückkehr in die Wege zu leiten«. Daher wurden die einzelnen Ministerien angewiesen, die Beratungsbeschlüsse umzusetzen. Hierarchisch genommen hatte das Ministerium des Inneren über das Referat B seines Ansiedlungsamtes und dann über den Landes-Nationalausschuss in Prag zu verfügen, dass seine Delegierten in Zusammenarbeit mit dem Kreis-Nationalausschuss in Wittingau »die Rückkehr aller abgeschobenen Tschechen aus dem Weitra-Gebiet, die sich an der österreichisch-tschechoslowakischen Grenze aufhalten«, veranlassen. Weil man nicht wusste, wer eigentlich Tscheche, wer Österreicher sei, wer sich unter Druck und mit Zwang »zu den Deutschen« geschlagen oder wer dies freiwillig getan hatte, sollten daher alle Vertriebenen (Abgeschobenen, Ausgesiedelten usw.) zurückkehren, damit dann daheim eine ordnungsgemäße Klassifizierung vorgenommen werde. Die Österreicher sollten nicht ihren Spaß daran haben dabei zuzusehen, wie die Tschechen ihre Angehörigen klassifizieren, um die sie doch vor 25 Jahren auf der Pariser Konferenz so sehr gekämpft hatten. Damit die Schande zu Hause verbleibt, sollte die schmutzige Wäsche nicht vor der Weltöffentlichkeit gewaschen werden … Diese Schwejkiade verblieb jahrzehntelang für die tschechischen Behörden geltendes Gesetz. Möglicherweise hat sie aber auch die Jahrtausendgrenze überschritten …

Im Hinblick darauf, dass unverzüglich durch unterschiedliche Aufrufe und gesetzwidrige Machenschaften Volksverwalter aus dem Landesinneren in das verlassene Eigentum eingesetzt wurden, die bereits im Verlauf weniger Wochen[74], insbesondere aber im Juni und Juli 1945, in sämtliche Weitra-Dörfer gekommen waren, wurde nunmehr entschieden, dass die »Volksverwalter des Weitra-Gebietes ... dazu verpflichtet sein werden, die Anwesen von Weitraer Tschechen zu verlassen und in ausgewiesene Gebiete des Kreises Tabor zu ziehen«. Doch auch hier war die Realität den Prognosen und Amtshandlungen weit voraus: Die vertriebenen Bürger kehrten spontan oder mit Genehmigung der zuständigen Orts-Nationalausschüsse oder auch des Kreis-Nationalausschusses zurück, und so wurden dann auch die Volksverwalter durch die ursprünglichen Eigentümer, aber auch durch die Entscheidung der örtlichen Nationalausschüsse im wahren Sinn des Wortes hinausgedrängt und zum Wegzug genötigt. Nach Rottenschachen waren nach und nach an die 30 Familien von Volksverwaltern zugezogen, doch bereits im Dezember 1945 waren es nur noch fünf; »der ungeordneten Verhältnisse wegen haben 25 Familien die hiesige Gemeinde wieder verlassen«, kann man in einem Memorandum von 49 Rottenschachener Bürgern vom 22. Dezember 1945 nachlesen.[75] Ähnlich fielen die Reaktionen der Neusiedler in den weiteren Weitra-Gemeinden aus. Sie gingen mit Murren gegenüber dem tschechoslowakischen Staat weg, und sie machten sich nicht einmal ihre Habsucht bewusst, mit der sie an ein fremdes, gestohlenes Eigentum gekommen waren. Doch bildeten sie insofern eine Ausnahme, als Hunderttausenden anderen Volksverwaltern, die nach den vertriebenen oder »abgeschobenen« Deutschen deren Eigentum besetzt hatten, eine derartige Lehre und ein solches Schicksal, aus gestohlenem Eigentum wieder verschwinden zu müssen, nie zuteil wurden.

Das Ministerium für Volksverteidigung wurde aufgefordert, im Weitra-Gebiet eine Zone zu schaffen, »in der entsprechend der Gesetzeslage zum Schutz des Staates allein zuverlässige Tschechen angesiedelt werden sollen«. Die 1. Abteilung des Generalstabs des Ministeriums für Volksverteidigung bestimmte bereits am 22. November 1945 einen Abschnitt, der durch die Ortsgrenzen von Gratzen, Jakule, Suchenthal an der Lainsitz, Klikau und Erdweis unter Einschluss der genannten Ortschaften bestimmt war. In diesem sollten »keineswegs unzuverlässige Bürger tschechoslowakischer Staatsangehörigkeit angesiedelt werden, die in ihre Heimatgebiete zurückkehren«.[76] Doch dies war ja nur ein Teilabschnitt des gesamten Weitra-Gebietes; die Armeeplaner wussten wohl selbst nicht einmal, was sie forderten – ihre Forderung wurde einfach notiert um des Notierens willen: Im Grenzgebiet dürfen ausschließlich staatlich zuverlässige Bürger leben. Aber wer sollte sie denn durchsieben, die Kaderakten erstellen und sie bewachen? Die Entschließung des Ministeriums für Volksverteidgung zeigt, wie schnell man damals die Weitra-Frage lösen musste und zwar ohne gründliche Überprüfung, lediglich um die vorgesetzte Behörde – das Regierungspräsidium – mit einer formellen Antwort zu beruhigen. Auch die anderen Ministerien fanden neblige und weit ausladende Formulierungen in Bezug auf die »unzuverlässigen« Bürger – aber was sollte mit diesen geschehen? Bereits hier zeichnete sich die monströse Lösung einer neuerlichen Vertreibung ab.

Ohne dass man die Realisierung des Beratungsbeschlusses vom 6. November 1945 abgewartet hätte, bekamen die vertriebenen Weitraer trotzdem Kenntnis von der Angelegenheit. Wie träge der bürokratische Schimmel in dieser Frage war und wie sehr er die Angelegenheit künstlich verlängerte, ist dem Vorgehen des Ministeriums für Arbeitsschutz und Sozialfürsorge zu entnehmen, das den Kreis-Nationalausschuss Wittingau offiziell über die Beschlüsse der oben genannten Beratung in Kenntnis setzte und die Weisung zur Umsetzung dieser Beschlüsse bis zum 10. Dezember 1945 erließ – dies alles also mit mehr als einmonatiger Verzögerung.[77] Es war so, als ob man fortwährend auf irgendeinen Eingriff von außen wartete, der die Ergebnisse der Entscheidungen gewendet hätte. Unbeschadet der grundsätzlichen Entscheidung vom 6. November 1945 im Präsidium der Regierung hielt der Vertreter des von den Kommunisten unter dem Slowaken Július Ďuriš kontrollierten Ministeriums für Landwirtschaft am 12. November 1945 eine Sitzung mit dem Vorsitzenden des Kreis-Nationalausschusses in Wittingau ab, in der eine Entscheidung bezüglich des Vorgehens in Sachen Eigentumskonfiskationen im Weitra-Gebiet getroffen wurde. Dies betraf »Personen deutscher Nationalität, »Verräter und Feinde der ČSR« sowie »Personen tschechischer Nationalität, die nicht völlig zuverlässig sind (weil sie Verwandte in Österreich haben u.ä.) und die man daher anderswohin übersiedeln müsste, d.h. in einen weiter entfernten Kreis, von wo sie nicht mehr einfach nach Rottenschachen fahren können … Die so geräumten Anwesen würden wiederum mit Ankömmlingen aus einem anderen Gebiet besiedelt werden.« Das Ministerium für Landwirtschaft machte am 28. Januar 1946 auf eine Vereinbarung mit dem Kreis-Nationalausschuss vom 12. November 1945 aufmerksam und forderte eine »beschleunigte

Mitteilung jener Personen«, die für eine Aussiedlung in das Landesinnere in Frage kämen.[78]

Hier handelte es sich buchstäblich um eine Umkehrung des Beratungsbeschlusses vom 6. November 1945. Dort war nämlich festgestellt worden, dass es zur Vertreibung der Weitraer zu einem Zeitpunkt gekommen war, als es noch keinerlei Vorschriften bezüglich der Bestimmung der Nationalität gegeben hatte; erst nach ihrer Rückkehr nach Hause konnte man an die Aufteilung der Vertriebenen entsprechend ihrer tatsächlichen Nationalität und staatlichen Zuverlässigkeit gehen. Das Ministerium für Landwirtschaft hatte aber bereits eine klare Vorstellung davon, dass im Weitra-Gebiet das Eigentum von Personen deutscher Volkszugehörigkeit, von Verrätern und Kollaborateuren entsprechend dem Benesch-Dekret Nr. 12/45, Sammlung der Gesetze und Verordnungen, unverzüglich (»sofern dies bisher nicht geschehen ist«) konfisziert werden sollte. Gleichzeitig wurde der Kreis-Nationalausschuss Wittingau angewiesen, die »nicht völlig zuverlässigen« Personen zu benennen – d.h. Personen, die Verwandte in Österreich hatten, was jedoch eigentlich bei nahezu allen Weitraern der Fall war. Diese sollten in entfernte Kreise ausgesiedelt werden (»von wo sie nicht mehr hierher fahren können«). Das war allerdings ein Novum, das bereits auf die nachfolgende Tragödie vorauswies, die jedoch erst unter kommunistischer Herrschaft verwirklicht wurde. Was aber grundsätzlich im Widerspruch zum Beschluss der November-Beratung im Amt des Regierungspräsidiums stand, war die Entscheidung in Bezug auf die erneute (»wiederum neue«) Besiedlung der »leer gewordenen Anwesen« mit neuen Volksverwaltern. Die Beratung im November 1945 hatte gerade dem Ministerium für Landwirtschaft aufgetragen, die »Weitraer Volksverwalter« in andere Kreise umzusiedeln, weil diese »die Pflicht haben werden, die Anwesen Weitraer Tschechen zu verlassen«.

Bereits hier ist zu sehen, wie die Kommunisten vereinbarte Vorgehensweisen in bestimmten Ressortministerien, die sie beherrschten (insbesondere aber die Ministerien des Inneren und für Landwirtschaft), keineswegs respektierten, sondern buchstäblich das machten, was immer sie wollten – dies waren langsame, aber sichere Schritte zur Erlangung der vollen Macht im Staat, denen die nicht kommunistischen Repräsentanten, die von der von ihnen selbst mit geschaffenen Nationalen Front umklammert waren, nicht zu begegnen vermochten; sie waren doch selbst durch ihren Anteil an dem kolossalen Raub von Eigentum der vertriebenen Deutschen korrumpiert (woran später der slowakische Sozialdemokrat Ivan Dérer erinnert hat).[79]

Wie bereits angeführt, wusste man im Weitra-Gebiet bereits, was Anfang November 1945 in Prag vereinbart worden war, und diese befreiende Nachricht verbreitete sich blitzartig auch unter den Vertriebenen in den nahen Wäldern und Gemeinden Österreichs.[80] Ohne dass man die Weisungen aus Prag abgewartet hätte – die ja erst mit einmonatiger Verzögerung kamen –, kehrten die Weitraer nach und nach in ihre Ansiedlungen zurück. Die Kommandantur des Korps der Nationalen Sicherheit erstattete Mitte Dezember 1945 einen Bericht über die Rückkehrer mit der Zusatzbemerkung, falls eine betreffende Person die »Erlaubnis zur Rückkehr« habe und bei allen vermerkt wurde, dass sie diese »nicht hat«, so solle dies wohl bedeuten, dass sie noch nicht offiziell von der amtlichen Entscheidung Prags vom November 1945 Kenntnis hatte. Im Übrigen findet sich in den Verzeichnissen der Rückkehrer zwischen Januar und März 1946 dieser Vermerk nicht. So kehrten also bis Mitte Dezember 1945 nach Rottenschachen 73 Personen zurück[81], im Januar 1946 waren es 71 Personen, im Februar 16 und im März 1946 dann 30 Personen, zusammen also 190. Sofern der Rottenschachener Chronist 600 Menschen vermerkte, die aus der Ortschaft »über die Grenze (nach Österreich) geschickt wurden«[82], so kehrte an der Jahreswende 1945/46 ein Drittel zurück, genauer: 31,6 %. Die Angaben über die ausgewiesenen Personen und Familien, die die Behörden führten, lagen aber höher.[83]

	Erdweis	Rottenschachen	Gundschachen	Insgesamt
1945 nach Österreich vertriebene Familien	6	360	32	398
Zurückgekehrte Familien	6	334	25	365

Die Verzeichnisse der Rückkehrer, die entsprechend den Hausnummen und der gemeinsamen Wohnstätte identifiziert wurden, zeigten, dass einige Familien aus 4-6 Mitgliedern bestanden; in der Mehrzahl ging es aber um Ehegatten mit jeweils zwei Leuten. Falls aus Rottenschachen 360 Familien ausgesiedelt worden waren, kann angenommen werden, dass es sich im Durchschnitt um jeweils mindestens drei Personen handelte, folglich also an die 1100 Personen vertrieben wurden, d.h. doppelt so viele wie von der Rottenschachener Chronik genannt. Insgesamt wurden also aus Rottenschachen und seinen zugehörigen Ortschaften Gundschachen und Erdweis an die 1200 Menschen vertrieben. Es ist aber interessant, dass 26 Familien ablehnten, nach Rottenschachen zurückzukehren – an die 80 Menschen; nach Gundschachen wollten sieben Familien mit etwa 25 Personen nicht zurück; zusammen waren es also mehr als 100 Personen. Nichtsdestoweniger lässt sich annehmen, dass innerhalb der Zeit bis zur offiziellen Rückkehrgenehmigung für alle Weitraer im Dezember 1945 auf verschiedenen Wegen und durch Ausnahmeregelungen rund zwei Drittel der Ende Mai Ausgesiedelten wieder zurückkehrten. Die Behörden hielten zum Jahresende 1945 eigentlich nur den Stand fest, und durch die Genehmigung der Rückkehr für den Rest der Vertriebenen bestätigten sie lediglich die Tatsache, dass sie in einer erledigten Angelegenheit tätig waren.

1946 kehrte auch der Rest der Kriegsgefangenen aus Rottenschachen und Witschoberg zurück; ausgenommen davon waren sieben Gefangene, die erst 1947 zurückkehrten. Insgesamt kehrten 100 Kriegsgefangene zurück.[84]

Der Krieg hatte dem Weitra-Gebiet einen grausamen Zins abverlangt, wie den zusammenfassenden Angaben zu entnehmen ist:

	Erdweis	Rottenschachen	Gundschachen	Insgesamt
Soldaten in der deutschen Wehrmacht	9	204	21	234
Gefallene	4	62	5	71
Vermisste	2	8	1	11

Allein aus dem engen Bereich Rottenschachens kehrten demnach 82 Männer nicht zurück; dies bedeutet einen Opferanteil von 35%. Diese Zahl übertraf bei weitem die Anzahl gefallener sudetendeutscher Soldaten.[85] Allein schon wegen dieses Anteils hatten die Rottenschachener keinerlei Grund, sich mit Ehre und Dank an Hitlers Reich zu erinnern – sie verwünschten es genauso wie alle übrigen, welche die moralische Last der nationalsozialistischen Verbrechen tragen mussten.

Wie die Rottenschachener Einwohner, so kehrten auch die Bürger der anderen Weitra-Gemeinden aus dem österreichischen Vertriebenendasein zurück. Auch die Schwarzbacher kehrten heim und mit ihnen die Ehefrauen, Kinder und Verwandten der Hingerichteten. Erstmals konnten sie nun vor deren ewiger Ruhestätte auf dem Schindanger niederknien, eine Kerze entzünden oder eine Blume auf dem kleinen Grab aus Sand niederlegen, da sie ja zur Zeit des Mordes schon alle jenseits der Berge gewesen waren, wo sie dann die niederschmetternde Nachricht über das Verbrechen erreicht hatte. Als ob es sich hier nicht um Menschen handeln würde, sondern Tierkadaver, die man am Straßenrand am Ortsende vergraben musste! Einen Platz auf dem Friedhof, wo ihre Vorfahren ruhten, verbot ihnen die neue Macht und die mit ihr aufgekommene Wolfsmoral.

Und die neue Macht schien zu erwarten, dass die Witwen und Waisen ihr für die Hinrichtung ihrer Familien noch Dank abstatteten. Der Vorstand des Gebietsamtes der Staatssicherheit in Budweis schrieb über sie an seine Vorgesetzten in Prag: »Dass die Frauen der Hingerichteten ihre Kinder zum Hass gegen alles Tschechische erziehen, das ist selbstverständlich, und man kann von dieser Bevölkerung nichts anderes erwarten, insbesondere dann, wenn sie im Ort selbst wohnen.« Wo doch selbst die Schwarzbacher den Massenmord an ihren Landsleuten verurteilten und nicht verstanden, dass es um die Schuld von Verrätern gehen sollte? Der Chef der Staatssicherheit in Budweis drückte mit kommunistischer Gefühllosigkeit folgende Überzeugung aus (wobei noch angemerkt werden muss, dass die Staatssicherheit in Budweis seinerzeit bereits definitiv von der KPTsch beherrscht war): »Es muss noch notwendigerweise hinzugefügt werden, dass zahlreiche tschechische Menschen in der Gemeinde einerseits aus Gründen verwandtschaftlicher, persönlicher und materieller Bindungen die Schuld dieser (Hingerichteten – J.M.) nicht verstehen wollen, andererseits aus Unkenntnis der Folgen der schweren Verfehlungen, deren sich diese Leute[86] schuldig gemacht haben, bei tschechoslowakischen Behörden intervenieren. Die Behörden beurteilen dieses Tun oftmals nachsichtig und kommen diesen Personen noch entgegen, um sie zu gewinnen. Es wird darauf hingewiesen, dass die Ehefrauen der Hingerichteten sich nichts hätten zu Schulden kommen lassen, und dabei wird ganz und gar übersehen, dass diese Frauen während der Okkupationszeit zusammen mit ihren Männern dem Nazismus treu ergeben waren.[87] Auch auf der öffentlichen Sitzung der Tschchoslowakischen Volkspartei in Rottenschachen wurde gesagt, dass diese Frauen und Kinder der Hinterbliebenen unschuldig leiden und darben, obwohl das doch nicht wahr ist, weil diese Hinterbliebenen wie jeder tschechische Mensch leben, der ordentlich arbeitet … Und es muss auch noch hinzugefügt werden, dass etliche in ihrem eigenen Haus wie früher leben. Dass ihnen ihr Eigentum nicht zurückgegeben wurde, ist selbstverständlich …«[88]

Diese Zusammenhänge der Beurteilung des Mordgeschehens in Schwarzbach mit dem Blick auf ihre Familien und Verwandten wurden hier ganz bewust hervorgehoben. Es zeigte sich nicht nur in Schwarzbach, sondern auch in Rottenschachen und in den anderen Weitra-Gemeinden, dass die Weitraer selbst den Massenmord vom 24. Mai 1945 und die folgenden Morde schroff verurteilten und dass über der ganzen Gegend eine düstere Stimmung wegen dieses nicht bestraften Mordes hing, an den man tagtäglich angesichts der Schicksale der Witwen und Waisen der Ermordeten erinnert wurde. Wenn wir uns einmal vergegenwärtigen, dass das ganze Weitra-Gebiet jahrhundertelang durch Verwandtschaftsbeziehungen ungewöhnlich stark verbunden war, dass die Menschen hier in der Abgeschlossenheit ihrer Dörfer und der Gegend untereinander heirateten – und dies kann man im Einzelnen an der Häufigkeit der Namen in der gesamten Region wie auch im nahe gelegenen Österreich feststellen –, so betraf also das Morden in Schwarzbach und in Suchenthal an der Lainsitz ebenso wie die Vertreibung Tausender Menschen in die österreichischen Wälder beinahe alle Einwohner des Weitra-Gebietes, buchstäblich fast alle, was diese dann auch kundtaten. Warum machte gerade in Rottenschachen, wo es dank aufrechter Menschen nicht zum Mord gekommen war, das Schicksal der Schwarzbacher Witwen und Waisen so viele Einwohner betroffen? Warum hatten denn diese Vorhaltungen, die ganz allgemein gegen den Staat, und noch dazu wegen eines Mordes, gerichtet waren, ein solches Echo?

Allerdings beunruhigte die Rückkehr der Hinterbliebenen die Behörden mehr von anderen Gesichtspunkten aus, kam es hier doch zu einer Revision bereits vollzogener staatlicher Maßnahmen in Bezug auf das Eigentum der ermordeten, aber auch der vertriebenen Schwarzbacher Bewohner. Dazu nochmals der Chef der Staatssicherheit in Budweis: »Im Frühjahr 1946 kehrten die durch Hobza ausgewiesenen Personen aus Österreich zurück und mit ihnen auch etliche Ehefrauen Hingerichteter. Auf ihrem Eigentum befanden sich aber bereits tschechische Volksverwalter, die wegen dieser Rückkehr unzufrieden waren, und so ließ manch einer von ihnen die Verwaltung einfach stehen und verließ die Gemeinde mit der Befürchtung, dieses Eigentum später zu verlieren. Die Hinterbliebenen sind nunmehr um die Rückgabe des Eigentums bemüht, zu welchem Zweck sie daher gezielt verschiedene Nachrichten verbreiten, die die Volksverwalter beunruhigen, wie zum Beispiel, dass ein Krieg drohe, was selbst die Tagespresse schreibe, und dass die Deutschen wiederkommen würden und Ähnliches.«[89]

Es ist somit nicht verwunderlich, dass die Mitarbeiter der Staatsicherheit nicht registrierten, dass die Entscheidung über die Umsiedlung der Volksverwalter nicht durch das Auftreten der örtlichen Bewohner und Gerüchte herbeigeführt worden war, sondern durch die Staatsorgane in Prag mittels der bereits im Herbst 1945 gefällten Entscheidungen. Es war für das schizophrene Handeln der Staatsverwaltung der seinerzeitigen Nationalen Front bezeichnend, dass die Kommunisten grundsätzlich diejenigen Entscheidungen nicht respektierten, welche im Widerspruch zu ihren Wünschen und der Ausrichtung auf die Erringung der absoluten Macht im Staate standen. Und schon gar nicht zogen sie in Betracht, dass auch die örtlichen Staatsorgane – nämlich die Orts-Nationalausschüsse – 1945 und 1946 Beschlüsse fassten, mittels derer sie die Volksverwalter aus dem Weitra-Gebiet hinausexpedierten, wobei sie selbst wiederum durch die rückkehrende Bevölkerung dazu gezwungen wurden, die ihrerseits in ihr Eigentum zurückkehren wollte. Insbesondere der Orts-Nationalausschuss in Rottenschachen ergriff Maßnahmen, um die Zahl der Volksverwalter auf ein Minimum zu reduzieren und den Ortsbewohnern Lizenzen für ein Gewerbe und einen Betrieb zu erteilen.[90]

Selbst wenn man hier der Darstellung bereits vorgreift, so muss man doch die Grundtendenz betonen, mit der von Seiten des Staates gegenüber den Einwohnern von Schwarzbach, aber auch des gesamten Weitra-Gebietes, der Staatsapparat sich als Machtinstrument durchsetzte. Ganz lapidar drückte dies der Chef der Staatssicherheit in Budweis mit folgender Formulierung aus: »In Schwarzbach wird erst dann wieder Ruhe einkehren, wenn diese Personen, insbesondere die Hinterbliebenen der Hingerichteten, aus Schwarzbach ausgesiedelt sein werden, denn sie beunruhigen die Volksverwalter, die sich auf ihrem Eigentum befinden.«[91]

Das bedeutete: Im Weitra-Gebiet wird es keine Ruhe geben, solange die vertriebenen Weitraer vom Mai 1945 in ihren ursprünglichen Gemeinden in der Gegend leben. Die einzig anzustrebende Lösung war also: Aussiedeln und im Landesinneren zerstreuen!

Am 12. März 1946 erstellte der Orts-Nationalausschuss in Schwarzbach ein Verzeichnis der »zurückgekehrten Deutschen«. Er führte darin 57 Familien mit insgesamt 103 Personen an, die zurückgekehrt waren[92], aber auch 13 Familien mit zusammen 35 Personen, die nicht zurückgekehrt waren. Das Verzeichnis wurde nur zur Hälfte fertig gestellt und vermerkte nicht die Anzahl der Angehörigen von Familien, die bis zu sechs Kindern hatten.[93] Verzeichnet wurden vor allem die Familienoberhäupter und die Entscheidung bezüglich ihres Verbleibens in Schwarzbach oder ihrer Umsiedlung ins Landesinnere. Aus dem Verzeichnis ging hervor, dass sechs Familien aus Schwarzbach in andere Weitra-Gemeinden ausgesiedelt (»umgesetzt«) würden: vier nach Rottenschachen, eine nach Tannenbruck, eine nach Suchenthal an der Lainsitz, 32 Familien und Einzelpersonen der Rückkehrer verblieben in Schwarzbach und 66 Familien sowie Einzelpersonen würden aus Schwarzbach ins Landesinnere umgesiedelt.

Doch lässt sich nur schwer feststellen, zu welch seltsamen Mutationen es hier kam – denn auf die Aufforderung des Kreis-Nationalausschusses Wittingau vom Oktober 1946 über die Vorlage eines Nachweises betreffs des Standes von Deutschen zum 15. Oktober 1946 meldete der Orts-Nationalausschuss Schwarzbach, dass es in der Gemeinde 64 Deutsche gäbe, von denen wiederum drei österreichische Staatsangehörige seien, und er fügte hinzu: »Keiner kommt für einen Abschub in Frage, alle sind nämlich tschechischer Herkunft.« Der Kreis-Nationalausschuss Wittingau antwortete am 23. Oktober 1946, »dass die Nachweise nicht weiterhin unterbreitet werden, weil es sich sämtlich um Personen tschechischer Herkunft handelt, die dem Abschub nicht unterliegen, außer dass sie diesen ausdrücklich verlangen«.[94] Und auf einmal erklärte der Orts-Nationalausschuss Schwarzbach 64 Deutsche in der Gemeinde zu Tschechen: Letztlich fanden sich hier sogar die Angehörigen dreier »Verräter«, die im Mai 1945 hingerichtet worden waren: die Familien Josef Korbel (die Mutter Růžena und drei Kinder), von Jan Koranda (Ehefrau Marie und drei Kinder) und die Ehefrau von Karel Cipusch (Zipusch), Anna,

Jg. 1878. Und obwohl diese Familien als Tschechen deklariert wurden, war ihr Eigentum dennoch beschlagnahmt und Volksverwalter eingesetzt worden. Doch wurde das Eigentum sämtlicher vertriebener Einwohner Schwarzbachs ausnahmslos beschlagnahmt: So schrieb die Gendarmeriestation Klikau am 10. April 1947 in einer Meldung an die Besiedlungskommission des Ministeriums für Landwirtschaft per Adresse des Verbindungsoffiziers in Neuhaus: »Sämtlichen hier angeführten Familien bzw. Personen, die sich während der Okkupationszeit zur deutschen Staatsangehörigkeit bekannt hatten, wurde das Eigentum beschlagnahmt und so ist dieses als besitzlos anzusehen.«[95]

Im Falle der Rückkehrer nach Schwarzbach wurde wiederum die Frage der nationalen Zugehörigkeit aufgeworfen – wen sollte man eigentlich für einen Deutschen und wen für einen Tschechen halten, und wie sieht es denn mit der Staatsbürgerschaft der Weitraer aus? Hatten sich tatsächlich alle Vertriebenen freiwillig zur deutschen Nationalität bekannt, war hier keinerlei Druck ausgeübt worden, weshalb sie nun schwere Folgen zu ertragen hätten? Und überdies: Es ging doch um eine Gegend, die dauerhaft ein Teil des Königreiches Böhmen und des tschechischen Staates gewesen war, somit auch des Grenzgebietes der ČSR – oder nicht?

Diese Fragen wurden ebenfalls in der Beratung vom 6. November 1945 im Amt des Regierungspräsidiums auf eine ganz untraditionelle Weise gelöst – auf einmal wurde der »besondere Charakter« des Weitra-Gebietes festgestellt und somit auch die Notwendigkeit »einer anderen Beurteilung der Bevölkerung des Weitra-Gebietes und des Hultschiner Ländchens« als der Bevölkerung der übrigen Regionen der Republik. Davon wurde auch die Eigentümlichkeit einer Lösung der Nationalitätsfrage und der Staatsangehörigkeit der Weitraer abgeleitet.[96] Es ging hier um eine Revision der Wilden Vertreibung und überhaupt um das Prinzip der Vertreibung der Deutschen aus der ČSR, die damals im allerhöchsten politischen Interesse des Staates lag. Wie konnte man denn dieses Interesse in Übereinstimmung mit der unhaltbaren Praxis der Vertreibung von Tschechen bringen, da doch gerade die ČSR bei ihrem Entstehen sich darum so sehr bemüht hatte? Entsprechend der seinerzeitigen Praxis und der Gesetzesauslegung, insbesondere des Dekrets des Präsidenten Benesch Nr. 33/45, Sammlung der Gesetze und Verordnungen, vom 2. August 1945 hatten sich die Weitraer durch ein eindeutiges

Bekenntnis mit nur geringen Ausnahmen zur deutschen Nationalität bekannt und damit »Verrat begangen«.

Man wusste, dass die Rückkehr der Vertriebenen auf den harten Widerstand der »treuen Tschechen« und der nationalistisch sowie antideutsch orientierten Behörden stoßen würde. An erster Stelle rangierte hier der hysterische Widerstand der Volksverwalter, die in das Eigentum der Vertriebenen »eingesetzt worden waren« und »sich dagegen wehren, wegziehen zu müssen«. Ein weiteres Hindernis stellte die öffentliche Meinung der Einwohnerschaft Südböhmens und insbesondere des Weitra-Gebietes dar, die »gegenüber diesen abgeschobenen Tschechen befangen war«; »viele von ihnen haben möglicherweise nicht stets im Geiste des Volksbewusstseins und der Treue gegenüber Volk und Staat gehandelt«. Das dritte Hindernis stellte die Furcht des Kreis-Nationalausschusses Wittingau davor dar, dass im Hinblick auf die bereits genannte öffenliche Meinung Vorhaltungen des Inhalts erhoben würden, »dass er unzuverlässligen Bürgern oder sogar den Deutschen behilflich sei«, wo doch allgemein bekannt war, dass »dieser Abschub nicht auf Initiative« des Kreis-Nationalausschusses Wittingau »durchgeführt wurde«. Doch bedeutete diese ganze Gefahr rein gar nichts im Vergleich zu der eines drohenden neuerlichen Anschlusses der südlichen Gebiete an Österreich und zwar nicht allein des Weitra-Gebietes, sondern ebenfalls bedeutender Teile Südmährens, die ebenfalls 1920 Österreich abgenommen und der ČSR zugeschlagen worden waren. Entsprechend einem ministeriellen Vermerk – gegen die angeführten Gefahren, die eine Revision der Vertreibung hervorrufen würde – sei »andererseits in Erwägung zu ziehen, dass im Weitra-Gebiet weiterhin eine Unterschriftenaktion für den Anschluss dieses Gebietes an Österreich kursiert und dass dieser Unterschriftenaktion seitens der österreichischen Presse bereits entsprechende Aufmerksamkeit zuteil wird. Schließlich wurde in Österreich ein Komitee konstituiert, das sich die Propagierung zur Aufgabe gemacht hat und diesem Gebiet einen weiteren Abschnitt der tschechisch-österreichischen Grenze zuschlägt, insbesondere Südmähren, das Marchfeld und die Gegend entlang der Thaya. Es ist unwahrscheinlich, dass diese Aktion der Aufmerksamkeit fremder Korrespondenten und fremder Vertretungsbehörden entgehen wird. Aus dem weiter oben Angeführten ergibt sich die Schlussfolgerung, dass es erforderlich ist, diesen Sonderfall, der für ganz Böhmen einzigartig ist, vollständig zu beseitigen, falls aus ihm nicht weitere unangenehme Folgen für unsere Sache hervorgehen sollen«.[97]

Auf einmal wurde aus dem Weitra-Gebiet der »alleinige« Ausnahmefall in Böhmen; das bedeutete seine Lösung um jeden Preis im Sinne einer «vollständigen Liquidierung«. Es wurde folglich betont, dass durch den Friedensvertrag von St. Germain vom 10. September 1918 der Tschechoslowakei das Weitra-Gebiet einverleibt worden war, »das überwiegend von einer Bevölkerung tschechischer Nationalität bewohnt war«. Und weil ja der Pariser Friedensvertrag bei der Anerkennung neuer Staaten in Mitteleuropa vor allem auf dem Minderheitenschutz basierte, »so übernahm mit diesem Vertrag die Tschechoslowakei auch den Rechtsschutz dieser Bewohner als tschechoslowakische Bürger«. Und mit einem Mal wurden sie über die Grenze dieses Staates hinaus vertrieben, auch wenn – bei entsprechender Zitierung der Volkszählungs-Statistik von 1934 – sich nur ein Tausendstel der Bewohner zur deutschen Nationalität bekannt. Überdies sei nach dem Münchener Abkommen der Landstrich nicht durch das Dritte Reich besetzt worden, sondern vielmehr auf der Grundlage einer Initiative »örtlicher Faschisten« – hier wurden die Fakten ein wenig verbogen! –, und damit »änderte sich grundsätzlich die Haltung seiner Bevölkerung, auf die von da ab die gleichen Vorschriften angewandt wurden wie auf ehemalige deutsche Bürger, insbesondere hinsichtlich der Verpflichtung zum Wehrdienst«.[98]

Daraus folgte also explizit die Anwendung von Gewalt bei der Lösung der Frage der Volkszugehörigkeit, denn bei der dann folgenden deutschen Volkszählung »wurden nahezu alle Einwohner als Deutsche erfasst. Zahlreiche Bürger wurden ohne ihr Wissen als Deutsche gemeldet; fallweise geschah dies auch gegen ihren ausdrücklichen Willen, die Übrigen mussten sich dann unter Druck als Deutsche erklären, und dieser war in dem Österreich angegliederten Gebiet erheblich. Diese Volkszählung bildete sodann die Grundlage für den Abschub über die tschechoslowakische Grenze … mit der Begründung, dass es sich um Deutsche handelt«.

Dr. Oliva aus dem Ministerium des Inneren verglich in seiner Erläuterung die Weitraer Wirklichkeit mit dem Benesch-Dekret über die Staatsbürgerschaft (Nr. 33/45, Sammlung der Gesetze und Verordnungen) und gelangte zu dem Schluss, »dass im Hinblick auf die besondere Natur des Weitra-Landes, das Österreich bzw. dem Deutschen Reich als deren ehemaliger Bestandteil zugeschlagen wurde, dessen Bewohner der Kategorie derjenigen zuzurechnen seien, die Bürger des ehemaligen Deutschen Reiches geworden waren, ohne dass sie dies beantragt hätten; somit müssten sie also als tschechoslowakische Bürger betrachtet werden, *obwohl sie während der Okkupationszeit diese Staatsbürgerschaft verloren haben*«. Einer weiteren Kategorie gehörten jene an, die zwar die Zuerkennung der deutschen Volkszugehörigkeit beantragt, jedoch unter Druck gehandelt hatten. Zur dritten Kategorie gehörten diejenigen tschechoslowakischen Bürger, welche ohne Zwang die deutsche Nationalitätszugehörigkeit beantragt hatten. Entsprechend Dr. Oliva »bleiben diese deutsche Staatsbürger, und mit ihnen wird wie mit lästigen Ausländern verfahren werden«. Damit entstand aber das Problem, wie das durch Zwang veranlasste Vorgehen zu beweisen sei und wie dann damit verfahren werden sollte, nachdem das Benesch-Dekret Nr. 33/45 mit dem 6. August 1945 in Geltung gesetzt war und die Frist für die Abgabe der Anmeldung zur Rückgabe der Staatsbürgerschaft am 10. Februar 1946 endigte, also nach sechs Monaten? Und ein erheblicher Teil der Weitraer befand sich ja noch jenseits der Grenze …

Dass es im Fall des Weitra-Gebiets und seiner Bürger zur Missachtung historischer und faktischer Bedingungen gekommen war und bei der Vertreibung unbesonnen gehandelt wurde, erfuhr auch der Vertreter des Ministeriums für Volksverteidigung, der Oberst im Generalstab Dastych. Und er verband folgerichtig den Fall Weitra mit dem Fall Hultschiner Ländchen mit der Überlegung, dass die Bewohner beider Regionen völlig anders zu beurteilen seien »als die Bevölkerung der übrigen Regionen der Republik; dies geschieht mit der Begründung, dass Deutschland dieses Gebiet *als einen direkten Bestandteil seines Reiches* betrachtet hat. Somit hat also die Bevölkerung hier unter völlig anderen Bedingungen und unter einem ganz anderen Druck gelebt«.[99]

Daraus entstand die Frage, was für den Fall einer *Revision des Abschubs* (Dr. Pelikán) mit dem von Volksverwaltern besetzten Eigentum geschehen sollte? Denn (so Dr. Stašek) »auf zahlreichen Anwesen befinden sich Volksverwalter, und etliche sind schon abgebrannt[100], und außerdem erwartet der Kreis-Nationalausschuss selbst eine Weisung bezüglich der Durchführung der Rückkehr«.

Die Frage der Volksverwalter war besonders heikel. Falls sie nämlich eingeladen worden waren, das nach den Vertriebenen leer stehende Eigentum zu besetzen, das ihnen dann ja auch mittels amtlichen Dekrets übergeben und das ganze Geschehen mit dem feierlichen Beginn einer neuen Epoche im Grenzland verbunden wurde, wie war ihnen dann der Widerspruch zu erklären? Dass doch der deutsche Boden definitiv entsprechend den Dekreten des Ministeriums für Landwirtschaft, mit der Unterschrift des Ministers Julius Ďuriš, in tschechische Hände gefallen sei und ihnen nunmehr wiederum amtlicherseits abgenommen und den ursprünglichen Eigentümern zurückgegeben werde – wie sollte dies alles ihnen und insbesondere der tschechischen Öffentlichkeit verständlich gemacht werden? So suchte man also nach Varianten, um sich irgendwie aus dieser unangenehmen Lage herauszumogeln[101]; man schloss auch diejenigen Varianten mit ein, dass etwa Rückkehrer wegen ihrer nationalen Unzuverlässigkeit nicht wieder in ihr Eigentum zurückkehren und »im Weitra-Gebiet nicht weiter verbleiben können«. Doch der Nachweis der nationalen Zuverlässigkeit erwies sich als ein landwieriger Amtsvorgang. Somit wurde das Ministerium für Landwirtschaft ersucht, bei der »Unterbringung von Volksverwaltern, welche die zugeteilten Anwesen verlassen müssen, behilflich zu sein«.[102] Dr. Semrád vom genannten Ministerium gab bekannt, dass »für die Bewohner des Gebietes um Tabor, von wo die Volksverwalter für das Weitra-Gebiet rekrutiert worden waren, das Gebiet von Eger bestimmt wird«.

So kam es im Falle der vertriebenen Weitraer zum Schluss, dass sie sich »während der Besatzungszeit selbst als Deutsche deklariert hatten; dazu sind sie durch Druck oder durch entsprechende Umstände genötigt worden, die *einer besonderen Berücksichtigung bedürfen*,«[103] und wurden »zu Deutschen entsprechend den Vorschriften der Okkupanten erklärt«. Überdies beging der tschechoslowakische Staat selbst Unrecht an den Weitraern, indem es hieß: »Falls den abgeschobenen Bewohnern bisher die Rückkehr nicht gestattet wurde, sind sie wie tschechoslowakische Bürger in ihren Rechten geschmälert …«[104]

Das erste Ergebnis der angeführten Feststellungen und Beschlüsse auf Regierungsebene in Prag war eine Weisung des Kreis-Nationalausschusses Wittingau, ab Dezember 1945 aus Österreich zurückkehrende Weitraer keinesfalls »wiederum zurückzuschicken«; es wurde noch ergänzend betont, dass sie »beschleunigt in den Arbeitsprozess im Kreisgebiet außerhalb des eigentlichen Weitra-Gebietes eingegliedert werden« sollten. Sie konnten also zwar über die Grenze in die ČSR zurückkehren, doch nicht wieder in ihren Gemeinden angesiedelt werden? Und wer hätte sie denn »beschleunigt« in den Arbeitsprozess eingegliedert? Das waren doch nur fromme Wünsche der Behörden, die dazu gar nicht in der Lage waren. Doch in Wahrheit handelte es sich hier um eine Ausrede des Kreis-Nationalausschusses Wittingau gegenüber Prag, um nicht zeigen zu müssen, dass eine Revision des »Abschubs« derart umfangreich und schnell erfolgen könnte; dies wäre einem Bekenntnis zur Kapitulation und zu einem Fehler gleichgekommen, der durch die Vertreibung der Weitraer gemacht worden war.

Doch die Behörden gaben sich keineswegs geschlagen, und als ob sie es nicht für möglich gehalten hätten, dass die Vertriebenen zurückkehren würden, erließen sie diametral entgegengesetzte und unsinnige Weisungen. So forderte das Ministerium des Inneren noch am 17. Dezember 1945 die interessierten Resorts anderer Ministerien dazu auf, zu unterscheiden zwischen tschechischen Bewohnern des Weitra-Gebiets, die sich unter Zwang »während der Zeit der Unfreiheit als Deutsche« bekannt hatten »oder unter Umständen besonderer Berücksichtigung für würdig« befunden worden waren, oder es aber freiwillig, ohne jeglichen Druck, getan hatten. Diejenigen, welche sich freiwillig bekannt hatten, »sollen als Bürger deutscher Volkszugehörigkeit gewertet werden, und ihre Rückkehr ist somit unzulässig«. Und dann fuhr das Ministerium in seinem »harten Kurs« folgendermaßen fort: »Es wird sich als erforderlich erweisen, jeden nachdrücklich darauf aufmerksam zu machen, dass jene, die sich freiwillig zur deutschen Nationalität bekannt hatten, außerhalb der Republik verbleiben, weil sie ihrem Schicksal auf gar keine Art und Weise entrinnen können.« Gleichzeitig wurde aber konstatiert, »dass die abgeschobenen Personen nunmehr mehrheitlich in Österreich sind und es somit schwer fällt, ihre staatliche und nationale Zuverlässigkeit zu verifizieren«. Obwohl das Ministerium bereits am 6. November 1945, also einen Monat vorher, der Rückkehr aller Weitraer nach Hause zugestimmt hatte, wo dann die Frage der nationalen Zuverlässligkeit bei allen Rückkehrern ermittelt und die Unzuverlässigen ins Landesinnere der ČSR ausgesiedelt werden sollten, kam es hier auf einmal mit einer neuen Variante, dass es »zweckdienlicherweise die Repatriierung einleiten wird« und dass dies »mit der Maßgabe geschehen wird, dass aus zuverlässigen umgesiedelten Personen tschechischer Nationalität eine

Kommission gebildet wird, die vorläufig beurteilen soll, welche Personen repatriiert werden sollten«.[105]

Man könnte den Eindruck gewinnen, als ob sich das kommunistische Nosek-Ministerium des Inneren nachträglich vom Beschluss von Anfang November 1945 distanzieren wollte. Wer von den Weitraern nach Hause zurückkehren dürfe, darüber würden nicht die ČSR-Organe »zu Hause« entscheiden, sondern bereits eine »Kommission tschechischer Nationalität«, die »vorläufig« zu entscheiden habe, wer zurückkehren dürfe und wem dies verwehrt würde! Das Ministerium schwieg aber lieber darüber, wer denn eine derartige Kommission konstituieren und wer ihre unparteiischen, objektiven Nachweise der nationalen Zuverlässigkeit garantieren werde. Dem ist bereits klar zu entnehmen, wie schwer sich die Revision der Vertreibung der Weitraer auch in den Zentralbehörden in Prag durchsetzte und dass Versuche nicht fehlten, die Rückkehr der Vertriebenen einzustellen oder sie zumindest grundsätzlich zu begrenzen. Doch die Kommunisten waren in der Regierung nicht alleine, obwohl sie die mächtigen Ministerien des Inneren und für Landwirtschaft beherrschten, die schon einiges in der Weitra-Frage mitzureden hatten. Sie hatten noch nicht die absolute Macht und mussten daher andere Ansichten von Parteien innerhalb der Nationalen Front, die die übrigen Ministerien beherrschten, in Betracht ziehen. Wohl oder übel musste man in der Frage einer Revision der Vertreibung im Sinne des Beratungsbeschlusses vom 6. November 1945 fortfahren. Doch man ging langsam voran, nachlässig, in dem Bestreben, die Angelegenheit möglichst in die Länge zu ziehen. Das Ministerium des Inneren ermächtigte erst drei Monate nach der November-Entscheidung durch eine Verordnung vom 1. Februar 1946 den Landes-Nationalausschuss Prag dazu, die Weitra-Frage »vor Ort zu behandeln« und »insbesondere die Rückkehr für Personen tschechischer Nationalität zu ermöglichen«. In der Verordnung ist jedoch eine Klausel enthalten, derzufolge der Landes-Nationalausschuss »das Erforderliche veranlasst«, somit also die Frage einer Revision des Abschubs insgesamt und nicht nur selektiv entsprechend dem ursprünglichen Wunsch des Nosek-Ministeriums behandelt.

Der Landes-Nationalausschuss Prag entsandte am 5. Februar 1946 eine zweiköpfige Kommission nach Wittingau: Rudolf Bautz, Kommissar der politischen Verwaltung, und František Kunc, Oberkommissar der politischen Verwaltung. Diese verhandelten mit den Repräsentanten des

Kreis-Nationalausschusses in Wittingau, mit dessen Vorsitzendem Rudolf Ruský und den Ausschussmitgliedern Ing. Jindřich Šiman, Dr. Josef Brod, František Myšák und Rudolf Maxa. Zur Besprechung wurde auch der Koordinierungsausschuss der politischen Parteien der Nationalen Front hinzugezogen; dies garantierte eine gewisse Objektivität des Verfahrens. Es wurde entschieden, dass die Vertreter des Landes-Nationalausschusses gemeinsam mit dem Vorsitzenden des Kreis-Nationalausschusses und Mitgliedern desselben Ausschusses, die somit die so genannte Weitra-Kommission bildeten, die einzelnen Weitra-Gemeinden aufsuchen und unter Mitwirkung des jeweiligen Orts-Nationalausschusses in den Gemeinden direkt darüber befinden, »welche Personen man in ihren Häusern belassen sollte, welche dem Arbeitsprozess im Landesinneren zugewiesen und welche noch weiter ausgeforscht und eventuell festgenommen und abgeschoben werden sollten«.[106]

Bevor sich die Amtskommission des Landes- und Kreis-Nationalausschusses in die einzelnen Gemeinden begab, um dort »entsprechend dem oben angeführten Beschluss die Aufteilung der Einwohnerschaft auf die verschiedenen Kategorien vorzunehmen«, musste sie sich in Sachen Weitra-Gebiet Klarheit verschaffen und auch darüber, um was es nun eigentlich wirklich ging. Ihr Interesse konzentrierte sich auf acht Weitra-Gemeinden, die während des Bestehens der Ersten und Zweiten ČSR dem politischen Kreis Wittingau angehört hatten.[107] Bis auf zwei Gemeinden mit überwiegend deutscher Bevölkerung – Erdweis an der Lainsitz und Zuggers – begrüßte die Bevölkerung der restlichen Gemeinden entsprechend der Feststellung der Kommission den Anschluss an die ČSR im Jahre 1920 »mit einem Gefühl der Befriedigung«. Während des Bestehens der ČSR »beteiligte sie sich am nationalen Leben und erfüllte ihre nationalen Verpflichtungen … in vollem Maße und unterschied sich in dieser Hinsicht überhaupt nicht von der Bevölkerung der übrigen tschechischen Gegenden«. Schließlich wurde festgestellt, dass einige Bevölkerungsteile »Gefühle einer nationalen Zusammengehörigkeit noch inniger« zum Ausdruck brachten »als dies anderswo in der Nähe der nationalen Grenzen der Fall war«. Dies war das Verdienst der tschechischen Schulen, die nach dem Umsturz im Weitra-Gebiet, nach 1920, errichtet worden waren. Doch gab es hier auch negative Einflüsse, die von Mischehen, existenziellen wie auch Arbeitsmöglichkeiten »jenseits der Staatsgrenze« in Österreich und gesellschaftlichen Beziehungen mit Personen deutscher Volkszugehörigkeit auf das Nationalbewusstsein einwirkten. Diese Einflüsse machten sich dann die Okkupanten zu Nutze, »indem sie alle Mittel politischen und wirtschaftlichen Drucks nutzten, über die sie in vollem Maße verfügten«. Auch die Nachbarortschaften wurden davon beeinflusst, Schwarzbach und Suchenthal an der Lainsitz, die auf Protektoratsgebiet lagen. Schließlich wurde in Übereinstimmung mit den Beratungen im Amt des Regierungspräsidiums vom November 1945 festgestellt: »Unter diesen Umständen fällt nämlich die Entscheidung schwer, bei wem es sich wirklich und wie weit um ein Vergehen aus eigenem Willen gehandelt hat oder um einen seitens der Okkupanten ausgeübten Druck oder um *Handlungen, die einer besonderen Berücksichtigung bedürfen*; ausgenommen davon sind bestimmte allgemein bekannte Verräter an der nationalen Sache.«

Und plötzlich folgte hier die dem Wortlaut nach informelle, im Grundsatz aber vernichtende Kritik an der Vertreibung der Weitraer: »Alle diese Umstände sind augenscheinlich nicht nüchtern in der Zeit der Mai-Vorgänge in Betracht gezogen worden, als nämlich das Weitra-Gebiet von Partisaneneinheiten unter Oberst Hobza besetzt wurde.[108] Sie verbannten gerade aus dieser Gegend neben der Bevölkerung deutscher Nationalität auch zahlreiche Personen tschechischer Volkszugehörigkeit. Von diesen konnte man jedoch nicht annehmen, dass sie Verrat am tschechischen Volk begangen hätten. Als Ergebnis dieser Ereignisse[109] flohen auch etliche Personen freiwillig aus Angst vor weiteren Übergriffen.«

Dies war dann auch schon die weitestreichende Verurteilung der Methoden und Umstände der Vertreibung der Weitraer in tschechischen offiziellen Dokumenten. Doch können wir noch eine weitere Sprachregelung zur Kenntnis nehmen, die den Versuch unternimmt, das Furchtbare der Vertreibung zu verniedlichen: »Verbannte und Flüchtige *machten sich* in das benachbarte Österreich *davon*, wo sie sich in Grenznähe aufhalten und auf verschiedenen Wegen versuchen, wieder in ihre Heimatgebiete zurückzukehren. Viele sind auch bereits zurückgekommen und halten sich entweder wiederum in ihren Wohnstätten oder in der Nähe bei Verwandten auf u.ä.«

Es wird so dargestellt, also ob sie nicht auf grausame Weise – innerhalb einer einzigen Stunde! – vertrieben und wie eine Viehherde von den Horden der betrunkenen Hobza-Partisanen getrieben worden wären, denn sie haben sich ja »davongemacht«! Und notieren wir nur noch so am Rande die Niederschrift der Kommission, welche die Dinge im Weitra-Gebiet im Februar 1949 ermittelte, insbesondere »die Ordnung der staatsbürgerlichen Verhältnisse ... ehemaliger tschechoslowakischer Bürger, die im südlichen Zipfel des politischen Kreises Wittingau, im so genannten Weitra-Gebiet mit seinen zugehörigen Gebietsteilen gewohnt und in der Zeit ab Mai 1945 *diese Gegend verlassen hatten*«. Der Historiker muss leider, auch wenn es ihm schwer fällt, auch solche Verdrehungen – »sie machten sich davon«, »sie haben das Gebiet verlassen« – für seine Interpretation heranziehen.

Aufgrund der oben angeführten Wortverdrehungen kann man am durchgreifendsten den Geist, die Moral und den Zeitgeist als solchen interpretieren, in deren Milieu es zum Verbrechen der Vertreibung der Sudeten- und böhmischen Deutschen und der Tschechen gekommen war und auf welche Weise die Bürokratie der ČSR dies terminologisch aufzubessern versuchte. Schließlich und endlich stammt von hier der Begriff »Abschub« an Stelle des wirklichen Fachbegriffs, der den Sinn der Sache und der Aktion selbst erfassen würde – Vertreibung![110]

Der Weitra-Kommission des Kreis-Nationalausschusses Wittingau, aber auch den Beamten des Landes-Nationalausschusses Prag und schließlich auch den Ministerien in Prag, die sich in der Angelegenheit wechselseitig informierten, war zu jener Zeit bereits eine Information bekannt, die von einer Abordnung des Orts-Nationalausschusses České Velenice am 16. Januar 1946 dem Ministerium des Inneren übermittelt worden war: »Die vertriebenen Weitraer Tschechen leben in einer Anzal von 800 Leuten auf österreichischer Seite in Not und Mangel unter äußerst ungünstigen Umständen. Nach nunmehr neun Monaten sind sie völlig erschöpft.«[111]

Die gemischte Kommission aus Landes- und Kreis-Nationalausschuss Wittingau musste in dieser Lage mit der österreichischen Seite verhandeln. Um eine Rückkehr »aller« Weitraer zu erreichen, veröffentlichte der Kreis-Nationalausschuss Wittingau eine Bekanntmachung, in der er die vertriebenen Weitraer zur Rückkehr aufforderte.[112] Am 7. Februar 1946 traf diese Kommission mit dem Kreishauptmann von Gmünd, Dr. iur. Kleinert, zusammen und übergab diesem die Bekanntmachung des Kreis-Nationalausschusses Wittingau mit der Aufforderung zur Rückkehr tschechoslowakischer Bürger in die ČSR, die im Mai 1945 über die

Staatsgrenze hinweg vertrieben worden waren. Spätestens bis zum 6. März 1946 sollten sie zurückkehren. Der Kreishauptmann sagte zu, dass er unter der Voraussetzung der Zustimmung seiner vorgesetzten Behörden es einrichten werde, dass die genannten Bürger des Weitra-Gebietes durch eine Bekanntmachung in Kenntnis gesetzt würden. Gleichzeitig informierte der Kreis-Nationalausschuss die Grenzwache dahingehend, dass diese den Rückkehrern den Zutritt zum Weitra-Gebiet nicht verwehren solle. Nunmehr konnte er bereits öffentlich vermelden, was noch im Dezember 1945 mehr oder minder auf sein Risiko gegangen war. Doch auch hier kann man sehen, dass die Behörden lediglich das absegneten, was bereits geschehen war oder sich in der Endphase des Rückkehrprozesses befand; eigentlich waren sie zu ihren Weisungen und Entscheidungen gezwungen worden, indem sie vor ein Fait accomplis gestellt worden waren.

Die gemischte Kommision besuchte sodann die einzelnen Gemeinden, wo sie unter Beteiligung von Mitgliedern des jeweiligen Orts-Nationalausschusses die Einwohner in Kategorien »aufteilte« und zwar dahingehend, ob diese in den Orten verbleiben könnten und ihnen ihr Eigentum wiedergegeben würde – und damit sollte auch der Abgang der Volksverwalter angeordnet werden –, oder ob sie in den Gemeinden verbleiben könnten, auch wenn ihr Eigentum seitens des Staates konfisziert worden war, oder ob sie gar nach dem Verifizierungsprozess ihrer Staatsbürgerschaft und der politischen sowie nationalen Zuverlässigkeit bei negativem Ergebnis ins Landesinnere ausgesiedelt werden sollten. Es handelte sich dabei um einen Kompromiss zwischen dem Plan des Ministeriums des Inneren und den von diesem vorgeschlagenen Präventivkommissionen; diese sollten noch vor der Rückkehr entscheiden, wer zurückkehren solle und wer in Österreich zu verbleiben habe. Dies sollte auf der Grundlage des Ist-Standes der bereits Zurückgekehrten geschehen, wobei die Kommission von dem zuvor noch vom Ministerium des Inneren bezweifelten Grundsatz ausging, dass es »zum Zweck einer abschließenden Regelung der ganzen Frage erforderlich sein würde, die *Rückkehr aller vertriebenen, eventuell geflüchteten Personen abzuwarten*« und erst daraufhin unter Beteiligung der Ministerien »eine allgemeine Bereinigung aller damit zusammenhängenden Verhältnisse umso eher durchzuführen, als sich die Zeit der alljährlichen Frühjahrsarbeiten auf den Feldern nähere, welche ansonsten nicht ordentlich besorgt werden könnten«.

Der politische Druck insbesondere von Seiten der kommunistischen Ministerien des Inneren und für Landwirtschaft war jedoch so groß, dass die gemischte Kommission mit der Kategorisierung der Weitraer bereits vor der Rückkehr aller Vertriebenen begann, somit also entgegen dem Grundsatz, den sie selbst bestimmt hatte und nach dem sie sich hatte richten wollen. Dieser Widerspruch im Handeln rief ein Chaos hervor, das die Repräsentanten der örtlichen Nationalausschüsse und insbesondere die Bürger verspürten. In Suchenthal an der Lainsitz kam es aus diesem Grunde zu einer Zusammenrottung der Bevölkerung, »denn auf der Sitzung des Orts-Nationalausschusses kam eine derartig große Menge der Einwohnerschaft zusammen – es waren an die 500 Menschen –, die in die Verhandlungen auf eine Art und Weise eingriff, dass es völlig ausgeschlossen war, unparteiisch und ohne jegliche Einflussnahme in der Sache selbst, der Kategorisierung, zu entscheiden«. Auf einen vergleichbaren Widerstand stieß die Kommission in Rottenschachen, wo sie erstmalig am 6. Februar 1946 mit der Kategorisierung begonnen hatte, am 8. Februar aber nochmals in die Gemeinde zurückkehren musste, um mit erheblichen Schwierigkeiten die ganze Prozedur abzuschließen. Über Rottenschachen beschwerte sich die Kommission auch am meisten.[113] Doch auch in den anderen Gemeinde hatte es die Kommission nicht leicht. Überall musste sie scharfer Kritik am Verbrechen der Vertreibung und dem Eigentumsdiebstahl aufgrund der Tätigkeit der Volksverwalter begegnen. Am 6. Februar 1946 kategorisierte die Kommision die Bevölkerung in Rottenschachen und Schwarzbach, am 7. Februar in Beinhofen, České Velenice und am 8. Februar nochmals in Rottenschachen, in Gundschachen, Erdweis, Zuggers und ohne Erfolg in Suchenthal an der Lainsitz. Bereits in dieser Zeit zeugt von der Durchsetzung undemokratischer und autoritativer Eingriffe in das öffentliche Leben die Tatsache, dass nach dem Debakel der Kommission in Suchenthal der Vorsitzende des Kreis-Nationalausschusses sich dazu verpflichtete, dass er »die Regelung in dieser Gemeinde entsprechend denjenigen Gesichtspunkten durchführen wird, welche bei der Entscheidung in den übrigen Gemeinden ohne Rücksicht auf ein Eingreifen von welcher Seite auch immer zur Anwendung gekommen waren«.[114] Die Kommission verstand die Kritik an der Vertreibung und der mit ihr zusammenhängenden Verbrechen gegen Eigentum und Menschlichkeit als einen Angriff auf die staatliche, volksdemokratische Ordnung und wies die örtlichen

Nationalausschüsse an, die Kritiker aus dem Rat und Plenum des betreffenden Nationalausschusses zu entfernen und durch andere Personen zu ersetzen. Auf besondere Weise zeigte sich dies vor allem in Rottenschachen, wo die Kommission die Vertreter sämtlicher politischer Parteien aufforderte, »einige bisherige Mitglieder auszutauschen«, doch obwohl diese dann zwar auch zusagten, dies »innerhalb allerkürzester Zeit« zu veranlassen, kam es dann nach den Wahlen auf der Grundlage von deren Ergebnissen zu Veränderungen. Im Prinzip wurde die Position der Kritiker gestärkt, und ihre Reihen in der Vertretung der Orts-Nationalausschüsse somit erweitert.

Die gemischte Kommission des Landes-Nationalausschusses Prag und des Kreis-Nationalausschusses Wittingau fasste den Beschluss, in ihrer Tätigkeit Mitte März 1946 fortzufahren, folglich nach der vollständigen Rückkehr der Vertriebenen, doch hatte die Weitra-Frage inzwischen bereits an Aktualität eingebüßt vor allem durch die Tatsache, dass man in Österreich und im sonstigen Ausland aufgehört hatte, darüber zu schreiben und zu reden. Weitere Fragen der Region verblieben damit zur Lösung nur noch den örtlichen und den Kreisorganen. Dabei handelte es sich insbesondere um die Bereinigung der Frage der Staatsbürgerschaft der Vertriebenen und um ihre politische sowie nationale Zuverlässigkeit.

4. Der Kampf um eine Revision der Rückkehr der vertriebenen Weitra-Einwohner

Obwohl entsprechend den Kategorisierungskriterien über zahlreichen Vertriebenen und dann Rückkehrern die Drohung einer erneuten Aussiedlung aus dem Weitra-Gebiet und ihrer Zerstreuung im Landesinneren lastete, und obwohl diese Androhung durch eine Vielzahl von Beschlüssen und Weisungen von Ministerien und der Besiedlungskommission von der Jahreswende 1945/46 belegt wird, geschah nichts Vergleichbares. Am markantesten war jedoch die Tatsache, dass die Volksverwalter die Weitra-Gemeinden voller Zorn verlassen mussten; die Mehrzahl erhielt aber neuen Besitz in Westböhmen, insbesondere im Gebiet von Eger, zugewiesen. Etliche von jenen, die jedoch starrköpfig widerstanden und beharrlich Memoranden, Petitionen und Beschwerden an Prager Ministerien, an den Präsidenten der Republik, an das Parlament verfassten – und zwar gemeinsam mit etlichen »Patrioten« insbesondere aus dem kommunistischen Lager –, fühlten sich alsbald von der Mehrheit der vertriebenen und unterdrückten Weitraer eingekreist, und so liefen sie buchstäblich aus der Gegend davon. Sie erhielten nicht einmal einen Ersatz durch geraubten deutschen Besitz irgendwo anders im Grenzgebiet, wie dies bei ihren umsichtigeren Kollegen der Fall gewesen war, die schon früher erkannt hatten, dass ihnen im Weitra-Gebiet wirklich und wahrhaftig die Saat nicht aufgehen würde.

Außer den Beschwerden der Volksverwalter, die sich in Bezug auf Besitz ungerecht behandelt fühlten, erreichten die Zentralbehörden zahlreiche Eingaben zur Lösung von Angelegenheiten, welche die Erteilung oder besser gesagt Wiederzuerkennung der tschechoslowakischen Staatsbürgerschaft an die vertriebenen Weitraer betrafen. Diese Fragen fielen in die Kompetenz der Weitra-Kommission, die beim Kreis-Nationalausschuss in Wittingau eingerichtet worden war.[115] Diese musste sich der Beschuldigung erwehren, der Kreis-Nationalausschuss Wittingau habe »mit endgültiger Geltung« über die Gewährung der Staatsbürgerschaft »an alle Bürger in der Gemeinde Rottenschachen« entschieden. Die Kommission informierte Mitte Juli 1946 das Ministerium des Inneren in Prag darüber, dass in der Gemeinde 440 Gesuche um Rückgabe der Staatsbürgerschaft eingereicht worden seien; davon wurden 399 für eine positive Erledigung empfohlen, 32 wurden abgelehnt und der Rest wurde als Problem auf die Tagesordnung gesetzt. Die Kommission regelte die Vergabe der Staatsbürgerschaft unter Beteiligung sämtlicher Mitglieder des Rates des Orts-Nationalausschusses in Rottenschachen und der Alteingesessenen der Gemeinde »nach gründlicher Ermittlung«. Die hohe Prozentzahl positiver Erledigungen von Gesuchen (91%) begründete die Kommission wie folgt: »Ob sich diese Bürger zur deutschen Nationalität freiwillig bekannt haben, lässt sich nicht feststellen, denn jeder Bürger erhielt die Staatsbürgerschaft des Reiches durch die Besetzung dieses Gebietes mittels Okkupation.« Die Kommission bestritt, dass angeblich gesonderte Regierungsverordnungen in Sachen Weitra-Gebiet existierten, entsprechend denen sie entschieden habe – denn »von einer derartigen Weisung ist hier nichts bekannt«. Damit wollte sie lediglich betonen, dass sie objektiv vorgegangen war und keine besondere Rücksicht genommen hatte.

Die Weitra-Kommission reagierte auf eine Beschwerde, die Ende Juni 1946 beim Ministerium des Inneren direkt aus Rottenschachen eingegangen war, mit nachfolgendem Schluss: »Was die Gemeinde Rottenschachen betrifft, haben wir hier bereits unzählige Fälle von Anzeigen, und es handelt sich mehrheitlich um persönliche Streitfälle. Wahrscheinlich wird diese Ihre Bekanntmachung ebenfalls auf der Grundlage irgendwelcher persönlicher Streitigkeiten beruhen. Der Kreis-Nationalausschuss zieht solcherlei Dinge, die an ihn herangetragen werden, nicht in Betracht, weil es sich hier lediglich um eine Erschwernis der laufenden Geschäftsvorgänge des Kreis-Nationalausschusses handelt«.[116]

Die Tatsache zahlreicher Beschwerden aus dem Weitra-Gebiet an örtliche, Kreis-, Landes- und Zentralorgane bestätigten sämtliche seinerzeitige Behörden und damit die erhebliche Unzufriedenheit, die in der Gegend herrschte. Sofern es 1945 mehrheitlich Beschwerden im Interesse der Vertriebenen waren, die für deren Rückkehr plädierten, so überwogen ab 1946 Beschwerden von Seiten patriotischer »tschechischer« Weitraer und von Volksverwaltern, die sich aus dem versprochenen Paradies eines ohne Arbeit erlangten Besitzes schnell verabschieden mussten. Die Behörden ließen die Unterschriftenaktionen und Memoranden unbeantwortet, denn es lag im Staatsinteresse, einen Fehler zu beseitigen, der aufgrund der Verteibung der Weitraer begangen worden war; würde er ungelöst bleiben, drohte ein Schaden internationalen Ausmaßes, schließlich gar der Verlust etlicher Gebiete Südböhmens. Daher fühlten sich die patriotisch gesinnten Tschechen im Weitra-Gebiet abgeschrieben, aber sie verstanden die Lage. Allein Václav Maxa verbreitete unter seinen Genossen seine Nichtübereinstimmung mit der Entscheidung der »Herren in Prag«. Schließlich waren 1947 die Proteste gegen die Rückkehr der Vertriebenen in der Mehrzahl; sie wurden an die so genannten Massenorganisationen geschickt, wie zum Beispiel den Verband der Nationalen Revolution, die Vereinigung der tschechischen Partisanen, den Verband der befreiten politischen Häftlinge oder an den Zentralrat der Gewerkschaften.*

* Zentralrat der Gewerkschaften (ÚRO): einheitliche Gewerkschaftsorganisation, ab 1948 unter kommunistischer Führung

Aus der großen Zahl von Beschwerden sei hier eine hervorgehoben, die Rottenschachen betrifft, und von der örtlichen Zweigstelle des Verbandes der Nationalen Revolution (SNR) in Suchenthal an der Lainsitz am 13. Januar 1947 an die Zentrale des Verbandes in Prag übermittelt wurde.

In der hasserfüllten, umfangreichen Beschwerdeschrift[117] meldeten sich erneut die alten überzeugten Patrioten aus Rottenschachen zu Wort, die die Vertreibung unterstützten und strikt gegen eine Rückkehr der Rottenschachener Bewohner waren: »Wie die Brüder Karel Čada, Karel Kamiš und Jaroslav Kos aus Rottenschachen, die Mitglieder des SNR sind, der hiesigen Zweigstelle mitgeteilt haben, sind sie wegen des Benehmens der deutschen Söldlinge dazu gezwungen, selbst aus Rottenschachen wegzuziehen, denn Čada und Kos haben in dieser Angelegenheit bereits bei unseren Behörden interveniert, beim Kreis-Nationalausschuss in Wittingau und beim Landes-Nationalausschuss in Prag, doch diese Ämter haben in der Sache bisher gar nichts unternommen. Obwohl sie anonyme Schreiben als Beweise vorlegten, in denen sie Todesdrohungen erhalten haben.«[118]

Der Vorsitzende der Suchenthaler Zweigstelle des Verbandes der Nationalen Revolution Augustin Benda machte dringlich darauf aufmerksam, dass diese »Söldlinge« im Weitra-Gebiet »eine Menge Verwandte in Österreich und Deutschland« haben und durch ihr Leben an der Grenze die Möglichkeit besitzen, mit diesen in direktem Kontakt zu stehen, ohne dass die Sicherheitsorgane keine sie daran hindern können; und so »können die Söldlinge weiterhin unseren Staat ganz frei zum Kauf anbieten«. Auf diese staatsfeindliche und staatsbedrohende Tätigkeit habe angeblich der »Referent für die staatliche Säuberung« der Zweigstelle in Suchenthal an der Lainsitz, Bruder Antonín Mádl, »den Bruder Abgeordneten Bureš« auf dem Kongress des SNR in Budweis bereits hingewiesen, der dann auch zusagte, dass er eine Untersuchungskommission nach Rottenschachen und Umgebung entsenden werde. Dies sei jedoch nicht geschehen, und so mache denn die Zweigstelle »aus patriotischer Verantwortung« auf diese gefährliche Lage mit einem Brief an die Zentrale aufmerksam.

Die Absicht des Briefes lag jedoch in der Forderung, die dringlich wiederholt wurde, die zuständigen Behörden möchten doch das Weitra-Gebiet »von schädlichen Elementen befreien und diese Söldlinge ins Landesinnere umsiedeln und unter entsprechende Beobachtung stellen«, damit also »diese Söldlinge innerhalb kurzer Frist aus diesem Grenzgebiet abgeschoben werden und somit ihrem staatsfeindlichen Treiben Einhalt geboten wird«; und drittens sollte »dieses Diversantenelement aus unserer Landschaft entfernt und damit jeglicher staatsfeindlicher Tätigkeit ein Ende bereitet werden«.[119]

Der hier angeführte Brief vom Januar 1947 war nur einer von Hunderten Briefen, die Widerstandskämpfer an der Jahreswende 1946/47 aus Südböhmen an sämtliche erreichbare Behörden richteten. Aus ihnen könnte man unter Umständen eine umfangreiche Materialsammlung zusammenstellen, die Hass, verletzten Stolz und unerfüllte Hoffnungen auf den billigen Erwerb von Besitz und vor allem aber das Verlangen nach Rache und Vergeltung dokumentieren würde. Die Absicht der Briefe entsprach dem Zeitgeist: Nach den Maiwahlen 1946 erlangten die Kommunisten durch ihren Wahlsieg die entscheidende Macht im Staate; sie beherrschten die Regierungsführung und die wichtigsten Ministerien. Die Kommunisten verstärkten systematisch ihre Bemühungen zur Übernahme der absoluten Macht. Zur Druckausübung benützten sie vor allem die unter dem von ihnen beherrschten Rat der Gewerkschaftsbewegung (ROH)* zusammengeschlossenen Gewerkschaftsorganisationen, ferner die Organisationen der Widerstandskämpfer – der wirklichen, jedoch mehrheitlich vorgeblichen antifaschistischen Kämpfer, die in verschiedenen Verbänden politischer Gefangener zusammengeschlossen waren –, dann weiterhin der Partisanen, der Freiheitskämpfer, ehemaliger Angehöriger von Revolutionsgarden und anderen. Ihren Einfluss setzten sie auf entscheidende Weise auch in weiteren Organisationen von Bauern, Gewerbetreibenden, Mitarbeitern der Turnbewegung und anderen durch. Im Rahmen der von ihnen gelenkten Nationalen Front trat ihnen keine ausreichende Opposition entgegen, da sie Agenten in allen drei weiteren politischen Parteien besaßen, am meisten in der Sozialdemokratie Fierlingers. Doch wirkten ihre »Fünften Kolonnen« auch bei den Nationalen Sozialisten und der Volkspartei, wie sich dann letztlich nach dem Februar 1948 zeigen sollte, als sie die absolute Macht errungen hatten. Ihren politischen Druck konzentrierten sie insbesondere auf jene

* Rat der Gewerkschaftsbewegung (ROH): straff organisiertes KPTsch-Instrument bis zur Wende 1989/90

Gebiete, in denen sie keinen überzeugenden Sieg errungen hatten – wie in Südböhmen. Da die Sache nicht mehr über die politischen Parteien zu erledigen war, konzentrierten sie hier ihre Kampagne in den Widerstandsorganisationen, die daraufhin erheblichen Druck insbesondere bezüglich der Weitra-Frage auf die Behörden ausübten. Es ging ihnen dabei um die Einschränkung der Revision der Vertreibung vom Mai 1945. Da sie die Weitraer nun nicht mehr im Rahmen des offiziellen »Abschubs« nach Deutschland verjagen konnten, beabsichtigten sie ihre Vertreibung ins Landesinnere und dort ihre Zerstreuung. Die Kommunisten lehnten es wegen ihrer programmatischen Grundsätze prinzipiell ab, sich mit der Rückkehr der Weitraer auszusöhnen und suchten vielmehr nach sämtlichen Möglichkeiten und Wegen, sie aus der Gegend endgültig zu vertreiben.

Der Druck, den die Kommunisten in der Revisionsfrage der Vertreibung insbesondere in der zweiten Jahreshälfte 1946 verstärkten, eskalierte am Beginn und im Verlauf der ersten Jahreshälfte 1947. Damals schrieben auch die beiden Mörder von Schwarzbach ihre Denunziationsbriefe an die »Widerstands«-Zentralen – Maxa und Říha, die selbst von der Justiz und von Ermittlern bedrängt wurden, die sie in Bezug auf die begangenen Verbrechen befragten. Hier muss angemerkt werden, dass die Justizorgane damals noch nicht von den Kommunisten beherrscht wurden. Auch die örtlichen Zweigstellen verschiedener Widerstandsverbände und Vereinigungen aus dem Weitra-Gebiet wandten sich, wie bereits für den Fall von Suchenthal erwähnt, an die zentralen und obersten Landesbehörden mit Forderungen, die nach Österreich vertriebenen Weitraer sollten nach ihrer Rückkehr aus ihren Gemeinden ausgesiedelt und im Landesinneren zerstreut werden – der Abschub war ja offiziell bereits mit dem letzten Transport nach Deutschland vom 29. Oktober 1946 beendet worden. Sie erstellten in unterschiedlichen Versionen Verzeichnisse jener Personen, die erneut aus der Heimat vertrieben werden sollten oder denen man wegen staatlicher Unzuverlässigkeit den Besitz beschlagnahmen und wegnehmen sollte, um so die Art und Weise ihrer Aussiedlung zu erleichtern. Das Vorhandensein dieser Verzeichnisse war allgemein bekannt, und so ist es verständlich, dass die Rückkehrer deshalb äußerst beunruhigt waren und in der angespannten gesellschaftlichen Atmosphäre eine erneute Vertreibung fürchteten. Darüber hinaus behandelte man sie entsprechend dem Großen und Kleinen Retributionsdekret des Präsidenten der Republik. Ein Teil der Rückkehrer wurde mit Haft und Geldbußen belegt, und schließlich wurde etlichen auch der Besitz konfisziert, jeglicher Versuch seiner Rückgabe scheiterte. Daher darf man sich nicht wundern, dass diverse Varianten der Lösung dieser Situation durch eine Rückkehr nach Österreich entwickelt wurden und zu Überlegungen eines Anschlusses des Weitra-Gebietes an Österreich führten.

Dass es sich hierbei nicht um Gerüchte, sondern um eine reale Gefahr handelte, davon zeugt ein vertraulicher Bericht des Gebietsamtes der Staatssicherheit in Budweis, der am 7. Juni 1947 der vorgesetzten VII. Sektion des Ministeriums des Inneren in Prag übermittelt wurde. Einerseits ging es um die Erstattung der allerneuesten Nachrichten über Weitra, beispielsweise im Abschnitt »Die Verhältnisse im Grenzgebiet des Wittingauer Gebiets – Ermittlungen«, andererseits um Erläuterungen zu einem Memorandum einer Gruppe von gebürtigen Rottenschachenern, die vorwiegend in Prag lebten und sich am 13. Juli 1945 mit einem Protestschreiben an die Regierung der ČSR in Sachen ihrer vertriebenen Landsleute gewandt hatten. In der umfangreichen Meldung, die über 100 Zeilen maschinenschriftlichen Textes ausmacht, ist u.a. zu lesen: »Im April 1947 wurden Nachrichten verbreitet, dass ein großer Teil der Bewohner aus Rottenschachen ins Landesinnere umgesiedelt werden soll und dass das Verzeichnis dieser Leute der Verband der befreiten politischen Häftlinge in Wittingau anzufertigen habe. Damit war der Anlass zum Widerstand gegeben und somit auch der Anlass für Zuschriften des Orts-Nationalausschusses Rottenschachen an den Kreis-Nationalausschuss Wittingau vom 21. und 22. April 1947 … Beide Zuschriften verfasste der Vorsitzende des Orts-Nationalausschusses Jaroslav Kovařík, doch ließ er sie von den Mitgliedern der Sicherheitskommission Opelka und Stix unterschreiben. Weil aber[120] im benachbarten Österreich die Verhältnisse unerfreulich sind, wollen die verbannten Bürger Rottenschachens nach Hause zurückkehren und unternehmen daher alles Mögliche, damit ihrem Wunsch entsprochen wird. In Rottenschachen gibt es wohl keine einzige Familie, die keine Verwandten in Österreich hätte. Weil Rottenschachen und seine Weiler eng an Österreich grenzen und weil es sich überdies um eine waldreiche Gegend handelt, wird somit eine Kontrolle der Grenzübergänge erschwert und durch die Bürger auch ganz gehörig missbraucht. Es ist offenkundig, dass solches Tun für den Staat schädlich ist, weil in Österreich die Organe daraus nachrichtlich Nutzen ziehen können.«[121]

Wir müssen den Sprachgebrauch der StB-Behörde in Budweis nicht unbedingt mit der Schlussfolgerung des Verbandes der Nationalen Revolution aus Suchenthal über das Nachrichtenwesen, Spionagetätigkeiten von Bürgern aus Rottenschachen zu Gunsten eines fremden Staates mittels Verwandter, geografischer Nähe und Eingeschränktheit der Grenzkontrolle vergleichen. Es wurde so getan, als ob das Weitra-Land die einzige Region wäre, die eng an Österreich grenzte, und die Rottenschachener gar keine anderen Sorgen hätten als Spionageaktionen gegen die ČSR zu organisieren. Auch in diesem Falle wurden ein Verdacht und eine Beschuldigung konstruiert, deren logischer Schluss dann in eine Pauschalverurteilung mündete: »Insgesamt kann man die Bevölkerung Rottenschachens in ihrem größeren Teil hinsichtlich ihrer Staatsbürgerlichkeit nicht als zuverlässig bewerten, denn sie ist national betrachtet bei weitem nicht von bewusster Haltung, sie neigt vielmehr dorthin, wo sie eine sicherere wirtschaftliche Grundlage findet. Im Hinblick auf die bestehenden Umstände erschiene es erforderlich, etliche verdächtige Familien ins Landesinnere umzusiedeln, um ihnen den Kontakt mit dem nahe gelegenen Grenzgebiet unmöglich zu machen.«[122]

Auch hier also die gleiche Schlussfolgerung wie bei den »Widerständlern« und eigentlich ebenso bei den Memoranden-Verfassern aus Rottenschachen: Alle verlangten die Aussiedlung der Gemeindebewohner ins Landesinnere. Nach Prag wurde mitgeteilt, dass in diesem Zusammenhang – der Vorbereitung und Umsetzung dieser Aussiedlung – bereits »etliche Kommissionen des Landes-Nationalausschusses, letztmalig in dieser Woche«, folglich Anfang Juni 1947, in Rottenschachen gewesen seien. Am 24. Juni 1947 kam dann eine weitere Kommission des Landes-Nationalausschusses aus Prag an, um hier gemeinsam mit Vertretern des Kreis-Nationalausschusses Wittingau den ganzen Tag über einen Teil der Memoranden-Verfasser aus den Reihen der noch im Ort verbliebenen Patrioten sowie auch einen Teil jener Ortsbewohner zu verhören, die ausgesiedelt werden sollten.

Die Gebietsamtsstelle der Staatssicherheit in Budweis bestätigte erneut das Wüten der unmittelbar nach der Vertreibung der Ortsbewohner hereingekommenen Volksverwalter in der Gemeinde. Sie besetzten landwirtschaftliche Anwesen keineswegs entsprechend einem Plan, vielmehr »nach ihrem Geschmack«, und wählten einfach so aus: »Die Volksverwalter verließen so manches Anwesen und ließen sich in einem anderen nieder.« Dabei fehlte jegliche Kontrolle über den Besitz, der in den Anwesen zurückgelassen worden war, sodass also »zahlreiche Dinge« einfach gestohlen wurden, insbesondere Vieh, Wirtschaftsinventar und »verschiedene Sachen«. Doch nicht nur die Volksverwalter stahlen, sondern auch die örtlichen tschechischen »Patrioten«. Erst nach der Rückkehr der Vertriebenen wurde festgestellt, was alles gestohlen worden war. Und so wurde noch Mitte 1947 gemeldet, dass »das hiesige Gebietskriminalamt die Entwendung von Besitz durch Volksverwalter untersucht, und das Ergebnis dieser Ermittlungen bisher nicht bekannt ist«. Von den ursprünglich 38 durch die Staatssicherheit registrierten Volksverwaltern – die tatsächliche Zahl lag aber erheblich höher – verblieben bis zur Jahresmitte 1947 lediglich vier.

Der Amtschef des StB-Gebietsamtes Budweis bestätigte die Existenz eines Verzeichnisses von Leuten, die zur Aussiedlung vorgeschlagen worden waren; dieses Verzeichnis habe der Verband der befreiten politischen Häftlinge in Wittingau an Behörden versandt und dazu noch Verzeichnisse der NSDAP-Mitglieder. Aufgrund der Protestschreiben des Orts-Nationalausschusses Rottenschachen vom April 1947 wurden entsprechend Protokoll die Mitglieder der Sicherheitskommission dieses Ausschusses vernommen, das heißt das Ratsmitglied des Orts-Nationalausschusses Leopold Opelka und das Mitglied des Ausschuss-Plenums Václav Stix.[123] Die Staatssicherheit beabsichtigte, mit diesem Willkürakt die protestierenden Funktionäre des Orts-Nationalausschusses in der Gemeinde einzuschüchtern; dieses Verhalten zeigte ein bereits wachsendes Selbstbewusstsein.

Die Verzeichnisse der neuen Aussiedler entstanden als eine Fortsetzung der Kategorisierungskommission, die von 6. bis 9. Februar 1946 im Weitra-Gebiet tätig gewesen war. Die für eine Aussiedlung ins Landesinnere vorgeschlagenen Personen durchliefen eine weitere Selektion, zu deren Durchführung die einzelnen örtlichen Nationalausschüsse verpflichtet wurden. Es zeigte sich, dass es sich um keine abgeschlossene Aktion handelte, sondern um einen weiterhin erneuerten und wiederkehrenden Prozess der Unsicherheit, wer denn eigentlich zu Hause bleiben dürfte oder fortzugehen gezwungen würde. Und obwohl in Rottenschachen Anfang Februar 1946 die gemischte Kommission aus Landes-Nationalausschuss Prag und Kreis-Nationalausschuss Wittingau unter Beteiligung der Ortsfunktionäre die bereits erwähnte Kategorisierung vorgenommen hatte, kam der Orts-Nationalausschuss Rottenschachen dennoch am 8. August 1946 wieder darauf zurück. Im Zuge der Anerkennung oder Verweigerung der tschechoslowakischen Staatsbürgerschaft und politischen Zuverlässigkeit sowie in Anwendung der beiden Retributionsdekrete Präsident Beneschs sollten sie erneut revidiert werden. In der fortgesetzen Revision der Kategorisierungsergebnisse zeigte sich das Bestreben der Zentralorgane, eine größtmögliche Zahl der abgeschobenen und wieder zurückgekehrten Bewohner Rottenschachens erneut zur Umsiedlung zu bestimmen. Dagegen standen die Bemühungen der örtlichen Volksverwaltung, die Zahl möglichst gering zu halten bzw. eine erneute Vertreibung hinauszuschieben oder gar unmöglich zu machen.[124]

Die Kategorisierung der Rottenschachener Einwohnerschaft in der Sitzung der gemeinsamen Kommission vom Februar 1946 erzielte ihre bestimmtere Form durch die Entscheidung der Kommission des Landes-Nationalausschusses Prag und des Kreis-Nationalausschusses Wittingau vom 15. Mai 1946. Im erstgenannten Verzeichnis handelte es sich um landlose Einwohner oder um Besitzer »geringen Landumfangs«; hier wurden insgesamt 12 Eigentümer benannt. Das zweite Verzeichnis enthielt die Besitzer von Landwirtschaftsbetrieben bzw. Immobilien, die zum Abschub ins Landesinnere bestimmt waren; es umfasste 13 Familien. Das dritte Verzeichnis enthielt schließlich eine Aufstellung derjenigen Personen aus der Gemeinde Rottenschachen, »deren Besitz für die Konfiszierung bestimmt war«; es waren 19. Bei dieser Kategorie wurde damit gerechnet, dass der beschlagnahmte Besitz ebenfalls aus der Gegend entfernt wird. Es handelte sich damals um die Erfassung von 44 Familien.[125] Hier ging es also um ein konkretes, sachbezogenes und spezifiziertes Material, das allerdings der ursprünglichen Kategorisierung von Anfang Februar 1946 nicht mehr entsprach. Wie auch der Kreis-Nationalausschuss Wittingau am 16. Februar 1946 die örtlichen Sicherheitsbereiche und die Zentralbehörden informierte, erzielte »die Entscheidung der Sonderkommssion des Landes-Nationalausschusses Prag, die in der Zeit von 6. bis 9. Februar 1946 tätig gewesen war, folgendes Ergebnis:[126]

Anzahl registrierter Personen	349
Zurückgekehrte Personen	203
Nicht zurückgekehrte Personen	146
Maßnahmen:	
– Verbleib in der Gemeinde	136
– Abschub ins Landesinnere	75
– Abschub nach Deutschland	2
– Ermittlung (Gericht, Dekrete)	113
– Festnahmen (Haft)	24

Entsprechend den spezifizierten Verzeichnissen, welche die Namen und Geburtsdaten der Eltern und Kinder, gegebenenfalls auch weiterer Personen enthielten, sollte über 82 ins Landesinnere auszusiedelnde Personen verhandelt werden, doch verzeichnete das Kategorisierungs-Grundverzeichnis 75, während von 19 Personen samt ihrem konfiszierten Eigentum nicht die Rede war. Dies alles wird lediglich angeführt, um die Ungenauigkeit und die Schwankungen der Angaben in Bezug auf Zurückgekehrte oder Nichtzurückgekehrte zu illustrieren, insbesondere aber in Bezug auf die Frage, wer die Gemeinde tatsächlich verlassen sollte und wer nicht. Daraus wird das befangene Vorgehen der Behörden offenbar, die während des Vorgangs der Ermittlung der staatlichen Zuverlässigkeit unaufhörlich Namen und Zahlen von Personen abändern mussten, die in das Landesinnere der ČSR abgehen sollten und als staatlich unzuverlässige Personen im Weitra-Gebiet nicht mehr verbleiben durften. Aus all den angeführten Fakten und Beispielen ging jedoch eines deutlich hervor: Zur Aussiedlung der Weitraer ins Landesinnere musste es kommen, auch wenn die Zahl der Betroffenen im Lauf der Zeit immer niedriger ausfiel.

Die eingeschränkte Nachkriegsdemokratie, die auf vier politische Parteien reduziert war, ermöglichte keine volle Entfaltung der bürgerlichen Gesellschaft, vielmehr ging es allein um die Bewahrung der Reste der parlamentarischen Republik 1918–1938, ermöglicht durch gewisse Bürgerinitiativen, Regionalismus und die Durchsetzung der Bürgerinteressen. Es war offenkundig, dass es durch die Vertreibung der Weitraer zu einem Fehler gekommen war, der dem Staat im Ausland Schande bereitete und die Berechtigung zur weiteren Verwaltung eines Gebietes in

Zweifel zog, das die ČSR auf der Versailler Konferenz zugesprochen bekommen hatte. Die undifferenzierte und pauschalisierte Durchführung des »Abschubs« trug mit seinem lawinenartigen Charakter auch solche Menschen über die Grenze hinweg, die dort nicht sein sollten, und allein dieses Faktum stellte die Grundlage und Berechtigung jeglicher pauschalen Vertreibung in Zweifel. Es lag an den politischen Parteien, diese Tatsache zu begreifen und auf ihrer Grundlage im Weitra-Gebiet politisch tätig zu werden. Die Kommunisten als hauptsächliche Ausführende der Vertreibung waren dazu nicht in der Lage. Aus ihren Reihen kamen die Hauptinitiatoren von Vertreibung und Mord an Weitraern, so etwa Václav Maxa und František Říha. Aus dem so genannten Lumpenproletariat*, das Diebstahl am Besitz von Weitraern beging, kamen vor allem die örtlichen Kommunisten. Für die KPTsch waren alle Weitraer grundsätzlich Kollaborateure, Verräter und »Söldlinge« in Bezug auf die Volksangelegenheiten; dies bestätigten verschiedene »Widerständler« ganz systematisch in ihren Stellungnahmen. Doch grundsätzlich unterschieden sich nicht einmal die Nationalen Sozialisten von dieser Ebene, denn sie waren ja die hauptsächlichen Initiatoren und Ideologen der Vertreibung der Deutschen aus der Tschechoslowakei. Den Aufforderungen ihrer Ideologen Benesch und Drtina treu ergeben, arbeiteten sie eng mit den Kommunisten bei der Verfolgung der Deutschen zusammen, wenngleich sie bezüglich etlicher Fragen unterschiedlicher Meinung waren.

Die einzige politische Partei, welche der Weitra-Frage in Sachen der Vertreibung Verständnis entgegenbrachte, war die Sozialdemokratie. Dies war allerdings nicht aufgrund der Vermittlung des mit den Kommunisten kollaborierenden Zdeněk Fierlinger, des seinerzeitigen Regierungsvorsitzenden, der Fall. Vielmehr artikulierten sich die Weitraer durch den Mund des gebürtigen Krummauers und ihres politischen Repräsentanten, des Parlamentsabgeordneten der Sozialdemokratie Mirko Sedlák. Sein Vorzug war, dass er als Einziger das Problem der Weitra-Frage verstand und sich für seine Lösung engagierte. Er kam in das Weitra-Gebiet und sagte geradeheraus, dass durch die Vertreibung seiner Bevölkerung ein großes Verbrechen geschehen sei, das durch die Rückkehr der Vertriebenen bereinigt werden müsse. In diesem Sinne

* Im Original deutsch

wurde er nicht nur mit seinen Interventionen bei Behörden auf allen Ebenen vom Kreis bis zur Zentrale tätig, sondern auch mit Interpellationen im Parlament. Er kam persönlich des Öfteren insbesondere nach Rottenschachen, wo ihm große Sympathie entgegenschlug. Man bereitete ihm einen Ehrenempfang für seinen Mut. Die Kommunisten hielten Sedlák vor, er mache aus den Weitraern Helden und »puste auf ihre Wehwehchen«; sie verurteilten seine politische Tätigkeit im Weitra-Gebiet in ihrer Gänze als äußerst rechtsgerichet, reaktionär und letztendlich staatsfeindlich.[127] Es war sein Verdienst, dass die Sozialdemokratie in den Mai-Wahlen 1946 im Weitra-Gebiet mit überwältigender Mehrheit siegte. Allein in Rottenschachen erreichte sie 52% aller abgegebenen Stimmen und vier Mandate im Rat des Orts-Nationalausschusses, während die Kommunisten 21% und zwei Mandate errangen; die Volkspartei bekam 16% und ein Mandat und die Nationalen Sozialisten 11% mit ebenfalls einem Mandat. Im 24-köpfigen Plenum des Orts-Nationalausschusses hatten die Sozialdemokraten 13 Vertreter. Vorsitzender des Ausschusses wurde Jaroslav Kovařík, sein erster Stellvertreter František Volf von den Nationalen Sozialisten und der zweite Stellvertreter Václav Vochozka von der Volkspartei. Die Kommunisten bewerteten die Wahlen als für sich verloren und so entsandten sie auf Weisung der Kreisorganisation keinen Vertreter in die Gemeindeleitung.[128]

Gemeinsam hatten Nationale Sozialisten und Kommunisten vor den Wahlen 1946 versucht, möglichst viele Einwohner aus den Wahlverzeichnissen zu entfernen, indem sie diese als national unzuverlässig bezeichneten. In 52 Fällen gelang ihnen dies auch, doch damit vermochten sie nicht, ihre Wahlniederlage zu verhindern.[129] Die entscheidende Mehrheit in der Gemeinde hatten die Sozialdemokraten inne[130], denen sich die Volkspartei anschloss, während die »Patrioten« – KPTsch und Nationale Sozialisten – in der Minderheit waren; das Mitgliederverhältnis im Rat des Orts-Nationalausschusses lautete 5:3. Es hatte entscheidende Bedeutung für das weitere Dorfleben im Hinblick auf die damals ganz aktuellen politischen Richtungen: Abberufung und Entfernung der letzten Volksverwalter aus der Gemeinde und Vorkehrungen zur Ermittlung ihrer Straftaten (Diebstahl des von ihnen verwalteten Besitzes), Entscheidungen über die Zuteilung des konfiszierten Besitzes an die Gemeinde oder Einzelpersonen aus den Reihen der Ortsbewohner, Zuteilung von Konzessionen für verschiedene Gewerbe (Geschäfte, Tabakläden, Gastwirtschaften, Handwerksbetriebe usw.), ferner Entscheidungen bezüglich der Erteilung von Bescheinigungen über die staatliche Zuverlässigkeit und Empfehlungen bezüglich der Erteilung der Staatsbürgerschaft an sämtliche Rückkehrer, Entscheidungen über Vorschläge für Bestrafungen entspechend dem Großen und dem Kleinen Retributionsdekret im Bestreben, die Zahl der Betroffenen möglichst klein zu halten – das betraf mehrheitlich jene, die in Österreich verblieben waren und sich weigerten zurückzukehren.[131] Die Kommunisten und die Nationalen Sozialisten verfolgten eine entgegengesetzte Linie: die Verwalter zu halten und jegliche Ermittlung und Verfolgung von Verwaltern wegen geraubten Eigentums einzuschränken, hingegen die Besitzkonfiszierungen um weitere »verdächtige und staatsfeindlich orientierte« Personen zu erweitern, Gewerbekonzessionen vor allem jenen Tschechen zu erteilen, die aus dem Landesinneren in die Gemeinde gekommen waren, und solchen Weitraern, die sich zur deutschen Nationalität bekannt hatten, überhaupt keine Bescheinigung auszustellen, die ihnen einen Verbleib zu Hause garantiert und sie vor der Aussiedlung bewahrt hätte; daher seien sie möglichst viel mit den Retributionsdekreten zu traktieren. Für die Kommunisten waren die Weitraer – im Einklang mit der Beurteilung durch die Staatssicherheit – »ein verräterisches Element, das sich im Streben nach der Macht germanisiert hat, im Hass und zuletzt aus Habgier und Berechnung, freiwillig und ohne Zwang«, wobei man vom »tschechischen Element nur bei wenigen Personen reden kann, die jetzt zurückgezogen leben«.[132]

Die Kommunisten und desgleichen ihre Repräsentanten in der politischen Polizei, der Staatssicherheit (StB) in Budweis, lehnten grundsätzlich eine Anerkennung der Eigenart der historischen Entwicklung des Weitra-Gebietes ab, ja sogar das Prinzip des Zwangs von Seiten des Okkupationsregimes; zu dieser Erkenntnis waren ja immerhin die verschiedenen Ministerialkommissionen oder die gemischten Kommissionen der Gebiets- und Kreisbehörden gelangt, von denen bereits die Rede gewesen ist. Hier standen sich zwei ausgeprägte Fronten gegenüber, zwischen denen ein verdeckter und ein offener Kampf stattfand oder, wie ein Anhang zur Chronik der Gemeinde Rottenschachen die Lage charakterisiert: »Einerseits ist das Bestreben bemerkbar, zu einer Konsolidierung zu gelangen, und andererseits gibt es Leute, die das Bestreben der erstgenannten Gruppe zunichte machen.«[133]

Die Sozialdemokratie, die in der Mehrzahl der Regionen in den Böhmischen Ländern sonst überwiegend mit den Kommunisten kollaborierte, wandte sich im Weitra-Gebiet gegen diesen Strom und leistete den Kommunisten tapfer Widerstand. Bereits zum Jahresende 1945 forderte sie durch ihre Abgeordneten in der Nationalversammlung, eine Interpellation an die Regierung einzureichen: in Sachen der Ermittlung gestohlenen Eigentums, der Staatsbürgerschaft, der Rückgabe von konfisziertem Gut und der Bevorzugung von Weitraern bei der Beschäftigung in den Werkstätten der Tschechoslowakischen Staatsbahnen in České Velenice, wo man sie bisher zurückgewiesen hatte.[134] Die Organisation der Sozialdemokraten in Rottenschachen lehnte die Absicht des Kreis-Nationalausschusses Wittingau ab, in der Gemeinde eine Orts-Verwaltungskommission (MSK) einzusetzen, was hauptsächlich von den Kommunisten gefordert wurde. Und so forderten die Sozialdemokraten, dass der Kreis-Nationalausschuss Wittingau »die Maßnahmen des Orts-Nationalausschusses, die zur Konsolidierung der Verhältnisse beigetragen haben, anerkenne und respektiere«. Hier ging es also um einen Protest gegen einen künstlichen und unorganisierten Eingriff seitens des von den Kommunisten gelenkten Kreis-Nationalausschusses Wittingau in die Verhältnisse Rottenschachens, denn die Sozialdemokraten waren davon überzeugt, »dass einzig und allein der Orts-Nationalausschuss die Bürger unserer Gemeinde in Bezug auf ihre Nationalität während der Besatzungszeit gerecht beurteilen kann«. Den Streit mit den Sozialdemokraten darüber, ob es in Rottenschachen und in den Weitra-Gemeinden einen Orts-Nationalausschuss oder eine Orts-Verwaltungskommission geben sollte, setzten die Kommunisten bis zu ihrer Erringung der absoluten Macht 1948 fort. Die vom Kreis-Nationalausschuss, also von oben eingesetzten und organisierten Kreis-Verwaltungskommissionen, die ausschließlich mit neu aus dem Landesinneren zugezogenen Tschechen besetzt wurden, eröffneten die Möglichkeit, unmittelbar von oben herab in die Gemeindeangelegenheiten einzugreifen – und diese Art einer direktiven Lenkung wurde in sämtlichen Grenzregionen eingeführt. Die Konstituierung von Orts-Nationalausschüssen im Weitra-Gebiet stellte in dieser Hinsicht eine Ausnahmelage dar, da in überwiegend »deutschen« Gemeinden Normalorgane der Volksverwaltung wie in rein tschechischem Umfeld installiert wurden. Auch hier scheint sich zu bewahrheiten, dass in jedem Übel auch etwas Gutes steckt: Indem die Hobza-Partisanen die Gegend von den Deutschen säuberten, tschechisierten sie diese, sodass also die Einrichtung von Orts-Nationalausschüssen die logische Folge war. Doch die Kommunisten waren weiterhin bemüht, die Weitraer Orts-Nationalausschüsse in Orts-Verwaltungskommissionen umzuwandeln, und unterbreiteten diese Frage systematisch in den Plenarsitzungen des Kreis-Nationalausschusses sowie in den Gemeinden, häufig genug auch im Landes-Nationalausschuss Prag und im Ministerium des Inneren. Doch für eine Veränderung bestand zunächst keine Veranlassung, insbesondere für die dominierenden Sozialdemokraten im Weitra-Land.

Doch die Sozialdemokratie musste als eine der Nationalen Front angehörenden Partei manchmal doch in das gemeinsame Lied mit einstimmen, um gegenüber den Kommunisten ihre Interessen durchzusetzen. Und so erscheint denn auch in einem Appell an Minister und Abgeordnete vom 29. Dezember 1945 eine patriotische Note – »um das Bestreben zum Anschluss eines weiteren Teils des Weitra-Gebietes zu unterstützen und damit eine Gegend wirtschaftlich zu stärken, die keinerlei Industrie aufweist und nicht einmal landwirtschaftlich autark ist«. Die Rottenschachener Sozialdemokraten hatten sicherlich keine derartigen geopolitischen Pläne, sie waren ihnen »von oben« nahe gelegt worden; da einzig und allein sie ihnen wirtschaftlich weiterhelfen konnten, wehrten sie sich nicht dagegen. Andererseits war aber diese Tendenz der Regierungskreise zur Grenzerweiterung der ČSR im Süden mittels der Besetzung weiterer Weitra-Gebietsteile oder schließlich gar des gesamten Weitra-Landes offenkundig und durchaus populär gewesen, jedoch völlig paradoxerweise durch das Tun der Hobza-Partisanen vereitelt worden. Deshalb wurden diese Bestrebungen sehr bald aus der tschechoslowakischen Propaganda und weiterer Bemühungen des Ministeriums für auswärtige Angelegenheiten der ČSR entfernt.

Der kommunistische Druck hinsichtlich der Aussiedlung eines bedeutsamen Teils der Weitraer ins Landesinnere stieß auf Widerstand nicht allein im Parlament, in etlichen Ministerien, sondern auch in der Presse. Im »Jihočech« (»Der Südböhme«), der sozialdemokratischen Wochenzeitung Südböhmens, die in Budweis erschien, wurde im Sommer 1946 eine vierteilige Serie mit dem Titel »Haben die Weitraer Verrat begangen?« publiziert.[135] Darin polemisiert der Autor Jan Žáček scharf gegen Bestrebungen, die Weitraer zu vertreiben – damals noch nach Deutschland, er kannte die hinter den Kulissen ablaufende Rückkehr der Weitraer aus Österreich nicht: »Das Weitra-Gebiet soll wohl völlig menschenleer gemacht werden, und nur noch Gras und Heidekraut sollen hier wachsen.« Entsprechend der Meinung des Autors würden die Deutschen, die den Krieg ja verschuldet haben, dies nur begrüßen, um vor einer Friedenskonferenz darüber ein großes Geschrei veranstalten zu können, »dass das Weitra-Land und Österreich seit jeher deutsche Lande waren und sind und dass die Tschechen dort überhaupt nichts zu suchen haben«. Er artikulierte sich auch ablehnend bezüglich einer Aussiedlung der Weitraer ins Landesinnere, denn auch diese Pläne seien verraten worden: »Nicht allein einen Abschub nach Deutschland verhindern, sondern vielmehr sich möglichst vor einem Abschub ins tschechische Landesinnere hüten!«

Jan Žáček bezog sich in seiner Serie auf Antonín Holý und seinen Beitrag im »Jihočech« vom 24. August 1945 »Ein Bürger von der Grenze des Weitra-Gebiets …«, dessen enormes Echo, selbst auf Ministerialebene, bereits analysiert wurde. Auch Žáček war mit Holý dahingehend einer Meinung, dass der »schroffe Abschub«, den die Partisanen aus Tabor durchgeführt hatten, ein Vorgang gewesen sei, »durch den sich das Deutschtum nur wieder erneut zu Lasten des tschechischen Volkes stärken werde«. Er führte weiter an, dass in zahlreichen Fällen über die Vertreibung »damals nur kleinliche Bösartigkeit und örtliche Hassgefühle entschieden haben«. Wenn jedoch über die Vertreibung aufgrund unrechtmäßiger »zweifelhafter Willkür« entschieden worden sei, »so ist das bisher nicht bereinigt worden, falls es überhaupt einmal in Ordnung gebracht werden kann«.

Im Standpunkt des Autors wurde auch die seinerzeit durchaus aktuelle Frage einer Erweiterung der ČSR-Grenze in Richtung auf das gesamte Weitra-Gebiet reflektiert; die ČSR war ja schließlich ein Siegerstaat auf Seiten der antifaschistischen Koalition. Es ging also nicht nur um einen kleinen Gebietsteil wie 1920. Jan Žáček stand diesem Plan skeptisch gegenüber und argumentierte, dass in einer friedensvertraglichen Regelung solch eine Forderung nicht erfüllt würde, und dass es letztendlich auch keinen Zugang zum Kremser Hafen geben würde, weil »wir diesen nämlich bereits in Pressburg an der Donau besitzen«. So werde also »aus politischen Gründen kaum Interesse am Weitra-Gebiet und hinsichtlich der Donau herrschen, da doch in dieser Gegend die Deutschen siedeln ...« Er wies daraufhin, dass das Staatsinteresse sich hauptsächlich auf die Grenzberichtigung im Nordosten Böhmens richte, und dort binde den Staat eine wichtige Industrie.[136]

Im Kern konzentrierte sich die Serie auf die Beantwortung der Frage, worin denn eigentlich die Weitraer die tschechische Sache verraten hätten. Man kannte doch das Weitra-Gebiet überhaupt nicht, genauso wie man vor 1918 kaum etwas über die Slowakei wusste. Hätte es nicht Bohumil Šnejda und seine Schriften gegeben, »wäre möglicherweise bei der Friedenskonferenz seinerzeit nicht einmal über das Weitra-Gebiet gesprochen worden«. Schließlich wusste man nicht einmal viel über den Anschluss des Weitra-Landes an die ČSR. Als 1926 die Sokol-Turner aus České Velenice nach Prag zum großen Turnfest kamen, fragten zahlreiche Prager: »Was ist denn das? Wo ist denn das, dieses Weitra-Gebiet?« Žáček schreibt, dass dort jedoch jahrhundertelang Tschechen gelebt hätten, doch »irgendwie jenseits einer Schranke ... allein auf sich selbst angewiesen, denn niemand scherte sich um sie und niemand unterstützte sie«. Nicht einmal tschechische Bücher und Zeitschriften erreichten sie, und sie hatten mit dem tschechischen Landesinneren keinerlei Kontakte. »Und bei alledem stieß die harte und kalte deutsche Welle direkt auf sie, indem sie versuchte, das dortige Tschechentum aufzusaugen und zu ersticken ... Das Deutschtum bedrückte sie wie ein schlimmer Albdruck. Unter einem derartigen vernichtenden Einfluss stumpften die dortigen Tschechen national ab, und die nationale Zusammengehörigkeit mit dem tschechischen Stamm verfiel bei ihnen. Schließlich fühlten sie sich nur noch als Österreicher ...« Sie sahen in ihren armseligen Gemeinden, um wie vieles besser und bereitwilliger die Deutschen mit demjenigen umgehen, der sich ihnen angepasst und das Deutschtum aufgesogen hat; sie hatten davon zahlreiche materielle Vorteile bei Beschäftigungsproblemen, bei den Behörden, ja im tagtäglichen Leben. »Es ist daher wirklich erstaunlich, dass diese Leute dort in der Einsamkeit und in ihren armseligen Häuschen über diese ganzen langen Jahrhunderte hinweg sich überhaupt ihre tschechische Sprache bewahrt haben.«

Ohne das Verständnis der Ergebnisse dieser historischen Entwicklung in einem gottverlassenen Winkel, wo man kümmerlich »von der Hand in den Mund« lebte und überlebte, wo die Weitraer Tschechen »ihr zurückgezogenes Leben fristeten«, geschehe nunmehr – 1946 – laut Žáček Folgendes: »Doch heute wollte man auf einmal, dass dort bei diesen Menschen im Weitra-Gebiet das Tschechentum so bewusst und selbstverständlich gelebt wird, wie dies im tschechischen Landesinneren der Fall ist.« Aber man vergaß darüber möglicherweise, dass noch vor einem knappen Jahrhundert von Prag gesagt wurde, dass dort nur die Kutscher und die Dienstmägde am Brunnen tschechisch sprechen?

Die Hauptfrage wurde jedoch insbesondere damit positioniert, als der Autor fragte: Aber ist denn im tschechischen Landesinneren das wieder erwachte Tschechentum ohne jeglichen Makel? »Nehmt doch irgendeine Zeitung zur Hand und ihr erkennt, wohin die Tschechen vor einem nationalen Gericht geraten. Was an Tschechischem im Landesinneren vergessen wurde, und wie man sich während der Protektoratszeit nicht allein dem Deutschtum zuneigte, sondern sich überhaupt an die Deutschen hängte ... Und das sind Tschechen, die von Jugend an allein vom Tschechentum umgeben waren«. Sie verfügten über Geschichtskenntnisse, wussten, wie sich die Tschechen beispielsweise seit den Zeiten des »Temno«* zum Tschechentum durchschlugen, von ihrem geistigen und materiellen Aufschwung, wie sie um sich herum nur die tschechische Sprache hörten. »Doch heute wird auf einmal den Weitra-Tschechen vorgehalten, dass viele von ihnen betrogen, dass sie das Tschechentum verraten haben ...«[137]

Der Autor analysierte ausführlich die Statistiken der Volkszählungen von 1869 bis 1931, insbesondere in Schwarzbach und Witschoberg, und stellte »halsbrecherische Verschiebungen« in den Zahlenangaben bezüglich der Nationalität fest und dazu erstaunliche Schwankungen. 1880 wurden in Schwarzbach 619 Tschechen und 32 Deutsche gezählt, 1890 wurde hier statistisch kein einziger Tscheche erfasst. In Witschoberg waren zum erstgenannten Zähltermin 394 Tschechen und 15 Deutsche angeführt, zum Zweiten gab es hier 449 Deutsche und keine Tschechen! Und die Statistik des Jahres 1945 führt folgende Daten an: »... auf einmal wiederum Tschechen, umgeformt zu Deutschen! Das waren aber doch weiterhin dieselben Menschen! Ortsgebunden und alteingesessen! Nach Schwarzbach und nach Witschoberg zogen keine Leute, doch es zog

* »Temno«: bezeichnet in der tschechischen Geschichtsschreibung die »Zeit der Finsternis« nach 1648 bis zur »nationalen Wiedergeburt« zu Beginn des 19. Jahrhunderts.

auch niemand von da fort! Dort gab es eben keine Goldgruben.« Allein zur dauerhaften, zumeist jedoch nur saisonalen Arbeit gab es eine starke Aussiedlungsbewegung nach Österreich. Die statistischen Umkehrungen hatte der Autor bereits für 1935 als »Willkür der Zählkommisare« bezeichnet; dies sei aufgrund des Drucks der uneinsichtigen Alldeutschen geschehen«.[138] Und damit hielt er den »patriotischen« tschechischen Zählungskommissaren des Jahres 1945 im Weitra-Gebiet einen Spiegel vor, den eifrigen Produzenten von Deutschenverzeichnissen in allen Orts-Nationalausschüssen im Weitra-Gebiet und beim Kreis-Nationalausschuss Wittingau, in sämtlichen Gendarmeriestationen, den späteren Dienststellen des Korps der Nationalen Sicherheit, und den Orts- und Gebietsdienststellen der Staatssicherheit in Budweis. Auf einmal wurden nun umgekehrt Tschechen in Deutsche umgewandelt! Der Zählkommissar handelte 1945 ebenso willkürlich wie sein Kollege aus der zweiten Hälfte des 19. Jahrhunderts, nur dass der eine dem Habsburgischen Österreich, der andere der Tschechoslowakei Beneschs diente. Zum Schluss stellte Jan Žáček, der die Weitra-Frage in der Publizistik seit 1910 verfolgt hatte und folglich wusste, worüber er schrieb, folgende Frage: »Mit welchem Recht wollen wir sodann die Rückgabe eines weiteren Teils des Weitra-Landes fordern?«, da wir doch die eigenen Kinder von dort vertreiben? »An Stelle einer Wiedergutmachung und einer besseren Erziehung haben die Tschechen selbst dieses Tschechentum zusammengedroschen.«[139]

Im Verlauf des organisierten Abschubs im Jahre 1946 kam man darauf, dass in die Transporte auch Tschechen und Tschechinnen eingereiht wurden, deren Lebensgefährten Deutsche oder die verwitwet waren; allein aus Brünn wurden an die 2000 Witwen und Witwer im Greisenalter abgeschoben. In der Presse, insbesondere in der der Volkspartei nahe stehenden Zeitschrift »Obzory« (»Horizonte«), erschienen Artikel mit Hinweisen, dass Kinder aus Mischehen ausgesiedelt würden, die tschechisch erzogen worden waren und überhaupt nicht deutsch könnten.[140] Doch wurden Leute mit deutschen bzw. deutsch klingenden Namen in die Transporte mit eingereiht, obwohl sie keineswegs Deutsche waren – wie sich bereits beim Brünner Todesmarsch gezeigt hatte. Hier waren die Vertriebenen sämtlich Menschen mit deutschen Namen, was erst bei einer weiteren Kontrolle in Pohrlitz herauskam, woraufhin Hunderte Menschen nach Brünn zurückkehren mussten.[141] In die Transporte wurden ebenso Mischehen eingereiht, womit ganz offensichtlich Eheverbindungen zerrüttet wurden, wenn nur einer der Eheleute ausgewiesen werden sollte. Dies stand im Widerspruch zu zwei Grundsätzen, die mit den Alliierten vereinbart worden waren, dass nämlich nur vollständige Familienverbände ausgesiedelt würden und dass die Abzuschiebenden nur Personen deutscher Nationalität sein dürften, keinesfalls jedoch Tschechen und Slowaken mit deutscher Staatsangehörigkeit. Gleichzeitig wurde die Hoffnung ausgedrückt, dass es mit der Zeit zur Assimilierung kommen würde, zur »Akklimatisierung« des deutschen Partners. Diesen Grundsatz bestätigte auch der Minister des Inneren Nosek auf einer Pressekonferenz in Reichenberg Mitte Juli 1946, wo er unter anderem Folgendes bekannt gab: Die Regierung habe grundsätzlich beschlossen, Mischehen nicht auszusiedeln. Er gab jedoch auch zu, dass diese Fragen – und dazu gehörte die Zuerkennung der Staatsbürgerschaft –, »die Behörden und die Organe der Volksverwaltung nicht einheitlich beurteilten«.[142] Doch in der Praxis wurde weiterhin weit entfernt von diesen Grundsätzen vorgegangen: Die Ortsbehörden und die Organe der Volksverwaltung stellten sich selbst Verzeichnisse zusammen – wie ja im Fall des Weitra-Gebiets zu sehen war – und reihten in die Transporte nicht nur Mischehen mit Kindern ein, sondern auch, wie im Brünner Beispielfall, ebenso Witwen und Witwer.

Nichtsdestoweniger muss aber festgestellt werden, dass bereits im Jahre 1946 Grundsätze anerkannt wurden, von denen nur wenige Monate zuvor noch nichts zu hören gewesen war. Die Regierung und ebenso das Ministerium des Inneren begannen auf einmal damit, »nunmehr klar den Begriff deutsche Nationalität und deutsche Staatszugehörigkeit zu unterscheiden«, und so verschwand auch der Grundsatz, dass Tschechen und insbesondere Tschechinnen mit reichsdeutscher Staatsangehörigkeit als Deutsche bezeichnet wurden und eine weiße Armbinde tragen mussten. Auf einmal wurde auch anerkannt, dass außer Mischehen »auch diejenigen Personen tschechischer Herkunft, die sich ob unter Zwang oder Druck oder auch freiwillig zur deutschen Staatszugehörigkeit gemeldet hatten, vom Abschub ausgenommen werden«.[143] Personen, auf die kein Druck ausgeübt worden war, sollten, »zumeist aus gewinnsüchtigen Gründen«, entsprechend den geltenden Gesetzen bestraft werden, und mit diesem Vorgehen sollte Eindrücken entgegengetreten werden, dass »für ein Vergehen oder für einen schwachen Charakter der Eltern nicht auch noch die unschuldigen Familienangehörigen, insbesondere aber die Kinder leiden müssten«. Das Ministerium des Inneren mit seinen nachgeordneten Organen war darum mit aller Schärfe darum besorgt, dass vereinzelte Mängel in dieser Hinsicht unverzüglich und kompromisslos beseitigt würden. »Hier geht es insbesondere um die national äußerst komplizierte Region Brünn, Budweis und um das Hultschiner Ländchen.«[144]

Es ist durchaus von Interesse zu vermerken, dass bei den Korrekturen der Grausamkeiten der Vertreibung in der tschechischen Presse zwei Phänomene auftauchten: Kinder und Blut. Durch tschechische Kinder und tschechisches Blut sollte im Abschub das Deutschtum gestärkt werden, die Deutschen als Volk und Deutschland als Staat. Dieser Gedanke war für die »Patrioten« unannehmbar. Tschechische Kinder, die nach Deutschland hinausbefördert wurden, tauchten in vielerlei Zusammenhängen auf.[145] Und das auf diese Weise »abfließende tschechische Blut« beendete jegliche Kritik am Abschub.[146]

Die Korrekturen an der Vertreibung brachten aber noch eine weitere interessante Erscheinung hervor: Kritik an der Presse und den Journalisten, welche »die Öffentlichkeit schlecht informiert haben (wiederum ein Mangel an Courage!)«. Dies war sicherlich eine Gelegenheit für die Journalisten, die eine eigene Meinung vermissen ließen (»Courage!«) und geduldig, manchmal geradezu peinlich die Behördenentscheidungen nachplapperten und begründeten und Verbrechen billigten, die mit der Vertreibung zusammenhingen. Es handelte sich vor allem um eine gegen die KPTsch und die Kommunisten gerichtete Kritik, die jedes Nachgeben an Härte bei der Vertreibung als ein »Vergießen falscher Tränen über schuldige Tschechen« bezeichneten. Und insofern diese Kritik auch an die Adresse der »besseren Patrioten« gerichtet war, könnte man sagen, dass Beneschs »authentische Patrioten«, also die Nationalen Sozialisten, eine scharfe, notwendigerweise gerechtfertigte Kritik nicht zulassen konnten, die mitten in die kommunistischen Reihen hinein zielte: »Wir sind keine geringeren Nationalisten, als wir vor dem Zweiten Weltkrieg waren, und *wir haben weder während des Krieges noch danach irgendeinen Patriotismus wahrgenommen.*«[147] Die Kommunisten, die Patriotismus ablehnten und gleichzeitig den Internationalismus Stalinscher Prägung propagierten, hatten die ČSR als einen imperialistischen Staat seit dem Jahr 1921 abgelehnt; bis 1941 traten sie mit großer Schärfe auch gegen Benesch und die tschechische Bourgeoisie auf. Doch auf einmal wurden sie zu feurigen tschechischen Patrioten, sodass es selbst alten Nationalisten den Atem verschlug.

Auch die Kritik an der Presse, die die Vertreibung billigte, zielte vor allem auf die Kommunisten, die jedoch im gesamten Prozess das entscheidende Wort bezüglich der Machtfrage behielten und der Vertreibung gleichzeitig den Rücken stärkten. Auf einmal fiel aber die Maske des Patriotismus ab, und vor der Öffentlichkeit enthüllte sich die Realität der Räubereien: »Zahlreiche Kritiker waren moralisch minderwertig, sie dachten keineswegs an die Nation, sondern vielmehr an Wohnungen und Wohnungseinrichtungen von Tschechinnen aus Mischehen, bei denen sie nach der Revolution genächtigt hatten.«[148]

In der entspannten Atmosphäre des Sommers 1946 wurde dem Weitra-Gebiet in den Massenmedien größere Aufmerksamkeit zuteil als irgendwann zuvor. Auch der Tschechoslowakische Rundfunk in Prag zeigte Interesse an dieser abgeschiedenen Gegend und sendete einen Vortrag über die Geschichte des Gebietes, Reportagen über die brennendsten Problem der Gegenwart. Auch die »Zemědělské noviny« (»Landwirtschafts-Zeitung«, B. Roháček) veröffentlichte eine umfangreiche Reportage auf Anregung des Arztes und Kenners des Gebietes Dr. med. Trůbl aus Suchenthal. »Was geht hier vor?« titelte das sozialdemokratische Wochenblatt »Jihočech« (»Der Südböhme«) seine Kolumne. «Schon viel ist über die Verhältnisse im Weitra-Land geredet und geschrieben worden, zahlreiche und verschiedene Kommissionen sind hier gewesen, und das Ergebnis sieht so aus: Noch heute stellen sich Fälle dar, die unmittelbar niederschmetternd auf die örtliche Bevölkerung einwirken, denn diese wird weiterhin mit Abschub, Umsiedlung und allem möglichen bedroht.«[149] Das Blatt stellte fest, dass die Unkenntnis über die Geschichte dieses Landstrichs und das Unverständnis seines Menschenschlags weiterhin andauere. Doch der »Jihočech« erinnerte an das folgende traurige und für die »Patrioten« wenig schmeichelhafte Faktum: »Die alte Repubkik (der Zwischenkriegszeit – J.M.) kümmerte sich um diese Gegend in der Mehrzahl der Fälle wie eine Stiefmutter.«[150] Während der nationalsozialistischen Besatzungszeit – so brachte die Wochenzeitung in Erinnerung – wurde das Weitra-Gebiet »wiederum terrorisiert mit all der deutschen Konsequenz«, und bis in die Gegenwart hinein dauere das Bestreben an, »diese armselige Gegend und sein Völkchen zu terrorisieren; wo ist denn dann diese wunderschöne Freiheit und Demokratie?« Sie bestätigte die Anwendung von Gewalt durch den Kreis-Nationalausschuss in Wittingau in den Weitra-Gemeinden.[151]

Man hätte meinen können, dass mit der Rückkehr der vertriebenen Weitraer ihr Problem behoben wäre und sie in ihren armen Gemeinden weiterhin in Frieden hätten leben können – nur dass die eingeschränkte Demokratie der Nationalen Front die Frage der Grenzen, des Grenzbereiches und überhaupt der Sicherheit des Staates völlig anders auffasste, als dies in der Ersten Republik der Fall gewesen war. Nahe der Grenze sollten demnach nur »staatlich zuverlässige« und dem tschechoslowakischen Staat ergebene Menschen leben. So fiel auf die Weitraer, die bereits einmal wegen ihrer staatlichen Unzuverlässigkeit vertrieben worden waren – »für ihren Anschluss an die Deutschen« –, der fortdauernde Schatten des Misstrauens. Daher mussten sie, nach der Überzeugung der »Macht«-Ministerien des Inneren und für Volksverteidigung, ins Landesinnere umsiedeln. Am 9. August 1946 teilte das Ministerium für Volksverteidigung dem Besiedlungsamt in Prag sein dahingehendes Interesse mit, »dass innerhalb eines Bereichs, der von den Gemeinden Gratzen, Jakule, Suchenthal, Klikau und Erdweis umgrenzt wird, keinerlei unzuverlässige Bürger tschechoslowakischer Staatsangehörigkeit angesiedelt werden«. Die Verbindungsoffiziere beim Gebiets-Besiedlungsamt in Budweis wurden dahingehend informiert und durch entsprechenden Befehl zur Zusammenarbeit mit dem Kreis-Nationalausschuss Wittingau verpflichtet. »Dieses Interesse hat das Ministerium für Volksverteidigung (MNO) durch seinen Erlass betont, der ganz allgemein *die Besiedlung des Verteidigungs-Grenzstreifens durch staatlich zuverlässige Kolonisatoren* betrifft, und es wurde angeordnet, dass mittels der Verbindungsoffiziere für die Besiedlung *eine gemeinsame Basis für Vorschläge* zur Übersiedlung von unzuverlässigen Elementen aus dem Grenzgebiet ins Landesinnere *erzielt wird.*«[152]

In den Augen Prags waren die Weitraer ganz gewiss keine zuverlässigen »Kolonisatoren«; obwohl sie dort jahrhundertelang gelebt hatten, schenkte man ihnen kein Vertrauen. Die Zentralbehörden überließen die Lösung den Ortsbehörden, doch auch dort kam es zu keiner Übereinkunft, und so warfen sich denn die Orts-Nationalausschüsse im

Weitra-Gebiet die Frage der Aussiedlung mit dem Kreis-Nationalausschuss Wittingau wie eine heiße Kartoffel hin und her.[153] Doch wurde keine verbindliche Entscheidung über die Aussiedlung getroffen, und so blieb die Lösung dieser Frage lediglich ein Wunsch, über dessen Erfüllung die Ergebnisse des Kampfes um die Macht und der Fortbestand der Demokratie erst in der Zukunft entscheiden sollten.

Bei den Vorbereitungen zur erneuten Aussiedlung der Weitraer spielte auch der Rückkehrprozess der tschechischen Bevölkerung und die Bescheinigung über die nationale Zuverlässigkeit eine Rolle. Im Hinblick auf politisches Engagement, großen Arbeitseifer und ihren systematischen Gestaltungswillen im Weitra-Gebiet hatten gerade die Sozialdemokraten in dieser Angelegenheit ein entscheidendes Wort mitzureden. So wurde an die Spitze der so genannten Weitra-Kommission beim Kreis-Nationalausschuss Wittingau, die die Fragen von Staatsbürgerschaft und Zuverlässigkeit lösen sollte, der Sozialdemokrat V. Rameš berufen; ebenso wurde der Vorsitzende des Orts-Nationalausschusses Rottenschachen, Josef Opelka, von der Kommission kooptiert, ein »ausgezeichneter Kenner sämtlicher verwickelter Fragen des Weitra-Landes, ein junger und kämpferischer Mitarbeiter der tschechoslowakischen Sozialdemokratie«.[154] Die Tätigkeit der Sozialdemokraten auf Orts- und Kreisebene wurde vom Nationalversammlungsabgeordneten Mirko Sedlák geleitet. Dieser wies auch systematisch auf die Unverständlichkeit einer pauschalen Verurteilung von Menschen hin, die während des Zweiten Weltkriegs »Fehltritte« begangen hatten, und forderte daher, »Personen tschechischer Herkunft nicht beiseite zu schieben«. Dabei machte er auf die Verpflichtung aufmerksam, zwar alle streng zu bestrafen, »doch haben wir keinerlei Recht, mit einem Abschub zu bestrafen«. Sedlák argumentierte mit der Tatsache, dass 1938 im Grenzgebiet an die 700 000 Tschechen verblieben waren. Bei der Volkszählung im abgetretenen Gebiet, dem Sudetengau, vom 17. Mai 1939 summierten die deutschen Zählkommissare nur noch 291 000 Tschechen. Und von denen wiederum bezeichneten 15 000 Deutsch und Tschechisch als ihre Muttersprache. Weitere 127 000 Personen hatten in den Zählungsbögen den Vermerk, dass die Muttersprache nicht festgestellt worden bzw. ungeklärt sei. Sedlák nahm dies als Beweis, dass »für uns und unsere Ermittlungen bezüglich der Zuverlässigkeit die Verzeichnisse der nazistischen Kommissare und Statistiken nicht gelten dürfen«.[155] So machte er auf die Praxis der

Zählkommissare zu österreichischer Zeit aufmerksam – wie diese in der Presse am Beispiel des Weitra-Gebietes 1946 präsentiert wurde – und dann auf diejenige während der nationalsozialstischen Zeit 1939. Seine Nüchernheit und seine humanitäre Gesinnung werden durch die Tatsache belegt, dass er sich deutscher Antifaschisten annahm, denen angeraten wurde, auszusiedeln und die vom Nationalsozialismus durchsetzte Nation umzuerziehen. Entsprechend den Benesch-Dekreten hatten sie das volle Recht zu bleiben, obwohl der antideutsche Hass der tschechischen Chauvinisten – die schließlich auch untersagten, Beethoven und Mozart zu spielen – unsinnige Züge annahm. Sedlák wollte gerade hier auf die Großflächigkeit, Pauschalität und endlich auch Unsinnigkeit der Vertreibung hinweisen.[156]

In amtlichen Verzeichnissen ist über Einzelpersonen und ihre Familien aus dem Weitra-Gebiet nachzulesen, dass Hunderte von Einwohnern dieses Gebietes die tschechoslowakische Staatsbürgerschaft dank dem Abgeordneten Sedlák und seiner sozialdemokratischen Gefolgsleute zurückerhielten.[157] Dasselbe wurde in den Meldungen der Staatssicherheit und diverser Machtorgane angegeben, so beispielsweise seitens des Korps der Nationalen Sicherheit, der Sicherheitsreferate von Kreis- und Bezirks-Nationalausschüssen und anderen, soweit dies die Interventionen Mirko Sedláks hinsichtlich einer Lösung in Bezug auf die Durchsetzung der Retributionsdekrete betraf, insbesondere des so genannten Großen Retributionsdekrets Nr. 16/1945, Sammlung der Gesetze und Verordnungen, und des Kleinen Retributionsdekrets Nr. 138/1945.

Der Verlauf der Retribution im Weitra-Gebiet 1945–1948[158] stand in engem Zusammenhang mit der Zuerkennung der Staatsbürgerschaft. Um möglichst viele Gesuche um Zuerkennung abzuweisen, wurden umso mehr Anschuldigungen bezüglich einer Kollaboration mit dem nationalsozialistischen Regime entsprechend dem Großen Dekret produziert. Es genügte jedoch auch die Beschuldigung eines »Anschlusses an die Deutschen«, denn dies bedeutete den Verlust der nationalen Ehre entsprechend dem Kleinen Dekret.

Anschuldigungen und Verfahren entsprechend den Retributionsdekreten betrafen praktisch sämtliche Gemeinden des Weitra-Gebietes. Im Folgenden werden Angaben für eine Hälfte von ihnen aufgeführt:[159]

Gemeinde	Verfahren gegen Personen	Im Ausland	Verurteilte	Übergabe an Kreisgericht Wittingau	Eingestellte Verfahren
Rottenschachen	27	5	2 (19)	1	19 (24)
Erdweis a. d. Lainsitz	111	92	12	1	6
Zuggers	35	31	1	–	3
Beinhofen	47	4	11	1	31
Schwarzbach	129	45	58	–	26
Insgesamt	349	177	84	3	85
	(100%)	(51%)	(24%)	(1%)	(25%)

Verfahren entsprechend den Retributionsdekreten

Man kann annehmen, dass in den verbliebenen Ortschaften die Angaben über die Betroffenen im Durchschnitt kaum von den oben genannten Zahlen abwichen. Strafverfahren wurden gegen etwa 700 Weitraer geführt; allerdings hielten sich an die 50% dieses Personenkreises bereits ständig im Ausland auf und beabsichtigten auch gar nicht zurückzukehren. Doch dies lag nicht etwa daran, dass sie sich wegen ihrer »Verbrechen« vor einer Strafe gefürchtet hätten, sondern hauptsächlich an ihrem Vertrauensverlust gegenüber einem Staat, der so brutal mit ihnen umgesprungen war und sie verjagt hatte. Sie hatten ja keinerlei Sicherheit, dass sie nicht von neuem wieder vertrieben würden (wie vorausschauend sie doch waren!). Ihre Entscheidung für ein Verbleiben in Österreich erleichterte das Schicksal der Weitraer dadurch, dass die Ortsbehörden die Hauptlast der Kollaboration auf sie abwälzen konnten, um somit die Verbliebenen zu schützen, die zurückgekehrt waren, um ihren Platz und ihre Existenz in einem Staat zu suchen, für den sie unerwünscht waren. Daher wurden bei einem Viertel der Beschuldigten die Verfahren eingestellt – wiederum das Hauptverdienst der Sozialdemokraten –, und dadurch erhielten sie auch die Möglichkeit der Zuerkennung der Staatsbürgerschaft. Lediglich ein Viertel wurde abgeurteilt, mehrheitlich auf der Grundlage des Kleinen Dekretes. Aber es handelte sich um einen Prozess, in dem mehrheitlich ein Streitfall ausgefochten wurde, die Verurteilten Berufung einlegten und eine Lösung sich über Monate, ja sogar Jahre hinzog.

Aus all diesen Fällen ragt Schwarzbach als ein Ausnahmefall wegen der Menge der Beschuldigten und Verurteilten heraus. Obwohl die

Behörden grundsätzlich Rottenschachen als das Nazi-Zentrum des Weitra-Gebietes bezeichneten, das in der deutschen Abtretungszone lag und in dem sich die nationalsozialistische Macht direkter durchsetzen konnte als in Schwarzbach, das auf Protektoratsgebiet lag, so gab es dennoch nach Meinung der neuen tschechoslowakischen Macht die meisten Kollaboranten und Nazis in Schwarzbach. Und dabei hatte Schwarzbach nicht einmal die Hälfte der Einwohnerzahl gegenüber Rottenschachen. Es wurden Freiheitsstrafen und hohe Geldbußen verhängt.[160] Die Mehrzahl der Entscheide unterlag einer Revision und wurde erheblich abgemildert. Doch uns interessiert in diesem Zusammenhang, warum die Gesetzeshüter das allerstärkste Odium der Veruntreuung nationaler Ehre und der Mitarbeit mit den Nazis gerade auf Schwarzbach abwälzten. Die Erklärung ist einfach: Sollte es in Schwarzbach zu einem Massenmord gekommen sein, dann müssen dort auch entsprechende Gründe vorgelegen haben! Es konnten doch diese Schwarzbacher nicht einfach so, ohne tatsächliche Schuld und verbrecherisches Tun, erschossen worden sein! Um den Mord zu begründen, musste also Schwarzbach exemplarisch bestraft werden. Die Schwarzbacher hatten jedoch nicht mehr »kollaboriert« als ihre Nachbarn in Rottenschachen und anderswo, doch sie hatten sich – in den Augen der neuen Führer – ex post durch die Schwere des Verbrechens, das am 24. Mai 1945 an ihnen begangen worden war, schuldig gemacht. Wie ein Bumerang traf dieser Mord nicht die Köpfe der Mörder, sondern die ihren. Der Verbrecher musste sich von seiner Tat durch die Überleitung seiner eigenen Schuld auf die Bürger Schwarzbachs reinwaschen: Nicht ich, der ich Mord initiiert oder selbst gemordet habe, bin schuldig, vielmehr sind die Bürger die Schuldigen. Die Schwarzbacher mussten ganz abgefeimte Nazis sein, damit ihre Hinrichtung begründet werden konnte. Die Zweckgerichtetheit des neuerlichen Verbrechens in der Umsetzung des Benesch-Dekretes in Bezug auf die Schwarzbacher war ganz offenkundig: nicht verbaliter, sondern durch eine erneute Beschuldigung und Bestrafung zu ahnden. Davon also gingen die »Landsleute« Václav Maxa und František Říha aus!

In Erdweis an der Lainsitz, einer Ortschaft mit 1000 Einwohnern, in der die Deutschen bereits zur Zeit der Ersten Republik vor 1938 eine Zweidrittelmehrheit gegenüber den Tschechen gestellt hatten, wurden die härtesten Strafen verhängt: In sechs Fällen wurde das Große Dekret mit insgesamt 60 Jahren Freiheitsentzug angewendet.[161] Die Anzahl und die Höhe der Strafen wurde hier mit der Größe der deutschen Bevölkerung begründet. Allein Rottenschachen, das Zentrum des »Verrats« an der Weitra-Gegend, ging aus dem Beurteilen und Verurteilen wohl mit dem geringsten Schaden hervor. Dies war sicherlich das Verdienst des Orts-Nationalausschusses und des standhaften Widerstands der Einwohner gegen die Verfolgung bereits in den ersten Tagen der Vertreibung. Das Kleine Dekret wurde lediglich bei zwei Bürgern angewendet, und ein Fall wurde erst 1947 zur weiteren Behandlung an das Kreisgericht in Wittingau überwiesen.[162] In Zuggers war der Verlauf der Bestrafung aufgrund der Benesch-Dekrete kurz: Von 35 Beschuldigten waren 31 im Ausland, in weiteren drei Fällen wurde das Verfahren eingestellt. Lediglich Eduard Hohenbichler wurde als schuldig im Sinne des Großen Dekretes betrachtet und erhielt 25 Jahre Haft. In Beinhofen wurde ebenfalls das Große Dekret angewandt, jedoch nur bei einem einzigen Bürger: Tomáš Kamiš, Jg. 1884, wurde zu fünf Jahren Haft verurteilt. Das Kleine Dekret wurde auf Ludvík Koranda und auf Arnošt Mayer, Jg. 1888, angewandt: Ersterer erhielt elf Monate Haft und eine Geldbuße von 30 000 Kčs, letzterer sechs Monate und einen Verweis, und schließlich kam noch Anna Honetschlögerová, Jg. 1903, mit zwei Monaten und einem Verweis hinzu. Die übrigen erhielten öffentliche Verweise und Geldbußen zwischen 1000 und 10 000 Kčs.[163]

Die allerschwerste Strafe für den unterstellten Verrat aber erreichte die Ermordeten von Schwarzbach und Suchenthal an der Lainsitz. Es war so, als ob das Verbrechen seine Nachwirkung auf die Schicksale der Hinterbliebenen hätte. Über das Schicksal der Witwen und Waisen aus Schwarzbach, die nach den Morden wieder in ihr Heimatdorf zurückgekehrt waren und dort den Ort der letzten Ruhe ihrer Männer und Väter suchten, können wir in folgendem Zeitungsbericht lesen: »In Schwarzbach haben etliche Bäuerinnen, deren Männer während der Umsturztage im Mai 1945 als Deutsche hingerichtet worden waren, um die Erlaubnis zur Rückkehr in ihren ehemaligen Besitz nachgesucht, wo sie sich bereits aufhielten, und als Lohnarbeiterinnen zu arbeiten – also keineswegs als Besitzerinnen. Sie haben mir davon erzählt, was es für einen Aufstand wegen dieser Sache in Schwarzbach gegeben hat, bis mich dies alles ganz und gar betroffen machte, weil ich ja weiß, dass viele von diesen Frauen nicht einmal deutsch können und sich stets zu den Tschechen bekannten.«[164]

IV
Finita comoedia – Das Ende eines tragischen Schauspiels

1. Der kommunistische Umsturz und die Kontinuität der Planungen zur Aussiedlung der Weitraer

Bei der Erörterung der Weitra-Frage 1945–1947 war bereits zu sehen, wie die Kommunisten trotz ihrer Einbindung in den Rahmen der Nationalen Front durch ministerielle Erlässe und gemeinsame Beschlüsse Absprachen keineswegs respektierten, weil sie einen eigenen Weg gingen, der ihren Interessen entsprach und die Spannungen innerhalb der Gesellschaft erhöhte. Da sie die beiden für die Vertreibung der Deutschen wichtigsten Ministerien – des Inneren und für Landwirtschaft – beherrschten, stellten sie unaufhörlich die Legitimität der Rückkehr der Weitraer in Frage und arbeiteten weiter an der Wiederbelebung von Plänen zu deren neuerlicher Vertreibung. Im Übrigen war es gerade das Ministerium des Inneren, das die Deutschen aus ihrem Eigentum vertrieb, während das Landwirtschaftsministerium dieses dann vornehmlich seinen Parteigängern zuteilte. Hätten sich die Kommunisten den gemeinsam gefassten Beschlüssen aller Parteien der Nationalen Front auch bei der Lösung der Weitra-Frage untergeordnet, wäre es um diese bereits zum Jahresbeginn 1946 durch die Rückkehr der Verstoßenen ruhig geworden; man hätte etwa damit beginnen können, die durch die Hobza-Partisanen verursachten und schließlich durch den Eigentumsdiebstahl der Volksverwalter angerichteten Schäden zu beheben. Auf ihrem Weg zur Macht wollten die Kommunisten jedoch keine Ruhe eintreten lassen, schon gar nicht die des Wiederaufbaus. Entgegen ihren Parolen waren sie grundsätzlich destruktiv und schafften andererseits durch die Druck ausübenden Gruppen von Widerständlern, Partisanen, Gewerkschaftlern und anderen ein zweites Machtzentrum innerhalb des Staates. In den entscheidenden Momenten verschaffte ihnen gerade diese Kraft die Umsetzung ihres Umsturzes. Der Sieg der Kommunisten in der ČSR war direkt durch die Vertreibung der Deutschen bedingt worden. Durch ihre eigene Hochstilisierung als die allergrößten Patrioten und mittels der Machtorgane, welche die Aussiedlung durchführten, hatten sie das größte Verdienst an deren Realisierung, und so errangen sie auch den Wahlsieg im Mai 1946; erst auf dieser Grundlage entfalteten sie ihren Kampf um die Macht. Das gestohlene Eigentum der Deutschen verteilten gerade sie an Bauern mittels des Landwirtschaftsministeriums, das ihrer Kontrolle unterstand; so erhielten sie denn auch in den Grenzgebieten durch die dankbaren Neusiedler und Volksverwalter die meisten Stimmen. Hier siegten sie mit absoluter Stimmenzahl. Klugerweise nutzten sie den Vorschlag Präsident Beneschs aus, den dieser bereits im Dezember 1943 in Moskau Stalin gemacht hatte: Falls die Sowjets bei der Vertreibung der Deutschen Hilfestellung gewährten, würde ihr Eigentum zur Grundlage der Sozialisierung der Tschechoslowakei. Auch die zweite Bedingung, nach der Molotow Benesch gefragt hatte, wurde erfüllt: Und was machen Sie mit der tschechischen Großbourgeoisie? Wir werden sie zur Sozialisierung zwingen!, lautete die Antwort. Die Nationalisierungsdekrete Beneschs in Bezug auf die Industrie, das Bankwesen und sämtliche entscheidenden Wirtschaftsbereiche vervollständigten somit die Zusage bezüglich des gestohlenen deutschen Eigentums. Es war ein Paradox, wenngleich auch historische Gerechtigkeit, dass nicht die tschechoslowakische Demokratie daraus einen Nutzen zog und aus diesem schmutzigen Geschäft auch gar nicht ziehen konnte, sondern vielmehr die Kommunisten. Benesch aber jammerte, Stalin hätte ihn hintergangen … Beneschs antideutsche Phobie und die seiner Nationalen Sozialisten trug so ihre Früchte. Damit hatte sich der Traum Beneschs erfüllt, der von etlichen Leuten als seine allergrößte staatsmännische Leistung bezeichnet wurde: dass er mit entscheidender Hilfe Stalins und dessen Roter Armee, aber auch der tschechoslowakischen Kommunisten die Deutschen aus der ČSR vertrieb. Dafür musste er dann einen grausamen Preis durch die Beerdigung der tschechoslowakischen Demokratie entrichten, wenn sie auch nur eine eingeschränkte Demokratie gewesen war. Zuvor hatte er bereits Stalin eine erste Abschlagszahlung durch die Abtretung der Karpatenukraine geleistet; damit hatte er als Staatspräsident im wahrsten Sinn des Wortes Hochverrat durch die Verletzung der Staatsintegrität begangen. Und so ermöglichte auch die Vertreibung von mehr als drei Millionen tschechoslowakischer Staatsbürger deutscher Nationalität auf entscheidende Art und Weise das »Hinüberwachsen« der nationalen und demokratischen Revolution in eine sozialistische Revolution, wie marxistische Theoretiker und Historiker jahrzehntelang immer wieder mit Stolz feststellten. Dass aber die Tragödie der Vertreibung der Deutschen ein Grundpfeiler und Ausgangspunkt der kommunistischen Machtergreifung war, das haben diese Historiker lange Zeit ausgeklammert, selbst nach dem Umsturz von 1989. Doch kann man grundlegende historische Zusammenhänge nicht auf Dauer ignorieren, tarnen und bestreiten.

Infolge des Machtantritts der Kommunisten kam es zu einem augenblicklichen Machtwechsel nicht nur in Prag, sondern auch in Südböhmen, im Kreis Wittingau und im Weitra-Gebiet. Die jahrelang seitens der Kommunisten in Wittingau unternommenen, aber vergeblich gebliebenen Veränderungsversuche wurden nunmehr innerhalb weniger Tage vollzogen. Bereits am Tag nach dem Umsturz vom 25. Februar 1948 löste der Kreis-Ausschuss der KPTsch den Orts-Nationalausschuss in Rottenschachen auf.[1] Lediglich vier Tage später, am 29. Februar 1948, wurde in Rottenschachen eine Orts-Verwaltungskommission (MSK) installiert. Sie bestand aus fünf Mitgliedern und repräsentierte die Konzentration des bürokratischen Machtapparates und der örtlichen Kommunisten. Zum Vorsitzenden wurde der Oberrespizient der Finanzwache Jan Fajtl ernannt – nicht mehr gewählt! –, und zu seinem Stellvertreter der Wachtmeister des Korps der Nationalen Sicherheit Ladislav Krch; Mitglieder der Kommission waren ferner der Bäcker Jan Kocina der Ältere, der Stellmacher Karel Kamiš und der Straßenwärter Julius Křížek. Aus soziologischer Sicht bildeten demnach drei Staatsbeschäftigte und zwei Handwerker die Orts-Verwaltungskommission; in einer Ortschaft mit einer erdrückenden Mehrheit von Bauern war in der Kommission also kein einziger Bauer oder gar Kätner vertreten. Offenkundig war die Orts-Verwaltungskommission ein vom Machtapparat eingesetztes Organ, das in keiner Weise die Zusammensetzung der Bevölkerung Rottenschachens widerspiegelte. Die MSK stellte ein künstlich gebildetes Verwaltungsorgan dar, um die Weisungen und das Interesse der höher gestellten Organe – und das waren in diesem Fall die Kreisbehörden sowie die Apparate von Staatssicherheit und Korps der Nationalen Sicherheit – in der Gemeinde bedingungslos umzusetzen.

Die Kommunisten hatten die Macht unter dem Deckmantel der Aktionsausschüsse der Nationalen Front ergriffen. Diese sollten vorgeben, dass der Machtwechsel unter Beibehaltung einer pluralen Demokratie vor sich gegangen sei, dass daran sämtliche in der Nationalen Front vertretenen Parteien beteiligt waren, die ihrerseits wiederum ihre Vertreter auch in der Regierung hatten. Doch es waren Agenten der einzelnen Parteien, die zuvor bereits von den Kommunisten gelenkt waren, die sich dann in den so genannten Krisentagen des Februar 1948 von ihren Parteiführungen »distanzierten« und mit den Kommunisten eine offene Kollaboration in der neuen Regierung und in den Machtorganen begannen. Bis auf geringe Ausnahmen leiteten Kommunisten diese Aktionsausschüsse; sie stellten jeweils auch die Mehrheit in diesen Ausschüssen. In Rottenschachen wurde Jaroslav Kos der Vorsitzende des Aktionsausschusses der Nationalen Front. Seit 1945 hatte er im Orts-Nationalausschuss die KPTsch vertreten, er war ebenfalls Mitglied des Rates des Orts-Nationalausschusses. Weiter gehörten dem Aktionsausschuss an: Julius Křížek, ebenfalls Mitglied des Rates für die KPTsch, dann Josef Kraus, Oberrespizient der Finanzwache, die Volksverwalter Adolf Bláha und František Kříž sowie Josef Kainrath, Josef Novotný, Karel Drnek und Karel Kotrba. Es handelte sich hierbei um die Mehrzahl jener, die seit 1945 Petitionen und Memoranden an Ministerien gerichtet und Verzeichnisse »unzuverlässiger« Personen erstellt hatten. Es ist daher keineswegs verwunderlich, dass diese Leute bereits am 24. April 1948 – als örtliche Gruppierung des Aktionsausschusses der Nationalen Front – ein Verzeichnis von 62 Rottenschachener Bürgern anlegte, »die sich gegen die nationale Ehre treulos verhalten haben«. Es ging hier um Leute aus der Gemeinde, die entsprechend dem Kleinen Dekret straffrei geblieben oder lediglich mit einer Geldbuße belegt worden waren, was nach Auffassung des Aktionsausschusses der Nationalen Front unzureichend war. Also forderte der Aktionsausschuss in Rottenschachen, dass die Strafverfahren gegen die Bürger erneut aufgenommen werden sollten; sollte dies nicht der Fall sein, wäre ein Strafverfahren wegen Kollaboration und Verletzung der nationalen Ehre einzuleiten.[2] Die Orts-Verwaltungskommission und der Aktionsausschuss der Nationalen Front Rottenschachen bemühten sich, die Volksverwalter, die Rottenschachen verlassen hatten, erneut zurückzubeordern; einigen wiesen sie wiederum eine Volksverwaltungsstelle zu.[3] Auch beschlagnahmten sie weiteren Besitz, der bisher von der Konfiskation ausgenommen war.[4] Ebenso wurde der bislang zügig vorangehende Prozess der Zuerkennung der Staatsbürgerschaft an Ortsbewohner eingestellt. Der Rat des Kreis-Nationalausschusses Wittingau erteilte der Orts-Verwaltungskommission Rottenschachen die Weisung, 21 Personen aus den Wählerverzeichnissen zu streichen, da diese keine Staatsbürger seien. Bei einigen Namen wurde zusätzlich vermerkt, dass die Zuerkennung der Staatsbürgerschaft «überhaupt nicht in Betracht kommt«; einige weitere wurden mit dem Zeichen D (»Deutscher«) versehen, was ihnen eine Wahlbeteiligung auch dann unmöglich gemacht hätte, wenn sie tschechoslowakische Staatsbürger gewesen wären. Im Verzeichnis befanden sich auch Personen, denen seitens des Kreis-Nationalausschusses Wittingau die bereits zuerkannte Staatsbürgerschaft wieder entzogen wurde.[5] Die neuen Prätorianer der Orts-Verwaltungskommission in Rottenschachen wollten demnach – entsprechend den Weisungen der vorgesetzten Behörden – innerhalb der Gemeinde alles »umpflügen«, was bislang konstituiert war und funktioniert hatte, vor allem um die bisherigen Gegner, insbesondere die Sozialdemokraten, aus dem Feld zu schlagen. Der Aktionsausschuss der Nationalen Front wechselte also am 5. März 1948 den Gesamtvorstand der örtlichen Raiffeisenkasse aus und positionierte dort seine eigenen Gefolgsleute, so Karel Kamiš, der selbst Aktionsausschussmitglied war. Mit sofortiger Wirkung entband er Karel Doležal, den Leiter der örtlichen Pfadfinderorganisation »Junák«, von allen seinen Funktionen. Veränderungen gab es auch in der Zusammensetzung des Schulrates: So wurden der Direktor und die Bezeichnung der Bürgerschule ausgetauscht. Von 23. bis 25. Juni 1948 wurde in Rottenschachen kein Unterricht erteilt, weil die Schüler auf Kartoffelkäfersuche geschickt wurden. Allerdings war »das Ergebnis dieser Suchaktion negativ«.[6] Auf pompöse Weise wurden nunmehr ganz besonders die Feiertage der bolschewistischen Revolution – so der 31. Jahrestag der Großen Sozialistischen Oktoberrevolution – und der Geburtstag des »Führers der Völker« J.W. Stalin begangen. Rottenschachen – und das gesamte Weitra-Gebiet – glitten unauffällig in die stereotype Form der kommunistischen Diktatur hinein, die vier Jahrzehnte lang bestehen bleiben sollte.

Die Orts-Verwaltungskommission Rottenschachen löste am 2. März 1948 sämtliche beim Orts-Nationalausschuss angesiedelten Kommissionen auf – er selbst existierte zu diesem Zeitpunkt nicht mehr. Nach Übereinkunft mit dem Aktionsausschuss wurde entschieden, neue

Kommissionen zu konstituieren. Allerdings gab es nicht genügend fähige Leute, und so musste der Aktionsausschuss auch einige örtliche Alteingesessene einladen, »Fachleute«. Als diese in die Wirtschaftsführung der neuen Machthaber Einblick nahmen, beendeten sie umgehend ihren Dienst und traten mit entsprechender Kritik hervor. Dies wiederum führte zu ihrer schnellen Abberufung und zu Missbilligung, und darüber hinaus mussten sie sich noch der Rache der Unfähigen erwehren.[7]

Ähnlich wie in Rottenschachen entwickelte sich die Lage in sämtlichen Weitra-Gemeinden. Die Nationalausschüsse wurden durch Verwaltungskommissionen abgelöst, die ihrerseits dann versuchten, die fortschreitenden Erleichterungen für die vertriebenen Bürger einzustellen, sich also der kommunistischen Willkür voll und ganz unterordneten.[8] Das Regime hatte die Möglichkeit, die Loyalität der Bürger bei den Wahlen in die Nationalversammlung vom 30. Mai 1948 auf die Probe zu stellen. In Rottenschachen und in zwei umliegenden, zugehörigen Gemeinden fielen die Ergebnisse folgendermaßen aus:[9]

	Erdweis	Rottenschachen	Gundschachen	Insgesamt
Gültige Stimmen für die Nationale Front	87	692	64	843
Weiße Stimmzettel	1	47	6	54

Die Kommunisten zogen aus der erheblichen Anzahl weißer Stimmzettel, also Ablehnungen, insbesondere in Rottenschachen, eine klare Schlussfolgerung: »Der reaktionäre Charakter und die Unzuverlässigkeit der Bevölkerung … ist deutlich.«[10] Allein Erdweis bei Klikau holte sich eine Belobigung; es war die einzige Gemeinde, in der die Kommunisten einen Sieg hatten erringen können. Offenkundig lag dies daran, dass Bürger aus der Gemeinde während des Kriegs im Rahmen der Technischen Nothilfe (TN) zum Arbeitseinsatz in Deutschland abkommandiert worden waren. Sicherlich hätten in Rottenschachen noch mehr Wähler mittels weißer Stimmzettel den Kommunisten ihr Misstrauen ausgedrückt, daher hatte man vorsorglich 52 Bürger zur Wahl nicht zugelassen – Ende März waren es zunächst lediglich 21 Personen gewesen. Bei 21 weißen Stimmzetteln erklärte man deren Ungültigkeit, was wiederum die Manipulierbarkeit der Wahlen zeigte. Bei einem regulären Wahlverfahren hätten somit nahezu 120 Bürger den Kommunisten ihr Misstrauen ausgesprochen.[11]

Die Kommunisten knüpften 1948 an die Menschenrechtsverletzungen aus der Zeit der begrenzten Demokratie nach 1945 an. Sie führten das aus, was sie durch ihre politischen Praktiken bereits vorbereitet hatten. 1948 wurden also die Verzeichnisse der zur Aussiedlung aus dem Weitra-Gebiet Bestimmten endgültig ausgeführt und noch erweitert; dies betraf vor allem Rottenschachen. Im Januar 1948 wurden aus dem Gesamtverzeichnis 124 Familien ausgewählt, »die man vom nationalen Gesichtspunkt aus nicht für voll zuverlässig halten kann«. Zu allererst wurden elf Familien herausgefiltert, welche die Station des Korps der Nationalen Sicherheit in Rottenschachen »vom Gesichtspunkt der staatlichen Sicherheit aus als zur Aussiedlung ins Landesinnere« bestimmte »unzuverlässige Personen« vorschlug. Doch nichts geschah, nur das bereits zum 23. September 1947 vorbereitete Verzeichnis wurde zum wiederholten Male eingebracht.[12] Die aussiedelnden Stellen hatten jedoch aus dem Widerstand der Bevölkerung gegen jedweden Aussiedlungsplan gelernt, dass dieser Widerstand nicht flächig gebrochen werden konnte, etwa durch die Vertreibung aller Genannten auf einen Schlag, vielmehr zu bestimmten Teilen und allmählich. So würden sich die Leute langsam an diese Praxis gewöhnen und ohne größeren Aufruhr wegziehen, ohne Auflauf und ähnliche Sympathiebezeugungen.

1948 und in den folgenden Jahren begannen die Kommunisten mit der systematischen Terrorisierung der Bevölkerung. So wurde zur Losung des Zweijahresplans zum Aufbau des Landes bestimmt, dass alle arbeitsfähigen Bürger arbeiten müssen; dazu wurden auch Rechtsnormen zur Arbeitsverpflichtung von Arbeitslosen erlassen. Es blieb den Behörden überlassen, wen sie als Vollbeschäftigten anerkannten oder als eine Person, der man Arbeit zuweisen und deren Ausführung dann kontrollieren müsse. Bereits 1946 wurde diese Praxis der Ämter für Arbeitsschutz dahingehend kritisiert, dass ohne Berücksichtigung fachlicher Kriterien Bürger in Arbeitsbereichen eingesetzt wurden, in denen sie nicht zu gebrauchen waren. Die Aussiedlung der Weitraer ins Landesinnere begründete beispielsweise das Amt für Arbeitsschutz in Wittingau damit, dass im Weitra-Gebiet ein Überschuss an Arbeitskräften herrsche.

Dies habe eine mehrfach durchgeführte Revision festgestellt, und arbeitslose Personen seien einer Beschäftigung zugeführt worden. »In zahlreichen Fällen lehnten sie eine Arbeitsaufnahme ab, und daher wurden beim Kreis-Nationalausschuss Strafverfahren eingeleitet. Der Vertreter des Amtes für Arbeitsschutz V. Vrchota legte ein Verzeichnis derjenigen Personen vor, die entsprechend den Richtlinien des Arbeitsamtes in Rottenschachen unbeschäftigt und dort wohnhaft sind, und die man daher zu einer Überprüfung vorgeladen hat. Etliche Personen haben auf die Vorladung überhaupt nicht geantwortet, andere sind bereits überprüft, einer Tätigkeit zugeteilt und für eine Bestrafung durch den Kreis-Nationalausschuss vorgeschlagen. Personen insbesondere aus Rottenschachen weichen einem Arbeitseinsatz aus und antworten auf eine Vorladung überhaupt nicht.«[13] Wie man die Weitraer aus ihren Wohnstätten herausbekommen könnte, schlug sodann der Vertreter der Militärverwaltung vor: »Die Militärverwaltung hat ein Interesse daran, dass unzuverlässige Personen aus dem Grenzgebiet abgeschoben werden, deren Aufenthalt die Sicherheit der Grenze nicht garantieren lässt.«[14] Damit man dem Kreis-Nationalausschuss keinen Vorwurf machen könne, er sei in der Sache untätig gewesen, wies sein Vertreter darauf hin, dass der Kreis-Nationalausschuss für »den Fall einer freiwilligen Übersiedlung von Personen« ein Verzeichnis derjenigen angefertigt habe, die dafür in Frage kämen. »Von der Durchführung der Aktion wurde Abstand genommen, weil die betreffenden Einwohner eine Übersiedlung abgelehnt haben.« Um sie zur Vernunft zu bringen, »wurden in Rottenschachen 25 Konfiskationsvorschläge unterbreitet«. Um den Nachweis zu erbringen, dass im Weitra-Gebiet staatsfeindliche Dinge vor sich gehen, legte der Gewerbereferent ein Memorandum vor, in dem die Gewerbekommission »gegen die Rückgabe von Gewerbeberechtigungen an solche Gewerbetreibende, welche die deutsche Staatsangehörigkeit erhalten hatten,« protestierte. Auch die Widerständler schlossen sich mit einer Forderung nach grundlegender Revision der Zuerkennung der tschechoslowakischen Staatsbürgerschaft an: Der Vertreter des Verbandes der befreiten politischen Häftlinge, Kyral, legte gemeinsam mit der Freien Vereinigung der Freunde der befreiten Tschechen im Weitra-Gebiet (mit Sitz in Suchenthal an der Lainsitz) eine Resolution vor, in der gefordert wurde, den Vertretern dieser Organisationen »eine Überprüfung der Bescheinigungen über die Staatsbürgerschaft und derjenigen

Dinge zu ermöglichen, welche die Beschlagnahme des Besitzes von Deutschen betrifft«. Und zum wiederholten Male wurde das sichergestellte Material aus Rottenschachen, Gundschachen und Abbrand nach Mitgliedern nationalsozialistischer Organisationen – der NSDAP, der SA u.a. – durchforstet, zum wiederholten Male wurden Bürgerverzeichnisse angelegt, immer wieder und wieder …

Zuggers sollten selektiv elf Familien mit insgesamt 15 Personen verlassen, das entsprechende Verzeichnis hatte die Station des Korps der Nationalen Sicherheit in Erdweis an der Lainsitz erstellt. Es erwies sich, dass einige Ortseinwohner ihre Gemeinde auch verließen, doch aus völlig anderen Gründen: Als nämlich das Kreis-Arbeitsamt in Wittingau etliche junge Mädchen zur Arbeit zwangsverpflichtete, flohen diese nach Österreich.[15] Damit wurde bereits an der Jahreswende 1947/48 die Problematik einer Fluchtbewegung von Weitraern nach Österreich eröffnet, die seit dem Machtantritt der Kommunisten am 25. Februar 1948 als »staatsfeindliche Tätigkeit« eingestuft wurde.

Im Februar 1952 legte die Station des Korps der Nationalen Sicherheit in Rottenschachen den vorgesetzten Dienststellen ein Verzeichnis illegaler Grenzübertritte von Bürgern der Gemeinde Rottenschachen vor. Es enthielt 42 Namen von Leuten, die unter schwierigen Bedingungen durch die Wälder ins Nachbarland geflüchtet waren, allein oder mit der ganzen Familie – nur diesmal ohne das Gebrüll der Hobza-Partisanen. Sie hinterließen ihre Häuser, Felder und Wiesen, lediglich einige wenige nahmen – und sicherlich zum Zorn der Behörden – Vieh und diverse bewegliche Habe mit sich. Aus den Fluchtmotiven lässt sich die Art der Bedrohung durch die Kommunisten und die Reaktion der Bürger Rottenschachens darauf ermitteln.

Die Flucht der Mädchen aus Zuggers vor ihrem *Zwangseinsatz zur Arbeit* wurde bereits genannt. Die Zwangsmethoden des Arbeitsamtes waren Fluchtanlass auch für einige Einwohner von Rottenschachen. In April 1948 flüchteten Hynek und Matylda Haumer, weil Haumer zur Arbeit in der Weberei in Weseli an der Lainsitz verpflichtet werden sollte und seine Frau zur Arbeit bei Bauern, obwohl sie bereits als Dienstmagd bei einem Bauern tätig war. Im Juni 1949 flüchtete František Veith, Jg. 1928, vor seinem Einsatz in der Ziegelei in Lischau nach Österreich. Im Februar 1949 flüchtete František Zimmer, Jg. 1920, mit seiner Verlobten Marie Křižová nach Österreich. Beide waren in Arbeiten zwangseingewiesen worden; als sie diese nicht antraten, schickte sie das Arbeitsamt in ein Zwangsarbeitslager in Lešany bei Beneschau, von wo ihnen die Flucht gelang. Es lässt sich annehmen, dass die Flucht weiterer Weitraer über die Grenze durch die Zwangsmaßnahmen des Arbeitsamtes motiviert waren, aus anderen Ortschaften und auch noch längere Zeit nach dem Februar 1952. Während der gesamten kommunistischen Ära dauerte diese Bewegung im Prinzip ununterbrochen fort.

Die Einweisung von Weitraer Bürgern in *Zwangsarbeitslager* (TNP) hatte besondere Auswirkungen auf das Schicksal der Familie Germín aus Rottenschachen. Eduard Germín, Jg. 1906, wurde zu zwei Jahren Zwangsarbeitslager in Pardubitz verurteilt, da er an dem ihm durch das Arbeitsamt zugewiesenen Arbeitsplatz nicht angetreten war. Außerdem lastete auf ihm der Verdacht illegalen Personentransfers nach Österreich. Er flüchtete am 11. Juli 1949. Die Staatssicherheit reagierte auf seine Flucht ganz besonders drastisch: Augenblicklich wurden seine Eltern Václav und Marie Germín, Haus Nr. 183, und sein Bruder Leopold, Haus Nr. 225, in Sicherungshaft in Wittingau genommen. Eduard Germín ließ in Rottenschachen seine Ehefrau mit fünf Kindern zurück. Wie später festgestellt wurde, überschritt Germín etliche Male die österreichisch-tschechoslowakische Grenze und traf sich jeweils zu Hause mit seiner Ehefrau. Weil dieser Zustand einer zerrissenen Familie für sie unerträglich wurde, flüchtete auch Marie Germínová, geborene Machová, Jg. 1915, am 13. Februar 1950 gemeinsam mit ihren fünf Kindern Eduard, geb. 1938, Ladislav, geb. 1939, Karel, geb. 1940, Václav, geb. 1945 und Marie, geb. 1943. Die Großeltern wie auch der Onkel der Kinder verblieben weiterhin in Wittingauer Sicherungshaft, nunmehr bereits als Geiseln.

Nach dem Februar 1948 nahmen die Kommunisten Strafverfahren entsprechend dem Kleinen Dekret gegen Personen wieder auf, deren Verdächtigungen bereits niedergeschlagen worden waren; damit wurde neuerlich die Möglichkeit zu Repressionsmaßnahmen gegen zahlreiche Einwohner des Weitra-Gebietes eröffnet. Karel Kříž, Jg. 1902, Haus Nr. 158, floh am 14. Juni 1948 nach Österreich angesichts der Drohung der Wiederaufnahme seiner Strafverfolgung von 1946. Kurz vor der Verhaftung durch die Organe der Staatssicherheit flüchtete der Kellner František Dvořák, Jg. 1921, Haus Nr. 143. Seine Freunde Karel Bejček, Alfred Steindl, František Dvořák, Karel Kotrba und František Veitleme flohen aus Rottenschachen; alle wurden der illegalen Personenüberführung tschechoslowakischer Bürger nach Österreich beschuldigt. F. Dvořák flüchtete am 7. Juli 1948. Vor seiner drohenden Verhaftung floh auch Karel Dvořák, Jg., 1924, Haus Nr. 184, auf den der Minister des Inneren persönlich einen Steckbrief wegen illegaler Personenüberführung nach Österreich erlassen hatte; die Flucht gelang ihm vor den Augen der Staatssicherheit am 12. Juni 1948. 1949 übersiedelte er nach Australien, wo er dann als Arbeiter tätig war. Der Schleusung von Personen über die Grenze wurde ebenfalls Josef Douda, Jg. 1922, Haus Nr. 108, beschuldigt, desgleichen seine Ehefrau Augustina, Jg. 1916. Douda arbeitete als Maurer in Prag und hatte ein überdurchschnittliches Einkommen. Aus Verbindungen mit Personen in Prag wurde der Verdacht konstruiert, dass er deren Flucht vorbereite, und so flüchtete er schließlich selbst. Sie flohen am 17. Februar 1949, als ein Jahr nach der kommunistischen Machtübernahme die Grenze bereits befestigt war und die Grenzwachen verstärkt wurden – mit ihren Kleidern, Wäsche, Lebensmitteln und dem Vieh! Direkt vor den Staatssicherheitsorganen aus Budweis, die gekommen waren, um Čeněk Jileček festzunehmen, floh dieser aus der Werkstätte in Erdweis am 23. Februar 1949. Auch ihm wurde unterstellt, er habe gemeinsam mit seinen Kameraden aus Rottenschachen, ähnlich wie im Falle des F. Dvořák, Personen nach Österreich transferiert. Einer ähnlichen Tat bezichtigte man auch Jan Kotrba, Jg. 1931, Haus Nr. 17 aus Gundschachen, der vor seiner Festnahme am 6. Juli 1949 die Flucht ergriff. Auch Alfred Steindl, Jg. 1928, beschuldigte man der Schleusung von Personen nach Österreich; er floh gemeinsam mit seiner Mutter Hermína am 8. Juli 1949. Wegen Zusammenarbeit mit seinen Kameraden bei illegalen Grenzübertritten drohte auch Karel Bejček, Jg. 1915, Haus Nr. 92, die Festnahme; er flüchtete am 8. Juli 1949. Mit diesen jungen Burschen unterhielt auch Karel Bušta, Jg. 1924, Haus Nr. 178, kameradschaftliche Beziehungen; ihm wurde neben Grenzschmuggel auch »Nichtübereinstimmung mit dem volksdemokratischen Regime« angelastet: Er war am 11. Juni 1949 geflohen.

Die Staatssicherheit versuchte mit allen möglichen Mitteln die Durchlässigkeit der tschechoslowakisch-österreichischen Grenze im Bereich des Weitra-Gebietes zu unterbinden. 1948/49 ist ihr dies augenscheinlich nicht gelungen. Doch bereits damals vermochte sie einen Prozess gegen acht bis zehn Leute wegen illegaler Fluchthilfe tschechoslowakischer Bürger ins Ausland zu konstruieren; doch konnten diese ihr buchstäblich vor der Nase entkommen und flüchten. Erst im Frühjahr 1950 gelang ihr der erste Fang, allerdings nur von kleinen Fischen, und so strengte sie den ersten politischen Prozess im Weitra-Land an.

Doch die Weitraer liefen nicht nur wegen der Androhung einer Festnahme und Inhaftierung davon. Sie wiesen es von sich, die Strafe anzutreten oder flohen aus dem Gefängnis.[16] Außerdem wollten sie nicht in die tschechoslowakische Armee, die wegen ihres sowjetischen Drills einen schlechten Ruf hatte.[17]

Einen entscheidenden Anteil an der »freiwilligen Vertreibung« hatte aber die Familienzusammenführung. Auf diese Tatsache machten sämtliche tschechoslowakischen Behörden und Geheimdienste in ihren Meldungen und Bewertungen aufmerksam: Die Weitraer seien auf das Engste mit ihren Familien und Verwandten im österreichischen Weitra-Gebiet verbunden. Diese tiefreichenden Wurzeln hätten sich in Jahrhunderten entwickelt und herausgebildet, man könne sie nicht mittels staatlichen Anschlusses an dieses oder das andere Land zerreißen. Und so folgte auf den erzwungenen Exodus der Weitraer aus dem tschechischen Teil des Weitra-Gebietes der freiwillige Auszug, den wir bis ins Jahr 1952 verfolgen können; doch setzte er sich auch in den folgenden 40 Jahren fort. Zwar hatte er keinen Massencharakter wie in der Hobza-Aktion vom Mai 1945, er war vielmehr individuell, aber ebenso bitter wie die Massenvertreibung, wenn auch seinem Wesen nach eine Befreiung, weil er nicht aus dem Zwang heraus entstand, sondern aus der freien Entscheidung.

Als erster Flüchtling nach dem Machtantritt der Kommunisten fand sich Karel Zimmel, Jg. 1888, Haus Nr. 6, im Verzeichnis; er war einer der Repräsentanten der weit verzweigten Familie Zimmel aus Rottenschachen und anderen Weitra-Gemeinden. Er war Invalide des Ersten Weltkriegs, Gastwirt und Landwirt, tschechischer Volkszugehörigkeit und eine anerkannte Persönlichkeit in der Gemeinde. So war er beispielsweise Gemeindesekretär, dann während der Besatzungszeit Stellvertreter; dafür verurteilte ihn das Volksgericht Budweis zu einer Geldbuße von 1000 Kčs. Sein Besitz im damaligen hohen Wert von 250 000 Kčs fiel unter die Konfiskationsmaßnahmen. Die Kommunisten leiteten von neuem eine Strafverfolgung entsprechend dem Kleinen Dekret ein, ihm drohte ein erneutes Gerichtsverfahren. Ein Sohn befand sich in Österreich; er verweigerte die Rückkehr aus der Kriegsgefangenschaft nach

Hause, weil er wegen seiner Zugehörigkeit zur Waffen-SS eine hohe Gefängnisstrafe zu erwarten hatte. Als bereits 60-Jähriger geriet also Karel Zimmel in eine schwierige Lage und zog daher die Flucht dem Gefängnis vor. Er floh Ende April 1948.[18] Ein knappes Jahr später, am 20. Februar 1949, folgte ihm sein Sohn František. In Rottenschachen verblieben dann nur noch seine Ehefrau Jiřina und der kriegsinvalide Sohn Karel. So wurde also mittels Terrors eine Familie zerrissen bzw. in ihrem größeren Teil wiederum vereinigt. In jedem Fall kam es zu einem bedeutenden Verlust an Besitz und angemessenem Lebensunterhalt.

Am 4. Juni 1948 flüchtete Terezie Weberová, Jg. 1906, Haus Nr. 29 aus Gundschachen gemeinsam mit ihren beiden Söhnen František, geb. 1931, und Jaroslav, geb. 1933. Sie folgten damit ihrem Ehemann und Vater Leopold Weber, der seit der ersten Vertreibung nach Österreich eine Rückkehr verweigert hatte, da er eine Strafe befürchten musste – als Soldat der Staatsverteidigungswacht (SOS) war er in voller Bewaffnung nach Deutschland geflohen. Der Familienbesitz im Wert von 30 000 Kčs wurde konfisziert, und die Söhne mussten für einen Wochenlohn von 400 bis 450 Kčs in České Velenice arbeiten. Als sie feststellen mussten, dass sie nicht einmal mehr eine Wohnstätte haben würden, folgten sie dem Vater nach, damit sie in ihrem Elend wenigstens beisammen seien. Sie waren die Ersten, die mit ihrem gesamten beweglichen Gut, mit Wäsche, Kleidern, Lebensmitteln und einem Fahrrad flohen.

Am 11. Januar 1949 floh Marie Apfelthalerová, Jg. 1922, Haus Nr. 162, mit beiden Söhnen zu ihren Eltern nach Österreich, und ihr Mann Karel, Jg. 1921, folgte nach. Marie war Österreicherin, stammte aus Schrems im Kreis Gmünd. Als sie die hoffnungslose Lage auch für ihren Mann, einen Friseur, erkannte, entschied sie sich zur Flucht. Am 2. Juli 1949 floh Žofie Peterlová, Jg. 1919, Haus Nr. 195, nach Österreich; sie folgte ihrem Ehemann, der bereits seit längerem in Deutschland lebte. Die Flucht nach Österreich am 23. Oktober 1951 führte auch für Kateřina Veithová, Jg. 1899, Haus Nr. 119, zur Wiedervereinigung ihrer Familie; sie wollte wieder mit ihrem Ehemann Adolf zusammenleben, der sich nach der Vertreibung 1945 geweigert hatte zurückzukehren. Sie nahm ihre beiden Kinder, Karel, geb. 1931, und Marie, geb. 1932, mit. Überdies zeigte sie den tschechoslowakischen Grenzern die Löchrigkeit und Durchlässigkeit der Grenze: Sie führte drei Stück Vieh mit sich, ferner Federbetten und Kleidung. Weitere Flüchtlinge, wie zum Beispiel Ludvík Hlavatý,

Jg. 1905, Haus Nr. 22, Adolf Kainzinger, Hynek Zimmel, Jaroslav Kropík, Jg. 1924, und zahlreiche weitere flüchteten angesichts der Verfolgungsmaßnahmen und wegen der besseren Wohnmöglichkeiten, obwohl das durch den Krieg zerrüttete Österreich nicht viel bieten konnte. Doch sie glaubten an die Zukunft dieses Landes, während in der von den Kommunisten installierten Diktatur keinerlei Zukunftshoffnung lag.

Als Epilog dieser Kurzdarstellung der Flüchtlinge aus Rottenschachen und Umgebung kann wohl der höchst charakteristische Fall der Flucht des 14-jährigen Schülers Josef Kundert herangezogen werden; am 12. Februar 1952 floh er gemeinsam mit seiner Mutter Margarete nach Gmünd. Unwillkürlich erinnern wir uns hier an den Hinweis der tschechischen Patrioten, die gegen das »abfließende tschechische Blut« zu Gunsten Germaniens protestiert hatten. Ja wirklich, hier – und lange nach der Vertreibung und Aussiedlung der Deutschen aus der ČSR – gab es eine unaufhaltsame Abwanderung von Tschechen, verursacht durch die Ausdehnung der Gewaltmaßnahmen, in deren Rahmen die Vertreibung stattgefunden hatte. Sie erfolgte damals unter Mitwirkung aller politischen Parteien der Nationalen Front, doch nunmehr allein unter Regieführung jener einzigen Partei, die aus der Vertreibung den größten Gewinn gezogen hatte und als Folge im Lande die Diktatur errichtete. Ein Verbrechen knüpfte an das nächste an – ein Strom menschlicher Demütigung und ein Niedertreten der Würde des Menschen.

Die militärischen Grenzformationen im Weitra-Gebiet waren einer scharfen Kritik von Seiten ihrer Vorgesetzten ausgesetzt, ihre Kommandeure wurden häufig ausgewechselt und die Soldaten als unzuverlässig ins Landesinnere versetzt. Die Staatssicherheit setzte ihre Agenten im Landesinneren ein, um illegale Verbindungen von Flüchtlingen mit Leuten vor Ort zu entlarven, und eventuell vorbereitete Fluchtbewegungen aufzudecken. Ihr Einsatz brachte jedoch kaum Ergebnisse.[19]

Den ersten Fang machten Grenzwache und Staatssicherheit mit dem Fall des Gastwirts Tomáš Fedra aus Gundschachen. Die Patrouillen der Grenzwache hatten über einen längeren Zeitraum das örtliche Gasthaus umlagert, als ihnen schließlich doch in der Nacht zum 1. August 1950 die Festnahme des Gastwirts und seiner Gäste gelang, die man des Schmuggels verdächtigte, was als staatsfeindliche Tätigkeit gewertet wurde. Allein der Vorwand zur Konstruktion eines politischen Prozesses, der dann auch folgte, war geradezu lächerlich: Jiřina Zimmlová, die 1950 nach Österreich geflohen war, sollten irgendwelche Habseligkeiten überbracht werden (u.a. einige Paare Halbschuhe, ein abgetragener Wintermantel, zwei Teppiche, Schuhcreme, Scheuerpulver für Steine u.ä.) Als diese Sachen über die Grenze transportiert werden sollten, griffen zwei Patrouillen zu und nahmen sämtliche anwesenden Gäste im Gasthaus fest, u.a. Vlasta Říhová mit Ehemann, wohnhaft in Suchenthal an der Lainsitz, Adolf Weber aus Prag VII, gerade besuchsweise bei seinen Eltern, Stanislav Macho aus Abbrand, Leopold Germín aus Rottenschachen, Jan Dvořák aus Abbrand und Tomáš Fedra. Nach der Vorführung bei der Grenzwachenabteilung in Zuggers wurde unverzüglich über sämtliche Festgenommene Untersuchungshaft verhängt. Der Ermittler der Staatssicherheit in Neuhaus erstattete am 26. September 1950 bei der Staatsanwaltschaft in Prag Strafanzeige gegen elf Personen; sein Schriftsatz umfasste 19 einzeilig maschinenschriftlich abgefasste Seiten und 14 Seiten Anlagen mit Zeugenaussagen.

Hauptbeschuldigter war Vladimír Říha, Jg. 1923, Techniker im Dampfsägewerk und in der Mühle von Schwarzbach. Die Anklageschrift war in der seinerzeitigen Terminologie der Agenten- und Spionagemanie abgefasst[20], doch die hauptsächliche Schuldverstrickung Říhas bestand darin, dass er Vlasta Křížová aus Rottenschachen zur Frau genommen hatte, »obwohl er wusste, dass diese die Tschechen hasst, ihre Schwester 1949 nach Österreich geflohen ist und die Eltern während der Okkupation den Nationalsozialismus propagiert hatten. Dem Genannten war diese Familie für seine umstürzlerische Tätigkeit gegen die Republik offenkundig nützlich«.[21] Entsprechend dem seinerzeitigen Jargon der kommunistischen Staatsanwälte habe sich Říha »in die KPTsch eingeschlichen« und war Mitglied des Gesamtbetriebs- und des Einzelbetriebsrates. Sie stellten ferner fest, dass er als Soldat die »Formation der traurigen Brüder« begründet habe, doch sei diese angeblich keine staatsfeindliche Sache gewesen, nichtsdestoweniger aber »raffiniert und mit dieser Absicht von Říha gegründet«. Aus diesem Grund hatte ihn der Ermittler als einen »raffinierten Agenten (Routinier) eines fremden Nachrichtendienstes« charakterisiert.

Nach einer beinahe zwei Monate lang andauernden Ermittlung, während der Agents provocateurs auf die Beschuldigten angesetzt wurden und sich hierbei die tollsten Fabelgeschichten über Flugblätter ausdachten, die Fedra im Gefängnis verbreiten oder wie er dort Kassiber absetzen sollte, wurde letztendlich festgestellt, dass Říha außer der Vorbereitung zum Transfer der angeführten Sachen für Jiřina Zimmlová Ende Juni 1950 den Grenzübergang nach Österreich für zwei Frauen organisiert habe, für Marie Skýbová und deren Tochter aus Prag. Hierbei hätten ihm Jan Dvořák, Jg. 1924 aus Abbrand, und Karel Bednář, ebenfalls aus Abbrand, geholfen. Bei Gundschachen hätten sie die Frauen an die »CIC-Agenten Karel Bejček, Eduard Germín und Marie Křížová« übergeben. Skýbová habe dem Říha 55 000 Kčs bezahlt; 25 000 Kčs habe dieser dann Dvořák ausgehändigt, und der überließ dann wiederum Bednář 10 000 Kčs und Bejček 5000 Kčs. Ein weiterer Flüchtling sei ein gewisser Prager namens Trnka gewesen, für dessen Grenzgeleit nach Österreich Dvořák von Říha 15 000 Kčs erhalten habe; dieser habe dann die Summe zwischen Tomáš Fedra, 7000 Kčs, und Stanislav Macha, 1000 Kčs, aufgeteilt. Am Schluss aber platzte die so prächtig vorbereitete Seifenblase einer staatsfeindlichen Verschwörung im Weitra-Gebiet doch noch. Říha gab das Geleit für zwei Pragerinnen zu, auch die Tatsache, dass er nach Österreich unterwegs war, wo er sich einfach mit Bekannten traf, die ihrerseits aus Rottenschachen geflohen waren, »doch er leugnete den wahren Grund für diese Wege nach Österreich und seiner Verbindungen mit den Leuten dort«. Die Beschuldigten »bekannten sich« entsprechend dem Ermittler »lediglich dazu, was ihnen bewiesen werden konnte, d.h. Schmuggelei«. Sie gaben zu, nach Österreich Fahrräder geschmuggelt zu haben und im Gegenzug Zigaretten aus Österreich. Sie schmuggelten auch größere Mengen Süßstoff und Schuhe jeglicher Art über die Grenze nach Österreich. Einer von ihnen, nämlich Leopold Germín, bekannte auch, dass er bereits während der gesamten Zeit der Ersten Tschechoslowakischen Republik geschmuggelt habe und diese Tätigkeit nach 1945 fortsetzte. Die Flüchtlinge wurden insbesondere von Rottenschachenern über die Grenze gebracht, die bereits zuvor nach Österreich geflüchtet waren und die man daher nicht verfolgen konnte.

Schließlich wurden von ursprünglich elf Beschuldigten lediglich vier verurteilt: Vladmír Říha erhielt acht Jahre Gefängnis und sein Besitz wurde konfisziert, seine Frau Vlasta, Jg. 1926, kam für drei Jahre ins Gefängnis, Jan Dvořák, Jg. 1924, erhielt sieben Jahre und eine Geldbuße von 10 000 Kčs – für den Fall der Nichtbeibringung ersatzweise 20 Tage Gefängnis – und Tomáš Fedra, Jg. 1913, ebenfalls sieben Jahre Haft und Konfiskation seines Besitzes. Allen wurden die bürgerlichen Rechte für Zeiträume zwischen drei und fünf Jahren aberkannt. Karel Šilený, Jg. 1906, sowie auch weitere Beschuldigte wurden freigesprochen.[22] In einer Zeit, als selbst kleine Vergehen mit lebenslänglicher Haft oder langjährigen Gefängnisstrafen geahndet wurden, in zahlreichen Fällen sogar mit der Todesstrafe, gleicht der Weitra-Prozess eher einem unschuldigen Spielchen. Ein politischer Hochverratsprozess fand im Weitra-Gebiet nicht statt. Es ging einfach um einen Prozess in Sachen Grenzschmuggel. Eine Wiederholung fand erst wieder im Jahre 1954 statt: mit einem Todesurteil und einmal lebenslänglicher Haft.

Die Fluchtbewegungen ganzer Familien mit ihrem beweglichen Besitz sowie Vieh aus dem Weitra-Gebiet nach Österreich, die vielfältige Hilfe der Bevölkerung für die bedrohten tschechoslowakischen Bürger bei der Flucht vor der kommunistischen Diktatur und die verschwindend geringen Erfolge der Grenzwachen, die Grenze undurchlässig zu machen, versetzte die Organe der Staatssicherheit in Nervosität. Das ganze tschechische Weitra-Gebiet stellte sich für diesen Pfeiler der Diktatur als staatlich absolut unzuverlässig dar. Folglich müsste man die Bevölkerung mehrheitlich, wenn nicht sogar insgesamt, ins Landesinnere umsiedeln, wo sie von staatlich zuverlässiger und dem diktatorischen Regime ergebener Bevölkerung umgeben wären. Im Übrigen hatte das Ministerium für Volksverteidigung gerade dies bereits im Herbst 1945 gefordert und schließlich einen Abschnitt bestimmt, der fast das ganze Weitra-Gebiet umfasste, in den keinerlei unzuverlässige, von den Partisanen Hobzas vertriebenen Bürger dieser Gegend aus der Vertreibung zurückkehren dürften. Die Forderungen waren klar, obwohl ihre Realisierung erhebliche Schwierigkeiten bereitete: Wohin sollten denn diese Vertriebenen zurückkehren, vor allem im Herbst und im Winter 1945/46? Lediglich im leergefegten Weitra-Gebiet gab es Raum für sie, und so blieben sie auch dort. Doch wurden die Pläne zu ihrer Aussiedlung aus der Grenzregion weiterhin aufbewahrt, genauso wie übrigens die immer wieder abgeänderten Namensverzeichnisse derjenigen, die wegziehen müssten.[23]

Als man feststellte, dass eine Aktion à la Hobza nicht einmal mehr aus innerstaatlicher Sicht wiederholt werden könnte, schritt man zu einer selektiven Aussiedlung, um einen besseren Zugriff zumindest auf einzelne oder auch Dutzende auszusiedelnder Familien zu haben. Man begann mit Einzelpersonen, die eine nationalsozialistische Vergangenheit aufwiesen und deren Besitz konfisziert wurde. Man zwang sie nun, ihn zu verlassen. Einer der Ersten war Antonín Tesař aus Rottenschachen, der bereits im April 1950 ins Landesinnere umgesiedelt wurde.[24] Die Bürger verstanden dies weniger als eine Gewaltmaßnahme denn als eine Lösung der persönlichen Lebensumstände eines Menschen, der sein Eigentum verloren hatte und durch eine Umsiedlung seine Lage möglicherweise verbessern konnte. Dass es sich hier jedoch um den Beginn eines Planes zur systematischen Umsiedlung der Weitraer handelte, nahm zu jener Zeit niemand wahr. Ab 1951 wollte der Kreis-Nationalausschuss Wittingau František Novák aus Rottenschachen dazu bringen, er sollte doch als eine «in der Grenzzone unerwünschte Person« zur Arbeit auf das Staatsgut Sobrotín umziehen. Novák widersetzte sich dem Druck mit dem Argument, dass »er nur dann weggeht, wenn man ihm eine eigene Wirtschaft egal wo gibt«. Die Behörde in Wittingau nutzte zur Druckausübung den Umstand, dass Novák 1949 wegen Beihilfe zum illegalen Grenzübertritt nach Österreich zu einer halbjährigen Haft verurteilt worden war. Die Strafe verbüßte er zwar, doch die Tat als solche wurde weiterhin auch von der Formation Nr. 4368 der Grenzwache in Suchenthal an der Lainsitz ausgenützt. Am 18. Oktober 1951 forderte sie die Kreiskommandantur des Korps der Nationalen Sicherheit auf, Novák samt Familie »innerhalb allerkürzester Zeit« als »im Grenzgebiet unerwünschte« Personen auszusiedeln. Aus der Verzögerung könnte sich bei Novák die Gefahr eines Rückfalls ergeben.[25] Doch Novák, dessen Besitz nicht zur Enteignung anstand, spürte die Gefahr, die auch weitere Rottenschachener zu überdenken begannen. Er widerstand bis zum ersten größeren Sturm und setzte sich erst im Frühjahr 1952 zusammen mit anderen ab.

Als sich zeigte, dass niemand zu einer freiwilligen Übersiedlung ins Landesinnere überredet werden konnte, schritt man auf »drastisch militärische Art und Weise« zur gewaltsamen Lösung der Lage entsprechend vier Planvorgaben. Die Erste begann mit der Vorbereitung der Zwangsaussiedlung, die Vierte schloss mit der endgültigen Aussiedlung. Die Aussiedlung selbst sollte spätestens bis zum Frühling 1952 umgesetzt werden. Die Aussiedlungsaktion aus dem Weitra-Gebiet wurde von Anfang bis Ende von der Staatssicherheit geleitet.

Die erste Planphase wurde durch einen Befehl des Bezirkskommandeurs der Staatssicherheit Budweis vom 21. November 1951 eingeleitet. Er berief für den folgenden Tag die Kreiskommandeure der Staatssicherheit aus Wittingau, Schweinitz, Kaplitz, Krummau, Prachatitz, Winterberg und Neuhaus zur Beratung zusammen, um eine Instruktionsveranstaltung »in Sachen des Grenzgebietes« – dem Decknamen für die Aussiedlung – durchzuführen. In dieser Beratung wurde das Vorgehen bei der Durchführung der Aktion bestimmt. Die Kommandeure der Sicherheitsgruppen der Grenzwache (PS), der Staatssicherheit (StB) und der Öffentlichen Sicherheit (VB)* erhielten den Befehl, bis zum 24. November sämtliche nachgeordnete Kommandeure über die Angelegenheit in Kenntnis zu setzen. Der Bezirksausschuss der KPTsch sowie der entsprechende Nationalausschuss sollten ebenfalls eine Instruktionsveranstaltung für die nachgeordneten Kreis- und Ortsorgane nach Vorgabe abhalten. Am 26. November sollte sodann die erste Arbeitsbesprechung beim Vorsitzenden des Kreis-Nationalausschusses unter Beteiligung des Sekretärs des Kreisausschusses der KPTsch abgehalten werden. Außerdem sollten der zugehörige Kommandeur der Grenzwache und ferner die Kreiskommandeure von Öffentlicher Sicherheit und Staatssicherheit beteiligt werden. Am 28. November sollte eine gemeinsame Instruktionsveranstaltung beim Bataillonskommando der Grenzwache unter Beteiligung des Bataillonskommandeurs, der Kompanieführer, der Kreiskommandeure der Öffentlichen Sicherheit und der Staatssicherheit sowie der Kommandeure der zugehörigen Stationen des Korps der Nationalen Sicherheit stattfinden. Bei diesen Ortsstationen des Korps der Nationalen Sicherheit sollten dann gemeinsam die *Verzeichnisse* von Personen angelegt werden, die zur Aussiedlung bestimmt würden. Bis zum 15. Dezember sollten die Kompanieführer der Grenzwache diese Verzeichnisse dem Bataillonskommandeur zuleiten. Unmittelbar nach dem 15. Dezember wollte dann der Bataillonskommandeur die Kreiskommandeure von Öffentlicher Sicherheit und Staatssicherheit zu einer Beratung zusammenholen, um diese Verzeichnisse gemeinsam zu kontrollieren und durch Erkenntnisse der Staatssicherheit zu ergänzen. Die *ergänzten und berichtigten Verzeichnisse* sollten die Kompanieführer der Grenzwache bis zum 20. Dezember 1951 den Kommandanturen der

* Öffentliche Sicherheit (VB): die reguläre uniformierte Polizei (»Miliz«)

Grenzwachenkommandos Budweis und Wallern zuleiten, wo eine weitere Überprüfung stattfinden würde. Nach der Überprüfung bei der Grenzwache würde dies auf der Ebene der Bezirkskommandantur der Staatssicherheit fortgesetzt. Sodann würden die *Verzeichnisse entsprechend der Kreiseinteilung* den Kreiskommissionen zwecks Stellungnahme zugeleitet. Die Kreiskommissionen sollten daraufhin die Ver-zeichnisse der Bezirkskommission unterbreiten, die dann eine abschließende Stellungnahme abzugeben hatte. »Damit wird die erste Phase der Aktion abgeschlossen. Bis zu diesem Zeitpunkt ist die Aktion streng geheim und eine etwaige Veröffentlichung durch ein Organ welchen Sicherheitsbereiches auch immer wird mit einer Disziplinarstrafe belegt. Über weitere Phasen dieser Aktion werden Sie beizeiten in Kenntnis gesetzt.«[26]

Obwohl es prinzipiell nur um das Weitra-Gebiet ging, also den Kreis Wittingau – der ja auch an erster Stelle dieser Aktion genannt war –, sollte die Aussiedlung die staatlich unzuverlässige Bevölkerung sechs weiterer Kreise des Bezirks Budweis betreffen. Dort gab es jedoch keine auszusiedelnden Deutschen mehr, und die neuen Siedler genossen das Vertrauen der Staatsorgane, sodass es sich also in den genannten Kreisen eher um Ausnahmen denn um Massenaussiedlungen Hunderter Familien handelte. Die flächendeckende Weiträumigkeit der Aktion sollte eher ihre Bedeutung unterstreichen.

Bei der Beratung am 22. November in Budweis wurden den Kommandeuren der Staatssicherheit aus sieben verschiedenen Kreisen detaillierte Weisungen zur Ausfertigung der Verzeichnisse von Personen in der Verbotszone (ZP) und in der allgemeinen Grenzzone (HP) erteilt. Aus der Grenzzone mussten sämtliche Personen ausgesiedelt werden. Politisch zuverlässige Personen konnten auch in Ortschaften angesiedelt werden, die dem Grenzbereich des zugehörigen Kreises zuzurechnen waren. So durften sich Personen aus Gundschachen, Erdweis und Klikau in Rottenschachen niederlassen. Hingegen sollten staatlich unzuverlässige Personen in Kreise des Landesinneren ausgesiedelt werden, auch außerhalb des Bezirks Budweis. Aus diesem Grunde sollten zwei Verzeichnisse angelegt werden: mit genauer Spezifizierung der staatlich zuverlässigen und unzuverlässigen Personen.[27]

Die Aussiedlung der Weitraer gelangte somit auf eine professionelle

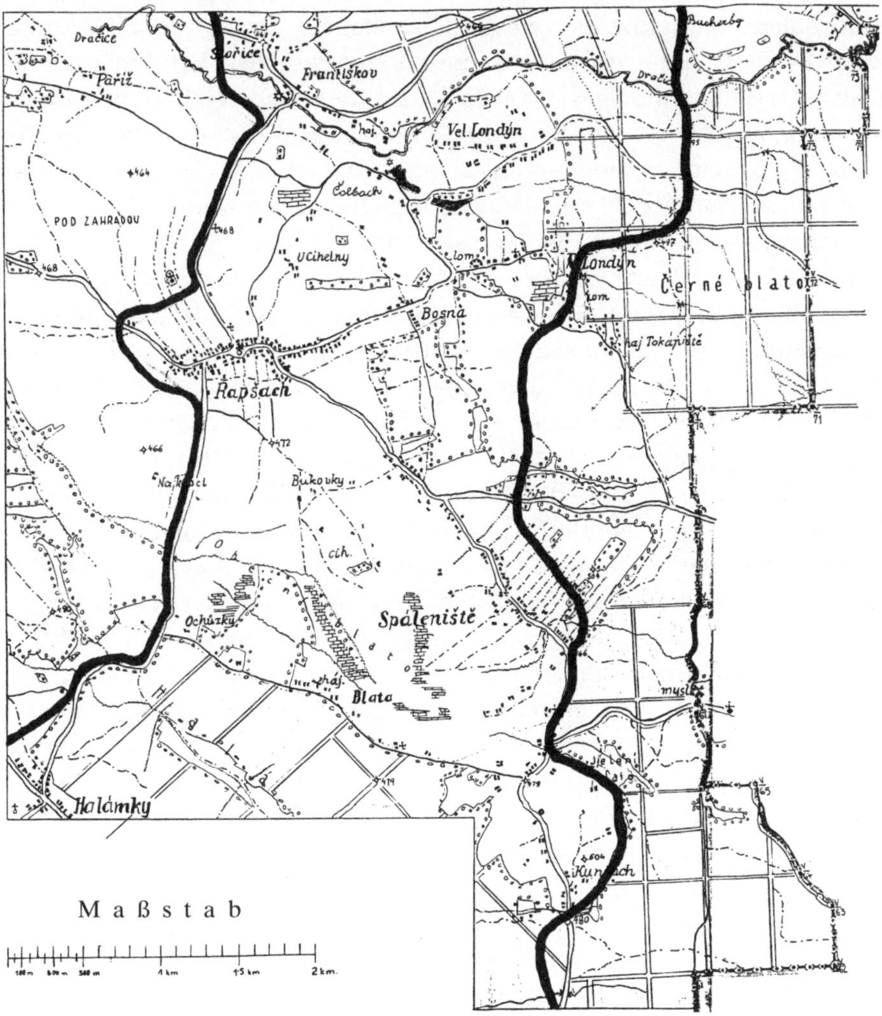

Grenze der Grenzzone (links), Grenze der Verbotszone (rechts)
(Aus: AMV ČR Prag, Fond B2-69)

militärisch-politische Ebene. Die Zeit der zufällig und willkürlich erstellten und notwendigerweise unvollständigen Verzeichnisse hatte nunmehr ein Ende. Von 1945 an waren sie von den Neusiedlern, Volksverwaltern und Zollbeamten wiederholt in dem Bestreben angelegt worden, Behörden zur Aussiedlung der Weitraer ins Landesinnere zu nötigen. Nichtsdestoweniger sollte ihre fleißige Arbeit nach sieben bis acht Jahren endlich von Erfolg gekrönt werden und ihr Traum von der Säuberung des Weitra-Gebietes von den »Heimsagern«* endlich in Erfüllung gehen. Die Materialien, welche sie von verschiedenen Stellen jahrelang zusammengetragen hatten, konzentrierte die politische Polizei sorgsam, wertete sie aus und fertigte dann die Verzeichnisse an. So hat die Staatssicherheit aus ihrer Sicht eine Detailgeschichte der einzelnen Gemeinden und des gesamten Weitra-Gebietes verfasst.[28]

Ende 1951 endigte formell die erste Phase der Vorbereitungen zur Aussiedlung der Weitraer. Sie war zwar nicht ganz zu Ende gebracht worden, denn die Verzeichnisse waren entsprechend den Vorschriften noch nicht fertig gestellt; doch dies waren ja nur Formalangelegenheiten. Während der zweiten Etappe sollten die Ortsfunktionäre der KPTsch und der Nationalausschüsse über die Aussiedlung in Kenntnis gesetzt werden, auch sollte eine intensive Überzeugungskampagne in den Gemeinden direkt bei den Betroffenen erfolgen. Anlässlich der Sitzung der Kreiskommission »zur Umsiedlung unzuverlässiger Personen aus der Grenzzone« im Kreis Wittingau vom 25. Februar 1952 wurde festgestellt, dass man die Aktion nicht hatte durchführen können, weil »entsprechend den Richtlinien der Umsiedlungsplan streng geheim bleiben musste, und daher war es nicht möglich, auf geregelte Weise eine Überzeugungsaktion durchzuführen«. Weiterhin wurde festgestellt, dass zwar von der Aussiedlung ganzer Familien in Kreise des Landesinneren die Rede war, doch habe der Bezirks-Ausschuss Budweis bislang die Aussiedlungsorte nicht bestimmt und für die Ausgesiedelten keine Wohnungen besorgt – wie sollte also die Aktion überhaupt vor sich gehen? Die Beratungsrunde fasste daher folgenden Beschluss: »Grundsätzlich ist es notwendig, dass die Person, sobald sie von der Aussiedlung überzeugt worden ist, auch umgesiedelt wird.«[29] Die Kreis-Umsiedlungskommission beschloss bei Anwesenheit von Vertretern des Kreisausschusses der KPTsch, des Kreis-Nationalausschusses, des Korps der Nationalen Sicherheit, der Staatssicherheit und der Grenzwache – also der höchsten politischen, staatlichen und Sicherheitsorgane auf Wittingauer Kreisebene –, die Bezirkskommission solle diejenigen Orte bestimmen, in welche die Weitraer umgesiedelt werden sollten, »damit sie mit der Über-

* Tschech. »hamzák«, möglicherweise eine dialektal verballhornte und tschechisierte Form der Losung »Heim ins Reich«

zeugungskampagne beginnen könnte«. Es handelte sich nunmehr um die Umsetzung der zweiten, dritten und vierten Etappe der gesamten Aktion.[30]

Es war Ende Februar 1952, drei Monate waren seit der pompös eingeleiteten Aussiedlungsaktion vergangen – und es gab keinerlei Ergebnisse. Die Kommission verfuhr nach dem Grundsatz »Besser ein Spatz in der Hand als eine Taube auf dem Dach« und akzeptierte daher irgendwelche Maßnahmen, damit im Rahmen der ersten Etappe überhaupt etwas verwirklicht würde. In einem Kommissionsprotokoll können wir daher auch Folgendes lesen: »Die Kommission hat beschlossen, dass noch in der laufenden Woche die erste Umsiedlungsetappe durchgeführt wird, das heißt die Familie Apfelthaler. Das Referat für innere Angelegenheiten« des Kreis-Nationalausschusses Wittingau »gewährleistet erneut die Erörterung in den örtlichen Bereichsteilen und mit der genannten« Familie.[31]

Dies bedeutete sicherlich, aus der Not eine Tugend zu machen, doch lag darin eine raffinierte Überlegung, von der sich die Übersiedlungsakteure einen erheblichen Erfolg erhofften. Man musste die Aussiedlung geachteter, autoritativer Persönlichkeiten und Familien aus der Gemeinde erreichen, um deren Solidarität zu zerstören und ihr Selbstbewusstsein zu erschüttern. Antonín Apfelthaler war solch eine Persönlichkeit, Jg. 1895, Haus Nr. 162, gebürtig aus Erdweis bei Klikau, der von Jugend auf in Rottenschachen gelebt hatte und Beamter am Gemeindeamt Rottenschachen, u.a. Rechnungsführer und Verwalter, gewesen war. Als Leiter des Gemeindeamtes übte er jahrzehntelang Einfluss auf die Ortsbewohner aus, er besaß eine natürliche Autorität als Berater und Beschützer. Bereits 1927 war er für die Nationaldemokratische Partei Mitglied der Gemeindevertretung, und seit 1931 vertrat er die Sozialdemokratische Partei im Gemeindeparlament; auch nach der Besetzung 1938 verblieb er als nicht ersetzbarer Beamter im Gemeindeamt. Sogar die Hobza-Partisanen wichen vor ihm, und so leitete er die Gemeindeverwaltung auch unter neuer Herrschaft für den Orts-Nationalausschuss Rottenschachen bis zum Jahresende 1950.[32] Möglicherweise hätten auch die Kommunisten seine Verdienste um die Gemeinde anerkannt und ihn in Frieden gelassen, weil er sich politisch nicht spektakulär engagiert hatte, doch sie konnten ihm seine sozialdemokratische Vergangenheit in der Zeit der Ersten Republik nicht vergessen und ebenso nicht, dass aufgrund seines Verdienstes und seiner Autorität die Partei seit den 30er-Jahren zur entscheidenden politischen Kraft in der Gemeinde geworden war.

Die Kommission konzentrierte sich noch »in derselben Woche« Ende Februar 1952 auf Apfelthaler, und es entsprach ihrem Enthusiasmus, dass sie ihn »bearbeitete« und bereits Anfang März 1952 aus der Gemeinde aussiedelte. Der Druck auf diesen 57-jährigen Mann war groß, er sollte aus der Gemeinde wegziehen, in der er fast sein ganzes Leben verbracht hatte und mit deren Menschen er eng verbunden war. Doch er machte sich die Aussichtslosigkeit seiner Lage bewusst und versöhnte sich damit, früher oder später wegziehen zu müssen. Zunächst jedoch leistete er Widerstand und verzögerte damit die ganze Aussiedlungsaktion.

Die Kommission ihrerseits unternahm Versuche, etliche ausgesuchte künftige Aussiedler mit Versprechungen bezüglich günstiger Beschäftigung und hoher Bezahlung zu ködern. Adolf Steindl, Jg. 1898, aus Abbrand Haus Nr. 175, bot sie eine Tätigkeit in einem Forschungsinstitut mit einem Monatslohn von 10 000 Kčs an. Der aber lehnte aus Solidarität mit seiner Gemeinde ab, obwohl es sich angesichts der damaligen Verhältnisse um eine geradezu königliche Entlohnung handelte.[33] František Dvořák, Jg. 1887, Haus Nr. 174, bot man eine kostspielig eingerichtete Wohnung an. Der damals bereits 65-jährige alte Mann lehnte es ab, seine Schäferhütte gegen den angebotenen Wohnkomfort einzutauschen. Er lehnte es sogar ab – wie auch einige andere – das Objekt auch nur anzusehen. Der Vorsitzende des Kreis-Nationalausschusses Wittingau, František Franta, der für den Gesamterfolg der Aktion geradezustehen hatte, war schier der Verzweiflung nahe: »Im Kreis Wittingau sind bereits 18 Wohnungen angeboten worden, und keine einzige haben sie akzeptiert!« Der Sicherheitsreferent des Bezirks-Ausschusses der KPTsch Budweis verzweifelte ebenfalls – der Vorsitzende sowie die Mitglieder der KPTsch in Rottenschachen, ferner die Mitglieder des Orts-Nationalausschusses und der Miliz lehnten es ab, den Organen der Volksverwaltung Hilfestellung zu gewähren und die Verantwortung für die Aussiedlung zu übernehmen.[34] Die Bezirks- und Staatsorgane innerhalb des Budweiser Bezirkes mussten demnach die örtlichen Funktionäre von der Notwendigkeit der Aussiedlung Rottenschachener Einwohner überzeugen (!) und ihnen diese dringliche Aufgabe der Politik und des Staates nahe bringen: »Die Überzeugungsarbeit für eine Hilfestellung der Mitglieder des Orts-Nationalausschusses Rottenschachen und das Ansuchen um Unterstützung seitens der Partei« – der KPTsch – »in dieser Gemeinde verlief negativ, weil sämtliche Funktionäre miteinander befreundet sind; außerdem erachten sie sich durch langjährigen Aufenthalt in der Gemeinde als Gleichgestellte, und kein einziger Funktionär hat sich für eine Zusammenarbeit verpflichtet.«[35]

Die Hauptlast des ausgeübten Drucks mussten aber die Rottenschachener Bürger tragen. Zunächst waren es 17 ausgewählte Familien mit insgesamt 40 Personen, die sich die Staatsgewalt erneut aus dem Weitra-Gebiet zu vertreiben vorgenommen hatte. Die Rottenschachener sollten durch die Bescheide des Kreis-Nationalausschusses Wittingau davon überzeugt werden, dass es sich dabei um eine legale, auf Dekreten beruhende Umsiedlung in ihnen zugeteilte Wohnungen und Häuser bzw. Anwesen handelte. Die Bürger weigerten sich und ließen diese Bescheide mit der Bemerkung zurückgehen, wenn sie schon wegziehen müssten, so sollten ihnen dies Bescheide eines Ministeriums aus Prag mitteilen. 18 Wohnungen, die der Kreis-Nationalausschuss Wittingau unter erheblichen Mühen aufgetrieben hatte, sahen sich die Leute nicht einmal an. Außerdem wurden ihnen für ihren Besitz höhere Geldsummen angeboten – »alle lehnen dies ab«, vermerkte der Referent. Zwei Familien wurde ein Ausführungsbefehl zur Umsiedlung bis spätestens 15. April 1952 zugestellt. »Vier Bürger dieser Familien sind erkrankt und liegen zu Bett, um eine Übersiedlung abzuwenden«; dies ist in privaten Aufzeichnungen vermerkt, die später in Formulierungen eines amtlichen Berichts Eingang fanden. Die Mitglieder der Kreis-Umsiedlungskommission verhandelten drei bis vier Mal gesondert mit jeder einzelnen Familie, doch »weiterhin ergebnislos«. Schließlich entsandte man einen Vertreter des Ministeriums des Inneren dorthin: »Dieser Zustand hat sich auch nach dem Besuch von Dr. Chala vom Ministerium des Inneren nicht verbessert; er war als Berater und Instruktor für die Zentrale Umsiedlungskommission im Bezirk Budweis entsandt worden. In der Gemeinde Rottenschachen gelang es auch ihm nicht die zur Übersiedlung bestimmten Bewohner zu überzeugen.« Schließlich aber griffen die Rottenschachener in einer Art allerletzter Selbstverteidigung, durchaus in der Tradition der alten Doudleber/Teindleser, zum extremsten Mittel: »Die Bürger drohen mit Selbstmord, mit dem Verzicht auf die tschechoslowakische Staatsbürgerschaft und erklären, dass sie lieber nach Österreich wegziehen u. ä. Sie werden erst dann wegziehen, wenn ganz Rottenschachen ziehen wird.«[36]

Es war ein Kampf für die Heimat, um die eigene Identität, um die Erhaltung der Verbundenheit mit den eigenen Wurzeln, mit den Vorfahren. Es war ein verzweifelter Streit um die Bewahrung der menschlichen Würde, die nur in dem vertrauten Umfeld Sinn macht, in dem der Mensch aufgewachsen ist, in der Gemeinschaft mit über viele Jahre bekannten Menschen, denen man vertraut, mit denen man das gemeinsame Schicksal teilte und gemeinsam der Natur- und Menschengewalt trotzte. Wer versteht denn wirklich diesen hoffnungslosen Kampf einer verlassenen Gemeinde gegen die Übermacht einer unmoralischen, mit zahlreichen Mitteln zur Unterwerfung dieser tapferen Menschen ausgerüsteten Macht, und wer zeichnet ihn historisch auf? Wer vermag ihre Bangigkeit angesichts des Verlustes von Heim und Hof, der sie lebenslang zeichnen und ihre Kinder entwurzeln wird, zu erspüren? Für sie war ihr Heim eine bewusste Verinnerlichung, ihre Heimat. Deshalb wehrten sie sich so verzweifelt gegen die Übermacht und griffen zu allen ihnen zur Verfügung stehenden Mitteln. Es waren die Aufschreie allein gelassener Menschen, die der schamlosen Macht der Vergewaltiger ausgesetzt waren. Bangigkeit, Angst und Hoffnungslosigkeit überschwemmten zu jener Zeit das ganze Weitra-Land.

Der mächtige Referent der Staatssicherheit in Budweis, der verwaltungsmäßig die Aussiedlungsaktion der Weitraer ins Landesinnere leitete, notierte dazu handschriftlich: »15.4.1952 – in der Gemeinde Rottenschachen wohnen insgesamt 336 Familien mit insgesamt 1401 Personen. Seitens der Bezirks-Umsiedlungskommission wurden zur Übersiedlung am 30.4.1952 17 Familien mit insgesamt 40 Personen vorgeschlagen, Familienangehörige mit eingeschlossen. Im Verlaufe der Aktion konnte man bis zum 15. 4. keine einzige der vorgeschlagenen Familien umsiedeln.«[37]

Kann man sich die Lage dieses leitenden Referenten vorstellen, der aus seiner Anonymität heraus einen solchen Schrecken verbreitet? Im Lande herrschte bereits vier Jahre lang die Diktatur. Seit 1948 wurde gehängt, und gerade in jenem Jahr 1952 erreichte die Säuberungswelle einen Höhepunkt. In den Gefängnissen warteten höchste Staatsfunktionäre, Minister und selbst der Generalsekretär der KPTsch Rudolf

Slánský auf ihren Prozess!* Jedermann war eines Staatsverbrechens, der Sabotage, der Verschwörung verdächtig, und jegliche Nichterfüllung des Plans wurde als eine gegen die volksdemokratische Ordnung gerichtete Tat gewertet und als solche bestraft. Gegen die sozialistische Republik stürmten die imperialistischen Kräfte der ganzen Welt an, die ihre Spione über die Grenzen in die Tschechoslowakei entsandte; daher war es eine erstrangige Staatsaufgabe, das Land hermetisch abzuschotten. Und dazu hatten gleich zweierlei Grenzbereiche zu dienen: als Erstes die Verbotszone (ZP), ein Sperrgebiet, in dem der Aufenthalt von Zivilisten verboten war und alleine die Grenzwache untergebracht war, dann die Grenzzone (HP), in der nur sorgfältig überprüfte Bürger wohnen durften. Und gerade auf diesem Feld der allersensibelsten Problematik versagte die Erfüllung des Plans zur Aussiedlung der Weitraer! Kann denn überhaupt jemand die Angst derer nachvollziehen, die nicht in der Lage waren, diese Aufgabe der Grenzsicherung zu erfüllen?

Ganz Rottenschachen auf einen Schlag auszusiedeln ging nicht, ja nicht einmal die umliegenden Dörfer zwischen České Velenice und Schwarzbach. Darüber hinaus versagte der gesamte Wirtschaftsapparat des Bezirks, der nicht in der Lage war – obwohl er ausreichend Zeit gehabt hatte –, entsprechende Orte ausfindig zu machen, wohin man die Umsiedler überführen könnte. Daher musste man zumindest mit kleinen Vorstößen beginnen, in der Hoffnung, dass der durch sie verursachte Durchbruch sich ausweiten würde, bis auf einmal dann doch die auf vier Etappen geplante Aufgabe erfüllt werden könnte. Von einer freiwilligen Aussiedlung konnte keine Rede mehr sein, weil alle Versuche zur Überredung der Weitraer in Bezug auf ihre Aussiedlung misslungen waren. Alle Polizeiformationen mussten in Bereitschaft versetzt werden, ebenso die Grenzwächter, und den Transport hatte die Armee zu gewährleisten. Die Weitraer mussten unter Gewaltanwendung ausgesiedelt werden.

Die Bezirks-Kommission in Budweis entschied am 17. April 1952, »eine Umsiedlung von fünf Familien aus der Gemeinde Rottenschachen

* Rudolf Slánský (1900–1952), seit 1921 Mitglied der KPTsch, im Zweiten Weltkrieg im Exil in Moskau, 1945–1951 Generalsekretär der KPTsch. Organisierte mit Hilfe des KGB die ersten Säuberungswellen in der Tschechoslowakei. 1952 wurde er selbst als »Agent des Imperialismus und Zionist entlarvt« und zusammen mit weiteren führenden KPTsch-Funktionären zum Tode verurteilt und hingerichtet.

zu exekutieren«.[38] Die Aktion sollte pünktlich um sieben Uhr morgens am 19. April beginnen. Alles war wie für einen Überraschungsangriff im Krieg vorbereitet – die Überfallenen sollten vor vollendete Tatsachen gestellt werden. Über jede einzelne Familie fielen gleich sieben Personen her – drei bewaffnete Polizisten, zwei Funktionäre des Kreis-Nationalausschusses Wittingau und der Fahrdienst für den Lastwagen, der sie ins Unbekannte abtransportieren sollte. Noch genauer ausgedrückt: Der Bezirksausschuss Budweis sollte zur Überführung des beweglichen Besitzes und der auszusiedelnden Personen vier Lastwagen zur Verfügung stellen, der Kreis-Nationalausschuss Wittingau vier und der entsprechende Ausschuss in Písek zwei Lkws. Die Aktion wurde offiziell von Funktionären des Kreis-Nationalausschusses Wittingau geleitet, die auch ein Verzeichnis des gesamten Besitzes anfertigen sollten. Alle Sicherheitsmaßnahmen an der Grenze bei gleichzeitiger Schließung sollte eine Grenzwächtereinheit vornehmen. Jedem einzelnen Aussiedler sollten ein uniformierter Polizist sowie zwei Beamte in Zivil zugeteilt werden. Die Station des Korps der Nationalen Sicherheit in Rottenschachen sollte als Reserve in Dauerbereitschaft versetzt werden: für »6 Organe«.* Der verstärkte Patrouillendienst in Rottenschachen sollte bereits am Abend des 18. April beginnen und »über Nacht bis zur Abschlusskontrolle der Aktion« andauern. Über die gesamte Aktion sollten zwei Angehörige der Kreisabteilung der Staatssicherheit Wittingau wachen.

Die Überfallenen mit ihren noch schlafenden Kindern hatten keinerlei Möglichkeit des Widerstandes. Ihre persönlichen Habseligkeiten wurden auf die Lastwagen geworfen, ebenso Möbel und Wirtschaftsgerät, und ehe sie sich noch von ihren Hunden und Katzen, die sie nicht mitnehmen durften, verabschieden konnten, da waren sie auch schon über Rottenschachen hinaus und fuhren ins Ungewisse. Auch ihre Hühner, Karnickel, Schafe, Ziegen, Schweine sowie die Rinder – einfach alles – mussten sie zurücklassen.[39]

Alles, was die Partisanen Hobzas hier am 23. und 24. Mai 1945 begangen hatten, wiederholte sich mit aller Brutalität. Vielleicht gab es nur eine Ausnahme: An Stelle der Handwägelchen mit 30–50 kg Handgepäck durften die Vertriebenen von 1952/53 doch etwas mehr mitnehmen –

* Gemeint sind alle Formen der Exekutive von Staat und Partei.

auch Möbel, eine Hacke, ja auch eine Sense. Doch die Häuser ihrer Vorfahren oder auch die von ihnen selbst erbauten, die Felder und Wiesen, die sie ererbt oder kultiviert hatten – die verloren sie unwiederbringlich. Ihr Heim wurde ihnen geraubt, ihre wahre Heimat ...

Es ist hier erforderlich, sich einmal das Szenario des Angriffs auf Rottenschachen vor Augen zu führen: Aus der eigentlichen Muttergemeinde Rottenschachen wurde in diesem ersten Plan kein einziger Bürger vertrieben, dies betraf Familien aus den der Gemeinde zugehörigen Weilern Abbrand und London. Die Gemeinde umfasste eine Gesamtfläche von 22 km^2, ihre Weiler waren bis zu fünf Kilometer voneinander entfernt. In Rottenschachen selbst wusste man von dieser Aussiedlungsaktion nichts, damit es nicht etwa zu Menschenaufläufen oder Protesten kommen würde. Auch die einzelnen Anwesen in Abbrand waren Einödhöfe, Hunderte Meter voneinander entfernt und durch Schutzgehege sowie Wäldchen abgeteilt; die Kommunikation zwischen ihnen war also beträchtlich erschwert. Wenn sich also auf diese Einzelhöfe in Abbrand und im noch weiter entfernten Weiler London an jenem Tag zur gleichen Zeit um sieben Uhr morgens vorbereitete Abteilungen warfen, war die Möglichkeit zu einem Protest oder zur Selbstverteidigung gleich null.

Rottenschachen als größte und wegen ihrer politischen Bedeutung wichtigste Gemeinde des tschechischen Weitra-Gebietes konzentrierte die hauptsächliche Aufmerksamkeit sämtlicher Behörden und Polizeibereiche auf sich. Der Aussiedlungsplan betraf aber das ganze Weitra-Gebiet und begann bereits vor der Aktion in den Weilern Abbrand und London. Bereits am 15. April 1952, vier Tage vor der Rottenschachener Aktion, wurde Marie Apfelthalerová aus Erdweis bei Klikau ausgesiedelt; am 16. April siedelte man die Familie der Vlasta Tomášková aus České Velenice nach Lomnitz an der Lainsitz um, und am 18. April die Familie der Marie Paďourková aus Witschoberg nach Weseli an der Lainsitz. Eine neuerliche Vertreibungsmaschinerie war in Gang gesetzt worden, die weitere Gemeinden überrollte und zahlreiche Familien verjagte.

Am gleichen Tag wie die Einwohner von Abbrand – also am 19. April 1952 – wurde aus České Velenice die Familie von Augustin Tomasek in die Gemeinde Alt-Brod, Kreis Budweis, umgesiedelt. Weitere Familien aus České Velenice wurden zwischen dem 25. und 29. April 1952 ausgesiedelt.[40] Nun zeigte sich, dass nicht nur in Rottenschachen und seinen fünf Weilern Menschen lebten, die zu vertreiben waren, sondern dass diese Maßnahme das gesamte Weitra-Gebiet betraf.

Aus Witschoberg siedelte man am 26. April die Familie von František Koranda nach Štěpánovice bei Wittingau aus, von Gundschachen am 24. April die Familie von Petr Kotrba in das Altersheim für Landwirte und Jan Kotrba nach Horní Ostrovec bei Tabor. Aus Erdweis bei Klikau wurde am 23. April die Familie Rudolf Apfelthaler nach Lhota bei Lomnitz umgesiedelt und die Familie von Hynek Divoký nach Wittingau sowie am 28. April die Familie von Adolf Chaf nach St. Maria Magdalena bei Wittingau, die Familie František Duspiva nach Suchenthal an der Lainsitz. Josef Macha wurde als zuverlässig eingestufter Bürger nach Rottenschachen umgesiedelt. Aus Erdweis an der Lainsitz wurde am 26. April die Familie von Václav Holický auf eine Arbeitsstelle bei den Staatsforsten im Kreis Milevsko/Mühlhausen umgesiedelt und Václav Burovský in die Gemeinde Pilakostky im Kreis Wittingau. Aus Franzenthal wurde am 26. April die Familie des Leopold Kropíl in die Gemeinde Borowitz umgesiedelt. Für diese Aussiedlungsaktion der angeführten Familien aus fünf verschiedenen Gemeinden wurden 66 Lastwagen benötigt.

Es könnte den Anschein haben, als ob mit dem Angriff auf die »Festung Rottenschachen« am 19. April 1952 die Aktion nunmehr erledigt gewesen wäre. Doch der Plan zur Aussiedlung umfasste 17 Familien. In den handschriftlichen Aufzeichnungen des Aussiedlungsverwalters tauchten aber noch zwei weitere Verzeichnisse mit den Vermerken auf: »amtlich umsiedeln« und »siedeln freiwillig um«. Die amtliche Umsiedlung bezeichnete demnach mit anderen Worten eine Exekutivmaßnahme, also entsprechend einer Weisung und – wie auch die vorhergehende – die Durchführung innerhalb eines einzigen Tages. Dieser Termin wurde auf den 24. April festgelegt. Die Aktion konzentrierte sich erneut auf den Weiler Abbrand, von wo man die Familie der Růžena Jilečková mit fünf Personen und die des Hynek Veith mit sechs Personen in die Ortschaft Ponědrážka bei Wittingau umsiedelte. Drei weitere Familien stammten bereits direkt aus Rottenschachen: Die Familie Josef Havle mit fünf Personen wurde in die Gemeinde Kolný bei Wittingau umgesiedelt, František Dvořák mit seiner Ehefrau nach Kojákovice bei Wittingau und Karel Zimmel als Einzelperson zu Verwandten nach Prag. Den Auftrag zur Aussiedlung erteilte der Kommandeur des Korps der Nationalen

Sicherheit für den Kreis Wittingau, Černý, die Besitzregistrierung leitete der Sicherheitsreferent des Kreis-Nationalausschusses Coufal, und fünf Beamte desselben Ausschusses führten Protokoll. Diese amtliche Umsiedlungsaktion vom 24. April zeichnete sich durch ein beträchtliches Chaos und Improvisation aus – denn niemand von den Betroffenen wurde dorthin umgesiedelt, wohin er bestimmungsgemäß hätte kommen sollen.[41]

Es zeigte sich nämlich, dass die gründlichen Umsiedlungsvorbereitungen nichts wert waren, weil selbst noch auf der Aussiedlungslinie die Richtungen vorgesehener Straßen und Bestimmungsorte abgeändert wurden. Und wie weitere Materialien und Zeugenaussagen belegen, wurden die Ausgesiedelten vor Häuserruinen vertriebener Deutscher, in Scheunen, Ställen und Schuppen ohne irgendeine Einrichtung ausgeladen, damit die Autos samt ihren Besatzungen weitere Opfer transportieren konnten. Lediglich ein geringer Teil der Ausgesiedelten erhielt ein menschenwürdiges Dach über dem Kopf. Umso größer waren ihre Sehnsucht und ihr Schmerz nach dem Zuhause.[42] Zu einer freiwilligen Umsiedlung der übrigen Familien von den 17 im Plan kam es nicht einmal aufgrund der Überzeugungskampagne, sondern des Wissens um die Vergeblichkeit jeglichen Widerstands. Als Erstes machte sich dies Antonín Apfelthaler bewusst, auf den bereits wochenlang Druck ausgeübt worden war. Er hatte tapfer widerstanden, gab jedoch zwei Tage nach der ersten Aktion in Rottenschachen auf. Am 21. April wurde er mit seiner Ehefrau nach Smržov bei Lomnitz im Kreis Wittingau umgesiedelt. Am darauf folgenden Tag, dem 22. April 1952, siedelte man aus dem Weiler London die vierköpfige Familie Rudolf Barták nach Záblatí bei Lomnitz im Kreis Wittingau um und ebenso die Familie von Václav Bušta. Am 23. April wurde die Familie František Leder nach Baurowitz im Kreis Budweis umgesiedelt. Die Aussiedlungsprozedur wurde am 25. April 1952 mit der Umsiedlung von Terezie Zimmelová aus dem Weiler London ebenfalls nach Baurowitz und am 28. April 1952 mit Barbora Bednářová aus Abbrand abgeschlossen; letztere verbrachte man nach Mochov bei Prag.

Die Gesamtbilanz der Aussiedlungen aus dem Weitra-Gebiet zwischen dem 15. und 29. April 1952 umfasste 41 Familien mit insgesamt 134 Personen. Aus der Verbotszone Gundschachens und Witschobergs wurden vier Familien mit zwölf Personen ausgesiedelt, aus dem Grenzbereich 37 Familien mit insgesamt 122 Personen. Die Aktion betraf sieben Dörfer, am umfangreichsten Rottenschachen mit seinen Weilern, wo der »Plan zu 100% erfüllt wurde«, d.h. die Aussiedlung von 17 Familien. Bei der gesamten Aktion wurden 165 Lastkraftwagen eingesetzt, im Durchschnitt je Familie demnach vier Lkws.[43] Zwar verblieb die Mehrzahl der Aussiedler – 25 Familien – im Kreis Wittingau, wo man am schnellsten Ersatzwohnraum zur Verfügung stellen konnte, doch ein beträchtlicher Teil der Familien wurde im Landesinneren zerstreut; dies schloss die Umgebung Prags ebenso mit ein wie Göding in Mähren, dann die Kreise Sobieslau, Schweinitz, Písek, Budweis und Milevsko/Mühlhausen. Hier war ein Plan zur weitestmöglichen Entfernung der Weitraer von ihren Geburtsorten und Wohngebieten realisiert worden, um ihre Rückkehr zu einem Besuch zu Hause, etwa zu den Gräbern ihrer Vorfahren, unmöglich zu machen.

2. Die Vorbereitung einer zweiten Vertreibungswelle

Die Unfähigkeit, möglichst viele Weitraer aus ihren Wohngebieten auszusiedeln, versetzte sämtliche Staatsorgane und ganz besonders die politische Polizei von den Ortsdienststellen bis hinauf zum Ministerium für Nationale Sicherheit in Nervosität. Letzteres war während der ganzen Aktion gegenüber der Regierung, aber insbesondere dem Sekretariat des Zentralkomitees der KPTsch in der Verantwortung gestanden. Der Minister für Nationale Sicherheit Karol Bacílek ließ sich von seinem Sekretariat über die stärkste Widerstandsbastion, Rottenschachen, Bericht erstatten. Zum Zeitpunkt der intensivsten Phase der Aussiedlung der Weitraer erhielt der Minister am 21. April folgende Mitteilung auf seinen Schreibtisch: »Auf Ihre Weisung hin habe ich in der weiter oben angeführten Gemeinde eine Untersuchung durchführen lassen. Das Ergebnis der Gesamtuntersuchung zeigt die Notwendigkeit, diese Gemeinde der Verbotszone zuzuordnen und die dortige Bevölkerung auszusiedeln«.[44]

Hier handelt es sich bereits um eine erhebliche Bevölkerungsverschiebung. Bis zu diesem Zeitpunkt gehörte Rottenschachen zum Grenzbereich, aus dem lediglich die unzuverlässigen Personen ausgesiedelt werden sollten; die überprüften Bewohner konnten bleiben. Sollte es zur Verbotszone kommen, durfte sich jedoch außer den Grenzwächtern und

der Geheimpolizei kein einziger Zivilist in der Gemeinde aufhalten. Es könnte ja sein, dass dieser Unterschied Bacílek entging, immerhin erteilte er seinem Stellvertreter J. Kotál handschriftlich folgende Weisung:
»1) Eine Charakteristik jener Personen erstellen, die *ausgesiedelt* werden sollen.
2) *Einen Vorschlag machen für Formen der zwangsweisen Aussiedlung, um Zusammenstöße zu vermeiden.*
3) Einen Vorschlag machen für einen allerletzten Versuch – mittels persönlicher Gespräche – zur freiwilligen Aussiedlung. (Politische Aktion auf der Parteischiene.)
4) Ausarbeitung eines Vorschlags für das Politische Sekretariat! – Bacílek«.[45]

Im Sekretariat des Ministers wurde das Schriftstück als erledigte Sache in die Ablage überwiesen. Der Befehlshaber des Sekretariats des Ministeriums für Nationale Sicherheit (MNB), General der Staatssicherheit Jelen, ließ nachfolgenden amtlichen Vermerk anfertigen: »Punkte 1–3 sind überholt. Die Aussiedlung von 17 zur Umsiedlung bestimmten Familien wurde ohne Anwendung irgendwelcher Gewaltmaßnahmen und ohne jeglichen Zwischenfall durchgeführt; allerdings waren Sicherheitsorgane beteiligt.«[46]

Der Minister für Nationale Sicherheit wies sein Sekretariat an, für das Politische Sekretariat des Zentralkomitees der Kommunistischen Partei der Tschechoslowakei* einen Entwurf auszuarbeiten, »entsprechend dem die Gemeinde Rottenschachen in die Verbotszone aufgenommen werden sollte«. Die Notwendigkeit einer vollständigen Aussiedlung sei angeblich »bei der Durchführung der Aktion zur Umsiedlung der Bevölkerung aus der Verbotszone und unzuverlässiger Personen aus der Grenzzone deutlich geworden, wo sich die Ergebnisse der bisherigen Nationalitäten- und politischen Entwicklung dieses Gebietes – das 1920 der ČSR angeschlossen worden war – voll gezeigt haben«. Zur Lagebeurteilung war ein Bericht der Kommandantur der Öffentlichen Sicherheit beigefügt; er wurde dem Stellvertretenden Minister Kotál vorgelegt. Darin »handelte es sich um den Abschub von 17 Familien aus dieser Ortschaft, welche als dringlichste Fälle bezeichnet worden waren und die dann auch

* Die Gesamtorganisation (KSČ/KPTsch) war die Dachorganisation für die gesamte Tschechoslowakei; während für die Slowakei die KPS bestand, gab es für die Böhmischen Länder keine eigene Organisation.

ausgesiedelt wurden ... mit Beteiligung von Organen der Nationalen Sicherheit«. Entsprechend dem Bericht habe eine genaue Untersuchung ergeben, dass die Bewohner Rottenschachens – 336 Familien mit insgesamt 1400 Personen – »in ihrer Mehrzahl unzuverlässige Personen (75%) und vom Gesichtspunkt der Absicherung der Staatsgrenze für das Grenzgebiet als unerwünscht gelten. Eine vergleichbare Lage stellt sich in der Gemeinde Gundschachen dar, die von etwa 40 Familien bewohnt wird ...« Das Sekretariat ersuchte um die »Mitteilung weiterer Städte und Gemeinden, welche die Kommandantur der Grenzwache in den Verbotenen Grenzbereich oder in den Grenzbereich einzugliedern beabsichtigt«.[47]

In den Jahren 1952/53, also bereits sieben bis acht Jahre nach dem berüchtigten Einbruch der Hobza-Partisanen ins Weitra-Gebiet, hörte bei den Behörden die Argumentation mit dem Deutschtum der Weitraer auf, ebenso mit ihrer Nazi-Vergangenheit und ihrem Verrätertum. Im kommunistischen Jargon wurde dies alles in eine veränderte Terminologie reaktionären Verhaltens, staatlicher und politischer Unzuverlässigkeit überführt, ferner in die Zusammenarbeit mit imperialistischer Spionagetätigkeit gegen die ČSR. Im Entwurf zur Aussiedlung der Gemeinden Rottenschachen, Gundschachen und Erdweis wird angegeben, dass »die Mehrheit der Bewohner ... *reaktionär* eingestellt ist, und sie besitzt nicht das erforderliche Maß nationalen Bewusstseins. Ein Viertel der Einwohnerschaft hat nahe Blutsverwandte und die Hälfte entferntere Verwandte im angrenzenden Teil Österreichs, mit denen sie stets legale oder *illegale Verbindungen* gehabt haben. Außer Dutzenden Familien, die nach dem Abschub im Jahre 1945 in Österreich verblieben, sind nach dem Februar 1948 aus Rottenschachen noch 44 und aus Gundschachen neun Personen dorthin geflohen, die eine *feindliche Tätigkeit gegen die Republik* ausgeübt haben. In diesem Raum kam es nach dem Februar 1948 zu *Massenfluchtbewegungen politischer Gegner und Verräter* ins Ausland; darin haben ihnen die Ortsbewohner aktive Hilfe geleistet ... Die Flüchtlinge aus Rottenschachen werden *als imperialistische Späher zur Spionagetätigkeit gegen die ČSR benützt.* Bei der Gemeinde Erdweis ... reichen bewohnte Häuser bis auf eine Entfernung von 100 m an die Staatsgrenze heran, was das *Einsickern feindlicher Agenten* ermöglicht. Als Lösung schlagen wir vor, die gefährlichsten, aufgrund ihrer Vergangenheit und ihrer engen Verbindung zum Ausland kompromittierten Personen ins Landesinnere umzusiedeln«.[48]

Eine so formulierte Charakteristik der Einwohnerschaft der angeführten Gemeinde hätte bereits zu einer Massenbestrafung sämtlicher Bewohner ausgereicht. Im Hinblick auf die Undurchführbarkeit einer Inhaftierung Hunderter Menschen sollte folglich ihre Strafe die Vertreibung aus der Gegend sein. Doch die Drohung von Festnahme, Haft und Gerichtsverfahren hing wie ein Damoklesschwert über dem Weitra-Gebiet: »Den Sicherheitsorganen ist bereits eine weitere strafbare Tätigkeit von Einwohnern dieser Ortschaften bekannt, und zu einem passenden Zeitpunkt wird ihre Festnahme durchgeführt.«[49]

Die Staatssicherheit und die Vertreter der Grenzwache gelangten aber noch zu einer weiteren Schlussfolgerung hinsichtlich des reaktionären Verhaltens der Weitraer: Bei ihrem gesamten Tun seien ihnen Verwandte und Bekannte behilflich. Konkret gesprochen: Die Bewohner Rottenschachens wurden kollektiv verdächtigt, dass sie »innerhalb der ČSR bei ihren Verwandten mit Hilfe und Unterschlupf rechnen können«. Das war kein neues Argument: Die Bewohner der Gemeinde hatten eine weit verzweigte Verwandtschaft nicht nur in Wien und in Österreich – beispielsweise beim Intervenieren für einen erneuten Anschluss des Weitra-Gebiets an Österreich im Jahre 1938! –, sondern auch in Prag und in der ganzen ČSR. Bereits die Verfasser der Memoranden von 1945/46, die Versuche unternommen hatten, die aus Österreich zurückkehrende Bevölkerung ins tschechische Landesinnere auszusiedeln, machten auf die mächtige Verwandtschaftslobby aufmerksam, welche die Rottenschachener insbesondere in Prag in verschiedenen Behörden hätten, ja selbst in Ministerien. Diese hoch gestellten und einflussreichen Leute setzten sich im Interesse der Gemeindebevölkerung ein, erteilten ihnen Ratschläge, wohin sich ihre Delegationen wenden sollten und beteiligten sich schließlich selbst an der Erstellung von Memoranden der Rottenschachener im Juli 1945 zur Beseitigung der Vertreibungsergebnisse und setzten sich für ihre Rückkehr in ihre Heimat ein. Dank ihrer Interventionen wurden auch die Dekrete in Bezug auf die Volksverwaltung aufgelöst, und man begann sogar damit, Fälle von Diebstahl juristisch zu verfolgen und schließlich sogar auch gegen die Mörder von Schwarzbach, Maxa und Říha, vorzugehen: Diese wurden insbesondere 1947 häufigen Verhören in Bezug auf ihr Tun im Jahre 1945 unterzogen. Hätte es den Februarumsturz 1948 nicht gegeben, wären sie vor Gericht gestellt worden und ihrer Strafe nicht entgangen. Selbst Václav Maxa machte auf die

Verwandten – »die Herren in Prag« – aufmerksam, als er einer Strafverfolgung für das Verbrechen von Schwarzbach zu entgehen versuchte; er verwies auf die Verwandten der Weitraer, die sich gegen deren Verfolgung eingesetzt hatten, Dutzende Male insbesondere in den beiden Jahren 1946 und 1947. Diese Schreiben im Sinne Maxas kamen von »Widerständlern«, Staatsbeamten aus der Zollbehörde und Polizisten, aber auch von Volksverwaltern. Gegen diese Verwandten in Prag, Brünn und anderswo sollten die Behörden doch einschreiten, insbesondere die Polizei. Diese Beschwerden und Hinweise wurden aber seinerzeit außer Acht gelassen.

Doch nach der Machtergreifung durch die Kommunisten veränderte sich die Lage. Die Beschwerden der Mörder von Schwarzbach wurden angehört und man erinnerte sich der Memoranden der »Patrioten« und Volksverwalter aus Rottenschachen. Jetzt ging es nämlich um den Einsatz aller Mittel zur Aussiedlung der Weitraer und um die Beseitigung sämtlicher Interventionen zu ihren Gunsten. Bei der gründlichen Vorbereitung der flächendeckenden Aussiedlung wurde 1952 angeordnet, sämtliche einflussreicheren Verwandten von Rottenschachenern ausfindig zu machen und zu überprüfen, insbesondere aber jene, die sich für die Rückkehr der Vertriebenen eingesetzt hatten und allen weiteren Plänen für eine Aussiedlung ins Landesinnere die Stirn boten. Und so unterbreitete also die Staatssicherheit nach hartnäckigen Nachforschungen dem Minister für Nationale Sicherheit Bacílek »ein Verzeichnis derjenigen Personen in höheren Funktionen, welche Verwandtschaftsbeziehungen zu Familien in Rottenschachen aufweisen«.[50] Die Liste umfasste 30 Namen. Wie groß war aber der Schrecken der Genossen, als sie feststellen mussten, dass die Rottenschachener sieben Verwandte hatten, die in Prager Ministerien tätig waren, ja sogar im Ministerium für Nationale Sicherheit, für Auswärtige Angelegenheiten, Verteidigung und Ernährung; weiter befanden sich drei Funktionäre der KPTsch unter den Genannten, so in der Kaderabteilung der KPTsch, ferner der Vorsitzende des Betriebsrates der Tschechischen-Kolben-Daněk-Werke (ČKD)* sowie zwei Angehörige von Hochschulen, schließlich Angestellte in führenden Positionen bei der Post, Bahn, im Bankwesen, fünf Mitarbeiter der

* ČKD (Česká Kolben Daněk), einer der bedeutendsten Maschinenbaukonzerne der ČSR, im Zweiten Weltkrieg Rüstungswerk

Charita* und im Gesundheitswesen. Die Mehrzahl der Genannten, nämlich 26, arbeitete direkt in Prag, weitere zerstreut in den Kreisen Pisek, Karlsbad, Podiebrad und Iglau.

Der Schrecken der Polizisten war umso größer, als sie entsprechend den Angaben des tschechoslowakischen Nachrichtendienstes feststellen mussten, dass der CIC-Agent Karel Kříž, der im Juni 1948 nach Österreich geflohen war, der Onkel, und Marie Křížová, die ihrerseits mit ihrem Vater geflohen war, die Cousine waren der fünf Brüder František, Karel, Bedřich, Tomáš und Josef Pommer, die allesamt gebürtige Rottenschachener waren. František Pommer war Betriebsdirektor der Verkehrsbetriebe der Hauptstadt Prag, Karel Vorsitzender des Betriebsrates von ČKD Dukla, Bedřich und Tomáš Revisoren beim Volkseigenen Betrieb Masna und schließlich Josef Pommer Sektionschef im Ministerium für Außenhandel! In Rottenschachen hatten sie noch ihren Bruder Silvester Pommer (Haus Nr. 82).[51]

Die Brüder František und Miroslav Ruso – der erstgenannte in hoher Parteifunktion der KPTsch in Prag, der zweite Planungsingenieur bei den Tschechischen Eisenwerken in Brünn – hatten ihre Eltern in Rottenschachen. Die Polizei stellte fest, dass beide während des Krieges NSDAP-Mitglieder gewesen waren und die Funktion von Blockwarten ausgeübt hatten.

Die weit verzweigte Familie Kropík aus Rottenschachen hatte ihre nahen Verwandten in verschiedenen Ministerien: Marie Kropíková im Ministerium für Ernährung, Bohumil Kropík im Forschungsministerium und Adolf Kropík im Ministerium für Außenhandel – alle in Prag. Alle waren mit František Novák aus Rottenschachen, Haus Nr. 3, verwandt, der wegen Beihilfe zum illegalen Grenzübertritt nach Österreich bestraft worden war. Karel Kropík, Oberkellner in Prag, hatte seinen Bruder Rudolf Kropík (Haus Nr. 34) in Rottenschachen.

Auch wenn etliche Personen des Verzeichnisses keine gebürtigen Rottenschachener waren, so reichte doch die Kennzeichnung der Verwandten in Rottenschachen. Eduard Vaňha, gebürtig aus Pásek, geriet unter die Verdächtigen als Verwandter der Familie Eduard Kotrba aus Rottenschachen, Haus Nr. 186, mit der Bemerkung: »Die ganze Familie ist

* Charita: eine Einrichtung der katholischen Kirche für karitative Initiativen; nach dem Februar 1948 liquidiert

stark gegen die heutige politische Ordnung eingestellt.« Marie Rusová, Jg. 1929, gebürtige Rottenschachenerin, fand sich nur deshalb im Verzeichnis der Verdächtigen, weil »die Genannte deutsche Schulen besucht hat«.

Es kann angenommen werden, dass die im Verzeichnis aufgeführten Personen in der Atmosphäre einer geradezu manischen Furcht von Spionen und Agenten verfolgt und von ihrer Arbeitsstelle entlassen wurden. Ihre Verwandten in Rottenschachen, auf die sich das Verzeichnis bezog, wurden sämtlich – bis auf zwei Ausnahmen[52] – aus der Gemeinde ausgesiedelt. Es gab niemanden mehr, der sie hätte schützen können, denn auch die schützende Hand über Rottenschachen war verloren gegangen.

Die Hauptphase des mörderischen Stalinismus spielte sich unter zwei Parolen ab, die unmittelbar auf Stalin zurückgehen: die Verschärfung des Klassenkampfes und das Suchen des Feindes in den eigenen Reihen. Folglich: Je mehr wir uns dem Sozialismus annähern, umso mehr wird sich der Klassenkampf mit den Resten der Reaktion und der bourgeoisen Schichten verschärfen, und damit wird es gleichzeitig umso unausweichlicher, über die Reinheit der Partei zu wachen, wo nämlich der Klassenfeind seine Agenten einnisten wird; folglich dürfe vor einem direkten Stoß in die eigenen Reihen nicht zurückgeschreckt werden.

Als die Stalinisten im Bezirk Südböhmen die Aussiedlung aus dem Weitra-Gebiet und insbesondere aus Rottenschachen auswerteten, registrierten sie das blanke Versagen ihrer Stützen in der Gemeinde, das heißt der Funktionäre im Verwaltungsapparat von Orts-Nationalausschuss, Ortsorganisation der KPTsch und der örtlichen Volksmilizen. Die hatten nämlich eine Beteiligung an den Vorbereitungen für die Aussiedlung und eine Mitarbeit an der Überzeugungskampagne abgelehnt, und sie lehnten auch die Verantwortung für die Ausquartierung ebenso ab wie jegliche Hilfestellung für vorgesetzte Kreis- und Bezirksorgane. Dies alles wurde als Versagen bewertet und musste im Geiste der seinerzeitigen Grundsätze der Verschärfung des Klassenkampfes und der Säuberung der KPTsch notwendigerweise Konsequenzen haben. Die Phase des Kampfes zur Säuberung der KPTsch gipfelte im Prozess gegen den Generalsekretär der KPTsch Rudolf Slánský und seine Verschwörer im »staatsfeindlichen Zentrum« und der darauf folgenden Hinrichtung im

Dezember 1952. Im April 1952 gelang es zwar nach enormen Schwierigkeiten, an die 40 Familien aus dem Weitra-Gebiet auszusiedeln, doch angesichts der vorherrschenden Lage war es völlig ausgeschlossen, an eine Erfüllung der Gesamtaufgabe zu denken: die Umsiedlung von etlichen hundert Familien ohne wirksame Mithilfe der örtlichen Kommunisten und aller dem Regime ergebenen Bewohner des Weitra-Gebietes.

Die Staatssicherheit machte sich also nunmehr nicht nur an die Entlarvung der Verbindungen von Rottenschachener Einwohnern zu ihren Verwandten in hohen Funktionen in Prag, sondern auch an die Überprüfung der klassenmäßigen und politischen Zuverlässigkeit der örtlichen KPTsch-Funktionäre, die den Orts-Nationalausschuss beherrschten, sowie auch der Mitglieder der Volksmilizen. Insgesamt fünf führende KPTsch-Funktionäre wurden überprüft – und die Ergebnisse waren niederschmetternd. Bis auf einen einzigen Funktionär, Jan Kodl, handelte es sich um kriminelle Elemente, Diebe, Gewaltverbrecher und Menschen, die um ihrer Karrieren willen in die KPTsch eingetreten waren und dann ihre Funktion zur Einschüchterung ihrer Mitbürger missbrauchten.

Zum Zeitpunkt der Überprüfungen am Jahresende 1952 war Jaroslav Kos, Jg. 1903, Vorsitzender der Ortsorganisation der KPTsch. Diese Funktion hatte er mit einer zeitlichen Unterbrechung 1949/50 seit dem Jahre 1945 innegehabt. Aufgrund seiner Funktion war er auch ununterbrochen Mitglied des Rates des Orts-Nationalausschusses und seit dem Machtantritt der Kommunisten im Februar 1948 Vorsitzender des Aktionsausschusses der Nationalen Front in der Gemeinde. Neben dem Vorsitzenden der Orts-Verwaltungskommission war er also der Hauptfaktor im politischen Leben der Gemeinde Rottenschachen. 1938 war er unmittelbar nach der Besetzung mit seiner Ehefrau nach Klikau umgezogen, und von dort kehrte er 1945 wieder zurück. Bereits bei seinem erstmaligen Wegzug »ließ er etliche Dinge seiner Nachbarn mitgehen, die er dann aber zurückgeben musste. Während der Okkupationszeit verschaffte er sich einen zusätzlichen Verdienst durch Schwarzhandel mit Schweinefleisch, das er hier aufkaufte und ins Gasthaus seines Schwagers in Gmünd brachte, wo er sich die meiste Zeit aufhielt«. Die Genossen hielten ihm für diesen Zeitraum besonders vor, dass »er mit erhobenem Arm gegrüßt und Heil Hitler gerufen hat«. Seine Diebstähle von Nachbareigentum machten ihnen nichts aus, auch nicht seine Schmuggeleien und sein Herumlungern in Gasthäusern, ja nicht einmal das Heilrufen, sondern vielmehr die Tatsache, dass er mit der weit verzweigten Familie Zwetler aus Rottenschachen und Gundschachen verwandt war. Seine Ehefrau Terezie war eine geborene Zwetlerová, deren drei Brüder als Erste ihre Einheit der Staatsverteidigungswacht (SOS) verlassen hatten und mit voller Ausrüstung zu den Deutschen übergelaufen waren. Einer seiner Schwäger, Rudolf Zwetler, besaß ein Gasthaus in Gmünd, und für dieses betrieb Kos Schwarzhandel mit Fleisch.[53] Weiter war er in Rottenschachen mit Ludvík Leukauf, Haus Nr. 190, verwandt, der während der Besatzungszeit NSDAP- und SA-Mitglied gewesen war, und dann noch mit Karel Simon, der deutscher Soldat und nach der Rückkehr aus der Kriegsgefangenschaft wegen politischer Tätigkeit während der Okkupation bis zum Jahr 1949 inhaftiert war. Über diese allernächsten verwandtschaftlichen Beziehungen hinaus war er weiterhin auch noch weitläufig verwandt mit der ebenfalls weit verzweigten Familie Zimmel, die in Gundschachen beheimatet und über das gesamte Weitra-Gebiet verstreut, am zahlreichsten jedoch in Rottenschachen vertreten war.[54] Der KPTsch-Vorsitzende in Rottenschachen war also durch verwandtschaftliche Bande mit Familien nicht nur aus Gundschachen und Rottenschachen verschwägert, sondern auch mit dem ganzen Weitra-Gebiet. Es gereichte ihm zur Ehre, dass er der Aussiedlung seiner Verwandten nicht zustimmte und den Aussiedlungsexekutoren jegliche Hilfe versagte, was ihm aber aufs Höchste übel genommen wurde. Dazu kam dann noch die Haltung seiner Ehefrau Terezie, die lauthals verkündete, »dass sie niemals in einer Landwirtschaftlichen Produktionsgenossenschaft arbeiten wird«. Die Kaderabteilung der KPTsch und der Staatssicherheit hielten ihm ferner vor, er habe eine »lässige und weichliche Haltung«, und setzten noch die Feststellung dazu, er habe in seiner Funktion »persönliche Angelegenheiten mit den Leuten erledigt«.[55] Solche Dinge wurden lediglich bei bereits abgeschriebenen Funktionären der KPTsch angeführt. Dabei wurde aber die Tatsache, dass diese führende Partei der Diktatur ihre Machtposition nicht nur gegenüber den Bürgern des Weitra-Gebiet missbrauchte, sondern gegenüber allen Bürgern des gesamten Staates, einfach totgeschwiegen. Die Verweigerung jeglicher Hilfestellung bei der Verfolgung der Weitraer war der Schwanengesang des KPTsch-Vorsitzenden von Rottenschachen. Es wurde ihm auch zur Last gelegt, dass niemand aus den weit verzweigten Familien der Zwetler oder Zimmel und ihrer weiteren Verwandtschaft – etwa Simon und Leukauf – KPTsch-

Mitglieder innerhalb der Ortsorganisation geworden war. Schließlich geriet er in den Verdacht, der in jener Zeit im Parteijargon häufig mit dem Parteieintritt in Verbindung gebracht wurde: Er habe sich »in die Partei eingeschlichen«. Und dann wurde ihm noch die Erledigung »persönlicher Angelegenheiten« in seiner Funktion vorgerechnet. Nach der Ablehnung jeglicher Hilfe bei der ersten Aussiedlungswelle im Frühjahr 1952 verließen sich die Exekutoren der Aussiedlung im späteren weder auf Kos noch auf die KPTsch-Organisation in Rottenschachen; sie griffen zu grober Gewalt ohne jedweden Überredungsversuch.

Ebenfalls Mitglied der Ortsorganisation der KPTsch in Rottenschachen seit 1945 war Julius Křížek. Während der Besatzungszeit hatte er in Rottenschachen gewohnt, sich zur deutschen Volkszugehörigkeit bekannt, was ihm wiederum die Nutzung aller Vergünstigungen für Deutsche – so beispielsweise erhöhte Lebensmittelzuteilungen, Sozialhilfe etc. – ermöglichte. Wegen seiner schwächlichen Konstitution wurde er nicht zur Wehrmacht eingezogen. In der KPTsch-Organisation hatte er das Amt des Kassenwartes; doch dort richtete er entsprechend den Kader-Funktionären der höheren KPTsch-Organe aus Wittingau »ziemlich viel Unordnung an«. Sie hielten ihm vor, dass er nur aus dem Grunde in die KPTsch eingetreten sei, »um die Mitgliedschaft zur Austragung persönlicher Streitigkeiten auszunützen«.

In dem eben genannten Kader-Personalpapier der Rottenschachener KPTsch-Funktionäre ist weiter Folgendes zu lesen: »František Ruso ist nur deshalb 1945 in die KPTsch eingetreten, um mit dem Parteiausweis seine Nachbarn zu bedrohen. Er neigt zur Gewaltanwendung, sucht ständig Streit und hat nach allen Seiten hin einen üblen Leumund.« Doch den hatte er eigentlich bereits seit dem Wüten der Hobza-Partisanen im Weitra-Gebiet, als er so viele Haushalte Vertriebener bestahl, dass die zusammengestohlenen Dinge später mit Pferdefuhrwerken abgefahren werden mussten. Für diese nachgewiesenen Diebstähle wurde er jedoch nie gerichtlich belangt. Dieser Dieb hatte also die Funktion eines Gruppenleiter-Vertrauensmannes; doch als man ihm einen Bezugschein für Textilien verweigerte, und er auch keinen weiteren erhielt, legte er sein Amt nieder. Aus alledem ergab sich die Schlussfolgerung, dass er von Profitgier bestimmt sei; etliche Male wurde er gar wegen Mordversuchs bestraft. So mussten ihm Milizionäre das Gewehr abnehmen, mit dem er seine Nachbarn in persönlichen Auseinandersetzungen bedroht hatte.

Doch all dies hätte man ihm durchgehen lassen, sogar die Tatsache, dass seine Eltern, Geschwister und er selbst sich während der Besatzungszeit als Deutsche bekannt hatten, wäre er nicht mit so vielen Familien im Weitra-Gebiet verschwägert gewesen. Die Partisanen hatten ihn 1945 nur deshalb nicht hinausgejagt, weil seine Ehefrau Marie, eine geborene Heřmanová, aus St. Maria Magdalena stammte, während der Okkupationszeit bei ihren Eltern gewohnt hatte und sich nicht »zu den Deutschen« bekannt hatte. Umso mehr konnte er sich also auf das räuberische Ausräumen der Häuser seiner vertriebenen Nachbarn konzentrieren.

Dass es sich im Falle der KPTsch-Funktionäre in Rottenschachen in erdrückender Mehrheit um Lumpenproletariat handelte, beweist das Schicksal des Zweiten Vorsitzenden der Ortsorganisation, Oldřich Zelenka, dem ein entscheidendes Wort in der Gemeinde kurz nach dem Umsturz vom Februar 1948 und der Einführung neuer Ordnungsmaßstäbe im Sinne der Diktatur zukam. Er war von 1949 bis 1950 örtlicher Parteivorsitzender. Gemeinsam mit seiner Ehefrau Jana war er Gründungsmitglied der KPTsch und maßgeblich am Aufbau der Ortsorganisation beteiligt. Zelenka besaß seit der Zeit der Ersten Tschechoslowakischen Republik über die Besatzungszeit hinweg bis zum Jahre 1951 eine private Schlosserei-Firma in Rottenschachen.[56] Ursprünglich war er Mitglied und Funktionär bei der Gewerbepartei, doch entledigte er sich beim Einzug der Wehrmacht in Rottenschachen schnell seines Ortspatriotismus und trennte die Telefonverbindungen der Gendarmeriestation.[57] Die Schlosserei konnte ihn nicht ernähren, und so trat er am Kriegsende eine Arbeit in der Stärkefabrik in Gmünd an, wo er als Kapo »über eine Gruppe russischer Kriegsgefangener« eingesetzt wurde. Wie bereits geschildert, »überwachte« dort der Mörder von Schwarzbach, F. Říha, die Nahrungsmittelpakete der französischen Kriegsgefangenen. Beim Eintreffen der Hobza-Partisanen begab sich Zelenkas Ehefrau auf Exkursionen in verlassene Häuser und stahl dort, was ihr gerade unter die Hände kam; doch musste sie nach der Rückkehr der Vertriebenen alles zurückgegeben und wurde mit 14 Tagen Gefängnis bestraft. Auch Zelenka selbst stahl, doch nahm seine Ehefrau dies auf sich, um ihn zu decken, um eine Haftstrafe auch für ihn zu umgehen. Doch trauten sich damals nicht einmal die Behörden, gegen den Gründer der KPTsch in der Gemeinde einzuschreiten.

Während die Kommunisten in Rottenschachen 1949 die Gründung einer Landwirtschaftlichen Produktionsgenossenschaft (JZD) initiierten und die örtlichen Bauern oder eher noch die landlosen Einwohner und Kätner in diese hineintrieben, wiesen sie doch ihrerseits eine Arbeit in der Genossenschaft von sich. In einer Meldung an übergeordnete KPTsch-Organe wird daher Folgendes angeführt:

»Bei der Gründung der JZD in Rottenschachen verkündete Zelenka auf der Sitzung dem Kreis-Instruktor gegenüber, dass weder er noch seine Ehefrau überhaupt daran dächten, auf dem Feld zu schuften, das möge doch, bitte schön, derjenige tun, der die JZD gegründet hat. Dasselbe verkündete lauthals auch seine Ehefrau, und sie sagte dann weiter, dass sie sich selbst einen Strick gedreht hätten, als sie in die KPTsch eingetreten seien, und nunmehr würden ihnen die Kommunisten ihr Schlossereigewerbe wegnehmen.«[58] Es zeigte sich somit in aller Klarheit, dass die Anhänglichkeit der beiden Zelenkas gegenüber der KPTsch lediglich so lange anhielt, als diese ihnen ihren Gewerbebetrieb garantierte. Sowie aber im Rahmen der gesamtstaatlichen Auflösung von Gewerbebetrieben und der Enteignung der Gewerbetreibenden, Geschäftsinhaber, Handwerker, Friseure und zahlreicher anderer Berufssparten auch sie betroffen wurden, fiel die Beziehung zur sozialistischen und volksdemokraktischen Ordnung in sich zusammen. Nach der Auflösung seines Gewerbebetriebs durch das Regime, das aufzubauen Oldřich Zelenka mit so viel Mühe seit dem Jahr 1945 mitgeholfen hatte, verließ er 1951 freiwillig Rottenschachen und zog nach Joachimsthal.

Die Rottenschachener KPTsch-Organisation bereitete den höheren Parteiorganen nicht erst in jenen kritischen Jahren der Kollektivierung der Landwirtschaft Schwierigkeiten, sondern auch bereits davor. Im Jahre 1946, als der Rottenschachener Orts-Nationalausschuss die Volksverwaltung auf den Besitztümern der vertriebenen Deutschen auflöste, appellierte die örtliche KPTsch-Organisation innerhalb der Gemeinde an die Fürsprache der Parteimitglieder und ihre Hilfe beim Kreis-Sekretariat der KPTsch Wittingau bezüglich derjenigen KPTsch-Mitglieder, die man als Volksverwalter abgesetzt und aus der Gemeinde »hinauskomplimentiert« hatte. Das Kreis-Sekretariat wurde aber damals von Beschlüssen des KPTsch-Zentrum und verschiedener Ministerien in Bezug auf die Auflösung der Volksverwaltungen im Weitra-Gebiet geleitet. Man sollte für die Volksverwalter Ersatz durch die Bereitstellung von

Besitz vertriebener Deutscher in Westböhmen, vor allem im Gebiet von Asch und Eger, schaffen. Das Ansuchen der Genossen aus Rottenschachen war erfolglos, die erbetene Hilfe wurde ihnen nicht gewährt. Also verfassten sie eine Resolution an die Kreisverwaltung mit der Androhung, dass für den Fall einer Hilfeverweigerung die Organisation »auseinander gehen«, sich folglich auflösen wird. Dies war ein offenkundiger Aufstand und eine Verletzung der Grundlagen des »demokratischen Zentralismus«, der strikt direktiven Leitung der KPTsch. Als 1951 innerhalb der KPTsch Kaderüberprüfungen stattfanden, wurden die Unterzeichner der Resolution einfach aus der Partei gestrichen.[59] Ab diesem Zeitpunkt, eigentlich seit 1946, bestand zwischen der Ortsorganisation der KPTsch in der Gemeinde und dem Kreissekretariat der Partei ein fortdauernder Spannungszustand. Die Lage spitzte sich im März und April 1952 bei der ersten Aussiedlung Rottenschachener Einwohner zu, als sowohl die KPTsch-Organisation als solche und die einzelnen Ortsfunktionäre Hilfestellung verweigerten und sich den Beschlüssen der Kreisorgane nicht unterwarfen.

Es folgte die notwendige Bestrafung und zwar in gleicher Weise wie bei den Überprüfungen von 1951. Die Kreis-Umsiedlungskommission schlug mit Billigung der Kreis-Kommission vor, aus Rottenschachen auch zehn KPTsch-Mitglieder von insgesamt 28 Mitgliedern der Orts-Organisation auszusiedeln.[60] Die Verweigerung der Hilfeleistung bei der Aussiedlung im Frühjahr 1952 von Seiten des Orts-Nationalausschusses Rottenschachen wurde durch den Vorschlag zur Aussiedlung von vier Mitgliedern des Rates dieses Ausschusses gelöst.[61]

Entsprechend der Haltung führender KPTsch-Funktionäre in der Gemeinde in Bezug auf die Gründung einer Landwirtschaftlichen Produktionsgenossenschaft vom I. Typ zeigte sich jedoch, dass diese Genossenschaft in der Gemeinde vor sich hin vegetierte und überhaupt nicht in der Lage war, die kommunistischen Vorstellungen von gemeinschaftlicher Genossenschaftswirtschaft umzusetzen. 1953 hatte sie lediglich 23 Mitglieder, davon waren 13 landlose Mitglieder. Insgesamt 24 ha Grund wurden landwirtschaftlich bearbeitet; diese Fläche gehörte neun Mitgliedern, die Anteile zwischen 0,45 und 4,50 ha besaßen. Die größeren Bauern in der Gemeinde, die überwiegende Mehrzahl der Bauern überhaupt, ignorierte die Genossenschaft ganz einfach. Es konnte den Anschein erwecken, als ob die Genossenschaft der moralischen Hilfe der vorgesetzten Staats- und Parteiorgane bedurft hätte, um den Genossenschaftsgedanken in Rottenschachen tiefere Wurzeln schlagen zu lassen. Stattdessen reihte die Aus- und Umsiedlungskommission fünf Mitglieder der Genossenschaft mit zusammen 23,5 ha Grund in die Aussiedlungsaktion ein und insgesamt *acht von weiteren 13 landlosen Personen*, die ebenfalls Genossenschaftsmitglieder waren.[62] Insgesamt hatten also 13 Genossenschaftler, mithin die Mehrzahl, Rottenschachen zu verlassen. Elf Mitglieder durften bleiben, die dann aber auch den Boden der ausgesiedelten Bauern zu bearbeiten hatten. Ein derartig radikaler Einschnitt in die Landwirtschaftliche Produktionsgenossenschaft Rottenschachen wurde durch die vorgesetzten Organe in Wittingau gewählt, damit das Übergewicht der landlosen Mitglieder in der Genossenschaft dann eine gewisse Alibifunktion in Bezug auf das Bekenntnis zum Regime ohne wirtschaftliche Erfolge darstellte, da sie ja faktisch nichts besaßen, worauf sie hätten wirtschaften können. In Rottenschachen gab es etliche Bauern, die eine größere Bodenfläche bearbeiteten als die gesamte Genossenschaft. Die Behörden in Wittingau verdächtigten die Genossenschaftsmitglieder – die landlosen Mitglieder wie auch jene, die Grund und Boden eingebracht hatten – des Konjunkturalismus, um aufgrund ihrer Mitgliedschaft in der Genossenschaft der Aussiedlung aus der Gemeinde zu entgehen. Das war eine Art Rache aus einer Trotzhaltung der Rottenschachener gegenüber dem Regime heraus; sie verweigerten sich, um nicht zur Manipuliermasse zu werden und damit gegen ihre Überzeugungen und gegen ihren Willen handeln zu müssen.

Bei der Durchforstung der Zusammensetzung der Mitgliederschaft der Volksmilizen in der Gemeinde gelangten die höheren Organe zu der Meinung, dass diese Mitglieder völlig verantwortungslos seien. Weil sie Kommunisten waren, ja sogar – wie J. Kos, F. Ruso, R. Kronika und andere – Funktionäre der Partei, fiel die Bewertung geradezu skandalös aus. Auch hier wurden hauptsächlich ihre Verwandtschaftsbeziehungen in Rottenschachen und im Weitra-Gebiet durchleuchtet und dann vor allem ihre Verschwägerung mit den seit 1948 nach Österreich und Deutschland Geflüchteten. Es wurde festgestellt, dass von zwölf Mitgliedern der Volksmilizen in Rottenschachen nur drei keine verwandtschaftlichen Beziehungen aufwiesen. Bei den Milizen befanden sich auch Mitglieder mit nationalsozialistischer Vergangenheit, aber insbesondere Verwandte des CIC-Agenten Karel Kříž sowie Leute, die nach 1948 wegen der

Schleusung gefährdeter tschechoslowakischer Bürger nach Österreich bestraft worden waren. Ja sogar das Mitglied der Orts-Verwaltungskommission nach dem Februar 1948, »des harten Kern« des Kommunismus in Rottenschachen, Julius Křížek, hatte eine aus kommunistischer Sicht absolut inakzeptable Verwandtschaft.[63]

Entsprechend der Entscheidung der Aussiedlungskommission, aus Rottenschachen auch Kommunisten – also KPTsch-Mitglieder! –, ferner Mitglieder des Rates des Orts-Nationalausschusses, Mitglieder der Landwirtschaftlichen Genossenschaft, Milizionäre und andere im Sinne des Regimes engagierte Leute zu deportieren, zeugt vom gänzlichen Misstrauen gegenüber den Bürgern Rottenschachens, egal ob Kommunist oder Reaktionär. Alle wurden über einen Kamm geschoren und der Vergeltung und Rache ausgesetzt. Selbst jene, die verblieben, wurden nicht als staatlich zuverlässig akzeptiert, sondern vielmehr aus der Not geduldet, war es doch auch vom wirtschaftlichen Standpunkt aus nicht mehr möglich, sämtliche Einwohner zu vertreiben.

Die Ergebenheit der Rottenschachener gegenüber dem Kommunismus fand nicht aus Gründen des Klassenbewusstseins oder der Ideologie ein Ende, sondern des Regionalismus. In der Tradition der alter Doudleber/Teindleser diesen im Widerstand nachgeraten, sollten sie nun exemplarisch bestraft werden, um dem ganzen Weitra-Gebiet zu erkennen zu geben, wer der Herr ist.

Es hatte den Anschein, als ob nach der ersten Aussiedlungswelle im April 1952 weitere Deportationen von Weitraern ununterbrochen fortgesetzt würden, selbst unter Anwendung von »Gewaltmethoden«, über die der Minister für Nationale Sicherheit, Bacílek, seine Untergebenen befragt hatte. Es zeigte sich aber, dass diese Methoden nicht angewandt werden mussten, weil es zu keinerlei Widerstand oder Zusammenrottungen mehr kam. Es schien, als sei Stille über diese Angelegenheit eingetreten, obwohl doch das Gesetz über den Schutz der Staatsgrenzen Nr. 69/1951, Sammlung der Gesetze und Verordnungen, bereits ein Jahr lang in Geltung war, und die Menschen bereits hätten überprüft und die Unzuverlässigen sowohl aus der Verbots- als auch aus der allgemeinen Grenzzone weggebracht sein müssen. Dies alles betraf auf besondere Weise das Weitra-Gebiet, wo sich die Lage auch aus gesamtstaatlicher Sicht am kritischsten darstellte. Der Vorsitzende des Kreis-Nationalausschusses Wittingau, Franta, hatte bereits seit der gesamtstaatlichen Beratung von Funktionären der Volksverwaltung im Februar 1952 klare Weisungen bezüglich der Säuberung des Grenzbereichs im Rahmen seines Kreises, zu dem das Weitra-Gebiet gehörte. Doch zunächst geschah überhaupt nichts, auch nicht, als die Einheit Nr. 5343 der Grenzwache aus Budweis im August 1952 von der Bezirkskommandantur der Staatssicherheit in Budweis Schriftmaterial anforderte, das Rottenschachen betraf, und daraufhin am 18. August 1952 eine Akte (44 Blatt) »Beweismaterial bezüglich der angeführten Personen« übersandt wurde.[64]

Aus der späteren Korrespondenz zwischen den Organen des Bezirks Budweis und der Regierung in Prag ergibt sich, dass man in der Provinz einen Regierungsentscheid abwartete. Diese wiederum wartete auf eine Entscheidung der Bezirksorgane ... Doch dieses Hin- und Hergeschiebe zwischen Bezirk und Zentrum hatte einen ganz und gar realen und im vorliegenden Fall auch außenpolitischen und strategischen Hintergrund. Bereits 1945 hatte sich gezeigt, dass die Weitra-Frage und ihre Lösung den südlichen Nachbarn der ČSR, nämlich Österreich, auf empfindliche Weise berührte. Bereits damals drohte ein Skandal, und es war insbesondere das Verdienst Österreichs, dass die Weitraer aus den Grenzwäldern wieder heimkehren durften. Nunmehr, im Sommer und Herbst des Jahres 1952, spielte Österreich von neuem eine Rolle in der Weitra-Frage und insbesondere in Bezug auf das Problem eines Abtransports der Bevölkerung ins Landesinnere oder ihres Verbleibs vor Ort.

In der Sache selbst schob sich auf drängende Weise das geopolitische und strategische Interesse des sowjetischen Imperiums in den Vordergrund, das Interesse an der Beherrschung Europas. Es ist inzwischen hinlänglich bekannt, dass der Moskauer Diktator in jener Zeit einen dritten Weltkrieg in Vorbereitung hatte, dessen Endziel die Einführung der Diktatur des Proletariats im weltweiten Maßstab war. Das erste Etappenziel stellte hierbei die Beherrschung Europas durch die Sowjetunion dar: Die Sowjetarmee und die Armeen der verbündeten Satellitenstaaten, darunter auch die ČSR, sollten in einer ersten Phase bis an den Rhein und sodann bis zur Atlantikküste vorstoßen. Der seinerzeitige politische Linksruck in Europa, die Positionen der Kommunisten in Italien und Frankreich, aber auch in weiteren europäischen Ländern, eröffneten den Plänen Stalins günstige Perspektiven. In dieser Gesamtplanung kam Österreich eine besondere Bedeutung zu, da ein Drittel des Landes – das an die ČSR angrenzte – bis dahin von der Sowjetarmee besetzt war. Deren Anwesenheit auf österreichischem Boden bildete somit die Voraussetzung zum Sieg der Kommunisten und der Linksradikalen im Lande, die Chance also für einen kommunistischen Umsturz in Österreich nach siegreichem Wahlausgang. In Erwartung der Wahlergebnisse würden jegliche störenden Erscheinungen in den Grenzzonen Österreichs – wie eine Massenaussiedlung der Weitraer, die man von Österreich aus sorgfältig verfolgte – die sowjetischen Pläne gefährdet, bzw. ihre Realisierung beeinflusst haben.

Den Militär-, Polizei- und Staatsorganen in Südböhmen lagen in dieser Hinsicht eigene Berichte vor. Neben zahlreichen anderen Informationen verfügten sie über den Bericht ihres Agenten mit Decknamen Alois Lesák, dass Mitte September 1952 der ortsansässige Jan Havle ihm gegenüber erwähnt habe, dass man die Ergebnisse der Parlamentswahlen in Österreich abwarte: Falls die Kommunistische Partei Österreichs die Wahlen nicht gewinnen werde, würde den Weitraern keinerlei Widerruf mehr helfen und »die Umsiedlung angeblich verwirklicht werden«. Havle hatte diese Nachricht von einem ihm bekannten Offizier, mit dem er sich in Prag getroffen hatte.[65] Diese Nachricht wurde als wahrscheinlich eingestuft, der Name des Offiziers jedoch nicht festgestellt.

Doch das, was Jan Havle zu berichten wusste, war auch allen Rottenschachener Einwohnern bekannt und fand von da aus Verbreitung zu sämtlichen Bewohnern des Weitra-Gebietes. Sie waren im Einzelnen sowohl über alle Verhandlungen in den Orts-Nationalausschüssen und Kommissionen des Kreis-Nationalausschusses Wittingau, als auch über die Vorbereitungsarbeiten zu ihrer Aussiedlung seitens der Organe auf Bezirksebene informiert. Dieses Informationsnetz funktionierte geradezu perfekt über die Familienbindungen, durch die das Weitra-Gebiet verflochten war: angefangen bei den Orts- und höheren Funktionären, über die hoch gestellten Verwandten in Prag, die ihre Informationsquellen in den Ministerien und im Amt der Regierung sitzen hatten, bis selbst ins Zentralkomitee der KPTsch hinein.

Außer diesem drückenden und zerstörerischen Warten auf die Vertreibung versetzte die Weitra-Einwohner und insbesondere die Bewohner Rottenschachens insbesondere die Nachricht in Schrecken, ihnen würden auch die Renten, Unterhaltszuwendungen und auch das Kindergeld aberkannt. Dies war kein bloßes Gerücht, sondern wurde 1952

Wirklichkeit. Die Ermittlungen begannen auf der örtlichen Post, wer Rentenbezüge erhalte, und setzten sich fort bei den Behörden in Prag, Wittingau und Budweis, welche die verschiedenen Zuwendungen überwiesen. Es wurde festgestellt, dass manche Rentenzahlungen an Familien gefallener deutscher Soldaten zusammen mit dem Kindergeld teilweise über 3000 Kčs monatlich betrugen.[66] Das Ermittlungsorgan der Staatssicherheit von der Bezirkskommandantur Budweis kommentierte die Untersuchungsergebnisse der Rentenzahlungen wie folgt: »Weiterhin erhalten die Witwen aller 65 gefallenen Soldaten Renten. Andere wiederum erhalten Rentenzahlungen aus dem Titel für Beschäftigungsverhältnisse während der Besatzungszeit oder der Ersten Republik. Insgesamt handelt es sich um etwa 100 Familien mit einer monatlichen Durchschnittsrente von 2000 Kčs, oder andersherum betrachtet: Monatlich werden an die 200 000 Kčs in Rottenschachen an Verräter und Reaktionäre ausbezahlt.«

Diese Schlussfolgerung, dass in Rottenschachen aus Staatsmitteln »Verräter« der ČSR und nationalsozialistische Kollaborateure unterstützt würden, war eine verdammende Aussage bezüglich sämtlicher Ortsbewohner und hatte als solche einen Einschüchterungseffekt. Die Rottenschachener würden nunmehr also auch um ihre Renten kommen. In der Praxis konnte dies zwar keineswegs realisiert werden, denn Altersrenten von Versicherten oder Werktätigen mussten ausgezahlt werden und kein Gesetz konnte dies verhindern, doch in der Atmosphäre der damals in der Gemeinde herrschenden Gewalt glaubte man einfach alles, was die Behörden gegen die Rottenschachener gerade vorbereiteten. Es war eine armselige Gemeinde, in der die Mehrzahl der Bewohner lediglich vom Ertrag kleiner ärmlicher Felder lebte – an die 620 Einwohner beispielsweise von Feldflächen bis höchstens 5 ha, wobei der Ackerboden nur 29% ausmachte und der Rest auf Weideflächen, Wiesen, unfruchtbaren Boden, Torfgrund entfiel. Eine solche Bevölkerung hatte demnach einen grundlegenden Nutzen gerade von den ausgezahlten Renten, ihre Streichung wäre einer sozialen Katastrophe gleich gekommen. Für Dutzende Familien stellten sie das einzige Einkommen dar. Zahlreiche Einwohner gerieten in ein Dilemma: entweder Auflehnung gegen die Behörden und Verweigerung der Aussiedlung, Dahinfristen auf unfruchtbarem Boden der allerletzten Bonitätsstufe, oder wenigstens der Erhalt dieser durch den Staat ausbezahlten Geldbeträge.

Die Staatsmacht setzte diesen materiellen Faktor psychologisch und planmäßig ein, um auch den letzten Widerstand der Rottenschachener und anderer Weitraer gegen die Aussiedlung zu brechen.

Als zersetzendes Element dafür wirkten auch weitere soziale und existenzielle Faktoren. Die Behörden kontrollierten die Verbindungen der Weitraer zu ihren Verwandten, die in staatlichen Diensten außerhalb ihrer Region über die gesamte Republik verstreut beschäftigt waren, gründlich und nutzten sie zur Druckausübung: Falls sie nicht auf ihre Verwandtschaft entsprechend einwirken würden, ihren Widerstand den Behörden gegenüber bei der Aussiedlung aufzugeben, würde sie das ihren Arbeitsplatz kosten oder man würde sie von den Schulen weisen – was im Übrigen dann auch geschah. Das totalitäre Polizeiregime bereitete den Boden für das Brechen jeglichen Widerstands der Rottenschachener und Weitraer auf allen nur erdenklichen Ebenen. Das Regime zog die Möglichkeit einer totalen Vertreibung der Weitraer jedoch in Zweifel. Zwar war es im Frühjahr 1952 möglich gewesen, 40 Familien aus České Velenice nach Erdweis bei Klikau umzusiedeln, doch könnte dies wohl kaum mit einigen Hundert Familien, etlichen Tausend Einwohnern gelingen. Zahlreichen Weitraern wurde zugesagt, sie müssten nicht aus dem Weitra-Gebiet insgesamt fortziehen, sondern nur aus den Gemeinden der Verbotszone in Nachbargemeinden in der allgemeinen Grenzzone, folglich nur ein paar Kilometer nach Westen. Anderen wurde zugesagt, dass sie überhaupt nicht ausgesiedelt würden, sollten sie als zuverlässige Bürger eingestuft worden sein. So wurde also eingeplant, dass aus Erdweis bei Klikau, der Verbotszone, nach Rottenschachen, also in die allgemeine Grenzzone, 47 Familien mit 123 Familienangehörigen umgesiedelt würden, aus Gundschachen nach Rottenschachen vier Familien mit zusammen 14 Personen. Ihr Vieh könnten sie mitführen, auch ihre Häuser und ihren Boden würden sie nicht verlieren, da sie ja ähnliche Gebäude und entsprechenden Grund von Aussiedlern am neuen Wohnort erhielten.[67]

Diese Umsiedlungsaktionen von Weitraern von einer Gemeinde in eine andere wurden auch auf der Grundlage der Kaderbeurteilung durchgeführt. Jede einzelne Familie wurde auf der Grundlage des umfangreichen zuvor gesammelten Materials pflichtgemäß überprüft. Manche wurden als völlig, andere als etwas weniger unzuverlässig eingestuft. Jene, denen man Absolution erteilte, weil sie keinerlei Nazi-Vergangenheit hatten, konnte man allerdings an den Fingern einer Hand abzählen. Entsprechend den strengen Überprüfungskriterien, die seitens des Regimes für die Weitraer festgesetzt worden waren, hätten im Weitra-Gebiet nur etliche Dutzend Familien übrig bleiben können; dies hatte viel Ähnlichkeit mit der Aktion des Obersten Hobza vom Mai 1945, als lediglich 13–16 zuverlässige Familien übrig blieben, die nicht vertrieben wurden (die Angaben in den verschiedenen Quellen schwanken). Selbst jene, die von Erdweis bei Klikau oder aus Gundschachen nach Rottenschachen umzogen, hatten entsprechend ihren Kaderakten keine saubere Vergangenheit, denn die Mehrzahl hatte sich als Deutsche bekannt.

So siegte also eine wirtschaftliche Überlegung. Es war einfach unmöglich, das gesamte tschechische Weitra-Gebiet verwildern zu lassen, irgendjemand musste dort verbleiben, um Häuser, Vieh- und Landwirtschaft fortzuführen, denn bereits 1952 waren allein in Rottenschachen 40 ha Felder nicht mehr bestellt worden. Die nationalsozialistische Vergangenheit der Weitraer hin oder her, die geringer Belasteten sollten bleiben, zwar nicht in ihren eigenen, aber doch in Nachbargemeinden. Selbst die Dokumente der Tschechoslowakischen Armee und der Grenzwache erwähnen aus Furcht vor volkswirtschaftlichen Verlusten die Unannehmbarkeit des Verfalls von Häusern im Grenzbereich. Die Zeit der so genannten Volksverwaltung nach 1945 war vorbei, und in der ganz und gar durchgeplanten Wirtschaft konnte man Arbeitskräfte nicht mehr willkürlich verschieben. So hatten die Einwohner aus den Dörfern der Verbotszone und desgleichen die zuverlässigeren aus der Grenzzone zumindest teilweise die Lücken, die durch die Aussiedlungen entstanden waren, aufzufüllen.

Das Regime machte erneut seinen politischen Willen zur Vertreibung aller Einwohner Rottenschachens, bis auf die wenigen zuverlässigen Familien, deutlich. Wie bereits angeführt, ließ sich dies aus wirtschaftlichen Gründen nicht durchführen, weil Rottenschachen die größte Gemeinde des tschechischen Weitra-Gebiets mit annähernd 2000 ha Boden und der Verbotszone, mit Ausnahme von Teilen seiner östlich gelegenen Weiler Abbrand und London, nicht eingegliedert war. Von insgesamt 336 Familien entsprechend dem Stand von 1952 sollten in der Gemeinde 114 Familien mit insgesamt 387 Familienangehörigen belassen werden; es handelte sich um 272 Erwachsene und 115 Kinder bis zum 15. Lebensjahr.[68] Nach anderen Plänen sollte es »zur Umsiedlung von 242 von insgesamt

336 Familien kommen«[69], folglich hätten 94 Familien verbleiben dürfen. Am Ende waren es aber deutlich weniger. Wer aus Rottenschachen ausgesiedelt würde und wer bleiben könnte, war binnen weniger Stunden im Dorf bekannt. Nirgends war der genaue Stand festgehalten, Dutzende Familien – die Angaben schwankten zwischen 20 und 50 – befanden sich einmal in den Verzeichnissen, dann verschwanden sie wieder daraus. Auf diese Weise trug das Regime eine unermessliche Spannung in die Beziehungen langjähriger Nachbarn, schließlich sogar in die verwandtschaftlich verbundenen Familien, welche die gleiche deutsche Vergangenheit hatten, die von den Behörden jedoch in jedem einzelnen Fall unterschiedlich und selektiv bewertet wurde.

Dieses Prinzip hat möglicherweise den Willen der Rottenschachener, aber auch der anderen Dorfbewohner, ja des ganzen Weitra-Gebietes gebrochen, sich der Aussiedlung zu widersetzen, eine Festung gemeinschaftlicher Notwehr zu bilden, die sich ja noch wirksam vor den Aussiedlungen vom April 1952 gezeigt hatte, als man mit Selbstmorden, dem Verzicht auf die Staatsbürgerschaft, der Forderung nach Anschluss des Weitra-Gebietes an Österreich, der Forderung nach Aussiedlung aller oder keines Einzigen drohte und Wirkung zeitigte.

3. Mechanismus und Tragik der zweiten Vertreibung

Die Kommunisten in Österreich gelangten nicht an die Macht, so wie dies ihren Genossen in der Tschechoslowakei vier Jahre zuvor gelungen war. Für das Weitra-Gebiet bedeutete dies eine erneute Vertreibung seiner Bewohner – diesmal definitiv.

Die Hauptverwaltung der Staatssicherheit in Prag beantwortete am 29. November 1952 mittels Funktelegramm eine Anfrage der Bezirksverwaltung der Staatssicherheit Budweis vom vorausgegangenen Tag, warum eigentlich die Aussiedlungsaktionen im Weitra-Gebiet eingestellt worden seien und wann denn eine Fortsetzung erfolgen werde.[70] Die oberste Führung der Staatssicherheit, der politischen Polizei also, zeigte sich mit einem Mal verständnislos: Die Angelegenheit hänge nicht von Prag, vielmehr vom Bezirk ab. »Zu Ihrer Anfrage in Sachen Aussiedlung der Gemeinden Rottenschachen und Gundschachen teile ich Ihnen mit, dass die Umsiedlung bei den angeführten Gemeinden bis dato seitens der Regierung noch nicht genehmigt worden ist, weil die Hauptverwaltung der Grenzwache seit Juni dieses Jahres ergebnislos darum bemüht ist, seitens der örtlichen Repräsentanten des Bezirks-Nationalausschusses und des Bezirksausschusses der KPTsch Budweis zur Frage der Aussiedlung eine Stellungnahme übermittelt zu erhalten. Eine Entscheidung der Regierung kann erst erfolgen, wenn eine Stellungnahme der örtlichen Repräsentanten gewährleistet ist ...«[71]

Bereits zwei Tage später – am 1. Dezember – sollte beim Bezirks-Ausschuss der KPTsch Budweis die Bezirks-Umsiedlungskommission zusammentreten. Es gelang schließlich, diese Sitzung für den 5. Dezember 1952 anzusetzen; an ihr nahmen Vertreter der Ministerien für Nationale Sicherheit, des Inneren sowie der höchsten Sicherheitseinrichtungen im Bezirk teil, so der Staatssicherheit, der Grenzwache, der Bezirkskommandeure der Öffentlichen Sicherheit und des Bezirks-Sicherheitsreferenten beim Bezirks-Nationalausschuss. Die Konferenz kam zu dem Beschluss, dass die Verbotszone im Gebiet von Gundschachen und Rottenschachen um den Bereich des Dorfes Erdweis bei Klikau *erweitert wird* und aus den angeführten Gemeinden »eine Aussiedlung der unzuverlässigen Bevölkerung durchgeführt wird«. Die diversen Sicherheitsbereiche sollten sich bis zum 8. Dezember über ein gemeinsames Vorgehen verständigen und untereinander ihre Aufgaben aufteilen, sie sollten nochmals alles überprüfen und verantwortlich Vorschläge zur Aussiedlung von Personen aus Rottenschachen unterbreiten, »und eine Überprüfung und Verzeichnisse in den Gemeinden Gundschachen sowie Erdweis ausarbeiten; dies hat unter der Voraussetzung zu geschehen, dass zuverlässige Einwohner der Gemeinde Erdweis in die Gemeinde Rottenschachen umsiedeln dürfen«. Für einen Regierungsentscheid sollte »ein neuer zusammenfassender Bericht« erstellt werden. Und sämtlichen Teilnehmern wurde eingeschärft: »Die Aktion ist streng geheim, eventuelle Bekanntgabe hätte ernste Folgen!« Die Ergebnisse der Überprüfungen und die Verzeichnisse sollten der Bezirks-Umsiedlungskommission vorgelegt werden, die ihrerseits am 5. Januar 1953 tagen sollte.

Die Kommission kam am 8. Januar 1953 zusammen. Außer den leitenden Funktionären des Bezirks-Nationalausschusses waren solche sämtlicher oberster Sicherheitsbereiche im Bezirk vertreten. Der Repräsentant der Bezirksverwaltung der Staatssicherheit, Krejcar, machte die Anwesenden mit den Endergebnissen der Überprüfung der staatlichen und politischen Zuverlässigkeit von Personen aus der Umgebung Rottenschachens, Gundschachens und von Erdweis bei Klikau bekannt, die von drei verschiedenen Sicherheitsbereichen durchgeführt worden waren – der Grenzwache sowie der Öffentlichen und der Staatssicherheit. Er sagte, dass »im Vergleich mit dem ersterfolgten Vorschlag die Anzahl der zur Umsiedlung aus Rottenschachen vorgeschlagenen Personen etwas niedriger ausgefallen ist und nunmehr 960 Personen beträgt«, in Bezug auf die Gesamtzahl von 1147 Einwohnern mit dem Stand vom 20. Dezember 1952. Dies bedeutete also eine Aussiedlung von 84% aller erfassten Einwohner. Im Hinblick auf die Ergebnisse der ersten Beratung vom Dezember 1952, als man noch nicht definitiv über die Grenzziehung der Verbotszone entschieden hatte, vielmehr noch von den Katastralbereichen der Ortschaften sprach, folglich von Gundschachen und Erdweis, verabschiedete die Beratungsversammlung im Januar 1953 nachfolgenden Beschluss: »Die Gemeinde Rottenschachen verbleibt in der allgemeinen Grenzzone, die Ortschaften Gundschachen sowie Erdweis bei Klikau werden in die Verbotszone aufgenommen.«[72] Daraus wurden die Konsequenzen für die Bevölkerung abgeleitet: »Unzuverlässige Personen aus Rottenschachen, Gundschachen und Erdweis werden ins Landesinnere umgesiedelt, ein Teil außerhalb der Grenzkreise im Bezirk Budweis und ein Teil in Bezirken des Landesinneren. Zuverlässige Personen der Gemeinden Gundschachen und Erdweis werden in freigewordene Objekte in der Gemeinde Rottenschachen umgesiedelt.« Bei der Bestimmung der Orte und Kreise für unzuverlässige Personen sollte folgendermaßen unterschieden werden: »Personen, die geringeres Fehlverhalten aufweisen, werden in inneren Kreisen des Bezirks Budweis untergebracht, bei den übrigen Personen sind die Bedingungen für eine Umsiedlung in innere Bezirke vorzubereiten.« Der Grund war ganz einfach: Besonders unzuverlässige Personen sollten möglichst weit weg vom Weitra-Gebiet gebracht werden, um Besuche in ihrer Heimatregion zu erschweren. Dem Sicherheitsreferenten des Bezirks-Nationalausschusses, Jindra, wurde aufgetragen, Orte für die Aussiedler im Bereich des Bezirks ausfindig zu machen; die Repräsentanten der Sicherheitsformationen sollten einen zusammenfassenden Bericht über die Berichtigungen der Verbotszone und der allgemeinen Grenzzone erstellen und insbesondere Einwohnerbeurteilungen jener Personen erarbeiten, die in Rottenschachen verbleiben durften und solcher, die aus Gundschachen sowie Erdweis nach Rottenschachen umgesiedelt werden sollten. Dabei waren Zahl, Stand, Beschäftigungsart und Besitzverhältnisse festzuhalten. Außerdem sollten auch präzise Verzeichnisse von Personen erstellt werden, die lediglich geringere Vergehen aufwiesen und demnach aus den drei genannten Gemeinden innerhalb des Bezirks Budweis verbleiben dürften. Verzeichnet sollten auch jene sein, die in andere Bezirke des Landesinneren umzusiedeln waren. Es war auch von Interesse, dass man gerade den Sicherheitsformationen die Aufgabe übertrug, Vorschläge für die Bildung politischer Voraussetzungen für die Landwirtschaftlichen Produktionsgenossenschaften vom III. Typ in Rottenschachen zu erarbeiten und die Nutzung landwirtschaftlichen Bodens in Gundschachen sowie Erdweis mit einzubeziehen.

Die Sitzung des Rates des Bezirks-Nationalausschusses Budweis vom 13. Januar 1953 knüpfte unmittelbar an die eben genannte Beratung an, und in ihrem Geheimprotokoll wird die Aussiedlung »unzuverlässiger Personen« aus den drei genannten Gemeinden gebilligt. Im Budweiser Bezirk sollten demnach lediglich 60 Familien angesiedelt werden, also gerade ein Fünftel, mehr als 220 Familien sollten aus dem Bezirk weggebracht werden. Entsprechend dieser Klassifizierung waren also nur 60 Familien von geringerer Verfehlung, vier Fünftel dagegen schlicht unannehmbar. Der Rat trug auch seinem Landwirtschaftsreferenten, einem gewissen Kutiš, auf, gemeinsam mit der Grenzwache einen Plan zur wirtschaftlichen Nutzung des Bodens in den drei genannten Gemeinden auszuarbeiten »mit einer gemeinschaftlichen Stallhaltung des Viehs« und einer weiteren Gewährleistung »des Landwirtschaftsbetriebs«. Der Finanzreferent des Bezirks-Nationalausschusses, Mládek, sollte in Absprache mit der Volksversicherung erneut »die Berechtigung von Rentenzahlungen kontrollieren, die Witwen von gefallenen deutschen Soldaten erhalten«. Der Rat verwarf den Plan einer Ausweitung der Verbotszone, so wie ihn die Grenzwache vorgelegt hatte. Seinen Beschluss unterbreitete der Bezirks-Nationalausschuss dann dem Ministerium des Inneren und dem Ministerium für Nationale Sicherheit, damit diese obersten Landesbehörden ihn der Regierung der ČSR zur schnellstmöglichen Behandlung vorlegten, »damit die Umsiedlung bis Ende März in die Tat umgesetzt werden kann«.

Auf einmal hatte man es eilig. Bereits am 21. Januar 1953 wurden die angeforderten Materialien und Karten dem Ministerium für Nationale

Sicherheit unterbreitet. An den Materialien über die Zuverlässigkeit aller derjenigen Personen, die zur Aussiedlung und Umsiedlung vorgeschlagen waren, wurde eifrig gearbeitet, damit der Aussiedlungstermin nach vorausgegangener Billigung durch die Regierung – mithin Ende März 1953 – eingehalten würde. Die Pläne für die Transporte der Weitraer aus ihren Heimatdörfern wurden diesmal weder von der örtlichen noch von der Zentralbürokratie abgebremst. Vielmehr starben binnen einer Woche der bolschewistische Diktator in Moskau, Stalin, und sein allertreuester heimischer Diener, der Präsident der ČSR, Gottwald. Das geschah gerade zu einem Zeitpunkt, als sich die entscheidende Etappe der Aussiedlung der staatlich unzuverlässigen Weitraer ihrem Höhepunkt nähern sollte. Die folgenden zwei Monate der Staatstrauer ermöglichten es den Betreibern der Aussiedlung sich gründlicher auf ihre – verbrecherische – Staatsaktion vorzubereiten.

Die Bezirks-Umsiedlungskommission – man könnte auch von einer Vertreibungskommission sprechen – trat am 15. März 1953 zusammen. Die Bezirksorgane der Staatsverwaltung, der KPTsch und die entsprechenden Einheiten der Polizei, der Staatssicherheit und des Militärs waren vollständig vertreten.[73] Der Sicherheitsreferent des Bezirks-Nationalausschusses verkündete feierlich, dass der Plan zur Umsiedlung »von politisch unzuverlässigen Personen aus den angeführten drei Gemeinden nach Überprüfung durch den Vorsitzenden des Bezirks-Nationalausschusses, Genossen Škoda, und durch den Sekretär des Bezirksausschusses der KPTsch, Genossen Hendrych, seitens des Büros des Bezirksausschusses der KPTsch genehmigt worden ist«. Unverzüglich wurden das politische Sekretariat des Zentralkomitees der KPtsch, die Hauptverwaltung der Staatssicherheit des Ministeriums für Nationale Sicherheit und das Ministerium des Inneren in Kenntnis gesetzt. Damit die Aktion innerhalb zweier Wochen durchgezogen werden konnte, wurden in Windeseile die einzelnen Aufgabenbereiche festgesetzt. Für den Vormittag des 18. Mai berief man in den Bezirks-Nationalausschuss die Umsiedlungskommission zu einer Vorberatung ein, ferner des Verkehrs- und Landwirtschaftsreferates, am selben Tag nachmittags ein Aktiv beim Kreis-Nationalausschuss in Wittingau unter Teilnahme von Mitgliedern der Umsiedlungskommission sowie von Vertretern von Bezirks- und Kreis-Sicherheitsstellen, des Leitenden Sekretärs der KPTsch Wittingau, von Vertretern des Kreis-Nationalausschusses Wittingau und schließlich sogar noch der Vorsitzenden der Orts-Nationalausschüsse und der Orts-Organisationen der KPTsch in Rottenschachen, Gundschachen und Erdweis. Bis zu diesem Zeitpunkt sollte das Transportreferat des Bezirks-Nationalausschusses unter der Leitung von Nový einen konkreten Verkehrs- und Transportplan für die Umsiedlung bereitstellen, und das Wirtschaftsreferat des Bezirks-Nationalausschusses unter Kutiš den Plan für das weitere Wirtschaften nach dem Abtransport der Bauern aller drei Ortschaften.

Am darauf folgenden Tag, dem 19. Mai 1953, wurden sämtliche Bewohner Rottenschachens, Gundschachens und Erdweis‘ von der Aussiedlung in Kenntnis gesetzt. Damit die Bevölkerung weiterhin von der Unausweichlichkeit des Abtransports überzeugt bleiben würde, rief der Bezirks-Nationalausschuss fünf jeweils zwei Personen umfassende Kommissionen ins Leben, die den Besitz der Aussiedler aufnahmen – mit der Maßgabe, dass diese für Haus, Grund und Vieh Ersatz erhalten würden. Gleichzeitig bildete der Kreis-Ausschuss der KPTsch Wittingau mit Unterstützung des Bezirksausschusses der KPTsch Budweis eine 30-köpfige Agitationsgruppe, die eine politische Kampagne in Bezug auf die Notwendigkeit der Maßnahmen durchführte. Sie wurde vom Leitenden Sekretär des Kreis-Ausschusses der KPTsch Wittingau, dem Genossen Mácha, angeführt. Es handelte sich um eine rein formale Aktion, denn kein einziger Agitator wagte es, irgendeinen zum Abtransport Bestimmten tatsächlich von dessen Pflicht zum Verlassen seines Heimatgebietes überzeugen zu wollen. Vielmehr sollte vorgetäuscht werden, die Leute seien davon überzeugt und bei der gesamten Kampagne für eine erneute Vertreibung der Weitraer seien »friedliche« Mittel zur Anwendung gekommen. Der Transporttermin wurde für den 25. Mai 1953 festgelegt.

Die Situation war merklich angespannt; weder die politische Polizei noch die Verwaltungsorgane waren sich sicher, ob die Aktion erfolgreich verlaufen würde. Dies geht aus einem Fernschreiben hervor, das der Bezirkschef der Staatssicherheit im Bezirk Budweis, Bouzek, am Tag nach der entscheidenden Beratungskonferenz der Bezirks-Umsiedlungskommission vom 16. Mai 1953 an die Hauptverwaltung der Staatssicherheit nach Prag geschickt hatte. Er gab bekannt, dass 260 Familien aus Rottenschachen, Gundschachen und Erdweis aus dem Weitra-Gebiet ausgesiedelt würden. Diese »unzuverlässigen Personen« sollten ab dem 25. Mai 1953 abtransportiert werden und die gesamte Aktion bis zum 1. Juli

1953 abgeschlossen sein. Allerdings musste er zugeben, dass auch er nicht wisse, wie dies alles ausgehen werde: »Im gegebenen Fall handelt es sich um eine beträchtliche Bevölkerungsumsiedlung, und es kann somit angenommen werden, dass es im Verlauf der Durchführung dieser Aktion zu störenden Erscheinungen (Menschenauflauf, Übergriffe gegen öffentliche Repräsentanten u.ä.) kommt.«[74] Um aber die Bevölkerung gänzlich zu verschrecken, begann man bereits am Tag der Berichtsübermittlung nach Prag im für die Aussiedlung vorgesehenen Gebiet mit kleineren Militärmanövern: »Hinsichtlich der Sicherheit führt die Formation der Grenzwache Budweis am 16. Mai 1953 eine erhöhte Staatsgrenzenüberwachung durch, und weitere Sicherheitsmaßnahmen werden von der Öffentlichen Sicherheit unter Mitwirkung der Bezirksverwaltung der Staatssicherheit durchgeführt.« So forderte der Staatssicherheitschef im Bezirk Budweis, Bouzek, »im Hinblick auf die *Wichtigkeit der Aktion*« einen möglichst engen Kontakt mit der Staatssicherheitszentrale in Prag und mit dem Ministerium für Nationale Sicherheit – das für diesen Fall durch Hauptmann Bednář vertreten wurde – sowie um entsprechende Weisungen, und sicherte zu, dass »außerordentliche Begebenheiten« unverzüglich gemeldet würden.

Diese zweite schreckliche Vertreibung der Weitraer begann am 25. Mai 1953. Eine Armee uniformierter und ziviler Polizei und Geheimpolizei, nicht weniger als *sieben* Personen für jede Familie, wurden auf etwas mehr als 280 Familien aus Rottenschachen, Gundschachen und Erdweis angesetzt. Durch die Gemeinden jagten Einheiten der Grenzwache und vermittelten Kriegsatmosphäre. Alle zur Vertreibung aus der Heimatgemeinde Verurteilten sollten in Angst versetzt werden. In die kleinen Häuser der Kätner, der armen Bauern, der einfachen Leute brach die Gewalt ein; sie mussten innerhalb kurzer Zeit alles das zusammenpacken, was sie für wichtig hielten. Gleichzeitig luden die Lkw-Besatzungen ihre Möbel und Wirtschaftseinrichtungen auf die Wagen. Das Vieh, die Hühner und die Haustiere mussten zurückbleiben. Zum Abtransport aller Weitraer Familien wurden insgesamt 1625 Lastwagen eingesetzt, die entsprechend der sorgfältigen Statistik an die 26 000 Einzelfahrten durchführten.

Und wen führten sie weg? Mehrheitlich waren es jene, die bereits 1945 vertrieben worden waren und die dieses Schicksal nun zum zweiten Mal traf. Es handelte sich um 77% der Rottenschachener Einwohnerschaft, die also zweimal vertrieben wurde – 1945 und 1953. Die Grausamkeit der Vertreibung betraf auch diejenigen, die sogar die Hobza-Partisanen erweicht hatten, die kranke Leute zu Hause beließen. Nicht jedoch die kommunistischen Diktatoren.

Der Häusler Leopold Schicker etwa, Haus Nr. 238, hatte seinen beiden Söhnen ein heruntergekommenes Häuschen mit 2,45 ha Boden und Wiesen hinterlassen. Diese beiden Söhne besaßen zum Zeitpunkt der Vertreibung 1953 zwei Kühe und elf Hühner. Der Ältere der beiden, Adolf, Jg. 1907, hatte nach der Besetzung Rottenschachens zwar die deutsche Nationalität angenommen, doch »hat er sich an keinerlei Aktion in Rottenschachen beteiligt; offensichtlich ist er geistig behindert. Er wurde 1945 auch nicht nach Österreich abgeschoben«. Der Jüngere, Leopold, Jg. 1913, hatte sich ebenfalls »zu den Deutschen bekannt«, doch nach der Besetzung Rottenschachens »nahm er gleichfalls an keinerlei Aktion für eine Abtrennung der Gemeinde teil. Auch er scheint geistig behindert zu sein.« Die Hobza-Partisanen ließen ihn in Ruhe. Die Genossen verjagten 1953 beide zusammen mit ihrer Mutter aus ihrer Geburtsgemeinde. Sie waren aber wenigstens so entgegenkommend, dass sie die beiden als »weniger gefährlich« einstuften und sie in den Bezirk Budweis umsiedelten, wo Adolf dann eine Arbeit als Bauarbeiter fand.[75]

Warum wurde Rosalie Schickerová, Haus Nr. 195, damals eine bereits 66 Jahre alte Witwe, vertrieben? Seit der Ersten Republik hatte sie nach dem frühen Tod ihres Mannes eine kleine Rente erhalten. Wenn für die Mehrheit der Rottenschachener gelten sollte, dass sie vertrieben wurden, weil sie sich an der Lostrennung der Gemeinde von der ČSR beteiligt hatten, dann galt dies für diese Witwe nicht, denn selbst die Vertreiber erkannten ihre Lage: »Sie lebt auf einem Einödhof, der ziemlich weit entfernt vom Dorf ist, und so hat sie im Jahre 1938 möglicherweise überhaupt nichts von den Ereignissen mitbekommen, die sich in Rottenschachen abspielten.« Zusammen mit ihren Kindern bekannte sie sich zur deutschen Nationalität – wie alle anderen auch! –, der ältere Sohn fiel an der Front, und der dritte Sohn war Briefträger in Bergreichenstein. Sie wurde allein deshalb nach Bošilec im Kreis Sobieslau verbracht, weil ihre ältere Tochter 1949 nach Österreich geflohen war. Ihr hohes Alter gebot jedoch den Vertreibern keinen Einhalt.

Doch war Rosalie Schickerová im Vergleich mit anderen Vertriebenen geradezu jugendlich. So war zum Zeitpunkt des geplanten Abtransports

1953 Antonín Brázda, Haus Nr. 206, 83 Jahre, seine Ehefrau Růžena, geb. Foltová, 75 Jahre alt. Dieser alteingesessene Rottenschachener war ehemals Maurer, hatte ein kleines Wirtschaftsgebäude »in verwahrlostem Zustand« und ein landwirtschaftliches Anwesen von 2,65 ha, ferner eine Kuh und acht Hühner. Ihre Schuld bestand darin, dass sie im Jahre 1938 – er war damals 68 und sie 60 Jahre alt – in der Gemeinde die deutsche Wehrmacht begrüßt (»Retter du, erlöse uns!«), angeblich für Hitler gestimmt und sich zur deutschen Nationalität bekannt hatten. Es fehlten jedoch Nachweise über eventuelle Mitgliedschaften in nationalsozialistischen Organisationen; wegen seines hohen Alters war Brázda nicht mehr Soldat. 1945 waren sie nach Österreich vertrieben worden, kehrten 1946 wieder zurück und wurden dann entsprechend dem Kleinen Dekret verfolgt. Brázda lebte zusammen mit seiner Ehefrau von einer armseligen Rente und »dem Ertrag seiner Landwirtschaft«. Die Begründung für seinen Transport war, dass sein Sohn in Österreich lebte, in der Nachbargemeinde Brand, und auf tschechoslowakischem Gebiet 1 ha Wald besaß. Die Behörden gelangten zu der Ansicht, dass zwischen Vater und Sohn »die Möglichkeit eines Kontaktes besteht«, und daher müsse der Vater weg! Als das Verzeichnis der Aussiedler fertig gestellt wurde, musste der Referent ein »verstorben« zum Namen hinzufügen und seine Witwe wurde alleine, 75-jährig, in das Dorf Roudná im Kreis Sobieslau umgesiedelt.

Auf die Möglichkeit von Kontaktaufnahme mit dem Sohn in Österreich wurde auch im Falle der Kateřina Brabcová, Haus Nr. 155, geschlossen; sie war seinerzeit 81 Jahre alt. Auch sie war 1945 vertrieben worden und zurückgekehrt, musste jedoch aufgrund der Anwendung des Kleinen Dekrets ins Gefängnis, ihr Besitz wurde konfisziert. Sie erhielt keine Rente, besaß lediglich zwei Kühe und zehn Hühner. Sie wurde, 81-jährig, in die Ortschaft Stropnice im Kreis Schweinitz umgesiedelt. Sie war damals bereits arbeitsunfähig, ohne jegliche Rente und Versorgungsmöglichkeit. Welche Perspektive eröffnete sich ihr denn an ihrem »neuen Wohnort«?

Der Waldarbeiter Ferdinand Adensam, Jg. 1896, aus Gundschachen, Haus Nr. 26, besaß zusammen mit seiner Ehefrau die österreichische Staatsangehörigkeit. Erst 1952 hatte er die tschechoslowakische beantragt, die ihm auch zuerkannt wurde. Während der Okkupationszeit war er nicht Soldat und hatte überdies keinerlei politische, nationalsozialistische Tätigkeit aufzuweisen. Und obwohl der Sohn František weiterhin die österreichische Staatsangehörigkeit besaß, musste er zusammen mit seinen Eltern in die Gemeinde Slawoschowitz im Kreis Wittingau umsiedeln. Die österreichische Staatsangehörigkeit verlieh ihm keinen Schutz, wie dies bis zum Jahre 1948 wohl möglich gewesen wäre, im Gegenteil, sie brachte zusätzliche Beschwernisse.

Unter den Ausgesiedelten waren auch Menschen, die nichts verbrochen hatten und denen man nichts anhängen konnte. Es genügte, dass etliche ihrer Verwandten 1945 durch die Partisanen vertrieben worden waren. Adolf Ruso, geb. 1911, war deutscher Soldat, daher konnte man ihm auch keine politische Tätigkeit in der Gemeinde nachweisen. Doch war er Mitglied der Sozialdemokratie und ein Anhänger von Mirko Sedlák; in die KPTsch wurde er nicht übernommen. Der Kaderreferent beurteilte ihn folgendermaßen: »Obwohl er keinerlei politische Tätigkeit ausübt, kann man ihm nicht vertrauen, weil er ein Gegner der nunmehrigen Staatsordnung ist.« Er wurde in die Ortschaft Lhota im Kreis Sobieslau umgesiedelt. Die Begründungen für die Aussiedlung waren ganz unterschiedlich spezifiziert. Wer zur Aussiedlung bestimmt war, für den fand sich schon irgendein Grund, und falls es keinen gab, reichte der Hinweis auf seine Verwandtschaft.[76]

Der Maurer Antonín Tesař, Jg. 1903, wurde 1945 nach Österreich vertrieben, »von wo er nach Aufforderung durch den Kreis-Nationalausschuss Wittingau nach Rottenschachen zurückkehrte«. Im Ausland besaß er keine Verwandten, »auch hat er niemanden in Behörden der ČSR«. Es ist bemerkenswert, was alles in den Kriterienkatalog für die Vertreibung mit einbezogen wurde. Das Verdikt lautete hier: »Tesař hat entsprechend den festgestellten Umständen keine positive Haltung gegenüber der volksdemokratischen Ordnung, und so ist sein Aufenthalt im Grenzbereich unerwünscht.«[77]

Der Maurer Adolf Štix, Haus Nr. 23, war zur Zeit der zweiten Vertreibung 58 Jahre alt; ihm gehörten 13 Hühner, ein Schwein, ein Schaf, zwei Kühe und insgesamt 3,95 ha Grund. Seine Ehefrau Marie, Jg. 1899, war seit dem Jahr 1936 »nervenkrank und völlig arbeitsunfähig«.[78] Adolf Štix wurde in die Gemeinde Pelejovice im Kreis Sobieslau umgesiedelt.

Man könnte noch lange mit der Durchforstung der Akten der ausgesiedelten Rottenschachener fortfahren. Zum Verständnis des Hyänentums dieser Vertreibung mögen jedoch diese wenigen Beispiele genügen.

Am 25. Mai 1953 geriet die so großmächtig begonnene Aktion zum Abtransport der Weitraer aus ihren Gemeinden ins Stocken. Trotz eines massenhaftes Einsatzes von Transportmitteln, Brigadearbeitern und freiwilligen Helfern »zum Verladen des Besitzes der umzusiedelnden Personen« gelang es bis zum 30. Mai, demnach innerhalb von ganzen fünf Tagen, lediglich 75 Familien umzusiedeln. Dazu benötigte man 474 Lkws – im Durchschnitt pro Familie 6,5 Lastkraftwagen!

In der ersten Phase der Aussiedlung war jedoch ihre politische Funktion im Vordergrund gestanden, das heißt die Aufteilung der Aussiedler in kleinere oder größere Verbrecher; erstere sollten im Bezirk Budweis verbleiben dürfen, die restlichen sollten in weiter entfernte Bezirke des Landesinneren weggebracht werden. Doch musste die Umsiedlungskommission auf ihrer regulären Beratungskonferenz am 30. Mai folgenden Sachverhalt feststellen: »Es ist nicht geglückt, die Personen bei der Umsiedlung ausreichend davon zu überzeugen, sich außerhalb des Budweiser Bezirks niederzulassen, sodass sämtliche Familien – bis auf fünf – im Bezirk Budweis untergebracht worden sind.«[79] Das bedeutete im Klartext nichts anderes, als dass die umfangreiche Überzeugungs- und Agitationsarbeit nicht erfolgreich gewesen war. Der Vertreter des Kreis-Nationalausschusses Wittingau, Čábela, musste daher zugeben, »dass selbst den Funktionären des Kreis-Nationalausschusses die Übersiedlungsfrage klar ist«. Deshalb forderte er, man möge auf Bezirksebene entscheiden, ob einzelne Aussiedlerfamilien »im Grenzzonenkreis belassen werden können«, und seine weitere Forderung ging dahin, »eine Stellungnahme zu denjenigen Personen, welche ein Gesuch um Herausnahme aus der Umsiedlungsaktion gestellt haben«, abzugeben.

Es zeigte sich also, dass die Weitraer ihre zweite Vertreibung nicht einfach passiv erduldeten, sondern sich durch Ablehnung der Umsiedlung in weit entfernte Kreise außerhalb des Bezirks Budweis den massiven Maßnahmen des Staatsapparates widersetzten, ja sogar eine Entfernung aus dem Kreis Wittingau ablehnten, um ihrer Heimat möglichst nahe zu bleiben. Die wohlvorbereitete Aktion geriet dadurch in Verwirrung, Übersiedlungsrouten mussten abgeändert werden. 70 Familien verblieben im Bezirk Budweis, ermöglicht durch den Umstand, dass Umsiedlungsorte zur Verfügung standen. Bei dieser fortwährenden Verwirrungslage vermischten sich die Familien, die Aufteilung in mehr oder weniger bedenkliche Familien wurde praktisch aufgegeben. Es wurde nach und nach dorthin umgesiedelt, wo eben gerade ein Platz zur Verfügung stand. Der Leitende Funktionär des Kreis-Nationalausschusses Wittingau, Jindra, unterzog vor allem seine Untergebenen beim Kreis-Nationalausschuss Wittingau scharfer Kritik: »Die Richtlinien für die Durchführung der Übersiedlungsmaßnahme waren sowohl für die Kreis- als auch die Ortsfunktionäre des Kreises Wittingau nicht klar formuliert. Der Versuch zur Revision der Vorschläge bezüglich der zur Umsiedlung bestimmten Personen wurde beseitigt, und umgekehrt wird es erforderlich sein, zum Abschluss der Aktion etliche Personen noch in die Aktion mit einzubeziehen.« Verständlich ausgedrückt ließ er damit wissen, dass die Anträge zur Ausnahme von der Übersiedlungsaktion, die bereits der Vertreter des Kreis-Nationalausschusses Wittingau, Čábela, erwähnt hatte, abgelehnt würden. Im Gegenteil: In die Aussiedlungsmaßnahme würden in der Schlussphase noch weitere Familien mit einbezogen. Dabei handelte es sich insbesondere um solche Familien, die ursprünglich in der Gemeinde hätten belassen werden sollen, doch die Aussiedler hatten in ihrer Verzweiflung – und durch ihre Fragerei: Warum ich und nicht auch er? – auf deren Nazi-Vergangenheit, Verwandte im Ausland usw. verwiesen. Diese Personen wurden schließlich nachträglich in die Aussiedlung mit einbezogen. Jindra drückte dies in einer Art Orwellschem »newspeak« folgendermaßen aus: »Abgeschobene Personen bringen Bemerkungen über etliche Personen bei, die in Rottenschachen verbleiben sollen. Die Bemerkungen werden zusammengefasst.«

Um aber bei der Aussiedlung ein Chaos wie in der Vorbereitungsphase und die Konzentration ausgesiedelter Familien an einem Ort zu vermeiden, wurde folgender Grundsatz verkündet: »Vom Sicherheitsstandpunkt aus werden Ausnahmen bei der Umsiedlung nicht genehmigt und ebenso wird nicht geduldet, dass ausgesiedelte Personen sich im gleichen Kreis wieder ansiedeln, wie dies bereits der Fall war … «

Wie roh man auch mit den erneut vertriebenen Menschen umging, noch roher behandelte man ihre Katzen und Hunde: Sie sollten erschossen oder erschlagen werden, weil man davon ausging, dass sie ohne ihre Besitzer mit ansteckenden Krankheiten infiziert würden.

Doch die Bezirks-Kommission musste sich auch mit den wirtschaftlichen Perspektiven dieser neuerlichen Vertreibung beschäftigen. Ende Mai und im Juni 1953, also zur Zeit des Abtransports, ging es auf den

Höhepunkt der Ernte zu; auf den Wiesen und Feldern war die Heu- und Getreideernte teilweise bereits in vollem Gange, jedoch noch nicht in die Heuschober und Getreidespeicher eingebracht worden. Hier ist es angebracht, auf die entsprechenden Ausführungen im politischen Testament des Obersten Bártl, des Retters von 26 Rottenschachener Bürgern, zurückzukommen, die er 1990 niedergeschrieben hat: »Diese Gemeinde Rottenschachen ist im Jahre 1953 genau zur Erntezeit überfallen und zu 90% ausgesiedelt worden[80] … Durch diese gewaltbestimmte Aussiedlung ist so viel materieller Schaden angerichtet worden, der in die Hunderttausende bis in die Millionen reicht – nicht allein bei den ausgesiedelten Menschen, sondern auch für den Staat, doch hauptsächlich großen Schmerz und Tränen und eine langwährende Qual verursacht hat …«

Der überwiegende Teil der Ausgesiedelten bestritt seinen Lebensunterhalt hauptsächlich von den kleinen Feldern und durch das Vieh, das mit Futter aus Heu und Getreide versorgt werden musste. Obwohl viele im staatlichen Forstwesen, in den großen Staatsgütern oder den Fabriken der näheren Umgebung beschäftigt waren oder auch zur Saisonarbeit wegfahren mussten, waren die Hauptquelle ihres Unterhalts ihre kleinen Anwesen. Und gerade in diese für Landwirte wichtige Zeit der Ernte fielen die Soldaten, die Polizisten und ihre Helfershelfer in die Gemeinden ein und jagten die Menschen von ihren Feldern. Dies war der Höhepunkt der Vernichtung menschlich sinnerfüllter Tätigkeit. Auf den Wiesen blieben die Heuhaufen liegen, auf den Feldern die Getreidegarben. Dass dieser Einfall in die Dörfer für die Haupterntezeit geplant wurde, zeigt die ganze Barbarei der Aussiedlungsbetreiber.

Die Bezirks-Umsiedlungskommission beschäftigte sich damit nur am Rande: »Die Frage des Einbringens von Heu und Stroh wird notwendigerweise so gelöst werden müssen, dass die Grundfütterung für das verbleibende Wirtschaftsvieh nicht gefährdet ist.« Nur dass man nicht wusste, wer denn die Ernte von Wiesen und Feldern einbringen sollte. Entsprechend dem Vertreter des Kreis-Nationalausschusses, Čábela, sollten sich um den Rottenschachener Boden 35 effiziente Bauern aus Rottenschachen kümmern; weiter sollten noch 15 Bauern aus Erdweis an der Lainsitz zuziehen, und überdies sollte noch die Hilfe weiterer zehn Bauern gewährleistet werden, damit der Stand sich auf »die Gesamtzahl von etwa 60 leistungsfähigen Bauern« erhöhen würde. 373 Bauern mit insgesamt 730 Familienangehörigen hatten den Boden in Rottenschachen bestellt, und nunmehr sollten sich 60 Leute, also nur noch 16% des ursprünglichen Standes, erfolgreich darum kümmern? Referent Jindra schlug sodann vor, »zur Gewährleistung der landwirtschaftlichen Produktion im Bereich von Rottenschachen« solle das »IX. Referat des Kreis-Nationalausschusses« gemeinsam mit den örtlichen Repräsentanten eine Betriebsordnung des III. Typs Landwirtschaftlicher Produktionsgenossenschaften vorbereiten. Auch diese war wiederum eine unrealistische Vorstellung. In einer weiteren Materialsammlung, die verschiedenen Ministerien in Prag bezüglich der Lage in Rottenschachen zugeleitet wurde, wurde angeführt, dass die in der Gemeinde gegründete Produktionsgenossenschaft vom I. Typ, die 45 Mitglieder mit nur zwölf aktiven Bauern umfasse, nur sehr geringe Voraussetzungen für eine erfolgreiche Entwicklung aufweist: »Im Hinblick auf die schlechte Bodengüte und die damit verbundene geringe Effizienz bestehen unter den gegebenen Umständen lediglich geringe Voraussetzungen für einen Übergang der Landwirtschaftlichen Produktionsgenossenschaft zu einem höheren Typus.«

Dies war alles nur ein Versteckspiel gegenüber den höheren Behörden, die davon überzeugt werden sollten, dass es infolge der Aussiedlung zu keinerlei wirtschaftlichen Schäden kommen würde; alles würde durch das genossenschaftliche Wirtschaften mit dem höchsten Produktionstypus und durch die Konzentrierung des von den Ausgesiedelten zurückgelassenen Viehbestandes in zwei vorbereiteten Kuhställen – die allerdings nur im Planungsstadium existierten –, gelöst werden. Es blieb jedoch bei den großspurigen Plänen und präzise verteilten Aufgaben.[81] Dies alles sollte gleich einem potemkinschen Dorf der Verschleierung des tatsächlichen Zustandes dienen: dass die Aussiedlung ungeheure volkswirtschaftliche Verluste im gesamten Weitra-Gebiet verursachte. Doch entscheidend war die politische Aufgabe, die Weitraer um jeden Preis auszusiedeln. Hier handelte es sich also um eine Wiederholung der Vorgehensweisen und Methoden bei der Vertreibung der Deutschen in den Jahren 1945/46: Eine historische Aufgabe wird im Voraus für eine ganze Generation gelöst und auch um den Preis großer wirtschaftlicher Verluste und Schäden durchgezogen, die sich aber nach Jahrzehnten ausgleichen werden. Die Einwohner Rottenschachens und der umliegenden Gemeinden wurden von einem Tag auf den anderen ausgesiedelt und mussten ihr Vieh in den Ställen und die Ernte auf den Feldern zurücklassen. Das Vieh, dem Zufall und der Unregelmäßigkeit der Fütterung durch die Brigadearbeiter überlassen, erkrankte schnell – so die Kühe an der Brucellose – und musste getötet werden; die Ernte verfaulte auf den Feldern. Für viele Jahre kam das Wirtschaftssystem Rottenschachens völlig zum Erliegen und die Gemeinde, nie sonderlich wohlhabend gewesen, erreichte nun den niedrigsten Stand in seiner ganzen Geschichte. Die Gemeinden in der Verbotszone, vor allem Gundschachen und Erdweis bei Klikau, wurden dem Erdboden gleich gemacht, in den östlichen Weilern von Rottenschachen wurden an die 160 Häuser abgerissen.

Von Anfang Juni 1953 an sollten entsprechend den Vorgaben der Aussiedlungskommission täglich 15 Familien abtransportiert werden, und die gesamte Aktion sollte zum 20. Juni 1953 abgeschlossen sein. Im Hinblick darauf, dass der Bezirks-Nationalausschuss Budweis, aber auch einige andere Organisationen[82] die erforderliche Anzahl von Wohnungen und Häusern für die Übersiedler nicht bereitstellen konnten, zog sich die ganze Aktion bis Mitte Juli 1953 hin. Die Behörden in den Bezirken im Landesinneren fassten den erzwungenen Zuzug der Weitraer als Beschwernis auf, da sie auf deren Unterbringung nicht vorbereitet worden waren. Die Aussiedler wurden in den Gemeinden, für die sie bestimmt worden waren, einfach ausgeladen; in zahlreichen Fällen wurden sie in Schuppen, Ställen, Wirtschaftsgebäuden und sogar verfallenen Häusern vertriebener Deutscher untergebracht. Sie durchlebten praktisch noch einmal, was sie 1945 durchlitten hatten, als sie sich in den österreichischen Grenzwäldern niederlassen und in Zelten bis zu neun Monaten überleben mussten, bevor man sie wieder zurückrief. Im Hinblick darauf, dass mehr als drei Viertel der vertriebenen Rottenschachener des Jahres 1953 bereits 1945 verjagt worden waren, nahmen sie diese zweite Vertreibung mit ganz besonderer Bitterkeit auf.

Die Anzahl der ausgesiedelten Familien und einzelnen Einwohner wird sich nicht präzise feststellen lassen. Entsprechend dem wohl vollständigsten Verzeichnis aus dem Jahre 1953[83] wurden aus Rottenschachen 240 Familien ausgesiedelt, aus Gundschachen 25 Familien und aus Erdweis bei Klikau acht Familien; lediglich ein kleiner Teil der Rottenschachener waren Einzelpersonen, Witwen oder Witwer. Zusammen waren dies 273 Familien.[84] Wenn wir dieser Angabe noch jene Familien aus den acht Gemeinden hinzufügen, die bereits im April 1952 ausgesiedelt worden waren, betrug die Gesamtzahl der aus den sieben Weitra-Gemeinden ausgewiesenen Familien 313. Im Hinblick auf die Kinderzahl mancher Familien und darauf, dass mit der Familie auch die Urgroßeltern sowie Verwandte – bis zu zehn Menschen! – abgeschoben wurden, kann man annehmen, dass die unter Anwendung von Gewalt durchgeführte Aussiedlung der Jahre 1952/53 rund 1500 Weitraer betraf.[85]

In der Lebenserfahrung der Weitraer blieb das Bewusstsein eingeprägt, dass man sie nie auf Dauer aus ihrer kleinen Heimat vertreiben könne und dass sie eines Tages wieder dorthin zurückkehren würden. Dazu nutzten sie alle Möglichkeiten, die sich nur boten. Obwohl Rottenschachen der Grenzzone angehörte, in die ein Zugang nur mit Sondererlaubnis möglich war, die von den Sicherheitsorganen desjenigen Ortes ausgestellt wurde, in welchen die Rottenschachener gewaltsam deportiert worden waren, und diese Organe strikten Auftrag hatten, den Aussiedlern in keinem Fall Passierscheine auszustellen, hielt man sich weder von der einen noch der anderen Seite an diese Weisung. Diejenigen Aussiedler, welche keinen Passierschein ausgestellt erhielten, besuchten Rottenschachen einfach ohne dieses Papier, sozusagen »schwarz«, um wenigstens einen Blick auf das eigene Häuschen zu werfen, die Sehnsucht ein wenig zu verscheuchen. Es kam sogar zu Anzeigen von ihren ehemaligen Nachbarn, die in Rottenschachen hatten bleiben dürfen.[86] Die althergebrachte nachbarschaftliche Eifersucht, die sich oft bis zu Missgunst oder Hass auswuchs, führte zur Denunziation; hier zeigte sich die üblere Charakterseite einiger Gemeindeeinwohner.

Die Tatsache, dass der Ortsfriedhof am Rande der Gemeinde angelegt war, hatte zur Folge, dass keinerlei Erlaubnis benötigt wurde, wenn die Ausgesiedelten ihre Toten dorthin überführen lassen wollten, was sie zwischen Juli und Oktober 1953 auch taten. Für die politische Polizei war dies jedoch eine äußerst beunruhigende Erscheinung; damit argumentierte man dann auch gegenüber den höheren Ebenen der KPTsch und der Behörden. »Den Gedanken an eine Rückkehr bringen die Aussiedler auch dadurch zum Ausdruck, dass sie von den Aussiedlungsorten bereits vier verstorbene Personen überführen und auf dem Rottenschachener Friedhof bestatten ließen.«[87] Die Rottenschachener wollten wenigstens als Tote nach Hause zurückkehren, lehnten eine Bestattung am Ort ihrer Vertreibung ab und verpflichteten ihre Verwandten, sie auf ihre Heimaterde zu ihren Vorfahren zu überführen. Schon dieses bloße

Faktum unterstreicht die Tragödie der gewaltsamen Vertreibung der Weitraer aus ihrer Heimat: die Sehnsucht nach dem Gebiet, in dem sie geboren waren.

Polizei und Behörden wussten, dass die Rottenschachener an ihrer Heimat hingen und den Willen zur Rückkehr nicht eingebüßt hatten. An Allerseelen und Allerheiligen, am 31. Oktober und 1. November 1953, wurde eine Patrouille der Grenzwache entsandt, um den Friedhofsbesuch zu verhindern – vor allem den der Aussiedler, die aus ihren neuen Aufenthaltsorten kamen, um die Gemeinde zu besuchen, ihre Häuser anzusehen und die wenigen Verbliebenen aufzusuchen, die die Vertreibung überlebt und zu Hause hatten bleiben dürfen. Gleichzeitig wurden aber auch Agenten angesetzt, um die Besuche aufzunehmen und »das Verhalten dieser Leute zu verfolgen«. Unmittelbar nach diesen Feiertagen wurde nachfolgender Bericht an die politische Polizei verfasst: »Es wurde festgestellt, dass während dieser zwei Tage auf den Friedhof in Rottenschachen, der nahe der Gemeinde liegt und nicht in die Grenzzone einbezogen ist, an die 400 Personen gekommen sind. Sie kamen auf Fahrrädern, Motorrädern und mit Zügen aus den verschiedensten und selbst weit entfernten Orten. Auf dem Friedhof versammelten sie sich in kleinen Gruppen mit den nicht ausgesiedelten Bewohnern dieses Bereichs, ebenso aber auch mit den Neusiedlern, die in ihren ehemaligen Häusern wohnen. Alle sprachen in dem Sinne davon, dass sie wieder in ihren Besitz zurückkehren werden und forderten die Siedler auf, ihn gut zu bewahren, die Häuser in Stand zu halten, die Fenster nicht zu zerschlagen usw. Da sie sich bis zum Einbruch der Dämmerung auf dem Friedhof aufhielten, hegen wir den Verdacht, dass sie sodann unberechtigterweise in die Grenzzone eindrangen und ihre Verwandten und Bekannten in Rottenschachen besuchten. Da sich lediglich eine einzige Patrouille der Grenzwache vor Ort befand, konnte sie dies nicht verhindern.«

Die Rottenschachener hatten bereits vor ihrer Aussiedlung in ihren Personalausweisen einen Stempel, dass sie in der Grenzzone (HP) wohnhaft seien. Da die Polizei vergaß, diese Erlaubnis aufzuheben, stellte ihnen dann die Sicherheitspolizei bei der Verlängerung der Personalausweise an den neuen Aufenthaltsorten Passierscheine für den Grenzzonenbereich aus. Und so kamen die Aussiedler ganz öffentlich mit Genehmigung nach Rottenschachen, »obwohl ihnen diese Erlaubnis längst

... hätte entzogen werden müssen«.[88] Daher drängte der Chef der Staatssicherheit Wittingau seine Vorgesetzten, »dass alle zuständigen Dienststellen der Öffentlichen Sicherheit davon in Kenntnis gesetzt werden, ausgesiedelten Einwohnern von Rottenschachen keine Passierscheine mehr für die Grenzzone zum Besuch Rottenschachens auszustellen«.

Von wesentlicherem Belang war jedoch, dass etliche Aussiedler bei ihren Friedhofsbesuchen gegenüber jenen, die an ihrer Vertreibung mitgewirkt hatten, Widerwillen und Missachtung zum Ausdruck brachten, vor allem gegenüber KPTsch-Mitgliedern. Dieses Verhalten erklärten sich die Behörden als Ausdruck von Rache und Bedrohung.[89] Darüber hinaus verschlimmerte die Anwesenheit der Ausgesiedelten in Rottenschachen, und sei es auch nur auf dem Friedhof, die Situation in der Gemeinde. Der Chef der Staatssicherheit in Wittingau schrieb vor allem deshalb selbst einen Bericht, weil »die Lage in Rottenschachen aufgrund des mangelnden Bewusstseins der Bewohner zunehmend kritisch ist, die bereits gegründete Landwirtschaftliche Produktionsgenossenschaft vom III. Typ auseinander fällt, und derartige Vorfälle die Lage noch mehr verschlimmern«.[90] Daher forderte der oberste Polizist im Kreis Wittingau von seinen Vorgesetzten, »dass auch der Bereich vor Rottenschachen in die Grenzzone mit einbezogen wird, auch der Friedhof. Gleichfalls ist die Beerdigung verstorbener Personen aus den Reihen der Ausgesiedelten in Rottenschachen unerwünscht«.

Der Bezirkskommandeur der Staatssicherheit, Bouzek, übersandte am 8. November den Bericht seines Untergebenen direkt als ein Alarmzeichen an den Leitenden Sekretär des Bezirksausschusses der KPTsch, den Abgeordneten Jiří Hendrych.[91] Auf dem Schriftstück aus Wittingau vermerkte er, diese Nachricht möge an den Bezirksausschuss der KPTsch und an die Grenzwacheneinheit – »jedoch ohne die angegebene Schlussfolgerung« – übersandt werden, in der die Ausdehnung des Grenzzonenbereichs auf den Friedhof und das Beerdigungsverbot verstorbener Aussiedler in Rottenschachen gefordert wurde. Damals wurde dies alles als Provokation gewertet. Doch als sich die Lage in Rottenschachen rapide verschlechterte und die Produktionsgenossenschaft auseinander fiel – bevor sie dann durch Staatsgüter ersetzt wurde –, wurden diese Forderungen durchgesetzt.[92] Damit gingen die Kommunisten in der Bestattungsfrage grundsätzlich weiter, als dies beim Regime der Nationalen Front nach 1945 der Fall gewesen war. Damals durften die durch die

Hobza-Partisanen Vertriebenen und in Österreich Verstorbenen überführt werden, selbst wenn ihre Verwandten im fremden Staat verblieben.[93] Die Kommunisten als ausgesprochene Materialisten fanden für die Erhabenheit des Todes keine Achtung. Sie zeigten damit ihre Unkultiviertheit und ihr geistiges Niveau jenseits der christlichen Ethik westeuropäischer Zivilisation.

Der Allerseelentag war sicherlich ein starker Anlass für einen Besuch des Heimatgebietes und ein Ehrenerweis an die Vorfahren. Wie aber die Staatssicherheit durch ihre Agenten erfuhr, kapitulierten die Rottenschachener keineswegs, sondern bildeten eigene Widerstandszellen und organisierten überall, wo dies nur irgendwie möglich war, ihre Netzwerke. Bereits dem Grabbesuch war eine gewisse Organisationstätigkeit vorausgegangen, die sich im Gasthaus des Karel Kotrba in Dobřejovice im Kreis Budweis konzentrierte. Entsprechend den Meldungen des Agenten der Staatssicherheit von der 7. Abteilung kamen in dem von Kotrba gepachteten Gasthaus »Leute aus der Umgebung« zusammen, »die wegen ihrer politischen Unzuverlässigkeit aus Rottenschachen ausgesiedelt worden waren«. Sie trafen sich am Abend des 10. Oktober 1953 bei Kotrba und führten mit ihm ein »lebhaftes Gespräch«. Der Informant D vernahm Folgendes: »Wir müssen eine etliche Mitglieder umfassende Delegation bilden, die direkt zum Präsidenten der Republik nach Prag fährt, um eine Beschwerde über unsere unrechtmäßige Aussiedlung vorzutragen.« Der Bericht wurde seitens der politischen Polizei dahingehend als wahrscheinlich bewertet, dass »es dazu kommen kann, dass die im Gasthaus zuammentreffenden Leute innerhalb allerkürzester Zeit irgendeine Intervention beim Präsident der Republik im Hinblick auf ihre Ausweisung aus Rottenschachen unternehmen werden«.[94]

Ein weiteres Zentrum für die Rottenschachener Ausgesiedelten war das Gasthaus »U Boušů« in Frauenberg an der Moldau. Die Staatssicherheit in Budweis fing eine Agenturmeldung vom 9. Juni 1954 ab, der zufolge »aus Rottenschachen ausgesiedelte Personen Interventionen bei verschiedenen Ministerien in Prag und in der Kanzlei des Präsidenten der Republik bezüglich ihrer Rückkehr nach Rottenschachen unternehmen. In letzter Zeit waren zu diesem Zweck folgende Personen in Prag: Dospiva Josef[95], wohnhaft in Frauenberg an der Moldau, beschäftigt bei den Tschechoslowakischen Staatsgütern; Kotrba Karel – Gastwirt …;

Ruso – wohnhaft Bahnwärterhäuschen bei Frauenberg an der Moldau, Mitglied der KPTsch und der Volksmilizen (LM); und Bednář, bisher wohnhaft in Rottenschachen. In Prag wurde ihnen zugesagt, dass die gesamte Angelegenheit der Aussiedlung erneut erörtert wird«.[96] Der Bericht des Polizeiagenten bestätigte, dass das Handeln der ausgesiedelten Rottenschachener koordiniert war und dass auch Karel Kotrba aus Dobřejovice aus Frauenberg an der Moldau mit ihnen Kontakt hatte; er beteiligte sich an der Delegation nach Prag. Ferner wurde berichtet, dass ein Rottenschachener Einwohner, Bednář, der nicht ausgesiedelt worden war, sich an den Aktivitäten beteiligt habe. Das bedeutete, dass sich auch »zuverlässige« Einwohner Rottenschachens für eine Revision der Aussiedlung und für die Rückkehr der Rottenschachener engagierten, Leute also, die von den Repressionsmaßnahmen verschont geblieben waren. Das Bemühen um die Rückkehr war demnach ein Gemeinschaftswerk aller Einwohner der Gemeinde, der ausgesiedelten wie der von der Vertreibung ausgenommenen. Die Polizei registrierte sorgfältig die Aktivitäten sämtlicher Aussiedler, die sich in den erwähnten Zentren – den Gasthäusern – versammelten und untereinander Kontakte pflegten.[97]

Offenkundig behandelt auch ein weiterer Bericht des Polizeiagenten, der am 24. Juli 1954 der Staatssicherheit vorgelegt wurde, die Verhandlungen der Aussiedler-Delegation in Prag am Frühlingsende 1954. Der Informant legte einen Bericht vor, »dass bei seinem Besuch in Frauenberg an der Moldau beim Gespräch zwischen Duspiva und Janda ständig von einer Rückkehr nach Rottenschachen gesprochen wurde, dass jedoch wohl nichts daraus würde, dass man ihnen in Prag eine Menge versprochen, jedoch nichts erfüllt habe. Zu guter letzt seien sie in Prag doch zum Zentralkomitee der KPTsch gegangen, wo man sie aber darauf hinwies, dass keiner von ihnen bei der Partei sei. Das größte Interesse an einer Rückkehr nach Rottenschachen hat ein gewisser Doležal, ein ehemaliger Angehöriger des Korps der Nationalen Sicherheit, früher wohnhaft in Rottenschachen, nunmehr in der Nähe Prags auf einem Gut beschäftigt.[98] Er fährt fortwährend zu Ministerien, wo er Bekannte hat, um zu erreichen, dass ihnen eine Rückkehr erlaubt wird, worüber er die übrigen *Aussiedler* stets informiert. Diese Personen kommen an verschiedenen Orten zusammen, zumeist in Dobřejovice im Gasthaus, dessen Pächter ebenfalls ein Ausgewiesener aus Rottenschachen ist (Karel

Kotrba – J.M.). Bei der letzten Zusammenkunft erwarteten sie *hier* das Eintreffen des Doležal, der jedoch nicht kam; sie erwarten ihn an diesem Sonntag, dem 25. Juli 1954, und werden ihre Zusammenkunft im ›Bezdreva‹ haben«.

Die politische Polizei verfolgte über ihre Agenten systematisch alles, was die Ausgesiedelten unternahmen, organisierten und welche Ansichten sie hatten. Ihre Delegationen und Interventionen in Prag riefen ganz offenkundig verschiedene Gerüchte und Hoffnungen hervor, in denen man dennoch einen rationalen Kern finden konnte. So erhielt die Bezirksverwaltung der Staatssicherheit in Budweis am 23. Juli 1954 einen Agentenbericht, dass Jan Outlý, Arbeiter in der Futterproduktion und ehemaliger Gastwirt in Lobus, dessen Ehefrau aus Rottenschachen vertrieben worden war, in aller Öffentlichkeit erzählt habe, »dass unsere Behörden den ausgewiesenen Einwohnern aus Rottenschachen nunmehr eine Rückkehr anbieten, doch alle würden dies ablehnen mit der Begründung, dass sie nicht eher dorthin gehen, ehe ihnen nicht auch alles Inventar und der gesamte Besitz zurückerstattet würde, der ihnen abgenommen und bislang überhaupt nicht finanziell erstattet wurde«.[99]

Dieser Bericht war nicht wegen irgendwelcher Illusionen in Bezug auf Vorschläge zur Rückkehr von Interesse, vielmehr wegen des Faktums, dass die ausgesiedelten Einwohner des Weitra-Gebietes trotz des behördlichen Versprechens zur Erstattung aller Verluste doch nichts vom Staat erhalten hatten, folglich ganz einfach bestohlen worden waren. Diese Verluste waren ja infolge der Aussiedlung entstanden, Bezahlung für das zurückgelassene Vieh, für die Häuser und den Boden wäre also zu erwarten gewesen. Schließlich waren im Verlauf der Aussiedlungsaktion mindestens zwei Schätzer – teilweise auch mehr – entsandt worden, und die Aussiedler hatten mit ihrer Unterschrift diese Schätzungen bestätigt. Die Behörden hatten dies jedoch bewusst in Vergessenheit geraten lassen, die gängige Praxis ihres verbrecherischen Verhaltens. In etlichen Fällen »kauften sie« den Boden zu den damals übrigen Preisen, 15-40 Heller pro Quadratmeter, einen mehr als lächerlichen, symbolischen Preis. Auf Proteste und Beschwerden erteilten die Behörden keine Antwort.

Der Agent führte außer dem Bericht über den gestohlenen Besitz und über die Beschwerden der Weitraer über die nicht erfolgte Bezahlung seitens des Staates weiter an, dass die Weitraer insbesondere darauf verwiesen hätten, dass die wirklichen Hitleranhänger, die Deutschen und die Nazis, zu Hause verblieben seien, die Ortsverwaltung – also den Orts-Nationalausschuss – besetzten, »während die Tschechen wegen Unzuverlässigkeit ausgesiedelt wurden«.

Die ausgesiedelten Einwohner Rottenschachens wandten sich an die Behörden auch mit individuellen Gesuchen um eine Rückkehr in ihre Heimat; dabei klangen ihre Gesuche wie Beschwerden gegen die gewaltsame Aussiedlung, und die Behörden verstanden sie auch in diesem Sinne. Dass es sich hier um eine höchst politische Angelegenheit handelte, belegt die Tatsache, dass kein Organ der Staatsverwaltung – in diesem Fall der Bezirks-Nationalausschuss Budweis – es sich erlaubte, über die Erledigung dieser Gesuche bzw. Beschwerden zu befinden, dies vielmehr von den entsprechenden Organen der Polizei, also der Staatssicherheit auf Bezirksebene, erledigt wurde. Der Leiter der Abteilung Innere Angelegenheiten des Bezirks-Nationalausschusses, Chrt, forderte die Bezirksverwaltung des Ministeriums des Inneren – die Staatssicherheit – dazu auf, diese Ansuchen beschleunigt zu überprüfen, »denn diese Beschwerden sind terminiert«. Adolf Doležal, Frantisek Kropík, Eduard Kotrba und Irena Doležalová hatten so eine Rückkehr in ihre Heimatgemeinde gefordert. Die Bezirks-Staatssicherheit wies alle ihre Ansuchen bzw. Beschwerden mit der Begründung zurück, dass »diese Maßnahme im Rahmen des Gesetzes zum Schutze der Staatsgrenze durchgeführt worden ist, und bezüglich der Umsiedlung haben die Bezirks-Umsiedlungskommission unter der Leitung des Vorsitzenden des Bezirks-Nationalausschusses mit Beteiligung des Vorsitzenden des Kreis-Nationalausschusses, der Grenzwachen-Einheit und der Bezirksverwaltung des Ministeriums des Inneren die Entscheidungen getroffen, deren Begründungen zur Umsiedlung gründlich geprüft worden sind«. Außerdem wurden den Beschwerdeführern deren nationalsozialistische Vergangenheit und insbesondere die Verwandten im Ausland vorgehalten.[100] Ähnlich wurden die Anträge weiterer Rottenschachener Einwohner, die alle wieder heimkehren wollten, ausnahmslos abgelehnt. Bei allen wurde aber eine zusammenfassende Schlussbemerkung angefügt: »Aus diesen die Sicherheit des Staates betreffenden Gründen wird dem Genannten eine Rückkehr in die Gemeinde Rottenschachen nicht gestattet.« In etlichen Fällen, in denen sie auf der Grundlage einer Verheiratung mit im Orte Verbliebenen in die Heimatgemeinde zurückzukehren gedachten, gestattete die politische Polizei den Zutritt nicht, sie sanktionierte vielmehr die Trennung der Familie, obwohl dies auch nach damaliger Lage gesetzwidrig war (wie im Fall der Irena Doležalová). Nur – wer hätte es zu jener Zeit gewagt, die allmächtige Staatssicherheit des Gesetzesbruchs zu beschuldigen?

Die politische Polizei verfolgte sämtliche Schritte der Ausgesiedelten, besonders der ehemaligen Mitglieder der Sozialdemokratie. Die Bezirksverwaltung des Ministeriums des Inneren übersandte am 5. November 1953 dem Chef der Bezirksverwaltung der Staatssicherheit ein Verzeichnis sämtlicher »rechtsgerichteter Sozialdemokraten, die aus der Gemeinde Rottenschachen ausgesiedelt worden sind«. Im anliegenden Bericht wird angeführt, dass bei der Vereinigung der Sozialdemokratie mit der KPTsch »kein einziges dieser Elemente in die Partei wegen der Zugehörigkeit zu deutschen faschistischen Organisationen oder einer negativen Haltung gegenüber der heutigen volksdemokratischen Ordnung überführt worden ist«. Nach der Aussiedlung aus Rottenschachen fanden sich die Mitglieder der Sozialdemokratie – »diese Elemente« – in nachfolgenden Kreisen wieder: 28 Personen im Kreis Budweis, in Sobieslau ebenfalls 28, in Wittingau und in Písek je vier Personen. Es handelte sich also um ein Verzeichnis von 64 Sozialdemokraten, denen in der gerade stattfindenen Kampagne »gegen den Sozialdemokratismus« besondere Aufmerksamkeit gewidmet werden sollte.[101] Jedwede Äußerung der Sozialdemokraten wurde als Aufwiegelung und Provokation gewertet. Als Adolf Bednář am 22. Dezember 1953 seinen Bekannten in die Fabrik nach Erdweis an der Lainsitz eine Ansichtskarte sandte – »Frohe Weihnachten und ein gutes neues Jahr wünscht euch allen dort Beschäftigten aus der Vertreibung A. Bednář« –, gab es einen solchen Aufruhr, dass das Ministerium für Nationale Sicherheit die Kreisabteilung der Staatssicherheit Wittingau anwies, insbesondere den Begriff »aus der Vertreibung« genauestens zu untersuchen. Daraus ergab sich eine umfangreiche Ermittlungsaktion gegen den Autor der Ansichtskarte.[102] Was für eine »Vertreibung« denn, Genossen? Schutz der Grenze!

Die politische Polizei war bestrebt, jegliche Beschwerde gegen die Aussiedlung der Rottenschachener zu eliminieren und insbesondere zu verhindern, dass diese Delegationen zu den Zentralbehörden nach Prag und in die Kanzlei des Präsidenten der Republik entsandten. Zur damaligen Zeit war der ehemalige Arbeiterführer Antonín Zápotocký Präsident, der bezüglich der Anerkennung von Menschenrechten ein liberaleres Denken hatte als sein Vorgänger, der Stalinist Gottwald. Daher weckte er bei den aus dem Weitra-Gebiet Vertriebenen gewisse Hoffnungen, dass es eventuell zu einer Korrektur ihrer Ausweisung kommen könnte. Insbesondere jene Rottenschachener, die in den Bereich von Prag ausgesiedelt worden waren, insbesondere in den Kreis Prag-West, konnten intervenieren. Die Bezirksverwaltung der Staatssicherheit Prag forderte ein Verzeichnis ihrer Namen an, das Ende Oktober 1953 zusammen mit dem gesamten Material über sie nach Prag geschickt wurde. Diese Aussiedler wurden sorgsam beschattet – sich ihnen durch entsprechende Verhöre und verschiedene Schikanen offenbarte –, um ihre Einspruchsaktivitäten zu begrenzen.[103]

Zum Zeitpunkt der Durchführung der Aussiedlungsmaßnahmen der Weitraer – also Ende Frühjahr und im Sommer 1953 – wurden in verschiedenen Kreisen des Landesinneren der ČSR, insbesondere in Milevsko/Mühlhausen, rege Diskussionen unter jenen Deutschen geführt, die von der Vertreibung insbesondere wegen des Beschäftigungsbedarfs oder ihres Berufs nicht betroffen gewesen waren, ob sie denn das Angebot der Zuerkennung der tschechoslowakischen Staatsbürgerschaft annehmen und damit in der ČSR verbleiben oder ob sie wegziehen sollten. Zentrum dieser lebendigen Debatten war die Gemeinde Jickovice, in die auch die Einwohner Gundschachens umgesiedelt worden waren. Hier kam es zur Ablehnung der tschechoslowakischen Staatsbürgerschaft, wie auch in anderen Ortschaften. Die Weitraer betraf diese Diskussion zwar nur am Rande, trotzdem beteiligten sie sich an ihr. Es ist bekannt, dass sie mit ihrem Wegzug nach Österreich als Alternative zu ihrer Aussiedlung ins Landesinnere gedroht hatten, dass es nicht an Versuchen gefehlt hatte, das Weitra-Gebiet erneut Österreich zuzuschlagen, als die ČSR so stiefmütterlich mit ihren Weitraer Tschechen umging. Ihr Interesse bestand ganz einfach in der Rückkehr in ihre Heimat, trotzdem interessierte sie die Diskussion. Die Behörden waren überrascht, dass jene Deutschen, die von der Vertreibung nicht betroffen waren, nun auf einmal die tschechoslowakische Staatsbürgerschaft ablehnten, obwohl sie doch dafür hätten dankbar sein müssen, dass ihnen diese Gnade, um die sie aufgrund der Benesch-Dekrete 1945 gekommen waren, nun zuteil wurde. Die Lage war unhaltbar, und die Ablehnung der Staatsbürgerschaft, die den mehr als 100 000 in der ČSR lebenden Deutschen angetragen wurde, konnte vom wirtschaftlichen Gesichtspunkt aus schwer wiegende Folgen nach sich ziehen, denn es handelte sich ja um Fachleute; die Tschechoslowakische Regierung hatte sich vom Beginn der Vertreibungsmaßnahmen der Deutschen darum bemüht, sie aus dem Deportationsterror auszunehmen und für sich zu erhalten, und zwar ohne Berücksichtigung der Frage, ob es sich um aktive Nazis oder unbescholtene Fachleute handelte. Daher entschieden die Zentralbehörden, in den Kreis Milevsko/Mühlhausen den Genossen Lenc vom Zentralrat der Gewerkschaften zu entsenden, »der als Bürger deutscher Nationalität den Deutschen im Mühlhausener Gebiet die Lage und ihre Position dahingehend verdeutlicht, dass man ihnen die tschechoslowakische Staatsangehörigkeit zuerkennen werde«. Die Staatssicherheit in Budweis verfolgte den Fall, nicht minder aufmerksam verfolgte ihn auch die 1. Sektion, die Abteilung Nr. 108, der Hauptverwaltung der Staatssicherheit Prag. Die Lage war nicht nur in Mühlhausen angespannt, sondern auch in anderen Kreisen des Budweiser Bezirks, wo man über die Zuerkennung der Staatsbürgerschaft »lebhaft diskutierte«. In diesem Zusammenhang »wird auch der Abschub der Deutschen im Jahre 1945 und 1946 kritisiert, weil die Mehrheit derjenigen Familien, die auf unserem Staatsgebiet leben, abgeschobene Verwandte in Deutschland haben und bei Annahme der tschechoslowakischen Staatsbürgerschaft die Befürchtung hegen, dass sie mit ihren Verwandten nie mehr zusammentreffen können«. Die Hauptverwaltung der Staatssicherheit Prag vermerkte hierbei die verbreitete Losung jener Tage: »Ich war ein Deutscher und ein Deutscher werde ich bleiben.«

Die Staatssicherheit teilte die in der ČSR verbliebenen Deutschen in drei Gruppen ein. Die erste Kategorie bildeten Arbeiter, die im Bezirk Budweis beschäftigt waren, vor allem auf den Staatsgütern, die der Staatsbürgerschaft zustimmten »hauptsächlich deswegen, weil ihr Besitz nicht konfisziert worden war«. Die zweite Gruppe bildeten diejenigen Deutschen, deren Besitz konfisziert worden war und deren Entscheidung davon abhing, »wie und ob überhaupt ihr Eigentum rückerstattet wird«. Die dritte Kategorie lehnte die tschechoslowakische Staatsbürgerschaft ab »und fordert den Abschub; in den allermeisten Fällen handelt es sich um Familien, die dadurch auseinander gerissen wurden, dass die Mehrheit ihrer Verwandten abgeschoben wurde; im Hinblick auf die Verwandtschaftsbeziehungen erbitten sie die Erlaubnis zur Aussiedlung nach Deutschland«.[104]

Auf die lebhaften Diskussionen zwischen den Deutschen im Bezirk Budweis im Jahre 1953 erteilten die folgenden Jahrzehnte die gebührende Antwort, insbesondere die 60er-Jahre, als sich noch Zehntausende tschechoslowakischer Deutscher bereits nach der Zuerkennung der tschechoslowakischen Staatsbürgerschaft für ein Verlassen der ČSR entschieden. Dies betraf dann bereits die sozialistische Republik Antonín Novotnýs, die 1960 in die ČSSR umgewandelt wurde.* Die Deutschen wollten dort auf Dauer Fuß fassen, wohin ihre Verwandten 1945/46 vertrieben worden waren – insbesondere in Westdeutschland und zumeist im Freistaat Bayern, der die vertriebenen Deutschen aus der Tschechoslowakei wegen ihrer Fertigkeiten, des wirtschaftlichen Zugewinns und ihrer Bildung zum »vierten Stamm« erhob.

Und was sollte nunmehr mit den auf Kreise im Landesinneren zerstreuten Weitraern geschehen? Deutsche waren sie nicht, daher konnten sie nicht eine Aussiedlung nach Österreich beantragen, wiewohl zahlreiche Verwandte mit der Zeit dorthin geflohen waren und dabei ihr Leben aufs Spiel gesetzt oder langjährige Gefängnisstrafen riskiert hatten. »Glück« hatten etliche Kriegsgefangene, die 1952/53 aus russischer Kriegsgefangenschaft zurückkehrten und dann in tschechoslowakische Sammellager eingewiesen wurden oder in Sicherungsverwahrung kamen.[105] Sie wurden entsprechend ihren Ersuchen nach Westdeutschland ausgewiesen; bezeichnend war jedoch, dass man sie nach der Entlassung aus russischer Kriegsgefangenschaft nahezu drei Jahre lang auf dem Gebiet der ČSR festhielt. Im März 1955 wurden 14 Kriegsgefangene aus dem Bezirk Budweis nach Deutschland ausgewiesen, zwei weitere aus Neuhaus, zwei aus dem Kreis Tabor und zwei aus dem Kreis Wittingau und weitere aus den Städten und Gemeinden Krummau, Písek, Hodějovice, Holičky, Šebanov und Horní Bánov. Die insgesamt 33 Kriegsgefangenen wurden aus dem Sammellager in Kunzendorf bei Ostrau abtransportiert.[106]

Wiederum und diesmal endgültig kehrten die Weitraer weder nach Hause zurück noch gelangten sie nach Österreich …

* Durch verfassungsändernden Beschluss der kommunistisch gelenkten Nationalversammlung vom 11. Juli 1960 wurde aus der ČSR (Tschechoslowakische Republik) die ČSSR (Tschechoslowakische Sozialistische Republik) mit neuer Gesellschaftsordnung nach sowjetischem Muster und neuer Staatsverwaltungsstruktur geschaffen.

Nachwort

Die Projektanten der Tschechoslowakei auf der Pariser Konferenz von 1919 wollten durch die Erlangung des Weitra-Gebietes den neuen Staat strategisch absichern und den tschechischen Einwohnern dieser Landschaft eine neue Heimat vermitteln, damit sie in der heimatlichen Sprache ihrer Vorfahren leben und eine nationale Identität gewinnen könnten, die durch den ständigen Germanisierungsdruck bedroht war. Doch erhielten die Politiker nur einen geringen Teil des von ihnen eingeplanten Gebietes, denn vier Fünftel des Weitra-Gebietes verblieben bei Österreich, und die ČSR erhielt lediglich den westlichen Teil mit zwölf Gemeinden, 118 km^2 Fläche und nicht ganz 12 000 Einwohnern. Zwar gelang es, den Bahnhof und die Eisenbahnwerkstätten zu modernisieren, die im neuen Staat zu den größten Einrichtungen dieser Art gehörten, doch lagen sie im Vorstadtgelände des zugehörigen Stadtgebietes von Gmünd, ohne Anbindung an das entsprechende Eisenbahnnetz, und blieben bei der Bedrohung des Staates 1938 ungenutzt. An die Stelle deutscher Schulen traten nunmehr die tschechischen, doch die konnten nur 18 Schüler eines Jahrgangs unterrichten. Die tschechische Umgangssprache wurde auch weiterhin, wie schon Jahrzehnte zuvor, durch die Seelsorge der Römisch-Katholischen Kirche bewahrt.

Die neuen politischen Führer erreichten aufgrund ihrer Losung einer »Entaustrifizierung« keine Sympathie, denn es erwies sich als nicht möglich, die über Jahrhunderte entwickelten Verwandtschaftsbindungen der Weitraer durch eine nationale Ideologie zu durchtrennen. Durch die Grenzlage und die besondere Struktur der Landschaft waren sie eng miteinander verbunden und nicht bereit, die neue Staatsideologie von einem Tag zum anderen zu übernehmen. Gegenüber dem tschechischen Patriotismus und der tschechoslowakischen Staatlichkeit blieben sie wenig engagiert, sodass man sie später als »national nicht bewusst« bezeichnete. Von den wenigen Gebildeten im Weitra-Gebiet zogen etliche nach

Wien oder an andere Orte Österreichs und brachten so ihre negative Haltung gegenüber der Entscheidung der Pariser Konferenz zum Ausdruck. Unter ihnen waren Lehrer und Intellektuelle, ebenso Beamte und jene Angehörigen der Staatsmacht, die den Dienst für den tschechoslowakischen Staat ablehnten. Damit ging die winzige intellektuelle Elite verloren, die in der Lage gewesen wäre, die tschechischen Weitraer im neuen Verwaltungszentrum zu vertreten, und ausreichend Autorität besessen hätte, ihrem Wort Gehör zu verschaffen. Hinzu kam noch, dass diese Weitraer aus den zwölf Gemeinden nie jemand nach ihrer Meinung befragt hatte, als sie von Österreich losgelöst und der ČSR zugeschlagen wurden, denn es fanden ja keinerlei Wahlen statt, von einem Referendum ganz zu schweigen. Da sie in ihrem tagtäglichen Leben gewohnt waren, der Obrigkeit zu gehorchen, empfingen sie die neue Staatsmacht in der Erwartungshaltung, was sie ihnen denn im Vergleich zur vorausgegangenen österreichischen Macht bringen werde.

Doch sie brachte ihnen nichts, machte das Leben nur noch schwerer. An Stelle der nahen österreichischen Bezirkshauptmannschaft in Gmünd, wohin sie zu den Behörden nur wenige Kilometer hatten zurücklegen müssen, waren es nun Dutzende von Kilometern bis zur Kreisbehörde in Wittingau, wo man zudem ihren Dialekt – falls sie sich denn in Tschechisch artikulieren wollten –, nicht verstand. An Stelle des nahe gelegenen Krankenhauses in Gmünd musste man in das um vieles weiter gelegene Neuhaus reisen. Sie verloren die Unterstützungsvergünstigungen der Wirtschaftsorganisationen des Landes für ihre Gemeinden und die konkreten Hilfen für ihre eigene Wirtschaft. Durch das Niederbrennen ihrer kleinen Landwirtschaften versuchten sie sich auf ihre Art Abhilfe zu schaffen, indem sie die Versicherungssummen kassierten; doch dies erzeugte und erhöhte andererseits wiederum die Spannungen zwischen den Gemeinden selbst und dem Kreis, natürlich auch gegenüber den höheren Verwaltungsbehörden. Der Trend eines zunehmenden Bevölkerungswachstums der Vorkriegszeit stagnierte, in der Zeit der Ersten Tschechoslowakischen Republik ging die Bevölkerung um ein Fünftel zurück. Die Erledigung der Frage der Staatsbürgerschaft zog sich bei den Behörden über Jahre hin, und so waren zahlreiche Weitraer 1938 ohne eine zuerkannte tschechoslowakische Staatsbürgerschaft. Wie hatte es dazu kommen können, dass während einer Zeitspanne von nahezu 20 Jahren diese eindeutige administrative Frage für die Weitra-Tschechen nicht gelöst wurde? In ihrer ganzen Armut und Entbehrung, die ja ein Teil ihrer Tradition war, in ihrem rückständigen Leben setzte sich die Ansicht fest, dass sich durch den Anschluss an den neuen Staat ihre soziale Lage keineswegs verbessert, sondern erheblich verschlechtert hatte.

Die Weitraer hatten weder den Nationalsozialisten noch Hitler zur Macht verholfen, ja sie wussten nicht einmal richtig, was der Anschluss Österreichs im Frühjahr 1938 durch das nationalsozialistische Deutschland für eine Bedeutung hatte. Als sich nach dem Münchener Abkommen die Möglichkeit einer Rückkehr nach Österreich abzeichnete, das sich administrativ nicht verändert hatte, bekannten sie sich mit einer erdrückenden Mehrheit zum alten Staatsgebilde und empfanden dabei keinerlei Verrat an der ČSR, der sie 18 Jahre zuvor eingegliedert worden waren. Wer – außer den Kindern, die tschechische Grundschulen besucht hatten –, wollte sie denn dazu motivieren, sich zur Verteidigung der ČSR gegen den Nationalsozialismus zu stellen, da doch selbst die höchst patriotische tschechische Bevölkerung für ihren Staat nicht zu den Waffen gegriffen hatte? Mit ihrem Bekenntnis zur deutschen – sprich: österreichischen – Nationalität bei der Volkszählung stimmten sie der Rückkehr nach Österreich zu. Nicht mehr und nicht weniger. Mit dem deutschen Nationalismus, ja selbst mit dem Nationalsozialismus hatte das nichts zu tun; sie hofften einfach auf eine Verbesserung ihrer materiellen Lage. Vielen wurden bessere Existenzbedingungen im Staatsdienst und in ihren Berufsverhältnissen zugesagt, einige wollten ihre Rente erhalten wissen, die Möglichkeit der Krankenbehandlung nicht verlieren, sie erlagen den Versprechungen für soziale Zuwendungen. Natürlich hielten sie dies keineswegs für einen Verrat an ihrem Tschechentum, denn sie artikulierten sich weiterhin in der Sprache, die sie seit Generationen als die ihrige erachteten. Sie hatten in keiner Weise das Gefühl, mit der momentanen Sprachregelung Verrat an Volk und Staat zu begehen; sie mussten ja an den folgenden Tag denken und wie sie diesen überleben könnten. Als sie zum Kriegsdienst einberufen wurden, lehnte die Mehrheit den Eintritt in die Wehrmacht ab oder reklamierte nachträglich, dass sie eigentlich Tschechen seien, wofür sollten sie also in der deutschen Armee kämpfen? Als Dutzende von Gefallenenbenachrichtigungen und Vermisstenanzeigen kamen, verwünschten sie den Krieg und dessen Verursacher. Die Zahl der während des Zweiten Weltkriegs Gefallenen überstieg wesentlich die Verluste während des Ersten Weltkriegs. Für ihr

»Deutschtum« hatten die Weitraer durch ihre Söhne und Väter einen schrecklichen Blutzoll zu entrichten. Und das alles war lediglich der Anfang ihrer Qualen.

Nach dem Kriegsende, als die Massenvertreibung der Deutschen aus der Tschechoslowakei begann, und die Losung Präsident Beneschs, »die Deutschen ganz und gar zu liquidieren«, volle Geltung erhielt, wurden die Weitraer entsprechend ihrem Bekenntnis zur deutschen Nationalität aus dem Jahre 1939 als Deutsche eingestuft, obwohl man wusste, dass sie Tschechen waren und viele von ihnen nicht einmal deutsch konnten und verstanden. Folglich galten für sie die gleichen Gesetze wie für die Deutschen, die vertrieben werden mussten. Wer vertrieben würde, entschieden Tschechen, die während des Krieges außerhalb des Weitra-Gebietes gelebt hatten; sie waren 1938 weggezogen, die Ersten Mitte Mai 1945 zurückgekehrt. Aber auch etliche Häftlinge aus nationalsozialistischen Gefängnissen kamen zurück. Man benötigte nun nicht einmal Verzeichnisse, um festzustellen, wer ein Verräter war – wer sich »zu den Deutschen gegeben hatte« –, bis auf wenige Ausnahmen waren es praktisch alle. Und so vertrieben die Partisanen aus Tabor Ende Mai 1945 alle nach Österreich. In Schwarzbach und in Suchenthal an der Lainsitz wurden Hinrichtungen von »Verrätern«; durchgeführt; es waren über 20, denen man aus Mangel an Beweisen gar nichts nachweisen konnte, und so wurden nur Hass und Bösartigkeit manifest.

Die Beschuldigung, Volksverrat begangen zu haben, blieb an dem Schicksal der Weitraer von nun an für alle Zeiten haften. Die »Patrioten«, die vor allem nach deren Besitz lechzten, sahen in ihnen nicht die armen Leute, die sich um das tägliche Stück Brot abrackerten, sondern allein die Verräter, die Deutschen, die Kollaborateure und Denunzianten – ohne irgendeinen Beweis in Händen zu haben. Es genügte schon, wenn jemand irgendwann einmal zur Unterstützung einer Naziorganisation 50 Pfennig gespendet hatte. Darüber fand sich ein Verzeichnis, das mehr als ein Richterspruch galt. Auch wer nichts gegeben hatte – und das waren mehr als genug –, fand sich im Verzeichnis wieder und war infolgedessen schuldig.

Die Durchsicht der Dokumente in den Archiven erschüttert selbst den Historiker angesichts von so viel Dummheit und Hass, menschlicher Kleinlichkeit und Argwohn, ja selbst Verbrechen, die sich hier manifestierten – nicht nur ein Jahr lang, nein: ein Jahrzehnt hindurch bis Mitte der 1950er-Jahre, sofern diese »Verräter am Tschechentum« nicht ein für alle Mal aus dem Weitra-Gebiet vertrieben wurden. Die Vertriebenen an der Jahreswende 1945/46 mussten selbst nach dem Aufruf der tschechoslowakischen Behörden – des Kreis-Nationalausschusses Wittingau – aus Österreich zurückkehren, als dem Tschechoslowakischen Staat wegen der Vertreibung von Tschechen aus dem Weitra-Gebiet ein internationaler Skandal drohte. Österreich brachte damals in aller Offenheit den skandalösen Umgang des Tschechoslowakischen Staates mit seinen Bürgern zum Ausdruck, um die er sich als Tschechen auf der Pariser Konferenz 1919 so sehr bemüht hatte, und nun sollten diese Menschen vertrieben werden? Warum also dieses Gebiet nicht mit den im Germanisierungstrend befindlichen Tschechen erneut mit dem ganzen Weitra-Gebiet vereinigen?

Die Verzeichnisse der Beschuldigten, der Verräter und Kollaborateure überlebten in den Händen der »Patrioten« auch bis zu der Zeit, als die Kommunisten 1948 die absolute Macht im Staate erlangten. Sie entschieden sich unter dem Patronat Moskaus, als ein Satellitenstaat der UdSSR aus der Tschechoslowakei ein einziges großes Konzentrationslager zu machen, überdies die gemeinsame Grenze der so genannten sozialistischen Gemeinschaft, das heißt des Sowjetimperiums, streng zu überwachen. 1951 wurden per Gesetz die Grenzzonen geschaffen – in der ersten, der Verbotszone (ZP), durfte überhaupt niemand leben, in der zweiten, der allgemeinen Grenzzone (HP), durften nur staatlich zuverlässige Bürger wohnen. Und solch einer Menschenspezies gehörten die Weitraer entsprechend den Verfassern ihrer Kaderakten bereits seit 1945 nicht an. Was sollte man also mit ihnen tun? Ins Ausland konnte man sie nicht mehr vertreiben, so schob man sie eben 1952/53 ins Landesinnere ab und zerstreute sie über die ganze Republik. Der Vertreibung von 1945 schloss sich nunmehr die zweite und definitive Vertreibung an.

Was gab also der tschechoslowakische Staat außer fortgesetzter Vertreibung den Weitraern, um die er sich 1919 so bemüht hatte? Der Historiker fragt mit vollem Recht gerade danach! Die einfachen statistischen Angaben können einen Beleg liefern:[1]

Jahr	1930	1950	1961
Einwohnerzahl	10 914	6502	5772
Häuserzahl	1483	1344	1078

Gegenüber dem Vorkriegsstand verminderte sich nach zwei Vertreibungen die Gesamtzahl der Weitraer im Jahre 1961 um 5140 Personen; die Rückgangsrate betrug im Vergleich 47,11%; die Häuserzahl sank um 405 auf einen Stand von 72,69%. Kurz gesagt war also Folgendes geschehen: Aufgrund zweier Vertreibungen verminderte sich die Einwohnerzahl gegenüber dem Stand unmittelbar vor dem Zweiten Weltkrieg um die Hälfte und die Häuserzahl um mehr als ein Viertel. Die Gemeinde Rottenschachen verlor durch die erste Vertreibung 36%, nach der zweiten lebten hier nur noch 33% der Bevölkerung aus der Vorkriegszeit. Im Verlauf dieser beiden Vertreibungswellen verminderte sich die Einwohnerzahl Rottenschachens von 2270 auf 751 Einwohner, die Häuserzahl von 418 auf 189; 229 Häuser – dies entsprach bereits einer mittleren Dorfgröße – wurden abgerissen. In Erdweis an der Lainsitz sank die Einwohnerzahl nach beiden Vertreibungen von 1315 auf 588 Einwohner, die Anzahl von Häusern von 206 auf 116. Selbst in Schwarzbach lebten nach dem Zweiten Weltkrieg 624 Personen, nach der ersten Vertreibung waren es 160 weniger (insgesamt noch 464 Personen). Auch für die zweite Vertreibung war dies noch kennzeichnend (453 Personen). Selbstverständlich könnte man derartige Statistiken fortsetzen. Das Weitra-Gebiet wurde zur Hälfte ausgesiedelt und zu einem beträchtlichen Teil auch – einschließlich etlicher Gemeinden wie Gundschachen, Erdweis bei Klikau, die Weiler Klein- und Groß-London, ein Teil der Weiler Abbrand und Zuggers – abgerissen. Der Stolz des Weitra-Landes, České Velenice, das vor dem Krieg an die 5000 Einwohner gezählt hatte, hatte nach der ersten Vertreibung 1947 nur noch 2529 Einwohner. Während der kommunistischen Herrschaft und nach der Einführung der Schutzzonen im Grenzgebiet Anfang der 50er-Jahre »war jegliche Entwicklung von České Velenice auf Jahrzehnte hinaus unterbrochen: Die Stadt wurde zeitweise zur Sperrzone erklärt, und die Einwohnerzahl sank um die Hälfte ab. Unterbrochen wurden auch die Schmalspurverbindungen, und ihr Ausgangspunkt wurde auf die österreichische Seite verlegt, ebenso wurde auch die Verbindung zwischen České Velenice und Gmünd beseitigt«.[2]

Der Schrecken der zweiten Vertreibung, die an die 1500 Einwohner betraf, kam ins Stocken, da der Abtransport der Weitraer nicht vorbereitet war. Man lud sie in Scheunen, Ställen und unter freiem Himmel einfach ab und überließ es dann ihnen, »sich irgendwie einzuquartieren«.

Alles, aber auch alles, hatten sie zu Hause zurücklassen müssen; ihr Besitz hätte zwar geschätzt werden und sie hätten auch eine Entschädigung erhalten sollen; auf die warteten sie jedoch vergeblich.

Der Hauptinitiator der Morde im Weitra-Gebiet, Václav Maxa, erhängte sich 1968 in Tabor an einer Türklinke.

Der Schusswaffen-Mörder von Schwarzbach, František Říha, ist bisher nicht bestraft worden, vielmehr erhielt er als Mauthausen-Häftling eine Entschädigung seitens des deutschen Staates – eine Viertelmillion Kronen, also an die 20000 für jeden erschossenen Mitbürger. Der Versuch Ferdinand Korbels, eines Sohnes eines der Ermordeten, Říha wegen Völkermordes (Genozid) vor ein Gericht zu bringen, wurde nach 1990 von sämtlichen tschechoslowakischen bzw. tschechischen Gerichten als nach 20 Jahren verjährte Tat vereitelt. Der Mörder verhöhnt bis heute jene Leute, die seine Bestrafung fordern, sendet ihnen provozierende anonyme Schreiben zu, die anhand seiner Handschrift identifizierbar sind, und verlacht sie mit unerträglichem Zynismus …

Die Hinterbliebenen der Ermordeten von Schwarzbach haben das Gemeindeamt in Suchenthal an der Lainsitz, dem Schwarzbach als angeschlossene Gemeinde verwaltungsmäßig zugeordnet ist, aufgefordert, die Opfer des Massakers würdig zu bestatten. Das Gemeindeamt hat dies mit der Begründung abgewiesen, die Deutschen hätten den Krieg verursacht und dem tschechischen Volk Schaden zugefügt. Und damit wurde es abgelehnt, tschechische Bewohner Schwarzbachs, die als Deutsche hingerichtet worden waren, würdig auf heimatlichem Boden zu bestatten.

Das österreichische Schwarze Kreuz hat im Jahre 1993 die sterblichen Überreste der Ermordeten exhumiert, und der Bürgermeister von Gmünd ließ sie unter Anwesenheit der Bürger von Gmünd in einer Trauerfeier auf dem städtischen Friedhof würdig bestatten. Die Opfer wurden im österreichischen Schwarzbach geboren, und der demokratische Staat hielt es für wert, seine schmerzerfüllten Söhne und Töchter zur würdigen ewigen Ruhe zu betten.

Abkürzungsverzeichnis

AMV	ČR Prag Archiv ministerstva vnitra České Republiky / Archiv des Ministerium des Inneren der Tschechischen Republik, Prag
Bezp.	Bezpečnost / Sicherheit(sabteilung)
CIC	Counter Intelligence Corps, USA
ČSR	Československá republika / Tschechoslowakische Republik
ČSSR	Československá socialistická republika / Tschechoslowakische Sozialistische Republik
ČSSS	Československé státní statky / Tschechoslowakische Staatsgüter
ČTK	Československá tisková kancelář / Tschechische Presseagentur
dův.	důvěrně / vertraulich
HP	Hraniční pásmo / Grenzzone
JZD	Jednotné zemědělské družstvo / Einheitliche Landwirtschaftliche Produktionsgenossenschaft
Kčs	Československá koruna / Tschechoslowakische Krone
KNV	Krajský narodní výbor / (Regierungs-) Bezirks-Nationalausschuss
KPS	Kommunistická strana Slovenska (KSS) / Kommunistische Partei der Slowakei
KPTsch	Kommunistická strana Československa (KSČ) / Kommunistische Partei der Tschechoslowakei
LM	Lidové milice / Volksmilizen
MNB	Ministerstvo národní bezpečnosti / Ministerium für Nationale Sicherheit
MNO	Ministerstvo národní obrany / Ministerium für Volksverteidigung
MNV	Místní narodní výbor / Orts-Nationalausschuss

MSK	Místní správní komise / Orts-Verwaltungskommission
NKWD	Narodnyj komissariat vnutrennych del / Volkskommissariat für innere Angelegenheiten der UdSSR
ONV	Okresní narodní výbor / Kreis-Nationalausschuss
OSK	Okresní správní komise / Kreis-Verwaltungskommission
OÚ	Okresní úřad / Kreisbehörde
OVKSČ	Okresní výbor Komunistické strany Československa / Kreisausschuss der Kommunistischen Partei der Tschechoslowakei
PS	Pohraniční stráž / Grenzwache
RG	Revoluční gardy / Revolutionsgarden
ROH	Revoluční odborové hnutí / Rat der Gewerkschaftsbewegung
SNB	Sbor narodní bezpečnosti / Korps der Nationalen Sicherheit
SNR	Svaz národní revoluce / Verband der Nationalen Revolution
SOA	Státní oblastní archiv / Staatliches Kreisarchiv
SOS	Stráž obrany státu / Staatsverteidigungswacht
StB	Státní bezpečnost / Staatssicherheit
taj.	tajné / geheim
TNP	Tábory nucené práce / Zwangsarbeitslager
ÚRO	Ústřední rada odborů / Zentralrat der Gewerkschaften
VB	Veřejná bezpečnost / Öffentliche Sicherheit (Miliz)
VHA	Vojenský historický archiv / Militärhistorisches Archiv, Prag
ZNV	Zemský narodní výbor / Landes-Nationalausschuss
ZP	Zakázané pásmo / Verbotszone, Sperrgebiet

Anmerkungen

Anmerkungen zu Teil I

1 František Teplý: Dějiny města Jindřichova Hradce (Geschichte der Stadt Neuhaus) I-1, Jindřichův Hradec 1927, S. 32.
2 Augustin Sedláček, Jak se měnily a ustálily meze Čech a Rakous dolních (Wie sich die Grenzbereiche zwischen Böhmen und Niederösterreich veränderten und verfestigten), Tabor 1877, S. 9.
3 Antonín Kalbáč, Vitorazsko (Das Gebiet von Weitra), Prag 1919, S. 16.
4 Ebd., S. 16 u. 21.
5 Ebd., S. 20.
6 Ebd., S. 3.
7 Augustin Sedláček, Z dějin Vitorazska (Aus der Geschichte des Weitra-Gebietes), Tabor 1902, S. 10f.
8 Ebd., S. 12.
9 Noch im Jahre 1781 wurde der Grenzziehung am Schwarzbach Bedeutung beigemessen, als sich die Einwohner von Schwarzbach und Klikau um eine Weide stritten.
10 Vgl. dazu Kalbáč, Vitorazsko, S. 25f.
11 Ebd., S. 26.
12 Karel Kuča, Města a městečka v Čechách, na Moravě a ve Slezsku (Städte und Städtchen in Böhmen, Mähren und Schlesien), Teil I, Prag 1996, S. 550–553.
13 Kalbáč, Vitorazsko, S. 32f.
14 Ebd., S. 32.
15 Retrospektivní lexikon obcí ČSSR 1850–1970 (Retrospektiv-Lexikon der Ortschaften der ČSSR 1850–1970), II/1, Prag 1978, S. 200–237.
16 Siehe Kalbáč, Vitorazsko, S. 36f.
17 Ebd., S. 30.
18 Ebd.
19 »Jihočech« (»Der Südböhme«) II/35 vom 30. August 1946.
20 Kalbáč, Vitorazsko, S. 30.
21 »Gmünder Zeitung« vom 30. Januar 1904.
22 »Jihočech« (»Der Südböhme«) II/35 vom 30. August 1946.
23 Jindřich Dejmek / František Kolár (Hrsg.): Československo na pařížské konferenci 1918–1920 (Die Tschechoslowakei auf der Pariser Friedenskonferenz 1918–1920), Bd. I, Prag 2001, S. 89.
24 Ebd., S. 92.
25 Ebd., S. 173, 178 u. 300.
26 In Wielands wurde 1873 der Leseverein »Beseda« gegründet, 1897 entstand der

Verein tschechischer Frauen und Mädchen, 1907 wurde der Turnverein »Sokol« gegründet, 1910 folgte der Verein für Arbeitsschutz, der 1918 in Komenský-Verein umgewidmet wurde, im Jahre 1909 die Gründung der Tschechischen Sparkasse und 1912 der Landesverband der Eisenbahnbediensteten.

27 Nach dem staatlichen Umsturz von 1918 entstanden in Velenice neue tschechische Vereine: die Sektion des Nationalen Böhmerwaldbundes (»Národní jednota pošumavská«) und die Arbeiterturnvereinigung »Vitoraz« (Weitra).

28 Antonín Budil, České Velenice.

29 Kalbáč, Vitorazsko, S. 28f.

30 Dejmek/Kolár: Československo na pařížské mírové konferenci (Die Tschechoslowakei auf der Pariser Friedenskonferenz), S. 9.

31 Kuča, Města a městečka ..., S. 551.

32 Statistický lexikon obcí Republiky Československé. I: Čechy (Sčítaní lidu 15.2.1921) (Statistisches Lexikon der Ortschaften der Tschechoslowakischen Republik, Volkszählung vom 15.2.1921), Prag 1923, S. 356f.; Dass., Volkszählung vom 1.12.1930, Prag 1934, S. 365f.

33 Kuča, Města a městečka ..., S. 550.

34 Kalbáč, Vitorazsko, S. 43.

35 A. Budil.

36 AMV ČR Prag, Fond B 2-68, S. 272–275.

37 Ebd., S. 272.

38 Ebd., Protokoll vom 24. Juni 1947, S. 7.

39 Der Hauptmann fragte den Bürgermeister, in welcher politischen Partei er organisiert sei bzw. welche deutsche Partei in Rottenschachen über eine Organisation verfüge. Er antwortete, dass dies nicht der Fall sei, da es im Ort keine Deutschen gäbe. Der Hauptmann erklärte dies für einen Unsinn, »da doch so viele Leute aus dem Ort den Anschluss an das Reich wünschen und über die Grenze nach Deutschland davonlaufen«. In dieser Debatte traten František Doležal und Adolf Schütz besonders hervor. Schütz konfrontierte den Bürgermeister mit der Lüge, dass sie in der Gemeinde eine deutsche Partei hätten begründen wollen und gerade wegen dieser Absicht über die Grenze fliehen müssen, »denn sie fürchteten sich vor dem Hass der hiesigen Tschechen«. Für Schütz brachte dieses aktivistische Auftreten die Nachfolge in der Gemeindeleitung. – AMV ČR Prag, Fond B 2-68.

40 Ebd., S. 8.

41 AMV ČR Prag, Fond B 2-69, S. 272a..

42 In dem Memorandum von 49 tschechischen Bürgern von Ende 1945 wird angeführt: »Am Tag vor der Besetzung schimpfen sie auf alles Tschechische, sie verunglimpfen die Republik und Dr. Benesch und werfen überdies auf die Repräsentanten der hiesigen Staatsbehörden Steine, ja sie greifen sogar Tschechen mit Äxten auf dem Rathaus an. Die Finanzwache begleiten sie hier mit Auslachen und Ausspucken.« – AMV ČR Prag, Fond B 2-69, S. 272–272a.

43 Aus Angst vor der deutschen Wehrmacht und vor der Gendarmerie flohen vor deren Einrücken aus Rottenschachen an ihre Geburtsstätten und ursprünglichen Wohnorte Karel Čada nach Suchenthal, Jaroslav Kos nach Schwarzbach, Karel Červík nach Suchenthal und die jüdischen Geschäftsleute Leo und Otto

Švarc nach Suchenthal. Alle ließen in Rottenschachen ihr Eigentum zurück, das sie mit Hilfe ihrer Verwandten weiterhin verwalteten, allerdings mit Ausnahme der Juden, deren Eigentum entsprechend den Nürnberger Gesetzen des Dritten Reiches konfisziert wurde. –AMV ČR Prag, Fond B 2-68.

44 AMV ČR Prag, Fond B 2-68, S. 8.

45 SOA Jindřichův Hradec/Neuhaus, Fond OÚ Třeboň/Wittingau, StB, 16. November 1947.

46 AMV ČR Prag, Fond B 2-68.

47 AMV ČR Prag, Fond B 2-69.

48 Der Sohn des Bürgermeisters, Jan, erhielt den Gestellungsbefehl, kam diesem nach, doch nach der Feststellung, dass er tschechischer Nationalität sei, wurde er wieder entlassen. – AMV ČR Prag, Fond B 2-68, S. 8.

49 AMV ČR Prag, Fond B 2-69.

50 Die Gendarmeriestation in Rottenschachen fertigte im Jahre 1944 ein Personenverzeichnis entsprechend den Hausnummern (Konskriptionsnummern) an – von Nr. 2 bis Nr. 333 –, in dem sie an die 100 Personen erfasste. Zur Illustration: Nr. 2 Josef Špulák (Geburtsjahr 1921), Nr. 5 Karel Doležal (1920), Nr. 8 Václav Styx (1911), Nr. 10 Adolf Bušta (1919), Nr. 14 Josef Blatka (1915), Nr. 310 Karel Kříž (1920), Nr. 333 Karel Dvořáček (1911). Es handelte sich demgemäß um die Jahrgänge 1911–1920, folglich um Wehrpflichtige im Alter von 19 bis 28 Jahren. – AMV ČR Prag, Fond B 2-69.

51 Ebd.

52 Nach dem Krieg wurde dieses Unterfangen der Weitraer und vor allem der Rottenschachener positiv bewertet und hat somit ihre ursprüngliche »Unterwerfung« bereinigt. Ein Memorandum von Ende 1945 schreibt darüber Folgendes: »Durch das Leiden dieser Leute ist sicherlich die Schuld für ihr Fehlverhalten abgetragen, und sicherlich ist die tschechische Nation nicht so verhärtet, dass sie solchen Menschen nicht vergeben könnte und sie nicht wieder in ihre Reihen aufnähme.« Aber bei der harten Linie der Verurteilung blieb man dennoch: »Aber das sind nicht alle. Die übrigen bekennen sich weiterhin zur deutschen Nationalität, die davon eine Menge Vergünstigungen haben.« –AMV ČR Prag, Fond B 2-69.

53 Ebd. Aus Erdweis fielen 4 (2 Vermisste), aus Gundschachen 5 (1 Vermisster).

54 Ebd.

55 AMV ČR Prag, Fond B 2-69: Vorschlag zur Aussiedlung unzuverlässiger Personen, S. 89.

56

Gemeinde	Zahl der Mitglieder	Zellenleiter	Blockleiter
Rottenschachen	27 (davon 10 Frauen)	František Zimmel	Rudolf Linsmeier Antonie Benischek
London	10	Josef Prinz	
Abbrand	14	Josef Schnauder	

Entsprechend den militärischen Stammlisten gehörten von den Jahrgängen 1920–1929 der Rottenschachener Soldaten 34 Männer der NSDAP an. 1945 waren von diesen 16 in Österreich, in Rottenschachen 5, in Wittingau 6 inhaftiert, 1 in einem Gefangenenlager bei Brünn, 6 galten als vermisst. Ein Rottenschachener Mitglied wurde wegen Unzuverlässigkeit aus der Partei ausgeschlossen.

Von den Angeführten wurde Rudolf Dvořák, geb. 1913 in Österreich, durch das Volksgericht zu 15 Jahren Gefängnis verurteilt, ebenso František Zimmel, und Jan Matha, Jg. 1907, befand sich im Gefangenenlager Hušín. Das NSDAP-Mitgliederverzeichnis wurde angelegt im Hinblick auf Anmerkungen des Zellenleiters des Abschnitts 1, Adolf Bušta, Jg. 1892; er wurde 1945 in Wittingau inhaftiert, das Verzeichnis hatte er 1939 angelegt. Das verbliebene Material, aus dem ein »vollständiges« NSDAP-Mitgliederverzeichnis erstellt wurde, befand sich 1945 zeitweise im Besitz der Standortkommandantur in Wittingau und ein weiterer Teil in der Polizei-Abteilung des Kreis-Nationalausschusses (ONV) in Wittingau. Das Material wurde jedoch nicht wechselseitig abgeglichen, und so kann man unterstellen, dass das oben erwähnte ursprüngliche deutsche Verzeichnis aus dem Jahre 1939 in zwei Fasssungen verdoppelt wurde, zweimal zusammengezählt, wodurch also 100 Mitglieder festgestellt wurden. – AMV ČR Prag, Fond B 2-69: Bericht über die Untersuchung der Nationalitätenverhältnisse in Rottenschachen vor und während der Okkupation, S. 90–92. – Siehe auch Anm. 69.

57 Entsprechend dem Verzeichnis, welches 1945 dem Orts-Nationalausschuss (MNV) in Rottenschachen zur Verfügung stand, waren folgende Soldaten auch SA-Mitglieder: František Laizinger, Jg. 1904, inhaftiert in Wittingau, Jaroslav Zimmel, Jg. 1922, gefallen, Rudolf Šándl, Jg. 1922, vermisst, Karel Styx, Jg. 1922, in Rottenschachen, Josef Novák, Jg. 1922, im Gefangenenlager in Prag, Adolf Kropík, Jg. 1922, in Rottenschachen, František Kainrath, Jg. 1922, gefallen, Jan Hauner, Jg. 1922, vermisst, František Dvořák, Jg. 1922, gefallen, Adolf Dvořák, Jg. 1922, vermisst, Adolf Bláha, Jg. 1922, gefallen, Rudolf Dvořák, Jg. 1922, in Österreich in Gefangenschaft, František Leder, etwa 32 Jahre alt, in Gefangenschaft. Selbst dieses Material wurde von Seiten der tschechischen Behörden als »unvollständig« klassifiziert; daher forderte man seine Ergänzung aus den Materialien der Standortkommandantur in Wittingau. – AMV ČR Prag, Fond B 2-69.

58 Anwesenheitslisten mit bereits vorgeschriebenen Namen sind erhalten geblieben, sie sind nicht immer mit der eigenhändigen Unterschrift versehen – so etwa zum Beispiel vom 30. April, 10.30 Uhr, Saal »Zimmel«. Diese Listen wurden in Fotokopie als »Beweise« für die eine oder andere Mitgliedschaft vorgelegt. – AMV ČR Prag, Fond B 2-69.

59 Eine Zuwendungs-Sammelliste zur Unterstützung der NSDAP-Ortsgruppe Rottenschachen ist als Kopie erhalten geblieben. Von den 40 im Voraus eingetragenen Namen haben 35 einen Beitrag geleistet (zwei spendeten 5 Reichsmark, zwei 3 RM, die Übrigen jeweils 1 RM), fünf gaben jedoch nichts. In Abbrand, das ärmer als die Muttersiedlung war, gab man 50 Pfennig – 8 Bürger spendeten, zwei jedoch nicht. – AMV ČR Prag, Fond B 2-69.

60 In den Verzeichnissen war das »Vergehen« gegen die ČSR gekennzeichnet bzw. eine Charakterisierung dessen angeführt, warum der Angeführte als Deutscher zu gelten habe. Folgende Anmerkungen sind da zu lesen: Schneider – Fahnenflucht 1938, NSDAP-Blockwart, beauftragt mit der NSDAP-Vertretung im Gemeindeamt, diente in der deutschen Gendarmerie, freiwillig eingerückt, 7 Monate im Dienst bei der SS; Josef Bártl – eingefleischter Deutscher, begeisterte sich für das deutsche Regime; Antonín Brázda – Deutscher (grundsätzlich wurde

»Němec« = Deutscher mit einem kleinen »n« geschrieben – J.M.), Sohn eingezogen, Deutscher – ebenfalls 2 Söhne im Feld. – AMV ČR Prag-Praha, Fond B 2-69.

61 Es handelte sich um Beamte in herausgehobener Position und um wohlhabende Stadtbewohner, wie zum Beispiel Major Zimmel und Lehrer Schultz, die beide aus Rottenschachen stammten; weiter um Ing. Koranda aus Schwarzbach, Stefan Rottensteiner, der in Rottenschachen aufgewachsen und später hoher NSDAP-Funktionär war, dann Kaffehausbesitzer Schindler, ein Verwandter der in Rottenschachen bereits ausgestorbenen Familie Schindler. – AMV ČR Prag, Fond B 2-69.

62 Ebd.

63 Die Initiatoren aus der Gemeinde Rottenschachen für deren Abtrennung von der Zweiten ČSR nach dem 30. September 1938, die zur deutschen Wehrmacht überliefen, waren im Einzelnen: aus Rottenschachen 20, davon 9 fahnenflüchtige Soldaten in Zivilkleidung, 2 Wehrpflichtige in Uniform; aus Abbrand waren es 24, davon wiederum 2 Fahnenflüchtige in Waffen, einer flüchtete mit seiner gesamten Familie; aus der Siedlung London waren es 11 Personen, davon 7 Soldaten in Zivilkleidung. Die Söhne des Vinzenz Havle überfielen mit Äxten die Gendarmeriestation. – AMV ČR Prag, Fond B 2-69.

64 Ebd. Tomáš Kotrba war zum Zeitpunkt seiner Aussage im Jahre 1945 im Sicherheitsverwahrungslager in Wittingau interniert.

65 Einer dieser drei Genannten – Josef Bušta, Jg. 1921 – wurde 1945 festgenommen. – AMV ČR Prag-Praha, Fond B 2-69.

66 Der letzte Bürgermeister von Rottenschachen in der Zeit der Ersten ČSR, Jan Kotzina, führte bezüglich des Bekenntnisses von Rottenschachener Einwohnern zur deutschen Nationalität Folgendes aus: »Im April 1939 kam es zu einer Volkszählung, bei der die Nationalität eingetragen wurde … Mich zwang niemand, mich zur deutschen Nationalität zu bekennen, auch als ich die Reichszugehörigkeit automatisch durch die Einverleibung erhielt … Niemand beschwerte sich über das Vorgehen der Stimmenzähler, und ich habe auch nirgends gehört, dass irgendein Bürger sich darüber beschwert hätte, dass die Zählpersonen ohne sein Wissen für ihn die deutsche Nationalität eingetragen hätten … Wo sich ein Bürger darüber im Zweifel befand, welche Nationalität er eintragen lassen sollte, kamen etliche Nachbarn zu mir, um sich Rat zu holen; dabei gestatteten es ihnen die Zähler, sich die Angelegenheit nochmals bis zum folgenden Tage durch den Kopf gehen zu lassen. So hat sich zum Beispiel der Věžník mit seiner ganzen Familie nach der Beratung mit mir als Tscheche bekannt, ebenso auch Karel Bušta vom Haus Nr. 149. Auch später wurde keinerlei Druck auf mich ausgeübt, mich zur deutschen Nationalität zu bekennen. Bezüglich der Unterbreitung des Verzeichnisses derjenigen Menschen aus Rottenschachen, die sich zur deutschen Nationalität bekannten, kann ich aussagen, dass in diesem Verzeichnis angeführte Personen in etlichen Fällen … ihre tschechische Nationalität bewahrt haben. Die übrigen jedoch bekannten sich 1939 zur deutschen Nationalität, doch mit dem Kriegsausbruch und mit dem Einzug zur Armee verloren sie ihre Hoffnung.« – AMV ČR Prag, Fond B 62-69.

67 Jan Kotzina hat dazu Folgendes ausgesagt: »Insgesamt betrachtet ist bei jenen

Personen, die sich zur deutschen Nationalität bekennen, größtenteils die Erziehung im ehemaligen Österreich der Hauptfaktor, das mit Hilfe der deutschen Schulen das Nationalgefühl unterdrückt hatte. Bei jüngeren Personen hat sich das Nationalgefühl bereits deutlicher gezeigt, denn sie haben tschechische Schulen durchlaufen und wurden durch tschechische Lehrer unterrichtet. Diese Erscheinung ließe sich bei einer Anzahl von Personen nachweisen, die sich zur tschechischen Nationalität bekannt hatten und es ablehnten, zum Wehrdienst eingezogen zu werden und damit eventuell in den Reihen der deutschen Armee kämpfen zu müssen.« – AMV ČR Prag, Fond B 2-69.

68 In Bezug auf die Umstände der Volkszählung in Rottenschachen 1939 gab die ehemalige deutsche Lehrerin in Rottenschachen, Hilda Horejschi, Jg. 1915, Folgendes zu Protokoll: Die Vorbereitungssitzung zur eigentlichen Zählung fand im Gasthaus bei den Zimmels statt, wo die Bürger fragten, wie sie denn die Zählungsfragebögen auszufüllen hätten. »Weil viele von ihnen nur tschechisch sprachen, wurde darüber verhandelt, welche Muttersprache sie angeben sollten. Bis auf etliche Einzelpersonen bekannten sich alle zum Deutschen als Muttersprache.« Dann wurden die Zählbögen auf die Häuser verteilt, wo sie jeder Einzelne selbst ausfüllte. »Lediglich bei den Älteren und bei denjenigen, die des Schreibens unkundig waren, haben wir die Bögen ausgefüllt und zwar so, wie uns dies diktiert worden ist.« Sie betonte, dass jedermann die deutsche Nationalität ohne irgendeinen Zwang eingetragen habe. – AMV ČR Prag, Fond B 2-69: Auf der Station des Korps der Nationalen Sicherheit in Rottenschachen ausgefertigtes Protokoll vom 8. November 1945.

69 Hilda Horejschi war gleichzeitig auch NSDAP-Kassiererin in Rottenschachen. Sie gab an, dass 1939 in der NSDAP 70 Mitglieder organisiert waren, doch nach Ableistung der Wehrpflicht seien nurmehr 39 übrig geblieben. – AMV ČR Prag, Fond B 2-69.

70 Bekenntnisse von Schwarzbacher Einwohnern zur deutschen Nationalität:

Datum	Anzahl der Bekenntnisse	
22. 7. 1939	4	
29. 7. 1939	44	zusammen 112 = 72% aller Bekenntnisse
30. 7. 1939	68	
31. 7. 1939	5	
1. 8. 1939	11	
2. 8. 1939	5	
7. 8. 1939	4	
30. 12. 1939	2	
29. 2. 1940	1	
30. 7. 1940	2	
8. 8. 1940	1	
17. 8. 1940	2	
10. 8. 1941	3	
24. 10. 1941	1	
3. 12. 1941	1	
17. 12. 1942	1	

AMV ČR Prag, Fond B 2-68: Überblick über die Einwohner der Gemeinde Schwarzbach, Kreis Wittingau, die Deutsche waren oder während der Okkupationszeit die deutsche Staatsangehörigkeit erhalten haben.

71 František Gruber wurde in den Tagen der Besetzung des Weitra-Gebietes im Jahre 1938 festgenommen und für zwei Monate in Lager bei Wien und Hannover verbracht. Auf Intervention seiner Heimatgemeinde wurde er entlassen. 1941 wurde er zum Wehrdienst eingezogen. »Ich wurde eingezogen und ich habe mich nicht als Tscheche bekannt, weil uns der Bürgermeister Šlechta gesagt hat, dass wir Österreicher sind und dass wir in den Krieg müssen.« Am Beginn der alliierten Offensive beging er Fahnenflucht, trat in die tschechoslowakische Auslandsarmee ein, die Mitte Juli 1945 demobilisiert wurde. – AMV ČR Prag, Fond B 2-69.

72 Ebd.

73 Rudolf Zach war bis 1945 in Salzburg und in Gmünd beschäftigt. 1945 wurde er beim Schützengraben in Ungarn eingesetzt. Sein Sohn befand sich zur Arbeit in Bayern, von wo er zum Kriegsdienst eingezogen wurde, obwohl er sich als Tscheche meldete. Doch zu diesem Zeitpunkt, 1944, wurde darauf bereits keine Rücksicht mehr genommen. – AMV ČR Prag, Fond B 2-69.

74 Ebd., S. 5.

75 Rudolf Bednář, gebürtiger Rottenschachener, erlangte während der Okkupationszeit die Staatsangehörigkeit des Deutschen Reichs, und von Seiten der Behörden wurde er gezwungen, sich zur deutschen Nationalität zu bekennen. Als er im Landratsamt als Tscheche unterzeichnete, betonte der Untersuchungsbeamte, ein Jurist, ihm gegenüber, dass er sich als Deutscher erklären müsse, sonst habe er keinerlei Rechte. Später wurde er auf das Wehrmeldeamt in Gmünd einbestellt, als er sein Soldbuch mit der Begründung zurückgegeben hatte, er sei Tscheche. »Auf dem Wehrmeldeamt hat der Oberleutnant mich und auch meine Mutter heruntergeputzt und mich dann in einen Nebenraum mitgenommen, und dort hat man mich geohrfeigt.« Als er dann auch weiterhin auf seiner tschechischen Nationalität bestand, musste er fünf Monate beim Reichsarbeitsdienst zubringen. Auch R. Bednář hat einiges von Seiten seiner Dorfgenossen erlebt. Als er in das Gasthaus des Wirts Zimmel kam und ein tschechisches Liedchen sang, ohrfeigte ihn der Rottenschachener Josef Bláha. – AMV ČR Prag, Fond B 2-69, S. 3.

76 Im Protokoll wird ein Schreiben der Ergänzungsstelle des Heeres und der Waffen-SS in Gmünd zitiert, das besagt, dass František Jachým davon in Kenntnis gesetzt wurde, dass das Kommando der oben angeführten Instanz »erstaunt ist, dass er es abgelehnt hat, seinem Sohn Miloslav die Erlaubnis zum freiwilligen Dienst in der Hitlerjugend zu geben«. – AMV ČR Prag, Fond B 2-69, S. 6.

77 Ebd., S. 10.

78 Ebd., S. 5.

79 Er wurde vor der Besetzung Rottenschachens aus der Masaryk-Schule in Tabor entlassen. Die Deutschen in der Gemeinde ignorierten ihn, weil sie ihn für einen Tschechen hielten. Einmal bekam er von František Weber eine Ohrfeige; als Bauernführer zeigte er ihn an, er hätte mit Kunstdünger Handel getrieben. Seine

Schwester Marie Machová beschimpfte ihn vor dem Gemeindeamt, er gehöre ja zu den »Dreckstschechaken«. – AMV ČR Prag, Fond B 2-69, S. 6.

80 Josef Fressl kolportierte kommunistische Druckerzeugnisse und verteilte sie mittels illegaler Verbindungen zwischen 1936 und 1939 in Wien und St. Pölten. Dann wurde er festgenommen und zur Zwangsarbeit bei Hannover verbracht. – AMV ČR Prag, Fond B 2-69.

Anmerkungen zu Teil II

1 Statistický lexikon obcí v RČS, I., Čechy (Statistisches Lexikon der Gemeinden in der Tschechoslowakischen Republik, Teil I: Böhmen), Prag 1923, S. 356; dass., Prag 1934, S. 365.

2 »Rudé právo« (»Rotes Recht«) vom 12. Mai 1945.

3 Kronika obce Rapšach (Chronik der Gemeinde Rottenschachen), S. 339: Obecný úřad Rapšach (»Das Gemeindeamt von Rottenschachen«).

4 Ebd. – Gemeinschaftlichen Selbstmord beging beispielsweise die Familie Johann Schmiedinger durch Zünden einer Handgranate; dabei starben die Eltern und zwei Kinder im Alter von sechs Jahren und drei Monaten.

5 Zur Genese und der Entwicklung der Überlegungen Beneschs zwischen 1938 und 1942 vgl. Jan Mlynárik, Causa Danubius, Prag 2000, S. 57–227.

6 Über die Vertreibung der Deutschen aus der ČSR hatte sich Benesch mit Stalin und Molotow anlässlich seines Aufenthaltes im Dezember 1943 in Moskau geeinigt. Die Sowjets konnten ihn dadurch an sich binden, indem sie ihm volle Unterstützung in Bezug auf die Geheimhaltung der Pläne zusicherten; denn sie nahmen für den Fall einer Veröffentlichung dieser Pläne zur Vertreibung der Deutschen aus Ostmitteleuropa eine Verstärkung des Widerstands aller Deutschen an sämtlichen Fronten an. Molotow betonte ihm gegenüber, dass sie sich bereits jetzt wie die Löwen wehrten, warum sollte man also ihren Widerstand und ihre Motivation noch vergrößern?

7 Die Texte der Reden erschienen unmittelbar darauf in einem Sonderdruck des Landes-Nationalausschusses (ZNV) in Brünn. Hier zitiert aus dem Buch von Václav Černý, Paměti IV (Erinnerungen IV), Toronto: Sixty-Eight Publishers, 1983, S. 33.

8 Ebd., S. 33f.

9 »Rudé právo« (»Rotes Recht«) vom 12. Mai 1945.

10 Ebd.

11 Václav Černý, Paměti IV, S. 34.

12 »Lidová demokracie« (»Volksdemokratie«) vom 15. Mai 1945.

13 Benesch verkündete, dass die Ideologie des Befreiungskampfes für den Staat sich »gänzlich mit unserer prosowjetischen internationalen Orientierung verbunden hat«, dass ferner der Zweite Weltkrieg aus der Tschechoslowakei »mit Hilfe der Sowjetunion auf definitive Weise und mit abschließender Geltung ein Mitglied der internationalen Völkergemeinschaft macht. Ohne Russland hätten wir dies auf Dauer nie sein können.« Er urteilte ferner, dass die Geschichte des

Krieges für die Tschechoslowakei »auch unsere heutige große slawische Tradition« bestätige. Er konnte seine Rede nicht beenden ohne nochmals zu betonen: »Seien wir den Völkern der Sowjetunion für die ungeheuren Opfer dankbar, die sie in diesem großen Krieg für uns gebracht haben, seien wird dankbar der Roten Armee für ... das außerordentliche militärische Können.« – »Svobodné slovo« (»Das Freie Wort«) vom 17. Mai 1945.

14 Ebd. – Die Rede wurde in sämtlichen tschechoslowakischen Tageszeitungen abgedruckt. Vom Altstädter Ring aus wurde sie direkt durch den Tschechoslowakischen Rundfunk übertragen.

15 »... wir wären nicht die würdigen Erben der Hussiten, wenn wir nicht diesen Sieg voll dazu nutzen würden, die Zukunft unseres Volkes sicherzustellen. Künftige Generationen würden uns dann vorhalten, dass wir ihnen nicht das Schicksal ersparten, welches unsere heutige Generation getroffen hat. Daher spreche ich allein von dieser einzigen Aufgabe, die wir an der Schwelle eines neuen freien Lebens vor uns haben. Es ist dies in der Tat die Erste, und es muss mit ihr sofort begonnen werden. Daher habe ich auch in meiner ersten Rede in der Heimat nach der Rückkehr aus dem Exil gerade über diese Frage sprechen müssen.« – »Svobodné slovo« (»Das Freie Wort«) vom 18. Mai 1945.

16 Prokop Drtina verwendete hier missbräuchlich Masaryks »Auslassung« bezüglich der Deutschen nach dem Jahre 1918, zu der sich der erste Präsident der ČSR nie wieder bekannte oder diese je wiederholte. Im Gegenteil: Masaryk wertete das deutsche Problem in der ČSR als Problem Nr. 1, das – falls es gelöst würde – die Grundlage für die Lösung der Probleme aller sein werde – so in einer Rede vor Senatoren und Abgeordneten im Jahre 1928. Masaryk schuf damit eine Lage, sodass die tschechoslowakischen Deutschen in die Regierung eintraten und in Koalitionen mitwirkten. Er veranschlagte, dass die ČSR zur Lösung ihrer Nationalitätenprobleme 50 Jahre benötigen werde, wozu es dann leider jedoch nicht kam.

17 Für die nationalistische Demagogie des Jahres 1945 war es typisch, den enormen Beitrag der Deutschen für den zivilisatorischen Aufstieg des tschechischen Volkes abzuleugnen und ihren Anteil an der allseitigen Wirtschafts- und Kulturentfaltung der Heimat – Böhmen, Tschechien – auszutilgen.

18 »Svobodné slovo« (»Das Freie Wort«) vom 18. Mai 1945. – Sich von seinem beschämenden antideutschen Nationalismus zu distanzieren, dazu war Drtina nicht einmal nach persönlichen Tragödien und Erfahrungen mit kommunistischen Kerkern in der Lage. Er zitierte ihn erneut in seinen Erinnerungen (Československo – můj osud [Die Tschechoslowakei – mein Schicksal], Bd. 4).

19 »Svobodné slovo« (»Das Freie Wort«) vom 18. Mai 1945.

20 Ebd.

21 »Wir fordern, dass ohne Verzug die vertragsunabhängige Ausweisung aller Deutschen und Madjaren und aller sonstigen dem Staat gegenüber feindlichen Elemente aus dem gesamten Gebiet der Republik in Angriff genommen wird. Unser Staat muss von allem Anfang an durch die Erneuerung seiner Souveränität aufgebaut werden als ein Staat nationalen Zuschnitts, ein Staat allein der Tschechen und Slowaken und von niemand anderem.« Die Partei forderte alle Tschechen und Slowaken in aller Welt dazu auf, in die ČSR zurückzukehren, wo ihnen

Grund zugeteilt würde und Eigentum, »welches frei geworden ist durch die Entfernung fremder Nationalitäten«. Die Partei verpflichtete sich, sich in der Regierung »ohne Verzug« für dieses Ziel einzusetzen und »besondere Behörden« zu schaffen. Sie forderte die »unverzügliche Einrichtung von Volksgerichten« zur Bestrafung der Deutschen, Verbrecher und Kollaboranten und forderte den Staat zur Organisierung von Unterstützungsfonds für die Opfer der Gestapo, für Kriegsgeschädigte und Witwen auf. »Alle diese Sorge soll auf Kosten des Deutschen Volkes erfolgen.« – »Česká pravda – Večerník« («Die tschechische Wahrheit – Abendblatt«) vom 15. Mai 1945.

22 Im Weiteren entfaltete Benesch die Kollektivschuldthese folgendermaßen: »Es war … dies ein System und es handelte sich um ein Regime – es waren nicht Einzelpersonen, und es war nicht nur eine einzige Partei – und leider solidarisierte sich das deutsche Volk in seiner großen Mehrheit mit ihm entweder ausdrücklich oder schweigend und identifizierte sich ebenso. Darin liegt die furchtbare historische Schuld des deutschen Volkes.« Bezüglich seines Gesamturteils tat er so, als ob er im Augenblick daran zweifelte: »Ich verallgemeinere hier sehr wahrscheinlich nicht; ich sage die reine Wahrheit …; es geht hier um die direkte Schuld einer überwiegenden Mehrheit der Deutschen, und daher sind auch die Deutschen insgesamt verantwortlich.« – »Svobodné slovo« (»Das Freie Wort«) vom 12. Juni 1945.

23 Benesch berief sich hierbei auf seinen vierten Plan zu Verhandlungen mit den Deutschen vom 2. September 1938 und auf seine Rede gegenüber den deutschen Abgeordneten Kundt – der sich 1945 im Gefängnis befand – und Sebekowski, dass die Ergebnisse des Krieges in Europa »sämtliche Minoritäten … und bei uns speziell unsere Deutschen …« hinwegfegen werden. »Und unsere Deutschen werden das erleben, was sie selbst allein durch ihr Verhalten vorbereitet haben.« Nunmehr könnten sie sich nicht mehr beschweren, dass sie nicht von der am höchsten autorisierten Stelle »rechtzeitig gewarnt wurden«. – »Svobodné slovo« (»Das Freie Wort«) vom 12. Juni 1945.

24 Ebd.

25 Václav Černý, Paměti IV, S. 34.

26 Im Februar 1946 sagte der Mitarbeiter der Budweiser Leitstelle der Gestapo, Otto Farka, Folgendes aus: »Zur Gestapo kamen zahlreiche Personen, die Anzeige wegen offenkundig geringfügiger Übertretungen erstatteten und ein Einschreiten forderten. Es handelte sich zumeist um persönliche und Hausstreitigkeiten, für die die Gestapo nicht zuständig war.« – AMV ČR Prag, Faszikel 52-1-83. [Hier aus dem Deutschen rückübersetzt.]

Die Gestapo-Agentin Svobodová, eine Tschechin, zeigte ihren eigenen Mann wegen Abhörens einer ausländischen Rundfunkstation an. Der Agent Černý, ebenfalls Tscheche, aus Vierhöf, zeigte den eigenen Vater wegen seiner Billigung des Hitler-Attentats an. Er wurde der falschen Anzeige überführt und dem Amtsgericht übergeben, das ihn zu sechs Monaten Gefängnis verurteilte. Ähnlich verurteilt wurde ein gewisser Zámečník, ein Deutscher, aus Rosenau, der fünf Bürger wegen Abhörens eines ausländischen Senders anzeigte. Der während der Besatzungszeit bezahlte Agent der Gestapo, Čtvrtník, ein Tscheche aus Pěti-Domy/Fünfhäuser, wurde vom Amtsgericht zu etlichen Monaten Haft verurteilt, weil er eine 70-jährige Frau um sämtliche Ersparnisse gebracht hatte, Tyrpekl, ein Deutscher aus Forbes, wurde wegen Betrugs an einem katholischen Priester verurteilt. Der Agent der Gestapo-Dienststelle Budweis Robert Steinhauser, der im Juli 1945 verhört wurde, führte mehrere Fälle an, wo eine Anzeige wegen ihrer Geringfügigkeit, wegen ihrer Unwahrscheinlichkeit und aus persönlichen Beweggründen in den Papierkorb wanderte. Die Anzeige von Mitgliedern der »Vlajka« (»Die Fahne«) aus Südböhmen wurde in Zweifel gezogen, denn »im Verlauf der Zeit wurde von verschiedenen Seiten festgestellt, dass zahlreiche Anzeigen unwahr sind und in persönlichen Gründen von Hass und Gewinnsucht ihre Ursache haben. Später ließen wir uns ein Verzeichnis aller ›Vlajka‹-Mitglieder vorlegen, und auf der Grundlage eines Registerauszugs der Straftaten wurde festgestellt, dass es sich zumeist um mehrfach vorbestrafte Personen handelte. Aus diesen Gründen wurde schließlich von einer Zusammenarbeit mit ihnen Abstand genommen.« – AMV ČR Prag, Faszikel 52-1-457. Steinhauser sagte ebenfalls aus, dass »bei anonymen Anzeigen das Bestreben bestand, derartige Anzeigen zu überprüfen und im negativen Falle den Verursacher herauszufinden und zu bestrafen«. Er führte den Fall eines gewissen Perkner aus Wällisch-Birken an, der durch eine Anzeige Probleme mit der Verwandtschaft lösen wollte. František Jiskra, Angestellter bei der Budweiser Gestapo-Dienststelle, führte ebenfalls die Agenten der Budweiser Gestapo auf. Er gab die Namen von 175 Konfidenten zu Protokoll, in der überwiegenden Mehrheit Tschechen (AMV ČR Prag, Faszikel 52-1-202). Über diese gab er Folgendes an: » Die Konfidenten haben sich zumeist von sich aus zur Zusammenarbeit angeboten – die Mehrzahl aus Gewinnsucht und Profitgier, Abenteuerlust, aus Konkurrenzgründen oder einer anderen Gehässigkeit halber usw.« Jiskra führte auch etliche Namen von Personen an, die für die Gestapo Agentendienste in den Konzentrationslagern von Mauthausen, Theresienstadt und in Gefängnissen versahen. An die Hunderte von Konfidenten der Gestapo nannten die Mitarbeiter der Leitstelle in Brünn. Unter ihnen befanden sich illegale Mitarbeiter, Mitglieder illegaler Organisationen, der illegalen KPTsch, etliche Beschäftigte der Waffenfabrik Brünn (Sláma, Hodec), Mitglieder der illegalen Organisation »Widerstand in Mähren« (Vlček, Svoboda, Štourač u.a.), das Mitglied der Sabotagegruppe Boskowitz, Lepka, der Leiter der Molkerei in Brünn-Židenice (Truxa), der Leiter einer Pension (Dr. Bukvař), der Landes-Finanzpräsident (Dr. Gregor) und eine Unmenge anderer (Aussage von Friedrich Dorsch). – AMV ČR Prag, Faszikel 52-1-57.

27 Es soll hier auch die Hoffnung zum Ausdruck gebracht werden, dass diese Protokolle wissenschaftlich interpretiert und in vollständigen Editionen veröffentlicht werden, damit die Nation auch von dieser Seite den Umfang ihrer Kollaboration mit einer fremden Macht während des Zweiten Weltkriegs erkennt. Es ist dann auch zu erwarten, dass schließlich ähnliche Protokolle aus späterer Zeit publiziert werden, als eine Kollaboration mit einer fremden Macht ihre Fortsetzung fand – mit der Sowjetmacht, die auf die Ära der NS-Zeit folgte.

28 Václav Černý, Pamĕti IV, S. 35.

29 Zeugenaussage von M. Maixner gegenüber dem Autor aus dem Jahre 1980 über die Erschießung von 150 deutschen Gefangenen am Rande von Prag am 10. Mai

1945. Die Erschossenen wurden auf Handkarren zu einem Massengrab hinter der Kaserne in Prag-Ruzyně abtransponiert. Auf die Frage, ob es sich hier nicht um eine Verletzung des Kriegsrechts gehandelt habe, antwortete Maixner: »So wurde überall in Prag und seiner Umgebung verfahren. Für niemand bestand darin etwas Ungewöhnliches.«

30 Im Brünner Todesmarsch vom 31. Mai/1. Juni 1945 befanden sich Hunderte von Brünnern, die deutsche Namen hatten. Erst bei einer genaueren Identifizierung in Pohrlitz stellte sich heraus, dass es sich um gebürtige Tschechen handelte. Sie wurden in die Stadt zurücküberstellt, wenngleich für ihr ganzes künftiges Leben vom Entsetzen gezeichnet, das sie gemeinsam mit ihren deutschen Mitbürgern hatten erleiden müssen. – Im Einzelnen dazu Hanns Hertl, Erich Pillwein, Helmut Schneider, Karl Walter Ziegler: Němci ven! Die Deutschen raus! Brněnský pochod smrti, Prag 2001, S. 96ff. [Dt. Originaltitel: Der »Brünner Todesmarch« 1945, Schwäbisch Gmünd 1998.]

31 Tomáš Staněk: Perzekuce 1945. Prag 1996, S. 202. [Übers. ins Dt.: Verfolgung 1945. Wien, Köln, Weimar 2002.] – Das Beerdigungsinstitut von Prag legte im Juli 1945 der Polizeidirektion eine Rechnung über die Lieferung von 591 Transportsärgen für verstorbene internierte Personen vor.

32 Staněk, Perzekuce, S. 77ff.

33 Ebd.

34 Hanns Hertl u.a., Němci ven!, S. 207.

35 Staněk, Perzekuce, S. 90.

36 Das Institut fürZeitgeschichte der Akademie der Wissenschaften der Tschechischen Republik, das sich aufgrund seiner Tätigkeitsbeschreibung mit dieser Problematik beschäftigen sollte, gab in den Jahren 1990–1998 über Probleme der tschechoslowakischen Geschichte im 20. Jahrhundert 150 Buchtitel heraus. Nicht ein einziger dieser Titel berührt deutsche Fragen – Aussiedlung der Deutschen, deutsch-tschechische Beziehungen etc. Dabei ist das Institut von der Konrad-Adenauer-Stiftung kräftig finanziell gefördert worden, und sein Direktor, Vilém Prečan, erfreute sich während seiner Exilzeit in Deutschland reicher Unterstützung seitens deutscher wissenschaftlicher Kreise und Institutionen. Das Institut gab lediglich die bereits oftmals – so zum Beispiel in der Sammlung der Gesetze und Verordnungen der Tschechoslowakischen Republik – edierten Benesch-Dekrete heraus. Ähnlich verhielten sich auch weitere Institute der Akademie der Wissenschaften, sofern sie sich mit Geschichte beschäftigen: das Tomáš-Garrigue-Masaryk-Institut und das Historische Institut der Akademie der Wissenschaften. Der Direktor des Historischen Instituts, Jaroslav Pánek, kam schließlich zu der Schlussfolgerung, dass die Sudetendeutschen durch die Aussiedlung nur gewonnen hätten, weil sie in der ČSR nicht zu einem derartigen Eigentum und zu einem solchen Erfolg gekommen wären wie in Deutschland. Auch sein Institut gab keine einzige Quellenedition zur Geschichte der Aussiedlung der Deutschen heraus.

37 Emil Trojan: Tak přísahali ... Partyzánský odboj v Orlických horách v letech 1939–1945 (So haben sie den Eid geleistet ... Der Partisanen-Widerstand im Adlergebirge 1939–1945). Ústí nad Orlici 2001, S. 259–281.

38 Ebd., S. 262.

39 Ebd., S. 261.
40 Ebd., S. 266.
41 »Noch sehe ich sie vor mir, diese Revolutionsgarden mit dem RG-Zeichen auf der Armbinde, doch die Leute lasen dieses RG als ›Räubergarden‹, die sofort in die Sudetengebiete eingefallen waren, um die Befehle der volksrevolutionären Organe durchzuführen; sie waren bewaffnet, wer hatte ihnen die Gewehre gegeben? Wenige dieser Gewehre waren im Kampf auf den Mai-Barrikaden erbeutet worden, mit dem Widerstand hatten diese Gardisten nichts gemein. Wer brauchte es also eher, diese Korps gefügiger Prätorianer für politische Aufgaben zu bilden, deren Frist ihres Bestehens er im Voraus kannte? Und in ihren Fußstapfen ›neue Siedler‹.« – Václav Černý, Paměti IV, S. 34.
Die Revolutionsgarden entstanden auf Initiative des von den Kommunisten beherrschten Zentralrats der Gewerkschaften (ÚRO); nach ihrer Auflösung wurden sie zur Basis der Volksmilizen, der bewaffneten Formation der KPTsch. Die Milizen als druckausübende Gruppe der KPTsch beteiligten sich an der Machtübernahme durch die Kommunisten im Februar 1948, sie wurden somit wortwörtlich zum Symbol des seinerzeitigen kommunistischen Putsches.
42 Emil Trojan, Tak přísahali ..., S. 270–272.
43 Ebd., S. 273f.
44 Ebd., S. 274.
45 Staněk, Perzekuce, S. 52 u. 195.
46 Entsprechend der Volkszählung von 1930 gehörten in Schwarzbach 6% der Einwohnerschaft einem nicht katholischen Bekenntnis an, in Witschoberg 6%, in Beinhofen 4%, in Erdweis an der Lainsitz 3,5%, in Tannenbruck 2%, in Rottenschachen 2%, in Naglitz 2%, in Weissenbach 3% und in Gundschachen 4%. Eine Ausnahme bildete lediglich České Velenice, wo 54% nicht der Römisch-Katholischen Kirche angehörten, mehrheitlich Konfessionslose (888) und Angehörige der Tschechoslowakischen Kirche (490). – Siehe Statistický lexikon ..., Prag 1934, S. 365f.
47 Emil Trojan, Tak přísahali ..., S. 268–271.
48 Ebd., S. 263, 269f.
49 Zitiert nach: Tomáš Staněk, Odsun Němců z Československa v letech 1945–1947 (Der Abschub der Deutschen aus der Tschechoslowakei in den Jahren 1945–1947), Prag 1991, S. 417.
50 Das Kommando des 3. Wehrbereichs (Stab der 1. Abt.) gab in Brünn am 19. Juni 1945 den Befehl aus, bei der Bewaffnung der Regimenter dasjenige Material zu benutzen, »welches vor Ort vorhanden ist«. Es wurde angeordnet, dass die »Ausrüstung mit dem Gewehr vollständig zu erfolgen hat, und jede Kompanie muss mindestens 1 Maschinengewehr haben. Zur Bewaffnung von Personen benutzen Sie alles Material, das auf unserem Gebiet verblieben ist, sofern es zur Verfügung steht. Angestrebt werden muss, dass sich möglichst bald in der Einheit keine in Zivilkleider gekleidete und mit einer Armbinde gekennzeichnete Personen befinden«. Den Befehl unterzeichnete der Befehlshaber des 3. Wehrbereiches, Divisionsgeneral Zdeněk Novák. – VHA, Fond MNO 1945, Karton 19, Az. 341.
51 Ein Vermerk des Chefs der 1. Abteilung des Ministeriums für Volksverteidigung vom 5. Juni 1945 verzeichnete Folgendes: »Um in Nordmähren Ruhe im Bereich

der 7. Division herzustellen, wurde bereits ein Befehl erteilt, der die Tätigkeit unterschiedlicher Partisaneneinheiten neutralisieren sollte. Damit wird auch die Tätigkeit der genannten Mährischen Partisanenbrigade beendet.« – VHA, Fond MNO 1945, Karton 19, Az. 347.

52 Der Befehlshaber des 3. Wehrbereichs, Oberst im Generalstab Jan Heřman, informierte am 28. Juni 1945 das Ministerium für Volksverteidigung über den Inhalt eines Protokolls, »aus dem die illegale Tätigkeit etlicher Partisanengruppen deutlich wird. Wahrheitswidrige Berichte, die von verschiedenen Partisanenabteilungen und Gruppen verbreitet oder abgesetzt werden, verursachen Unruhe in den Reihen der Bevölkerung, insbesondere aber bei der tschechischen Einwohnerschaft der Grenzgebiete und störten somit unsere Kolonisierungsbestrebungen. Eine zusammenfassende Meldung legt hiermit der Befehlshaber des VI. Korps nach der Auflösung der Mährischen Partisanenbrigade vor.« – VHA, Fond MNO 1945, Karton 19, Az. 347.

53 Der Generalstab – 4. Abteilung der Tschechoslowakischen Armee – gab zum 10. Juli 1945 den Mannschaftsbestand der Armee in vier Bereichen und zwei Formationen bekannt, 5. und 6.: das 1. Panzerkorps, Flieger 189 723 Männer. Der 2. Wehrbereich umfasste damals 2978 Offiziere, 490 Feldwebel und 32 324 Soldaten, insgesamt also 35792 Männer unter Waffen. – Es ist von Interesse, dass dieser einzelne Wehrbereich nahezu die gleiche Mannschaftsstärke aufwies wie der 4. Bereich Slowakei – dort waren es 34 898 Männer. – VHA, Fond MNO 1945, Karton 19, Az. 368.

54 VHA, Fond MNO 1945, Karton 19, Az. 346.

55 Zitiert nach: Staněk, Odsun Němců, S. 63. [Der vollständige Text dieser »Zehn Gebote für den tschechoslowakischen Soldaten im Grenzgebiet« in Übersetzung bei: Otfrid Pustejovsky, Die Konferenz von Potsdam und das Massaker von Aussig am 31. Juli 1945, München 2001, S. 396f.]

56 Das Kommando des 1. Wehrbereichs – die 2. Abteilung – meldete am 1. Juli 1945 der 2. Abteilung des Generalstabs im Ministerium für Volksverteidigung: »Am 22. Juni wurden in Spindlermühle 8 SA-Männer erschossen, die 14 Tage zuvor interniert worden waren. Die Hinrichtungen ordnete Oberleutnant Vachata an. Er handelte entweder in Halbtrunkenheit oder er ist geistig nicht normal. Der Gebietskommandeur entfernte ihn vom Dienst und ordnete eine pschyiatrische Untersuchung an.« Weiter wurde im Bericht vermerkt, dass am 24. Juni in Turnau 14 SA-Männer auf Befehl von Leutnant Kučera hingerichtet worden seien. Angeblich hatten sie sich zu einem Überfall auf die Wache und zur Flucht verabredet. Das Kommando des 1. Wehrbereichs begründete diese Hinrichtungen wie folgt: »Die Kommandeure gehen kaum zu ihren Einheiten. Die rangnachgeordneten Kommandeure fühlen sich allmächtig und unabhängig und so kommt es zu Erschießungen.« – VHA, Fond MNO 1945, Karton 19, Az. 525.

57 Die 1. Abteilung des Generalstabs im Ministerium für Volksverteidigung erteilte am 11. Juli 1945 allen 4 Wehrbereichen der Tschechoslowakischen Armee in Sachen »der Hinrichtung gefangen genommener Deutscher und Geiseln im Grenzgebiet« folgenden Befehl: »Dem Ministerium für Volksverteidigung wurden mehrere Fälle gemeldet, in denen rangniedere Kommandeure die Erschießung einer größeren Anzahl von gefangen genommenen oder als Geiseln genomme-

nen Angehörigen der SA oder anderer ehemaliger deutscher Funktionäre angeordnet haben. Das Ministerium für Volksverteidigung erkennt zwar die Unvermeidlichkeit eines energischen Vorgehens gegen die feindselige Tätigkeit deutscher Bürger im Grenzgebiet an. Es muss jedoch darauf bestehen, dass bei diesem Vorgehen nach den entsprechenden Militärvorschriften und gesetzlichen Festlegungen vorgegangen wird, wodurch der Feindpropaganda die Waffe aus der Hand geschlagen wird, welche ähnliche Fälle als ganz einfaches Morden an deutscher Bevölkerung verbreitet. Ordnen Sie daher gegenüber allen nachgeordneten Kommandos an, ähnliche willkürliche Taten von Einzelnen abzuwenden und die Offiziere darauf aufmerksam zu machen, dass ungesetzliches Vorgehen gerichtlich verfolgt wird. In der gegenwärtigen Zeit ist es erforderlich, dass höhere Kommandeure durch häufige Fahrten in die Grenzgebiete sich über die Situation vor Ort selbst ein Bild machen. Weisungen bezüglich der Verkündung des Ausnahmezustandes und des Standrechts wird das Ministerium für Volksverteidigung in allernächster Zeit erlassen.« VHA, Fond MNO 1945, Karton 525, Az. 349 (Geheim. Generalstab Ministerium für Volksverteidigung, 1. Abteilung, Konzept vom 9. Juli, Vermerk über die Befehlserteilung am 11. Juli 1945).

58 In Wichstadtl stand der Richterstuhl des so genannten Volksgerichts an der Straße vor dem Gasthaus. Der erste Name wurde aufgerufen: Pausewank Siegfried: »… der war nicht dort, jedoch ein anderer Eisenbahner mit demselben Nachnamen, der Junge Emil P. trat vor, sofort gingen sie auf ihn los und verprügelten ihn aufs schrecklichste und quälten ihn. Später hängten sie ihn an der Linde auf.« (Zeugenaussage von Wally Prause.) In der Ortschaft Grulich wurde vor dem Volksgericht unter Mitbeteiligung zweier Partisanenkommandeure der Drucker Šrůtek zur körperlichen Strafe von Stockschlägen dafür verurteilt, dass er seinen Namen in Schiller umgewandelt hatte. Die Prügel überlebte er nicht, er verstarb noch am Ort. Ähnlich endete auch der Förster Kunz. Der Ortschronist schrieb später, dass »zwei Fälle von Körperstrafen ein trauriges Ende gefunden haben …«. – Trojan, Tak přísahali …, S. 273, 275.

59 Ebd., S. 260. – Die Tochter von Hrabáček, Frau Petrová, sagte später Folgendes aus: »Der Vater fiel unter den Hýbl-Brodecký, der war dort mit dem Militär. Er vermochte ganz bestimmt nicht irgendjemanden verurteilen ohne Billigung von oben, und es war damals dort tschechisches Militär.« – Ebd., S. 266.

60 Ebd., S. 260.

61 »Auf die Mehrheit« der verurteilten »Deutschen hatte irgendjemand zuvor gezeigt. Während der gesamten Zeit, ob vor oder nach dem Urteilsspruch, konnte jeder Tscheche nach Belieben den Deutschen Schaden zufügen«. – Trojan, Tak přísahali …, S. 263.

62 »Das Volksgericht richtete über nazistische Übeltäter, deren Verzeichnisse bereits während der deutschen Besatzungszeit angelegt worden waren durch Mitglieder von Widerstandsorganisationen oder auf eine direkte Anzeige von verfolgten Tschechen«. – Kronika města Lanškrouna (Chronik der Stadt Landskron). »Jene Tschechen, die in Landskron verblieben waren, meldeten Vater (d.h. J. Hrabáček – J.M.), welche Deutsche bei der Gestapo sind, bei der SS und der SA, wer schlägt, wer anzeigt, wer zur Gestapo geht. Diese Informationen erhielt er auch von Deutschen, die nicht mit Hitler gingen. Die ganzen Jahre ha-

ben sie aufgeschrieben, wie sich jeder Deutsche benommen hat und was er auf dem Gewissen hat.« – Aussage von Frau Petrová, Tochter von J. Hrabáček, über das Gericht in Landskron. – »Das hat man gewusst, das ist ein verbohrter Deutscher, und wer auf dem Gewissen irgendwelche Opfer gehabt hat, als dann also dieses Volksgericht zusammengesessen hat, da wurden dann schon diese Hauptsächlichen herausgegriffen.« – Aussage von F. Šilar über das Gericht in Landskron. – »Entsprechend den Angaben auf der Grundlage von Informationen von Einwohnern tschechischer Nationalität der Ortschaft über das Betragen deutscher Mitbürger in der Zeit der Okkupation, fällte irgendjemand vom Tisch die Urteile.« (Urteil der Verwaltung des Föderalen Polizeikorps für Ermittlungen – Referat Prag 1991) – Trojan, Tak přísahali ..., S. 265–267, 276.

63 Ebd., S. 277.

64 Ebd., S. 265f.

65 Ebd., S. 260–279.

66 Ebd., S. 261, 263, 266–278.

67 G. Langer machte eine Aussage über den Tod von J. Hartwig in der Kaserne. Das halb totgeschlagene Opfer wurde in die Zelle geworfen: »Die Kleider völlig zerrissen, am ganzen Körper voller Blut. Sie stellten ihn auf den Kopf und schlugen mit Peitschen und Latten auf seine Geschlechtsorgane ein und traten mit den Füßen auf seinen Kopf. Er brüllte vor Schmerz wie ein Tier ... Sie verdrehten ihm die Hände auf den Rücken und quetschten ihm 10 Streichhölzer unter die Fingernägel. Nach dem Anzünden der Streichhölzer erfüllte der Gestank verbrannten Fleisches die ganze Zelle ... Jemand brachte ein erhitztes Bügeleisen herbei und drückte es auf den Körper des beinahe schon toten Hartwig, und der hörte nach einer Weile mit dem Schreien auf und starb.« (Trojan, Tak přísahali ..., S. 278f.) Langer identifizierte auch die Peiniger und Mörder – dieselben, welche in Landskron mordeten und dort »die gleichen Methoden des Peinigens und Mordens« anwandten. Es waren nicht nur Königgrätzer, sondern auch Partisanen aus der Umgebung. U.a. wurden erkannt Kommissar K., der Direktor der Tschechischen Schule in Rothwasser; Josef J., der Verwalter der Firma Herla, F. H. (der sich damit brüstete, dass er allein mindestens 16 Deutsche umgebracht habe).« Emil Trojan hat sie im Hinblick auf noch lebende Verwandte nicht mit vollem Namen angeführt. Kommissar K., den Schuldirektor, identifizierte er als den Sohn Josef Hrabáčeks, des Vorsitzenden des Volksgerichts in Landskron.

68 Der Sohn des Bürgermeisters von Wichstadtl, Doz. Dr. Ferdinand Katzer, erstattete als Bürger der Bundesrepublik Deutschland im Jahre 1990 Anzeige gegen Mitglieder der Partisanengruppe »Alpha 1« der Brigade Václavík, die am 22. Mai in Wichstadtl 10 Deutsche, einschließlich seines Vaters, ermordet hatte. Die Verwaltung des Föderalen Polizeikorps für Ermittlungen in Prag bestätigte im Jahre 1991, dass Angehörige der Gruppe Alpha 1 vier Männer aufgehängt und die Todesstrafe an sechs weiteren Männern vollzogen hatten, wobei sie Körperstrafen durch Schlagen auf den Körper ausführten (»brutales Schlagen mit Holzknüppeln auf den ganzen Körper, Hineinjagen in den Fluss usw.«). Den Vorsitz des Volksgerichts in Wichstadtl auf dem Platz führte der Kommandeur der

Gruppe Alpha 1, Alfonz Koblížek (der nicht mehr lebt), und »nicht ermittelte Personen«. Von der 18-köpfigen Gruppe (die genauen Daten bei Trojan, Tak přísahali ..., S. 343) lebten damals nur drei »im fortgeschrittenen Alter« und nicht einer von ihnen »bekannte sich zu einem aktiven Anteil an der Ermordung von zehn Männern aus Wichstadtl«. Doch bestätigten sie, dass das Gericht stattfand (»auf den Platz hat irgendjemand einen Tisch und Stühle gebracht ... Jemand fällte vom Tisch aus die Urteile«). Die Ermittlung von 1990 stellte fest, dass Bürgermeister Katzer sich gegenüber seinen tschechischen Mitbürgern nicht schuldig gemacht hatte, »im Gegenteil, noch lebende Zeugen charakterisieren diesen Mann als einen guten Menschen, der niemandem etwas antat«. Weiter wird in dem Erlass aus dem Jahre 1991 konstatiert, dass »außer Herrn Katzer auch drei weitere Männer brutal geschlagen und gequält und ebenfalls aufgehängt wurden – Jan Šverák, Englich und der Lehrer Pischel. Weitere sechs wurden erschossen und in einem Gemeinschaftsgrab unweit des Bunkers am nahe gelegenen Elektrizitätswerk eingegraben«. Die Verwaltung des Föderalen Polizeikorps qualifizierte den Mord in Wichstadtl »als Mord-Straftat entsprechend § 219 Strafgesetzbuch«. Der Vorgang (»der nicht genau ermittelten Verursacher«) könnte in gar keinem Fall als qualifiziertes Vorgehen »im Sinne des Dekrets des Präsidenten der Republik Nr. 16 vom 19. Juni 1945 ... über die Außerordentlichen Volksgerichte und der Regierungsverordnung Nr. 18 bewertet werden«. Entsprechend der Verwaltung kam es zur Ermordnung der Männer in Wichstadtl vor der Publikation der angeführten Rechtsnormen, und die Art und Weise der Schuldfeststellung sei, dass es sich hier »im gesamten Umfang um eine gesetzlose und illegale Sache« gehandelt habe. Die Föderalverwaltung stellte fest, »dass es sich seitens der Partisanen um das Begehen einer Mord-Straftat gehandelt habe, denn die nicht genau ermittelten Mitglieder der Partisanengruppe hätten bewusst mehrere Personen insbesondere durch brutale und peinigende Art umgebracht«. Die Föderalverwaltung gelangte zu der Ansicht, dass die »Strafbarkeit der genannten Tat nach Ablauf von 20 Jahren verjährt ist«, wodurch es zur Verjährung einer Strafverfolgung der Verursacher dieser Straftat gekommen ist«. (Trojan, Tak přísahali ..., S. 275–277). Die tschechoslowakische Gesetzgebung erledigte ähnliche Massenmorde bis zum Jahre 1992 mit Hinweis auf die 20 Jahre nach begangener Mordtat eingetretene Verjährungsfrist, um damit nicht die Frage nach der Ermordung von Sudeten- und Karpatendeutschen in den Jahren 1945–1947 erneut aufleben lassen zu müssen. Doch hier handelte es sich nicht um individuelle Morde aus persönlichem Hass oder Interesse, sondern vielmehr um Kollektivmorde von Angehörigen einer anderen Nationalität, welche die tschechoslowakische Rechtsordnung als Genozid oder als Kriegsverbrechen bewertet, und die somit unverjährbar sind. Die Morde an Deutschen seit 1945 in der ČSR sind nicht verjährt, es sind somit Straftaten des Genozids und sie gehören vor den Europäischen Gerichtshof für Menschenrechte in Strassburg. Auch der Fall von Weitra gehört dazu.

69 Trojan, Tak přísahali ..., S. 268.

70 Ebd., S. 263.

71 Ebd., S. 273, 278, 280.

72 Ebd., S. 274.

73 Unterlagen der Bezirksanwaltschaft in Brünn, Buch-Nr. 1171/91 (Protokoll vom 17. September 1991). (»Bezirk« entspricht in etwa einem deutschen Regierungsbezirk – Anm.d.Übers.) – Siehe auch Privatarchiv Ferdinand Korbel aus Schwarzbach.

74 Unter den Eskortierten befanden sich sechs Männer, die später in Schwarzbach ermordet wurden. – SOA Jindřichův Hradec/Neuhaus, Fond ONV Lager Třeboň/Wittingau. Sitzungsprotokoll des Orts-Nationalausschusses Schwarzbach vom 11. Mai 1945.

75 Ebd. vom 14. Mai 1945.

76 Ebd.

77 Ebd. – Das Inventar wurde von Josef Hubený erfasst.

78 20 Gewehre und 1 Pistole, die im Gemeindeamt in Schwarzbach gefunden wurden, wurden der Revolutionswache zum Gebrauch überlassen, die »Reste« an Waffen wurden der Gendarmeriestation in Klikau gemeldet. – Ebd.

79 16 Militärpferde, die im Ort untergebracht waren, gingen verloren – »alles änderte sich täglich«. Der ehemalige Regierungskommissar Leopold Hofhansl sollte zu »jeglichem jüdischen Eigentum eine ordungsgemäße Erklärung« abgeben und vorbehaltlos »sämtliche Eigentumsinventare« vorlegen. Doch bevor er dies alles noch in die Tat umsetzen konnte, lag er in einem Massengrab. – Ebd.

80 Kronika obce Rapšach (Chronik der Gemeinde Rottenschachen), S. 339.

81 Nach dem 10. Mai 1945 stellte sich Karel Červík im Rathaus von Rottenschachen ein (er war etwa um 1930 aus Rottenschachen weggezogen); weiter kamen noch Karel Čada, der hier von 1937 bis 1942 gelebt hatte und dann ins Protektorat umgezogen war. Es kam auch das Mitglied der Finanzwache Hůlka mit seinem Sohn. Diese von Maxa präferierten Personen wählten für den Orts-Nationalausschuss einige Ortsbürger aus, etliche von ihnen aus tschechoslowakischer Sicht von zweifelhafter Vergangenheit – den Schlosser Zelenka, der Mitglied der deutschen Grenzlandwacht gewesen war, Hügo, der vor der Besetzung Rottenschachens den tschechoslowakischen Gendarmen die Telefonleitung gekappt hatte, zwei Jahre wegen eines kriminellen Vergehens eingesessen hatte, sich dann aber als politischen Gefangenen ausgab. – Niederschrift von Josef Bártl aus dem Jahre 1945 für die Chronik der Gemeinde Rottenschachen, S. 8.

82 Niederschrift von Josef Bártl, S. 8.

83 »Leutnant Kužel stellte das Beweismaterial über die Tätigkeit der Deutschen in Rottenschachen und die Zeit seiner Einverleibung in das Deutsche Reich sicher. Durch ihn selbst wurde dieses Material dem Kreis-Natuionalausschuss in Wittingau und dem Militärkommando in Wittingau übergeben.« – AMV ČR Prag, Fond B2-68.

84 Niederschrift von Josef Bártl, S. 9.

85 Am 4. Juni 1945 wandte sich der Vorsitzende der Orts-Verwaltungskommission (MSK) und Delegierte der Kreis-Verwaltungskommission (OSK) František Švamberk aus Krummau an das Ministerium des Inneren der ČSR mit einer Beschwerde. »Die Amerikaner haben den tschechischen Organen jegliche Säuberung oder Festnahme Verdächtiger aus den Reihen der deutschen Okkupanten untersagt ..., und schließlich haben sie sogar den Kommandanten der Tschechoslowakischen Uniformierten Polizei, der die Festnahme von Gestapo-Funk-

tionären aus dem Kreis durchführte, hinausgeworfen und die Entlassung eines Gestapo-Mannes angeordnet. In den letzten Tagen haben sie gestattet, dass im Kreis Angehörige des Uniformierten Korps und der Gendarmerie untergebracht werden, die jedoch lediglich den Ordnungsdienst versehen dürfen. Polizeiliche Verwaltungsangelegenheiten und Sicherheitsangelegenheiten dürfen tschechische Organe nicht ausführen.« Weiter beschwerte er sich darüber, dass an die 70 000 Deutsche in den Krummauer Kreis aus der Umgebung gelangt seien wie in ein Asyl, und dass die »Amerikaner hier ein eigenes Versorgungssystem eingeführt haben, in dem sie keinerlei Beschränkungen anerkennen, die sich auf die Deutschen beziehen würden ...« Die Amerikaner ordneten gegenüber der Kreis-Verwaltungskommission an, alle Zahlungen an Hinterbliebene gefallener Deutscher vorzunehmen, und setzten den Kurs der Mark gegenüber der tschechischen Krone mit 1:1 fest. Die deutsche Verwaltung in einer Reihe von Gemeinden machte es »früher dort sesshaft gewesenen« Tschechen unmöglich, Zuzug zu erhalten. »Auf Befehl des Oberkommandos der amerikanischen Besatzungsarmeen führen in den Gemeinden des Kreises die kommunalen Gemeinde- und Verwaltungsangelegenheiten weiterhin die bisherigen Behörden und Repräsentanten aus ...« – VHA, Fond MNO, Az. 1461: Eingang der Beschwerde beim MNO am 16. Juni 1945.

86 Von der Tschechischen Presseagentur (ČTK) wurde am 24. Mai 1945 folgende Nachricht verbreitet: «Weitra-Gebiet erneut tschechisch«, die in der Abendausgabe von »Svobodné slovo« (»Das Freie Wort«) am 25. Mai erschien, ebenso in »Lidové noviny« (»Volkszeitung«), »Svobodné noviny« (»Die Freie Zeitung«) und weiteren Blättern.

87 Niederschrift von Josef Bártl, S. 9. – Dem Autor ist es trotz intensiver Suche in Archiven nicht gelungen, Hinweise auf die Operation der Partisanenabteilung des Oberst Hobza im Gebiet von Weitra vom 23. auf den 24. Mai 1945 ausfindig zu machen. Ich hege den Verdacht, dass die Dokumentation der Hobza-Expedition im Militärhistorischen Archiv unzugänglich gemacht worden ist in der Zeit der Ermittlungen von Partisanenverbrechen, zu denen man sich nur ungern bekannt haben würde, und der Anteil der Partisanen daher verwischt und verdunkelt wurde, für den Fall, dass zufällig entdeckt würde, dass eigentlich die tschechische Bevölkerung des Weitra-Gebietes zum Objekt der Hobza-Einheiten geworden war.

88 »Lidová demokracie« (»Volksdemokratie«) vom 25. Mai 1945. – Es ist interessant, dass die kommunistische »Rudé právo« (»Rotes Recht«) vom 25. Mai 1945 sich bezüglich der Aussiedlung »ehemaliger Tschechen« ausschwieg.

89 Staněk, Perzekuce, S. 223.

90 Entsprechend der Darstellung der Reichenberger »Stráž severu« (»Wacht im Nordgebiet«) in »Lidová demokracie« (»Volksdemokratie«) vom 6. Juni 1945.

91 Kronika obce Rapšach (Chronik der Gemeinde Rottenschachen), S. 239f.

92 Niederschrift von Josef Bártl, S. 8f.

93 AMV ČR Prag, Fond B2-68.

94 SOA Jindřichův Hradec/Neuhaus, Fond ONV Třeboň/Wittingau: Verzeichnis der zurückkehrenden Deutschen vom 12. März 1946.

95 »Vor der Hinrichtung kam zunächst die Verurteilung ... Jeder, der hingerichtet werden sollte, wurde zuvor solange Zeit gequält, bis er das Geständnis unterschrieb, das ihm vorgelegt wurde. Die Form des Geständnisses war in allen Fällen gleich: ›Ich habe mit der Gestapo zusammengearbeitet und habe X Leute angezeigt, von denen hingerichtet wurden ... oder nicht zurückgekehrt sind aus Konzentrationslagern ... Unterschrift‹.« – Pospíšil, Hyeny, nach Trojan, Tak přísahali ..., S. 281.

96 Das Mitglied der Finanzwache František Beneš, ein gebürtiger Schwarzbacher, sagte entsprechend den Ermittlungsprotokollen aus, dass »auch diejenigen Bürger von Schwarzbach, welche sich im Jahre 1938 (richtig ist: 1939 – J.M.) zum deutschen Volkstum bekannt hatten, sich gegenüber ihren Mitbürgern anständig und freundschaftlich verhalten hätten, es sei zu keinerlei Zwistigkeiten zwischen ihnen gekommen. Gleicherweise ist es zu keinerlei Anzeige eines Bürgers tschechischer Nationalität gekommen, und im Dorf selbst habe die Gestapo und ähnliche gegen niemanden eingegriffen«. – Unterlagen der Staatsanwaltschaft in Jindřichův Hradec/Neuhaus, Zeichen Pn 387/90: Protokoll vom 6. März 1991.

97 František Beneš sagte über Terezie Smolková, die sich zur deutschen Nationalität bekannt hatte, »dass sie im Jahre 1941, als sie die Mitteilung erhielt, dass ihr Sohn Karel an der Ostfront gefallen sei, durch das Dorf gelaufen sei und Deutschland verwünscht hätte. Ich halte dafür, dass niemand von diesen (hingerichteten – J.M.) Bürgern sich während der Okkupation als Faschist gezeigt hat«. – Ebd.

98 Ebd.

99 Dies betraf die hingerichtete Terezie Smolková und die Familie Krégl, Verwandte des hingerichteten Leopold Hofhansl. – Ebd.

100 Aus der Aussage von Eduard Reiner, der amerikanischer Staatsbürger war und Verwandte in Schwarzbach hatte. – Unterlagen der Generalstaatsanwaltschaft der Tschechoslowakischen Föderativen Republik, Zeichen IV/1 Gn 929/90: Protokoll vom 15. Januar 1991. – Privatarchiv Ferdinand Korbel.

101 SOA Jindřichův Hradec/Neuhaus, Fond ONV Třeboň/Wittingau, Az. 3217/45.

102 Protokoll der Vernehmung von Eduard Reiner vom 15. Januar 1991 in der Generalstaatsanwaltschaft der Tschechoslowakischen Föderativen Republik in Prag. Vgl. auch Anm. 100.

103 »... eine Gruppe von Leuten führten sie dann ab ... an den Dorfrand zu einer Grube. Gemeinsam mit weiteren Kindern haben wir die Prozession von Menschen beobachtet, die von der Schule her kam, eine Weile haben wir uns dort herumgedrückt, und dann sind wir voraus gelaufen, denn auf einmal haben wir verstanden, wozu diese Grube dort in der Erde ist«. – Aussage E. Reiner.

104 Niederschrift von Josef Bártl, S. 9.

105 František Beneš gab später zu Protokoll, dass Hofhansl als Ortskommissar dem Bürger Smolek eine Anzeige darüber ausredete, dass der Vater von Fr. Beneš im Streit im Gasthaus Smolek angegangen sei mit den Worten »auf solch einen Deutschen kann ich scheißen«, womit er das Deutschtum des Tschechen Smolek in Zweifel zog. »Smolek forderte den Kommissar auf, die Gestapo zu Beneš zu schicken. Hofhansl redete ihm dies jedoch aus, verwies ihn auf eine

spätere Zeit, und damit endete die ganze Angelegenheit.« Fr. Beneš, der während der Okkupationszeit Angehöriger der Finanzwache war, gab sich auf dem Gemeindeamt in Schwarzbach ganz tschechisch, was die anwesenden Gestapo-Angehörigen als Provokation empfanden: »Tagtäglich stellte ich mich beim Gemeindeamt ein. Stets habe ich dort tschechisch gesprochen, das war allgemein so üblich, im Ort wurde überhaupt nur tschechisch gesprochen und dies auch von Seiten jener Einwohner, die sich zur deutschen Nationalität bekannten.« Die Gestapo-Angehörigen meldeten den tschechischen Gruß dem Landrat in Wittingau; Beneš musste dazu eine schriftliche Erklärung abgeben und befürchtete schließlich sogar eine Verhaftung. »Damals trat Leopold Hofhansl für mich ein und schrieb, dass ich bei der Ortsbehörde aushelfe.« Siehe auch Anm. 96.

106 Niederschrift von Josef Bártl, S. 9.

107 Protokoll der Aussage von Josef Bártl vom 17. September 1991 bei der Bezirksstaatsanwaltschaft in Brünn – Az. Kn 1171/91. – Aktenmaterial der Bezirksstaatsanwaltschaft Brünn. Auch Privatarchiv Ferdinand Korbel.

108 Siehe Anm. 96.

109 Siehe Anm. 100.

110 Niederschrift von Josef Bártl, S. 10.

111 Eine Familie (Bušta) wurde völlig ausgelöscht (Haus Nr. 108, drei Menschen), zwei Familien von Hingerichteten verblieben für immer in Österreich, eine zog für immer nach Deutschland, weitere fanden Wohnungen in Prag, eine siedelte nach Suchenthal an der Lainsitz um. Im Herbst 1945 lebten in Schwarzbach fünf Familien von Hingerichteten (die zuvor nach Österreich vertrieben worden waren), wobei ein Teil auf Dauer in Österreich lebte, andere in Deutschland und in der Slowakei. Das Jahr 1945 überlebten in Schwarzbach 43% von 155 Einwohnern, die während des Zweiten Weltkriegs die deutsche Staatsbürgerschaft angenommen hatten, nicht. 28 von ihnen wurden auf Dauer nach Österreich vertrieben, sechs waren vermisst, zwei fielen im Krieg, 15 von ihnen wurden innerhalb der ČSR außerhalb des Weitra-Gebietes zerstreut (außer den im Mai 1945 Hingerichteten).

112 Siehe auch Anm. 101. Weiter Meldung des Orts-Nationalausschusses von Schwarzbach, Az. 1555/45 vom 30. November 1945 an das Pfarramt in Suchenthal an der Lainsitz. Angelegenheit: Verzeichnis erschossener Personen durch tschechoslowakische Partisanen in Schwarzbach. – SOA Jindřichův Hradec/Neuhaus, Fond OÚ Třeboň/Wittingau, MNV Tušť/Schwarzbach 1945.

113 Katasteramt in Wittingau: Zuteilungen von Häusern und Boden in Schwarzbach; Aktenmaterial der Jahre 1945–1947 und nachfolgende Ergänzungen.

114 Auf Steinbauer folgte als zweiter Volksverwalter Karel Trsek und seine Frau Marie, dann übernahm die »Jednota« (»Einheit«) das Gasthaus, gegenwärtig befindet sich dort eine private Gaststätte. – Ebd. Siehe auch Privatarchiv Ferdinand Korbel.

115 Im Hinblick darauf, dass die Ehefrau Josef Korbels sich als Tschechin bekannte, wurde das Haus lediglich zur Hälfte konfisziert. Nach 1986 konnten die Verwandten die zweite Hälfte der Staatsforstverwaltung abkaufen.

116 Entsprechend den Zeitzeugen aus Schwarzbach (Žofie Smolková und Ferdin-

and Korbel) konnte er bereits als junger Mann wegen seines Alkoholismus das Wasser nicht halten und hatte daher im Gasthaus Hausverbot. Er starb früh in Verachtung und Not.

117 Der hingerichtete Josef Kropík und der »Richter« František Němec waren unmittelbare Nachbarn, ihre Häuser standen nebeneinander, beide besaßen rund 30 ha Grund.

118 Die Schwester des »Richters« Karel Haider war die Ehefrau des hingerichteten Karel Smolek. Haider schickte also seinen eigenen Schwager in den Tod.

119 Říha und Kabourek aus dem Weiler New York hatten ihre Häuser unmittelbar nebeneinander. Etwas weiter ab wohnte Karel Kotzina.

120 SOA Jindřichův Hradec/Neuhaus, Fond ONV Třeboň/Wittingau: Materialien des Orts-Nationalausschusses Suchenthal an der Lainsitz, Protokoll vom 30. Mai 1945.

121 Ebd., Protokoll vom 29. Mai 1945.

122 Als Gemeinde-Regierungskommissar (Ortsleiter) hatte er die Verpflichtung, alles anzuzeigen, was einer Tätigkeit gegen das Dritte Reich entsprach oder deren Anschein hatte. Diese Verpflichtung hatten im Übrigen sämtliche Regierungskommissare als Weisung erhalten. Aus dem gesamten Weitra-Gebiet war er jedoch der einzige Beamte, der diese Funktion mit Eifer erfüllte.

123 AMV ČR Prag, Inventar-Nr. 52-1-202, 302-79-5.

124 So Josef Bártl in seiner Niederschrift, S. 10, und gleicherweise in seinem Protokoll vom 17. September 1991; er führt als Gerichtstag und als Tag seiner Anreise den 24. Mai 1945 an. Im Protokolltext gab er an, dass ihn sein Cousin darüber informiert habe, dass 26 Verurteilte am »kommenden Tag morgens durch Říha hingerichtet werden sollten; dieser hatte eine Hinrichtung bereits in Schwarzbach an einem der vorausgegangenen Tage durchgeführt«. Die chronologische Abfolge sieht also folgendermaßen aus: 24. Mai (Mittwoch) Hinrichtung in Schwarzbach, Gerichtsverfahren am 25. Mai, am »darauf folgenden Morgen«, Freitag, dem 26. Mai 1945, die Hinrichtung.

125 In seiner Niederschrift, S. 10, führt Bártl an, dass Jan Kocina d.J. ihm mitgeteilt habe, »dass etliche Mitglieder des Nationalausschuses sehr unglücklich sind, weil sie unter Bedrohung auch Todesurteile unterschreiben mussten. Falls sie nicht unterschrieben hätten, dann ... fänden sie sich selbst auch in dem Verzeichnis der Verurteilten; dies hatten Maxa und seine Helfershelfer im Nationalausschuss verkündet«.

126 Adolf Bušta und Rudolf Dvořák wurden zu 25 Jahren Gefängnis verurteilt (der letztere in Abwesenheit), Josef Báha zu 20, Jan Zwettler aus der Siedlung London zu zehn und František Zimmel zu fünf Jahren Gefängnis. – Niederschrift von Josef Bártl, S. 12.

127 Beim Orts-Nationalausschuss verblieben František Schulz, Händler aus Abbrand – Blockleiter; Adolf Gruber aus Rottenschachen – SA-Mann; weiter Vlasta Vláha, Reinhilda Horejschi – Lehrerin an der deutschen Schule, aus Rottenschachen, und die Österreicherin Marie Dobusch aus Abbrand. – AMV ČR Prag, Inventar-Nr. B 52-69.

128 Nach einem amtlichen Verzeichnis wurden zwölf Einwohner aus Rottenschachen am 22. Mai 1945 in das Sicherungslager im Wittingauer Schloss überführt.

Es waren dies: František Bláha (Jg. 1921, Haus Nr. 253), Josef Bláha (Jg. 1896, Haus Nr. 253), Adolf Bušta (Jg. 1892, Haus Nr. 157), Rudolf Dvořák (Jg. 1913, Haus Nr. 8), Jan Šlechta (Jg. 1897, Haus Nr. 5), Sylvestr Vaněk (Jg. 1903, Haus Nr. 190, 244), Roman Weber (Jg. 1902, Haus Nr. 102), Rudolf Weber (Jg. 1906, Gundschachen), Karel Zimmel (Jg. 1895, Abbrand Nr. 185), Karel Zimmel (Jg. 1888, Haus Nr .6), František Zimmel (Jg. 1902, Haus Nr. 8), Jan Zwettler (Jg. 1888, Haus Nr. 239). Ihre Vernehmung führte die Polizeiabteilung des Kreis-Nationalausschusses durch. Ihre Namen wurden in das Gesamtverzeichnis der zum Tode Verurteilten des Orts-Nationalausschusses in Rottenschachen mit aufgenommen. Aber zur Hinrichtung wären sie kaum übergeben worden. – So verblieben aber weitere 14 Einwohner in Rottenschachen, die hingerichtet werden konnten. Und gerade diese wurden vor der geplanten Hinrichtung am Morgen des 26. Mai 1945 nach Wittingau weggebracht: František Benda, Schneider; Benda, Feuerwehrkommandant; Karel Doležal, Briefträger; Karel Haubner; Ignac Havle; Katzenbeiser, Stellmacher; Tomáš Kotrba, Schmied; Josef Doležal, Janda, Oulický, Adolf Kainrad, Briefträger, Deutscher, Ausländer. Vgl. AMV ČR Prag, Inventar-Nr. B2-69, Niederschrift von Josef Bártl, S. 11.

129 Im Einzelnen siehe dazu Staněk, Perzekuce, S. 83–87.

130 Der Bericht der Tschechoslowakischen Presseagentur (ČTK) wurde in sämtlichen Tageszeitungen veröffentlicht. Hier zitiert nach »Svobodné slovo« (»Das Freie Wort«) vom 27. Mai 1945.

131 SOA Jindřichův Hradec/Neuhaus, Fond ONV Třeboň/Wittingau, Az. 3217/45, Eingangsdatum 23. November 1945.

132 VHA, Fond VIII-A 51/17: Grundbestandsliste, Qualifizierungsurkunde.

133 Ebd. Kommandantur der 2. Schnellen Division – Qualifizierungsurkunde Teil II. Oberst der Kavallerie Vladimír Hobza, Kommandeur des Dragonerregiments 7 »TGM«. Darstellung der Diensttätigkeit von 1937 bis 1938.

134 Unterzeichner: Der Kommandeur des 2. Wehrbereichs in Tabor, Divisionsgeneral Josef Janáček.

135 Am 30. September 1949 wurde er in die Evidenz des Bezirkskommandos in Karlsbad überwiesen, wo er in der König-Georgs-Gasse (Třída Krále Jiřího) lebte.

136 Vgl. Anm. 100.

137 Zeugenaussage von Žofie Smolková (Jg. 1922) und Karel Trsek (Jg. 1921) aus Schwarzbach aus dem Jahre 2001.

138 Protokoll der Zeugenaussage von Karel Trsek vor der Kreis-Staatsanwaltschaft in Suchenthal an der Lainsitz vom 29. April 1991. – Akten der Kreis-Staatsanwaltschaft in Jindřichův Hradec/Neuhaus, Az. Pn 387/90; Privatarchiv Ferdinand Korbel.

139 Eigenhändiger Brief Říhas aus Prag vom 30. März 1947 an den Verband der befreiten politischen Häftlinge in Prag. Dieser Brief gelangte bis zum Vorsitzenden des Landes-Nationalausschusses in Prag am 2. April 1947. – Privatarchiv Ferdinand Korbel.

140 Der Zeuge seines Angriffs auf den Lagerverwalter in Gmünd, Karel Trsek, war damals Gastwirt in Schwarzbach. Als Říhas sich auf ihn als Zeugen seiner Widerstandstätigkeit und seines Leidensweges bezog, bestätigte ihm Trsek dies

nicht. »Ich habe ihm seinerzeit offen gesagt, dass ich lediglich bezeugen kann, dass er deshalb eingesperrt wurde, weil er ein Tunichtgut war und keineswegs ein politischer Gefangener.« – Ebd.

141 Vgl. Anm. 139.

142 Siehe Anm. 96.

Anmerkungen zu Teil III

1 AMV ČR Prag, Fond B2-69.

2 Ebd.

3 Dem Autor gegenüber wurde 2001 nachfolgende Zeugenaussage durch Frau Žofie Smolková gemacht: Ihr Vater kehrte im August 1945 aus dem Grenzwald in Österreich nach Schwarzbach zurück, wurde gesehen und innerhalb weniger Minuten im Haus durch Angehörige der Revolutionsgarden überfallen, die ihn augenblicklich zurückeskortierten. Später lebte er dann bei einem Bekannten aus Schwarzbach, der Gastwirt in der Gemeinde Kleineibenstein hinter Gmünd war. Im September 1945 fuhr seine Tochter per Fahrrad ihm dorthin nach. Im März 1946 kehrten beide auf einen Aufruf des Kreis-Nationalausschusses von Wittingau hin wieder zurück.

4 Aufgrund einer Weisung der Sicherheitsabteilung des Kreis-Nationalausschusses in Wittingau vom 21. Januar 1948 übersandte die Stationskommandantur des Korps der Nationalen Sicherheit am 28. Januar 1948 ein Verzeichnis der aus Rottenschachen und Witschoberg stammenden Wehrmachtsgefangenen. – AMV ČR Prag, Fond B2-69.

5 Josef Doležal, Jg. 1903, aus Rottenschachen, wurde durch die Rote Armee gefangen genommen und kehrte am 10. September 1945 in die Gemeinde zurück. Das hauptsächliche »Vergehen« des Doležal bestand in seiner NSDAP-Mitgliedschaft während der Okkupationszeit, und daher wurde er festgenommen und verurteilt. 1949 kehrte er wieder in die Gemeinde zurück. Im Rahmen der totalen Aussiedlung wurde er 1953 in das Dorf Květony zur Arbeit im Betrieb Tschechoslowakische Staatsgüter umgesiedelt. – AMV ČR Prag, Fond B2-69.

6 Um zu zeigen, wie sämtliche Einwohner Rottenschachens, aber auch der anderen Gemeinden vor der Vertreibung in das Landesinnere 1952–1953 charakterisiert und bewertet wurden (»Kaderbeurteilung«), werden im Folgenden Detailangaben gemacht: Karel Novák besaß neben dem Gasthaus und der Metzgerei 1 ha Grund, er hatte einen 26-jährigen Sohn, einen Metzgergehilfen. Das Gasthaus hatte ihm bereits zur Zeit der Ersten Republik gehört. Hier hatten sich – entsprechend den Meldungen der tschechoslowakischen Behörden – sämtliche Aktionen zur Abtrennung der Gemeinde Rottenschachen und ihrem Anschluss an das Reich abgespielt. »Karel Novák war zusammen mit seiner Ehefrau Hauptinitiator und führender Kopf aller dieser Aktionen.« Nach der Errichtung der Staatsverteidigungswacht (SOS) wurde er als Soldat nach Abbrand entsandt. Nach der Fahnenflucht der SOS-Einheit aus Rottenschachen nach Österreich wurde er mit den restlichen Männern als unzuverlässig in die Kaserne abge-

ordnet. Nach Rottenschachen kam er am 25. November 1938, am Tag nach der Besetzung der Gemeinde. Novák bekannte seine Familie zu den Deutschen, war NSDAP- und SA-Mitglied und seine Ehefrau Frauenschaftsleiterin. Der Sohn war bei der Hitlerjugend und fünf Monate lang Soldat. Auch Karel Novák war Wehrmachtsoldat und kehrte in den Revolutionstagen nach Rottenschachen zurück. Von seiner Gastwirtschaft aus wurde jegliches Gemeindeleben gelenkt. Bevor Novák die Staatsangehörigkeit erhielt, hatte Jaroslav Kovařík, Rottenschachen Haus Nr. 65, die Volksverwaltung über sein Gewerbe inne. Alle Nováks wurden entsprechend dem so genannten Kleinen Dekret des Präsidenten der Republik verfolgt, doch wurde die Verfolgung eingestellt. Alle Familienmitglieder traten in die Sozialdemokratie ein und veranstalteten für den Abgeordneten dieser Partei Mirko Sedlák »häufige Festessen«. Nach der Vereinigung der Sozialdemokratie mit der KPTsch zur (neuen – Anm.d.Übers.) KPTsch wurden sie jedoch nicht überführt. Nun, im Jahre 1952, kam in seiner Gastwirtschaft eine Gesellschaft zusammen, die bereits während der Okkupationszeit »jegliches Leben in der Gemeinde gelenkt hatte«. »Gleicherweise zersetzt er durch sein reaktionäres Denken den Aufbau des sozialistischen Dorfes und stellt sich allem Fortschritt entgegen. Es liegt im Interesse der Sicherheit des Grenzgebietes ..., diese Gastwirtschaft zu schließen.« – AMV ČR Prag, Fond B2-69.

7 Josef Heider, Jg. 1905, Rottenschachen, Haus Nr. 318, war in der Ersten Republik als Wirker tätig und kaufte bzw. verkaufte Futterschwingen sowie Strohschüsseln; später besaß er dann ein Geschäft mit Wirkwaren. 1938 begrüßte er die Deutschen auf aktive Weise, als diese Rottenschachen besetzten, errichtete für sie ein Ehrentor und schmückte die Gemeinde. Gemeinsam mit seiner ganzen Familie bekannte er sich zur deutschen Nationalität; wegen körperlicher Untauglichkeit musste er nicht einrücken. Er hatte drei Kinder, die sämtlich in der Hitlerjugend waren, ein Junge war auch deutscher Soldat und SA-Mann. Die Tochter Marie heiratete einen deutschen Unteroffizier. Nach seiner Rückkehr aus Österreich betrieb Heider weiterhin bis zum Februar 1948 sein Geschäft mit den Futterschwingen; dann wurde ihm der Gewerbeschein abgenommen. Bis Februar 1948 durchlief er sämtliche politischen Parteien und war dann parteilos. Später war er Invalidenrentner. Sohn und Tochter wohnen in Rottenschachen, Haus Nr. 246 und 318, und ein weiterer Sohn in Říčany bei Prag. Im Ausland hatte er zwei Schwager, die nach Österreich geflohen waren. Er ist der Bruder des František Heider, der 1953 ausgesiedelt wurde. Josef Heider wurde 1953 in den Kreis Sobieslau umgesiedelt. – AMV ČR Prag, Fond B2-69.

8 Der näheren Erläuterung wegen werden hier Detailangaben über zwei Frauen gemacht: Jindřiška Opelková aus Rottenschachen, Haus Nr. 221, Jg. 1892, durfte in der Gemeinde bleiben. Sie war ledig. Im Vermerk über sie stand u.a.: «Es handelt sich hier um eine minderwertige Person, daher war sie während der Okkupation politisch nicht aktiv.« Sie bekannte sich zur deutschen Nationalität, anlässlich des Abschubs der Deutschen 1945 ging sie mit ihnen weg, kehrte jedoch nach etlichen Tagen wieder nach Rottenschachen zurück. «Sie ist mit Jan Kotrba verwandt, bei dem sie auch wohnt. Sie ist zur eigenen Lebensversorgung unfähig, daher wird sie von ihrem Neffen versorgt.« Anežka Opelková führte während der Okkupationszeit die Wirtschaft ihres Bruders Čeněk Opelka, der bei der

Tschechoslowakischen Staatsbahn beschäftigt war; er verstarb mit 51 Jahren. Sie bekannte sich zur deutschen Nationalität, daher wurde sie 1945 abgeschoben. »Nach einigen Tagen kehrte sie wieder nach Rottenschachen zurück.« – AMV ČR Prag, Fond B2-64.

9 Jan Zimmel war während der Okkupation Kirchendiener in Rottenschachen; er befand sich im Verzeichnis der SA und »war entsprechend den Angaben der ehemaligen deutschen Lehrerin Hořejši NSDAP-Mitglied«. Er war der Vater der Marie Zimmelová, Jg. 1902, einer Witwe mit drei Kindern. Nach der Besetzung bekannten sich alle zur deutschen Nationalität; im Jahre 1938 war er an keinerlei Aktion zur Lostrennung der Gemeinde beteiligt. »1945 wurden sie nach Österreich abgeschoben, von wo sie nach etlichen Tagen wieder nach Rottenschachen zurückkehrten; und da wohnen sie bislang« (1953). – AMV ČR Prag, Fond B2-64. – Nach Kriegsende war der Geistliche Andrej Hornický, Jg. 1898, römisch-katholischer Pfarrer in Rottenschachen; er stammte aus der Umgebung von Kremnitz/Slowakei.

10 Kronika obce Rapšach (Chronik der Gemeinde Rottenschachen), S. 340.

11 Matěj Špulák, Jg. 1891, Rottenschachen, Zimmermann, hatte eine kleine Landwirtschaft, bewirtschaftete 2 ha Boden, besaß zwei Stück Vieh, ein Schaf, ein Schwein und zehn Hühner. Politisch war er hinsichtlich der Lostrennung Rottenschachens und des Anschlusses an das Reich nicht engagiert, doch seine Ehefrau Terezie, Jg. 1890, agitierte persönlich unter den unentschiedenen Bürgern für einen Anschluss an Österreich. Die gesamte Familie bekannte sich zur deutschen Nationalität, beide Söhne waren deutsche Soldaten. Matěj Špulák war SA-Mitglied. »1945 wurde die gesamte Familie nach Österreich abgeschoben und kehrte etwa einen Monat später wieder nach Rottenschachen in ihr Eigentum zurück; während ihrer Abwesenheit hatte es verlassen gestanden.« Weiteren Vermerken über die Familie kann entnommen werden, dass der Sohn Karel Špulák, Jg. 1927, ein Schreinergeselle, »im Jahre 1947 allen Kommunisten mit den Bandera-Leuten drohte und versprach, dass sie von diesen erschossen würden; dafür wurde er vor Gericht angezeigt und verurteilt«. Die Familie war in der Christlichen Volkspartei organisiert. Nach der Auflösung dieser Organisation in der Gemeinde 1948 engagierte sich die Familie nicht mehr politisch. 1953 wurde sie nach Weseli an der Lainsitz im Kreis Sobieslau umgesiedelt. – AMV ČR Prag, Fond B2-69. (Stepan Bandera, 1909–1959, ukrainisch-nationaler Widerstandskämpfer gegen das Sowjetregime, ab 1946 Exil, 1959 in München durch den KGB ermordet. – Anm. d. Übers.)

12 Neben etlichen mental geschädigten Personen, die unfähig waren, sich selbst zu versorgen, wurde auch der Rentner Josef Bártl, Jg. 1888, verjagt; er war Witwer. In der Ersten Republik hatte er als Hilfsarbeiter gearbeitet, engagierte sich bei der Lostrennung der Gemeinde von der ČSR nicht, war kein deutscher Soldat, bekannte sich aber zur deutschen Nationalität. Er litt an Epilepsie, und obwohl man davon wusste, wurde er aus dem Ort vertrieben. Er kehrte nach wenigen Tagen zurück. »Er lebt zurückgezogen und macht sich auch sonst nicht politisch bemerkbar, denn er ist durch seine Krankheit geschlagen.« – AMV ČR Prag, Fond B2-64. – Doch dies alles war kein Hinderungsgrund für seine erneute Vertreibung aus der Ortschaft im Jahre 1953, diesmal nach Kaunow bei Saaz.

13 Einer von vielen Fällen aus dem Weitra-Gebiet sei hier angeführt: Michal Bednář, Jg. 1880, aus Rottenschachen, Bauer mit 5 ha Grund, bekannte sich nach der Besetzung der Ortschaft mit seiner ganzen Familie zur deutschen Nationalität, genauer gesagt: zur erneuten Einverleibung des Weitra-Gebietes in Österreich; davon ausgenommen war sein Sohn Josef, der in der Ersten Republik Gendarm war und nach 1945 im Korps der Nationalen Sicherheit diente. Ein weiterer Sohn, Adolf, fiel als deutscher Soldat. Bednář wurde mitsamt seiner Ehefrau nach Österreich vertrieben, »beide kehrten nach etlichen Tagen wieder auf ihre Wirtschaft zurück, die während ihrer Abwesenheit von ihren nunmehr (1953) verheirateten Töchtern geführt wurde«. – AMV ČR Prag, Fond B2-64.

14 Das umfangreiche Archivmaterial über Einzelpersonen und ganze Familien der Weitraer, das zwischen 1945 und 1953 durch die Sicherheitsformationen der Volksverwaltung (Kreis- und Orts-Nationalausschüsse), die Polizei, die Öffentliche Sicherheit (VB) und die Staatssicherheit (StB) zusammengetragen wurde, belegt Hunderte Fälle von Wirtschaften, die während der Zeit der Abwesenheit der nach Österreich Vertriebenen von ihren Verwandten, Nachbarn oder Bekannten geschützt wurden. Im Einzelnen sah dies beispielsweise so aus: Adolf Stix, Jg. 1895, Rottenschachen, Maurer, landwirtschaftliches Eigentum 3,95 ha, sechs Stück Vieh, ein Schaf, ein Schwein, 13 Hühner, Ehefrau Marie, Jg. 1899. In der Ersten Republik arbeitete er als Maurer an verschiedenen Orten. 1938 beteiligte er sich nicht an Aktionen zur Abtrennung Rottenschachens von der ČSR. Nach der Besetzung bekannte er sich mit seiner Familie zur deutschen Nationalität. In den entsprechenden Verzeichnissen als SA-Mann aufgeführt. Er rückte als deutscher Soldat ein, kehrte vor dem Kriegsende zurück und wurde in den Volkssturm eingereiht. 1945 wurde er samt seiner ganzen Familie nach Österreich abgeschoben. »Etwa nach einem Monat kehrte er in sein Eigentum zurück, wo er bis heute auch wohnt. Während seiner Abwesenheit verwaltete seine Mutter Marie Stixová, Jg. 1870, die nicht abgeschoben wurde, sein Eigentum.« Seine Frau Marie Stixová »ist nervenkrank, völlig arbeitsunfähig, und diese Krankheit dauert bereits seit 1936 an«. – AMV ČR Prag, Fond B2-69. – Im Jahre 1953 wurde die Familie in die Gemeinde Palejovice im Kreis Sobieslau ausgesiedelt.

15 Vincenc Bednář, Jg. 1892, Rottenschachen, in der Ersten Republik Maurer, dann Rentner, nahm an keinerlei Aktion teil, bekannte sich zur deutschen Nationalität, war nicht in der NSDAP. Seine beiden Söhne »bekannten sich zu den Deutschen« und waren in der Armee. Ein Sohn wurde beim Versuch der Fahnenflucht erschossen. Der zweite Sohn lebt in Rottenschachen. 1945 »wurde er nicht abgeschoben«. – Jan Boček, Jg. 1908, Rottenschachen, Arbeiter bei der Tschechoslowakischen Staatsbahn, verheiratet, drei Kinder, in der Ersten Republik Arbeiter in České Velenice; nahm an keiner Aktion zur Abtrennung der Gemeinde teil. Nach der Besetzung bekannte er sich samt seiner Familie zu den Deutschen. Nicht engagiert, musste er als deutscher Soldat einrücken, kehrte vor dem Kriegsende nach Rottenschachen zurück und »wurde 1945 abgeschoben«. – AMV ČR Prag, Fond B2-64.

16 Ein Beispiel für viele: Karel Zimmel, Jg. 1911, gebürtig aus Erdweis bei Klikau, Bauer, 1,92 ha Grund, drei Stück Vieh, ein Schwein, Alteingesessener, ursprünglich Schmiedegeselle, hatte später etwa zwei Jahre lang eine selbstständige Wirt-

schaft in Erdweis. 1938 bekannte er sich als Tscheche, während der Besatzungszeit arbeitete er als Waldarbeiter und Hilfsstraßenwärter. »Im Jahre 1945 wurde er höchstwahrscheinlich aus Gehässigkeit nach Österreich abgeschoben und kehrte drei Monate später wieder zurück.« – AMV ČR Prag, Fond B2-69, auch 505-261-6.

17 Zur Verdeutlichung Folgendes: Alle Sudetendeutschen, die auf dem Gebiet der Böhmischen Länder lebten – also in Böhmen, Mähren und Schlesien –, waren »österreichische Deutsche«, Bürger Österreich-Ungarns, die aufgrund der Entstehung der ČSR und entsprechend den Folgeentscheidungen der Pariser Friedenskonferenz, die 1919 die österreichischen Deutschen der ČSR einverleibt hatte, inkorporiert wurden. Die Einverleibung der Weitraer und der örtlichen Deutschen in die ČSR 1920 war lediglich eine Ergänzung jener »Verschiebungen« von Menschen und ihrer Nationalität sowie ihrer Staatsangehörigkeit.

18 Die Maßnahmen werden im Einzelnen aufgeführt bei Staněk, Perzekuce, S. 197.

19 Ebd.

20 Staněk, Odsun Němců, S. 161f. u. 451.

21 AMV ČR Prag, Fond B2-69, auch 305-261-6.

22 Man kann sich in diesem Zusammenhang das Schicksal der Pauline Kotrba, Jg. 1893, aus Erdweis an der Lainsitz vergegenwärtigen. In der Ersten Republik hatte sie sich gemeinsam mit ihrem Ehemann neben der Bewirtschaftung ihres kleinen Eigentums von der Torfgewinnung ernährt. Entsprechend dem Amtsvermerk klingt dies so: «Im Jahre 1938, zur Zeit der Okkupation der Gemeinde, bekannte sich ihr Ehemann zu den Deutschen mit der Begründung, dass er als Kranker eine Rente erhält. Als Kranker musste er auch nicht einrücken. Die Ehefrau und Tochter blieben jedoch Tschechinnen«. Genauer gesagt: »*Wie* Tschechinnen«. – AMV ČR Prag Praha, Fond B2-69, auch 315-261-6.

23 Das rief Proteste der Neusiedler hervor; sie setzten sich aus den Volksverwaltern zusammen, ferner aus zugezogenen Handwerkern und Angestellten der Staatsverwaltung, so etwa der Zollbehörde, der Post und der Tschechoslowakischen Staatsbahn. Diese wandten sich Ende 1945 in Schreiben an die Zentralbehörden in Prag, dass sich in Rottenschachen »zurückkehrende Personen aus dem Gewahrsam des Kreis-Nationalausschusses in Wittingau befinden. Diese Einzelpersonen waren Angehörige der NSDAP und haben einen beträchtlichen Anteil an den Ereignissen des Jahres 1938. Weiterhin leben ungestört in der Gemeinde ehemalige Soldaten der deutschen Armee, die zurückgekehrt sind.« – AMV ČR Prag, Fond B2-68, S. 13.

24 AMV ČR Prag, Fond B2-68.

25 Die Archivmaterialien über das Weitra-Gebiet sind vor allem beim Ministerium des Inneren der ČSR konzentriert worden. Siehe dazu AMV ČR Prag, Fond B2-1/69.

26 Niederschrift von Josef Bártl, S. 12.

27 Die Vorbehalte wurden insbesondere gegen das Mitglied des ersten und zweiten Orts-Nationalausschusses in Rottenschachen Karel Čada vorgebracht, ehemaliger Legionär, der vor der Besetzung der Gemeinde im Jahre 1938 Mitglied der Staatsverteidigungswacht (SOS) gewesen war, dann seine Wirtschaft und sein Gewerbe einfach zurückließ und ins Landesinnere verschwand. Im Mai 1945

kehrte er wieder zurück und beteiligte sich an Festnahmen und Verhaftungen und dann auch an der Vertreibung der Ortsbewohner. – AMV ČR Prag, Fond B2-68.

28 Bericht des Orts-Nationalausschusses von Rottenschachen vom 3. Juni 1945 an den Kreis-Nationalausschuss in Wittingau über die Wahl des neuen Orts-Nationalauschusses. – SOA Jindřichův Hradec/Neuhaus, Fond ONV Třeboň/Wittingau; der Bericht trägt die Unterschrift des neuen Vorsitzenden Josef Opelka. – Auch AMV ČR Prag, Fond B2-68.

29 Aus der Beschwerde von 38 Rottenschachener Bürgern vom 28. Dezember 1945 ergibt sich, dass sie gegenüber dem neuen Vorsitzenden keinerlei Einwände erhoben – bis auf einen einzigen »Fehler«, dass nämlich seine Verwandten »die deutsche Nationalität haben«: »Und was die übrigen Mitglieder des Orts-Nationalausschusses betrifft, so sieht dies bis auf geringfügige Ausnahmen ähnlich aus.« Weiter kritisierten sie die Tatsache, dass der Orts-Nationalausschuss aus den einzelnen politischen Parteien zusammengesetzt wurde, doch nähmen diese Parteien als Mitglieder auch diejenigen »mit deutscher Nationalität« auf, »welche noch nicht die tschechische Volkszugehörigkeit zuerkannt bekamen«. – AMV ČR Prag, Fond B2-68.

30 Niederschrift von Josef Bártl, S. 13. – Anlässlich der Ereignisse vom 3. Juni 1945 in Rottenschachen wurde wiederholt davon gesprochen (auf den Vorschlag von Hauptmann Bártl hin), dass die ausgewiesenen Einwohner zurückkehren sollten »damit sichergestellt würde, welche Dinge entwendet wurden und dass eventuell der Orts-Nationalausschuss von dem Verdacht befreit würde, dass er sich an Übergriffen bezüglich des Eigentums beteiligte«. Bártl drang auch auf die Wahl eines neuen Orts-Nationalausschusses, »der die Rückkehr der Ausgewiesenen beschließt; dieser Vorschlag wurde von der zwischenzeitlich vor dem Gemeindeamt versammelten Bevölkerung stürmisch (an die 50 Menschen) begrüßt«. Bártl sprach auch zu den vor dem Gemeindeamt Versammelten darüber, dass in den Orts-Nationalausschuss »allein heimische Bürger« gewählt werden sollten. Bártl forderte auch mit folgendem Ausspruch, dass die Ausgewiesenen wieder zurückkehrten: »Die Rottenschachener Bürger, sollen sie alle nach Hause zurückkehren? Alle in ein einziges?« Auf diese Frage antworteten die Anwesenden mit stürmischer Zustimmung. – AMV ČR Prag, Fond B2-69: Bericht des Orts-Nationalausschusses von Rottenschachen vom 20. Juni 1945 an den Landes-Nationalausschuss in Prag mit der Unterschrift des Vorsitzenden Opelka und für die Militäreinheit in Rottenschachen durch den Leutnant der Infanterie Kužela, für die Gendarmerie-Station in Rottenschachen durch den Stabswachtmeister Mikoláš Jakubec.

31 Es lag im Interesse von Leutnant Kužel, des Kommandeurs der Militäreinheit in Rottenschachen, der sich an der Vergewaltigung von Mädchen im Gemeindebereich und am Eigentumsraub der Vertriebenen beteiligt hatte, den Verdacht der Kollaboration des Hauptmanns Bártl nach Prag zu melden. Im Bericht vom 20. Juni 1945 wurde auf seine Veranlassung hin – von der weder Opelka noch Jakub Bártl etwas wussten – angeführt, dass Bártl als ehemaliger Offizier der tschechoslowakischen Armee in die Dienste der Protektorats-Gendarmerie getreten und dienstlich befördert worden war. »Dieser Umstand erweckt den Anschein

eines übermäßigen Arbeitseifers im Dienst unter deutscher Führung.« Bártls Eltern lebten in Rottenschachen und »wurden durch die Kommission für die Lösung der Nationalitätenfrage als Deutsche anerkannt«. Bártl kam während der Okkupationszeit häufig nach Rottenschachen. »Es ist auffällig, dass dem Gendarmerie-Oberleutnant als einem Angehörigen einer uniformierten Einheit ein Passierschein ausgehändigt wurde, was ansonsten äußerst selten geschah.« Der Vater von Oberleutnant [sic] Bártl »hat sich gegenüber einem Mitglied des hiesigen Nationalausschusses als Deutscher zu erkennen gegeben, und entsprechend Zeugenaussagen hat er das NSDAP-Parteiabzeichen getragen.« – AMV ČR Prag, Fond B2-69. – Die Verbrechen des Leutnants Kužel in Rottenschachen überwogen jedoch seine gegen Bártl gerichteten Verleumdungen, und so wurde er schließlich aus Rottenschachen abberufen, bestraft und aus der Armee entfernt.

32 Auf eine dieser Beschwerden aus Rottenschachen hin ordnete das Ministerium des Inneren am 26. September 1945 gegenüber dem Kreis-Nationalausschuss in Wittingau an, den Beschwerdeinhalt näher zu untersuchen, insbesondere bezüglich der Rückgabe der tschechoslowakischen Nationalität an Bürger, die sich zur deutschen Nationalität in Rottenschachen bekannt hatten; es wurde hierbei auf den Erlass des Ministeriums des Inneren vom 24. August 1945 verwiesen. – SOA Jindřichův Hradec/Neuhaus, Fond ONV Třeboň/Wittingau: 4. X. 45 – 13622.

33 Der »revolutionäre« Kreis-Nationalausschuss wurde aufgelöst und ein »normaler« entsprechend dem Kaschauer Regierungsprogramm gewählt. Der Vorsitzende des Kreis-Nationalausschusses blieb der KPTsch-Vertreter, der Leutnant der Tschechoslowakischen Armee Jan Vacek, Ratsmitglied des Kreis-Nationalausschusses blieb ebenfalls der Kommunist Václav Maxa (Schwarzbach, Haus Nr. 112), der gleichzeitig das allerwichtigste, nämlich das Sicherheitsreferat, beherrschte. – SOA Jindřichův Hradec/Neuhaus, Fond ONV Třeboň/Wittingau: Protokoll der 2. Sitzung des Kreis-Nationalausschusses.

34 Die KPTsch schlug für den Orts-Nationalausschuss sechs Mitglieder vor, von denen drei sogleich wieder gestrichen und durch andere ersetzt wurden: Für den Schlosser O. Zelenka wurde der Oberrespizient der Finanzwache Josef Kraus bestimmt, für den Bauern Josef Kalous wieder der Finanzwachenrespizient Oldřich Kolbač und für den Fachlehrer Vladmír Texl der Metzger Jan Lukeš. In der KPTsch-Vertretung innerhalb der Gemeinde überwogen somit die Staatsangestellten. Zu ähnlichen Verschiebungen – in zwei Fällen – kam es auch bei den Nationalen Sozialisten. Der Töpfer und Legionär Karel Čada, Haus Nr. 240, der im ersten Orts-Nationalausschuss in Rottenschachen eine entscheidene Rolle gespielt hatte, war erneut erfolglos und wurde durch František Benda ersetzt. – AMV ČR Prag, Fond B2-69.

35 Ebd.

36 Ebd.

37 Ebd. – Um den Anteil Josef Opelkas an der Gemeindeführung herabzusetzen, erschien in der späteren Bewertung seitens der Staatssicherheit eine Passage, dass Opelka nur angestellt war und an seiner statt Jaroslav Kos, der die KPTsch im Orts-Nationalausschuss vertrat, in Wirklichkeit die Geschäfte führte. Um das

Gesamtbild der politischen Situation in diesem Fall zu vervollständigen: Auch Kos führte die Gemeinde im sozialdemokratischen Geiste.

38 Kovařík konnte keinerlei Beteiligung an der Lostrennung Rottenschachens 1938 von der ČSR und dem Anschluss an das Dritte Reich nachgewiesen werden, trotzdem galt für die Behörden, dass er in das Gasthaus »U Nováku«, Haus Nr. 93, ging, »wo alles vorbereitet wurde«. Die Polizeiorgane, welche seinerzeit durch die Kommunisten im Kreis-Nationalausschuss in Wittingau gelenkt wurden, gelangten zu dem Schluss, dass in der Gemeinde nicht er selbst entschieden habe, sondern die Ehefrau des Gastwirts Karel Novák – »und was auch immer Frau Nováková wollte, das wurde in der Gemeinde so gemacht«. Weiterhin wurde Kovařík in den behördlichen Meldungen als »Wirtshausfaulenzer« herabgesetzt; dies sei er bereits zur Zeit der Ersten Republik gewesen, und so blieb der Verdacht auf ihm haften, dass er gemeinsam mit Novák den Schuster Reiner umgebracht habe, der am Abend vor seiner Ermordung mit einer großen Geldsumme von 36 000 Kčs geprahlt hatte, und am folgenden Morgen ohne Geld im Fischteich aufgefunden wurde. Die Schuld wurde zwar nie nachgewiesen, »doch von jener Zeit ab wurde der Kovařík fortwährend und praktisch ohne irgendeine Bezahlung ernährt«. Im Jahre 1945 übernahm er nur so «fürs Auge« die Volksverwaltung über das Gasthaus K. Nováks, bis dieser dann »sein Tschechentum bewies«; daraufhin wurde die Volksverwaltung über das Gasthaus aufgehoben. – AMV ČR Prag, Fond B2-69.

39 Ebd.

40 Jaroslav Kovařík hatte sich 1938 zur deutschen Nationalität bekannt (im Sinne einer Rückkehr des Weitra-Gebietes zu Österreich), wurde zur Wehrmacht geholt, wo er dann wie Dutzende anderer auch vermeldete, dass er Tscheche sei und in der deutschen Armee keinen Dienst abzuleisten habe, und so kehrte er nach neun Monaten als Zivilist zurück – entsprechend dem StB-Bewertungsvermerk: «denn er kam darauf, dass er Tscheche ist, und daher musste er nicht als deutscher Soldat kämpfen«. Alle, die sich erst nachträglich zur tschechischen Nationalität bekannten, wurden bei der Wehrmacht als Verräter eingestuft, etliche auch eingesperrt, bei ihrer Rückkehr nach Hause wurden ihre Familien von Seiten der aktiven Nazis verunglimpft. – AMV ČR Prag, Fond B2-69 (darin eine ganze Mappe mit Berichten).

41 Der Staatssicherheitsdienst referierte 1953 über Jaroslav Kovařík Folgendes: »Im Jahre 1945 wurde er nicht abgeschoben. Nach der Flucht der deutschen Funktionäre aus der Gemeinde drang er unter Gewaltanwendung in das Gebäude des ehemaligen Gemeindeamtes in Rottenschachen ein und vernichtete auf der Station der deutschen Gendarmerie in Rottenschachen sämtliches aufgefundenes schriftliches Material und die Unterlagen über die Tätigkeit der NSDAP und deren Mitglieder innerhalb der Gemeinde.« – AMV ČR Prag, Fond B2-69.

42 Die Kommunisten schluckten bei ihrer Machtergreifung im Februar 1948 die Sozialdemokratie, und die Mitglieder dieser Partei sollten KPTsch-Mitglieder werden. Der Aktionsausschuss leitete Jaroslav Kovařík nicht in die KPTsch über, was seinen Vertreter in der Rottenschachner Sozialdemokratie, Leopold Opelka (den Bruder des Vorsitzenden des Orts-Nationalausschusses, Josef Opelka),

auch dazu veranlasste, einen Übertritt zu den Kommunisten zu verweigern. Jaroslav Kovařík war nach dem Umsturz vom Februar 1948 den örtlichen Kommunisten ein Dorn im Auge, die über ihn bei der Geheimpolizei Bericht erstatteten – und die vermerkte, dass Kovařík »ständiger Gast im Gasthaus ›U Nováku‹ ist und Leiter einer reaktionären Gruppe in der Gemeinde«. Die Arbeitsbehörde des Kreis-Nationalausschusses in Wittingau ordnete Kovařík gegenüber an, jeweils drei Tage in der Woche als Waldarbeiter zu arbeiten; weil er ein landwirtschaftliches Eigentum mit 5,40 ha Grund, Vieh, Schafen und Hühnern besaß, durfte er den Rest der Zeit zu Hause arbeiten. 1953 wurde er gezwungen, sein Eigentum zu verlassen und in die Gemeinde Vlkov, Nr. 17, im Kreis Sobieslau, übersiedelt. In dasselbe Dorf wurde auch Karel Novák, Nr. 93, mit Familie umgesiedelt. Den ehemaligen Ortsausschussvorsitzenden Josef Opelka, Nr. 31, übersiedelte man in die Gemeinde Jamný, Kreis Písek, seinen Bruder Leopold, Nr. 246, nach Budweis, und seinen Vater Antonín, Nr. 220, in die Gemeinde Mohouš, Kreis Vodňany, auf eine landwirtschaftliche Siedlung. Ein ähnliches Schicksal erlitten auch die Mitarbeiter von Jaroslav Kovařík, die Familie Doležal aus Rottenschachen Nr. 5. Karel Doležal wurde als Helfer des Kovařík bezeichnet, er war Beamter des Orts-Nationalausschusses in Rottenschachen bis zum Februar 1948, als er hinausgeworfen und »sämtlicher Funktionen« entledigt wurde. Die Doležals wurden nach Budweis umgesiedelt. – AMV ČR Prag, Fond B2-69: Verzeichnis der ausgesiedelten Personen.

43 Als Nachweis der Unterstützung des Nazismus wurde in den Materialien des Staatssicherheitsdienstes angeführt, dass »er am Aufbau der NSDAP durch Geld beigetragen hat« – mit einer einzigen Reichsmark! – AMV ČR Prag, Fond B2-69: Zusatzblatt 1, Position 23.

44 Josef Bártl, Jg. 1883, gebürtiger Rottenschachener, besaß zur Zeit der Ersten Republik in der Gemeinde ein Kolonialwarengeschäft. Seine Ehefrau Terezie Kroniková, Jg. 1885, entstammte eine alten, im Weitra-Gebiet weitverzeigten Familie in Rottenschachen. Seine Schwester Anna Pilná war österreichische Staatsangehörige. Bártl hatte ein eingeschossiges Haus, was sein gesellschaftliches Prestige anhob, war Mitglied der Christlichen Volkspartei und deren Vertreter in der Gemeindevertretung in der Ersten Republik. Auch in der Okkupationszeit befand er sich in der Gemeindevertretung. Ihm wurden die NSDAP-Mitgliedschaft und die Teilhabe im Verzeichnis der SA aufgerechnet – jedoch ohne Nachweis. Seine allergrößte Schuld bestand darin, dass er sich 1938 zur deutschen Nationalität bekannt hatte, dafür wurde er auch mit seiner Ehefrau, die Frauenschaftsmitglied war, nach Österreich vertrieben und sein Geschäft geschlossen. Aus Österreich kehrte er »etliche Tage später« wieder zurück, öffnete wiederum sein Geschäft und führte dieses bis 1950, «als er freiwillig sein Gewerbe schloss, damit bei ihm eine TEP-Verkaufsstelle eingerichtet wird«. Bártl war nach dem Krieg Mitglied der Sozialdemokratie, »auch wegen Vorteilsnahme«, denn sie verhalf ihm zur Neueröffnung seines Geschäfts. Gegen ihn wurde ein Strafverfahren entsprechend dem so genannten »Kleinen Dekret« eröffnet, doch durch »politische Einflussnahme der Sozialdemokratie beim Kreis-Nationalausschuss wurde dieses eingestellt«. Der letzte StB-Bericht über

ihn stammt aus dem Jahre 1953: »Heute ist er parteilos und ein Feind unseres Regimes.« Als sein Sohn Josef 1950 inhaftiert wurde, war Bártl bereits 67 Jahre alt. Nicht sein Alter hatte einen entscheidenden Einfluss auf die Schließung seines Geschäftes, sondern die Verfolgung seines Sohnes. Die gesamte Familie Bártl wurde durch die Kommunisten als staatlich unzuverlässig und als gegenüber dem volksdemokratischen Regime »feindlich« orientiert bezeichnet. – AMV ČR Prag, Fond B2-69.

45 SOA Jindřichův Hradec/Neuhaus, Fond ONV Třeboň/Wittingau: Inventar-Nr. 2741 zur Nummer ZOB-III-B-2094-1946, Brief vom 28. Dezember 1945.

46 Vgl. dazu die Aktivitäten des ehemaligen Rottenschachener Bürgermeisters Schlechta (Šlechta) in Österreich. – AMV ČR Prag, Fond B2-68.

47 VHA, Fond MNO 1946, Az. 535, Karton 62.

48 Aus einem Amtsvermerk vom 9. Februar 1946 im Kreis-Nationalausschuss Wittingau bei Anwesenheit von Vertretern des Landes-Nationalausschusses Prag und des Kreis-Nationalausschusses Wittingau geht hervor, dass es sich um die »unglückselige Frage« der Vertreibung der Weitraer und ihre allmähliche Rückkehr in die ČSR handelte: »Diese Verhältnisse wirken ungünstig, sie verstören die Bevölkerung und verursachen Schwierigeiten sowohl dem Kreis-Nationalausschuss als auch den Ortsausschüssen und allen öffentlichen Organen. Zahlreiche Beschwerden sind bereits unterbreitet worden und zwar nicht nur gegenüber den genannten Organen, sondern auch an die Adresse von Zentralorganen, nicht einmal die Regierung ist davon ausgenommen.« – SOA Jindřichův Hradec/Neuhaus, Fond ONV Třeboň/Wittingau, Az. 6318-II-1465/46. – VHA, Fond MNO 1946, Az. 1120, Karton 62.

49 Ebd., S. 3.

50 Siehe Anm. 47.

51 Auf der Sitzung am 9. Februar 1946, als über die Weitra-Angelegenheit verhandelt wurde, gab der Vorsitzende des Kreis-Nationalausschusses Wittingau bekannt, dass »Personen tschechischer Nationalität, die in der Zeit der Unfreiheit die deutsche Volkszugehörigkeit erlangt hatten und in den revolutionären Tagen nach Österreich abgeschoben worden waren, bereits zuvor die Erlaubnis erteilt wurde, auf der Grundlage indvidueller Ansuchen sich um die Rückkehrgenehmigung zu bewerben, die ihnen auch von Fall zu Fall erteilt worden ist. Anfang Dezember des vergangenen Jahres (1945) wurde eine Maßnahme eingeleitet, damit Personen tschechischer Nationalität, die in unser Gebiet zurückkehren, nicht wieder zurückbeordert werden, dass sie vielmehr beschleunigt dem Arbeitsprozess zugeführt werden«. Siehe dazu Anm. 48.

52 Kronika obce Rapšach (Chronik der Gemeinde Rottenschachen), S. 342f.

53 Ebd., S. 346.

54 »Ganze Gepäckstücke voller Lebensmittel schleppen sie ihren Verwandten auf die österreichische Seite hinüber, während unsere armen Leute nur schwer etwas ergattern können.« – Siehe Anm. 45.

55 »... schließlich arbeitet eine ganze Reihe von Männern, die sich während der Okkupationszeit zur deutschen Nationalität bekannt hatten, in den Werkstätten der Staatsbahnen in České Velenice, während unsere armen Leute demgegenüber nur schwer etwas ergattern können«. – Ebd.

56 Ebd.

57 Die Zusammensetzung der Unterzeichner, die ebenfalls ihre Berufe mit anführten: Volksverwalter – 10; Angehörige der Finanzwache und des Korps der Nationalen Sicherheit – 9; Staats- und öffentliche Angestellte – 5; Gewerbetreibende und Handwerker – 8; Bauern – 4; Häusler – 2. – AMV ČR Prag, Fond B2-68.

58 Die Gerichtskanzlei des Kreiszivilgerichts Prag-West beglaubigte das Memorandum mit den entsprechenden Unterschriften und Stempelmarken am 12. März 1947. – AMV ČR Prag, Fond B2-68.

59 Dvořáková Anna – zwei Söhne eingezogen; Zimmel František, Haus Nr. 239 – Deutscher, Sohn im Krieg gefallen; Zimmel Hynek, Haus Nr. 154 – Deutscher, Frau ist eine scharfe Deutsche – Söhne im Felde; Bártl Josef – eingefleischter Deutscher; Brabec Adolf, Haus Nr. 155 – begeistert für das deutsche Regime; Havle Čeněk, Haus Nr. 197 – hat Gendarmen mit der Axt angefallen; Kahovcová Anna, Haus Nr. 60 – Denunziantin; Kajnrát František, Haus Nr. 244 – Deutscher, in die deutsche Armee eingetreten; Štiksová Marie, Haus Nr. 82 – starke Deutsche, Sohn im Feld; Schlechta Jan, Haus Nr. 5 – NSDAP, politischer Leiter, Hauptschuldiger usw. – AMV ČR Prag, Fond B2-68, S. 14, 14a, 15, 15a. – Havle František, Haus Nr. 56 – lief als Initiator über, gab seinen beiden Ochsen die Namen Masaryk und Benesch.

60 AMV ČR Prag, Fond B2-68, S. 12.

61 Ebd., S. 11b.

62 »Wir wollen unsere vorgesetzten Behörden nicht kritisieren, dass sie dieses oder jenes nicht tun, aber wir wollen ihnen allseits behilflich sein und sämtliche ihrer Weisungen genau erfüllen ... Wir glauben, dass wir von Seiten unserer leitenden Behörden Verständnis finden und sie uns in unserer Arbeit für das Vaterland unterstützen werden. Und daher bestehen wir auf der Einsetzung einer Verwaltungskommission in der Gemeinde Rottenschachen ... und auf der Abschiebung unzuverlässiger Leute aus diesem Gebiet, denn falls dies nicht geschieht, besteht die Befürchtung, dass diejenige Bevölkerung von hier wegziehen würde, die während der gesamten Okkupationszeit die tschechische Volkszugehörigkeit bewahrt und während derselben Zeit hier gelitten hat.« – AMV ČR Prag, Fond B2-68, S. 12.

63 Wie ist denn wohl dieses »unsere eigenen« zu verstehen, da doch die Anwesen usw. gesetzwidrig konfisziert und mit Kolonisten besetzt worden waren?

64 AMV ČR Prag, Fond B2-68, S. 9: Vermerk des Landes-Nationalausschusses: »Ermitteln durch Sonderorgane«.

65 »Trotz Protesten werden massenweise nationale und staatliche Zuverlässigkeitsbescheinigungen ausgestellt; dies betrifft ebenfalls die Staatsbürgerschaft, obwohl in der hiesigen Gemeinde bisher nicht ordnungsgemäß ermittelt worden ist, worin die Mehrheit der hiesigen Bürger sich zwischen 1938 und 1945 schuldig gemacht hat. Es herrscht hier der begründete Verdacht, dass die Hauptschuldigen, die die Gemeinde Rottenschachen in die Besetzung durch Deutschland hineingeführt haben, nunmehr auf eigenen Antrag hin dieser gründlichen Überprüfung entgehen wollen und von sich behaupten, dass sie die allerbesten Tschechen gewesen seien«. – Ebd., S. 9.

66 Von der Kommission für die Bodenreform des Landes-Nationalausschusses war der Oberkommissar der politischen Verwaltung Dr. Lauermann anwesend, weiter der Kommissar der politischen Verwaltung des Landes-Nationalausschusses Dr. Svatopluk Heřmánek und der Planungsreferent desselben Ausschusses Ing. Jan Pěrka. Den Kreis-Nationalausschuss vertraten der Stellvertretende Vorsitzende Rudolf Maxa und der Rat der politischen Verwaltung in Wittingau Dr. Tautermann. Das Korps der Nationalen Sicherheit wurde durch den Kreiskommandanten, Stabshauptmann Josef Matějka, vertreten und der Verband der politischen Gefangenen durch den Stellvertretenden Kreisvorsitzenden Josef Kyral aus Wittingau. – AMV ČR Prag, Fond B2-68.

67 Karel Kamiš, der an Stelle seines Vaters František, einem der Unterzeichner, umfassend antwortete, erzählte, wie er Leutnant Kužela in den Umsturztagen »bei der Erstellung einer Kartei der unzuverlässigen Bürger« geholfen habe. Die Kartei erstellten sie angeblich durch »handschriftliches Notieren aus den Unterlagen, die uns durch verschiedene amtliche und nicht amtliche Personen vorgelegt wurden«. Auch der Trafik-Besitzer Antonín brachte fünf Blatt mit den Namen von SA-Mitgliedern. Karel Kamiš erinnerte sich aber daran, dass es 50 Blatt gewesen seien und diese habe Václav Maxa dem »hiesigen Vorsitzendes des Orts-Natinalausschusses Kovařík« übergeben, damit er sie aufbewahre und am folgenden Tage bei der Standortkommandantur abgebe. »Obwohl wir der Kartei nachjagten, haben wir sie nicht mehr gefunden.« František Kříž aus Rottenschachen, Haus Nr. 252, sagte aus, dass ihm ein Heft mit dem Verzeichnis der NSDAP-Mitglieder in der Gemeinde zur Verfügung gestanden habe, das er in der Kanzlei des Ortsgruppenleiters Schnauder gefunden hatte; aus diesem Heft habe er eine »Abschrift mit allen Vermerken« angefertigt. Das Original übergab er dem ersten Vorsitzenden des Revolutionären Nationalausschusses Červík, und der wiederum legte es in die Tischschublade, und als das Heft dann später gesucht wurde, war es unauffindbar«. – AMV ČR Prag, Fond B2-68.

68 Das Amt des Regierungspräsidiums versandte am 7. November 1945 den Artikel zusammen mit weiterem Material – u.a. dem Protokoll einer Beratung vom 6. November 1945 in Sachen Weitra-Gebiet und Rückkehr der abgeschobenen tschechoslowakischen Bevölkerung, Nr. 14043-II-119/45 – an die Ministerien des Inneren, für Volksverteidigung, Landwirtschaft, Arbeitsschutz und Sozialfürsorge, an das Ministerium für auswärtige Angelegenheiten und an die Kanzlei des Präsidenten der Republik. – VHA, Fond MNO 1945, Az. 1348, Karton 62.

69 In der Angelegenheit der Informationsweitergabe wird hinzugefügt: »Diese Nachricht geht ebenfalls an die Ministerien für auswärtige Angelegenheiten, für Volksverteidigung, Generalstab, sowie für Landwirtschaft und in Abschrift an das Ministerium des Inneren und die Kanzlei des Präsidenten der Republik.« – VHA, Fond MNO 1945, Az. 1366, Karton 62.

70 Kronika obce Rapšach (Chronik der Gemeinde Rottenschachen), S. 344.

71 Die Rekapitulierung der Vertreibung blieb bislang auf die Menschenverluste (die Zahl der Toten) beschränkt. Niemand zog die Leiden der lebenden Geschöpfe in Betracht, die unversorgt in ihren Behausungen verblieben waren. Es gibt Zeugenaussagen, dass Kühe, die nebeneinander standen, sich gegenseitig die Haut bis aufs Fleisch ableckten, um ihren Durst zu stillen, dass Tiere verrückt

wurden und schließlich von späteren Neusiedlern (da die Goldgräber dafür keine Zeit aufbrachten) erschossen wurden. Das Vieh, das diese Zustände überlebte, wurde von der Brucellose befallen, mit deren Bekämpfung das Regime dann bis zum Beginn der 60er-Jahre zu tun hatte. Hat der Historiker, der den Moloch der Vertreibung für die Gegend, die Menschen, die Tier- und Pflanzenwelt untersucht, über die Frage nachgedacht, was es bedeutete, Menschen aus ihrer Gegend herauszureißen? Mit Dank teilen wir den Bericht eines tschechischen Arztes mit (keines professionellen Historikers, obwohl er in der Geschichtsschreibung ein größeres Werk hervorgebracht hat als viele Professoren), dass *die Neusiedler nach den vertriebenen Deutschen die Landschaft nicht verstanden haben und die Landschaft sie nicht verstand.*

Merken wir doch einmal an, dass die Schrecken der Vertreibung und ihre Ergebnisse von der Elite der Nation registriert worden sind: so in etlichen literarischen Werken Jaroslav Durychs (»Boží duha« [»Gottes Regenbogen«], 1969), Bohumil Hrabals (»Obsluhoval jsem anglického krále« [»Ich habe den englischen König bedient«], 1971) und Alexander Kliments (»Nuda v Čechách« [»Langeweile in Böhmen«], 1977). Ein absolutes Verleugnen eines tschechischen Intellektuellen in Bezug auf das Verstehen der Vertreibung der Deutschen ist der Roman von Václav Řezáč »Nástup« (»Der Aufmarsch«, 1951). Er wurde zur Bibel der Vertreibungsverteidiger und während der kommunistischen Herrschaft 1948–1989 jedes Jahr neu aufgelegt. Sofern während der Zeit der kommunistischen Unterdrückung kritische Überlegungen bezüglich der Vertreibung der Deutschen aufkamen, so verebbten diese Bemühungen nach der Wiedererlangung der Demokratie nach 1989 hoffnungslos: Der antideutsche gesellschaftliche und Regierungskonsens hat nicht nur die Historiker zum Schweigen gebracht, sondern auch die Schriftsteller. In dieser absolut unannehmbaren Billigung des Verbrechens mögen sie selbst ihr eigenes Gewissen bewerten.

72 Wegen des nachlässigen Vorgehens der Ministerien bezüglich des Problems kam es nicht einmal zu einer verwaltungsmäßig präzisierten Datierung der Vertreibung; diese lief vom Nachmittag des 23. Mai in České Velenice und dessen näherer Umgebung bis zum 24. Mai in den übrigen Gemeinden des Weitra-Gebietes ab, zu allerletzt am Nachmittag aus Schwarzbach.

73 VHA, Fond MNO, Az. 1348, Karton 62.

74 Der Rottenschachener Chronist vermerkte dazu, dass am 25. Juni 1945 die verlassenen Anwesen in Rottenschachen von Volksverwaltern übernommen wurden, die aus den Kreisen Patzau und Pilgram gekommen waren; am gleichen Tage seien 18 Neusiedler-Familien eingetroffen, was nur bedeuten konnte, dass es sich hier um eine staatlich organisierte Anwerbung handelte. – Kronika obce Rapšach (Chronik der Gemeinde Rottenschachen), S. 341.

75 Im Archiv des Ministeriums des Inneren der ČSR sind drei verschiedene Memoranden erhalten geblieben: vom 22. Dezember und vom 28. Dezember 1945 sowie vom 6. August 1946. Darin denunzierten die Neusiedler, die sich aus Volksverwaltern, Staatsangestellten, Angehörigen der Finanzwache und der Polizei (des Korps der Nationalen Sicherheit) und etlichen Gewerbetreibenden zusammensetzten, die verbliebene Bevölkerung Rottenschachens wegen deren nationalsozialistischen Aktivitäten, womit sie die Rechtmäßigkeit ihrer Vertreibung

begründeten. Das Memorandum schloss mit nachfolgender Aufforderung: Entweder wir oder sie, d.h. entweder werden sie über die Grenze gejagt und verbleiben dort dauerhaft, oder wir fordern unseren Abschub aus dem Weitra-Gebiet ins Landesinnere. Die Memoranden waren auf verschiedenen Schreibmaschinen geschrieben worden, die Unterschriften der Unterzeichner jedoch gleich – entsprechend den Umständen konnte es sein, dass sie noch in der Gemeinde wohnten oder bereits weggezogen waren. Aus dem persönlichen Brief Václav Maxas nach Prag vom Dezember 1945 ergibt sich, dass er selbst der Inspirator dieser Memoranden war. Er wusste wohl, dass er bezüglich der Umkehrung des Ist-Zustandes der Vertreibung allein keinen Erfolg haben würde, folglich organisierte er Proteste der Neusiedler, mit denen er dann die Zentralorgane der Staatsverwaltung mit ähnlich lautenden Aufforderungen, Drohungen und Einschüchterungen des Inhalts überschwemmte, dass das tschechische Grenzland wiederum an die Deutschen falle. Im Falle des Weitra-Gebietes zeigte sich jedoch, dass er bereits abgeschrieben war.
Das Memorandum vom 22. Dezember 1945 wurde auf zwei verschiedenen Schreibmaschinen mit unterschiedlicher Tastatur geschrieben und trägt 49 Unterschriften. Das Memorandum vom 28. Dezember 1945 weist 38 Unterschriften auf und wurde auf derselben Schreibmaschine geschrieben wie das Memorandum Nr. 3 vom 6. August 1946, das insgesamt 20 Unterschriften trägt. Die Texte tragen im Prinzip die gleiche »Handschrift«, sie wiederholen sich mit der Absicht, die Alteingesessenen von Rottenschachen als Verräter des tschechischen Volks zu verurteilen, ohne den Versuch zu unternehmen, ihre Vergangenheit, soziale Lage und die Motivation der Österreich-Tendenz zu durchleuchten. Die Unterzeichner treten wie unfehlbare Richter von Taten auf, die »die Nation nicht vergessen und denen sie nicht vergeben darf«. – AMV ČR Prag, Fond B2-68, S. 272, 272a, 273, 274, 275 (erstes Memorandum), S. 10–14 (zweites Memorandum), S. 9 (drittes Memorandum). Das Archivmaterial ist hier in einem chaotischen Zustand, ohne jegliche logische Anordnung. In anderen Teilen (B2/1-69) ist es in Berichtsmappen bearbeitet und in sich abgeschlossen.

76 VHA, Fond MNO 1945, Az. 1348, Karton 62.

77 SOA Jindřichův Hradec/Neuhaus, Fond MNO Třeboň/Wittingau, Inventarnr. 2739 mit der Aktennummer des Ministeriums für Arbeitsschutz und Sozialfürsorge II-2009-12/11-45.

78 SOA Jindřichův Hradec/Neuhaus, Fond ONV Třeboň/Wittingau 1946: Schreiben des Ministeriums für Landwirtschaft Az. 6389/46-IX/2, i. A. des Ministers Ing. Rajtr.

79 Ivan Dérer: Antifierlinger I. Politické Paměti 1945–1949 (Antifierlinger I. Politische Erinnerungen 1945–1949), Prag 1994.

80 Die Neusiedler in Rottenschachen beschwerten sich in ihren Memoranden vom Dezember 1945 darüber, dass in der Gemeinde nichts verborgen bleibe. Sie sahen es »als erwiesen an, dass dasjenige, was an einem Tag im Orts-Nationalausschuss verhandelt wird, am folgenden Tag bereits auch jene in Österreich kennen, die im Mai 1945 von hier nach dort ausgewiesen worden waren. Handelt es sich hier nicht um eine klare Grenzgebietsspionage«? – AMV ČR Prag, Fond B2-68, S. 274.

81 Drei Personen, die am 15. und 18. Dezember 1945 zurückkehrten, werden in den Verzeichnissen vom Januar 1946 angeführt; dies bedeutet, dass es bei der ersten Meldung insgesamt 70 waren. – AMV ČR Prag, Fond B2-69.
Die Rückkehrer-Verzeichnisse fertigte die Station des Korps der Nationalen Sicherheit in Rottenschachen auf Weisung durch den Kreis-Nationalausschuss Wittingau vom 17. Dezember 1945 an. Vgl. SOA Jindřichův Hradec/Neuhaus, Fond ONV Třeboň/Wittingau 1945, Az. 18 126/45.

82 Kronika obce Rapšach (Chronik der Gemeinde Rottenschachen), S. 340.

83 Zusammenfassender Bericht vom Jahresbeginn 1953 über Rottenschachen und die umliegenden Dörfer. – AMV ČR Prag, Fond B2-69.

84 Aus russischer Kriegsgefangenschaft kehrten 33 Soldaten zurück, aus amerikanischer 42, aus englischer 21 und aus französischer vier. Eine Aufstellung der Kriegsgefangenen wurde auf Veranlassung des Kreis-Nationalausschusses Wittingau vom 21. Januar 1948 angefertigt (Az. Z/8 Bezp.). Die Aufstellung erfolgte auf der Grundlage des damaligen dauerhaften Wohnsitzes in Rottenschachen. – AMV ČR Prag, Fond B2-69.

85 Der Fehlbestand zwischen den Heimkehrern aus der Kriegsgefangenschaft und den Gefallenen bzw. Vermissten im Verhältnis zu allen Dienenden aus Rottenschachen (34 Männer) ist dadurch entstanden, dass diese Wehrmachtsoldaten bereits nicht mehr in die ČSR zurückkehrten, sondern mehrheitlich bei ihren vertriebenen Familien in Österreich verblieben, mit denen sie dann (nach Rottenschachen) zurückkehrten.

86 Allein das Bekenntnis zur deutschen Nationalität, bei dem es nicht um eine Option für die deutsche Staatsbürgerschaft handelte, wurde bereits als »schweres Vergehen« gewertet, das allein mit der Todesstrafe geahndet werden konnte.

87 In der Vorstellung des kommunistischen Kommissars nistete sich die Vorstellung von der geburtstreuen Tschechin ein, die in demselben Augenblick, da ihr Mann die deutsche Nationalität beantragt, ihm davonläuft, die Kinder mit sich nimmt und die Scheidung beantragt.

88 Angesichts des Zynismus des leitenden Staatssicherheitsbeamten aus Budweis setzt der gesunde Menschenverstand aus; die hinterbliebenen Witwen und Waisen sollten eigentlich froh sein, dass sie unter die Dächer hätten zurückkehren dürfen, die ihnen einst gehört hatten, und dass sie weiterhin Arbeit haben, »weil in dieser Hinsicht tatsächlich keinerlei Unterschied zwischen den Werktätigen besteht«. Dass ihnen alles gestohlen worden war, »ist selbstverständlich«!

89 SOA Jindřichův Hradec/Neuhaus, Fond ONV Třeboň/Wittingau 1947: Gebietsamt der Staatssicherheit in Budweis vom 16. November 1947, Az. 15 747/47, in Sachen: Schwarzbach, Gemeinde im Kreis Wittingau, Nationalitäten- und allgemeine Lage, Ermittlungen.

90 Über die Zuteilung von Gewerbe- und Betriebsgenehmigungen für Werkstätten, Geschäfte usw. 1945–1947 siehe: Kronika obce Rapšach (Chronik der Gemeinde Rottenschachen), S. 344ff. Bereits im September 1945 genehmigte der Orts-Nationalausschuss Rottenschachen dem Kaufmann Josef Urbánek aus Erdweis bei Klikau die Geschäftseröffnung in Rottenschachen, dem Kaufmann Josef Bártl wurde der Kohlenverkauf gestattet. Verschiedene Genehmigungen für Gewerbebetriebe durch Ortsbewohner oder solche aus der Nachbarschaft

gab der Orts-Nationalausschuss zu Dutzenden aus; damit wurden die Möglichkeiten zur Wirksamkeit der neuen »Volksverwalter der verlassenen Betriebe, in die aber mit der Zeit die ursprünglichen Eigentümer zurückkehrten«, gemindert.

91 Siehe Anm. 89.

92 Zwischen 1946 und 1953 wurden insgesamt fünf Verzeichnisse von Deutschen aus Schwarzbach angefertigt, bzw. von Einwohnern aus dem Ort, die sich 1939 zur deutschen Nationalität bekannt hatten. Ihre Anzahl schwankt und weist bemerkenswerte Unterschiede auf. Für das vollständigste und somit auch der Wahrheit am ehesten entsprechende Verzeichnis halte ich den »Überblick über die Bewohner der Gemeinde Schwarzbach, Kreis Wittingau, die Deutsche waren oder während der Zeit der Okkupation die deutsche Staatsangehörigkeit angenommen haben«. In diesem Verzeichnis werden fortlaufend entsprechend den Hausnummern 53 Familien angeführt, von Nr. 2 bis 115, die sich zwischen dem 22. Juli 1939 und dem 17. Februar 1942 zur deutschen Nationalität bekannt bzw. die deutsche Staatsangehörigkeit beantragt hatten. Das Verzeichnis wurde nach der Hinrichtung vom 24. Mai 1945 und entsprechend den Angaben über Famlien erstellt, die in Österreich verblieben waren; es wurde höchstwahrscheinlich 1946 angelegt. – AMV ČR Prag, Fond B2-68, S. 59–63. Entsprechend dem Schreibmaschinentyp wurde das Verzeichnis direkt beim Orts-Nationalausschuss in Schwarzbach angefertigt.

Zwei weitere Verzeichnisse stammen entsprechend dem Maschinentyp aus der Gendarmeriestation Klikau: Das erste, vom 10. April 1947, enthält eine Zusammenstellung jener Personen aus Schwarzbach, »die sich zur Zeit der Okkupation zur deutschen Staatsangehörigkeit gemeldet hatten«; es werden 57 Familien angeführt sowie Einzelpersonen, somit ergibt sich also eine Übereinstimmung mit dem weiter oben angeführten »Überblick«. Unstimmigkeiten mochten auch im Vergleich zum »Überblick« dadurch ergeben haben, dass die Gendarmen in Klikau auch die hingerichteten Personen mit anführten sowie Vermisste, die aus dem Krieg nicht zurückgekehrt waren. – AMV ČR Prag, Fond B2-68, S. 84–89. Die Ergänzung auf S. 66f. enthält das Verzeichnis von 23 Familien und Einzelpersonen »Verzeichnis von Personen – ehemaligen Deutschen aus Schwarzbach«, mit der Schlussbemerkung: »Alle angeführten Personen sind 1945 nach Österreich ausgesiedelt worden und kehrten wieder auf das Gebiet der ČSR in die Gemeinde Schwarzbach zurück«. Dieses Verzeichnis ist unvollständig und lediglich für den Abgleich mit anderen Angaben bzw. für deren Präzisierung von Interesse.

Zwei weitere Verzeichnisse mit einem Nachtrag wurden entsprechend dem Schrifttyp der Schreibmaschine beim Orts-Nationalausschuss in Schwarzbach am 12. März 1946 und am 14. Oktober 1946 angelegt. – SOA Jindřichův Hradec/Neuhaus, Fond ONV Třeboň/Wittingau 1946.

93 In der Hälfte des vollständigen Verzeichnisses wird eine Familie angeführt: Jan Folta, Haus Nr. 38 – 8 Personen (Eltern und 6 Kinder), Marie Korandová, Haus Nr. 9 – 4 Personen, Růžena Korbelová, Haus Nr. 9 – 4 Personen, Alžběta Rohanová, Haus Nr. 9 – 3 Personen, Anna Kocandová, Haus Nr. 33 – 4 Personen, Jan Haider, Haus Nr. 71 – 3 Personen usw. – »Verzeichnis der zurückgekehrten Deut-

schen«, SOA Jindřichův Hradec/Neuhaus, Fond ONV Třeboň/Wittingau 1946: Orts-Nationalausschuss Schwarzbach, ohne Az.

94 SOA Jindřichův Hradec/Neuhaus, Fond ONV Třeboň/Wittingau 1946: Eingangsstempel des Kreis-Nationalausschusses Wittingau vom 21. Oktober 1946.

95 Für die von den Kommunisten beherrschte Kommission war, wie für das gesamte Landwirtschafts-Ministerium des Ministers Ďuriš, typisch, dass sie noch im April 1947 von den Sicherheitseinrichtungen des Staates verlangte, Verzeichnisse derjenigen Personen anzufertigen, welche sich auf irgendeine Art und Weise während der Okkupation engagiert hatten. Die Station des Korps der Nationalen Sicherheit in Klikau meldete in einem vertraulichen Schreiben: »Die Zugehörigkeit der genannten Personen zur ehemaligen deutschen NSDAP bzw. ihren Gliederungen lässt sich nicht gut feststellen, weil nämlich der Orts-Nationalausschuss in Schwarzbach nach der Vertreibung sämtliche darüber bestehenden Unterlagen an die Ermittlungs-Abteilung des Kreis-Nationalausschusses in Wittingau abgeben musste.« – AMV ČR Prag, Fond B2-68: Korps der Nationalen Sicherheit Klikau, Az. 47/dův/47.

96 Damit man aber genau wusste, worum es sich im Weitra-Gebiet handelte, wurde nochmals der Weitra-Artiekl aus dem »Jihočech« (»Der Südböhme«) wörtlich verlesen. Seit wann wird denn bei einer allerhöchsten Ministerialberatung, die über das Schicksal der Abschiebung von Tausenden Menschen entscheiden soll, als Motto der Artikel eines Dorfschullehrers gelesen, der noch dazu in einer regionalen Wochenzeitung einer bestimmten politischen Partei publiziert wurde? Bereits hieraus ist zu ersehen, dass für die Entscheidung bezüglich einer Revision der Wilden Vertreibung aus dem Weitra-Gebiet jegliche Art von Argumentation diente.

97 VHA, Fond MNO 1946, Az. 62, Karton 61.

98 Ebd., Punkt IV/3.

99 Ebd., S. 2 des Vermerks. (Hervorhebungen J.M.)

100 In der Rottenschachener Chronik ist diesbezüglich zu lesen: »Am Sonntag, dem 25. September 1945 um 10 Uhr Vormittag brach in Rottenschachen Feuer aus und vier Anwesen sind abgebrannt. Der Anlass wurde nicht ermittelt.« – Kronika obce Rapšach (Chronik der Gemeinde Rottenschachen), S. 345. – Obwohl die Weitraer erneut zu ihrer altbewährten Waffe des Protestes gegen die Unterdrückung gegriffen hatten?

101 Man setzte eine gewisse Koexistenz zwischen Volksverwaltern und Rückkehrern voraus: »Die zurückkehrenden Bürger könnten in ihrem Eigentum untergebracht werden, auch wenn sich auf diesem ein Volksverwalter befindet, der wiederum solange dort verbleiben würde, bis bezüglich der nationalen Verlässlichkeit der Betreffenden entschieden sein wird.« Für die Volksverwalter war aber diese Variante des Abwartens in gänzlicher Unsicherheit unannehmbar, und so verließen sie bis auf etliche Einzelpersonen die Anwesen und suchten ihr Glück anderswo. – VHA, Fond MNO 1945, Az. 62, Karton 61.

102 Dies erschien als der wahrscheinlichere Weg, als dass das Ministerium »bei der Unterbringung derjenigen Bürger« Hilfestellung gewährte, »die aus Gründen der nationalen Zuverlässigkeit« ins Landesinnere umgesiedelt werden müssen. – Ebd.

103 Unter dieser kulanten verbalen Wendung »löste« die Ministerialverwaltung zahlreiche Zusammenhänge, für die es keinerlei andere gesetzlichen Erläuterungen oder Begründungen gab. Mehrheitlich wurden damit Angelegenheiten gelöst, bei denen klar war, dass Ämter Fehler begangen hatten und es keine andere Möglichkeit ihrer Bereinigung oder stillschweigenden Beseitigung gab. (Hervorhebung J.M.)

104 Siehe Anm. 97, Punkt IV/5.

105 VHA, Fond MNO 1946, Az. 61, Karton 61: Ministerium des Inneren, Nr. ZZ-38144/45. (Hervorhebung J.M.)

106 VHA, Fond MNO 1946, Az. 1120, Karton 62.

107 Nicht untersucht wurde die Lage in den Gemeinden Tannenbruck, Naglitz und Weissenbach, die dem Weitra-Gebiet angehörten, verwaltungsmäßig aber dem Gerichtsbezirk (»Kreisgericht«) Gratzen unterstanden und nicht unter den politischen Kreis Kaplitz fielen. In Naglitz und Weissenbach überwog die deutsche Bevölkerung erheblich die tschechischen Bewohner; entsprechend der Volkszählung von 1930 lautete das Verhältnis 406:139; in Tannenbruck war das Verhältnis genau umgekehrt: 252 Tschechen standen dort 54 Deutschen gegenüber.

108 Die Beamten des Landes-Nationalausschusses und des Kreis-Nationalausschusses machten sich nicht einmal bewusst, wie sehr sie in Sachen Nüchternheit den Nagel auf den Kopf getroffen hatten: Die Kommandeurscourage des Oberst Hobza beruhte entsprechend Zeugen der Vertreibung auf seiner Trunkenheit, ebenso seiner Offiziere, sodass also Horden von Betrunkenen das Weitra-Gebiet überschwemmten und dann »nationale Vergeltung« dadurch verübten, dass sie Tausende Menschen wie eine Herde in die österreichischen Wälder trieben – insbesondere alte Leute, denn die Männer waren als Soldaten in Kriegsgefangenschaft, und dann auch Frauen mit Kindern. (Hervorhebung, auch in den folgenden Zitaten, J.M.)

109 Eindringen in die Häuser mit Gebrüll, mit Schießen und physischer Gewalt, Hervorrufen einer Atmosphäre pogromartigen Charakters und Mordens, die die Einwohner in ihrer Wahrnehmung lähmte.

110 Auch der Historiker sieht sich außer Stande, ohne Kommentar an der Lüge und der Vergewaltigung der Sprache vorüberzugehen. Sie war allen Vergewaltigern zu Eigen, von den Nazis über die national-sozialistischen »Demokraten« der tschechoslowakischen niedergeknüppelten Demokratie bis hin zu den Kommunisten, die sämtlich als Rechtfertigung für ihre Verbrechen eine Orwellsche Neusprache entwickelten.

111 VHA, Fond MNO 1946, Az. 368, Karton 62.

112 In den persönlichen Unterlagen der Weitraer, insbesondere der Rottenschachener und Schwarzbacher, finden sich mehrere Hinweise, dass sie auf der Grundlage einer »Bekanntmachung« des Kreis-Nationalausschusses Wittingau« zurückgekehrt seien. Im Protokoll der gemischten Kommission ist zu lesen: »Zum Zwecke der Ermöglichung der Rückkehr für die verbannten und geflüchteten Personen tschechischer Nationalität, die sich auf österreichischem Gebiet befinden, war es erforderlich, mit dem Kreishauptmann des angrenzenden österreichischen Kreises Kontakt aufzunehmen und ihn zu ersuchen, auf ge-

eignete Art und Weise eine Benachrichtigung derjenigen Personen zu organisieren, welche diese Maßnahme betrifft.«

113 Im Bewertungsprotokoll der Kommission vom 9. Februar 1946 beim Kreis-Nationalausschuss Wittingau wurde »betont«, dass die »Quelle der größten Schwierigkeiten Rottenschachen ist, eine landwirtschaftlich geprägte Gemeinde, die nahe der Staatsgrenze liegt. Hier ist die Vorbereitung der Kategorisierung sehr mühselig, weil die hiesige Bevölkerung äußerst vermischt gelebt hatte und die meisten Wirtschaftsinteressen im benachbarten Österreich hatte. Damit unterlag sie auch den nazistischen und Germanisierungsbestrebungen, und es gibt hier eine große Zahl von Eintritten in die Partei, deren Gliederungen und militärischen Formationen von SA und SS«. – Siehe Anm. 106.

114 VHA, Fond MNO 1946, Az. 1120, Karton 62.

115 Eine besondere »Weitra-Kommission« bestätigte die Ausnahmestellung und Eigenheit der Lösung des Weitra-Problems; es war dies eine Ausnahme in der seinerzeitigen Verwaltungsordnung. Als ihr Entstehungsdatum kann man die Behandlung der Weitra-Frage Anfang Februar 1946 beim Kreis-Nationalausschuss Wittingau bestimmen.

116 SOA Jindřichův Hradec/Neuhaus, Fond ONV Třeboň/Wittingau 1946, zu Az. 12 154 /46: Zuschrift des Ministeriums des Inneren der ČSR, Az. Z-2145/51-24/6-46-8.

117 Die Weitraer Rückkehrer aus Österreich werden hier grundsätzlich als »Söldlinge«, »schädliche Elemente«, »Saboteure« charakterisiert und beschuldigt, sie würden nach der Rückkehr aus Österreich »heute erneut ihre augenscheinliche deutsche Brutalität ausüben und wiederum in unserer ČSR unsere guten Tschechen verfolgen, die in der Furcht vor diesen Schacherern weiterhin verfolgt werden und bei unseren tschechischen Behörden keinerlei Unterstützung zu erfahren vermögen«. Es wird angegeben, dass von 1200 Rottenschachener Einwohnern »nur wenige Prozent Tschechen sind, die heute von Seiten der Schacherer verfolgt werden, die aus Österreich zurückkehren und unsere Leute erneut so bedrohen, wie dies bisher in der deutschen Ära geschehen ist, und zwar so, dass sie durch anonyme Briefe tschechische Einwohner bedrohen, dass sie mit ihnen bald aufmischen werden und Ähnliches«. – SOA Jindřichův Hradec/Neuhaus, Fond ONV Třeboň/Wittingau 1947: Kopie eines Briefs der örtlichen Zweigstelle des Verbandes der Nationalen Revolution (SNR).

118 Ebd.

119 Ebd. – Zusammen mit der Zweigstelle des SNR unterzeichnete den Brief auch die örtliche Vereinigung der tschechischen Partisanen.

120 Dem Sinn entsprechend hätte es lauten müssen: »obwohl« oder »trotz dessen, dass …«

121 AMV ČR Prag, Fond B2-69, S. 287.

122 Ebd.

123 Bezüglich der Zusammensetzung des Rates und des Plenums des Orts-Nationalausschusses nach den Mai-Wahlen 1946 ist Näheres nachzulesen in: Kronika obce Rapšach (Chronik der Gemeinde Rottenschachen), S. 355f.

124 »Die Plenarsitzung des Orts-Nationalausschusses Rottenschachen behandelte am 8. August 1946 die Überstellung gewisser Personen ins Landesinnere und ihre

politisch-staatliche Zuverlässigkeit. Die Mitglieder des Ausschusses erörterten die einzelnen Familien und stellten deren Verhalten während der Okkupation sowie im Jahre 1945 beim Umsturz fest; Verstöße wurden im Protokollbuch über die Sitzungen des Orts-Nationalausschusses festgehalten.« – Kronika obce Rapšach (Chronik der Gemeinde Rottenschachen), S. 357.

125 AMV ČR Prag, Fond B2-69, S. 173–178.

126 Die genaue Bezeichung des Verzeichnisses lautet: »Entscheid bezüglich der ausgewiesenen oder geflüchteten Personen aus der Gemeinde Rottenschachen, umgesetzt unter Betetiligung von Vertretern des Landes-Nationalausschusses, des Kreis- und des Ortsausschusses«. – AMV ČR Prag, Fond B2-69, S. 199–202ab–204ab.

127 In sämtlichen Dokumenten der Staatssicherheit und der Behörden nach 1948 wird die Tätigkeit Mirko Sedláks negativ beurteilt, und so fiel dieser Schatten der Verurteilung auch auf jene Weitraer, die mit ihm zusammengearbeitet hatten; eo ipso wurde ihnen der Stempel reaktionären Verhaltens und der Verdacht staatsfeindlicher Tätigkeit aufgedrückt. Bereits 1947 machte die Staatssicherheit Budweis Prag auf Folgendes aufmerksam: »Während des Wahl-Agitationskampfes 1946 bedauerten insbesondere Redner der Sozialdemokratie die Einwohner Rottenschachens, dass sie besonders und mehr als andere gelitten hätten. Diese Partei gewann auch über die Hälfte der Wähler, was die anderen Parteien mit Befremden aufnahmen.« – AMV ČR Prag, Fond B2-69, Az. 12 652/47.

128 Kronika obce Rapšach (Chronik der Gemeinde Rottenschachen), S. 354f. – Die Mitglieder des Plenums des Orts-Nationalausschusses waren für die Sozialdemokratie Jaroslav Kovařík, Bohumil Přibyl, Leopold Opelka, Ludvík Vaněk; für die KPTsch waren dies Jaroslav Kos und Julius Křížek, für die Volkspartei Václav Vochozka und für die Nationalen Sozialisten František Volf.

129 Das Gebietsamt der Staatssicherheit in Budweis stellte in seinem Bericht vom 7. Juni 1947 über die Verhältnisse im Grenzgebiet fest: »Im Vorwahlkampf zeigte sich das Bestreben, möglichst vielen Wählern das Wahlrecht streitig zu machen, und daher wurden diese als Kollaborateure und Verräter bezeichnet. Insgesamt haben 696 Wähler von 748 Wahlberechtigten ihre Stimme abgegeben. Davon erhielten: KPTsch 148, Volkspartei 108, Sozialdemokraten 364 und Nationale Sozialisten 75 Stimmen.« – AMV ČR Prag, Fond B2-69.

130 Die Sozialdemokraten fassten bereits nach 1920 in Rottenschachen Fuß, als sie auf der Grundlage der Gemeindewahlen zur stärksten politischen Partei wurden, und ihr Mitglied, der Geschäftsinhaber Josef Bártl, Haus Nr. 167, Bürgermeister der Gemeinde während des gesamten Zeitraums 1918–1938 war. Bei den Gemeindewahlen 1923 erzielten die Sozialdemokraten in der Gemeindevertretung 6 Mandate, die Volkspartei 4, die Agrarier 3, die »Fortschrittlichen Tschechen« 4, die Bürgergruppe London und Abbrand 4 und die Gewerbepartei 2 Mandate. – Kronika obce Rapšach (Chronik der Gemeinde Rottenschachen), S. 244f.

1927 konnten die Sozialdemokraten in der Gemeindevertretung ihre Stellung auf 7 Mandate ausbauen, die Agrarier und die Volkspartei erhielten je 4 Mandate, die Nationalen Demokraten und die Nationalen Sozialisten je 1 Mandat

und die Gewerbepartei 2 Mandate. Erstmals in der Gemeinde kandidierte auch die KPTsch und erreichte 2 Mandate: für den Schreiner Josef Bláha (Haus Nr. 353) und den Kätner František Benda, Haus Nr. 270. – Ebd., S. 246f.
Bei den Gemeindewahlen des Jahres 1931 erhielten die Sozialdemokraten 332 Stimmen und 10 Mandate, die Volkspartei 93 Stimmen und 3 Mandate, die örtliche Domovina (»Heimatpartei«) 3 Mandate bei 84 Stimmen, die Agrarier 2 Mandate bei 82 Stimmen, die Gewerbepartei ebenfalls 2 Mandate bei 72 Stimmen und die Nationalen Sozialisten 3 Mandate bei 108 Stimmen und die Domovina London 1 Mandat bei 41 Stimmen. – Ebd., S. 248f.
Die Sozialdemokraten behielten ihre führende Position in der Gemeindevertretung auch nach den Wahlen von 1935; sie erhielten bei den Wahlen für das Abgeordnetenhaus 139 Stimmen und reihten sich somit hinter den Agrariern mit 273 Stimmen und der Nationalen Faschistengemeinde mit 213 Stimmen ein. Die Henlein-Partei erhielt lediglich 2 Stimmen und die »Nationale Vereinigung« 3 Stimmen. Josef Bártl blieb Bürgermeister. – Ebd., S. 299f.

131 Die Tätigkeit des Orts-Nationalausschusses Rottenschachen wird in der Kronika obce Rapšach (Chronik der Gemeinde Rottenschachen), S. 339–384, für die Zeit von 1945–1948 ausführlich dokumentiert. Vorliegende Arbeit soll nicht mit allzu vielen Fakten beschwert werden, auch wenn diese von Interesse sind. Ihre Erarbeitung überlasse ich künftigen Historikern. Diese höchst interessante Gemeinde des tschechischen Weitra-Gebietes verdient sicherlich eine eigene Monografie.

132 AMV ČR Prag, Fond B2-69: Antwort auf Az. 22 944/47-T-25 vom 23. Oktober 1947.

133 Niederschrift von Josef Bártl, S. 14.

134 Ebd. der genauere Wortlaut der Punkte: »1. damit Personen, die sich fremden Besitzes bemächtigt haben, ausgeforscht und bestraft werden. 2. damit in möglichst kurzer Zeit die Angelegenheit der Staatsbürgerschaft von Personen erledigt wird, die ohne eigenes Verschulden infolge der Okkupation zu deutschen Staatsangehörigen geworden sind und die bei der Volkszählung niemand nach ihrer Volkszugehörigkeit fragte; 5. dass nach den Ermittlungen und der Inbetrachtziehung eventueller Mängel ihnen der Besitz zurückgegeben werde; 7. dass in die Werkstätten der ČSD in České Velenice, die der einzige Industriebetrieb in der ganzen Gegend sind, vornehmlich Bürger aus dem Weitra-Gebiet beschäftigt werden, die bisher zurückgewiesen worden sind.«

135 »Jihočech« (»Der Südböhme«) Nr. II/33 vom 16. August, Nr. II/34 vom 23. August, Nr. II/35 vom 30. August und Nr. II/36 vom 6. September 1946.

136 Bei der Grenzregelung mit Polen würde die ČSR gerne die Kohle- und Erzvorkommen für sich erzielen, die für die tschechoslowakische Industrie im Teschener, Hultschiner, Glatzer und Lausitzer Gebier wichtig seien. Der Autor nimmt an, dass es »entsprechendes Tauziehen, Verhandlungen und Abreden« mit Polen bis zu einer abschließenden Regelung geben werde, welche die tschechoslowakische Seite nur in mancher Hinsicht befriedigen werde, »dafür täuscht sie aber auch oftmals!« – »Jihočech« (»Der Südböhme«) vom 23. August 1946.

137 »Jihočech« (»Der Südböhme«) vom 30. August 1946.

138 »Pošumaví« (Zeitung für das Gebiet nördlich des Böhmerwaldes) vom 27. Juli 1935.
139 »Jihočech« (»Der Südböhme«) vom 6. September 1946.
140 »Bereits im Januar 1946 haben wir an dieser Stelle kritisiert, dass aus Budweis Frauen mit Kindern abgeschoben worden sind, die nicht einmal deutsch konnten.« – Dr. Ladislav Gut: Wer nicht in den Abschub hineingehört. In: »Svobodné slovo« (»Das Freie Wort«) vom 2. August 1946.
141 Hanns Hertl u.a.: Němci ven!, Prag 2001, S. 96ff.
142 »Svobodné slovo« (»Das Freie Wort«) vom 2. August 1946.
143 Ebd.
144 Ebd.
145 So wurde der »Věstník města Prahy« (»Mitteilungsblatt der Stadt Prag«) kritisiert, als dort bezüglich der Ansuchen von »18 000 Prager Deutschen um die Staatsbürgerschaft« geschrieben wurde, »obwohl weit mehr als die Hälfte Tschechen mit reichsdeutscher Staatsangehörigkeit sind. Es gibt da *Hunderte tschechische Kinder*, die nicht einmal deutsch können. Es sind auch ehemalige Soldaten der Auslandsarmee und ihre Ehefrauen darunter sowie jüdische Personen, welche die Schrecknisse der Konzentrationslager durchlaufen sind ... Wenn nur unsere Öffentlichkeit wahrheitsgemäß informiert würde, könnte man bei jenen, die mit Recht um unsere Staatsbürgerschaft nachsuchen, zahlreichen Bitterkeiten ... vorbeugen«. – Ebd. (Hervorhebung J.M.)
146 »Bereits im Herbst des vorigen und zu Beginn dieses Jahres haben wir geschrieben, dass man Tschechen nicht nach Deutschland abschieben sollte, auch wenn sie ein Vergehen begangen haben, denn es wäre Verratspolitik, die *die Anzahl der Deutschen mittels tschechischen Blutes vermehren wollte.*« – »Es ist richtig, dass Tschechen und Slowaken nicht abgeschoben werden, denn vom nationalen Gesichtspunkt aus wäre dies unverzeihlich, den allerschlimmsten Feind mit unserem eigenen Blut zu unterstützen.«– Ebd.
147 Ebd. (Hervorhebung J.M.)
148 Ebd.
149 »Jihočech« (»Der Südböhme«) vom 23. August 1946. (Hervorhebung J.M.)
150 Ebd.
151 Es werden Fälle dargestellt, wie »das Kreisamt für Arbeitsschutz mit Traktoren in die Gemeinden angefahren kommt und gewillt ist, unter Gewaltanwendung die Leute zur Arbeit fortzubringen oder sie umzusiedeln, sogar in solchen Fällen, wo diese ihr eigenes Anwesen besitzen oder krank sind. Das Kreisamt für Arbeitsschutz zwingt Handwerker in die Landwirtschaft. Würden sie nicht mehr bewirken, wenn sie in ihrem eigenen Bereich arbeiteten?«– Ebd.
152 VHA, Fond MNO 1946, Az. 3291, Karton 64: Materialien der 7. Abteilung des genannten Ministeriums. (Hervorhebungen J.M.)
153 »Im Hinblick auf die Aussiedlung des Weitra-Gebietes wird dem Kreis-Nationalausschuss Wittingau mitgeteilt, dass die Mitglieder des Orts-Nationalausschusses unterschiedlicher Meinung gegenüber dieser Angelegenheit sind und folglich eine Entscheidung nicht getroffen werden kann. Daher wird der Kreis-Nationalausschuss um Entsendung einer Sonderkommission gebeten, mit der zusammen der Rat des Orts-Nationalausschusses diese Angelegeheit lösen

könnte.« – SOA Jindřichův Hradec/Neuhaus, Fond ONV Třeboň/Wittingau 1946: Schriftgut MNV Schwarzbach; Protokoll der Sitzung des Orts-Nationalausschusses Schwarzbach vom 23. November 1946.

154 »Im Weitra-Gebiet setzt sich die Sozialdemokratie immer mehr durch. Sie war es, die den Anstoß zur endgültigen Lösung aller Fragen des armen Weitra-Volks gegeben hat. Auch der Regierungsvorsitzende Zdeněk Fierlinger war an der Lösung der Weitra-Fragen interessiert; er versprach jegliche Hilfe. Unsere Meinung siegte, dass überall im Weitra-Gebiet Orts-Nationalausschüsse (MNV) und keineswegs Orts-Verwaltungskommisionen (MSK) bestehen sollen.« – »Jihočech« (»Der Südböhme«) vom 22. Februar 1946.

155 »Jihočech« (»Der Südböhme«) vom 8. Februar 1946.

156 »Das laute Rufen eines gewissen Teils der Presse nach einer raschen Abschiebung der Antifaschisten erweckt aber einen wunderlichen Eindruck, als ob jemand aus politischen Gründen ein größeres Interesse daran haben würde, eher Antifaschisten abzuschieben als die Nazis selbst.« – Ebd. – Sedláks Replik wandte sich gegen die Presse der Nationalen Sozialisten, in der sich der tschechische Chauvinismus am dauerhaftesten darstellte; seine Kritik richtete sich aber auch gegen die Presse der Volkspartei, in der beispielsweise auch eine Demokratin wie Helena Koželuhová gefordert hatte, die Antifaschisten sollten doch gemeinsam mit den Vertriebenen gehen, da sie sich in der Vereinsamung nicht wohl fühlen würden. Vgl. dazu die Leitartikel der »Lidová demokracie« (»Volksdemokratie«) aus den Monaten Mai bis August 1945.

157 In den Jahren 1952–1953, als man den totalen »Abschub« der Weitraer ins Landesinnere vorbereitete, wurden Verzeichnisse von etlichen Hundert Familien und Tausenden von Familienangehörigen angelegt, die für die Aussiedlung bestimmt waren. Neben anderen Angaben wurde hier auch vermerkt, wann ihnen die tschechoslowakische Staatsbürgerschaft zuerkannt worden war. Nahezu bei allen findet sich der Hinweis, dass sie die Staatsangehörigkeit bzw. die Bescheinigung über ihre Zuverlässigkeit aufgrund der Intervention und dank des Abgeordneten Mirko Sedlák erhalten hatten. Das umfangreiche und detaillierte Material kann hier nicht näher untersucht werden, doch verdiente es eine Bearbeitung von Seiten der Historiker. Es liegt zusammengefasst im Archiv des Innenministeriums der Tschechischen Republik in Prag, Fond Nr. B 2-69.

158 Gegen Antonín Tesař, Jg. 1903, aus Rottenschachen wurde eine Strafverfolgung eingeleitet entsprechend dem Kleinen Dekret; 1946 wurde die Maßnahme eingestellt, 1948 jedoch erneuert. – AMV ČR Prag, Fond B2-69.

159 AMV ČR Prag, Fond B2-69. – Die für Rottenschachen in Klammern angeführten Zahlen stammen aus dem Jahre 1953.

160 Entsprechend dem Großen Dekret wurden verurteilt: Václav Křkka zu 7 Jahren, Marta Kůrková zu 8 Jahren und František Novák zu 5 Jahren Gefängnis. Entsprechend dem Kleinen Dekret wurden verurteilt: Arnošt Mayer zu 6 Monaten, František Gráf zu 3 Monaten, Jan Soukup zu 2 Monaten, Jan Flaška und František Adensam jeweils zu einem Monat Gefängnis; alle erhielten öffentliche Verweise. Außer den Genannten bekamen Viktorie Sládková 2 Monate und Eduard Mayer einen Monat Gefängnis. Insgesamt wurden entsprechend dem Großen Dekret gegen Schwarzbacher 20 Jahre Gefängnis und entsprechend dem Klei-

nen Dekret 16 Monate Gefängnis und 84 000 Kčs Geldbuße verhängt. – AMV ČR Prag, Fond B2-69.

161 Die Verurteilten und die verhängten Strafen: Karel Adensam, Jg. 1892, 10 Jahre; Josef Altstrasser, Jg. 1899, 15 Jahre; Karel Grubauer, Jg. 1918, 15 Jahre; Silvester Grubauer, Jg. 1911, 12 Jahre; Ignác Paar, Jg. 1899, 2 Jahre; Karel Weisenböck, Jg. 1897, 6 Jahre Freiheitsentzug. Vier weitere Beschuldigte erhielten in contumaciam hohe Freiheitsstrafen – sie hielten sich im Ausland auf. Entsprechend dem Kleinen Dekret war der in der Gemeinde Höchstbestrafte Josef Bednář, Jg. 1919, mit 6 Monaten Gefängnis und einer Geldbuße von 1000 Kčs sowie öffentlichem Verweis; weiter Jaroslav Líbal mit 11 Monaten Gefängnis und ebenfalls 1000 Kčs Geldbuße sowie öffentlichem Verweis. Zu einmonatiger Haft wurden Marie Platzerová, Jg. 1918, und Josef Moravec, Jg. 1906, verurteilt. Der Rest der Einwohner erhielt Strafen zwischen 1000 und 5000 Kčs sowie öffentliche Verweise. – AMV ČR Prag, Fond B2-69.

162 6 Monate Haft und öffentliche Verweise erhielten František Zach, Jg. 1921, und Josef Gruber, Jg. 1904; der Fall des Adolf Gruber, Jg. 1900, sollte in Wittingau behandelt werden. – AMV ČR Prag, Fond B2-69.

163 AMV ČR Prag, Fond B2-69.

164 Jan Žáček: Zradili Vitorazané? (Haben die Weitraer Verrat begangen?) In: »Jihočech« (»Der Südböhme«) vom 16. und 23. August 1946.

Anmerkungen zu Teil IV

1 Der Rottenschachener Chronist vermerkte das Geschehen mit dem Hinweis, dass es ähnlich der Regierungsbildung der ČSR mit Kommunisten und der entsprechenden Zusammensetzung des Revolutionären Gewerkschaftsverbandes »auch zu Veränderungen im Orts-Nationalausschuss in Rottenschachen gekommen ist. Der bisherige Ausschuss, der aus Vertretern der politischen Parteien bestand, hatte in letzter Zeit die »nationale Zuverlässigkeit« jedermann zuerkannt, der darum nachgesucht hatte. Daher wurde er auf Weisung durch den Kreisausschuss der Kommunistischen Partei (OVKSČ) Wittingau aufgelöst. Es sollte ein neuer Ausschuss aus solchen Personen aufgestellt werden, die niemals mit den Deutschen zusammengearbeitet hatten. Dies war eine für die politischen Parteien kaum erfüllbare Aufgabe; nach langem Hin und Her in den einzelnen Parteien kam es schließlich zu keiner Einigung. Deshalb wurde in Rottenschachen am 29. Februar 1948 auf Weisung des Aktionsausschusses der Nationalen Front eine »Orts-Verwaltungskommission« eingerichtet«. – Kronika obce Rapšach (Chronik der Gemeinde Rottenschachen), S. 375f.

2 Karel Zimmel, Jg. 1888, Haus Nr. 6, wurde durch den Kreis-Nationalausschuss Wittingau entsprechend dem Kleinen Dekret zu 1000 Kčs Geldbuße verurteilt. Der örtliche Aktionsausschuss der Nationalen Front in Rottenschachen »fordert hiermit, dass gegen den Genannten das Strafverfahren wieder aufgenommen wird«. Auch Anna Grüberová, Jg. 1902, Haus Nr. 278, war zu einer Geldbuße von 1000 Kčs verurteilt worden, auch hier forderte der Aktionsausschuss »eine Wiederaufnahme der Strafverfolgung«. Leopold Veber, Jg. 1901, Haus Nr. 105, hatte

sich 1938 gegen die ČSR vergangen: »Der Aktionsausschuss in Rottenschachen fordert, dass gegen den Genannten ein Strafverfahren eingeleitet wird.« Hynek Ruso, Jg. 1906, Haus Nr. 203, wurde vom Aktionsausschuss der Nationalen Front als »glühender Deutscher« bezeichnet »der seine Kinder in deutschem Geiste erzogen hat und an die deutsche Höhere Schule geschickt hat (Zeuge Bláha Hynek)«. Adolf Štaindl, Jg. 1898, Haus Nr. 175: »glühender Deutscher, die Ehefrau gehört der deutschen Nationalität an (Österreicherin), und die Äußerungen des Genannten über die ČSR sind bislang ungebührlich«. Als Nr. 40 stand auf der Liste Jaroslav Kovařík, Jg. 1910, Haus Nr. 65, bis zum Februar 1948 Vorsitzender des Orts-Nationalausschusses, mit der Bemerkung, »dass er Dr. Benesch beleidigt« habe; er sei ferner »ein Helfershelfer der Kollaboranten in Rottenschachen gewesen und hatte gegenüber unserer volksdemokratischen Republik keinerlei angemessene Haltung«. Der Letztgenannte mit der Nr. 62 im Verzeichnis war Josef Gráf, Jg. 1896, Haus Nr. 140, gegen den ein Strafverfahren eingeleitet werden sollte: »Er hatte die Absicht, seine Kinder zu erschießen, weil sie sich als Tschechen bekannt hatten.« Bei jedem einzelnen Rottenschachener Bürger fand sich ein ähnlicher Vermerk, der zur Begründung einer Prozesswiederaufnahme entsprechend dem Kleinen Dekret des Präsidenten der Republik dienen sollte, obwohl diese Bürger bereits zuvor von einer Anklage ausgenommen worden waren. – AMV ČR Prag, Fond B2-69.

3 Die Orts-Verwaltungskommission Rottenschachen forderte etwa am 28. März 1948 Karel Arnek dazu auf, die Volksverwaltung der beschlagnahmten Schmiede des Tomáš Kotrba, Haus Nr. 325, zu übernehmen. – Kronika obce Rapšach (Chronik der Gemeinde Rottenschachen), S. 378.

4 Auf der Sitzung der Orts-Verwaltungskommssion am 10. März 1948 wurde die Beschlagnahme des Besitzes von František Zimmel, Haus Nr. 8, vorgeschlagen. Auf Weisung des Kreis-Nationalausschusses Wittingau führte sie die Beschlagnahme des Landwirtschaftsbesitzes von Tomáš Kotrba, Haus Nr. 214, des Rottenschachener Schmieds, durch. Auf der Sitzung am 22. August 1948 wurde das Mitglied der Orts-Verwaltungskommission Frantisek Kamiš, Stellmacher, Haus Nr. 117, »zum Hüter des Besitzes des Hauses Nr. 8« bestellt; »dessen Verwaltung hat die Orts-Verwaltungskommission Rottenschachen unter der Voraussetzung übernommen, dass genanntes Haus als beschlagnahmtes Gut für die Gemeinde abgekauft wird«. – Ebd., S. 377 u. 381.

5 Die Kommandantur des Korps der Nationalen Sicherheit Rottenschachen setzte den Kreis-Nationalausschuss Wittingau davon in Kenntnis, dass František Kainzinger, Haus Nr. 40, und František Veith, Haus Nr. 261, die tschechoslowakische Staatsbürgerschaft durch den genannten »Kreisausschuss abgenommen worden ist«. Bei Leopold Weber, Haus Nr. 105, wurden außer der fehlenden Staatsbürgerschaft noch angeführt, dass »er nicht einmal die nationale Zuverlässigkeit besitzt«. – AMV ČR Prag, Fond B2-48: Beschluss des Rates des Kreis-Nationalausschusses Wittingau vom 26. März 1948.

6 Kronika obce Rapšach (Chronik der Gemeinde Rottenschachen), S. 376f. u. 381.

7 Die Orts-Verwaltungskommission benannte am 2. März 1948 nach Absprache mit dem Aktionsausschuss den Bauer Josef Duspiva, Haus Nr. 9, zum »Milchreferenten«. Sein Vater hatte zu den größten Bauern der Gemeinde mit 28 ha

Grund gehört. Josef Duspiva war in der Orts-Verwaltungskommission bis 1950 tätig. In den Begründungen zur Aussiedlung der gesamten Familie, die bereits 1945 verjagt worden war, wurde 1951 über ihn notiert: »Unter den Bewohnern erfreute er sich als emsiger Funktionäre eines erheblichen Vertrauens.« Zum Zeitpunkt der Gründung der Einheitlichen Landwirtschaftlichen Produktionsgenossenschaft (JZD) trat er in diese ein, verließ sie aber aus Unzufriedenheit später wieder. »Nunmehr – im Dezember 1951 – wendet er sich scharf gegen die JZD. Er begründet seinen Austritt damit, dass sie schlecht wirtschaftet. Duspiva ist ein guter Wirtschafter und die Genossen Wirtschafter aus Rottenschachen wenden sich um Rat an ihn … und keiner von ihnen ist JZD-Mitglied.« Aus der Bewertung der Staatssicherheit bezüglich seiner Aussiedlung aus der Gemeinde sei folgende Anmerkung wiedergegeben: »Er ist politisch gefährlich, denn hinter ihm steht die Mehrheit der Landwirte aus Rottenschachen, die er mit seinen Ansichten zu beherrschen vermag.« Bis 1948 war er Mitglied bei den Sozialdemokraten gewesen, dann trat er aus der Partei aus. Um der Verfolgung zu entgehen, siedelte er in den Betrieb Lužany in Weseli an der Lainsitz um; dort arbeitete er als Traktorist. Sein Vater mit Mutter und Bruder wurden 1953 nach Frauenberg a. d. Moldau auf das Gut Moudrov im Kreis Budweis ausgesiedelt. – AMV ČR Prag, Fond B2-69.

8 In manchen Orten wurde die Orts-Verwaltungskommission erst später – in Gundschachen z.B. im September 1945 – installiert. Im Mai 1950 wurde sie erneut gegen einen Orts-Nationalausschuss ausgewechselt, von dessen zwölf Mitgliedern acht ehemalige deutsche Wehrmachtssoldaten waren; zwei Mitglieder waren entsprechend dem Kleinen Dekret verurteilt. In der Gemeinde herrschte der Gastwirt Tomáš Fedra, der wiederum im August 1950 wegen staatsfeindlicher Tätigkeit zu sieben Jahren Haft verurteilt wurde, nach anderen Angaben sogar zu zwölf Jahren. Er war ebenfalls Sozialdemokrat. – AMV ČR Prag, Fond 305-261-8: Meldung der Bezirks-Kommandantur der Staatssicherheit Budweis vom 31. Mai 1952 an das Sekretariat des Ministeriums für Nationale Sicherheit, z. Hd. Dr. Bureš.

9 AMV ČR Prag, Fond B2-69, S. 91.

10 Ebd.

11 Kronika obce Rapšach (Chronik der Gemeinde Rottenschachen), S. 380.

12 Das Verzeichnis mit den Namen von 124 Familien aus Rottenschachen samt ihren Familienangehörigen umfasst zwölf eng beschriebene Seiten in Maschinenschrift. Hierbei findet sich die Anmerkung: »44 Familien abgeschoben«. Ein weiteres Verzeichnis umfasst elf Familien. Als Letzter wird Vilém Janda, Jg. 1911, mit Ehefrau und Sohn genannt und der Bemerkung: »Er ist österreichischer Staatsangehöriger und Blockleiter der NSDAP, SA-Mitglied, Wehrmachtssoldat«. – AMV ČR Prag, Fond B2-69.

13 Aufzeichnung über die abschließende Beratung der Kommission beim Präsidium des Landes-Nationalausschusses in Sachen Weitra-Gebiet vom 25. Juni 1947 beim Kreis-Nationalausschuss in Wittingau. Anwesend waren: das Mitglied des Landes-Nationalausschusses, der Abgeordnete Josef Miška, der Kommissar der politischen Verwaltung Svatopluk Heřmánek, für den Kreis-Nationalausschuss dessen Vorsitzender Josef Kondelík, der Sicherheitsreferent Rudolf

Maxa, vier Mitglieder des Kreis-Nationalausschusses, für die Standortverwaltung der Armee Wittingau Oberstleutnant Šulc, für den Verband der befreiten politischen Häftlinge, Zweigstelle Wittingau, Josef Kyral, Berichterstatter war der ehemalige Vorsitzende der I. Weitra-Kommission Václav Maxa. Den Orts-Nationalausschuss Rottenschachen vertrat das Ratsmitglied Josef Opelka. – AMV ČR Prag, Fond B2-69.

14 Ebd.

15 Als Erster fand sich im Aussiedlungsverzeichnis der Bauer Ludvík Binder, Jg. 1880, Haus Nr. 54. Als seiner Tochter Růžena seitens des Kreis-Amtes für Arbeitsschutz in Wittingau eine Arbeit außerhalb ihres Hauses in der Landwirtschaft zugewiesen wurde, obwohl sie mit ihrer Familie in der eigenen Landwirtschaft hätte arbeiten können, flüchtete sie einfach nach Österreich, wie es hieß: »damit sie nicht in der Landwirtschaft arbeiten musste, wohin sie zugeteilt worden war«. Sofort wurde ihr ein staatsfeindliches Motiv unterstellt: Sie sei auch geflüchtet – »freiwillig über die Staatsgrenze« –, »weil sie sich mit unserer volksdemokratischen Staatsform nicht identifiziert hat«. An achter Stelle war im Aussiedlungsverzeichnis Karel Pokorný vermerkt, Jg. 1891, Haus Nr. 11, Dreher in der Glas- und Maschinenfabrik in Erdweis an der Lainsitz. 1946 war er bereits von der Kommission des Kreis-Nationalausschusses Wittingau wegen illegaler Beförderung von Briefen an Deutsche über die Staatsgrenze vernommen worden. Er war geborener Tscheche, seine Ehefrau Matylda Pokorná, Jg. 1893, hingegen Deutsche. Ihre gemeinsame Tochter Marie Pokorná flüchtete nach Österreich »noch vor Arbeitsaufnahme bei einem Bauern, dem sie seitens Arbeitsamtes zugewiesen worden war, aber auch, weil sie sich mit unserer volksdemokratischen Staatsform nicht identifiziert hat.« – AMV ČR Prag, Fond B2-69.

16 Am 17. Mai 1950 gelangte Jaroslav Paďourek, Jg. 1928, aus Witschoberg, Haus Nr. 19, illegal nach Österreich; er kam damit dem Strafantritt zuvor. Am 30. September 1950 flüchtete Karel Bednář, Jg. 1922, aus Rottenschachen, Haus Nr. 326, nach Österreich; die Flucht wurde unmittelbar aus dem Kreisgefängnis Wittingau unternommen. – AMV ČR Prag, Fond B2-69, S. 32.

17 Karel Vaněk, Jg. 1922, aus Klikau, Haus Nr. 81, ursprünglich Arbeiter, gelangte nach einem Vorbereitungsstudium an die Hochschule in Prag, von der er »entlassen wurde«. Tausende von staatlich unzuverlässigen Studenten waren von den gesetzwidrigen Säuberungsmaßnahmen der Behörden an den Hochschulen betroffen. Als religierter Hochschüler musste der Genannte mit seinen 27 Jahren bei den so genannten Schwarzen Baronen antreten, deren Existenz den jungen Leuten Angst einjagte. Daher flüchtete er am 26. Oktober 1949 nach Österreich. (»Schwarze Barone«: Soldaten hilfstechnischer Regimenter ohne Waffen, die nur zum Bau von Kasernen und militärischen Einrichtungen eingesetzt wurden. Sie trugen schwarze Achselklappen. – Anm. d. Übers.) Václav Havle, Jg. 1928, aus Rottenschachen, Haus Nr. 133, sollte im Oktober 1951 den Wehrdienst antreten. Er flüchtete vor dem Antreten des »Kriegsdienstes« nach Österreich. – AMV Praha, Fond B2-69, S. 33.

18 Als Fluchtgrund, der bei jedem Einzelnen aufgeführt wurde, war die Nichtübereinstimmung »mit der gegenwärtigen Staatsordnung« angegeben sowie die »Be-

schlagnahme seines Besitzes« und schließlich »merkliche Sympathien« für Österreich und Deutschland. – AMV ČR Prag, Fond B2-69, S. 23 (Verzeichnis).

19 Agent Nr. D/108 zeigte im April 1951 an, dass Vilém Janda aus Rottenschachen zu seinem Bekannten Forst gehe, der seinerseits nur 500 m von der Staatsgrenze entfernt wohne. Die Verwandten Forsts würden im Weiler Hodum in Österreich wohnen, lediglich 200 m von der Grenze entfernt. Jeden Sonntag würden wechselseitige Besuche stattfinden, manchmal auch öfters. Als nach langer Ausforschung die Grenzwache Janda an der Staatsgrenze festnahm, redete der sich darauf hinaus, er habe sich beim Pilzesammeln verlaufen, und so ließ man die Sache auf sich beruhen. – AMV ČR Prag, Fond B2-69. – Es gab zahlreiche ähnlich gelagerte Fälle, die einen erheblichen Papierkrieg verursachten.

20 Vladimír Říhas wurde beschuldigt, dass er »sich seit 1948 auf österreichischem Gebiet mit Personen getroffen hat, die sich als tschechoslowakische Staatsangehörige gegenüber unserer volksdemokratischen Ordnung feindlich verhielten, aus der ČSR geflohen waren, sich in die Dienste eines fremden Nachrichtendienstes begeben haben und somit die Sicherheit ... unserer Republik gefährdeten. Ebenso traf er sich dort mit österreichischen Staatsangehörigen, die er bereits aus der Besatzungszeit kannte und die zu Kontakten mit Agenten eines fremden Nachrichtendienstes verhalfen ... Er bemühte sich gemeinsam mit jenen um einen Sturz der volksdemokratischen Ordnung und verriet hierbei diesen Agenten Staatsgeheimnisse ... Ferner wird er mit triftigem Grund verdächtigt, mit dem Agenten des fremden Nachrichtendienstes CIC Bejček tschechoslowakische Bürger über die Grenze nach Österreich geschleust zu haben und von da aus mittels seiner Schwägerin Marie Křížová weiter in die US- und die Englische Zone ...« – AMV Prag, Fond B2-69.

21 Ebd.

22 Meldung der Kommandantur der Staatssicherheitsabteilung Neuhaus vom 27. März 1951 an die Bezirkskommandantur des StB in Budweis. – AMV ČR Prag, Fond B2-69.

23 Diese Verzeichnisse wurden nachträglich entsprechend den Fotonegativen von Wehrmachtsoldaten aus Rottenschachen und anderen Dörfern ergänzt. Auf ihre Existenz hatte der Vertreter des Verbandes der politischen Häftlinge aus Wittingau bereits im Sommer 1947 aufmerksam gemacht. Man fand diese Negative bei den Fotografen Klečka und Kocipický. Von Interesse ist die Begründung für ihre Nutzung entsprechend der Formulierung des Landesamtes Böhmen der Staatssicherheit vom 3. Juli 1947 in einer Mitteilung des Gebietsamtes der Staatssicherheit Budweis: »Weil in Rottenschachen zahlreiche Einwohner in Mischehen mit Deutschen leben, gibt es fortlaufend Streitigkeiten zwischen den Bürgern und gegenseitige Beschuldigungen sowie Ermittlungen, die ihrerseits häufig wegen mangelnder Beweislage negativ endigen; daher könnten höchstwahrscheinlich zahlreiche Fotonegative gutes Beweismaterial gegen staatlich unzuverlässige Elemente darstellen.« Es wurde daher die Sicherstellung der Negative bei den genannten Fotografen gefordert und »unter ihrer Zuhilfenahme die Durchführung von Fahndungsmaßnahmen nach staatlich unzuverlässigen Personen«. Die Staatssicherheits-Dienststelle in Budweis informierte am 1. Oktober 1947 den Landes-Nationalausschuss in Prag, dass von den Negativen Bild-

abzüge von fünf SS-Angehörigen sowie Wehrmachtsoldaten und SA-Männern angefertigt worden seien. Das Ergebnis war nicht gerade erheblich – zwei Bilder von SS-Angehörigen: Hynek Zimmel, Jg.1924, aus Rottenschachen und Josef Bušta, Jg. 1924, aus Rottenschachen, vermisst. Sechs Bilder zeigten SA-Angehörige, 24 waren Wehrmachtsoldaten, und acht Bilder zeigten Gefallene aus Rottenschachen. Die Dienststelle war sich über das magere Ergebnis der Foto-Fahndungsaktion im Klaren und machte daher darauf aufmerksam, dass allein aus Rottenschachen 300 Wehrpflichtige ihren Wehrdienst angetreten hätten, von denen »nahezu 100 Männer gefallen oder vermisst sind«. Um das Landesamt der Staatssicherheit in Prag zu beruhigen, verwies sie es auf eine geradezu kafkaesk-orwellsche Art auf den Rottenschachener Friedhof: »Der allerbeste Nachweis der Treue gegenüber dem Reich ist der dortige Friedhof, wo auf den Grabsteinen und Grabkreuzen sich nach den Fotografien und auch noch entsprechend den Aufschriften die Nationalität erweist, wenngleich nach dem 5. Mai ein erheblicher Teil der Inschriften und (Soldaten-)Fotografien beseitigt worden ist.« – AMV Prag, Fond B2-69. – Auf Druck der Kommunisten und der Natonalen Sozialisten im Orts-Nationalausschuss Rottenschachen wurde am 21. Juli 1946 ein Beschluss gefasst, die Einwohner sollten doch von ihren Häusern die Tafeln mit der Bezeichnung *Nro* und insbesondere auf dem Friedhof »deutsche Inschriften« entfernen. – Kronika obce Rapšach (Chronik der Gemeinde Rottenschachen), S. 357.

24 Antonín Tesař war NSDAP- und SA-Mitglied sowie deutscher Soldat. Seine Tochter heiratete 1949 Josef Leder, Jg. 1926, Haus Nr. 322, der als deutscher Soldat in sowjetische Kriegsgefangenschaft geraten war, aus der er im April 1949 zurückkehrte. Vor seinem Wehrmachtsdienst war er Mitglied der HJ in Rottenschachen. Weil auch sein Vater Hynek Leder NSDAP- und SA-Mitglied war, gehörten beide dem Kreise der staatlich Unzuverlässigen an und wurden daher zur Aussiedlung bestimmt. 1953 wurden Vater und Sohn mit ihren Familien in die Einheitliche Landwirtschaftliche Produktionsgenossenschaft (JZD) Úholičky bei Prag, Post Přílepy, überführt. – AMV ČR Prag, Fond B2-69, S. 226.

25 František Novák wurde das Opfer einer Provokation, in die auch František Říha, der bekannte Mörder von Schwarzbach, mit verwickelt war. Novák hatte 1949 vier Personen nach Österreich geschleust, die jedoch nach ihrer Rückkehr in die ČSR in der Nähe von Znaim gefasst wurden und Novák als ihren Begleiter verrieten. Von dieser Gruppe aus führte die Spur zum Agent Provocateur Malý und zur Tragödie in Babice. – AMV ČR Prag, Fond B2-69.

26 AMV ČR Prag, Fond B2-69.

27 Folgende Angaben mussten in den Verzeichnissen enthalten sein: 1. Vor- und Nachname; 2. Geburtsdatum; 3. Wohnort (Gemeinde, Kreis); 4. Ort und Art früherer und derzeitiger Beschäftigung; 5. Siedler oder Alteingesessener, Art des persönlichen Besitzes; 6. Grund der Übersiedlung (Gründe für die Unzuverlässigkeit und Persönlichkeitscharakteristik); 7. bei Familienangehörigen über 15 Jahren anzuführende Punkte 1-4, 6; 8. a) Vorschlag, ob Personen ins Grenzgebiet (HP) übersiedelt werden können und bei denen die Punkte 1-5 sowie 7 anzuführen sind (zuverlässige Personen), b) Vorschlag zur Umsiedlung von Personen

im Bereich des Kreises außerhalb des Grenzbereichs (HP) oder ins Landesinnere, anzuführen sind die Punkte 1-7 sowie 8b. – Ebd.

28 Die Materialien liegen konzentriert im Archiv des Ministeriums des Inneren in Prag (AMV ČR Prag) unter der Fondbezeichnung »B« mit den Einzelinventarnummern 1-69; am bedeutendsten ist die Gemeinschaftsnummer 69. Hier werden die so genannten Berichtsmappen über einzelne Einwohner von Rottenschachen, aber auch anderer Weitra-Gemeinden aufbewahrt: Es sind die Faszikel 1-4, 184–187/20 im Umfang von 822 Seiten (Blättern). Hier finden sich auch die Verzeichnisse der Mitglieder nationalsozialistischer Organisationen, Vermerke des Gemeindeamtes Rottenschachen über die Jahrgänge wehrpflichtiger Männer sowohl in der tschechoslowakischen als auch in der deutschen Armee (Jahrgänge 1884–1933), eine Einwohnerevidenz, ferner Verzeichnisse von Personen, die entsprechend den Benesch-Dekreten verfolgt wurden, schließlich Originalunterlagen deutscher Behörden aus Gmünd und Rottenschachen usw.

29 AMV ČR Prag, Fond B2-69: Protokoll der Umsiedlungskommission.

30 »Es handelt sich um die Durchführung der Umsiedlung entsprechend dem zugestellten Plan in den einzelnen Etappen, hier von der 2. bis zur 4. Etappe. Nach der Sitzung der Bezirkskommission hoffen wir, dass diese uns die Orte benennt, wohin man dann in der 2., 3. und 4. Etappe nach Plan umsiedeln kann, und dann wird auch unverzüglich im Kreis eine Überzeugungskampagne eingeleitet, die sowohl auf der Parteilinie als auch der Volksverwaltung in denjenigen Gemeinden liegt, wo die Umsiedlung umgesetzt wird.« – Ebd.

31 Ebd.

32 Kronika obce Rapšach (Chronik der Gemeinde Rottenschachen), S. 247, 250, 344.

33 Die handschriftlichen Vermerke des Referenten der Umsiedlungskommission – als »Hilfsmaterial« bezeichnet – sind in den Archivbänden der Staatssicherheit Wittingau erhalten. Siehe dazu AMV ČR Prag, Fond B2-69, S. 221.

34 Ebd., S. 222.

35 Ebd.

36 Ebd.

37 Ebd.

38 Es handelte sich um die Umsiedlung folgender Familien: František Bejček mit Ehefrau Marie, Abbrand Nr. 92: Überführung nach Kvítkovice, Nr. 21, Kreis Budweis; Hynek Veith mit Ehefrau Antonie und vier schulpflichtigen Kindern, Abbrand 98: Überführung nach Lučkovice, Nr. 15, Kreis Pisek; Karel Kropík, Ella Winklerová, Anna Dvořáková und fünf Kinder, Abbrand Nr. 243: Überführung auf das Staatsgut nach Vráž, Kreis Písek; Adolf Steindl mit Ehefrau Kateřina und zwei Kindern, Abbrand Nr. 175: Überführung nach Tupes, Nr. 24, Kreis Budweis; Antonín Tesař und Ehefrau Albína, Weiler London Nr. 157: Überführung auf das Staatsgut in die Gemeinde Vráž, Kreis Pisek. – AMV ČR Prag, Fond B2-69.

39 Bei der Bewertung der gewaltsamen Aussiedlung konstatierte die Bezirks-Umsiedlungskommission Folgendes: »Bei der Umsiedlung der Personen kümmerte man sich nicht um die Haustiere, wie etwa Katzen und Hunde, und so wird es erforderlich sein, in Verbindung mit dem Abdecker Maßnahmen zu ergreifen, da-

mit sich bei diesen Tieren keine Infektionskrankheit ausbreitet«. – AMV ČR Prag, Fond B2-69. – Die hier genannte »Maßnahme« bedeutete die Erschießung der Tiere, die ohne ihre Eigentümer verwilderten und verrückt wurden. Hier wiederholte sich das Schicksal der nach den drei Millionen vertriebenen Deutschen zurückgebliebenen Tiere: Sofern sie nicht an ihrer Verwirrtheit oder an Hunger eingingen, wurden sie getötet.

40 Zur Umsiedlung der Familien aus České Velenice wurden 52 Lastwagen benötigt. Außer den bereits im Text genannten Familien waren dies folgende weitere: 25. April 1952 Anna Štěchová in die Gemeinde Strážkovice, Kreis Schweinitz; Milan Tomasko nach Prag-Ďáblice; am 26. April Marie Bornová nach Rakowitz, Kreis Pisek, Jaroslav Švejda nach Budweis; am 28. April Jaroslav Pechman in die Gemeinde Klečaty, Kreis Sobieslau; am 29. April František Maršál nach Budweis, Aloisie Macháčková in die Gemeinde Rohatec bei Göding, Antonín Kříž in den Grenzbereich České Velenice, Jaroslav Šířek nach Trocnov. Insgesamt wurden 28 Personen ausgesiedelt; lediglich zwei wurde als zuverlässige Personen eingestuft, die einer Umsiedlung in die Grenzzone würdig waren. – AMV ČR Prag, Fond B2-67.

41 Josef Havle hätte in die ehemalige Mühle in der Gemeinde Paseky umgesiedelt werden sollen, Růžena Jilečková nach Lašovice, Kreis Milevsko, František Dvořák in den Weiler Čurčín bei der Gemeinde Klučenice, Kreis Milevsko, Karel Zimmel in eine Gemeindewohnung in der Gemeinde Čimelice. Lediglich bei Hynek Veith stimmt der Aussiedlungsort teilweise – er hätte entweder in die Gemeinde Čimelice oder nach Ponědrážka im Kreis Písek umgesiedelt werden sollen. – AMV ČR Prag, Fond B2-69: Handschriftlicher Vermerk.

42 Josef Bártl, der 1945 26 Rottenschachener vor der Hinrichtung bewahrt hatte, führte 1990 in seinem politischen Testament – der Anklage bezüglich der Vertreibung – an, dass die Vertriebenen diesen Akt der Gewaltanwendung als eine »moralische Kränkung« empfunden hatten, »und etliche verstarben gerade wegen dieser Kränkung innerhalb kurzer Zeit«. – Privatarchiv Ferdinand Korbel: Text des Obersten im Ruhestand Josef Bártl mit einer Schlussbemerkung »für seine Eltern«.

43 AMV ČR Prag, Fond B2-67.

44 AMV ČR Prag, Fond B2-69: N/3-2930/1-taj. 52.

45 Die Weisung ist teilweise in slowakischer Sprache abgefasst. Der Autor hatte seit den 30er-Jahren in der kommunistischen Bewegung in der Slowakei gearbeitet, bis er schließlich zum 1. Sekretär des Zentralkomitees der Kommunistischen Partei der Slowakei in Pressburg aufstieg. Als Minister für Nationale Sicherheit bemühte er sich, Weisungen in Tschechisch zu erteilen, doch auch hier zeigte sich das Fehlen einer höheren Schulbildung. (Hervorhebungen J.M.)

46 Vgl. Anm. 44.

47 Damit entstand aber die Frage, was mit den ausgesiedelten Dörfern geschehen sollte, ob sie zerstört oder anderweitig genutzt werden sollten. Bereits im Material vom 21. April 1952 für Minister Bacílek wurde Folgendes angeführt: »Die dortigen Objekte könnten für die Grenzwache genutzt werden, eventuell auch für die Armee; damit wäre die Sicherheit unserer Grenze in diesem Landesteil aufgrund dieser Maßnahmen grundlegend gewährleistet«. – Sekretariat des Mi-

nisteriums für Nationale Sicherheit, Č. KM-489 taj. 52, vom 18. Mai 1952. – Im Entwurf für das Politische Sekretariat des Zentralkomitees der KPTsch wird Folgendes ausgeführt: »Mit der Aussiedlung der Bevölkerung der Gemeinde Rottenschachen unter Einschluss ihrer Weiler und Einzelgehöfte und von Gundschachen ist auch die Frage ihrer Nutzung entsprechend den Angaben hervorgehobener Gemeinden für den Bedarf der Grenzwache oder der Tschechoslowakischen Armee verknüpft. Ihre Zerstörung würde einen bemerkenswerten nationalökonomischen Verlust darstellen.« – AMV ČR Prag, Fond B2-69: Sekretariat des MNB, Az. S-8292/40-taj. 52, vom 30. Mai 1952, Abdruck Nr. 1.

48 AMV ČR Prag, Fond B2-69, S. 7f. des Entwurfs, S. 86–92 des Materials. (Hervorhebungen J.M.)

49 Ebd.

50 AMV ČR Prag, Fond B2-69, S. 11–13.

51 Silvester Pommer, Eisenbahnbediensteter, wird 1932 als Besitzer des Hauses Nr. 82 angeführt und es wird angemerkt, dass die Angehörigen der Familie ihren Namen früher »Pomr« geschrieben hätten. – Kronika obce Rapšach (Chronik der Gemeinde Rottenschachen), S. 253.

52 In drei Verzeichnissen über die Aussiedlung von Bewohnern Rottenschachens, die erhalten geblieben sind und auf deren Grundlage man den Aussiedlungsumfang der Jahre 1952/53 rekonstruieren kann, wird Silvester Pommer nicht aufgeführt. Es könnte sein, dass sein Schicksal nicht mittels einer Aussiedlung gelöst wurde, sondern durch Zugriff von Verwandten, zu denen er nach Prag zog. Josef Kotrba aus Rottenschachen, im Verzeichnis aufgeführt, hatte seinen Bruder Jan, Haus Nr. 221, ebenfalls in der Gemeinde. Ihm wurde der Verbleib in Rottenschachen zugestanden. In seiner Charakterbeschreibung wird angeführt, er sei in der Ersten Republik Schneider gewesen und habe sich während der Besatzungszeit mit handwerklicher Arbeit über Wasser gehalten. 1938 hätten er und seine Ehefrau sich zum Deutschtum bekannt, daher wurde er 1945 nach Österreich vertrieben; von dort sei er zwei Monate später wieder zurückgekehrt. Ferner wurde notiert, dass er während der Besatzungszeit keinerlei politische Tätigkeit ausgeübt habe und wegen seiner Körperschwäche nicht eingerückt sei. Nach seiner Rückkehr aus Österreich arbeitete er als Schneidergehilfe bei Rudolf Bednář, nach dessen Wegzug als Hilfsarbeiter in den Staatsforsten. – AMV ČR Prag, Fond 305 261-5: Verzeichnis der zum Verbleib in Rottenschachen vorgeschlagenen Familien.

53 Entsprechend einem Verzeichnis von 1932 lebten allein in Rottenschachen neun Familien Zwetler; sie waren in der Mehrzahl in der Sozialdemokratischen Partei organisiert: Seit 1931 war der Maurer Ludvík Zwetler, der Vorsitzender der Wirtschaftskommission war, Mitglied der Gemeindevertretung; Mitglied des Rates des Gemeindeamtes war der Häusler Ludvík Zwetler. 1953 wurden von den genannten Familien sieben ins Landesinnere umgesiedelt. – Kronika obce Rapšach (Chronik der Gemeinde Rottenschachen), S. 250–261.

54 Ein Häuserverzeichnis von 1932 nennt 23 Familien Zimmel in Rottenschachen; der Gastwirt Karel Zimmel, Haus Nr. 6, war 1. Stellvertretender Bürgermeister der Gemeinde und vertrat die Agrarier-Partei. Von den genannten Familien wurden 17 aus Rottenschachen umgesiedelt. – Ebd.

55 AMV ČR Prag, Fond 305 261-8.

56 Er hatte diese Schlosserei von seinem Vater Oldřich Zelenka, Haus Nr. 29, geerbt, mit dem Spitznamen »u Pěstounů« (»Bei den Pflegeeltern«). – Kronika obce Rapšach (Chronik der Gemeinde Rottenschachen), S. 252.

57 »Dies wurde ihm auch auf der KPTsch-Sitzung vorgehalten, und der Zeuge Josef Doležal konnte beweisen, dass er seinerzeit auf den Telefonmast vor dem Haus Nr. 219 (wo der Häusler Doležal wohnte) geklettert sei und dort die Drähte kappte.« – AMV ČR Prag, Fond 305 261-8.

58 AMV ČR Prag, Fond 305 261-8.

59 Unter den Ausgeschlossenen befand sich auch das KPTsch-Gründungsmitglied des Jahres 1945 Oldřich Kalbáč, Jg. 1911, Haus Nr. 43; er gehörte dem Korps der Nationalen Sicherheit an und war nach der wiederholten Erneuerung des Orts-Nationalausschusses im Mai 1950 Mitglied des Rates dieses Ausschusses in Rottenschachen. – AMV ČR Prag, Fond 305 261-9.

60 Bis zum Februar 1948 umfasste die Ortsorganisation der KPTsch Rottenschachen 17 Mitglieder; davon waren sieben Frauen im Haushalt, die Übrigen befanden sich als Angestellte im Staatsdienst – z. B. Postmeister, Sekretär des Orts-Nationalausschusses, Sekretär der Turnvereinigung »Sokol«, Techniker usw. –, ferner Leiter in diversen Handels- und Verkaufsbereichen, so in einer Metzgerei, Trafik, Verkäuferin und schließlich Rentner. Kein einziger Landwirt oder Häusler war KPTsch-Mitglied; dies hätte der Sozialschichtung der armen Leute in Rottenschachen entsprochen. Nach dem Februar 1948 traten zwei Mitglieder der Volkspartei in die KPTsch über. Als nach dem Februar 1948 die Sozialdemokratie von den Kommunisten aufgesogen wurde, schlug man 30 von insgesamt 110 Mitgliedern der Sozialdemokraten für eine Aufnahme in die KPTsch vor; tatsächlich wurden dann jedoch nur 15 Mitglieder übergeleitet. Bis 1952 verblieben dann lediglich neun Mitglieder; dies waren: der Schulleiter, die Schuldienerin, der Leiter der »Jednota«, ein Chauffeur, zwei Arbeiter, ein Schneider und zwei Rentner. – AMV ČR Prag, Fond 305 261-9. (»Jednota«: »Einheit«, entsprach etwa den HO-Läden in der ehemaligen DDR – Anm.d.Übers.)

61 Marie Svíková, Jg. 1918, Haus Nr. 158, war seit 1945 KPTsch-Mitglied und Mitglied des Rates des Orts-Nationalausschusses seit dem Mai 1950. Ihr Ehemann Albín war Fahrdienstleiter bei der Eisenbahn. Sie hatte vier Kinder zwischen einem und acht Jahren. Außerdem hatte sie die Volksverwaltung des Besitzes ihres Onkels Karel Kříž, einem Bruder ihrer Mutter Františka Srdínková, mit der sie wiederum im gemeinsamen Haushalt lebte. Karel Kříž war mit seiner Tochter Marie nach Österreich geflüchtet und wurde dann als CIC-Agent bezeichnet. – Marie Haidrová, Jg. 1906, Haus Nr. 318, war seit Mai 1950 Mitglied des Rates des Orts-Nationalausschusses. Ihre beiden Söhne waren bei der Wehrmacht gewesen und einer SA-Mitglied. Ihr Ehemann Josef Haider »wechselte die Mitgliedschaft in sämtlichen politischen Parteien« nach 1945. »Haidrová war Mitglied der Sozialdemokratie, und ihr wurde dann am meisten die Tatsache vorgehalten, dass sie den Abgeordneten Mirko Sedlák bei einem Besuch in Rottenschachen in Tracht begrüßt hatte.« – Rudolf Kropík, Jg. 1897, Haus Nr. 34, war Bauer mit 15 ha Grund, war ursprünglich Mitglied der Volkspartei, deutscher Soldat und seine Frau 1945 nach Österreich vertrieben worden; im Orts-

Nationalausschuss war er parteiloses Mitglied. – František Schwingenschlögel, Jg. 1900, Haus Nr. 303, wurde nicht weiter charakterisiert.

62 Dies waren: Čeněk Vebr, Waldarbeiter; Rudolf Bláha, Schreiner; Karel Bušta, Schmied; Karel Opelka, Schmied bei der Tschechoslowakischen Staatsbahn; Bedřich Benda, Musiker und Traktorist; Marie Svítková, Ehefrau eines Bahnangestellten; Františka Srdínková, Rentnerin; Jan Novák, Aushilfsmetzger. – AMV ČR Prag, Fond 305 261-9.

63 Julius Křížek, Jg. 1907, Haus Nr. 266, war mit zahlreichen Rottenschachener Familien verschwägert, auch durch seine Frau Marie, eine geborene Brucknerová. Josef Bruckner der Ältere, Haus Nr. 47, war während des Krieges NSDAP-Mitglied und SS-Angehöriger, wofür er auch abgeurteilt wurde. Zwei Schwager Křížeks, Leopold und Josef Bruckner, waren deutsche Soldaten. Die Tante von Silvester Pommer, Jg. 1905, Haus Nr. 82, war F. Srdínková, die wiederum mit Karel Kříž, Metzger aus Abbrand, verwandt war, und dieser war der hauptsächliche Initiator der Lostrennung Rottenschachens von der ČSR und nach seiner Flucht 1948 nach Österreich CIC-Agent. Seine Tochter Marie war Offizier in der deutschen Armee und hatte eine nachrichtendienstliche Ausbildung absolviert. – Rudolf Kronikas Frau Terezie, Jg. 1914, Haus Nr. 185, geborene Buštová, hatte in Österreich ihren Onkel Adolf Bušta, der wegen seiner Tätigkeit während des Krieges eine Heimkehr nach Rottenschachen fürchtete, um so einer Strafe zu entgehen; ihr Cousin Karel Bušta, Haus Nr. 178, flüchtete 1950 nach Deutschland. Adolf Macho, Jg. 1920, Haus Nr. 199, hatte einen Cousin Stanislav Macho, der wegen Schleusung tschechoslowakischer Bürger nach Österreich verurteilt worden war. – AMV ČR Prag, Fond 305 261-9. – Sämtliche angeführten Verwandten der Milizionäre wurden 1953 aus dem Weitra-Gebiet ausgesiedelt, sofern sie nicht über die Grenze auf österreichisches Gebiet geflohen waren.

64 Der Chef der Bezirksverwaltung der Staatssicherheit, Hauptmann Bouzek, übersandte »nach persönlicher Absprache« an den Kommandeur der Grenzwache in Budweis Material mit dem Hinweis, dass dieses über Rottenschachen und die Problematik einer Aussiedlung von Weitraern sowie anderen Ortschaften »bei der hiesigen Staatssicherheit« konzentriert vorhanden sei. Er forderte nach entsprechender Durcharbeitung die Rückgabe, die dann am 19. November 1952 erfolgte. – AMV ČR Prag, Fond B2-51.

65 Die Staatssicherheit überprüfte Havle unverzüglich. Sie stellte dabei fest, dass Jan Havle, Jg. 1912, Haus Nr. 86 in Rottenschachen, in der Zeit der Ersten Republik als Schreiner gearbeitet hatte. Bei der Besetzung Rottenschachens nahm er an sämtlichen Aktionen für einen Anschluss der Gemeinde an das Dritte Reich teil, bekannte sich zur deutschen Nationalität, war während der Okkupationszeit »stets stolz auf seine deutsche Herkunft«, obwohl er Tscheche war. Er war NSDAP-Mitglied und hatte die Funktion eines Blockwarts in Block IX inne. Von der Wehrmacht kam er in den Revolutionstagen im Mai 1945 nach Hause, wurde mit seiner Eehfrau nach Österreich vertrieben und kehrte 1946 wieder zurück. Er wurde entsprechend dem Kleinen Dekret verfolgt, das Verfahren dann aber eingestellt. Er war Mitglied der Sozialdemokratie, »die in Rottenschachen diese Art von Leuten vereinigte«. Nach Auflösung der Sozialdemokratie 1948 wählte er mit dem weißen Wahlschein, »was seine feindliche Haltung

bezeugt«. Seine Ehefrau Jana, geborene Weberová, war während der Okkupationszeit im BdM. Ihr Pflegesohn Adolf Gruber, Jg. 1928, Arbeiter in České Velenice, war wegen seiner Jugend politisch nicht tätig. Auch seine Schwiegermutter Anna Weberová, Jg. 1891, lebte bei ihm. »Jan Havle ist der Sohn des Jan Havle aus Rottenschachen, Haus Nr. 222, der ein glühender Deutscher und Mitglied sämtlicher nationalsozialistischer Organisationen im Verlauf der Besatzungszeit war.« Er hatte keine Verwandten im Ausland. 1953 wurde er auf den Hof Myletín in der Gemeinde Zborov, Kreis Budweis, ausgesiedelt. Er ließ 4,8 ha Grund, ein Haus, zehn Stück Vieh, darunter vier Kühe, ein Schaf, ein Schwein und 13 Hühner zurück. Diese Details wurden hier der Vollständigkeit halber angegeben, um eine Vorstellung davon zu vermitteln, wie sämtliche Rottenschachener charakterisiert wurden; dasselbe geschah aber auch mit den Bewohnern der anderen von der Deportation betroffenen Gemeinden. – AMV ČR Prag, Fond B2-69.

66 Marie Kropíková aus Rottenschachen, Haus Nr. 330, erhielt außer der Betriebszahlung von Druča in Franzenthal für ihre drei Kinder im Alter von sechs bis zwölf Jahren 2600 Kčs Unterhaltsgeld und 800 Kčs aus dem Fond der Kriegsgeschädigten. Ihr Mann war als deutscher Soldat gefallen. Marie Adensamová, Haus Nr. 246, erhielt außer der Zahlung aus demselben Betrieb in Franzenthal für ihre drei Kinder für ihren gefallenen Ehemann ebenfalls 3200 Kčs. Albína Gruberová, Haus Nr. 319, Köchin in der Mittelschule in Rottenschachen, erhielt außer der Zahlung für ihren gefallenen Ehemann eine Zuwendung für ihre beiden 12- und 13-jährigen Kinder in Höhe von 2200 Kčs. Terezie Dvořáková, Haus Nr. 222, die ebenfalls in der Schule beschäftigt war, bekam für ihren gefallenen Ehemann und ihre drei Kinder im Alter von sieben bis zwölf Jahren 3400 Kčs. Terezie Zimmelová, Haus Nr. 235, die ihr eigenes Anwesen von 1,3 ha bewirtschaftete, erhielt für ihren gefallenen Ehemann einen Unterhaltsbeitrag für ihr 14-jähriges Kind in Höhe von monatlich 2200 Kčs. Einige Witwen aus Rottenschachen erhielten eine geringere Rente, die noch für im Ersten Weltkrieg gefallene Soldaten gezahlt wurde; 1914–1918 waren allein aus Rottenschachen 76 Männer gefallen. – Kronika obce RapšachRapšach (Chronik der Gemeinde Rottenschachen), S. 92–94; AMV ČR Prag, Fond B2-69, B2-61.

67 AMV ČR Prag, Fond B2-65, B2-63.

68 AMV ČR Prag, Fond B2-64.

69 AMV ČR Prag, Fond 305 261-6.

70 AMV ČR Prag, Fond B2-51: Bezirksverwaltung der Staatssicherheit Budweis, Az. 0069/01-taj. 52, Chef der Verwaltung, Hauptmann Bouzek.

71 AMV ČR Prag, Fond B2-51: Hauptverwaltung StB, Rechtsabteilung, Sekretariat des MNB, 29. November 1952, 14.20 h. Linhartová.

72 Die Verbotszone (ZP) war Anfang 1953 »im Hinblick auf bewohnte Gebäude« bei Gundschachen und Rottenschachen 500 bis 1500 m tief, hinter Erdweis bei Klikau hatte sie lediglich eine Tiefe von 100 m. Daher wurden die Katastralbereiche von Gundschachen (406 ha) und Erdweis (522 ha) einschließlich der beiden Dörfer der Verbotszone zugeschlagen. – AMV ČR Prag, Fond B2-69: Hilfsmaterialien, S. 86, Entwurf für die Berichtigung der Verbotszone der Gemeinden Erdweis, Rottenschachen und Gundschachen.

73 Hier ihre Namen: für den Bezirksausschuss der KPTsch – Svoboda; für den Bezirks-Nationalausschuss – Jindra, Líbal, Nový, Chrt; für die Bezirksverwaltung der Nationalen Sicherheit – Alizar; für die Bezirksverwaltung der Staatssicherheit – Krejcar; für die Grenzwacheneinheit Budweis – Průša. – AMV ČR Prag, Fond B2-51.

74 Die streng geheime, äußerst dringliche Fernschreibnachricht setzte der Chef der Staatssicherheit aus Budweis am 16. Mai 1953 unter der Nr. A-0069/01-52, Bouzek, ab. – AMV ČR Prag, Fond B2-69, Schriftmaterial, S. 401.

75 Kronika obce Rapšach (Chronik der Gemeinde Rottenschachen), S. 258. – AMV ČR Prag, Fond B2-69.

76 František Dvořáček, Jg. 1916, war der Sohn Karel Dvořáčeks in Rottenschachen, Haus Nr. 274. In der Zeit der Ersten Republik arbeitete er als Schreinergehilfe in Prag, blieb auch während der Besatzungszeit fort und kam 1945 wieder nach Hause zurück. Danach arbeitete er in den Werkstätten der Tschechoslowakischen Staatsbahn in České Velenice. Am politischen Leben beteiligte er sich nicht, »er stand außerhalb«; seine Ehefrau war ebenfalls politisch nicht tätig, auch nicht während der Okkupation, sie fand sich in keinem Verzeichnis. Trotzdem lautete das Verdikt so: »Trotz der Tatsache, dass er nie irgendwie für die Nazis politisch tätig war, im Jahre 1939 in Rottenschachen nicht bei der Volkszählung erfasst wurde, kann ihm kein Vertrauen geschenkt werden, weil er in Österreich Verwandte hat, die während der Besatzungszeit tätige Nazis in Rottenschachen waren und deren Besitz in Rottenschachen nunmehr konfisziert wird. Es handelt sich um die Familie Schütz ...« – AMV ČR Prag, Fond B2-69.

77 Ebd.

78 Ebd.

79 AMV ČR Prag, Fond B2-69: An der Beratung der Kommission beim Bezirks-Nationalausschuss Budweis nahmen seitens dieses Gremiums Jindra, Chrt, Líbal und Kadlec teil, für den Kreis-Nationalausschuss Wittingau Čábela und zwei weitere Ausschussmitglieder, für die Grenzwachenabteilung Stabshauptmann Průša, für die Kreisverwaltung der Staatssicherheit Oberleutnant Krejcar und die entsprechende Formation der Öffentlichen Sicherheit Leutnant Alizar sowie Svoboda für den Bezirks-Ausschuss der KPTsch.

80 Josef Bártl erwähnte auch, dass es zur Aussiedlungsaktion auf den Wunsch »von etlichen örtlichen Bürgern – Kommunisten – mit Hilfe des gesamten damaligen Kreis-Nationalausschusses Wittingau« gekommen sei. Er wusste nicht, was alles in den Archiven aufbewahrt wurde, dass folglich die gesamte Aktion von allerhöchster Stelle des Ministeriums für Nationale Sicherheit und der Zentrale der politischen Polizei gelenkt war – also der Hauptverwaltung der Staatssicherheit in Prag; den örtlichen Funktionären auf Kreis- und Ortsebene blieb lediglich die Ausführung der Repressionsaufgaben überlassen, somit die Vertreibung als solche. Nichtsdestoweniger kann man die dienstliche Subalternität der örtlichen Kommunisten keineswegs bagatellisieren, und Josef Bártl hat sie namentlich identifiziert. In seinem Testament wird Folgendes ausgeführt: »Diejenigen, welche dies (die gewaltsame Vertreibung – J.M.) aus Rottenschachen verschuldet haben, sind: Pomr Silvestr – Vorsitzender der Verwaltungskommission der Gemeinde; Čada Karel – der überall überaus gewalttätig aufgetreten ist; Křížek Ju-

lius – an der Straße von Rottenschachen nach London; Kamiš František – Stellmacher; Kos Jaroslav – aus Abbrand, gebürtiger Klikauer; Kříž – ehemaliger Gemüsegärtner aus Abbrand; Novotný – Steinmetz; Lukeš Jan – Metzger; Zelenka – Schlosser, seinerzeit wohnhaft in Karlsbad; Kodl – Schlosser; Spáčil – Respizient der Finanzwache und Sekretär im Rathaus; Bušta Karel – Beamter beim Kreis-Nationalausschuss in Wittingau, billigte die Aussiedlung; Maxa aus Schwarzbach – Mitglied des Kreis-Nationalausschusses Wittingau und der böse Geist dieser Gegend; der Vorsitzende des damaligen Kreis-Nationalausschusses Wittingau unterstützte die Aussiedlung; sämtliche Mitglieder des Kreis-Nationalausschusses Wittingau billigten und unterstützten die Aussiedlung. Alle diese Genannten sind verantwortlich für die Aussiedlung und die moralischen Kränkungen, in deren Folge einige gerade deswegen innerhalb kurzer Zeit verstorben sind.« – Privatarchiv Ferdinand Korbel.

81 Der Referent beim Bezirks-Nationalausschuss, Chrt, gab an, dass es »erforderlich sein wird, dass das Landwirtschaftsreferat des Bezirks-Nationalausschusses die praktische Vorbereitung zur Gründung einer Landwirtschaftlichen Produktionsgenossenschaft trifft. Am Dienstag dieser Woche führte das Landwirtschaftsreferat eine Untersuchung bezüglich der Objekte für eine Gemeinschaftsstallung durch«. Der Repräsentant des Kreis-Nationalausschusses Wittingau, Čábela, meinte dazu: »Das Landwirtschaftsreferat muss bei der Bewältigung der landwirtschaftlichen Produktion Hilfe gewähren. Es muss mit der Errichtung des Kuhstalls begonnen werden.« Auf Vorschlag des Vertreters des Bezirks-Nationalausschusses, Jindra, wurde folgende Maßnahme beschlossen: »Es ist erforderlich, einen Rechtsrepräsentanten zu bestimmen, der sich um die Bewertung und Bezahlung des Viehbestandes kümmert, der in den künftigen Stall übernommen werden soll, der wiederum von der Landwirtschaftlichen Produktionsgenossenschaft bewirtschaftet wird. Gleichzeitig gewährleistet das Referat IX die Erfüllung der Aufgabe in der landwirtschaftlichen Produktion.« Schließlich diktierte der Vertreter des Bezirksausschusses der KPTsch, Svoboda, folgenden Auftrag: »Der Verlauf der Beschlüsse zum Aufbau der Gemeinschaftsprojekte der Landwirtschaftlichen Produktionsgenossenschaft in der Gemeinde Rottenschachen durch Vermittlung des Referats IX des Bezirks-Nationalausschusses ist zu beschleunigen.« – AMV ČR Prag, Fond B2-69, S. 107–110.

82 Die Bezirks-Aussiedlungskommission stellte dazu am 30. Mai 1953 fest: »Die Bezirksverwaltung der Staatsforste hat ihre Aufgabe zur Bereitstellung von Wohnungen für ihre Angestellten nicht erfüllt. Diese wollen nicht in der Landwirtschaftlichen Produktionsgenossenschaft oder auf den Tschechoslowakischen Staatsgütern (ČSSS) arbeiten, und so bleibt die Frage ihrer Umsiedlung ungelöst.« – AMV ČR Prag, Fond B2-69, S. 109.

83 AMV ČR Prag, Fond B2-69: Gemeinde Rottenschachen, Verzeichnis der ausgesiedelten Personen, S. 223–229.

84 In Gundschachen wurden vier Familien außer Betracht gelassen; sie wurden nach Rottenschachen umgesiedelt. In Rottenschachen waren es ebenfalls vier Familien, denen die Aussiedlungskommission den Verbleib in der Gemeinde gestattete, obwohl sie sich im Verzeichnis der Ausgesiedelten befanden. Jan Kropík, Jg. 1883, Haus Nr. 262, wurde wegen seines hohen Alters »begnadigt«, aber ins-

besondere wegen seiner schweren Krankheit und unter Berücksichtigung der Pflege seiner 97-jährigen Mutter.

85 Die ausführlichen Angaben über die Aussiedler aus Rottenschachen mit der Zahlenangabe über die Familienmitgliederzahl umfassten 167 Familien: vollständiges Material, kurz gefasste Lebensläufe, soziale Stellung, Beschäftigung, Besitz (Boden, Gebäude, Wirtschaftsviehbestand, u.a.). Das Material, das 1953 dem Zentralkomitee der KPTsch und dem Ministerium für Nationale Sicherheit vorgelegt wurde, ging von der Umsiedlung von 242 Familien aus Rottenschachen aus; das Phonogramm vom 24. August 1954 führt dann 208 Familien an. Dann gab es noch das Spezialverzeichnis der Einwohner Rottenschachens, das die Mitglieder der nationalsozialistischen Organisationen – der NSDAP, der SA und der SS (übrigens nur zwei Mann) – anführte sowie den Ort ihrer Aussiedlung: z.B. Adolf Bednář, geb. 20. April 1907 – NSDAP, SA, Frauenberg a. d. Moldau; Václav Zwettler, geb. 24. Juni 1889 – SA, Nebušice bei Prag. Das Verzeichnis umfasste 92 Positionen. – AMV ČR Prag, Fond B2-68.

86 Die Öffentliche Sicherheit in Wittingau untersuchte den Fall des František Havle, Jg. 1906, Haus Nr. 56, dem in Rottenschachen 24 ha Grund gehört hatten, und den man nach Frauenberg a. d. Moldau auf das dortige Staatsgut umgesiedelt hatte, wo er als Tagelöhner arbeiten musste. Havle war deutscher Soldat an der Ostfront und SA-Mitglied gewesen – und dafür wurde er abgeurteilt und dann ausgewiesen. Er kam kurz nach der Aussiedlung ohne Passierschein zurück nach Rottenschachen, um seinen Besitz in Augenschein zu nehmen. Marie Mužíková zeigte ihn beim SNB an; sie wollte sich damit bei den Behörden dafür erkenntlich zeigen, dass man sie in der Gemeinde belassen hatte. Als Havle nochmals zu Allerseelen und Allerheiligen am 31. Oktober und 1. November 1953 in den Ortsbereich und auf den Ortsfriedhof kam, der außerhalb der Grenzzone lag, begegnete er der Denunziantin, die er entsprechend dem Polizeiprotokoll (SNB) »mit folgenden Worten bedrohte: ›Warte nur, bis ich eines Tages wieder zurückkehre, dann werd' ich dir's schon noch heimzahlen‹. Die Mužíková zeigte ihn zum zweiten Mal an, und so wurde Havle von der Polizei einem Verhör unterzogen.« – AMV ČR Prag, Fond B2-69.

87 Meldung des Kreis-Befehlshabers der Staatssicherheit Wittingau vom 2. November 1953 an die Bezirksverwaltung des Ministeriums des Inneren in Budweis, Az. A-1278/53. – AMV ČR Prag, Fond B2-69, S. 477f.

88 Entsprechend der Meldung hat die ausgesiedelte Marie Vaňková, Haus Nr. 177, die in Wettern, Kreis Krummau, lebte, »auf dreiste Art und Weise« einen Angehörigen der Grenzwache gefragt: »Wollen Sie meinen Passierschein sehen?«, dann wies sie den in Klattau ausgestellten Passierschein vor. Antonie Křížová, Haus Nr. 310, wies einen Passierschein aus Komotau und Anežka Vopelková einen solchen aus Písek vor.

89 František Gruber, der von Rottenschachen nach Zahrádky, Kreis Milevsko/Mühlhausen ausgesiedelt worden war – auf dem Verzeichnis der Mitglieder nationalsozialistischer Organisationen war er für Dolní Bukovsko vorgesehen gewesen –, begegnete auf dem Friedhof Josef Urbánek, KPTsch-Mitglied und Verkaufstellenleiter der »Jednota« und »spuckte« öffentlich, voller Verachtung, »vor ihm aus«. Gruber besaß in Rottenschachen 22 ha Grund, war NSDAP-Mitglied,

kehrte aus amerikanischer Kriegsgefangenschaft als Soldat der Westarmee zurück und wurde seitens der Polizei als »reaktionäres Element« bezeichnet. Er arbeitete dann als Arbeiter in einem Sägewerk im Kreis Milevsko/Mühlhausen.

90 Als der Chef der Bezirksverwaltung der Staatssicherheit den Bericht seines Untergebenen noch weiter nach oben leitete, an den Bezirksausschuss der KPTsch in Budweis, fand er folgende Formulierung: »Durch dieses Verhalten der aus Rottenschachen Ausgesiedelten wird die Landwirtschaftliche Produktionsgenossenschaft des III. Typs gestört, die sich in Auflösung befindet, und überhaupt sind die Gesamtumstände in der Gemeinde schlecht, wo noch dazu das Bewusstsein der Einwohner wenig ausgeprägt ist.«

91 AMV ČR Prag, Fond B2-69: Staatssicherheit Wittingau, Bezirksverwaltung des Ministeriums des Inneren Budweis, Az. A-10558/1081-53, S. 134f.; siehe auch Fond 305 261 Inventarnr. 67.

92 Das Regime bezog in Rottenschachen in seine Planungen einen umfangreichen Kulturboden mit Wiesen ein und beabsichtigte, die Staatsgüter als einen Musterbetrieb vorzustellen. Es wurde ein ausgedehnter Kuhstall mit großen Weidegründen gebaut. Damit das gigantische Ausmaß dieses Musterbetriebs nicht nur innerhalb des Bezirks bekannt würde, sondern auch jenseits der Staatsgrenze, kamen ausländische Delegationen auf das Gut, und ihretwegen wurde Rottenschachen, und damit auch der Friedhof, in den 60er-Jahren aus dem Grenzzonenbereich herausgenommen. – Erkenntnisse aufgrund der Darstellungen von örtlichen Erinnerungs- bzw. Augenzeugen.

93 Der Rest des Orts-Nationalausschusses Rottenschachen behandelte am 12. September 1945 die Überführung der verstorbenen Mutter des ehemaligen Bürgermeisters während der Besatzungszeit, Jan Šlechta, der im Mai 1945 aus dem fahrenden Zug seinen Bewachern, die ihn ins Gefängnis verbringen sollten, entkommen und nicht wieder nach Rottenschachen zurückgekehrt war. Seine Mutter sowie seine Verwandten waren durch die Partisanen vertrieben worden. Der Rat des Orts-Nationalausschusses gestattete die Überführung mit Billigung des Kreis-Nationalausschusses sowie die Teilnahme der allernächsten Hinterbliebenen. Šlechta selbst hatte nicht um eine Erlaubnis nachgesucht. – Kronika obce Rapšach (Chronik der Gemeinde Rottenschachen), S. 344f.

94 Karel Kotrba, Jg. 1914, Haus Nr. 267 in Rottenschachen, war Angestellter des Heizwerks der Tschechoslowakischen Staatsbahn in Budweis; er wohnte in Dobřejovice. Das von ihm gepachtete und betriebene Gasthaus wurde zu einem der Zentren Rottenschachener Zusammenkünfte. – AMV ČR Prag, Fond B2-54.

95 Richtig muss es heißen: Duspiva František, Jg. 1887, Haus Nr. 9 in Rottenschachen.

96 Der Agentenbericht ist beträchtlich entstellt – fehlerhafte Namen und Lokalisierung der Ausgesiedelten –, nichtsdestoweniger prinzipiell richtig; so wurde er auch bewertet. – AMV ČR Prag, Fond B2-54.

97 Zu den aktivsten Aussiedlern, die sich um eine Rückkehr bemühten, gehörte entsprechend der Agentenmeldung Vilém Janda, Jg. 1911, Haus Nr. 4 in Rottenschachen, der auf den Hof Vondrov der Staatsgüter bei Frauenberg an der Moldau ausgesiedelt worden war; sein ursprünglicher Beruf war Arbeiter in einer Schuhfabrik, auf dem Staatsgut arbeitete er als Kutscher. Entsprechend der

Agentenaussage »unterhält Janda an seinem Wohnort mit allen Ausgesiedelten Verbindung im Gasthaus U Boušů in Frauenberg an der Moldau, zumeist am Sonntagvormittag«. – AMV ČR Prag, Fond B2-54.

98 Es handelt sich um František Doležal, der auf eine Landwirtschaftliche Produktionsgenossenschaft nach Nebušice, Prag-West, ausgesiedelt worden war. Aus Rottenschachen wurden 1953 insgesamt zwölf Familien Doležal ausgesiedelt. – AMV ČR Prag, Fond B2-69, B2-54.

99 AMV ČR Prag, Fond B2-69: Die Meldung wurde in der 2. Abteilung der Bezirksverwaltung der Staatssicherheit in Budweis vermerkt, er wurde von Unterleutnant Reitinger erstattet.

100 Adolf Doležal, Haus Nr. 291 in Rottenschachen, wurde beschuldigt, er habe sich zusammen mit seiner Ehefrau »an sämtlichen Aktionen anlässlich der Feierlichkeiten der Lostrennung der Gemeinde Rottenschachen von der Republik« beteiligt. Mit seiner ganzen Familie habe er sich zur deutschen Nationalität bekannt, sei ein äußerst tätiger Funktionär der NSDAP und der SA gewesen, im Dezember 1944 zur deutschen Armee eingerückt, im Jahre 1945 durch die amerikanische Armee gefangen genommen und sodann der Roten Armee übergeben worden. Seine Tochter Marie und der Sohn Adolf hätten sich in den Verzeichnissen von BdM und HJ befunden. Im Ausland habe er seinen Onkel Karel Doležal, der während der Besatzungszeit Gestapo-Mitglied war und 1945 nach Österreich flüchtete, wo er bis dato lebt. – Frantisek Kropík, Haus Nr. 55, hatte eine vergleichbare Vergangenheit, allerdings mit dem Unterschied, dass seine Ehefrau »die NSDAP finanziell unterstützt hat«. Bereits in der Zeit der Ersten Republik habe er ein Fassbinder-Gewerbe betrieben, das er bis zum Jahre 1950 fortführte. In Österreich hatte er einen Cousin, Jaroslav Kropík, der 1951 illegal geflohen war. – Eduard Kotrba, Haus Nr. 186, war SA-Mitglied, hatte sich zur deutschen Nationalität bekannt, wurde in die Gemeinde Krakovčice im Kreis Moldautein ausgesiedelt. – Irena Doležalovás Vater war NSDAP-Mitglied, in der Wehrmacht und 1945 von der Roten Armee gefangen genommen worden, kehrte am 10. September 1945 wieder zurück, wurde in Rottenschachen festgenommen und wegen seiner Tätigkeit während der Besatzungszeit verurteilt, kehrte erst 1949 wieder aus dem Gefängnis zurück. Gemeinsam mit ihrer Mutter wurde sie 1945 nach Österreich vertrieben und kehrte von dort 1946 zurück. »Wegen aller dieser Gründe wird Irena Doležalová nach der Verheiratung mit Ladislav Hajna ein Wohnaufenthalt in Rottenschachen, wo auch Hajna wohnt, nicht gestattet.« – AMV ČR Prag, Fond B2-67.

101 Der Bericht über die Registrierung und Lokalisierung von Sozialdemokraten aus Rottenschachen klang wie eine Anklageschrift: »Unter den aus der Gemeinde Rottenschachen Ausgesiedelten befinden sich auch ehemalige Sozialdemokraten von rechtsgerichteter Orientierung. Es handelt sich um Personen, die während der Okkupationszeit die deutsche Staatsangehörigkeit angenommen haben, in der Wehrmacht dienten, Mitglieder der NSDAP und anderer Organisationen waren, nach der Befreiung nach Österreich abgeschoben wurden, von wo sie 1946 nach Rottenschachen zurückkehrten. Gegen die Mehrzahl dieser Personen wurden Strafverfahren entsprechend dem Kleinen Dekret eingeleitet, die jedoch nach den Darstellungen der Grenzwacheneinheit 5343 aus Bud-

weis wegen der Zugehörigkeit zur Sozialdemokratischen Partei wieder eingestellt wurden. Der Abgeordnete Mirko Sedlák kam öfters nach Rottenschachen, wo Festgelage beim örtlichen Gastwirt und Metzger Karel Novák veranstaltet wurden, der heute als Ausgesiedelter in Vlkov, Kreis Sobieslau, lebt. 1946 wurde Jaroslav Kovařík zum Vorsitzenden des Orts-Nationalausschusses gewählt, der die Gemeinde im Geiste der Politik Sedláks führte, und er konzentrierte sein Hauptinteresse auf die Erlangung der tschechoslowakischen Staatsbürgerschaft für Deutsche.« – AMV ČR Prag, Fond B2-67; sämtliche Schriftsachen über die Personen der aus Rottenschachen Ausgewiesenen wurden am 4. Juli 1953 an die Bezirksverwaltung der Staatssicherheit Prag unter dem Aktenzeichen A-705/53 übersandt.

102 Adolf Bednář, Jg. 1907, Haus Nr. 79 in Rottenschachen, war deutscher Soldat, seinem Bruder Leopold war es zu verdanken, dass die Familie nicht nach Österreich ausgesiedelt wurde, doch wurde wegen seiner Tätigkeit während der Besatzungszeit – Soldat, NSDAP- und SA-Mitglied – »gegen ihn ein Strafverfahren eingeleitet, doch wegen seiner Zugehörigkeit zur Sozialdemokratie wieder eingestellt«. Bis zum Februar 1948 war er Mitglied der Sozialdemokratie, Mitglied des Orts-Nationalausschusses und Feuerwehrkommandant in der Gemeinde. Die Bewertung seiner Person sah so aus: »Bezüglich seiner Zuverlässigkeit kann ihm keinerlei Vertrauen entgegengebracht werden. Er weist dreistes Verhalten auf.« Zusammen mit seiner Ehefrau und drei Töchtern wurde er auf die Staatsgüter in Frauenberg an der Moldau ausgewiesen. – AMV ČR Prag, Fond 305 261-2.

103 Josef Leder, Haus Nr. 322, und Hynek Leder, Haus Nr. 316, wurden in die Landwirtschaftliche Produktionsgenossenschaft Úholičky bei Prag-West ausgewiesen; Bedřich Benda, Haus Nr. 3, dasselbe; Josef Brückner, Haus Nr. 100, in die Produktionsgenossenschaft Nebušice Prag-West; František Doležal, dasselbe; Václav Zwettler, Haus Nr. 226, dasselbe; Josef Šindl, ohne weitere Angaben; Adolf Bláha, Haus Nr. 113, Produktionsgenossenschaft Nebušice, Prag-West; Leopold Brückner, Haus Nr. 100, dasselbe; Karel Krügelsteiner, Haus Nr. 166, dasselbe; Karel Kocián, ohne weitere Angaben. – AMV ČR Prag, Fond B2-67.

104 AMV ČR Prag, Fond B2-69.

105 Die Bezirksverwaltung der Staatssicherheit Budweis meldete am 8. September 1953 an die Prager Zentrale, dass sich in ihrem Gewahrsam zwei deutsche Staatsangehörige – Josef Hartl, Jg. 1909, aus Kleppen, Kreis Kaplitz, und Hubert Odehnal, Jg. 1927, aus Erdweis an der Lainsitz, Kreis Wittingau – befinden, die in der Wehrmacht gedient hatten und sich seit 1945 in sowjetischer Kriegsgefangenschaft befanden, von wo sie am 27. September 1952 an die Tschechoslowakei ausgeliefert und in Untersuchungshaft genommen wurden. Sie sollten in Bezug auf ihre Vorkriegstätigkeit verhört, ihre und die Vergangenheit ihrer Verwandten sollte überprüft und die Ergebnisse sodann an die Hauptverwaltung der Staatssicherheit Prag übersandt werden; dies geschah am 3. November 1952 mit dem Vorschlag zur Aussiedlung nach Österreich und nach Deutschland. Den Genannten wurde die Terminierung etliche Male verlängert, der letzte Termin endigte am 27. September 1953. Der Fall wurde durch Ausweisung »erledigt«. – AMV ČR Prag, Fond B 52-75-3.

106 15 von ihnen führten tschechische Nachnamen. Ihr Alter bewegte sich etwa zwischen den Jahrgängen 1890 und 1928, die meisten waren die Jahrgänge 1900–1905. – Ebd.

Anmerkungen zum Nachwort

1 Retrospektivní lexikon obcí ČSR 1850–1970 (Retrospektiv-Lexikon der Ortschaften der ČSR 1850–1970), Prag 1978, S. 200–237.

2 Karel Kuča, Města a městečka v Čechách, na Moravě a ve Slezsku (Städte und Städtchen in Böhmen, Mähren und Schlesien), Teil I, Prag 1996, S. 553.

Dokumente

Dokument 1

1945, 24. Mai, Schwarzbach
Protokoll des Volksgerichts in Schwarzbach über die Verurteilung von 16 Dorfbewohnern zum Tode durch Erschießen. Bericht über die Urteilsvollstreckung an 14 Bürgern (zwei Verurteilte »nicht anwesend«)

Quelle: SOA Jindřichův Hradec, Fond ONV Třeboň, Meldung des Orts-Nationalausschusses Schwarzbach Mai 1945

Protokoll
über die Sitzung des Volksgerichts in Schwarzbach am 24. Mai 1945 um 21.00 Uhr im Gemeindeamt.

Anwesend: Maxa Václav, Podlaha Matěj, Beníšek Matěj, Korbel Václav, Haider Karel, Babor Matěj, Hubený Josef, Apfelthaler Václav, Říhas František, Němec František, Říhas František*, Kabourek Jan, Steinbauer Václav

Dieses Gericht ist auf den ausdrücklichen Wunsch von Oberst Hobza, des Kommandeurs des Regiments »Die Partisanen«, zusammengetreten; er ist mit der Säuberung des Weitra-Gebietes von deutsch-nationalsozialistischen Elementen beauftragt worden.

Das Volksgericht hat sein Urteil auf der Grundlage ihrer Bekenntnisse und deren Bezeugung durch tschechische Bürger aus nachfolgenden Gründen gefällt:

Alle Beschuldigten sind im Jahre 1938 über die Grenze zur deutschen Wehrmacht geflohen und haben intensiv gegen die ČSR gearbeitet. Sie waren äußerst gefährlich und haben sich bis zum letzten Augenblick hochmütig verhalten und fortwährend Tschechen bedroht.

Entsprechend ihren Aussagen waren alle organisierte Nazis, und die Mehrheit von ihnen befand sich in militärischen Formationen der Partei, deren Befehle sie bis zum letzten Augenblick ausführten.

Die Frauen: Teresie Smolková war vom Jahre 1938 an aktiv politisch gegen die ČSR tätig. In ihrem Gasthaus fanden illegale Sitzungen und Versammlungen statt, bei denen sie persönlich bei den Entscheidungen anwesend war. Persönlich hat sie in Wien und Berlin bezüglich des Anschlusses ihrer Gemeinde Schwarzbach an das Reich interveniert.

* Es handelt sich um Říha Vater und Sohn mit gleichen Vornamen.

Olga Vlčková hat dieselbe Tätigkeit ausgeübt. Außerdem hat sie bei der Gestapo in Budweis die Bürgerin Elsa Maxová wegen illegaler Tätigkeit gegen das Reich angezeigt; diese verstarb zwei Monate nach der Anzeige im Konzentrationslager.

Auf der Grundlage dieser Feststellungen hat das Volksgericht diese Schuldigen zur Todesstrafe verurteilt.

Das Urteil wurde innerhalb zweier Stunden unter Beteiligung einer Partisanenabteilung vollstreckt.

Verurteilt wurden 14 Männer und 2 Frauen.

Die Erschossenen:	1. Hofhansel Leopold, ehemaliger Kommissar
	2. Kropík Josef, Bauer
	3. Smolek Karel, Bauer
	4. Rohan Karel, Bauer
	5. Koranda, Jan, Bauer
	Šindelář Lorenz, Maschinist
	Cipuš Karel, Arbeiter
	Korbel, Josef, Bauer
	Kropík Karel, Schlosser
	Kotzina Karel, Häusler
	Benda Jan, Maurer
	Bušta Jan, Maurer
Die Frauen:	Smolková Teresie
	Vlčková Olga
Nicht anwesend:	Kropík Karel, Schlosser
	Weber Josef.

Schwarzbach, 24. Mai 1945*

Říha František d. Ä.	Korbel Václav	Haider Karel
Václav Maxa	Podlaha	Matěj Babor
Říha Frant**	Hubený Josef	Němec František
Václav Steinbauer	Kabourek Jan	Apfelhalter Václav
Beníšek Matěj		

Dokument 2

1945, 30. Mai, Klikau

Bericht über die Sitzung des Volksgerichts in Schwarzbach am 24. Mai 1945 und über die Vollstreckung des Urteils. Bericht über die Erschießung dreier Einwohner aus Erdweis bei Klikau am 24. Mai 1945 in Schwarzbach

---

* Auf der rechten Blattseite: Unterschriften der Mitglieder dieses Gerichts mit Nachnamen und Vornamen sowie Eingangsstempel des Kreis-Nationalausschusses Wittingau mit Datum vom 23.XI.1945, Az. 3217/45.

** Es handelt sich um František Říha d. J., den Mörder von Schwarzbach.

Quelle: SOA Jindřichův Hradec, ONV Třeboň, Az. 524/45

Gendarmeriestation Klikau, Kreis Wittingau Klikau, 30. Mai 1945.
Aktenzeichen 524/1945.
Sache: Volksgerichte – Ermittlungen.

An den Kreis-Nationalausschuss Wittingau
Anlagen: ./.

Unter Bezugnahme auf den mündlich erteilten Befehl des Kreis-Gendarmeriekommandos Wittingau vom 29. 5. 1945 teile ich Folgendes mit:

Gemeinde Schwarzbach:
1. Den Befehl zur Einberufung des Volksgerichts in Schwarzbach erteilte der Partisanen-Oberst Hobza.
2. Die namentliche Zusammensetzung des Gerichts: Matěj Podlaha aus Schwarzbach Haus Nr. 3, Václav Maxa aus Schwarzbach Haus Nr. 112, Václav Korbel aus Schwarzbach Haus Nr. 5, Matěj Beníšek aus Schwarzbach Haus Nr. 32, Matěj Babor aus Schwarzbach Haus Nr. 93, Josef Hubený aus Schwarzbach Haus Nr. 107, Václav Apfelthaler aus Schwarzbach Haus Nr. 60 und Karel Haider aus Schwarzbach Haus Nr. 115.
3. Die Protokolle werden durch den Orts-Nationalausschuss Schwarzbach dem Kreis-Nationalausschuss Wittingau vorgelegt.
4. Das Volksgericht tagte am 24.5.1945 etwa um 21.30 Uhr im Gebäude des Gemeindeamtes Schwarzbach, und durch den gemeinsamen Beschluss des Volksgerichts wurde die Vollstreckung beschlossen.
5. Die Vollstrecker des Urteils waren Partisanen.

Gemeinde Erdweis:
1. Das Volksgericht ist nicht zusammengetreten.

Am 24.5.1945 kamen in den Nachmittagsstunden Partisanen unter Führung eines Hauptmanns in die Gemeinde Erdweis und führten Ignác Kronik aus Erdweis Haus Nr. 9 und seinen Sohn Josef Kronik sowie Alfred Apfelthaler aus Erdweis Haus Nr. 83 nach Schwarzbach, Kreis Wittingau, ab. In Schwarzbach ordnete sodann ein russischer Offizier die Hinrichtung dieser drei Deutschen durch Erschießung an. Durch Angehörige der Partisanen wurde noch am gleichen Tag nachmittags das Todesurteil vollstreckt.

Stations-Kommandant:
Oberwachtmeister Kmoch

Dokument 3

1991, 15. Januar, Prag
Protokoll über die Aussage von Eduard Reiner vor der Generalstaatsanwaltschaft der Tschechischen Republik über den Massenmord in Schwarzbach im Mai 1945

Quelle: Privatarchiv Ferdinand Korbel, Schwarzbach

Generalstaatsanwaltschaft der ČR
IV/1 Gn 929/90

Niederschrift
erstellt am 15. Januar 1991 bei der Generalstaatsanwaltschaft der Tschechischen Republik mit Herrn Eduard REINER, geb. am 10. 10. 1935 in Prag, freiberuflich, ständiger Wohnsitz in Prag 8, Urxova 1, ev. USA, 20702 El Toro Rd., 101 El Toro, California 92630, Identität entsprechend amerikanischem Fremdenpass (Immigration and Naturalization Service) Nr. 205 77 99. Beginn 14.10 Uhr

Am heutigen Tag fand sich nach telefonischer Vorladung Eduard Reiner hier ein, der nach Hinweis auf eine wahrheitsgemäße Aussage und der Aufklärung über das Wesen der Aussage Folgendes anführt:

Ich wurde in Prag geboren, doch meine Mutter stammt aus Schwarzbach. Ich hatte Großmutter und Großvater dort und reiste als Kind alljährlich während der Ferien zu ihnen. Die Urgroßeltern besaßen ein Häuschen am Dorfplatz in der Dorfmitte. Nach und nach lernte ich die Nachbarn kennen sowie weitere Schwarzbacher Bürger. Die Urgroßeltern hießen Dvořáček, und als der Krieg begann, bekannten sie sich zur deutschen Nationalität. Sie taten dies, weil sie befürchteten, dass sie ansonsten um ihre Felder gebracht würden. Dabei konnte der Großvater kein einziges Wort Deutsch.

Das Kriegsende erreichte unsere Familie in Prag. Etwa eine Woche nach Kriegsende fuhren meine Mutter, meine Schwester Věra, verheiratete Keprtová, und ich nach Schwarzbach, weil wir uns um den Besitz der Urgroßeltern kümmern mussten, denen der Abschub drohte. Wir mussten uns um das Vieh und um die Ernte kümmern. Nach unserer Ankunft war bereits allen klar, dass auch diejenigen Familien abgeschoben werden, welche sich während des Krieges als Deutsche erklärt hatten. Ich weiß, dass in das Dorf eine Gruppe von Leuten in beigefarbenen Uniformen und Armbinden mit der Bezeichnung »RG« kam, die sich, so meine ich, in der Schule einquartierten. Sie durchstreiften sodann das Dorf und nahmen Leute fest und brachten sie in der Schule unter. Ich erinnere mich nicht, dass in dieser Gruppe irgendein Dorfbewohner gewesen wäre. Von den Ortsansässigen wurde ein Revolutionsausschuss gebildetet, dessen Vorsitzender, so glaube ich, Václav Maxa wurde. Sofern ich mich nicht irre, war auch František Říha Mitglied. Der Revolutionsausschuss lenkte dann die Revolutionsgarden.

Ich weiß, dass Großvaters Tochter Leopolda und ihr Ehemann Lorenc Šindelář in der Schule untergebracht wurden. Beide hatten sich zur deutschen Nationalität bekannt. Onkel Lorenc verblieb in dieser Schule, aber Tante Leopolda half irgendjemand am Abend vor diesem Ereignis zu fliehen, und sie ging dann sofort nach Österreich. Über die Umstände ihres Weggangs bin ich nicht näher informiert; die Tante habe ich dann erst wieder in den 70er-Jahren gesehen. Ich meine, dass dies ganz gewiss ihrem Sohn Karel Šindelář gesagt hat. Er wird nun so um die 68–70 Jahre alt sein, er lebt in Wittingau.

Ich weiß, dass es zu dieser traurigen Begebenheit gekommen ist, noch bevor die Rote Armee ins Dorf kam. Ich habe so ein Gefühl, dass sich alles wohl im Verlauf einer einzigen Woche nach unserer Ankunft in Schwarzbach abgespielt hat. Ich erinnere mich, dass man Opa und Oma nicht abgeführt hat, man ließ sie zu Hause. Nach einer gewissen Zeit wurden sie aber gemeinsam mit weiteren Bürgern irgendwo gesammelt und nach Österreich abgeführt.

Sofern ich weitere Personen anführen soll, die in der Schule untergebracht waren, so denke ich, dass dort irgendein Kropík und ein gewisser Hofhanzl waren. An weitere Namen kann ich mich nicht mehr erinnern. Ich möchte darauf hinweisen, dass ich damals 10 Jahre alt war und ich mich besser an diejenigen Umstände erinnere, die unmittelbar unsere Familie betrafen.

Ich erinnere mich, dass an dem betreffenden Tag einige ältere Burschen, die so um die 20 waren, an der Straße, am Dorfrand in Richtung auf das Kreuz, auf der rechten Seite eine Grube ausgehoben haben. Es hieß, dass man dort Pferde eingraben werde. Es war keine Rede von irgendeiner Entscheidung, dass jemand erschossen würde. Doch dann musste wohl eine Information darüber durchgesickert sein, denn die Burschen wollten die Grube nicht mehr weiter ausheben, und so blieb sie unfertig. Ich glaube, dass dann in den Nachmittagsstunden etliche Bürger zusammengesperrt wurden; einige wurden aus ihren Häusern herausgeholt, weitere wurden aus der Schule herangeführt. Von irgendjemand habe ich später gehört, dass möglicherweise direkt in der Schule ein »Gericht« stattgefunden habe und man eine Gruppe von Leuten danach am Abend an den Dorfrand zur Grube geführt habe. Gemeinsam mit anderen Kindern haben wir eine Prozession von Menschen beobachtet, die von der Schule aus ging; eine Weile haben wir uns dort herumgedrückt, und dann sind wir voraus gelaufen, denn auf einmal haben wir verstanden, wozu dort die Grube in der Erde ist. Ich legte mich mit zwei weiteren Jungen, die älter als ich waren und an die ich mich leider nicht weiter erinnern kann, in den Graben auf der gegenüber liegenden Seite der Grube. Es schien mir alles sehr nahe zu sein, weil ich alles deutlich sehen und alle Leute voneinander unterscheiden konnte. Ich erinnere mich, dass ich dort etliche Leute mit »RG«-Armbinden sah, etliche weitere Ortsbewohner und eine Gruppe von Leuten, die abgeschoben werden sollten. Ich weiß, dass es vor Ort einiges Werkzeug gab und dass etliche Leute die Grube noch tiefer aushoben. Ich habe so eine Erinnerung, dass ich unter den anwesenden Personen auch den Václav Maxa gesehen habe. Ich habe dort auch einen weiteren Mann von kleinerem Wuchs, schwach, mager und vielleicht mit einem Sakko bekleidet gesehen, dessen Haare glatt nach hinten gekämmt und von hellbrauner bis brauner Farbe waren. Ich weiß ganz sicher, dass er keinerlei Uniformteil anhatte etwa von der Art, wie sie beispielsweise die Revolutionsgardisten trugen, die man auch als Partisanen bezeichnete. Ich glaube, dass er sich in halbbetrunkenem Zustand befunden haben muss, weil er dort in ständiger Bewegung war. Erst etliche Tage nach dieser Begebenheit, als ich ihn im Dorf herumgehen sah, erfuhr ich, dass dies Říhas Junge namens František ist.

Ich weiß nicht, wie spät genau es war, aber ich weiß, dass bereits Dämmerung herrschte, doch ist es interessant, dass ich mich erinnere, dass man alles genau sehen konnte. Ich kann mir allerdings nicht genau vergegenwärtigen, was der eigentliche Grund dafür war, dass ich so gut sah, dass alles so klar war, und ich erkläre mir dies damit, dass dort irgendeine Lichtquelle gewesen sein muss, zum Beispiel ein Feuer – oder dass die Nacht so klar war. Aus der Bewegung der Menschen schloss ich, dass es dort zu Streitereien gekommen war und dass die Partisanen die Menschen nicht erschießen wollten. Ganz sicher habe ich gesehen, wie dies der Sohn von Říha einem Partisanen die Pistole aus dem Halfter zog, auf die neben ihm aufgereihte Menschengruppe zuging und auf sie zu schießen begann. Ich erinnere mich auch noch daran, dass noch vor dieser Schießerei etliche Partisanen und weitere Ortsbewohner fortgingen. Es blieben dort wohl lediglich drei Partisanen. Ich kann mir nicht mehr vergegenwärtigen, was der Maxa die ganze Zeit über dort gemacht hat; ich erinnere mich, dass er dort nur herumgestanden hat. Jan Říha bewegte sich ununterbrochen hin und her, zunächst zu den Partisanen und dann zu weiteren, möglicherweise aus dem Ort stammenden Personen. Dann zog er die Pistole und begann, wie ich bereits angeführt habe, ohne genaueres Zielen zu schießen. Die Pistole hielt er mit abgewinkeltem Arm vor sich. Ich hörte etliche Einzelschüsse und dann sah ich drei Leute in die Grube hineinfallen, die sich hinter ihnen befand. Říha trat sie hierbei noch in Grube hinein, indem er ein Bein anhob und nach vorne trat. Ich bekam furchtbare Angst und rannte einfach davon. Hinter mir hörte fortwährend weitere Schüsse. Ich bekam davon ein solches Grauen, und ich hörte dauernd das Gejammere der Menschen, sodass ich mir gar nicht bewusst wurde, was denn die zwei Jungen machten, die mit mir dort gewesen waren, ob sie sich dort länger aufgehalten haben oder bereits vor mir davongelaufen waren.

Říha ging dann etliche Tage im Dorf herum, er war betrunken und brüllte herum, dass er dieses Gesindel hingerichtet habe.

Ich muss sagen, dass dies eine emotionsgeladene Zeit war. Etwas blieb noch in meinem Gedächtnis haften, dass nämlich etliche Tage danach, als bereits die Russen dorthin gekommen waren, eine russische Offizierin sich in unserem Häuschen einquartierte und meiner Großmutter die Kleider aus dem Schrank wegnahm. Die Großmutter meldete dies dem Kommandanten, der den Transport anhalten ließ; die Sachen wurden dann bei dieser Russin gefunden und diese wurde sofort auf der Straße, praktisch auf derselben Stelle, wo die erschossenen Bürger beerdigt sind, ebenfalls erschossen. Ich weiß nicht, was mit ihrem Leichnam geschehen ist.

Auf Anfrage führe ich weiter an, dass ich nicht genau angeben kann, wie viele Ortsbewohner zur Grube geführt und dann erschossen worden sind. Ich habe ihre Zahl auf 12–14 geschätzt. Ich habe sie nicht gezählt. In meiner Erinnerung sehe ich sie als eine ziemlich lange Reihe vor mir.

Auf Anfrage führe ich auch noch an, dass ich nicht weiß, wer noch zur Sache etwas Näheres angeben könnte. Ich denke, dass Karel Beneš etwas gesehen haben könnte, der sein Häuschen in der Nähe der Stelle hatte, wo die Leute erschossen wurden, und darüber hinaus denke ich, dass er an jenem Nachmittag ebenfalls geholfen hat, die Grube auszuheben.

Zum Schluss möchte ich anführen, dass die Lage in diesem Gebiet keineswegs einfach war. Praktisch tat die Mehrzahl derer, die sich zur deutschen Nationalität bekannt hatten, dies aus Existenzgründen, obwohl sie sich tatsächlich nicht als Deutsche fühlten.

Dokument 4

1991, 6. März, Prag
Protokoll über die Aussage von František Beneš vor der Kreis-Staatsanwaltschaft der Tschechischen Republik in Neuhaus über den Massenmord in Schwarzbach im Mai 1945

Quelle: Archiv der Staatlichen Kreis-Vertretung Neuhaus. – Privatarchiv Ferdinand Korbel, Schwarzbach

Niederschrift
angefertigt bei der Kreis-Staatsanwaltschaft Neuhaus am 6.3.1991.
Anwesend: Dr. iur. Jiří Mach, Kreis-Staatsanwalt
H. Podhráská, Prokollantin

Auf Vorladung hat sich eingefunden
František Beneš, geb. am 23. 6. 1915 in Schwarzbach, Rentner, wohnhaft in Suchenthal an der Lainsitz, Teil Klikau Nr. 54, Kreis Neuhaus
und nach Belehrung über die strafrechtlichen Folgen einer wissentlich unwahren Aussage vom Gesichtspunkt der Bestimmungen der §§ 174, 206, 209 Strafgesetzbuch, und nach Bekanntmachen mit dem Gegenstand der Aussage, führte er Folgendes an:

1945 trat ich in die Rottenschachener Abteilung der Finanzwache ein; ich wohnte in Schwarzbach und bin dort auch geboren. Eines Tages, offenbar Ende Mai 1945, denn an das nähere Datum kann ich mich nicht mehr erinnern, hörte ich am Abend zwischen 21.00 und 22.00 Uhr, als ich bereits im Bett lag, von draußen etliche kurze Salven einer Maschinenpistole. Weil die Schießerei in der Nähe meines Hauses zu vernehmen war, zog ich mich an und ging nach draußen.

Ich sah, dass in einer Entfernung von etwa 50 m von meinem Haus eine Menge Leute war; sie standen in der Wiese herum, und ich gesellte mich zu ihnen. Ich sah, dass sich in dieser Menge etliche Leute befanden, die an den Händen aneinander gefesselt waren; es waren dies Ortsbewohner deutscher Nationalität, und ich kannte sie. Heute kann ich jedoch nicht mehr genau sagen, um wen es sich gehandelt hat. Diese Leute wurden dann jeweils einzeln etliche Meter zur Seite bis an den Rand einer Grube geführt, die dort ausgehoben war, und dort richtete sie der Dorfbewohner František Říha hin. Er war mit einer kurzen deutschen Maschinenpistole vom Kaliber 9 mm bewaffnet, und er erschoss die die Bürger mit kurzen Salven in den Kopf aus einer Entfernung von 1–3 Metern. Ich habe Říha ganz sicher erkannt; ich kannte ihn bereits eine ganze Reihe von Jahren zuvor, denn auch er war in Schwarzbach aufgewachsen und war lediglich um etwa 5 Jahre jünger als ich. Bei dieser Hinrichtung der Leute redete er auch und hielt den Hinzurichtenden ihr früheres Tun vor. Heute kann ich mich nur noch daran erinnern, dass er der Frau Vlčková, die als Letzte hingerichtet wurde, vorhielt, sie habe sich gegenüber seinem Vater übel verhalten, sie habe sich mit diesem gestritten. Differenzen in der Familie Vlček waren aber ortsbekannt.

Zum gleichen Zeitpunkt, als Říha mit einer kurzen Salve in den Kopf Frau Vlčková erschoss, feuerten gleichzeitig auch Angehörige der Revolutionsgarde Salven auf sie ab; es befanden sich etliche von ihnen vor Ort und waren mit Karabinern bewaffnet. Die davor hingerichteten Bürger hat aber Říha alleine erschossen; die Angehörigen der Revolutionsgarde hatten sich nicht an der Erschießung beteiligt.

Insofern es sich um die Angehörigen der Revolutionsgarde handelt, so erkläre ich, dass ich sie nicht kannte und dass keiner von ihnen aus Schwarzbach stammte. Ich weiß, dass es sich um eine Gruppe handelte, die Oberst Hobza befehligte.

Als die Exekution mit der Hinrichtung der Frau Vlčková endigte, entfernte ich mich von dieser Stelle. Ich war durch diese Begebenheiten äußerst aufgewühlt. Nur vom Hörensagen weiß ich, dass die Leichen der hingerichteten Bürger danach in der Grube mit Erde bedeckt wurden.

Außerdem weiß ich in dieser Angelegenheit noch, dass Initiator und Urheber dieser ganzen Exekution der Gemeindebürger Václav Maxa war. Er war gleich irgendwann im Jahre 1939 im Konzentrationslager interniert worden, offenkundig wegen seiner Mitgliedschaft in der Kommunistischen Partei. Gleich nach seiner Rückkehr in die Gemeinde nach der Befreiung verkündete er vor Dorfbewohnern, dass er sich rächen werde. Er berief dann in den räumen des Nationalausschusses dieses Volksgericht ein, in dem die Gemeindebürger František Němec, Václav Korbel, Karel Korbel, der Gastwirt, der Lehrer Podlaha vertreten waren; Maxa führte den Vorsitz in diesem Gericht. Ob auch Říha Mitglied des Gerichts war oder ob er sich an dessen Tätigkeit irgendwie beteiligte, weiß ich nicht. Alle Bürger, die Mitglieder des Gerichts waren, wie ich sie angeführt habe, sind bereits tot. Wie dieses Gericht wirklich ausgesehen hat, erzählte mir irgendwann einmal im Jahre 1955 bei einem zufälligen Treffen František Němec; die Mitglieder des Gerichts waren dagegen, dass die Hinrichtung durchgeführt wird, und sie sprachen davon, dass die Mitbürger deutscher Nationalität sich gar nichts hätten zu Schulden kommen lassen und dass sie unschuldig seien. Maxa habe damals angeblich auf den Tisch gehauen und den Übrigen lautstark angedroht, dass derjenige welcher vorsätzlich der Hinrichtung der festgenommenen Bürger nicht zustimme, mit ihnen gehen werde. Die übrigen Mitglieder dieses sog. Tribunals waren angeblich durch seine Drohung so eingeschüchtert, dass sie dann keinerlei Einwände mehr vorbrachten.

Die Tatsache, dass es unter den von mir beschriebenen Umständen in Schwarzbach zur Hinrichtung von Bürgern deutscher Nationalität gekommen war, war sowohl im Jahre 1945 als auch später in der Gemeinde allgemein bekannt. Říha selbst brüstete sich damit, und in den Jahren 1945 prahlte er weiterhin damit, dass er 14 Leute hingerichtet habe. Zur Person Říhas möchte ich noch anführen, dass ihn die Mitbürger stets als unverantwortlichen Menschen einschätzten, und einer seiner Verwandten hat ihn mir gegenüber vor noch nicht allzu langer Zeit als einen wilden Burschen bezeichnet.

Ich selbst wurde 1949 von der Finanzwache in das Korps der Nationalen Sicherheit überführt und habe dann bei der Öffentlichen Sicherheit des Kreises in Suchenthal an der Lainsitz Dienst getan; Kommandant war dort František Touš, der bereits verstorben ist. Irgendwann einmal in jener Zeit kam der Kader-Referent der Staatssicherheit in unsere Dienststelle und wünschte von uns eine Erläuterung gerade zu dieser Hinrichtung in Schwarzbach und bezüglich Říhas Beteiligung an ihr. Damals haben sowohl František Touš als auch ich gleich lautend in Bezug auf die Angelegenheit dasselbe ausgesagt, worüber ich auch heute spreche. Der Kader-Referent sagte uns seinerzeit, dass man Říha, wäre er nicht krank – er litt nämlich seinerzeit an Tuberkulose –, verhaften würde. Daher bin ich der Meinung, dass in dieser Sache irgendeine Ermittlung stattfand, offenbar im Jahre 1949 und möglicherweise auch im Zusammenhang mit der Überprüfung Říhas als Angehörigen der Staatssicherheit, und sicherlich könnten sich bestimmte Materialien bezüglich dieser Überprüfung auch in den persönlichen Materialien Říhas vor allem im Archiv des Ministeriums des Inneren finden lassen.

Touš teilte mir seinerzeit auch mit, dass Říha die Öffentliche Sicherheit besucht habe, und der Kommandeur ließ in bei diesem Besuch sich legitimieren; er hatte dessen Dienstausweis in Händen und überzeugte sich damals, dass Říha tatsächlich Mitglied der Staatssicherheit war. Říha beschwerte sich sodann darüber, dass Touš seinen Ausweis in die Hand genommen habe und sich nicht mit der bloßen Inaugenscheinnahme begnügte.

Zur Person des Maxa möchte ich anführen, dass er offenkundig im Konzentrationslager Entsprechendes durchgemacht hat; seine Ehefrau, die Jüdin war, kehrte aus dem Konzentrationslager nicht mehr zurück. Ich halte dafür, dass der Aufenthalt im Konzentrationslager ihn so gezeichnet hat, dass er dann nach der Rückkehr in die Gemeinde sich so aufführte, wie er sich eben aufführte. Er übersiedelte dann im Jahre 1968 nach Wittingau und litt dort an Gewissensbissen; dies weiß ich von Ludvík Šándl, mit dem er zu jener Zeit Kontakt pflegte und dem er bekannte, dass er diese Gewissensbisse nicht mehr ertragen könne. Maxa hat sich dann im Jahre 1968 an der Türklinke erhängt.

Sofern es sich darum handelt, wie sich die im Jahre 1945 Hingerichteten vor der Okkupation und während dieser benommen haben, möchte ich insbesondere darauf hinweisen, dass das Weitra-Gebiet ursprünglich ein Bestandteil Österreichs war, dass die Muttersprache üblicherweise Tschechisch war, die Schulbildung aber früher in deutscher Sprache vermittelt wurde. Es handelte sich somit um ein zweisprachiges Land; erst ab dem Jahre 1918 – ich berichtige: 1920 – wurde es zu einem Bestandteil der seinerzeitigen Tschechoslowakischen Republik. Ich denke, dass es daher sehr problematisch ist, zu beurteilen und zu werten, wer von den Bürgern sich zu welcher Nationalität bekannte. Nach meinen Erkenntnissen haben sich aber auch diejenigen Bürger Schwarzbachs, welche sich bei der Abstimmung im Jahre 1938 zur deutschen Nationalität bekannten, gegenüber ihren Mitbürgern anständig und gesellig verhalten und es ist zu keinerlei Zwietracht zwischen ihnen gekommen. Gleicherweise ist es nach meinem Kenntnissstand zu keinerlei Anzeige eines Bürgers tschechischer Volkszugehörigkeit gekommen, und die Gestapo u. ä. sind im Dorf gegen niemanden eingeschritten.

Zur Illustrierung möchte ich anführen, dass mein Vater Adolf Beneš sich einmal während der Okkupation im Gasthaus mit einem weiteren Ortsbewohner, dem Smolek, der deutscher Nationalität war, gestritten hat. Im Streit sagte er ihm damals wörtlich, dass er »auf solch einen Deutschen scheißen kann«. Smolek lief damals sofort zu Leopold Hofhanzl, der Kommissar in der Gemeinde war, und forderte ihn auf, wegen dieser Beleidigung die Gestapo auf meinen Vater anzusetzen. Hofhanzl hat ihm aber die Sache ausgeredet, er verwies ihn auf eine spätere Zeit, und damit endigte die ganze Angelegenheit.

In Bezug auf Leopold Hofhanzl möchte ich noch eine Begebenheit anführen, an der er beteiligt war. Ich habe zu jener Zeit am Kreisamt in Wittingau gearbeitet und aus freien Stücken auch die Post des Gemeindeamtes Schwarzbach nach Wittingau und umgekehrt mitgenommen, sodass ich mich praktisch täglich im Gemeindeamt einfand. Ich habe dort stets nur tschechisch gesprochen, dies war ja allgemein üblich in der Gemeinde, und man sprach überhaupt nur tschechisch und dies auch seitens derjenigen Bürger, welche sich zur deutschen Nationalität bekannt hatten. Damals befanden sich aber zwei Gestapo-Angehörige auf dem Gemeindeamt, und als ich tschechisch grüßte, fassten sie dies als eine Provokation auf, insbesondere dann, als sie feststellten, dass ich Angehöriger der Finanzwache sei. Dieses Tun meldeten sie damals auch dem Vorstand bzw. dem Kreishauptmann, und ich musste eine Erklärung abfassen und hatte schließlich Furcht, verhaftet zu werden. Damals trat Leopold Hofhanzl für mich ein und schrieb, dass ich dem Gemeindeamt behilflich sei.

In Bezug auf die Abstimmung 1938, bei der sich die Bürger zur deutschen oder tschechischen Nationalität bekannten, war ihnen, so meine ich, damals nicht ganz klar, worum es überhaupt ging. Entsprechend dem, was sie mir sagten, schließe ich, dass zumindest etliche von ihnen meinten, dass es um den eventuellen Anschluss der Gemeinde an Österreich gehe, keineswegs aber an Deutschland.

Bei dieser Abstimmung spielten auch die Existenzprobleme der damaligen Gemeindebewohner eine Rolle. Fast alle waren arbeitslos, und nicht einmal die Bauern konnten sich im Hinblick auf den geringen Bodenertrag ordentlich ernähren und daher besserten sie ihren Lebensunterhalt durch schwere Holzarbeiten auf. Damals wurde auch so agitiert, dass derjenige Arbeit erhalte, welcher sich zur deutschen Nationalität bekennt. So sagte mir beispielsweise noch voriges Jahr Ludvík Struska dazu, dass man ihm damals versprochen habe, dass er eine Arbeit erhalte, sofern er sich zur deutschen Nationalität bekenne; und tatsächlich erhielt er im Gegenzug eine Beschäftigung in den seinerzeitigen Eisenbahnwerkstätten in České Velenice.

Um meine Erkenntnisse über die Beziehungen der Schwarzbacher Bürger zu Deutschland noch zu benennen, führe ich an, dass beispielsweise Terezie Smolková, die sich zur deutschen Nationalität bekannt hatte und die nach dem Krieg ebenfalls hingerichtet wurde, im Jahre 1941, als sie die Benachrichtigung darüber erhielt, dass ihr Sohn Karel an der Ostfront gefallen sei, damit durch das Dorf gelaufen ist und Deutschland verflucht hat. Ich halte dafür, dass keiner dieser Bürger sich während der Okkupation als Faschist gezeigt hat. Soweit ich weiß, haben zum Beispiel die Krégls die Jitka Maxová, als diese nach der Internierung ihrer Eltern im Konzentrationslager allein geblieben war, mit ernährt; sie waren Verwandte des später hingerichteten Leopold Hofhanzl und mit ihnen auch Frau Smolková, die gleichfalls hingerichtet wurde.

Ich denke, dass ich diese ganze Angelegenheit aus dem Jahre 1945 genauso bewerte wie die Mehrheit meiner Mitbürger aus Schwarzbach und dessen Umgebung, die über diese Sache auch informiert sind. Ich meine, dass das Tun von Maxa und Říha von ihrem davor liegenden Aufenthalt im Konzentrationslager beeinflusst wurde, und dass ihre Emotionen äußerst hochgepeitscht waren. Im Hinblick darauf, dass seit dieser ganzen Begebenheit eine lange Zeit vergangen ist, käme wohl eine strafrechtliche Beurteilung nicht in Betracht, doch glaube ich, dass diese Sache auf entsprechende Art und Weise bewertet und vom moralischen Standpunkt aus verurteilt werden sollte.

Dies ist alles, was ich zur Sache anführen kann.
Das Protokoll möchte ich nicht mehr durchlesen, ich habe sein vernehmliches Diktieren verfolgt. Ich stimme dem Inhalt der Niederschrift zu und fordere keinerlei Berichtigung, Ergänzungen oder Änderungen.
Beendigung der Niederschrift um 10.45 Uhr.

Dr. iur. Jiří Mach
Kreis-Staatsanwalt

František Beneš

Helena Podhráská
Protokollantin

Dokument 5

1991, 17. September, Brünn
Protokoll über die Aussage von Josef Bártl vor der Bezirks-Staatsanwaltschaft der Tschechischen Republik in Brünn über den Massenmord in Schwarzbach im Mai 1945 und über die Vereitelung eines Massenmordes in Rottenschachen im Mai 1945

Quelle: Archiv der Bezirksvertretung der Tschechischen Republik in Brünn, Nr. Kn 1171/81

Bezirks-Staatsanwaltschaft in Brünn — Kn 1171/91

Niederschrift
Erstellt bei der Bezirks-Staatsanwaltschaft in Brünn am 17.9.1991

Anwesend: Mag. Anna Kubešová, Oberstaatsanwältin bei der Bezirks-Staatsanwaltschaft
Marie Novotná, Protokollantin

Auf Vorladung ist erschienen:
Josef Bártl, geb. 8. 3. 1912 in Rottenschachen, Kreis Neuhaus, wohnhaft Smetanova 24, 602 00 Brünn
OP Nr. 716205 OM-55
und nach Belehrung über die Folgen einer wissentlich unwahren Aussage – entsprechend den Bestimmungen der §§ 174, 206, 209, Strafgesetzbuch und nach Bekanntmachen mit dem Gegenstand der Aussage führte er Folgendes an:

Ich bin gebürtiger Rottenschachener im Weitra-Gebiet. Ich war Berufssoldat, und im Jahre 1942 überstellte mich das Ministerium für Volksverteidigung an das Ministerium des Inneren, wo ich sodann Gendarmerieoffizier bis zum Jahresende 1945 war und dann wieder zurück in den Armeedienst wechselte. Im Mai 1945 habe ich als Gendarmeriehauptmann in Brünn gedient. Irgendwann einmal am 23. oder 24.5.1945 sandte mir mein Vater, der zu jener Zeit in Rottenschachen Haus Nr. 167 wohnte, ein Telegramm, ich möge sofort kommen. Im Hinblick auf die außergewöhnliche Dringlichkeit dieser Forderung begab ich unverzüglich auf den Weg.Mir stand ein Pkw der

Marke Opel Kadett zur Verfügung, und die tschechoslowakische Standarte ermöglichte mir eine zügige Durchfahrt bis in meine Heimatgemeinde.

Als ich nach Rottenschachen gelangte – es war offenkundig der 24.5.1945 – hielt mich in der Dorfmitte bei der Kirche irgendein junger Bursche mit einer Maschinenpistole an, die er über der Brust hängen hatte. Ich fragte ihn, was er denn wolle. Er antwortete mir: »Morgen früh werden wir sie erschießen.« Zu diesem Zeitpunkt kannte ich den jungen Burschen nicht, doch wurde mir später gesagt, dass der junge Kerl Říha heiße und dass er aus dem Weiler New York stamme, der an der Gemarkungsgrenze zwischen Schwarzbach und Rottenschachen gelegen ist.

Ich wusste nicht, was diese Information zu bedeuten habe, die mir der junge Bursche gegeben hatte. Ich erfuhr es bei den Eltern, wohin auch mein Cousin Jan Kocina d. Jüngere angelaufen kam. Er bat mich etwas zu unternehmen; auf dem hiesigen Orts-Nationalausschuss in Rottenschachen sei von allen Mitgliedern dieses Ausschusses die Hinrichtung von etwa 26 Rottenschachener Bürgern unterschrieben worden, und diese sollten am kommenden Morgen durch Říha hingerichtet werden, der am Tag zuvor eine gleiche Hinrichtung bereits in Schwarzbach vollzogen habe.

Was sich genau in Schwarzbach ereignet hat, vermag ich nicht anzuführen, weil ich nicht dabei war. Erst nachträglich habe ich erfahren, dass dort 12 Männer und 2 Frauen von diesem jungen Burschen Říha, der mich auch in der Ortsmitte von Rottenschachen aufgehalten hatte, erschossen wurden. Es wurde mir auch gesagt, dass von diesen 12 Männern zwei bereits vor der Exekution tot gewesen seien, sie seien von Partisanen erschossen und mit einem Lkw nach Schwarzbach gefahren worden. Es handelte sich um Bürger aus Erdweis bei Klikau, sie waren Vater und Sohn. Die Namen kenne ich nicht.

Nachträglich habe ich von meiner Bekannten, der Tochter des hingerichteten Leopold Hofhanzl, das Verzeichnis derjenigen Personen erhalten, welche in Schwarzbach hingerichtet worden waren.

Dies sind: Benda Josef, Busta Josef, Cibusch Karl, Leopold Hofhanzl, Karl Kocina, Johann Koranda, Josef Korbel, Josef Kropik, Karl Kropik, Karl Rohan, Lorenz Sindelar, Karl Smolek und die Frauen – Theresia Smolek und Olga Vlcek.

Ich kenne die Stelle ihre Massengrabes. Es liegt am Ortsende in Richtung Witschoberg an dem Fleck, wo sich einst der Schindanger befunden hatte. Auf diesem Schindanger mussten die zur Hinrichtung Bestimmten ihr eigenes Massengrab ausheben. Es liegt neben, eher gegenüber dem Häuschen des Beneš. Wir haben auch Fotografien von dieser Stelle besorgt. Ferdinand Korbel hält sie zur Verfügung und für den Bedarfsfall wird er sie bestimmt der Anklageschrift beifügen.

Nachträglich habe ich festgestellt – insbesondere im Hinblick auf mein Eingreifen gegen die Exekution in Rottenschachen –, dass der hauptsächliche Organisator der Ausweisung der Bürger aus Schwarzbach und Rottenschachen und gleichfalls der Hinrichtung in Schwarzbach und der vorbereiteten Hinrichtung in Rottenschachen der Schwarzbacher Bürger Maxa war. Ich weiß, dass dieser Mensch den ganzen Krieg hindurch im Gefängnis und im Konzentrationslager war und dass seine Frau, die jüdischer Herkunft war, sowie ihre gesamte Familie während des Kriegs im Konzentrationslager umkam.

Trotzdem möchte ich sagen, dass Václav Maxa gegen seine Mitbürger aus Schwarzbach und ebenso aus Rottenschachen keinerlei konkrete Erkenntnisse über ihre Feindseligkeit haben konnte. Weil die Erläuterung dieser Situation sehr lange dauern würde, füge ich eine Niederschrift bei, welche ich im Jahre 1945 für die Ortschronik beigesteuert habe. Aus dieser Niederschrift wird ersichtlich, wie die Lage im Weitra-Gebiet vor dem Krieg, während des Kriegs und in diesem kritischen Mai 1945 ausgesehen hat.

Bereits vor den tragischen Ereignissen, so um den 15.5.1945, habe ich mit Maxa in dessen Wohnung gesprochen und ihm vorgehalten, dass er ganz und gar unbesonnen vorgehe, wenn er von den Nationalausschüssen verlange, sie sollten Verzeichnisse von den zur Ausweisung bestimmten Bürgern erstellen. Die Aufteilung der Ortsbewohner in Deutsche und Tschechen begann eigentlich er alleine. Niemand von örtlicher Seite stimmte dem zu, genauso wie die Menschen auch der während des Krieges erfolgten Aufteilung und Wahl der Nationalität nicht zugestimmt hatten. Doch Maxa verkündete, dass er hier keinen Bruder kenne und dass alle gehen werden.

Zu den Ereignissen in Schwarzbach könnte ich noch Folgendes anführen, dass ich nämlich später festgestellt habe, dass zwei junge Burschen die Toten hätten eingraben sollen. Es handelt sich um meinen entfernten Verwandten František Koranda, der nicht mehr lebt, und dann um den Sohn des Glasers Vilím aus Schwarzbach. Der lebt möglicherweise noch und wohnt irgendwo in der Slowakei, doch ist es mir nicht gelungen, seine Adresse herauszufinden.

Etwa einen Monat nach dem beschriebenen Geschehen – ich wohnte damals in Tabor – kam ich mit dem Artillerieoberleutnant Jaromír Raška in Kontakt, und dabei sprachen wir auch über die Hinrichtungen in Schwarzbach und in Rottenschachen. Er sagte mir, dass er vor der Hinrichtung in Schwarzbach zu Oberst Hobza, dem Kommandeur der Expeditions-Partisanenabteilung in Tabor, gekommen sei; dieser sei durch das Ministerium des Inneren mit der Durchführung der Aussiedlung der Deutschen aus dem Grenzgebiet Südböhmens beauftragt worden; irgendjemand, möglicherweise war es Maxa, habe ein Hinrichtungskommando angefordert. Dieser Forderung wurde jedoch nicht entsprochen, doch wurden Waffen an ihn ausgeliehen. Dem Raška habe ich einen Brief an seine Adresse geschrieben: Pilsen, Vrchlického 2, ob er mir die oben angeführten Informationen bestätigen und eingehender darlegen könnte, doch hat er mir bislang nicht geantwortet.

Entsprechend den Angaben des Militärhistorischen Archivs in Prag, Invalidengasse, müsste Raška an der genannten Adresse wohnen. Dort wird aber eine Maria Rašková geführt.

Zur Erläuterung der Gesamtlage wäre es vielleicht noch von Nutzen anzuführen, dass alles, was in Schwarzbach geschah, unter der Schirmherrschaft des Kreis-Nationalausschusses Wittingau stand, dessen Mitglied Václav Maxa war; gleichzeitig war er auch der Sicherheitsreferent für das Weitra-Gebiet. Die vorgesetzten Behörden waren somit über die ganze Angelegenheit informiert.

Das Telegramm meines Vaters, mit dem ich nach Rottenschachen geholt wurde, war von der Befürchtung bestimmt, dass dort dasselbe geschehen werde, was in Schwarzbach vollzogen worden war. Nach vollzogenem Abschub der Rottenschachener Bürger griff der damalige Nationalausschuss unter organisatorischer Beteiligung von Václav Maxa, des Leutnants Kužel, Reserveoffizier beim Zoll aus Suchenthal, und des Finanzbeamten Hůlka etwa 20 Bürger heraus – es gelang mir dann später, ihr Verzeichnis zu beschaffen – und die sollten, wie in Schwarzbach geschehen, hingerichtet werden. Mein Verwandter Jan Kocina der Jüngere hat mir damals mitgeteilt, dass die Mitglieder des Nationalausschusses mittels der Drohung zur Zustimmung der Hinrichtungen gezwungen wurden, dass sie ansonsten selbst erschossen würden. Ich hatte damals den Rang eines Hauptmanns des Korps der Nationalen Sicherheit, so bin ich augenblicklich zum Nationalausschuss gegangen und habe nach dem Vorsitzenden Červík verlangt, damit er mir die Urteile vorzeigt. Alle Urteile waren gleich, sie waren mit jeweils einen Durchschlag mit Schreibmaschine auf Papier im Format A4 geschrieben, und an der gepunkteten Stelle wurde der Name des Verurteilten eingetragen. Das Urteil lautete etwa folgendermaßen:

Urteil

Ich der Unterzeichner .... erkläre hiermit, dass ich die Tschechoslowakische Republik verraten habe und für meinen Verrat den Tod verdiene.

....
Unterschrift des Verurteilten

Im linken unteren Teil war vermerkt:
Das Standgericht in Rottenschachen hat den oben Genannten zur Todesstrafe verurteilt.

Dann folgten die Unterschriften des gesamten Nationalausschusses:

Der Vorsitzende Červík K., der Stellvertretende Vorsitzende K. Čada und dann weiter die Mitglieder: Jan Kocina d. Jüngere, Zelenka, Jar. Kos, Kamiš d. Ältere, František Volf, Julius Křížek, J. Kalous usw. Weitere Namen weiß ich nicht mehr.

Die Verurteilten waren:

Jan Schlechta, Händler und Bürgermeister während der Okkupation
Karel Zimmel, Gastwirt
František Zimmel, Selbstständiger und Mitglied der Finanzkommission
Frantisek Benda, Schneider
Benda, Schwiegersohn der Zvetlers, Feuerwehrkommandant
Josef Bláha, Schreiner
Adolf Buště, Maurer
Karel Doležal, Briefträger
Rudolf Dvořák
Adolf Grůber
Karel Haubner
Ignác Havle
Katzenbeiser, Stellmacher
Tomáš Kotrba, Schmied
Karel Kříž, Metzger
Hynek Rúso, Eisenbahner
František Šulc, Gastwirt
Karel Zimmel
Silvestr Vaněk
Jan Zwetler
ein deutscher Briefträger – ein Fremder
Kříž, Schuhmacher
Doležal Josef
Janda
Oulický
Adolf Kainrad

Die Hinrichtung sollte bereits am folgenden Tag morgens um 6.00 Uhr vollstreckt werden. Es war daher notwendig, schnell zu handeln; so habe ich Jan Kocina beauftragt, unverzüglich einen Lkw zu besorgen und alle genannten Bürger dem Gericht in Wittingau zuzuführen. Den Lastwagen lieh der Geschäftsinhaber Tomáš Doležal und lenkte ihn auch selbst. Der Abtransport aller Genannten glückte, und sie wurden in Wittingau im Gefängnis übergeben, von wo aus sie unter Bewachung zum Volksgericht nach Budweis verbracht worden sind. Von allen diesen Personen wurden dann lediglich 4 verurteilt und die übrigen wurden entlassen.

Dies ist alles, was ich über die Ereignisse in Schwarzbach und Rottenschachen weiß. Sofern es sich um Schwarzbach handelt, sind dies übermittelte Informationen, aber tatsächlich haben dann alle davon geredet, dass der junge Bursche namens Říha die Hinrichtungen in Schwarzbach vollstreckt habe. Ich weiß auch, dass auch zu späterer Zeit die Menschen sich vor ihm fürchteten, und dass man von ihm wusste, dass er mit der Staatssicherheit zusammenarbeitet und den Leuten Schaden zufügt.

Vernehmlich vorgelesen, für richtig befunden und in Anwesenheit der unterzeichneten Personen unterschrieben.

Josef Bártl Marie Novotná Mag. Anna Kubešová

Fortsetzung der Niederschrift

Am 19. 9. 1991 hat sich Herr Josef Bártl eingefunden und angeführt:

Ich habe mir meine Aussage nochmals überlegt und möchte hiermit betonen, dass nach der Untersuchung dieser tragischen Begebenheit, auch wenn es nicht möglich sein wird, irgendjemand für den Tod der Bürger von Schwarzbach strafrechtlich zu belangen, so doch das Vorgehen ihrer selbst ernannten Richter und Henker bewertet werden sollte. Denn dieses Vorgehen war auch zur damaligen, nur gering überblickbaren Zeit, völlig ungesetzlich; alle Hingerichteten sollten rehabilitiert und ihnen ihre bürgerliche Ehre wiedergegeben werden. Dies sollte vor allem dadurch geschehen, dass man veröffentlichen sollte, wie und von wem sie verurteilt wurden und dass man ihre sterblichen Überreste anständig bestattet.

Weil ich in dieser Gegend meine Kindheit und Jugend verlebt habe, kann ich beeiden, dass man niemanden aus den beiden Gemeinden als Verräter bezeichnen konnte, dass keiner sich mehr schuldig gemacht hat als die übrigen Bürger der Tschechoslowakischen Republik, welche die Zeit der Okkupation überlebt haben.

Josef Bártl Marie Novotná Mag. Anna Kubešová

Dokument 6

1945, Ende Mai, Suchenthal an der Lainsitz
Bericht des Orts-Nationalausschusses über die Sitzung des Volksgerichts in Suchenthal an der Lainsitz und über die Vollstreckung des Todesurteils

Quelle: SOA Jindřichův Hradec, ONV Třeboň, Az. 849/45

Orts-Nationalausschuss Suchenthal an der Lainsitz,
Kreis Wittingau
Aktenzeichen 849/45

Sache: Volksgerichte, Urteile

An den Kreis-Nationalausschuss in Wittingau

Zu den einzelnen Punkten der durch den Kreis-Gendarmeriebefehlshaber, Stabshauptmann Matějka, angeordneten Meldung, erstatte ich nachfolgenden Bericht:

Ad 1) Der Befehl zur Einberufung eines Volksgerichts wurde durch Oberst Hobza erteilt.

Ad 2) Das Volksgericht hatte folgende Zusammensetzung:

Vorsitzender Gustav Verner, Mitglied des Nationalausschusses und Václav Maxa, Mitglied des Kreis-Nationalausschusses,

Mitglieder des Nationalausschusses in Suchenthal a. d. Lainsitz:

Šebesta Josef
Linhart František
Dvořák Josef
Heřman Josef
Vojta Tomáš
Marek František,
Als Beisitzer:

Heřmanová Květa, Suchenthal a. d. L.,	Haus Nr.	203
Heřman Josef,	"	358
Heřmanová Marie,	"	358
Paďourek Rudolf,	"	105
Paďourková Anna,	"	158
Pincová Marie,	"	181
Lašťovka František,	"	29
Šebestová Marie,	"	348
Roubík František,	"	384
Petrošková Magdalena,	"	85
Klocová Marie,	"	207
Bednář Bohumil,	"	245

Die Beisitzer sind allesamt Personen aus den Reihen der Geschädigten, d. h. Personen, deren Verwandte entweder hingerichtet wurden, in Konzentrationslagern waren oder dort starben.

Ad 3) Die Protokolle über die Hingerichteten und die Zeugen werden zur Einsichtnahme vorgelegt.

Ad 4) Das Gericht hielt seine Sitzung am 25. Mai 1945 zwischen 15.30 und 16.30 Uhr im Sitzungssaal des Stadtamtes in Suchenthal an der Lainsitz ab. – Das Urteil wurde von allen Anwesenden einstimmig gefällt.

Ad 5 Das Urteil wurde am 25. 5. 1945 um 23 Uhr im Wald, an einer abgelegenen Stelle, durch tschechoslowakische Partisanen und unter Ausschluss der Öffentlichkeit vollstreckt.

Gendarmeriestation in Suchenthal a. d. L.
Stationskommandant
Marek [František]

Orts-Nationalausschuss:
Vorsitzender
[Unterschrift unleserlich]

Dokument 7

1945, Ende Mai, Suchenthal an der Lainsitz
Meldung der Kommandantur der Revolutionsgarde über die Erschießung deutscher Soldaten am 24. Mai und über die Hinrichtung von 4 Zivilisten am 25. Mai 1945 in Suchenthal an der Lainsitz

Quelle: SOA Jindřichův Hradec, f. ONV Třeboň, ohne Nummer

M e l d u n g
Am 24. d. M. wurden beim Fluchtversuch erschossen
SS Horst Kalwitz
Schulwitz
Am 25. 5. 1945 wurden hingerichtet
Emil Petřík †
Karel Gráf †
Marie Studničková †
Kroniková †

Die Genannten wurden einstimmig durch das Volksgericht als Volkeverräter zur Todesstrafe verurteilt.

Das Urteil wurden zwischen 10 und 11 Uhr nachts vollstreckt.

Kommando der Revolutionsgarde
Suchenthal a. d. Lainsitz
Beránek

Dokument 8

1945, 20. Oktober, Prag
Bericht des Amtes des Präsidiums der Regierung der ČSR an das Ministerium für Nationale Verteidigung der ČSR betreffend eine Unterschriftenaktion im Weitra-Gebiet für einen Anschluss des Bezirks an Österreich

Quelle: VHA, Prag, Fond MNO, Nr. 1366

Prag, 20. Oktober 1945

Amt des Präsidiums der Regierung
Az.: 10858-II-701/45

Sache: Weitra-Gebiet – Abschub der tschechischen Bevölkerung

An das Ministerium für Volksverteidigung
Generalstab, Prag

SEHR DRINGEND

Das Amt des Präsidiums der Regierung verweist auf sein Schreiben vom 19. Juli 1945, Az. 3027/45 bezüglich der oben bezeichneten Angelegenheit und teilt mit, dass entsprechend dem Bericht des Ministeriums des Inneren vom 2. Oktober 1945, Az. B-300/233 die Forderung tschechischer Einwohner aus Rottenschachen an den Kreis-Nationalausschuss Wittingau zur Untersuchung und weiteren Veranlassung entsprechend den seitens des Ministeriums des Inneren ergangenenen Weisungen, Az. 4600-16/8-45 vom 24.8.1945 zur Durchführung des Verfassungsdekretes Nr. 33/45 Sammlung der Gesetze und Verordnungen abgetreten wurde.

Entsprechend § 1, Abs.4 und § 5 des genannten Verfassungsdekrets haben Personen tschechischer und slowakischer Volkszugehörigkeit, die sich zwangsweise zur deutschen Volkszugehörigkeit oder Staatsangehörigkeit bekennen mussten, die tschechoslowakische Staatsangehörigkeit nicht eingebüßt; sie müssen jedoch beim zuständigen Kreis-Nationalausschuss eine Bescheinigung bezüglich ihrer nationalen Zuverlässigkeit beantragen.

Dem Amt des Präsidiums der Regierung sind nunmehr Berichte zugegangen, dass im Weitra-Gebiet unter der abgeschobenen wie auch unter der übrigen betroffenen Bevölkerung eine Unterschriftenaktion in Gang gesetzt worden ist, die dem Vernehmen nach von Österreich ausgeht und einen Anschluss dieses Bezirks an Österreich zum Ziel hat mit der Begründung, dass die Einwohnerschaft aus diesem Gebiet vertrieben worden sei und eigentlich auch mit ihrem Bezirk zu Österreich gehören würde.

Entsprechend weiteren Nachrichten berichtetet auch die österreichische Presse über diese Aktion. Daher fordert das Amt des Präsidiums der Regierung, dass die Verhandlungen über diese Angelegenheit beschleunigt werden und somit der Bevölkerung tschechischer Volkszugehörigkeit, unter der sich zahlreiche Kinder befinden, die Möglichkeit gegeben wird, dass die gesamte tschechische Bevölkerung im Weitra-Gebiet diejenigen Rechte in Anspruch nehmen kann, welche ihr durch das oben genannte Verfassungsdekret garantiert werden und somit die Erteilung der oben genannten Bescheinigung bezüglich der nationalen Zuverlässigkeit einfordern kann.

Dieses Schreiben ergeht an das Ministerium für Auswärtige Angelegenheiten, für Nationale Verteidigung – Generalstab – und für Landwirtschaft und in Abschrift an das Ministerium des Inneren sowie an die Kanzlei des Präsidenten der Republik.

I. A. des Regierungsvorsitzenden

Dokument 9

1945, 6. November, Prag
Vermerk über eine Beratung im Amt des Präsidiums der Regierung der ČSR über die Sache der Staatsbürgerschaft und die Vertreibung tschechischer Bevölkerung aus dem Weitra-Gebiet

Quelle: VHA Prag, Fond MND, Nr. 1366 f.

Über eine Beratung am 6. November 1945 im Amt des Präsidiums der Regierung in der Angelegenheit der Staatsbürgerschaft und des Abschubs tschechischer Bevölkerung aus dem Weitra-Gebiet.

Anwesende entsprechend Präsenzverzeichnis

Dr. Stašek wies in seiner Einführung auf die Notwendigkeit einer abschließenden Lösung der Frage der abgeschobenen tschechischen Bürger aus dem Weitra-Gebiet hin.

Dr. Matl hielt zur angeführten Sache ein Referat, das dem Protokoll als Anlage hinzugefügt ist; daraus gehen Entstehung, Entwicklung und derzeitiger Sachstand hervor.

Zur weiteren Erläuterung der Angelegenheit verlas er noch einen Artikel, der kürzlich in der Zeitschrift »Jihočech« (Der Südböhme) erschienen ist und in dem die Verhältnisse im Weitra-Gebiet während der Besatzungszeit dargestellt werden.

Dr. Oliva vom Ministerium des Inneren legte eine juristische Interpretation in der Frage der Staatsbürgerschaft so dar, wie sie das Dekret des Präsidenten der Republik Nr. 33/1945, Sammlung der Gesetze und Verordnungen, und die dazu ergangenen Weisungen des Ministerium des Inneren behandeln. Im Hinblick auf den besonderen Charakter des Weitra-Gebietes, das an Österreich bzw. das Deutsche Reich als dessen ehemaliger Bestandteil angeschlossen wurde, werden seine Bürger wohl überwiegend in die Kategorie derjenigen fallen, welche Bürger des ehemaligen Deutschen Reiches geworden waren, ohne dass sie ein Ersuchen gestellt hätten; somit sei es erforderlich, sie als tschechoslowakische Bürger zu betrachten, wenngleich sie während der Besatzungszeit diese Staatsbürgerschaft verloren hatten. Eine weitere Gruppe bilden diejenigen ehemaligen tschechoslowakischen Bürger, welche um die Zuerkennung der deutschen Nationalität nachgesucht hatten. Diese können erneut die tschechoslowakische Staatsbürgerschaft erlangen, sofern sie nachweisen, dass sie unter Druck gehandelt hatten, wie dies § 4 des oben genannten Dekrets festlegt. Die dritte Kategorie bilden sodann diejenigen ehemaligen tschechoslowakischen Bürger, welche die deutsche Nationalitätszugehörigkeit beantragt hatten, obwohl sie dazu nicht genötigt worden waren. Diese verbleiben sodann deutsche Staatsbürger, und es wird mit ihnen so verfahren wie mit lästigen Ausländern. Das Verfassungsdekret ist mit dem 6. August 1945 in Kraft getreten, und so kann die Anmeldung innerhalb von 6 Monaten erfolgen, d.h. spätestens bis zum 10. Februar 1946. Bis zu diesem Zeitpunkt müssten aber auch die betroffenen abgeschobenen Bürger des Weitra-Gebietes, sofern sie davon berührt werden, ihre Anmeldung vorlegen, sofern sie nach diesem Datum nicht als Deutsche betrachtet werden sollen.

Der Oberst im Generalstab Dastych teilte den Standpunkt mit, dass es erforderlich sei, die Bewohnerschaft des Weitra-Gebietes und des Hultschiner Ländchens anders zu beurteilen als die Einwohner der übrigen Teile der Republik; die Begründung sei darin zu sehen, dass Deutschland diese Gebiete als unmittelbare Bestandteile seines Reiches angesehen habe. Somit habe die Einwohnerschaft hier unter völlig anderen Bedingungen und unter einem gänzlich anderen Druck gelebt. Dieser Umstand könne sie jedoch nicht von der Strafbarkeit für Taten gegen unseren Staat entbinden.

Dr. Stašek wies nach der juristischen Sacherläuterung vom Gesichtspunkt der Staatsbürgerschaft darauf hin, dass es nunmehr notwendig sei, die Frage der Rückkehr der abgeschobenen Bürger zu lösen; hierbei müsse in Erwägung gezogen werden, dass sich auf zahlreichen Anwesen Volksverwalter befänden, dass einige abgebrannt seien, und dass außerdem der Kreis-Nationalausschuss selbst eine Weisung zur Durchführung der Rückkehr erwarte. Die rückkehrenden Bürger könnten auch für den Fall, dass sich dort Volksverwalter befinden, in ihrem eigenen Besitz untergebracht werden. Der Volksverwalter sollte solange dort verbleiben, bis über die nationale Zuverlässigkeit der Betroffenen entschieden worden sei. Sodann müsse das Ministerium für Landwirtschaft bei der Unterbringung derjenigen Nationalverwalter behilflich sein, welche die zugeteilten Anwesen verlassen müssen und gegebenfalls bei der Unterbringung derjenigen Bürger, welche aus Gründen ihrer nationalen Zuverlässigkeit im Weitra-Gebiet nicht verbleiben können.

Dr. Semrád vom Ministerium für Landwirtschaft sicherte den Beitrag seines Ressorts zu und machte darauf aufmerksam, dass für Einwohner aus der Gegend um Tabor, woher die Volksverwalter für das Weitra-Gebiet rekrutiert worden waren, dann das Gebiet um Eger bestimmt sei.

Dr. Stašek wies darauf hin, dass künftig keine unzuverlässigen Bürger an den Grenzen leben dürften, und daher müsse man auch im Weitra-Gebiet dafür Sorge tragen, dass allein zuverlässige Tschechen dort verblieben. Mit Hilfe der Bestimmungen des Gesetzes zum Schutz des Staates werde es notwendig sein, nicht entsprechende Personen im Landesinneren anzusiedeln. Es handle sich hier um eine Angelegenheit des Ministeriums für Nationale Verteidigung, das hier ein eminentes Interesse zeige.

Oberst Dastych führte an, dass das Ministerium für Nationale Verteidigung lediglich diejenigen Orte bestimme, an denen zuverlässige Bürger angesiedelt werden, ansonsten aber betreffe die Angelegenheit den Ressortbereich des Ministeriums des Inneren.

Dr. Pelikán fügt hinzu, dass im gegebenen Fall die Grundlage für die Rückkehr der abgeschobenen Weitraer Bürger von der Frage der Staatsbürgerschaft bestimmt sei, wohingegen alle die Revision des Abschubs betreffenden Fragen seine Abteilung beträfen. Es sei hier jedoch angemessen, dass die Beratungsrunde in ihrem Beschluss unmittelbar darüber entscheidet, welche Aufgaben durch welches Ressort gelöst werden sollen.

Dr. Ševčik teilte mit, dass der Herr Minister für Auswärtige Angelegenheiten über die Angelegenheit informiert worden sei; er habe seine Übereinstimmung mit der Haltung erklärt, die er in der Angelegenheit eingenommen hat, doch sei es erforderlich sich bewusst zu machen, dass es sich hier nicht um eine internationale Frage handle, sondern vielmehr um ein innerstaatliches Problem, welches auf kurzem Wege dergestalt gelöst werden sollte, dass allen Aktion vorgegrifffen werde, von denen hier bereits die Rede war, insbesondere aber dann, wenn im Ausland in dieser Hinsicht uns eine besondere Aufmerksamkeit zugewandt wird.

Schlussfolgerung:

Der Abschub der Weitraer Einwohner erfolgte am 25. Mai d. J., d. h. also zu einem Zeitpunkt, als es keine Vorschriften dahingehend gab, wer als Angehöriger der tschechischen Nationalität und der tschechoslowakischen Staatsbürgerschaft betrachtet werden sollte. Falls es sich in diesem Fall um eine Mehrzahl von Einwohnern tschechischer Volkszugehörigkeit handelt, ist es begründet, eine Revision dieses Abschubs vorzunehmen und somit den abgeschobenen Familien tschechischer Volkszugehörigkeit die Möglichkeit zu geben, Bürger im Geiste des Dekrets des Präsidenten der Republik Nr. 33/1945 zu sein.

Es obliegt daher den zugehörigen Ministerien, Folgendes in die Tat umzusetzen:

- Das Ministerium des Inneren – Besiedlungsamt, Referat B – erlässt entsprechende Weisungen an den Landes-Nationalausschuss, damit diese Behörde, gegebenenfalls mittels von ihr delegierter Beamter und durch Vermittlung des Kreis-Nationalausschusses Wittingau die Rückkehr aller abgeschobenen Tschechen aus dem Weitra-Gebiet, die sich nahe der österreichisch-tschechoslowakischen Grenze aufhalten, in die Wege leitet. Derselbe Kreis-Nationalausschuss führt alle weiteren Maßnahmen im Sinne des zitierten Verfassungsdekrets durch.
- Das Ministerium für Landwirtschaft bringt auf der Grundlage der Berichte des Kreis-Nationalausschusses Wittingau einerseits die Weitraer Volksverwalter unter, die genötigt sein werden, die Anwesen Weitraer Tschechen in dieser Gegend zu verlassen und für den Kreis Tabor bestimmt sind, andererseits aber auch diejenigen rückkehrenden Weitraer Bürger, welche wegen unzulänglicher nationaler Zuverlässigkeit ins Landesinnere umgesiedelt werden.
- Das Ministerium für Nationale Verteidigung bestimmt auf dem Weitraer Abschnitt einen Raum, in dem entsprechend den Bestimmungen des Gesetzes zur Verteidigung des Staates allein zuverlässige Tschechen angesiedelt werden sollen.
- Das Ministerium für Arbeitsschutz und Sozialfürsorge, Sektion II, wird im Rahmen seiner Zuständigkeit dafür Sorge tragen, dass die zurückkehrenden Weitraer Tschechen, sofern sie nicht in ihren Heimatgemeinden verbleiben können, in geeignete und angemessene Beschäftigungen eingegliedert werden.

Prag, am … November 1945.

Beratung vom 6.11.1945
Sache: Weitra-Gebiet – Abschub tschechischer Bevölkerung

I. Tschechen – gebürtige Gemeindeangehörige von Rottenschachen und Umgebung im Weitra-Gebiet – haben sich zu Beginn des Monats Juli d. J. mit einem umfangreichen Memorandum an die Kanzlei des Präsidenten der Republik und an das Amt des Präsidiums der Regierung gewandt und um Fürsprache sowie um Hilfe für tschechische Bewohner des Weitra-Bezirks gebeten, die in beträchtlicher Zahl über die tschechoslowakische Grenze auf österrechisches Staatsgebiet mit der Begründung abgeschoben worden sind, sie seien Deutsche.

Der Abschub ist von militärischen Partisaneneinheiten aus Tabor unter Führung von Oberst Hobza im Einvernehmen mit den Orts-Nationalausschüssen durchgeführt worden. Der Kreis-Nationalausschuss Wittingau hat Einwände erhoben und insbesondere gefordert, mit dem Abschub bis zur völligen Bereinigung und Lösung der deutschen Angelegenheit abzuwarten.

Gegen die Zusammensetzung der Orts-Nationalausschüsse wurden später Einwände erhoben, und es kam daraufhin zu etlichen Veränderungen.

II. Durch die hiesige Presse vom 19.7. und weiteren Tagen wurden die zuständigen Ressorts der Ministerien des Inneren, für Nationale Verteidigung, Auswärtige Angelegenheiten und Landwirtschaft auf die Angelegenheit aufmerksam gemacht. Eine Deputation wurde auch an den Landes-Nationalausschuss verwiesen, der sodann eine Kommission an Ort und Stelle entsandte.

Das Ministerium des Inneren teilte am 2.10.1945 mit, dass es die Angelegenheit sachlich und örtlich an den zuständigen Kreis-Nationalausschuss Wittingau unter Hinweis auf das Verfassungsdekret Nr. 33/45 und die dazu erlassenen Weisungen abgegeben habe.

Das Ministerium für Nationale Verteidigung übermittelte mit seinen Schreiben vom 24. und 25.10. das Ergebnis seiner Untersuchungen, die sich insbesondere darauf beschränkten, ob Leutnant Kužel, der Militärkommandant in Rottenschachen war, von seinem dienstlichen Gesichtspunkt aus rechtmäßig gehandelt habe; das Ministerium teilte mit, dass es in dieser Hinsicht kein Fehlverhalten entdeckt habe.

III. Entsprechend heutigem Stand befindet sich bislang ein großer Teil der abgeschobenen Tschechen auf österreichischem Gebiet, und so geht es darum, Vorkehrungen für ihre Rückkehr zu treffen.

IV. Zur Beurteilung der Angelegenheit als solcher muss noch Folgendes in Erinnerung gebracht werden:

1. Entsprechend dem Friedensvertrag vom 10.September 1919 in St. Germain-en-Laye fiel das Weitra-Gebiet der Tschechoslowakei als ein vorwiegend von Einwohnern tschechischer Volkszugehörigkeit bewohntes Gebiet zu. Durch diesen Friedensvertrag übernahm die Tschechoslowakei auch den Rechtsschutz dieser Einwohner als tschechslowakische Bürger.

2. Bei der Volkszählung vom Jahre 1930 waren beispielsweise in der größten Gemeinde in diesem Bezirk – in Rottenschachen – von insgesamt 1686 Einwohnern 1626 Tschechen und lediglich 10 Deutsche, in der Gemeinde Gundschachen von 171 Einwohnern 160 Tschechen und 4 Deutsche und ähnl. (Statistisches Lexikon der Gemeinden in der ČSR vom Jahre 1934).

3. Aus dem Memorandum geht hervor, dass nach dem Münchner Abkommen dieser Bezirk zunächst nicht besetzt wurde, und dass erst auf der Grundlage einer Aktion örtlicher Nationalsozialisten das gesamte Weitra-Gebiet besetzt und Österreich bzw. dem ehemaligen Deutschen Reich einverleibt wurde. Damit veränderte sich grundsätzlich die Stellung seiner Bevölkerung, auf die von diesem Zeitpunkt an dieselben Vorschriften angewandt wurden wie auf die ehemaligen deutschen Bürger, insbesondere auch bezüglich der Wehrdienstpflicht.

4. Unter deutschem Regime wurde eine Volkszählung durchgeführt, bei der nahezu alle Einwohner als Deutsche eingegliedert wurden. Zahlreiche Bürger wurden ohne ihr Wissen als Deutsche deklariert, fallweise auch gegen ihren Willen; die Übrigen mussten sich unter Druck als Deutsche erklären. Dieser Druck war in diesem Bezirk, der Österreich angegliedert war, ganz sicher erheblich. Diese Volkszählung war sodann die Grundlage für den Abschub über die tschechoslowakische Grenze, zu dem es Ende Mai d. J. mit der Begründung kam, dass es sich um Deutsche handelt.

5. Für die Beurteilung der Staatsbürgerschaft muss aber auseinander gehalten werden, ob sich die betreffenden Teile der Bevölkerung während der Okkupation selbst als Deutsche deklariert hatten, indem sie durch Druck dazu gezwungen wurden oder aufgrund der Umstände einer besonderen Berücksichtigung der Bewertung unterlagen und ob sie insofern entsprechend den Vorschriften der Okkupanten als Deutsche erklärt wurden. Im ersten Fall bezieht sich auf sie die Bestimmung des Verfassungsdekrets des Präsidenten der Republik vom 2. August 1945 über die Erneuerung der tschechoslowakischen Staatsbürgerschaft und hier § 1, Abs.4. Diese Bürger werden nicht als Deutsche betrachtet, falls das Ministerium des Inneren die Bescheinigung über die nationale Zuverlässigkeit billigt, welche der zuständige Kreis-Nationalausschuss nach Überprüfung der Tatsachen ausstellt. Im zweiten Fall verbleiben die Betroffenen tschechoslowakische Bürger, ohne dass sie die erwähnte, vom Ministerium des Inneren gebilligte Bescheinigung über ihre nationale Zuverlässigkeit benötigten. Sofern den abgeschobenen Einwohnern bislang die Rückkehr verwehrt worden ist, sind sie in ihren Rechten als tschechoslowakische Staatsbürger beeinträchtigt, welche ihnen durch das oben zitierte Verfassungsdekret garantiert werden.

V. Der Kreis-Nationalausschuss Wittingau hat bereits die Vorbereitungen für diese Rückkehr getroffen.

Er hat mit Hilfe von Mitgliedern des Korps der Nationalen Sicherheit, insbesondere zu diesem Zweck ausgewählten und mit den Verhältnissen in den Ortschaften und im Bezirk vertrauten Leuten, angeordnet, ein Verzeichnis sämtlicher abgeschobener Bürger aus den 9 Weitra-Gemeinden und aus Suchenthal zu erstellen. In diesem Verzeichnis, welches entsprechend den Familienverbänden erstellt wurde, wurde gesondert bei jeder Einzelperson vermerkt, zu welcher Nationalität sie sich bei der Volkszählung im Jahre 1930 und dann im Jahre 1939 und in der Besatzungszeit bekannt hatte; ob sodann die betreffende Person Mitglied irgendeiner deutscher Organisation bzw. Partei war, wie sie sich währen der Besatzungszeit verhalten habe und schließlich, wer über dieses Verhalten eine Zeugenaussage mache.

Die in diesen Verzeichnissen erfassten Personen werden in drei Gruppen eingeteilt:

1. Die Gruppe derjenigen, deren Verhalten fehlerfrei war, und gegen die keinerlei Einwände erhoben werden. Diese Tschechen werden unverzüglich in ihren Besitz rückgeführt und es wird ihnen eine Bescheinigung über ihre nationale Zuverlässigkeit ausgestellt.

2. Die Gruppe derjenigen, bei denen auf den ersten Blick ersichtlich ist, dass sie sich gegenüber dem Tschechoslowakischen Staat und unseren nationalen Interessen

schuldig gemacht haben. Diese tschechoslowakischen Bürger werden nach ihrer Rückkehr unverzüglich festgenommen und dem Nationalgericht überstellt.

3. Die Gruppen derjenigen, bei denen auf den ersten Blick hin nicht gesagt werden kann, ob sich Umstände ergeben haben, nach denen ihnen keine Bescheinigung über ihre nationale Zuverlässigkeit ausgestellt werden kann, wo es aber auch ohne gründliche Überprüfung nicht ganz sicher ist, ob ihnen diese Bescheinigung bereits ausgestellt werden kann.

Die Frage der Rückkehr der abgeschobenen Tschechen bereitet aus folgenden Gründen Schwierigkeiten:

1. Auf ihren Anwesen wurden Volksverwalter eingesetzt, die sich gegen einen Wegzug zur Wehr setzen.

2. Die öffentliche Meinung ist gegen diese abgeschobenen Tschechen aus dem Grunde eingenommen, dass möglicherweise viele von ihnen sich nicht stets im Geiste nationalen Bewusstseins und Treue zur Nation und gegenüber dem Staat verhalten haben.

3. Der Kreis-Nationalausschuss, auf dessen Initiative hin dieser Abschub nicht durchgeführt wurde, führt an, dass eventuell Vorwürfe erhoben werden – gerade im Hinblick auf diese öffentliche Meinung –, dass er unzuverlässigen Bürgern oder schließlich gar Deutschen Hilfe leiste.

Andererseits ist in Erwägung zu ziehen, dass sich im Weitra-Gebiet weiterhin eine Unterschriftenaktion für einen Anschluss dieses Bezirks an Österreich ausbreitet und dass dieser Aktion bereits Aufmerksamkeit seitens der österreichischen Presse gewidmet wird. Schließlich wird in Österreich ein Komitee begründet, das sich zur Aufgabe gemacht hat, diese Angelegenheit zu propagieren, und das einen weiteren Abschnitt der tschechisch-österreichischen Grenze mit einbezieht, insbesondere Südmähren, das Marchfeld und die Gegend entlang der Donau.

Es ist anzunehmen, dass diese Aktion der Aufmerksamkeit ausländischer Korrespondenten und ausländischer Vertretungsbehörden nicht entgeht.

Aus dem oben Angeführten ergibt sich die Schlussfolgerung, dass es erforderlich ist, diesen Sonderfall, den einzigen in ganz Böhmen, in seiner Gänze zu beseitigen, sollen sich aus ihm nicht weitere Konsequenzen, die für unsere Sache ungünstig sind, ergeben.

Dokument 10

1945, 17. Dezember, Prag
Richtlinie des Ministeriums des Inneren der ČSR über das Vorgehen bei der Rückkehr der vertriebenen Bevölkerung des Weitra-Gebietes in ihre Heimatgebiete

Quelle: VHA Prag, Fond MNO 1946, Karton 61, Inv. Nr. 61

(Stempel: 1946 MNO HL.ŠT. [Ministerium für Nationale Verteidigung, Generalstab])
Ministerium des Inneren, 7. Abteilung

Prag, 17. Dezember 1945

1945Az. ZZ-38144/45
An das Ministerium für Nationale Verteidigung, Prag

Gegenstand: Weitra-Gebiet – Rückkehr der abgeschobenen tschechischen Bevölkerung

Anlagen: 0

In der Angelegenheit der Übersiedlung tschechoslowakischer Bürger tschechischer Nationalität aus dem Weitra-Bezirk fasst das Ministerium des Inneren, Abteilung für politisches Nachrichtenwesen, das Ergebnis der interministeriellen Beratungen zusammen und bittet darum, auf nachfolgende Weise vorzugehen:

Diejenigen Personen, welche tschechischer Nationalität mit tschechoslowakischer Staatsbürgerschaft angehören, sollen in ihre Heimatgemeinden repatriiert werden.

Bei der Beurteilung der Staatsbürgerschaft bzw. der tschechischen Nationalität soll unterschieden werden, ob die betroffenen tschechischen Einwohner sich während der Zeit der Unfreiheit als Deutsche bekannt haben

a) unter Zwang oder unter Umständen besonderer Bewertungskriterien

b) freiwillig ohne Zwang.

Ad a) In diesen Fällen sollen sie als tschechoslowakische Bürger tschechischer Volkszugehörigkeit betrachtet werden, und sie sind deshalb zu repatriieren.

Deshalb findet auch das Verfassungsdekret des Präsidenten der Republik vom 2. August 1945 über die Erneuerung der tschechoslowakischen Staatsbürgerschaft im Sinne von Abs. 4, § 1, Anwendung auf sie.

Ad b) Tschechoslowakische Bürger, die sich freiwillig und ohne Zwang zur deutschen Nationalität bekannt haben, auf ähnliche Weise, wie dies in anderen Teilen der Republik etliche Tschechen nur deshalb taten, um persönliche Vorteile zu erlangen, sollen als Bürger deutscher Nationalität betrachtet werden, und daher ist ihre Rückkehr unzulässig.

Die abgeschobenen Personen befinden sich derzeit mehrheitlich in Österreich, und so ist es sehr schwierig, ihre staatliche und nationale Zuverlässigkeit zu überprüfen. Trotzdem wird jedoch die Repatriierung zweckdienlich begonnen werden und zwar auf die Art und Weise, dass aus zuverlässigen übergesiedelten personen tschechischer Nationalität eine Kommission gebildet wird, die vorläufig darüber entscheiden soll, welche Personen zu repatriieren sind.

Die Rückkehr bedeutet nicht das Bleibrecht in der ČSR; erst nach einer abschließenden Überprüfung und Zuerkennung der Staatsbürgerschaft werden die Einzelfälle mit abschließender Geltung gelöst.

Es wird erforderlich sein, jeden Einzelnen auf diesen Umstand nachdrücklich folgendermaßen hinzuweisen: Diejenigen, welche sich freiwillig zur deutschen Nationalität bekannt haben, müssen außerhalb der Republik verbleiben, denn auf gar keine Art und Weise können sie diesem Schicksal entgehen.

Im Hinblick darauf, dass bei der Rückkehr die Mitwirkung des Ministeriums für Arbeitsschutz und Sozialfürsorge, des Ansiedlungsamtes und gegebenenfalls des Ministeriums für Nationale Verteidigung erforderlich ist, bitte ich diese Behörden vorsorglich um Abstimmung hinsichtlich gemeinsamen Vorgehens.

Vorliegende Richtlinien erhalten gleichlautend zur Kenntnisnahme das Präsidium der Regierung, das Ministerium für Arbeitsschutz und Sozialfürsorge, das Ministerium für Nationale Verteidigung, das Ministerium für Landwirtschaft und das Ansiedlungsamt.

i. A. des Ministers:
[Unterschrift unleserlich]

Dokument 11

1945, 28. Dezember, Suchenthal an der Lainsitz
Beschwerde des Bevollmächtigten für das Weitra-Gebiet Václav Maxa gegen die Rückkehr der Weitraer aus der Vertreibung und Forderung nach Wiederherstellung des status quo der Vertreibungszeit

Quelle: SOA Jindřichův Hradec, Fond ONV Třeboň 1946

Zur Nummer: ZOB-III-B-2094-1945
Suchenthal an der Lainsitz, 28.Dezember 1945

Verehrte Brüder.

Ich gestatte mir, eine Beschwerde bezüglich der Verhältnisse im Kreis Wittingau, ggf. auch im Weitra-Gebiet vorzubringen.

Überall wird ein starkes Grenzgebiet propagiert, doch wie dies dann im Weitra-Gebiet durchgeführt wird, das ist für uns Tschechen lächerlich und erniedrigend.

Im Mai d. J. jagte Oberst Hobza mit seinen Partisanen alle Verräter und Deutschen über die Grenze davon. Die ruhmreiche österreichische Regierung hat angeblich bei den westlichen Großmächten protestiert, und unsere Herren in Prag haben daraufhin entschieden, dass diese hinausgeworfenen Verräter sämtlich wiweder zurückmüssen. Und so kehren sie bereits langsam wieder zurück, die Volksverwalter ziehen voller Erbitterung von den Anwesen ab, siehe Rottenschachen.

Die Verräter bedrohen Tschechen, auf verschiedenartige Vetternwirtschaft und gutes Zureden erlangen sie ihre nationale Zuverlässigkeit. Ganze Gepäckstücke voller Lebensmittel bringen sie ihren Verwandten auf die österreichische Seite hinüber, während unsere armen Leute kaum etwas auftreiben. Soldaten, die jahrelang in der deutschen Armee gedient und gegen uns und unsere Verbündeten gekämpft hatten, kehren straflos in ihre Dörfer zurück, schließlich arbeitet sogar eine ganze Reihe von Männern, die sich während der Besatzungszeit zur deutschen Nationalität bekannt hatten, in den Werkstätten der Staatsbahn in České Velenice, und unsere ehrlichen Wehrpflichtigen, die verheiratet sind und Kinder haben, kehren nunmehr vom Wehrdienst zurück, und für sie gibt es keinen Platz. Dies ist alles ein trauriges Faktum, irgendeine Prager Anordnung, ein starkes Grenzgebiet. Wir fordern, dass unsere Vertreter in der Verfassungggebenden Versammlung dagegen einschreiten. Diese Leute berufen sich heute auf die Dekrete des Präsidenten der Republik und lassen sich Gesuche von irgendwelchen Onkelchen aus Prag verfassen, sie waren und sind die allergrößten Halunken und Verräter unseres Volkes. Wir kennen sie alle, wir haben ja mit ihnen zusammen gelebt, und wir wissen, wie viehisch sie sich gegen uns und unser Volk verhalten haben. Und schließlich und endlich haben sie nach dem Münchner Abkommen noch zusätzlich die Besetzung der Gemeinde Rottenschachen erzwungen.

Untersucht alles vor Ort, schafft Abhilfe. Sonst sind wir selbst gezwungen, das Grenzgebiet zu verlassen.

Václav Maxa
Bevollmächtigter für das Weitra-Gebiet
Vorsitzender des SOPV*, Suchenthal an der Lainsitz

Dokument 12

1946, 21. Januar, Prag
Anschreiben des Präsidiums der Regierung der ČSR an die Ministerien der Regierung der ČSR über die Lage der vertriebenen Weitraer in Österreich, wo sich diese »nach 9 Monaten völlig erschöpft« befinden

Quelle: VHA Prag, Fond MND 1946, Karton 62, Az. 368

1946, Ministerium für Nationale Verteidigung, Generalstab, 7. Abteilung

Abschrift

Prag, 21. Januar 1946

Az.: 2079-II-366/46
Sache: Weitra-Gebiet – Rückkehr der vertriebenen tschechischen Bevölkerung

An das Ministerium für Auswärtige Angelegenheiten
(z. H. Herrn Dr. Ševčik)
Prag

Das Amt des Präsidiums der Regierung übersendet Ihnen zur Kenntnisnahme eine Abschrift seines Schreibens vom 9. Januar 1946, Az. 20 498-II-1960/45 bezüglich der o. g. Sache.

Hierbei wird darauf aufmerksam gemacht, dass entsprechend der Mitteilung einer Deputation des Nationalausschusses in Velenice, die am 16. Januar d. J. dem hiesigen Referenten und dem Ministerium des Inneren die Forderungen um Hilfe für Velenice vorgetragen hat, im Weitra-Gebiet folgender Sachstand festzustellen ist:

* SOPV: Verband der befreiten politischen Gefangenen.

»Auf österreichischer Seite wird im Abschnitt des Weitra-Gebietes eine Zusammenstellung der Flüchtlinge vorgenommen; darunter befindet sich auch eine Auflistung der abgeschobenen tschechoslowakischen Staatsangehörigen. Es wurde die Vermutung geäußert, dass die betroffenen Personen durch österreichische Organe auf tschechoslowakisches Gebiet repatriiert werden. In der österreichischen Presse sind bisher Artikel über das Weitra-Gebiet erschienen, die sich auch auf die abgeschobene tschechische Bevölkerung beziehen und die eine Lösung der so genannten Weitra-Frage in dem Sinne fordern, dass das Weitra-Gebiet Österreich angegliedert wird.

Die abgeschobenen Weitraer Tschechen in einer Gesamtzahl von über 800 Personen leben auf der österreichischen Seite in Not und Mangel unter äußerst ungünstigen Bedingungen. Nach nunmehr 9 Monaten sind sie völlig erschöpft«.

Dieses Schreiben geht in Abschrift an das Ministerium des Inneren- Abteilung ZZ, an das Ministerium für Arbeitsschutz und Sozialfürsorge, an das Ministerium für Nationale Verteidigung, Generalstab, sowie an das Ministerium für Landwirtschaft.

Für den Regierungsvorsitzenden i. A.
Dr. Matl e. h.

Dokument 13

1946, 12. März, Schwarzbach
Verzeichnis der Einwohner von Schwarzbach, die am 24. Mai 1945 nach Österreich vertrieben wurden und die in die Gemeinde zurückkehrten, mit der Angabe, ob sie ins Landesinnere oder in andere Weitra-Gemeinden umgesiedelt oder dauerhaft in der Gemeinde verbleiben sollten.

Quelle: SOA Jindřichův Hradec, Fond ONV Třeboň, Schwarzbach 12.3.1946

[Es folgt eine Beispielseite des vierseitigen Dokuments.]

MÍSTNÍ NÁRODNÍ VÝBOR
TUŠŤ
Okres Třeboň.

Tušť, dne 12.3.1946.

Čís. jedn.:

Věc: Seznam vrátivších se Němců.

Č.ř.	Jméno a příjmení/	obec čp./		rok narození /	výměra.
1.	Mayer Eduard	Tušť	14	1919	pryč
2.	Štelnerová Anna	"	82	1903	pryč
3.	Sládková Matylda	"	52	1914	pryč
4.	Sládková Viktorie	"	52	1904	pryč
5.	Nováková Hermína	"	53	1913	pryč
6.	Šindlová Marie	"	111	1921	pryč
7.	Struska Josef	"	99	1896	pryč
8.	Strusková Marie	"	99	1904	pryč
9.	Strusková Jana	"	40	1914	pryč
10.	Bumbová Marie	"	99	1929	pryč
11.	Lapačková Františka	"	40	1872	zůstane
12.	Binderová Petronila	"	33	1868	zůstane
13.	Weber Josef	"	70	1928	na Rapšach
14.	" Marta	"	70	1936	na Rapšach
15.	Cipušová Anna	"	11	1880	zůstane
16.	Korandová Marie	"	9	1904	pryč
17.	" Otilie	"	9	1930	pryč
18.	" Karel	"	9	1933	pryč
19.	" Eduard	"	9	1943	pryč
20.	Dvořáček Jan	"	30	1878	pryč
21.	" Anna	"	30	1879	pryč
22.	Krammelová Kristina	"	30	1918	pryč
23.	" Josef	"	30	1 944	pryč
24.	Rohanová Alžběta	"	9	1899	pryč
25.	" Karel	"	9	1932	pryč
	Dvořáčková Anna				pryč

Dokument 14

1947, 30. März, Prag
Ersuchen des Massenmörders von Schwarzbach, František Říha, keinem Verhör wegen seiner Taten aus dem Jahre 1945 unterzogen zu werden

Quelle: SOA Jindřichův Hradec, Fond ONV Třeboň, Nr. Landes-Nationalausschuss 2. IV. 47.

Prag, 30.3.1947
Eingangsstempel des Vorsitzenden des Landes-Nationalausschusses Prag mit Datum vom 2.4.1947

An den Verband der befreiten politischen Häftlinge
Prag

Heute, zwei Jahre nach unserer Befreiung, gestatte ich mir, Ihnen folgende Bitte zu schreiben. Am 26. Februar 1943 wurde ich in Niederösterreich wegen Sabotage und Störung der Disziplin festgenommen und in das Konzentrationslager Mauthausen überführt. Von dort bin ich nach der Befreiung durch die amerikanische Armee zurückgekehrt, und am 19. Mai mit etlichen anderen in die Heimat zurückgekehrt.

In dieser Zeit säuberte Herr Oberst Hobza mit seinen Partisanen Südböhmen und gleichzeitig die Gemeinden Schwarzbach sowie Rottenschachen im Weitra-Gebiet. Weil ich dort geboren wurde, so kannte ich die dortigen Einwohner und deren Haltung sowohl vor der Besatzungszeit als auch während der Protektoratszeit, als sich 90% der Bürger zur deutschen Nationalität bekannt haben, bei der Okkupation Hitler und die deutsche Wehrmacht mit großem Jubel begrüßten und uns, die wir uns nicht zur deutschen Nationalität bekannten, alle möglichen Schwierigkeiten bereiteten. Daher war ich nach der Rückkehr aus dem Konzentrationslager den Partisanen bei der Säuberung und beim Abschub der Verräter über die Grenze behilflich, weil sie entsprechend dem Gesetz Deutsche waren. Auf ihrem Anwesen wurden Volksverwalter eingesetzt, doch die mussten nach einer gewissen Zeit unter dem Druck der Verwandten des Ausgesiedelten und auch von diesem selbst wieder gehen, und auf die Anwesen kehrten die ehemaligen Verräter zurück; diese sollten ja eigentlich jenseits der Grenze oder bestraft worden sein. Denn es waren ja unter ihnen viele, die in der deutschen Armee entweder als Freiwillige oder in verschiedenen Organisationen der SA u. a. gedient hatten. Heute befindet sich der ganze Nationalausschuss allein in ihren Händen, und so haben sie leicht die tschechoslowakische und die Bescheinigung über die nationale Zuverlässigkeit erlangt. Und sie haben gegen uns, die wir während der Revolutionszeit gegen sie waren, Strafanzeigen erstattet wegen *Nötigung tschechischer Kinder und Bürger* und gleichzeitig auch Anzeigen, dass wir uns zu ihrem Nachteil bereichert hätten, und sie haben uns dem Gericht überantwortet; ich selbst bin bereits siebenmal verhört worden sowohl vom Korps der Nationalen Sicherheit als auch durch die zivile Kriminalpolizei und selbst beim Bezirks-Strafgericht hier in Prag-Pankraz. Sämtliche dieser Anzeigen sind unwahr, aber sie wollen mir damit nur bei jeglicher Unternehmung schaden. Nach der Rückkehr aus dem Konzentrationslager wurde ich der Sicherheitsreferent beim Kreis-Nationalausschuss in Wittingau bei Oberleutnant Vaco und am 1. Oktober 1945 wurde ich als Wehrpflichtiger zum Wehrdienst eingezogen und kehrte nach der Demobilisierung des Jahrgangs 21 am 7. März 1946 als Gefreiter zurück und ich bin heute hier in Prag I als Lagerist für 550 Kčs wöchentlich beschäftigt. Die verlorene Zeit samt ihren Ergebnissen wird mir niemand ersetzen, und ich lebe ja nur von der Nahrung, die ich im Gasthaus bezahlen muss und ebenso die Wohnung. Ich wurde nie bestraft, und nunmehr soll ich eventuell abgeurteilt und bestraft werden dafür, dass ich die Nation von Verrätern hatte befreien wollen, die uns gefährlich waren, sind und stets sein werden? Sind wir etwa deswegen auch inhaftiert gewesen, und unsere Kameraden starben sowohl in den Konzentrationslagern als auch an der Front nur deshalb, damit die ehemaligen Verräter, die es sich während des Krieges haben gut gehen lassen, während wir hungrig arbeiten gingen, uns nun verlachen und gegen uns Strafanzeige erstatten?

Ich bitte um eine baldige Lösung dieses Streites
und zeichne mit aller Hochachtung

Říha František
Bei Frau Lauferová
Praha I
Celetná Nr. 2.

Dokument 15

1947, 7. Juni, Budweis
Meldung der Staatssicherheit Budweis über die Verhältnisse im Weitra-Gebiet und insbesondere in der Gemeinde Rottenschachen und über den Widerstand der Bevölkerung gegen ihre Übersiedlung ins Landesinnere.

Quelle: AMV ČR Prag, Fond B 2-69

Landes-Nationalausschuss
Gebietsamt der Staatssicherhei, Budweis

Budweis, 7. Juni 1947

Az.: 12.653/47.
Sache: Verhältnisse im Grenzgebiet, Ermittlungen

Vertraulich.

An das Ministerium des Inneren, Abt. VII.
Prag
Beantwortung zu Az. VII-C-8585/40-5/5-47-4
vom 28. Mai 1947

Ich berichte, dass die Gemeinde Rottenschachen mit ihren Weilern Abbrand, London, Wohoskahäuser, Blatna und Paris insgesamt 333 Katasternummern zählt und derzeit 1332 Einwohner aufweist. Bei der letzten Volkszählung im Jahre 1930 hatte sie 1667 Einwohner.

Rottenschachen ist eine der Gemeinden im Weitra-Gebiet, die am 31.7.1920 von Österreich der ČSR angeschlossen wurden.

Die Einwohner Rottenschachens leben vorwiegend von der Landwirtschaft, obwohl die Bodengüte sehr schlecht ist, die landwirtschaftlichen Betriebe sehr klein sind und bei weitem nicht zum Unterhalt ausreichen. Daher suchen die Einwohner nach Nebenbeschäftigungen in der Industrie und bei der Forstverwaltung als Arbeiter, schließlich fertigen sie auch Zündhölzer und Flechtwaren an, die sie nach Art des Haus-zu-Haus-Handels im Landesinneren veräußern – neben dem Schmuggel nach Österreich.

Bezüglich der Nationalitätenfrage ist zu sagen, dass Rottenschachen 1880 insgesamt 1628 Tschechen und 173 Deutsche aufwies; 1890 waren es 1390 Tschechen und 510 Deutsche, 1910 gab es 399 Tschechen und 1660 Deutsche, im Jahre 1921 dann 1725 Tschechen und 141 Deutsche und 1930 waren es 1674 Tschechen und 13 Deutsche. Während der Besatzungszeit waren nahezu alle Einwohner Rottenschachens Deutsche, bis auf 11 Familien, wobei es sich hier vorwiegend um Personen handelte, die im Landesinneren Böhmens geboren wurden.

Im kritischen Jahr, im Herbst 1938, erwies sich die Einwohnerschaft von Rottenschachen in ihrer überwiegenden Mehrheit als unzuverlässig vom Standpunkt der staatlichen Sicherheit aus, denn als die sog. Sudetengebiete besetzt wurden, liefen zahlreiche Bürger Rottenschachens nach Deutschland über und forderten dort die Besetzung. Es gab auch zahlreiche Fälle von Fahnenflucht mit voller Ausrüstung von Bürgern aus Rottenschachen, die den Staatsverteidigungseinheiten angehörten, sodass das Militärkommando in diesen kritischen Tagen genötigt war, diese Mannschaften ins Landesinnere zu verlegen. In dieser Hinsicht hat sich also ein überwiegender Teil der Einwohnerschaft als unzuverlässiges Element im Grenzgebiet erwiesen.

Den Bekennern des Nationalsozialismus gelang es mittels verschiedener Interventionen in Wien und Berlin zu erreichen, dass die Gemeinde Rottenschachen von den Deutschen am 24.11.1938 besetzt wurde. Das Reichsmilitär* wurde mit Musik und Jubel vom überwiegenden Teil der Bevölkerung begrüßt. Lediglich ein kleiner Teil der Einwohnerschaft siedelte von Rottenschachen in die Zweite ČSR um.

Vom Anschluss an das Reich versprachen sich die Bewohner Rottenschachens eine wirtschaftliche Besserung und Wohlstand. Als jedoch die Reich-Militärbehörden damit begannen, die Wehrpflichtigen noch vor dem Krieg gegen Polen einzuziehen, entstand bei einem beträchtlichen Teil Missstimmung.

Im Dezember 1938 führten die Reichsorgane eine sog. Volksabstimmung durch, für die Zettel verwandt wurden, auf denen sich zwei Kreise befanden, in deren größerem ein JA und im kleineren ein NEIN vorgedruckt war. Es wurde so gewählt, dass der Wähler denjenigen Kreis anzeichnete, dem er zustimmte, d. h. ob er für den Führer war. Diese Abstimmung fiel zu 100% für den Führer aus, weil sämtliche Bürger den großen Kreis auch schon deswegen anzeichneten, weil bei diesem Vorgang zahlreiche Reichs-Polizeiorgane assistierten.

* Gemeint ist hier die Wehrmacht.

Im Mai 1939 wurde in Rottenschachen eine Volkszählung mit Hilfe von Zetteln nach Haushalten durchgeführt. Bei dieser Zählung bekannten sich 12 Familien zur tschechischen Nationalität. Alle übrigen bekannten sich zur deutschen Nationalität.

Als dann aber im Herbst 1939 die Wehrpflichtigen ihren Wehrdienst in der ehem. reichsdeutschen Armee* antreten mussten, erfasste die Bevölkerung eine Welle der Begeisterung.

Im Verlauf der Okkupationszeit traten den Militärdienst insgesamt etwa 194 Wehrpflichtige an, und entsprechend den Äußerungen der Gemeindebürger sind von ihnen 62 gefallen, und 10 sind Schwerinvalide.

Am 8.5.1945 wurde Rottenschachen von den Besatzern befreit. Die Bevölkerung verblieb bis auf einen unerheblichen Teil in Rottenschachen, und in der Gemeinde herrschte insgesamt Ruhe. Der Revolutionäre Orts-Nationalausschuss veranlasste die Festnahme der allergrößten Verräter und übergab 11 von ihnen zur Inhaftierung an den Kreis-Nationalausschuss Wittingau.

Am 24.5.1945 kam eine Partisaneneinheit mit Oberst Hobza nach Rottenschachen und führte hier die Verhaftung eines großen Teils der Bewohner durch. Dies geschah innerhalb weniger Studen, sodass ein großer Teil daraufhin verlassen blieb, denn nach Österreich gingen auch zahlreiche derjenigen Leute ab, welche nicht inhaftiert worden waren, die jedoch aus Furcht vor den Partisanen flüchteten.

Erst dann kamen die Volksverwalter und besetzten die landwirtschaftlichen Betriebe nach Gutdünken. Manche Volksverwalter verließen ein Anwesen und besetzten ein anderes. Weil es überhaupt keine ordnungsgemäße Kontrolle über den vorhandenen Besitz gab, weiterhin aber auch darüber, welcher Besitz in diesem oder jenem Anwesen belassen worden war, gingen zahlreiche Dinge verloren.

Von 38 ehemaligen Volksverwaltern verblieben nur 5 und derzeit lediglich 4. Die übrigen haben Rottenschachen entweder freiwillig verlassen oder dann, als die ursprünglichen Besitzer zurückkehrten.

1946 kehrte der überwiegende Teil der Bewohner aus Österreich nach Rottenschachen zurück; erst zu diesem Zeitpunkt wurde festgestellt, was wem gestohlen worden war. Die Entwendung verschiedener Dinge, von Inventar und Vieh verursachte Entrüstung unter den zurückkehrenden Bewohnern.

Doch wurde die Ruhe in der Gemeinde Rottenschachen am meisten in der Zeit des angehenden Wahlkampfes im Mai 1946 gestört, als die Parteien der Nationalen Front versuchten, die Wähler für sich zu gewinnen. So gab es Versuche, möglichst viele Wähler ihres Wahrechts zu entledigen und sie als Kollaboranten und Verräter zu denunzieren. Insgesamt wählten dann 696 Wähler von insgesamt 748 eingetragenen Wahlberechtigten. Davon erhielten: die KPTsch 148, die Volkspartei 108, die Sozialdemokraten 364 und die Nationalen Sozialisten 75 Stimmen.

Im eigentlichen Wahlkampf bedauerten insbesondere die Wahlkampfredner der Sozialdemokraten die Ortsbewohner, dass sie ganz besonders und mehr als andere gelitten hätten. Diese Partei erreichte somit auch über die Hälfte aller Wähler, was die anderen Parteien nur unwillig ertrugen. Nach den Sozialdemokraten rangiert nunmehr die Volkspartei, welche auf ihren Zusammenkünften ebenso agitiert.

Schließlich wurden im April 1947 Nachrichten verbreitet, dass ein erheblicher

* Gemeint ist wiederum die Wehrmacht.

Teil der Bewohner Rottenschachens ins Landesinnere transferiert werden sollte, und dass der Verband der befreiten politischen Häftlinge in Wittingau ein entsprechendes Verzeichnis erstellen sollte. Damit wurde ein Vorwand für den Widerstand geliefert und dieser war dann der Grund, dass der Orts-Nationalausschuss Rottenschachen dem Kreis-Nationalausschuss Wittingau am 21. und 22. April 1947 Stellungnahmen zukommen ließ. Diese beiden Anschreiben verfasste der Vorsitzende des Orts-Nationalausschusses Jaroslav Kovařík, doch ließ er auch die Mitglieder der Sicherheitskommission Opelka und Stix mit unterzeichnen. Ihre protokollierten Aussagen werden als Anlage beigefügt.

Weil im benachbarten Österreich die Zustände unbefriedigend sind, wollen die ausgewiesenen Bürger Rottenschachens zurückkehren und unternehmen daher alles mögliche, damit ihrem Wunsch entsprochen wird. In Rottenschachen wird es wohl kaum eine einzige Familie geben, die in Österreich keine Verwandten hätte. Weil Rottenschachen und seine Weiler unmittelbar an Österreich angrenzen, und weil es sich um eine bewaldete Region handelt, ist eine Kontrolle der Übergänge erschwert, und diese Tatsache missbrauchen die Bürger. Es ist klar, dass ein derartiges Handeln für den Staat schädlich ist, denn in Österreich können die Organe aus solchen Beziehungen Nachrichten herausfiltern.

Bezüglich des Memorandums einer Gruppe gebürtiger Rottenschachener vom 13.7.1947 ist zu bemerken, dass die dort unterzeichneten Personen zahlreiche Verwandte und Bekannte aufweisen, die Taten begangen haben, die im Retributionsdekret und im Dekret über die nationale Ehre, ferner über die Beschlagnahme von Besitz angeführt werden, und daher suchen sie Hilfe wie bei ihren Fürsprechern im Bestreben, alles für die Bürger in Rottenschachen zu erreichen.

Insgesamt kann man die Rottenschachener Bevölkerung in ihrem größeren Teil hinsichtlich der Staatsbürgerlichkeit nicht als unzuverlässig betrachten, denn sie ist bei weitem nicht national bewusst und neigt dorthin, von wo ihr größere wirtschaftliche Sicherheit winkt.

Für die bestehenden Verhältnisse würde es notwendig erscheinen, etliche verdächtige Familien ins Landesinnere umzusiedeln, um ihnen eine Verbindung zum nahen Grenzgebiet unmöglich zu machen. Zu diesem Zwecke waren bereits etliche Kommissionen des Landes-Nationalausschusses in Rottenschachen, die letzte erst in dieser Woche. In dieser Kommission befand sich auch der Abgeordnete der Verfassunggebenden Nationalversammlung von der Sozialdemokratischen Partei.

Der Eigentumsdiebstahl seitens der Volksverwalter wird vom hiesigen Bereichskriminalamt gesondert untersucht; das Ergebnis seiner Untersuchungen ist bisher nicht bekannt.

Schließlich füge ich diesem Bericht die Abschrift eines Verzeichnisses bei, das seitens des Verbandes der befreiten politischen Gefangenen (SOPV) Wittingau übersandt werden sollte sowie eine Abschrift einer Tabelle der NSDAP-Gliederungen.

Der Vorstand des Gebietsamtes der Staatssicherheit:
[zwei unleserliche Unterschriften]

Dokument 16

1947, 16. November, Budweis
Meldung der Staatssicherheit Budweis über die Verhältnisse in Schwarzbach nach der Hinrichtung von 14 Einwohnern und nach der Rückkehr der vertriebenen Gemeindebewohner. Die Einwohnerschaft steht dem Massenmord und der Situation, in welcher sich die Hinterbliebenen der Hingerichteten befinden, unversöhnlich gegenüber.

Quelle: AMV ČR Prag, Fond B 2-69

Landes-Nationalausschuss
Gebietsamt der Staatssicherheit
Budweis

Budweis, 16. November 1947

Az.: 15.745/47
Sache: Schwarzbach, Gemeinde im Kreis Wittingau,
Nationalitäten- und allgemeine Lage,
Ermittlungen
Beantwortung von Az. 22.944/47-T-25 vom 23. Oktober 1947

An das Landeskommando des SNB
Landesamt der Staatssicherheit
Prag

Anlagen: 4

Ich melde hiermit, dass die Gemeinde Schwarzbach, Kreis Wittingau, eine derjenigen Gemeinden des Weitra-Gebietes ist, welche nach dem Ersten Weltkrieg der ČSR angeschlossen wurden, weil ihre Einwohnerschaft überwiegend tschechisch war. Sie war die einzige Gemeinde des Weitra-Gebietes, welche im Herbst 1938 nicht besetzt wurde und nach dem 15. März 1939 Bestandteil des sog. Protektorates Böhmen und Mähren war.

Die Gemeinde Schwarzbach besitzt 115 Häuser und liegt gegenüber der Gemeinde Suchenthal am rechten Flussufer der Lainsitz, die diese Gemeinden teilt. Das Dorfgebiet ist sehr arm, es weist einen tief sandigen Boden mit miserabler Güte auf. Daher sucht ein erheblicher Teil der Einwohnerschaft den Unterhalt außerhalb der Gemeinde in der Industrie, im Gewerbe, im Handwerk und bei der Tschechoslowakischen Staatsbahn. Obwohl die Gemeinde in landwirtschaftlicher Hinsicht arm ist, kann man sie von Seiten schöner Bauart zu den besten Gemeinden des Kreises rechnen und zwar nicht nur in baulicher Hinsicht, sondern auch in Bezug auf ihre Regulierungen. Das Dorf wird von einem ordentlich regulierten Bach durchflossen, und die Staatsstraße Wittingau-Nagelberg zieht sich hier durch.

Die Einwohnerschaft von Schwarzbach war vor 1938 nahezu tschechisch, da sich in der Ortschaft lediglich drei deutsche Familien befanden. In der davor liegenden Zeit hatte es in der Gemeinde keinerlei besondere Schwankungen und Differenzen gegeben, weil lediglich ein geringer Teil der Einwohner der nationalsozialistischen Bewegung in Deutschland zugeneigt war. Anders sah die Angelegenheit jedoch nach der Besetzung des benachbarten Österreichs durch Deutschland aus. Diese Gruppe trat dann aus ihrer Passivität zum aktiven Widerstand gegen die ČSR hervor, veranstaltete häufige Sitzungen und entsandte ihre Abordnungen ins Ausland, im gegebenen Fall nach Deutschland, damit die Gemeinde von der ČSR abgetrennt und Deutschland zugeschlagen werde, dabei verbreitete sie auf lügnerische Weise unter anderem die Unwahrheit, dass die Gemeinde deutsch sei. In diesem Zeitraum, insbesondere aber im November 1938, flüchteten mehrere Bürger (Männer) aus Schwarzbach nach Österreich, wo sie dann bei Reichsbehörden die Besetzung von Schwarzbach erbaten und aktiv bei der Besetzung der benachbarten Gemeinde Rottenschachen behilflich waren. Schließlich erreichten sie es sogar, dass am 24.11.1938 eine Reichskommission nach Schwarzbach kam, die in Anwesenheit des Verbindungsoffiziers und einer tschechoslowakischen Kommission eine Nationalitätenzählung der Bevölkerung durchführte. Derjenige Bürger konnte aktiv an dieser Zählung teilnehmen, der in der Gemeinde Immobilienbesitz hatte, wodurch das tschechische Element Schaden erlitt. Trotz dieser Vorkehrungen erbrachte die Zählung 72% für die tschechische Nationalität, und so wurde die Besetzung aufgegeben. Die durch dieses Ergebnis aufgehetzte Verrätergruppe (siehe Anlage 2) rief daher in der Gemeinde eine Initiative ins Leben und forderte im Zeitraum des Bestehens der Zweiten Republik erneut in Wien und in München die Besetzung. Nach dem 15. März 1939 begrüßte diese Gruppe, die damals bereits merklich zugenommen hatte, mit Jubel die Wehrmacht des Reiches und forderte erneut die Besetzung der Gemeinde, die jedoch trotz dieser Interventionen Teil des sog. Protektorates blieb.

Für tschechischen Menschen entstanden in der Gemeinde schwierige Zeiten und Terror von Seiten dieser sog. Deutschen; zahlreichen Leuten wurden nachts mit Steinen die Fenster eingeworfen, die Wände wurden mit antitschechischen Parolen beschmiert, und um die ganze Macht in der Gemeinde zu ergreifen, erzwangen sie, dass ihr Leiter Leopold Hofhansl zum Regierungskommissar der Gemeinde* ernannt wurde.

Im Juli 1939 erstellten sie ein Verzeichnis derjenigen Einwohner, welche freiwillig die deutsche Staatsbürgerschaft beantragt hatten (siehe Anlage 1), beseitigten die tschechische und errichteten eine deutsche Schule. Dabei veranstalteten sie häufige Aufmärsche und Feiern und untersdrückten durch ihre nationalsozialistisches Auftreten die tschechische Mehrheit in der Gemeinde.

Es ist noch zu bemerken, dass es sich ihm vorstehenden Fall um Bürger handelte, die selbst nicht deutsch konnten, und deren Ehefrauen sämtlich tschechischer Herkunft waren. Doch diese sahen nicht nur geduldig dem Treiben ihrer Ehemänner zu, sondern nahmen ebenfalls die deutsche Staatsbürgerschaft an, schickten ihre Kinder in die deutsche Schule und nahmen an den Feierlichkeiten und ähnlichen deutschen Unterhaltungen in der Gemeinde teil.

Dies vollzog dieses Verratselement im Streben nach Macht, im Hass und schließlich und endlich auch aus Raffgier und mit Berechnung freiwillig und ohne Zwang, denn darüber kann man lediglich mit einigen Personen reden, die sich nunmehr völlig zurückgezogen haben.

---

* Entsprach der früheren Funktion eines Bürgermeisters.

Als nach dem 5. Mai 1945 in der Gemeinde ein Revolutionärer Nationalausschuss gebildet wurde, suchte diese Verräterclique Schutz bei einer SS-Einheit in der Nachbargemeinde Rottenschachen, die sie nach Schwarzbach hereinbrachte, um den Revolutionären Nationalausschuss erschießen zu lassen (siehe Anlage 2). Der Einmarsch der Roten Armee verhinderte einen weiteren Terror in der Gemeinde.

Am 24. Mai 1945 kam eine Partisaneneinheit des Oberst Hobza in die Gemeinde Schwarzbach und wies den größeren Teil der sich zur deutschen Nationalität bekennenden Bevölkerung nach Österreich aus. Die allergrößten Schuldigen ließ er einsperren, und mit Zustimmung des Revolutionären Nationalausschusses Schwarzbach verurteilte er sie zum Tode durch Erschießen; dies führte noch am gleichen Tage diese Einheit durch (siehe Anlage 2). Es wurden 12 Männer und 2 Frauen hingerichtet.

Im Frühjahr 1946 kehrten die von Hobza ausgewiesenen Personen aus Österreich zurück und mit ihnen auch etliche Ehefrauen Hingerichteter. Auf ihrem Besitz befanden sich jedoch bereits tschechoslowakische Volksverwalter, die von dieser Rückkehr beunruhigt waren, und mancher verließ seine Verwaltung und das Dorf in der Sorge, dass er später um den Besitz gebracht würde. Die Verbliebenen sind nunmehr um die Rückgabe des Besitzes mit welchem Ziel auch immer besorgt; und sie verbreiten zielbewusst verschiedene Nachrichten, welche die Volksverwalter beunruhigen, wie zum Beispiel, dass es zum Krieg kommen wird, worüber auch die Tagespresse berichtet, dass die Deutschen wieder zurückkehren und Ähnliches.

Es ist auch notwendig darauf hinzuweisen, dass zahlreiche tschechische Menschen aus Verwandtschafts-, persönlichen und Eigentumsgründen die Schuld dieser Personen nicht verstehen wollen, möglicherweise auch schließlich aus Unkenntnis der Folgen ihrer schweren Verfehlungen, welche diese Personen begangen haben – und so intervenieren sie bei tschechoslowakischen Behörden für diese, und oftmals beurteilen diese Behörden mit Nachsicht diese Taten und kommen somit diesen Personen enntgegen, um sie zu gewinnen. Dabei wird darauf verwiesen, dass die Ehefrauen der Hingerichteten sich nichts haben zu Schulden kommen lassen, und dabei wird völlig übersehen, dass diese Frauen während der Besatzungszeit treu mit ihren Ehemännern nationalsozialistisch mitmarschiert sind.

Auch auf einer öffentlichen Versammlung der Tschechoslowakischen Volkspartei in Rottenschachen wurde gesagt, dass diese Ehefrauen und Kinder der Hinterbliebenen unschuldig leiden und Entbehrungen erdulden, obwohl dies nicht der Wahrheit entspricht, denn diese Hinterbliebenen leben so, wie jeder tschechische Mensch auch lebt, der ordentlich arbeitet, weil nämlich in dieser Hinsicht keinerlei tatsächlicher Unterschied zwischen den Arbeitenden besteht, und so ist es auch notwendig, darauf hinzuweisen, dass etliche von ihnen in ihren Häusern so wie früher leben. Dass ihnen ihr Besitz nicht zurückgegeben wurde, ist selbstverständlich, und diese Angelegenheit wird auf dem Behördenweg behandelt.

Zur Ergänzung lege ich einen Brief von František Smolek vor, der auch aus Prag an seine Mutter Terezie Smolková geschrieben hat (die hingerichtet wurde), sowie die Abschrift eine Briefes des ehemaligen Regierungskommissars in Suchenthal a. d. Lainsitz, Vilém Trsek, der sich in Österreich befindet.

In der Gemeinde Schwarzbach wird erst dann Ruhe einkehren, wenn diese Personen, insbesondere die Hinterbliebenen der Hingerichteten, aus Schwarzbach ausgesiedelt sein werden, denn so beunruhigen sie diejenigen Volksverwalter, welche sich auf ihrem Besitz befinden. Dass die Frauen der Hingerichteten ihre Kinder zum Hass gegen alles Tschechische erziehen ist selbstverständlich, und man kann von dieser Art Einwohnern nichts anderes erwarten, insbesondere wenn sie am Ort wohnhaft sind.

Der Vorstand des Gebietsamtes
der Staatssicherheit:
[unleserliche Unterschrift]

Dokument 17

Ohne Datum, Prag [nach 1951]
Grundlagenmaterial zu den Verhältnissen und zur Lage in der Gemeinde Rottenschachen im Weitra-Gebiet, bestimmt für die Aussiedlung von Einwohnern der Gemeinde ins Landesinnere wegen staatlicher Unzuverlässigkeit

Quelle: AMV Prag, Fond B 2-69

(Anlage 2)
GEHEIM

Lagebericht

Geografische uind strategische Lage der Gemeinde:
Rottenschachen ist eine Grenzgemeinde im Kreis Wittingau an der Tschechoslowakisch-Österreichischen Staatsgrenze. Die Staatsgrenze berührt den Gemeindekataster im Osten auf eine Länge von etwa 5 km und verläuft durch ein ausgedehntes Waldgebiet, das sich beiderseits der Staatsgrenze ausbreitet und unweit davon die Gemeinde erreicht, die nur 1–3 km von der Staatsgrenze entfernt liegt. Im Hinblick auf die dicht besiedelten Weiler der Gemeinde Rottenschachen London und Abbrand, die nahe der Grenze liegen, ist die Verbotszone lediglich zwischen 500 m und 1500 m tief. Die Gemeinde und nahezu ihr gesamtes Katastergebiet liegen im Grenzbereich. Die Straßenverbindungen, die durch den Gemeindebereich verlaufen, führen sämtlich nach Österreich.

Lage und Bodenverhältnisse:
Die Gesamtfläche des Gemeindekatsters beträgt 1908 ha. Davon sind 926 ha landwirtschaftlicher Boden; davon werden 29%, d. i. 552 ha, als Ackerboden genutzt, 18% und somit 340 ha sind Wiesen, 10% mit 183 ha Weiden und 120 ha sind nahezu unbrauchbarer Boden, von Moor durchsetzt, und ein Teil ist bereits von Lichtungen durchzogen, und fast die Hälfte des Katastergebietes nehmen Wälder ein. Der landwirtschaftlich genutzte Boden ist auf etwa 3000 Parzellen zersplittert und auf der Bonitätsklassifizierung der Stufe 8 zugeordnet, das heißt also einer wenig ergiebigen und für die landwirtschaftliche Produktion nur in geringem Maße einträglichen Stufe. Gegenwärtig liegen 40 ha Boden überhaupt brach. In der Gemeinde befindet sich eine Landwirtschaftliche Produktionsgenossenschaft vom I. Typ; sie umfasst

45 Mitglieder, davon 12 leistungsfähige Landwirte, die gegenwärtig etwa 70 ha Boden bestellen. Im Hinblick auf die schlechte Bodenqualität und somit den geringen Ertrag unter den gegebenen Verhältnissen bestehen nur geringe Voraussetzungen für den Übergang der Landwirtschaftlichen Produktionsgenossenschaft zu einem höheren Typus (siehe Anlage Nr. 6).

Zahl und Arbeitsaufteilung der Bevölkerung:
Die Gemeinde Rottenschachen hat entsprechend der letzten Zählung 1401 Einwohner. 218 Personen sind in der Industrie beschäftigt, in der Landwirtschaftlichen Produktionsgenossenschaft vom I. Typ 45 Personen, im selbstständigen Sektor landwirtschaftlicher Produktion an die 300 Personen, in verschiedenen anderen Berufszweigen rund 150 Personen, und der Rest sind Rentner sowie Jugendliche ohne ein Arbeitsverhältnis. Die Einzelbauern sichern ihren Unterhalt mittels Heimarbeitproduktion von Zündhölzern, Strohkörben und Reisigbesen. Es gibt im Ort keinerlei Industriebetrieb oder ein Kommunalunternehmen. Die Arbeiter müssen zur Arbeit in die Glasfabrik nach Erdweis a. d. Lainsitz und in die Eisenbahnwerkstätten der Tschechoslowakischen Staatsbahn nach České Velenice fahren.

Die Aufteilung der selbstständigen Landwirte nach Größengruppen geschieht wie folgt:

Landwirte der I. und II. Gruppe, dies sind Eigentümer von mehr als 15 ha Boden, gibt es in der Gemeinde nicht.
In der III. Gruppe zwischen 10 und 15 ha gibt es 11 Landwirte mit 36 Haushaltsangehörigen.
In der IV. Gruppe zwischen 5 und 10 ha gibt es 23 Landwirte mit 74 Haushaltsangehörigen.
In der V. Gruppe zwischen 2 und 5 ha gibt es 139 Landwirte mit 420 Haushaltsangehörigen.
In der VI. Gruppe von 0 bis 2 ha gibt es 100 Landwirte mit etwa 200 Haushaltsangehörigen.

In der Gemeinde sind nachfolgende selbstständige Gewerbetreibende vertreten: 1 Stellmacher, 1 Schreiner, 4 Schneider, 1 Schuhmacher, 2 Friseure und 2 Gastwirte.

In Rottenschachen gibt es insgesamt 326 Häuser, eine Volks- und eine Mittelschule, eine Post sowie eine Station des Korps der Nationalen Sicherheit und ein Pfarramt.

Die Nationalitätenfrage und die Entwicklung der politischen Verhältnisse in Rottenschachen:

Rottenschachen ist eine derjenigen Gemeinden im Weitra-Gebiet, welche am 31.7.1920 der ČSR von Österreich zugeschlagen wurde. Es handelt sich um eine Gemeinde, deren Vergangenheit von beiden Nationalitäten, der deutschen wie der tschechischen, geprägt ist; dies belegen die Angaben über Volkszählungen in der Vergangenheit. 1880 gab es hier 1628 Tschechen und 173 Deutsche, im Jahre 1890 dann 1390 Tschechen und 510 Deutsche, 1900 waren es 1002 Tschechen und 1003 Deutsche, 1910 dann 399 Tschechen und 1660 Deutsche, im Jahre 1921 waren es 1725 Tschechen und 141 Deutsche, 1930 gab es 1674 Tschechen und lediglich 13 Deutsche.

Bei den Wahlen zur Nationalversammlung vom Jahre 1935 wurden folgende Stimmenzahlen erreicht: Agrarpartei 236 Stimmen, Nationale Faschistengemeinde 178, Sozialdemokraten 127, Gewerbe- und Handelspartei des Mittelstandes 75 Stimmern, Volkspartei 70, Tschechoslowakische Nationale Sozialistische Partei 57, KPTsch 21, Nationale Vereinigung 3, Sudetendeutsche Partei 2 Stimmen, Bund der Landwirte 1 Stimme.

1938 neigte aufgrund des Einflusses der Agrarpartei, der Sudetendeutschen Partei und der übrigen reaktionären Parteien die Bevölkerungsmehrheit zum Gedanken an eine Loslösung vom Weitra-Gebiet und einen Anschluss an das Reich. Nach der Besetzung der benachbarten Gemeinde Gundschachen flüchtete ein Teil der Männer aus Rottenschachen in die genannte Ortschaft, wo die Okkupanten begrüßt wurden; später beteiligten sie sich an einer Delegation nach Wien, um einen Anschluss der Gemeinde Rottenschachen an das Reich zu verhandeln.

Damals liefen Einwohner Rottenschachens, die ihren Dienst in der Tschechoslowakischen Armee sowie in Einheiten des Staatsverteidigunsgkorps ableisteten, selbst mit voller Bewaffnung zu deutschen Einheiten in Österreich über und stellten sich diesen als Ordnungskräfte zur Verfügung. Der Forderung nach Einverleibung Rottenschachens ins Reich wurde entsprochen, und am 24.11.1938 wurde die Gemeinde von den Deutschen besetzt, und die deutsche Wehrmacht wurde mit Musik und Jubel praktisch von allen Einwohnern wärmstens willkommen geheißen. Lediglich etliche Einzelpersonen zogens ins Landesinnere der Tschechoslowakischen Republik, die Übrigen bekannten sich bei den Volkszählungen 1938 und 1939 zur deutschen Nationalität und sprachen sich für einen Anschluss an das Reich aus. Lediglich 13 Familien bekannten sich zur tschechischen Nationalität. Im Verlauf der Okkupationszeit nahmen insgesamt 194 Personen am Wehrdienst in der deutschen Armee teil, in Formationen der SA waren es 185 Personen, und bei der SS befanden sich 10 Personen; die NSDAP-Ortsgruppe zählte einschließlich 27 Blockwarten 100 Mitglieder. Im Verlauf des Zweiten Weltkriegs fielen 62 Bürger in der deutschen Armee, und 10 kehrten als Schwerinvaliden zurück.

Beim Einrücken der Roten Armee, die am 8.5.1945 auch die Gemeinde Rottenschachen besetzte, wurde ein Revolutionärer Nationalausschuss gebildet, der aus alteingesessenen Tschechen bestand, 11 der aktivsten nationalsozialistischen Repräsentanten festnehmen ließ und sie in den Sicherheitsgewahrsam des Kreis-Nationalausschusses in Wittingau überstellte. Am 24.5.1945 kam eine Expeditionseinheit des Oberst Hobza nach Rottenschachen, die auf Vorschlag des Revolutionären Nationalausschusses die Aussiedlung sämtlicher Einwohner Rottenschachens – mit Ausnahme von 13 tschechischen Familien – nach Österreich durchführte.

Im Sommer 1945 begann die Sozialdemokratische Partei damit, im Weitra-Gebiet ihre Positionen auszubauen; sie vereinnahmte ihre Vertreter aus Personenkreisen, diee sich zu den Deutschen bekannt hatten, mit dem Versprechen von Straffreiheit und Besitzerhalt. Außer den übrigen Repräsentanten dieser Partei begann der Abgeordnete Mirko Sedlák regelmäßig nach Rottenschachen zu kommen, wo er jeweils feierlich begrüßt wurde. Es war ihm zuzuschreiben, dass bereits im Sommer 1945 der erste Revolutionäre Nationalausschuss abberufen wurde; mittels einer demagogischen öffentlichen Wahl in der Dorfmitte wurde ein zweiter Natonalausschuss gewählt, in dem sich etliche deutsche Soldaten und deren Verwandte befanden. Bis zu diesem Zeitpunkt waren etwa 40 Neusiedler aus dem Landesinneren in die Gemeinde gekommen, die den landwirtschaftlichen Besitz der abgeschobenen Deutschen besiedelten. Die abgeschobenen Rottenschachener Einwohner hielten sich nach ihrem Abschub nahe der Staatsgrenze in Österreich auf, und im Frühjahr 1946 organisierten sie eine gemeinsame Massenrückkehr nach Rottenschachen; dies gelang ihnen auch tatsächlich gegen den erfolglosen Widerstand der Sicherheitsorgane. Die Volksverwalter wurden aus ihrem Besitz vertrieben.

Gegen die ungesetzlich zurückkehrenden Personen hat der Kreis-Nationalausschuss Wittingau lediglich als Maßnahme die Androhung eines Strafverfahrens entsprechend Dekret 138/45 Sammlung der Gesetze und Verordnungen vorgenommen, doch ist es in nur 19 Fällen zu einer Bestrafung gekommen, weil die sozialdemokratischen Funktionäre im Rahmen ihrer Aktion vor der Wahl nachgewiesen haben, dass die Mehrzahl der Strafverfahren mit etwa 246 Fällen eingestellt wurde. Gleichzeitig erhielt ein erheblicher Teil von Witwen gefallener deutscher Soldaten durch die Einflussnahme dieser Partei finanziellen Rentenzahlungen, die in etlichen Fällen sogar über 3000 tschechoslowakische Kronen (Kčs) monatlich betragen. Gegenwärtig erhalten etwa 100 Familien in Rottenschachen eine Monatsrente von rund 2000 Kčs. Nach und nach wurde auch allen Bewohnern Rottenschachens die tschechoslowakische Staatsangehörigkeit zuerkannt und ihr Besitz zu ihrer Verfügung belassen.

Bei den Wahlen zur Verfassunggebenden Nationalversammlung im Mai 1946 wurden in Rottenschachen für die Sozialdemokratische Partei 364 Stimmen abgegeben, die KPTsch erhielt 148 Stimmen, die [Tschechoslowakische] Volkspartei 108 und die Nationale Sozialistische Partei [Beneschs] 75. Nach den Wahlen erhielten führenden Stellungen in der Gemeinde diejenigen Verräter, welche sich in der Sozialdemokratischen Partei verkrochen, die seinerzeit auch den Kreis-Nationalausschuss Wittingau beherrschte, wo der Sicherheitsrefent Rudolf Maxa ihr einflussreiches Instrument war. Bereits damals machten die KPTsch und die fortschrittlichen Elemente auf die unhaltbaren Zustände in Rottenschachen aufmerksam, und daher wurden seitens der Regierung etliche Kommissionen nach Rottenschachen entsandt, die vor Ort die Lage untersuchen sollten. Es kam jedoch zu keinerlei Abhilfe, den die reaktionären Parteien verteidigten die Einwohnerschaft in Rottenschachen und erreichten somit ihre Positionen.

Bei der KPTsch-Kampagne im Zeitraum der Februarereignisse* trat kein einziges Mitglied der Sozialdemokratischen Partei über. Zum Zeitpunkt der Vereinigung der KPTsch mit den Sozialdemokraten traten von 110 Sozialdemokraten lediglich 30 Mitglieder zur KPTsch über, die restlichen lehnten die Vereinigung ab. Von diesen 30 Personen wurden als Folge von aus der Vergangenheit herrührenden Hindernissen lediglich 15 akzeptiert.

Bei den Wahlen zur Nationalversammlung im Mai 1948 wurden angeblich für die Einheitsliste 692 Stimmen und 47 Weiße Zettel abgegeben. Doch selbst nach den Februarereignissen kam es zu keinerlei kennzeichnender Verbesserung der politi-

* Gemeint ist die Machtübernahme durch die KPTsch im Februar 1948.

schen Verhältnisse in der Gemeinde, denn die Ortsorganisation der KPTsch ist nach einer vollzogenen Säuberung verhältnismäßig schwach und zählt lediglich 28 ordentliche und 18 registrierte Mitglieder (siehe Anlage 3). Die gesamte sonstige Bevölkerung der Gemeinde meidet das öffentliche Leben und wartet ab, dass sich die Lage zu ihren Gunsten wandelt.

Die Volksmilizen-Einheit in Rottenschachen zählt 12 Mitglieder, von denen wiederum 8 im Hinblick auf ihre Vergangenheit und Familienbindungen Hindernisse aufweisen (siehe Anlage 4).

Der Orts-Nationalausschuss hat im Verlauf seines Bestehens etliche Veränderungen durchgemacht, und etliche seiner Mitglieder selbst in der gegenwärtigen Zusammensetzung weisen Risiken in Bezug auf die staatliche Sicherheit auf.

Bezüglich der staatlichen Sicherheit ist Rottenschachen im Hinblick auf seine reaktionäre Einwohnerschaft die schwächste Stelle bei der Absicherung der Staatsgrenze gegenüber Österreich. In diesem Bereich kam es hauptsächlich in der Zeit nach dem Februar 1948 zur Massenflucht politischer Gegner nach Österreich, bei der ihnen Ortsbewohner aktiv behilflich waren. Aus diesem Abschnitt wurden alle 10 Personen wegen staatsfeindlicher Tätigkeit festgenommen und vor das Staatsgericht gestellt; weiteren Personen gelang vor ihrer Festnahme die Flucht. Insgesamt halten sich von diesen Flüchtlingen vor und nach dem Februar 44 Einwohner Rottenschachens im Ausland auf; beim größeren Teil muss eine feindliche Tätigkeit gegen unseren Staat angenommen werden (siehe Anlage 7).

Entsprechend den Erkenntnissen von Grenzwachteinheiten kommt es in letzter Zeit in diesem Bereich fortlaufend zu organisiertem Übergang über die Staatsgrenze ohne eine einzige Festnahme, was zweifelsohne ein Ergebnis der Tätigkeit der geflohenen Einwohner Rottenschachens darstellt, die eine perfekte Kenntnis der Staatsgrenze besitzen und bei ihren hiesigen Verwandten und reaktionären Einwohnern mit Hilfe und Unterschlupf rechnen können.

Diesem Bericht muss weiterhin angemerkt werden, dass eine ganze Reihe von Einwohnern Rottenschachens oder ihre Verwandten verschiedene wirtschaftliche oder politische Funktionen innehaben und damit direkt oder indirekt die Interessen der Einwohner Rottenschachens in verschiedenen Zentralbehörden durchsetzen (siehe Anlage 8).

Ein Gesamtbild der Lage in der Gemeinde Rottenschachen vermittelt eine knappe Statistik, die in der Anlage 9 aufgeführt wird.

Für den Fall einer Realisierung des Vorschlags zur Umsiedlung unzuverlässiger Personen Rottenschachens wird in der Anlage 10 ein Vorschlag zur Nutzung des landwirtschaftlichen Bodens dieser Gemeinde vorgelegt.

Bei einer Gesamtbewertung kann doch gesagt werden, dass im Durchschnitt jede zweite Familie direkte oder indirekte Verwandte im Ausland hat. Entsprechend der unterbreiteten Abschätzung kämen für eine Umsiedlung von insgesamt 336 Familien 242 in Frage.

Die Charakterisierung der Erkenntnisse sowie eine Stellungnahme zu den einzelnen Einwohnern Rottenschachens werden in Anlage 11 angeführt.

Dokument 18

1952, 17. April, Prag
Bericht der Kommandantur der Staatssicherheit Prag über den Widerstand der Weitra-Einwohnerschaft und insbesondere derjenigen von Rottenschachen gegen die Umsiedlung ins Landesinnere

Quelle: AMV ČR Prag, Fond B 2-69

Ministerium für Nationale Sicherheit
Kommandantur für Öffentliche Sicherheit
Postamt Prag I., Postfach 1111

Prag, 17.4.1952
Az.: VB-13450/3031-taj.-52

An den Genossen Stellvertretenden Minister
für Nationale Sicherheit
J. Kotál
Prag

Exemplar Nr. 1
Dringlich!

Bericht vom 16.4.1952 von Unterleutnant Ed. Pospíšil von der Kommandantur der Öffentlichen Sicherheit über die Untersuchung der Umsiedlungsaktion der Einwohnerschaft aus der Gemeinde Rottenschachen

Sachstand am 15.4.1952:
In der Gemeinde Rottenschachen leben insgesamt 336 Familien mit zusammen 1401 Personen. Seitens der Bezirks-Umsiedlungskommission wurden insgesamt bis zum 30.4.1952 17 Familien zur Umsiedlung vorgeschlagen, die eine Gesamtzahl von 40 Familienangehörigen umfassten. Im Verlauf dieser Umsiedlungsaktion innerhalb des Bezirks Budweis ist es bis zum 15.4.1952 nicht gelungen, auch nur eine einzige dieser vorgeschlagenen Familien aus nachfolgenden Gründen umzusiedeln:

Kein einziger zur Umsiedlung bestimmter Bürger aus dieser Gemeinde hat die vorgeschlagene Ersatzwohnstätte, ein Häuschen bzw. ein landwirtschaftliches Anwesen, und eine neue Arbeitsstätte an Stelle des bisherigen oder ursprünglichen Besitzes akzeptiert. Die Bürger wollen nicht freiwillig umsiedeln, und jegliches Bemühen von Seiten der Kreis-, Bezirks und selbst der ministeriellen Zentralen Umsiedlungskommission, die Betreffenden von der Notwendigkeit zu überzeugen, stößt bei ihnen auf hartnäckigen Widerstand. Dieser Zustand hat sich auch nicht nach einem Besuch des für diese Angelegenheit bestimmten Instrukteurs des Ministeriums des Inneren für den Bezirk Budweis, des Genossen Dr. Chála, verbessert, der mit den Einwohner verhandelt hat und sie überzeugen sollte. Seine Bemühungen stießen auf keinerlei Verständis. Die Mitglieder der Kreis-Umsiedlungskommission des Kreis-Nationalausschusses Wittingau verhandelten gesondert mit jedem Einzelnen zur Umsiedlung vorgesehenen Bürger in der Gemeinde Rottenschachen vier bis fünf Mal; dies ist bis auf den heutigen Tag weiterhin ergebnislos verlaufen. Die Einwohner drohen mit Selbstmord, mit der Ermordnung ihrer Kinder, mit dem Verzicht auf die tschechoslowakische Staatsbürgerschaft, sie drohen damit, lieber nach Österreich auszusiedeln u. ä., bevor sie aus Rottenschachen wegziehen würden.

Der Kreis-Nationalausschuss Wittingau hat den Umsiedlern 18 Ersatzwohnungen im Kreis Budweis angeboten, doch hat keine einzige Person nach diesem Vorschlag die Gelegenheit wahrgenommen, sich ein der Wohnungen auch nur anzusehen. Als nunmehr zwei Familien am 1.4.1952 als letztmöglicher Umsiedlungstermin der 15.4.1952 genannt wurde, erkrankten plötzlich 4 Personen aus den beiden genannten Familien, um somit die fällige Zwangsumsiedlung zu verhindern.

Jegliche Überzeugungsarbeit bezüglich der Notwendigkeit einer Umsiedlung seitens der Mitglieder der Volksverwaltung bei den vorgesehenen Bürgern im Hinblick auf die Freiwilligkeit ist nunmehr bereits völlig nutzlos geworden. Die gesamte Gemeinde unterstützt diese Bürger in ihren Wiiderstand gegen den Wegzug und gegen die Mitglieder der Volksverwaltung der Werktätigen bei dieser Aktion. Die Einwohner Rottenschachens sind miteinander verschwägert, es sind alteingesessene Bürger, die nach der Okkupationszeit – bis auf 16 Familien – allesamt in der Aktion des Generals Hobza nach Österreich abgeschoben wurden. Von diesen Abgeschobenen sind nach und nach einzelne Einwohner Rottenschachens in die ČSR zurückgekehrt, sodass im Jahre 1946 die ursprünglichen Bewohner bis auf etliche Familien sich wiederum in ihrem Besitz befanden. Dass sie nicht erneut im Rahmen des Massenabschubs der Deutschen abgeschoben wurden, lässt sich allein der seinerzeitigen reaktionären Politik des rechten Flügels der Sozialdemokratischen Partei und ihrem Repräsentanten in Wittingau, dem Abgeordneten Miroslav Sedlák, zuschreiben, der nach dem Februar 1948 geflüchtet ist. Nach den Wahlen vom Jahre 1946 hat ihn ein erheblicher Teil der Gemeinde Rottenschachen mit einem Ehrenbogen begrüßt.

Die Überzeugungsarbeit an den Bürgern bezüglich der Umsiedlung unter Mithilfe der Mitglieder des Orts-Nationalausschusses, von Funktionären der KPTsch und Mitgliedern der örtlichen Volksmiliz verlief negativ, da diese Funktionäre samt und sonders mit allen freundschaftlich verbunden sind, infolge langjährigen Wohnens in der Gemeinde sich als gleichberechtigt betrachten und darüber hinaus einerseits durch verwandtschaftliche Bindungen und andererseits durch ihre Tätigkeit während der Okkupationszeit miteinander verbunden sind. So hat auch kein einziger dieser Funktionäre sich zur Mitarbeit bei dieser Umsiedlungsaktion verpflichtet.

Der Kreis-Nationalausschuss hat mit Hilfe von Kreisen im Landesinneren neue Wohnungen, landwirtschaftliche Anwesen und Arbeitsgelegenheiten für die zur Umsiedlung bestimmten Personen ausgesucht, er hat ferner Transportmittel zur Verfügung gestellt, und die Bürger haben nach ihrer Rückkehr und Inaugenscheinnahme des Ersatzbesitzes erneut eine Umsiedlung abgelehnt und unerfüllbare Forderungen gestellt, so zum Beispiel die Umsiedlung in Nachbargemeinden, eine Nichtumsiedlung aus dem Grenzgebietskreis, ferner dass das eine oder andere Familienmitglied auf dem Besitz in Rottenschachen verbleiben müsse u. ä.

Dem Vernehmen nach würden sie erst dann umziehen, wenn sie vom Ministerium für Nationale Sicherheit Bescheide erhalten; als sie vom Kreis-Nationalausschuss Wittingau ausgestellte Bescheide erhalten haben, die vom Vorsitzenden unterzeichnet waren, verweigerten sie deren Annahme mit der Feststellung, dass sie erst dann wegziehen würden, wenn ganz Rottenschachen ausziehen würde.

Vorgeschlagener Stand:

Überprüfte Familien oder selbstständig lebende Personen in Rottenschachen zum gegenwärtigen Zeitpunkt	336
In Eigentum befindliche Häuser oder Wirtschaftsbetriebe	270
Nach der Okkupationszeit konfiszierte Häuser geflüchteter Personen	56
Im Jahre 1938 von Rottenschachen geflüchtete Personen, die Abtrennung der Gemeinde und Anschluss an das Reich organisierten	55

Nach der Besetzung nahm die gesamte Bevölkerung bis auf 16 Familien, die tschechisch blieben, die deutsche Nationalität an

In der NSDAP organisierte Personen	100
In der SA	185
In der NS-Frauenschaft	130
In der Hitlerjugend	230
Dienst in der Wehrmacht	194
Dienst in der SS	10
Gefallene insgesamt	62
Nicht zurückgekehrt	8
Nach der Revolution abgeschobene Mehrheit der Familien	360
In Österreich verbliebene und nicht wieder zurückgekehrte Familien	26
Nach der Rückkehr Zuerkennung der Staatsbürgerschaft an alle, entsprechend dem Kleinen Dekret abgeurteilte Personen aus Rottenschachen	19
Einstellung des Verfahrens bei Einzelpersonen	240
Nach 1945 und hauptsächlich nach 1948 ins Ausland geflüchtete Personen	44
Wegen staatsfeindlicher Tätigkeit und entsprechender Beihilfe Verurteilte	10

Ein Viertel der Bevölkerung verfügt über Blutsverwandte in Österreich, die Hälfte der Einwohnerschaft hat entferntere Verwandte und Bekannte in Österreich

Anzahl der Familien mit Verwandten in höheren Behörden in Prag	31

Die Überprüfung der einzelnen in Rottenschachen lebenden Familien wurde bis zum 1.4.1952 nicht vollständig durchgeführt, und daher hat die Umsiedlungskommission des Kreis-Nationalausschusses Wittingau lediglich 17 Familien aus der Gemeinde Rottenschachen zur Umsiedlung vorgeschlagen. Nach Durchsicht und Erörterung des Überprüfungsmaterials aller 336 Familien erscheint die Notwendigkeit gegeben, weitere 225 Familien zur Umsiedlung vorzuschlagen, sodass also nach dieser erneuten Untersuchung lediglich 94 Familien in Rottenschachen verbleiben dürften. Die Ermittlungsmaterialien werden nachrichtendienstlich weiterhin vom Bezirkskommando der Staatssicherheit Budweis und vom Kreiskommando der Staatssicherheit Wittingau behandelt.

Aus den angeführten Gründen ergibt sich, dass die Umsiedlung von Einwohnern aus Rottenschachen vom Gesichtspunkt staatlicher Sicherheit und des Grenzschutzes einfach geboten ist, und dass die im Bericht angeführten Schwierigkeiten mit der Umsiedlung nach einer Entscheidung seitens des Zentralkomitees der KPTsch gelöst werden müssen.

Die Umsiedlungsaktion von Einwohnern im Kreis Wittingau wird mit erheblichen Schwierigkeiten für die Volksverwaltung bis zum 30.4.1952 bewältigt werden – mit Ausnahme der Gemeinde Rottenschachen, von wo aus es höchstwahrscheinlich ohne Hilfe von Seiten des Ministeriums für Nationale Sicherheit nicht gelingen wird, irgendwelche der zur Umsiedlung vorgesehenen Familien abzuschieben, weil diese vom Ministerium für Nationale Sicherheit Bescheide fordern, die ihnen gegenüber diese Maßnahme anordnen.

Im Verlauf der Untersuchung wude mit dem Genossen Dušák, dem Sicherheitsreferenten des Bezirksausschusses der KPTsch Budweis, mit dem Genossen Franta František, dem Vorsitzenden des Kreis-Nationalausschusses Wittingau, mit dem Genossen Coufal, dem Leiter der Umsiedlungsaktion für den Kreis-Nationalausschuss Wittingau, mit dem Genossen Kamiš, dem Sicherheitsreferenten des Kreisausschusses der KPTsch Wittingau, mit dem Genossen Leutnant Krejcar vom Bezirkskommando der Staatssicherheit Budweis und mit dem Genossen Oberleutnant Beneš vom Bezirkskommando der Nationalen Sicherheit Budweis, verhandelt.

Weil diese neuerliche Überprüfung der Lage bezüglich des Standes der Umsiedlungsaktion der Bevölkerung aus der Verbotszone und aus der Grenzzone im Kreis Wittingau, Gemeinde Rottenschachen, weitere Maßnahmen erforderlich macht und zwar einerseits von den der beteiligten Kräfte der Ministerien für Nationale Sicherheit und des Inneren und andererseits vom Zentralkomitee der KPTsch, unterbreite ich diesen Bericht mit dem Vorschlag, dass über den Fall der Bevölkerungsumsiedlung aus der Gemeinde Rottenschachen eine definitive Entscheidung erst nach vorangegangener Bitte um eine Stellungnahme des Zentralkomitees der KPTsch getroffen wird.

Zur Kenntnisnahme füge ich zwei Verzeichnisse bei; das erste charakterisiert die Zusammensetzung der Mitglieder der örtlichen Volksmiliz in Rottenschachen und das zweite enthält ein Verzeichnis derjenigen Personen in höheren Funktionen, die auch Verwandtschaftsbeziehungen zu Familien in Rottenschachen besitzen. Etliche intervenieren zu Gunsten von Personen, die für die Umsiedlung vorgeschlagen wurden, direkt beim Sekretariat des Ministeriums für Nationale Sicherheit und erstatten gleichzeitig Bericht und geben Rat an ihre Verwandten und Bekannten in dieser Gemeinde.

Der Kommandant der Öffentlichen Sicherheit:
Abgeordneter der Nationalversammlung,
Stabshauptmann J. Janulík

Dokument 19

1952, 21. April, Prag

Bericht der Staatssicherheit über die Aussiedlung von 17 Familien aus dem Weitra-Gebiet ins Landesinnere. Handschriftliche Weisung des Ministers für Nationale Sicherheit, Karol Bacílek, bezüglich des Vorschlags »über Formen einer Zwangsaussiedlung« von Weitra-Bewohnern

Quelle: AMV ČR Prag, Fond B 2-69

N/3-2930/1-taj. 52 GEHEIM

Bericht
für den Genossen Minister über die Umsiedlung der Bevölkerung der Gemeinde Rottenschachen

Auf Ihre Weisung hin habe ich eine Untersuchung in der oben genannten Gemeinde durchführen lassen. Das Ergebnis der gesamten Untersuchung erweist die Notwendigkeit der Einbeziehung dieser Gemeinde in die Verbotszone und die Aussiedlung der dortigen Bevölkerung.

Die dortigen Objekte könnten von der Grenzwache genutzt werden, eventuell auch von der Armee, und so wäre die Sicherheit unserer Grenze in diesem Bereich mittels dieser Maßnahme grundsätzlich gewährleistet.

Für den Fall Ihrer Zustimmung lasse ich einen Bericht für das Politische Sekretariat mit den entsprechenden Vorschläge für eine Entscheidung erstellen. Einen Bericht über das Ergebnis der Untersuchung füge ich bei.

Prag, 21. April 1952
[Darunter Stempel:]
Sekretariat des Ministers für
Nationale Sicherheit
Eingang: 18.V.1952
Nr.: KM-489 taj. 52

J. Kotal
1. Charakteristik derjenigen Personen erstellen – die ausgesiedelt werden sollen
2. Vorschlag für Maßnahmen einer Zwangsaussiedlung erstellen, damit es nicht zu Zusammenstössen kommt.
3. Vorschlag für allerletzten Versuch unterbreiten, für persönliche Gespräche betr. einer freiwilligen Aussiedlung (Politische Aktion mittels der Partei)
4. Vorschlag ausarbeiten über Polit. Sekretariat!
Bacílek*

Dokument 20

1952, 30. Mai, Prag
Entwurf für eine Planausarbeitung zur Aussiedlung von Bewohnern aus den Gemeinden Rottenschachen und Gundschachen des Weitra-Gebietes für das Politische Sekretariat des Zentralkomitees der KPTsch, weil 75% der Bevölkerung staatlich unzuverlässig sind

Quelle: AMV ČR Prag, Fond B 2-69

* Karol Bacílek (1896–1974), 1952-53 Minister für nationale Sicherheit, Mitorganisator der Stalinschen Verfolgungen in der ČSSR, Urheber der Vertreibung der Einwohner des Weitra-Gebietes.

Sekretariat
des Ministeriums für Nationale Sicherheit
Az.: S-8292/40-taj. 52

30. Mai 1952
Ex. Nr. 1

An das Sekretariat des Stellvertretenden Ministers
für Nationale Sicherheit
Genossen General Jelen
Prag

Einbeziehung der Gemeinden Rottenschachen und Gundschachen, Kreis Wittingau, in die Verbotszone

Anlagen: 9

Aufgrund einer Entscheidung des Genossen Ministers hat das Sekretariat des Ministeriums für Nationale Sicherheit einen Entwurf für das Politische Sekretariat des Zentralkomitees der KPTsch zu erstellen, dem entsprechend die Gemeinde Rottenschachen in die Verbotszone mit einbezogen werden soll.

Das Erfordernis dieser Maßnahme hat sich bei der Durchführung der Umsiedlungsaktion der Bevölkerung aus der Verbotszone und unzuverlässiger Person aus der Grenzzone gezeigt, als hierbei die Ergebnisse der bisherigen Nationalitäten- und politischen Entwicklung dieses Gebietes – eines Teils des Weitra-Gebietes, das 1920 der ČSR eingegliedert worden war – voll in Erscheinung getreten sind.

Ich lege zur Kenntnisnahme über die Lage in der Gemeinde Rottenschachen eine Information der Kommandantur der Öffentlichen Sicherheit vor, die vom Genossen Stellvertreter Kotal im April d. J. unterbreitet wurde, nachdem über den Abschub von 17 Familien aus dieser Gemeinde verhandelt worden war; diese waren als die dringendsten Fälle bezeichnet worden, die zwar mit Beteiligung von Organen der Nationalen Sicherheit ausgesiedelt wurden, jedoch ohne irgendwelche Zwischenfälle und ohne Gewaltanwendung. Eine Einzelüberprüfung der gesamten Bevölkerung (336 Familien mit insgesamt 1400 Personen) hat dann gezeigt, dass die Einwohnerschaft Rottenschachens und seiner Weiler (London, Abbrand) mehrheitlich unzuverlässig (75%) und somit vom Gesichtspunkt der Sicherung der Staatsgrenze für das Grenzgebiet unannehmbar ist.

Eine ähnliche Lage stellt sich in der Gemeinde Gundschachen dar, die von etwa 40 Familien bewohnt wird, die schon deshalb in die Verbotszone mit einbezogen werden sollte, weil sie noch näher an der Staatsgrenze liegt.

Mit der Aussiedlung der Bevölkerung der Gemeinde Rottenschachen mitsamt ihren Weilern und Einzelanwesen sowie von Gundschachen ist auch die Frage der Nutzung der entsprechend den Angaben in gutem baulichen Zustand befindlichen Gemeinden für den Bedarf der Grenzwache oder der tschechoslowakischen Armee in Verbindung zu bringen. Ihre Zerstörung würde einen erheblichen volkswirtschaftlichen Verlust darstellen.

Das Sekretariat des Ministeriums für Nationale Sicherheit bittet um Ihre Äußerung zu dem unterbreiteten Maßnahmenentwurf, eventuell um die Mitteilung weiterer Städte und Gemeinden, die das Kommando der Grenzwache in die Verbotszone oder in die Grenzzone einzubeziehen gedenkt, sofern diese eine solche politische Bedeutung haben, dass das politische Sekretariat des Zentralkomitees der KPTsch über sie zu entscheiden hätte.

Der Kommandant des Sekretariats
des Ministeriums für Nationale Sicherheit:
[unleserl. Unterschr.]

Dokument 21

1953, 16. Mai, Budweis
Bericht über die Vorbereitung einer Massenaussiedlung von Bewohnern aus Rottenschachen, Gundschachen und Erdweis an der Lainsitz ins Landesinnere im Interesse der Grenzsicherung der Tschechoslowakischen Republik

Quelle: AMV ČR Prag, Fond B 2-69

Fernschreiben

An das Ministerium für Nationale Sicherheit
Hauptverwaltung für Staatssicherheit

ÄUSSERST DRINGLICH!

Sekretariat

Umsiedlung von Einwohnern der Gemeinden Rottenschachen, Gundschachen und Erdweis an der Lainsitz – Bericht

In vorstehender Angelegenheit melde ich, dass auf der Grundlage des Gesetzes über den Schutz der Staatsgrenze Nr. 69/1951, Sammlung der Gesetze und Verordnungen, am 25.5.1953 mit der Umsiedlung unzuverlässiger Personen im Umfang von 260 Familien aus den gemeinden Rottenschachen, Gundschachen und Erdweis an der Lainsitz, Kreis Wittingau, begonnen wird, und dass diese bis zum 1. Juli 1953 abgeschlossen sein wird.

Im gegebenen Fall handelt es sich um eine Umsiedlung einer Bevölkerung in erheblichem Ausmaß, und so kann angenommen werden, dass es im Verlauf der Durchführung der Aktion zu störenden Erscheinungen kommen kann (Zusammenrottungen, Angriffe auf öffentliche Funktionäre u. ä.).

Hinsichtlich der Sicherheitsvorkehrungen führt die Formation Budweis der Grenzwache am 16.5.1953 eine erhöhte Grenzüberwachung durch, und weitere Sicherheitsmaßnahmen wird die Öffentliche Sicherheit unter Mitwirkung der (Regierungs-)Bezirksverwaltung der Staatssicherheit vornehmen.

Die letzte Vorberatung der Bezirks-Umsiedlungskommission wird am 18.5.1953 um 8.00 Uhr morgens beim Bezirks-Nationalausschuss in Budweis stattfinden und die Einweisung der Parteifunktionäre und der Volksverwaltung der betroffenen Gemeinden am gleichen Tag beim Kreis-Natonalausschuss in Wittingau.

Das Ministerium für Nationale Sicherheit wurde bisher in der angeführten Sache von Stabshauptmann Bednář vom Sekretariat des Ministerium für Nationale Sicherheit vertreten; er ist über den Fall im Einzelnen informiert. Im Hinblick auf die Gewichtigkeit der Aktion bitte ich um Verständigung des Sekretariats des Ministeriums für Nationale Sicherheit über den Gegenstand der betreffenden Beratung und die entsprechende Informierung des Genossen Stellvertreters der Hauptverwaltung der Staatssicherheit über den Fall.

Eventuell außerordentliche Geschehnisse werden unverzüglich gemeldet.

Bezirksverwaltung der Staatssicherheit
Budweis
Az.: A-0069/01-52 vom 16.5.1953

Stellvertreter der Bezirksverwaltung der Staatssicherheit:
Bouzek

[Rechteckiger Stempel]
Chiffrier-Referat
Berichtsnummer
Abges. 16.5.53
Radiogr./Fernschr.
[Unterschr. unleserl.]

Dokument 22

1953, etwa Juli, Prag
Verzeichnis der aus Rottenschachen umgesiedelten Personen ins Landesinnere der Tschechoslowakischen Republik. Verzeichnis der aus den Gemeinden Gundschachen und Erdweis bei Klikau umgesiedelten Einwohner

Quelle: AMV ČR Prag, Fond B 2-69

[Es folgt eine Beispielseite des neunseitigen Dokuments.]

Obec R a p š a c h.

/Seznam vysídlených osob./

1./ Adensam František č. 36, Milešov, okres Milevsko – důchodce. Syn František hornický učeň v Litvínově.
2./ Adensam Karel č. 292, Volfartice u Č. Lípy – k synovi
3./ Adensamová Marie č. 246, Dvorce, okres Soběslav, zaměst. průmysl Soběslav
4./ Bártl Josef č. 167, Kouňov u Žatce, k dceři Cecilii Náprstkové-důchodce
5./ Pilná Anna č. 167, sestra Josefa Bártla-rakouská příslušnice-se souhlasem komise do Suchdola k příbuzné Kropíkové
6./ Bártl Kare č. 14, je již od r. 1950 v Praze II, Panská 1, zam. v Dukle
7./ Bauerová Eleonora č. 28 – je již delší dobu u syna v Praze
8./ Benda Bedřich č. 3, Úholičky u Prahy – do JZD
9./ Bendová Marie č. 1, Sviny, okres Soběslav – důchodce
10./ Bednář Adolf č. 79, Hluboká n.Vlt, ok. Č. Budějovice, zam. u ČSSS
11./ Bednářová Marie č. 256 – se souhlasem komise do Hranic, okres. Trh.Sviny, k dc
12./ Bednář Rudolf č. 161, Kamen. Újezd u Č. Budějovic, zam. průmysl Budějovice
13./ Bednář Tomáš č. 89, Borotín-Starý zámek č. 117, okres Tábor, zam. u ČSL
14./ Bednář Vojtěch č. 161, se souhlasem komise do Dvorů n.L., k synovi Bedřichu
15./ Beneš Karel č. 72, Zborov, okres Č. Budějovice. krejčí a JZD
16./ Bílek Karel č. 282, Pelejovice, okres Soběslav, zam. Lada Soběslav
17./ Blafka Jan č. 258, Chlumec, okres Týn n.Vlt. – do JZD
18./ Bláha Rudolf č. 313, Nepla chov, okres Soběslav – truhlář
19./ Bláha Adolf č. 113, Nebušice, ok. Praha-západ – do JZD
20./ Bláha Hynek č. 130, Květov, okres Milevsko, zam. u ČSL
21./ ~~Brabec Adolf č. 155, Kvítkovice, ok. Č. Budějovice – do zemědělství~~
22./ ~~Brabcová Kateřina č. 155, Kvítkovice, ok. Č. Budějovice – důchodce~~
23./ Brázda Antonín č. 206-zemřel, jeho manželka Růžena r. Foltová do Roudné, ok. Soběslav – důchodce
24./ Bruckner Jan č. 145, Ohrazení, ok. Č. Budějovice – k synovi
25./ ~~Bruckner Jan č. 48, Borová Vas, ok. Č. Budějovice – zam. u ČSD~~
26./ Bruckner Josef č. 100, Nebušice u Prahy do JZD
27./ Bruckner Josef č. 47, Kamený Újezd, ok. Č. Budějovice-Stavomontáž
28./ Bruckner Josef č. 234, Poněšice, ok. Č. Budějovice, zam. u ČSL
29./ Bruckner Leopold č. 100, Nebušice, ok. Praha-západ – do JZD
30./ Budík Jan č. 312, r. 1873 se souhlasem komise ponechán v Rapšachu
31./ Bušta Josef č. 70, Kvítkovice. ok. Č. Budějovice – důchodce

Dokument 23

1953, etwa Juli, Prag

Verzeichnis der aus der Gemeinde Rottenschachen ins Landesinnere ausgesiedelten Einwohner

Quelle: AMV ČR Prag, Fond B 2-68

Vysídlení 1953 z Rapšachu

Bednář Adolf, 20.4.07 – NSDAP, SA Hluboká n.Vl.t.
Benda Bedřich 15.1.19 – NSDAP, SA – Horoměřice u Prahy
Blavka Jan 9.8.05 – NSDAP, SA – Chlumec Týn. n.Vlt.
Bláha Hynek, 17.2.1900 – SA – Květov, Milevsko
Bruckner Josef, 16.2.11-NSDAP – Kamenný Újezd
Buště Josef, 12.5.95- NSDAP, SA – Rapšach
Buště Václav, 28.8.89-SA, Sóbětice
Čada Karel, 7.4.1904 – SA – Lhota u Lomnice
Dix Konrád 11.7.86 – SA – Č-Velenice
Doležal Antonín 7.12.01-NSDAP, SA – Orlík
Doležal František, 23.3.89 – NSDAP, SA – Květov
Doležal Josef, 1.1.1893-NSDAP, SA – Vlkov
Doležal Josef, 5.1.1921-NSDAP – Vlkov
Doležal Tomáš, 23.11.98-NSDAP, SA-Blockleiter Č.Budějovice
Duspiva František, 27.1.87-NSDAP – Blockleiter -Hluboká n.Vlt.
Dvořáček Karel, 10.6.1911- NSDAP-Dvorce
Flaška František, 15.7.96-SA-Lhota-Soběslav
Folta František, 27.6.1919-SS – Roudná
Germín Leopold, 17.9.07-NSDAP, SA – Chotěnice
Gráf Josef, 15.2.96 – SA, -Habří
Gruber Adolf, 30.7.06-NSDAP, SA-Blockleiter-Svinky
Gruber Adolf, 9.7.00-NSDAP-Plastovice
Gruber František, 17.12.1904-NSDAP- D.Bukovsko
Gruber Jan. 20.11.05-SA-Klučenice
Gruber Josef, 24.4.04-NSDAP, SA-Blockleiter-Hodonice
Gruber Josef, 30.12.13-NSDAP-Hartmanice
Gruber Rudolf, 2.8.99-NSDAP-Dvorce-Soběslav
Havle František, 13.9.06-SA-Hluboka n.Vlt.
Havle Jan, 7.5.13-NSDAP-SA-Blockleiter -Zborov
Havle Karel, 30.6.06-NSDAP-Odolená Voda
Havle Vincenc, 2.7.06-NSDAP-Metelec
Janda Antonín 12.6.81-SA- Halámky čp.2
Janda Vilém, 31.5.1911-NSDAP-SA-Blockleiter-Hluboká n.Vlt.
Kainráth Adolf, 16.4.14-NSDAP-Úsilné
Kainrath Františekm7.3.92-SA-Milevsko
Kainrath Hynek, 29.7.03-SA, NSDAP-Chýnov
Kaizinger František, 23.5.04-NSDAP, SA-Č.Budějovice
Kaizinger Rudolf, 20.11.1901, NSDAP, SA-Habří
Kotrba Eduard, 26.2.1899-SA-Krakovčice
Kotrbová Albína- NSDAP.Dobřejovice
Kotrba Tomáš, 27.12.99-NSDAP, SA-Blockleiter-Dynín
Kropík František, 29.8.99-NSDAP, SA-K.Řečice
Kropík Jan, 24.6.83 NSDAP, SA-Rapšach čp.262
Kropík Josef, 29.12.93-SA, Úsilné
Kropík Josef, 13.3.13.NSDAP, SA-Blockleiter
Kropík Josef, 25.11.1912-NSDAP, SA-Hamr-Spběslav
Kropík Tomáš, 11.9.87-SA- Nitovice
Kříž Gustav, 25.7.1910-NSDAP, SA-Č-Budějovice
Kříž Josef, 3.2.94-SA-Lhota
Kříž Karel, 7.9.03-SA-Vlastiboř
Leder Hynek, 28.7.02-NSDAP, SA-Praha
Leukauf Ludvík, 13.191-NSDAP, SA -Hůrka
Macho Karel, 29.10.84-SA-Nitovice
Novák František, 17.4.20-SA-Trpnouze
Novák Karel, 5.1.99-NSDAP, SA-Vlkov
Opelka Josef, 28.12.07-SA-Mladé u Č Bu.
Opelka Josef, 10.3.99-SA-Odolená Voda
Opelka Karel, 23.1.05-SA-Habří
Opelka Leopold, 13.11.77-SA-Habří
Oulický Bohumír, 31.12.16-NSDAP -Doubravka
Ruso Hynek, 26.7.1900-NSDAP, SA, Blockleiter-Lhota-Soběslav
Silný Tomáš, 15.12.1900-NSDAP, SA- Chlumec

Schandl František,25.10.06-NSDAP,SA-Záboří-Týn-N.Vlt.
Schandl Karel,21.1.05-NSDAP,SA-Blockleiter-Odolená Voda
Schwingenslögel František,20.3.1900-SA,Zíšov
Schulz František,23.2.94-NSDAP,-Chlumec
Stix Adolf,19.5.95-SA-Pelejovice
Stix Karel,2.5.78-SABernartice
Špulák Karel,11.10.85-SA-Jílové u Prahy
Vaněk František,5.3.1880-SA-Kamince n.L.
Vaněk Jan,30.4.1902,NSDAP,SA-Veslí n-L.
Vaněk Karel,4.11.1913,SA-Veselí n.L.
Vaněk Karel,30.6.22-NSDAP-Lhotice
Vaněk Silvestr,21.12.1093,NSDAP,SA-Žíšov
Veith František,27.11.1913.SA-Dynín
Wimmer Rudolf,8.4.1892-NSDAP - Křepice
Weber Adolf,14.6.1905-SA- Jeníčková Lhota
Weber František,5.10.91-SA-Jeníčková Lhota
Weber Leopold,26.9.1901,NSDAP-Lhotice
Weber Vincenc,26.3.1910-SA-Hodětín
Zach František, NSDAP,SS - v roce 1950 v Břilicích ano
Zimmel Adolf,25.4.16-SA-Chýnov
Zimmel Hynek,3.2.1906-NSDAP,SA-Květov
Zimmel Hynek,13.7.89-SA-Dobronice
Zimmel Hynek,21.1.1901.SA-Usilné
Zimmel Hynek,10.11.1925- SS - Hluboká n.Vlt.
Zimmel Jan,14.5.1883-SA-Bor
Zimmel Jan,14.8.87-SA Praha I.
Zimmel Václav,31.8."7-SA-Usilné
Zwettler Karel,25.8.1912-SA Vrakovice
Zwettler Matěj,28.12.87-SA- Hamr-Soběslav
Zwettler Václav,24.6.1889.SA-Nebušice u Prahy

92

Dokument 24

1953, 2. November, Wittingau
Bericht der Staatssicherheit Wittingau darüber, dass die umgesiedelten Einwohner Rottenschachens ihre Umsiedlung nicht hingenommen haben und den Plan zu einer Rückkehr hegen. Entwurf zur Ausweitung der Verbotenen Grenzzone rund um Rottenschachen unter Einschluss des Friedhofes

Quelle: AMV ČR Prag, Fond B 2-69

Kreis-Abteilung der Staatssicherheit
Wittingau

Az.: A-11278/53

2. November 1953
GEHEIM

An die
Bezirksverwaltung des Ministeriums des Inneren
Sekretariat des Stellvertreters des Bezirkes Budweis

Umsiedler aus Rottenschachen – Belassen oder Ausstellen neuer Passierscheine in die Grenzzone zum Besuch der Gemeinde – Störung der Verhältnisse

Im Mai und im Juni 1953 wurden aus Rottenschachen, Gundschachen und Erdweis bei Klikau über 250 Familien von reaktionärer Gesinnung ausgesiedelt, die enge Familienbeziehungen zu feindlichen Elementen im Ausland haben und deren Aufenthalt nahe der Staatsgrenze im Sinne der Staatsinteressen schädlich sein würde. Sie sind in Kreise unseres Bezirks und in die übrigen Bezirke mit der Absicht ausgesiedelt worden, dass ihnen an ihrem neuen Wohnort keine Passierscheine für wiederholte Besuche in Rottenschachen mehr ausgestellt werden.

Im Verlauf der vergangenen Feiertage von 31.10. bis 1.11.1953 haben wir mit Hilfe von Mitarbeitern die Besuche in Rottenschachen und das Verhalten dieser Leute verfolgt. Es wurde festgestellt, dass an diesen beiden Tagen auf den Friedhof bei Rottenschachen, der nahe beim Ort liegt, jedoch nicht in die Grenzzone miteinbezogen ist, an die 400 Personen gekommen sind. Sie kamen auf Fahrrädern, Motorrädern, auch per Zug von verschiedenen und weit entfernten Orten herbei. Auf dem Friedhof bildeten sie kleine Gruppen mit den nicht ausgesiedelten Einwohnern des Gebietes und ebenfalls mit Neusiedlern, die in ihren ehemaligen Häuschen wohnen. Alle redeten in dem Sinne, dass sie wieder auf ihren Besitz zurückkehren werden, und sie forderten die Ansiedler dazu auf, dass sie ihnen ihren Besitz gut pflegen, dass sie die Häuser in Ordnung halten sollen, die Fenster nicht zerschlagen u. ä. Weil sie sich auf dem Friedhof bis zum Einbruch der Dämmerung aufhielten, hegen wir den Verdacht, dass sie daraufhin unberechtigterweise in die Grenzzone hineingingen und ihre Verwandten und Bekannten in Rottenschachen besuchten. Es befand sich lediglich eine einzige Grenzwache vor Ort und die konnte sie an ihrem Vorhaben nicht hindern.

Ganz und gar öffentlich aber gingen diejenigen umgesiedelten Personen in Rottenschachen herum, denen im Personalausweis der Stempel mit dem Hinweis belassen worden war, dass sie in der Grenzzone wohnen durften, obwohl ihnen diese Erlaubnis bereits seit langen hätte entzogen werden müssen. So hat beispielsweise Marie Vaňková auf unverfrorene Weise Angehörigen der Grenzwache gegenüber gesagt «Wollt Ihr meinen Passierschein sehen?« und ihnen sodann den in Klattau ausgestellten Passierschein vorgewiesen; weiterhin hat sich Antonie Křížová mit einem Passierschein aus Komotau ausgewiesen, Anežka Vopelková mit einem Passierschein aus Pisek und weitere Personen.

Weiter der Fall des František Havle, geboren am 13.9.1906, der in Rottenschachen 24 ha Grund besessen hatte, wegen Mitgliedschaft in der SA verurteilt wurde, deutscher Soldat an der Ostfront war, nach der Aussiedlung in Frauenberg an der Moldau beschäftigt ist, der ebenfalls auf dem Rottenschachener Friedhof war, wo er sich mit Marie Mužíková getroffen hat, einer nicht ausgesiedelten Einwohnerin von Rottenschachen, die er folgendermaßen bedrohte: »Wart nur, bis ich wieder zurückkehre, dann werd ich dir's aufrechnen.« Er sagte, dass diese ihn angezeigt habe, dass er bei seinem vorausgegangenen Besuch ohne Passierschein in Rottenschachen gewesen sei, um nach seinem Häuschen zu sehen. Der Fall wird von der Öffentlichen Sicherheit untersucht.

Den Gedanken an eine Rückkehr bringen die Umgesiedelten auch dadurch zum Ausdruck, dass sie seit ihrer Aussiedlung bereits vier verstorbene Personen haben überführen und auf dem Rottenschachener Friedhof beerdigen lassen.

František Gruber, der von Rottenschachen nach Zahrádky, Kreis Mühlhausen, ausgesiedelt wurde, war gleichfalls an den vergangenen Feiertagen auf dem Friedhof in Rottenschachen, und als er den Josef Urbánek traf, den Leiter der Verkaufsstelle der Jednota und Mitglied der KPTsch, spuckte er vor diesem verachtungsvoll aus. Gruber besaß als Bauer einst 22 ha Grund, war NSDAP-Mitglied, deutscher Soldat, kehrte aus amerikanischer Gefangenschaft als Soldat der westlichen Armee zurück und ist ein reaktionäres Element. Derzeit arbeitet er als Arbeiter in einem Sägewerk im Kreis Mühlhausen.

Den Bericht bringe ich deshalb zur Kenntnis, weil die Lage in Rottenschachen durch den Einfluss des Mangels an Bewusstsein der Einwohner gleich kritisch ist, die gegründete Landwirtschaftliche Produktionsgenossenschaft des III. Typs auseinander fällt, und die Situation durch solche Vorfälle sich noch weiter verschlimmert. Ich empfehle daher, dass mittels der Verwaltung der Öffentlichen Sicherheit sämtliche entsprechenden Verwaltungen der Öffentlichen Sicherheit davon in Kenntnis gesetzt werden, aus Rottenschachen umgesiedelten Einwohnern keine Passierscheine für die Grenzzone zum Besuch Rottenschachens auszustellen; ferner sollte auch das Gelände vor Rottenschachen unter Einschluss des Friedhofs in die Grenzzone mit einbezogen werden. Gleichfalls ist die Bestattung verstorbener Personen aus den Reihen der Ausgesiedelten in Rottenschachen unerwünscht.

Chef der Kreis-Abteilung der Staatssicherheit:
[Mikeš]

Dokument 25

1954, 3. September, Suchenthal an der Lainsitz
Bericht der örtlichen Sicherheitsbereiche im Weitra-Gebiet über die Lage, insbesondere in der Gemeinde Rottenschachen, nach der zwangsweisen Aussiedlung 1953. Forderung nach Festigung der repressiven Maßnahmen und Absicherung der ČSR-Grenze

Quelle: AMV ČR Prag, Fond B 2-69

Lageberichte aus der Gemeinde Rottenschachen

Die Gemeinde Rottenschachen wurde als eine der Gemeinden des Weitra-Gebietes erst im Jahre 1920 der Republik eingegliedert. Entsprechend Erzählungen, welche bei den Ortsbewohnern tradiert werden, wurde dieser Anschluss nach dem Ergebnis einer Volksabstimmung durchgeführt, die in diesem Gebiet abgehalten wurde und so lautete, dass für eine Eingliederung des Weitra-Gebietes in die Republik insbesondere in der Gemeinde Rottenschachen nahezu 100% der Einwohner votierten. (6 Stimmen waren dagegen).

Die Gemeinde Rottenschachen ist in wirtschaftlicher Hinsicht die ärmste Gemeinde des gesamten Weitra-Gebietes. In der näheren Umgebung befand sich keinerlei Industrie, sodass die Einwohner der Gemeinde Rottenschachen und in der Hauptsache junge Leute um der Arbeit willen abwanderten – teilweise nach Böhmen (wie sich die Ortsbürger ausdrücken) und teilweise nach Österreich und da hauptsächlich nach Wien. Dadurch geschah es, dass sich zahlreiche Personen in Österreich dauerhaft niederließen und somit Familien- und Verwandtschaftsbeziehungen mit den in der Gemeinde Rottenschachen wohnenden Familien entstanden. Infolge häufiger Familienbesuche aus Österreich kam es in der Zeit der Ersten Republik wegen der unbefriedigenden Wirtschaftsverhältnisse zur Kleinschmuggelei und zu Grenzüberschreitungen, die mittels des sog. Kleinen Grenzverkehrs gestattet waren. Aus dem Kleinschmuggel wurde dann aber eine Berufsausübung der Mehrzahl der Rottenschachener Bevölkerung, die somit ihren Lebensunterhalt bestritt. Die älteren Generationen waren im deutschen Geist erzogen worden, da sie zu Österreich gehörten, und das Jahr 1938 betraf dann die jüngere Generation deshalb nicht mehr, weil sie bereits so stark im tschechischen Geist erzogen worden war, dass sie allein mit ihrer Lage fertig wurde. So geschah es, dass nach der Besetzung des Grenzgebiet durch die Wehrmacht die Bewohner der Gemeinde Rottenschachen die Besatzungsbehörden in Österreich freiwillig darum ersuchten, Rottenschachen dem Reich einzugliedern. Dies wurde sechs Wochen nach der Beendigung der eigentlichen Besetzung des Grenzgebiets am 24. November 1938 verwirklicht und zwar auf den eigenen Wunsch von Personen, welche zwischen dem 10. Oktober und 24. November 1938 aus Rottenschachen übergelaufen waren. Bereits während der Verhandlungen in München 1938 malten Einwohner der Gemeinde Rottenschachen staatsfeindliche Parolen an die Wände, des nachts wurden Hakenkreuzfahnen an etlichen Häusern ausgehängt; dies zeugt von der Tatsache, dass die Abtrennung der Gemeinde Rottenschachen vorbereitet war. Nach der Besetzung der benachbarten Gemeinde Gundschachen am 9. Oktober 1938 organisierten Ortsbürger der Gemeinde

Rottenschachen Begrüßungsaufmärsche zum Willkommen und zur Begrüßung der Besatzer. An der Spitze dieser Aufmärsche trugen sie Hakenkreuzfahnen und Blumensträusse. Als der Angehörige der ehmaligen Finanzwache, Inspektor Sobotka, diesen Aufmarsch aufhielt und den Versuch unternahm, die Leiter des Marsches rechtzeitig zu überzeugen und so zu lenken, dass sie ähnliche Aktionen unterlassen sollten, wurde im wortwörtlich entgegnet: »Wir sind Tschechen, aber wir haben deutsche Herzen, und auf Sie sch… wir.«

Nach dieser Art von Äußerung seitens der Leiter des Marsches versuchten Angehörige der Staatsverteidigungswacht den Marsch zu zerstreuen. Die Mehrzahl der Teilnehmer lief auf verschiedenen Wegen in das besetzte Gundschachen davon, und es gab auch Fälle, dass sich etliche mit ausgestrecktem Arm an der Demarkationslinie vor die deutschen Organe hinstellten und riefen: »O du Retter, errette uns.« Gerade in dieser Zeit liefen Angehörige der Staatsverteidigungswacht aus der Gemeinde Rottenschachen und aus Gundschachen, die Einheiten zur Grenzbewachung eingegliedert waren, samt ihren Waffen zu den Besatzern über, und es wurde von Seiten dieser verräterischen Elemente auf unsere Einheiten geschossen, und später kehrten diese Überläufer als Ordnungskräfte mit den Besatzern zurück. In dieser aufgewühlten Zeit und insbesondere zur Zeit der Mobilmachung liefen etwa 70 Männer nach Österreich über, die eigentlich den Dienst in der Tschechoslowakischen Armee hätten antreten müssen. Alle diese Überläufer, denen teilweise auch ihre Ehefrauen mit den Kindern gefolgt waren, hatten ihren Anteil daran, dass die Gemeinde Rottenschachen am 24. November auf ihr Ersuchen hin besetzt und dem Reich einverleibt wurde. Auch der verbliebene Teil der Bevölkerung in der Gemeinde Rottenschachen bereitete den Anschluss an das Reich vor; dies wird durch die Tatsache unter Beweis gestellt, dass unverzüglich nach der Besetzung der Gemeinde nahezu sämtliche Häuser mit Hakenkreuzfahnen geschmückt waren und dass volle 24 Stunden vor der Ortsbesetzung Triumphbögen zur Begrüßung der Besatzer errichtet wurden. Entsprechend erhalten gebliebener Nachweise wurden noch am gleichen Tag von etlichen Einzelpersonen die Anträge zur Aufnahme in die NSDAP gestellt.

Nach der Ortsbesetzung wurde am 17. Mai 1939 eine Volkszählung abgehalten, in der sich alle Einwohner zur deutschen Nationalität bekannten – bis auf 16 Personen, welche die tschechische Nationalität beibehielten. Im Verlauf der Besatzungzeit waren in der Gemeinde Rottenschachen insgesamt 100 Personen in der NSDAP organisiert, in der SA 185 Personen, in der NS-Frauenschaft 130 Personen, in der Hitlerjugend 230, in der Wehrmacht dienten 194 und in der SS 10 Personen, 62 wehrpflichtige Männer der Wehrmacht sind an verschiedenen Fronten gefallen und 8 sind bis dato als vermisst gemeldet. Nach dem Kriegsende im Jahre 1945 hat der Oberst der Tschechoslowakischen Armee Hobza den Abschub der verräterischen Familien aus dem Weitra-Gebiet nach Österreich durchgeführt; in den nachrevolutionären Tagen hat er insgesamt 360 Familien abgeschoben. Von diesen sind 1945–1946 insgesamt 334 Personen zurückgekehrt, und 26 Familien sind dauerhaft in Österreich verblieben. Außer diesen genannten Familien sind noch mehrere Personen des Wehrmachtsbereichs aus dem Krieg nicht nach Rottenschachen zurückgekehrt, vielmehr gingen sie zu ihren Verwandten nach Österreich, wo sie sich bis dato aufhalten. Nach der Rückkehr der abgeschobenen Familien nach Rottenschachen bekannten sich sämtliche Personen zur tschechischen Nationalität. Der Einwohnerschaft des

Weitra-Gebietes und insbesondere der Gemeinde Rottenschachen mangelt es in nationaler Hinsicht gänzlich am entsprechenden Bewusstsein, und somit ist sie auch unzuverlässig, was wir mit einer genauen Statistik der verschiedenen Volkszählungen belegen können. Im Jahre 1888 waren 1628 Personen als Angehörige der tschechischen Nationalität gemeldet, 173 waren deutsche. 1890 gab es 1300 Tschechen und 510 Deutsche, 1900 zählte man 1002 Tschechen und 1003 Deutsche. Im Jahre 1910 gab es nurmehr 389 Tschechen und 1660 Deutsche; 1921 gab es wiederum 1725 Tschechen und 141 Deutsche (diese Volkszählung wurde nach der Eingliederung der Gemeinde in die Republik durchgeführt), 1930 waren es dann 1674 Tschechen und lediglich 13 Deutsche. Bei der Volkszählung im Jahre 1939 gab es nurmehr 16 Personen tschechischer Nationalität. Doch nach 1945 bekannten sich alle als Tschechen.

Im Sommer 1945 begann die Sozialdemokratische Partei ihre Position im Weitra-Gebiet aufzubauen; sie konnte Parteigänger dadurch für sich gewinnen, dass sie durch Verrat kompromittierten Personen Straffreiheit und Besitzerhalt versprach; dies führte sie tatsächlich mittels ihrer Funktionäre im Kreis-Nationalausschuss Wittingau durch. Der Abgeordnete Mirko Sedlák begann damit, regelmäßig nach Rottenschachen zu kommen, wo er feierlich begrüßt und gefeiert wurde. Ihm ist es zuzuschreiben, dass bereits im Sommer 1945 der Revolutionäre Nationalausschuss abberufen und durch eine demagogische Wahl ein neuer Ausschuss eingerichtet wurde, in dem sich etliche deutsche Soldaten und deren Verwandte befanden. Auch nach Österreich abgeschobene Familien begannen vereinzelt in ihren Besitz zurückzukehren, und im Frühjahr 1946 kam es dann zu einer organisierten Massenrückkehr der etwa 300 übrigen Familien nach Rottenschachen und in die Nachbargemeinden, was ihnen auch angesichts der Machtlosigkeit der Sicherheitsorgane gelang. Die Volksverwalter wurden aus ihrem Eigentum vertrieben. Der Kreis-Nationalausschuss führte gegen die gesetzwidrig zurückkehrenden Personen lediglich als Maßnahme Folgendes durch, dass er gegen sie ein Strafverfahren entsprechend dem Dekret 138/45, Sammlung der Gesetze und Verordnungen einleitete; doch kam es lediglich in 19 Fällen zur Bestrafung, weil die sozialdemokratischen Funktionäre im Rahmen des Wahlkampfes die gänzliche Einstellung der Strafverfahren in etwa 246 Fällen zu erreichen vermochten. Gleichzeitig erreichte diese Partei für die Mehrzahl der Witwen gefallener deutscher Soldaten Rentenzahlungen, die in etliche Fällen sogar über 3000 Kčs (nach altem Kurs) monatlich betragen. Gegenwärtig besitzen alle die tschechoslowakische Staatsangehörigkeit, weil diese ihnen nach und nach zugesprochen wurde.

Das Arbeitsergebnis des verräterischen Abgeordneten der Sozialdemokratischen Partei Mirko Sedlák fand seinen Widerhall in den Wahlen, als die Sozialdemokraten im Mai 1946 364 Stimmen erhielten, die KPTsch 148 und die Nationalen Sozialisten (Beneschs) 75 Stimmen und die Volkspartei 108 Stimmen. Nach diesen Wahlen erlangten die Verräter führende Positionen in der Gemeinde Rottenschachen; sie versteckten sich innerhalb der Sozialdemokratischen Partei, die seinerzeit auch den Kreis-Nationalausschuss Wittingau beherrschte, wo unter anderen der besonders einflussreiche Funktionär Rudolf Maxa Sicherheitsreferent war, der die Säuberungsmaßnahmen einstellte. Bereits damals machte die KPTsch auf die Unhaltbarkeit der Verhältnisse in Rottenschachen aufmerksam, und daher wurden etliche Kommissionen von der Regierung nach Rottenschachen entsandt, die vor Ort die

Lage untersuchen sollten. Aufgrund des Einflusses der Sozialdemokratischen Partei trat jedoch keinerlei Besserung ein. Auf Gottwalds Aufruf anlässlich der Ferbruarereignisse 1948 trat in Rottenschachen kein einziges Mitglied der Sozialdemokraten in die KPTsch ein. Beim Zusammenschluss dieser beiden Parteien traten in Rottenschachen von 110 Mitgliedern der Sozialdemokraten lediglich 30 Mitglieder in die KPTsch ein, von denen aufgrund von aus der Vergangenheit herrührenden Mängeln nur 15 Mitglieder übernommen wurden. Bei den Wahlen im Jahre 1948 wurden in Rottenschachen insgesamt 692 Stimmen für die Nationale Fornt und 47 Weiße Stimmzettel abgegeben.

Selbst nach den Februarereignissen kam es in Rottenschachen nicht zu einer merklichen Verbesserung der politischen Lage, denn die örtliche Organisation der KPTsch zählte nach einer vollzogenen Säuberung nurmehr 28 ordentliche, registrierte Mitglieder. Die gesamte übrige Bevölkerung in dieser Gemeinde hielt sich vom politischen Leben fern und wartete ab, wie sich die Lage weiter entwickeln würde.

Die Lage bezüglich der staatlichen Sicherheit

Vom Gesichtspunkt des Schutzes der Staatsgrenze aus ist der Abschnitt der Gemeinden Rottenschachen und Gundschachen fortwährend ein günstiger Kanal für das Eindringen feindlicher Agenten in die Republik und die Rückkehr nach Österreich, vornehmlich aus den genannten Gründen. Die Mehrzahl der Einwohner der Gemeinde Rottenschachen war reaktionär ausgerichtet und besaß nicht das erforderliche Maß an nationalem Bewusstsein. Ein Viertel der Bevölkerung besaß nahe Blutsverwandte und mehr als die Hälfte entferntere Verwandte im benachbarten Teil Österreichs, mit denen sie fortlaufende legale und illegale Beziehungen unterhielten. Während des Bestehens der Ersten Republik nutzten sie die Möglichkeiten des Kleinen Grenzverkehrs zum Schmuggel, den sie zwischen 1945–1948 fortsetzten. Weiterhin sind mit Ausnahme von einigen Dutzend Familien, die nach dem Abschub 1945 in Österreich verblieben, noch nach dem Februar 1948 44 Personen dorthin geflohen, und aus Gundschachen waren es 9 Personen; alle diese Personen stehen samt und sonders im Dienst fremder feindlicher Dienste.

Nach 1948 wurden seitens derjenigen Personen, welche eine Flucht ins Auslands zu unternehmen versuchten, Verbindungen zu Schmuggler- und reaktionären Elementen aus der Gemeinde Rottenschachen aufgenommen, mit deren Unterstützung Übergangskanäle durch die Staatsgrenze auf österreichisches Gebiet geschaffen wurden. Als Beweis dafür wurde im Jahre 1949 die Gruppe um Tomáš Fedra und Genossen vernichtet, die eine Zusammenarbeit mit einer feindlichen Aufklärungsgruppe des CIC betrieb, in deren Tätigkeitsbereich sie sich mit Schmuggel und Personentransfer über die Grenze beschäftigten. Die angeführte Gruppe, die sich aus den Reihen der Bevölkerung der Gemeinde Rottenschachen und deren Umgebung rekrutierte, wurde vernichtet und dem Gericht zur Aburteilung übergeben. Diejenigen Personen, welche mit dem Ausland in Verbindung standen, haben in ihrer Tätigkeit nicht nachgelassen und ihre Transfer- und staatsfeindliche Tätigkeit gegen die ČSR auch weiterhin betrieben. 1953 wurde eine weitere staatsfeindliche Gruppe liquidiert – Gruber Karel, Bednář Karel und Genossen –, die Agenten des CIC waren und zwischen 1950–1952 von Österreich in die ČSR und umgekehrt insgesamt 38

Grenzübergänge durchführten, wobei sie etliche feindliche Agenten, Mörder durchschleusten; unter diesen befand sich auch der Agent Malý, der Morde an Funktionären in Babice organisierte und später auch durchführte. In zwei Fällen haben die genannten Agenten (Gruber und Bednář aus Rottenschachen) bei ihren Grenzübergängen Waffen gegen Angehörige der Grenzwache eingesetzt, und im Fall Zuggers kam es zur Ermordung eines Angehörigen der Grenzwache, des Gefreiten Ruso, der mit den Genannten zusammenstieß. Bei der Durchführung dieser feindlichen Tätigkeit gewährten nachfolgende Bürger der Gemeinde Rottenschachen und ihrer Umgebung Hilfestellung: Hajna Jan (zu 17 Jahren verurteilt), Zimmel Eduard (zu 8 Jahren veruerteilt), die Brüder Zimmel aus Witschoberg (13 und 14 Jahre), Macho Karel aus Witschoberg (8 Jahre), Čadek Otto aus Witschoberg (10 Jahre) und etliche weitere Personen. Als führende Agenten dieser Gruppe erhielten Karel Gruber die Todesstrafe und Karel Bednář lebenslängliche Haft. Die angeführte Gruppe wurde liquidiert und im vergangenen Jahr dem Staatsgericht überstellt. Diese ganze staatsfeindliche Tätigkeit wurde von den Verwandtschaftsbeziehungen der Rottenschachener Einwohner und den ins Ausland geflohenen Bewohnern geprägt. In etlichen weiteren Fällen wurde festgestellt (Agent Princ), dass von der Gemeinde Rottenschachen aus von 1948 bis 1953 etliche Übergangskanäle eines feindlichen Aufklärungsdienstes führten, an denen zahlreiche Personen aus der Gemeinde Rottenschachen in ihrer Beziehung zu den ins Ausland geflüchteten Verwandten interessiert waren. Vom reaktionären Zuschnitt der Einwohner Rottenschachens und unbeschadet ihrer Verwandtschaftsbeziehungen ins Ausland waren auch noch andere Einwohner der Gemeinde an diesen Übergangsaktivitäten beteiligt sowie an anderen Hilfeleistungen für staatsfeindliche Aktionen, die sie so als Zeichen der Nichtübereinstimmung mit der heutigen Staatsordnung ausführten. Nach einer tiefgegliederten Ermittlungstätigkeit der Staatssicherheitsorgane wurde in den vergangenen Jahren überprüft, dass ein erheblicher Prozentsatz der ins Ausland (nach Österreich) geflüchteten Familien und Personen für einen fremden Nachrichtendienst tätig sind, der zum Gebiet der ČSR Beziehungen unterhält. Aus den Erfahrungen der bisherigen Fälle kann geschlossen werden, dass diese Personen weiterhin auch für ihre feindliche Tätigkeit im Verwandtschaftsbezug zu Einwohnern der Gemeinde Rottenschachen durch Gewinnung eines Netzes auf unserem Staatsgebiet dies ausnützen werden. Der Charakter dieser Personen nützt gänzlich die persönlichen Kenntnisse aus, wie zum Beispiel die Kenntnis des Geländes, die Kenntnis der Tiefe des österreichischen Gebietes, des Exekutivdienstes der Grenzeinheiten und ihre Schmuggeltätigkeit. Alle diese Umstände der Einwohner Rottenschachens wurden und werden voll durch feindliche Aufklärungsdienste auf österreichischem Gebiet ausgewertet.

Die Lage der staatlichen Sicherheit in der Gegenwart:
1953 wurden 225 Familien aus Rottenschachen ausgesiedelt, und an ihrer Stelle wurden Einwohner aus Erdweis bei Klikau sowie Gundschachen im Umfang von etwa 60 Familien angesiedelt, da diese Gemeinden in die Verbotszone einbezogen wurden; gegenwärtig wurden weitere 50 Familien im Rahmen der Besiedlung des Grenzgebietes aus dem Landesinneren angesiedelt. Nach der Ausweisung der ehemaligen Bewohner kam es zu einer erkennbaren Verbesserung der Lage im staatlichen Sicher-

heitsbereich in demjenigen Abschnitt der Gemeinde, welcher seitens der feindlichen Interessen in Bezug auf ihre Unterstützung und die Machenschaften auf unserem Gebiet eine Spitzenstellung einnahm. Gegenwärtig stellt es eine laufende Erkenntnis dar, dass Drohankündigungen versandt werden, feindliche und anonyme Schreiben in Umlauf sind, und verschiedene Aktionen mit provozierendem Charakter ablaufen, die von den ausgesiedleten Einwohnern der Gemeinde Rottenschachen durchgeführt und organisiert werden. Diese benutzen diese Wege, um die Aufbauarbeit und das Leben derjenigen Familien moralisch zu untergraben, welche in der Gemeinde Rottenschachen siedeln. Das Charakteristikum in der feindlichen Ausrichtung der umgesiedelten Personen ist die Umsetzung von 16 Beerdigungen (d. h. der Überführung der Verstorbenen) auf dem Ortsfriedhof der Gemeinde Rottenschachen vom Landesinneren aus, wobei jeder einzelne dieser Begräbnisakte eine feindliche Demonstration der umgesiedelten Bewohner darstellt, die auf dem Friedhofsgelände zusammentreffen. Auf diesem Gelände (dem Friedhof) zeigen sie mit verschiedenartigen Heucheleien der Öffentlichkeit, dass sie den Weg nationaler Märtyrer beschritten haben; sie nutzen den Friedhof als Tribüne zur Verkündung von Daten, dass sie bald wieder zurückkehren werden, dass die Ansiedler gut für sie wirtschaften sollen und dass sie mit allen schon bald abrechnen werden.

Zahlreiche aus Rottenschachen ausgesiedelte Familien haben ihre Verwandten oder Bekannten in Zentralbehörden in höheren Funktionen – ein Verzeichnis wird beigefügt –, die bei der ersten Aktion, d. i. im Jahre 1945, als die Einwohner Rottenschachens nach Österreich ausgewiesen wurden, für diese bei staatlichen Funktionären intervenierten und es tatsächlich vermochten, dass mit Hilfe führender Funktionäre der Sozialdemokratischen Partei (nämlich des Abgeordneten Mirko Sedlák) die ausgewiesenen Familien zu 90% auf ČSR-Gebiet zurückkehren konnten. Die Erfahrung aus dieser Interventionsaktivität nützen die ins Landesinnere ausgesiedelten unzuverlässigen Familien erneut voll in der letzten Aktion von 1953 aus und organisieren durch ihr Eingreifen eine erneute Rückkehr der ausgesiedelten Familien nach Rottenschachen. Ihre Tätigkeiten machen somit das staatssicherheitliche Interesse der Republik an einer hermetischen Absicherung der Staatsgrenze gegen das Einsickern feindlicher Elemente auf unser Gebiet zunichte. Aufgrund ihrer Intervention wird die Autorität der Sicherheitsbestandteile des Ministeriums des Inneren und da vor allem der Grenzwache, die ja als Erste für den Schutz der Staatsgrenze verantwortlich ist, in erheblichem Maße untergraben.

Zum Abschluss dieses Lageberichtes schlagen wir vor, dass bei der Untersuchung der durchgeführten Umsiedlung unzuverlässiger Personen aus der Gemeinde Rottenschachen verantwortlich vorgegangen wird und die Angelegenheit der Absicherung der Staatsgrenze als erstrangige Aufgabe in Erwägung gezogen wird, denn aus denjenigen Elementen, welche ausgesiedelt worden sind, rekrutieren sich die Reserven für die feindlichen Spähdienste nach allen Seiten hin. Und künftig würde dies sicherlich wegen des minderwertigen Charakters der ausgesiedelten Personen angesichts der gegenwärtigen internationalen Lage durch den Feind voll ausgenützt.

Die in der staatlichen Sicherheit begründeten Aktionen zur Aussiedlung unzuverlässiger Personen aus der Gemeinde Rottenschachen wurden seit dem Jahre 1945 bis zur Gegenwart etwa vier Mal durch etliche Einheiten (wie zum Beispiel durch die Standortverwaltung der Tschechoslowakischen Armee, durch den Landes-Nationalausschuss, durch das Ministerium des Inneren) durchgeführt, und jeder einzelnen dieser Aktionen wurde ein Teil des Dokumentarmaterials beigefügt, das nach und nach verloren geht; so entsteht hier der Verdacht, dass dies bewusst seitens höherer Zentralbehörden geschieht, damit künftig die ehemalige Tätigkeit dieser Personen nicht hinreichend nachgewiesen werden kann. Das Material, aus dem für die Dokumentation der üblen Vorgehensweise von Bewohnern der Gemeinde Rottenschachen geschöpft wurde, wird diesem Lagebericht beigefügt.

Suchenthal an der Lainsitz, 3. September 1954.

Für die Grenzwache	Für die Kreis-Abteilung des Ministeriums des Inneren	Für den Kreis, Öffentliche Sicherheit
Leutnant Vyžrálek	Sergeant Vochozka	Sen. Fajt und Kalbáč

Personenregister

Ortsregister

Bildnachweis:

Vorsatz/Nachsatz: Herder-Institut Marburg. Generalkarte von Mitteleuropa 1 : 200 000, Blätter 32/49 Budweis (1937) und 33/49 Iglau (1935)

Schutzumschlag-Rückseite:
Oben links: Das Gerichtstribunal auf dem Landskroner Stadtplatz im Mai 1945; oben rechts: Mit einem Hakenkreuz auf dem Rücken markierte Sudetendeutsche, tschechische Kollaboranten und gefangene Wehrmachtsoldaten werden zu »gemeinnützigen Arbeiten« abgeführt (Archiv Emil Trojan). Unten: Das Grabmal für die Opfer von Schwarzbach, die 1993 dort exhumiert und in Gmünd bestattet wurden (Archiv des Autors).

Wittingau
(Trebon)
Stepanowitz
Rudolfstadt
Libin
Domanin
Spoli
Branna
Kalinova W.
Sladoschowitz
Zalin
Trebotowitz
Strups
Zborow
Mladoschowitz
Ledenitz
Petrowitz
Kojakowitz
Drachowischt
Neudorf
Wrzau
Lhota
Kramolin
Lipnitz
Rodostitz
Forbes
Straschkowitz
Hluboka
Ilowitz
Vochoz
Komaritz
Aujezd Ostrolow
Tribsch
Hohendf.
Schweinitz
(Trhove Sviny)
Elexnitz
Buggau
Georgenthal
Lotschenitz
Mairitz
Slabsch
Bessenitz
Sohors
Gratzen
Gollnetschlag
Strobnitz
Langstrobnitz
Ottenschlag
D.Beneschau
Heilbrunn
Hochwald
Harbach
Wultschau
Lauterbach